BION
da Teoria à Prática

Z71b   Zimerman, David E.
         Bion: da teoria à prática – uma leitura didática / David E. Zimerman. – 2.ed. – Porto Alegre : Artmed, 2004.

         ISBN 978-85-363-0239-3

         1. Psicanálise – Bion. I. Título.

         CDU 159.964.26/.28 (Bion)

Catalogação na publicação: Mônica Ballejo Canto – CRB 10/1023

BION
da Teoria à Prática
Uma leitura didática
2ª edição

DAVID E. ZIMERMAN

Médico psiquiatra.
Membro efetivo e psicanalista didata da
Sociedade Psicanalítica de Porto Alegre (SPPA).
Psicoterapeuta de Grupo. Ex-presidente da Sociedade
de Psiquiatria do Rio Grande do Sul.

Reimpressão 2008

artmed®

2004

© Artmed Editora S.A., 2004

Capa
Gustavo Macri

Preparação do original
Bruno Pommer

Leitura Final
Laura Ávila de Souza

Supervisão editorial
Cláudia Bittencourt

Projeto e editoração
Armazém Digital Editoração Eletrônica – rcmv

Reservados todos os direitos de publicação, em língua portuguesa, à
ARTMED® EDITORA S.A.
Av. Jerônimo de Ornelas, 670 - Santana
90040-340 Porto Alegre RS
Fone (51) 3027-7000 Fax (51) 3027-7070

É proibida a duplicação ou reprodução deste volume, no todo ou em parte, sob quaisquer formas ou por quaisquer meios (eletrônico, mecânico, gravação, fotocópia, distribuição na Web e outros), sem permissão expressa da Editora.

SÃO PAULO
Av. Angélica, 1091 - Higienópolis
01227-100 São Paulo SP
Fone (11) 3665-1100 Fax (11) 3667-1333

SAC 0800 703-3444

IMPRESSO NO BRASIL
PRINTED IN BRAZIL

Agradecimentos

A todos – entre familiares, amigos, colegas, colaboradores, editores, prefaciador, instituições, leitores e pacientes – que estão me apoiando, incentivando e prestigiando, quero expressar minha profunda e eterna gratidão.

Sumário

Apresentação 9
Cláudio Laks Eizirik
Prólogo da 1ª edição 11
Prólogo da 2ª edição 17

PRIMEIRA PARTE
Aspectos Gerais

1 O Homem Bion: Dados Autobiográficos 23
2 A Obra: Uma Resenha dos Trabalhos de Bion 31
3 A Utilização de Modelos Psicanalíticos 48
4 Sobre uma Experiência Pessoal com W. R. Bion *55*
   Luiz Alberto Py
5 Bion e Outros Pensadores 66
6 Um Glossário dos Termos de Bion, com um
   Roteiro de Leitura de sua Obra 75

SEGUNDA PARTE
A Obra

7   A Dinâmica de Grupos 107
8   Psicanálise, Sociedade e Perversão dos Sistemas Sociais: As Contribuições de Bion 114
9   O Trabalho com Psicóticos 121
10 Uma Teoria do Pensamento 129

11	A Grade	138
12	Os Sete Elementos da Psicanálise	147
13	Uma Teoria do Conhecimento	156
14	Teoria das Transformações	165
15	O Período Religioso-Místico	175
16	Bion e o Psiquismo Fetal	185
17	Vínculos e Configurações Vinculares	192
18	Algumas Frases, Metáforas e Reflexões de Bion	198

TERCEIRA PARTE
A Prática

19	Concepções Inovadoras da Contemporânea Prática Psicanalítica	213
20	As Múltiplas Faces da Verdade	224
21	A Função de "Continente" do Analista e os "Subcontinentes"	230
22	"Sem Memória, sem Desejo e sem Ânsia de Compreensão"	240
23	A Análise do Consciente	244
24	Resistência-Contra-resistência	256
25	Transferência-Contratransferência	264
26	A Atividade Interpretativa	270
27	*Insight*, Elaboração, "Cura"	280
28	Epistemofilia e Vínculo -K: A Proibição do Conhecer (Uma Ilustração Clínica) *Inúbia Duarte*	287
29	Uma Resenha – Comentada – de Seminários Clínicos com Bion	296
30	Uma Conferência de Bion sobre a Prática Psicanalítica	307
31	Condições Necessárias ao Psicanalista	315
32	O que Mudou na Minha Prática Analítica a Partir de Bion?	323

Epílogo 332
Bibliografia da Obra Completa de W. R. Bion 339
Referências Bibliográficas 342
Índice Remissivo 345

Apresentação

Uma das frases mais utilizadas por W. R. Bion era a citação de Blanchot: "A resposta é a desgraça da pergunta". Segundo nos informa sua esposa, os problemas estimulavam nele pensamento e discussão — nunca respostas. Mesmo assim, sucedem-se as tentativas de encontrar esclarecimentos, compreensões, explicações, enfim, respostas para a instigante, estimuladora e, por vezes, obscura ou até mesmo aparentemente misteriosa sucessão de questões que Bion legou à psicanálise.

Com este livro, o Dr. David Epelbaum Zimerman inclui-se no conjunto dos psicanalistas contemporâneos e posteriores a Bion que passaram a buscar uma melhor apreensão de suas inovadoras idéias, bem como o aprofundamento decisivo que ele trouxe ao pensamento seminal de Freud e às contribuições de Melanie Klein, daí decorrentes. Saudamos agora, oito anos após seu aparecimento, a segunda edição, revista e ampliada, resultado de uma longa e frutífera conversação que o nosso autor tem mantido com seus leitores e participantes de seus vários grupos de estudo sobre a obra de Bion.

Talvez esta seja uma característica peculiar da psicanálise, desde que Freud descreveu o seu processo terapêutico como um suceder, em ordem variada, direta, inversa ou simultânea, de recordar, repetir e elaborar. Esses três movimentos, da mesma forma, fazem parte da psicanálise como disciplina (e também como profissão), já que estamos todos empenhados em continuar o diálogo com Freud, repeti-lo, recordá-lo e elaborar sua obra, ao mesmo tempo buscando ampliá-la e desenvolvê-la. Nesse processo criativo, raros se comparam a Bion, na extensão e profundidade das transformações que propôs e empreendeu. Seguindo nesse trabalho interminável de repetir, recordar e elaborar, vários são os autores contemporâneos, de diversas latitudes teóricas e geográficas, que estão envolvidos na reflexão psicanalítica continuada inspirada por quem nos ensinou a "aprender com a experiência".

O Dr. David E. Zimerman formou-se em Medicina, em 1954, pela UFRGS; tornou-se especialista em Psiquiatria, em 1964, pela Clínica Pinel, da qual foi diretor-clínico por vários anos. Realizou sua formação psicanalítica no Instituto de Psicanálise da Sociedade Psicanalítica de Porto Alegre, da qual se tornou membro associado em 1976 e efetivo em 1987. Desde 1990, é analista didata.

Sua carreira profissional e docente inclui intensa participação como psiquiatra (foi presidente da Sociedade de Psiquiatria do Rio Grande do Sul), psicoterapeuta individual e de grupos (presidiu a Sociedade de Psicoterapia Analítica de Grupo de Porto Alegre), fundador do Programa de Educação Médica Continuada da Associação Médica do Rio Grande do Sul, assíduo participante em congressos nacionais e internacionais, e autor de capítulos de livros e artigos para periódicos especializados. Nos últimos anos, tem nos brindado com uma impressionante e qualificada produção, através dos livros *Fundamentos básicos das grupoterapias* (1993), *Como trabalhamos com grupos* (1997), *Fundamentos psicanalíticos: teoria, técnica e clínica* (1999), *Vocabulário contemporâneo de psicanálise* (2001), *Aspectos psicológicos da atividade jurídica* (2002) e *Manual de técnica analítica* (no prelo).

A par disso, tem apresentado contribuições a congressos internacionais de psicanálise e publicado trabalhos na *Revista Brasileira de Psicanálise* e na *Revista de Psicanálise da Sociedade Psicanalítica de Porto Alegre*. Desde a aparição da primeira edição de *Bion: da teoria à prática*, o Dr. David ampliou suas atividades científicas relacionadas com o estudo do pensamento bioniano, não só através de grupos de estudo, como também através de conferências, no Brasil, no Chile e em Portugal, tendo sido convidado especial do I Seminário Internacional sobre a Obra de Bion, lá realizado. Desenvolve contínua atividade como supervisor de psicoterapia e de psicanálise e ensina no Instituto de Psicanálise de nossa Sociedade, além de sua atividade clínica como psicanalista e psicoterapeuta.

Todo esse conjunto de atividades, somado aos quase quarenta anos em que o Dr. David E. Zimerman vem estudando e aplicando as contribuições de Bion, conduziram-no naturalmente a empreender a "leitura didática" que agora nos apresenta, em segunda edição. E, com a franqueza que lhe é característica, afirma, no capítulo sobre a teoria das transformações:

> [...] este capítulo sobre transformações resulta da transformação particular que o texto de Bion provocou em mim, e que certamente não será coincidente com a de outros, embora conserve a mesma invariância essencial. A própria escolha do vértice prioritário de observação já determina uma significativa mudança nas transformações que este texto opera no leitor [...]

Com isso, quero destacar que, embora não dispensando obviamente a leitura direta de Bion, o livro do Dr. David estimula e desafia o leitor novato, e refresca a memória e propõe comentários críticos e uma abordagem concisa, didática e bem articulada aos já acostumados aos meandros do pensamento bioniano. Mesmo, sem dúvida, partindo de seus próprios vértices e de suas necessárias escolhas, o presente livro cumpre, terminada a sua leitura, as esperanças de seu autor, apontadas no Epílogo.

Esta segunda edição de *Bion: da teoria à prática* traz inúmeras transformações, incluindo novos capítulos, um glossário ampliado, um roteiro de leitura da obra de Bion, uma compilação de suas frases, metáforas e reflexões e uma ainda mais ampla inclusão das idéias e apreensões que o Dr. David faz do pensamento bioniano, o que pode ser observado principalmente nos capítulos "A Função de 'Continente do Analista e os 'Subcontinentes'" e "O que Mudou na Minha Prática Analítica a partir de Bion?" e em seus conceitos sobre o que denomina mapeamento do psiquismo.

Munido da paciência e da capacidade de observar e "empatizar", preconizada por Bion, nosso autor inova ao colocar um bem elaborado glossário logo no início do livro; garimpa preciosidades que emergem de suas inúmeras supervisões e vai nos conduzindo a uma crescente compreensão das idéias e das preocupações que forjaram o seu pensamento psicanalítico. E, se encontramos alguns conceitos ou termos retomados ou repisados aqui e ali, é justamente porque o Dr. David está em pleno exercício do já mencionado processo de repetir, recordar e elaborar, agora tendo Bion como figura central deste renovado trabalho intelectual e afetivo. Assim, ficamos com a certeza de que nós, seus inúmeros colegas, amigos e alunos, temos motivos para alegrar-nos com a insistência em tê-lo estimulado a uma nova versão do livro publicado inicialmente em 1995 e boas razões para reconhecer os frutos colhidos.

Dito isso, resta desejar que outros tantos leitores possam compartilhar desses sentimentos e do estímulo para ler, estudar e pensar Bion, na extensão e abertura que ele trouxe à teoria e à prática psicanalíticas.

Cláudio Laks Eizirik
Presidente Eleito da Associação
Psicanalítica Internacional

Prólogo da 1ª Edição

Embora incentivado por muita gente, hesitei bastante antes de tomar a decisão de escrever e publicar este livro. Tal relutância expressava um conflito entre duas tendências opostas dentro de mim, e que creio ser útil compartir com os leitores.

A tendência contrária à feitura do livro se apoiava nos seguintes argumentos: o primeiro, o meu reconhecimento de que não sou exatamente o que se poderia chamar de um "profundo conhecedor" de Bion, ou um "especialista" em Bion, e sequer me considero um "bioniano puro". Em segundo lugar, não tenho a pretensão de ser o representante do "verdadeiro pensamento" de Bion. Aliás, eu me perguntava: qual é mesmo o "verdadeiro" pensamento psicanalítico de Bion? Não corro um sério risco de deturpá-lo com o meu próprio vértice de entendimento, ou, pelo menos, de privilegiar uma parte de sua obra e tomá-la como se fosse o todo? Em terceiro lugar, como o propósito deste livro é o de dar uma abordagem de finalidade didática e simplificadora da obra de Bion, não estarei cometendo um ato de sacrilégio por tomar uma direção de certa forma oposta à do autor, que sabidamente pregava que era contra as verdades acabadas e achava importante manter um clima de incerteza, de ambigüidade e de um certo mistério? Confesso que persiste uma sensação desconfortável em mim toda vez que algum aluno manifesta que "esse Bion, o do David, eu entendo e gosto", porquanto essas exclamações acionam a minha dúvida se estou me mantendo plenamente fiel ao pensamento psicanalítico bioniano como julgo estar.

A essas perguntas e dúvidas o meu lado favorável à publicação deste livro contrapunha-se com argumentos que me pareceram mais fortes. Assim, notei que, se não sou exatamente um especialista em Bion, considero-me um dedicado estudioso de seus textos desde longa data. Para ser mais exato, desde o início da década de 60, quando, em busca de conhecimentos sobre dinâmica de grupos, pela primeira vez tomei contato com o estilo, a forma de pensar e o restante da obra de Bion; desta me enamorei e nunca mais me separei.

Além de um continuado estudo de todos os escritos de Bion, também coordenei (e coordeno) alguns grupos de estudo, proferi palestras, ministrei seminários no Instituto de Psicanálise da Sociedade Psicanalítica de Porto Alegre e, sobretudo, aliei à minha experiência da prática psicanalítica de mais de 30 anos os ensinamentos que, acredito, consegui extrair da leitura e da discussão das idéias de Bion. Guardo uma absoluta convicção de que as mesmas provocaram sérias reflexões e determinaram uma decisiva mudança em minha atitude psicanalítica interna diante dos meus pacientes.

Com base em tais convicções, comecei a dar crédito a muitos colegas, amigos e alunos, além do editor, que me consideravam capaz de transmitir as principais concepções de Bion de uma forma que, segundo eles, fosse de natureza didática, isto é, descomplicada, mas sem perder a substância do essencial.

Do mesmo modo, o fato de não ser um bioniano exclusivo pareceu que me poderia conferir uma vantagem acessória: a de permitir uma neutralidade conceitual e uma maior isenção para as eventuais reflexões críticas.

Retomando as perguntas que antes formulei a mim mesmo acerca de se é possível simplificar Bion sem afrontar o seu estilo de pensamento propositadamente ambíguo, creio ter encontrado uma resposta no próprio Bion, que, em muitos dos seus textos, advoga a necessidade do cumprimento de três aspectos. O primeiro exige que os seus leitores façam sempre uma leitura relacionada com a real experiência da prática clínica de cada um; o segundo, que ele não cansou de enfatizar, refere-se à liberdade para que cada leitor faça uma leitura particularizada de seus textos, que a elabore a partir dos vértices de suas próprias vivências afetivas e que crie os seus próprios modelos psicanalíticos; o terceiro aspecto reiterado por Bion é evidenciado quando, ao tratar do vínculo analítico, ele enaltece a necessidade de o psicanalista utilizar uma linguagem simples e acessível, e que, antes disso, consiga estabelecer aquilo que ele referiu como o "fato selecionado", ou seja, a busca de uma coerência e uma consistência ao que aparenta ser um caos.

Consoante com essas posições de Bion, senti-me autorizado a eleger meu próprio vértice de como elaborar, utilizar e comunicar as suas concepções psicanalíticas: é um vértice eminentemente de natureza didática, ou seja, mais simplificada, que possibilita relacionar a teoria com a prática clínica.

Aludi no início que uma primeira leitura dos escritos originais de Bion pode induzir o leitor que ainda não esteja familiarizado com a sua obra a um estado de aparência caótica. No entanto, trata-se de não mais que uma aparência, pois, descontado o fato de que a maioria dos seus textos seja considerada irritantemente difícil, a verdade é que sua contínua releitura evidencia o quanto ele foi tecendo uma obra de evolução muito coerente e de progressiva consistência e integração entre os diferentes conceitos. Não obstante isso, a sensação de caos, de labirinto e de aturdimento costuma persistir durante prolongado tempo para quem estuda Bion no original. Acrescem-se a tal sensação desconfortável mais alguns fatores, como o fato de que, mercê de uma sólida erudição, Bion transitava com fluência pelas áreas contíguas da matemática, da biologia, das artes e da filosofia, além da psicanalítica, é claro, o que propiciou que ele construísse diversificados modelos de observação psicanalítica, a partir de distintos vértices.

O próprio Bion, em *Conferências brasileiras 1* (1973, p. 14), reiterava que, ao longo de sua obra, utilizou, no mínimo, três modelos, isto é, três vértices distintos entre si: o científico, o estético e o religioso. Permito-me acrescentar um quarto modelo, que, creio, foi muito utilizado por Bion, e que poderíamos denominar como o existencial-pragmático, tal foi a sua insistência na importância das experiências emocionais sofridas nas vivências existenciais e na necessidade pragmática de o psicanalista se ater a uma indispensável "atitude analítica" na interação da prática clínica, sempre levando em conta que cada um dos vínculos sempre tem uma profundeza muito singular. Aliás, os seminários clínicos (supervisões coletivas) ministrados por Bion no Brasil atestam claramente o seu espírito clínico e a sua posição dirigida ao pragmatismo, no sentido de que o psicanalista deve estar voltado para o vértice de um existencialismo. Mais ainda, nessa mesma conferência, na página 15, Bion assevera que, acima de tudo, o que importa é a psicanálise prática.

Diante de tantos modelos, é justo que, parafraseando Wallerstein ("...uma psicanálise ou muitas?"), nos perguntemos: um Bion ou muitos? Eles convergem ou divergem? Unificam-se em um todo ou se dissociam e se dispersam?

Seria uma tarefa muito difícil para qualquer autor tentar unificar todos os Bions em um único volume. Assim, optei por uma revisão sumária dos modelos antes mencionados, com uma ênfase bem maior nos aspectos relativos às aplicações na prática clínica, até porque os outros modelos estão muito bem expostos em outros livros, como o já clássico *Introdução às idéias de Bion,* de Grinberg e colaboradores, cuja tônica é um apanhado das concepções científicas; o excelente *Bion e o futuro da psicanálise,* de Antonio M. Rezende, que consegue alcançar um expressivo nível estético; e vários textos de Paulo Cesar Sandler, um importante divulgador da obra de Bion no Brasil, mais notadamente a do período místico, que aborda o modelo filosófico.

De certa forma, esses diferentes modelos se contrapõem entre si, porquanto os conceitos científicos estão em busca de um "fato selecionado", ordenador, enquanto os vértices artístico e religioso exigem crescentes aberturas em direção a um "universo em expansão", para empregar um termo utilizado com freqüência por Bion.

Dentro desses referenciais, o propósito do presente livro é o de ser uma espécie de "fato selecionado" – tal como é a concepção integradora desse conceito, por parte de Bion –, e, coerente com essa posição de privilegiar um vértice didático, deliberadamente não utilizo certos aspectos característicos de algumas das formulações de Bion. Por exemplo, evitarei ao máximo o emprego de signos complexos ou de complicadas equações matemáticas, sem me ater à discussão de eles serem indispensáveis e enriquecerem o pensamento bioniano ou serem unicamente complicadores. A propósito disso, sinto-me amparado na opinião de Meltzer (1978, p. 71), um insuspeito admirador e seguidor de Bion, quando afirma que

> [...] com este trabalho, perdemos qualquer esperança diante da proliferação de notações de cunho matemático, de pseudo-equações seguidas de setas, pontos, linhas, setas acima das palavras (ou, então, abaixo), e não só letras, mas palavras gregas. Como suportar tal ataque à nossa mente?

Aliás, Bion usou de propósito uma nomenclatura muito genuinamente sua, bem diversa da que todos os psicanalistas estavam habituados, e o fez de fato com o objetivo de que o seu leitor não se sentisse tentado a fazer o que sabemos ser muito comum entre nós: reduzir os conhecimentos novos aos anteriores com os quais estejamos seguramente familiarizados. No entanto, a meu juízo, essa nova terminologia de Bion pode causar algumas confusões semânticas. Assim, ele utiliza a letra α do alfabeto grego tanto para significar a função α e os elementos α como também para a designação de "transformação α" (T α), sendo que se tratam de fenômenos bem diferentes um do outro. Da mesma forma, o emprego da expressão "objeto psicanalítico", que tem um significado muito específico no pensamento de Bion, superpõe-se e confunde-se com o conceito clássico de "objeto". O termo "função" ora é empregado por ele com um significado de uma particular originalidade em suas concepções científicas, ora é empregado no sentido clássico de função do ego. As expressões "personalidade psicótica", "parte psicótica da personalidade" ou, ainda, "alucinose" podem fazer supor que se tratem de psicoses, tal como as conhecemos na psiquiatria clássica; no entanto, não foi essa a intenção de Bion; antes, ele quis evidenciar que tais fenômenos não se apresentam apenas nos quadros clínicos francamente psicóticos, mas sim que essas partes psicóticas convivem sincronicamente com as personalidades neuróticas, e assim por diante. Uma outra fonte geradora da aparência de confusão provém do próprio estilo de Bion: tal como definiu sua esposa, Francesca, "os problemas suscitavam nele a reflexão e o debate, nunca respostas"; essa autenticidade de atitude científica levou a uma estilística elíptica, cheia de paradoxos e de mudanças de vértices, a tal ponto que o próprio Bion muitas vezes ficava surpreso com o que havia escrito anteriormente.

Pode-se dizer que há uma "escola bioniana", ou, pelo menos, uma "teoria de Bion"? Embora o próprio tenha enfaticamente desautorizado a divulgação de suas idéias como sendo a criação de uma nova escola e se declarasse como um fiel seguidor de Klein, a verdade é que muitos importantes psicanalistas pós e neokleinianos o citam com crescente freqüência e reconhecem-no como o mais original e fecundo dentre todos eles. Alguns desses autores, como Meltzer, advogam a condição da "escola de Bion", levando em conta que o que caracteriza um *status* de "escola" é a transmissão de idéias originais entre sucessivas gerações de psicanalistas. Quanto à categorização de suas idéias e concepções como um corpo teórico próprio, é Bion quem afirma que as suas observações, pensamentos e postulados não se constituem com a finalidade de ser uma teoria psicanalítica a mais, e tampouco em negações das teorias psicanalíticas já existentes, mas sim em uma forma de como observar e fazer uso destas.

O mundo psicanalítico não tem uma opinião uniforme sobre as contribuições de Bion: muitos o veneram, outros o detestam, e uma significativa maioria se mostrou inicialmente indiferente a ele. Como uma ilustração disso, vale citar a opinião de Joseph (*Revista IDE*, n. 14, p. 15), psicanalista norte-americano, com a autoridade de ter sido presidente da IPA durante o período de 1979 a 1981: "Li Bion. Me parece que não tem nenhuma aplicação clínica; é interessante filosoficamente". Da mesma forma, alguns o consideram um gênio, outros, um tautólogo ou um mero místico, e não falta quem o rotule de psicótico. O que é inegável, no entanto, é que o nome de Bion aparece na bibliografia de muitos dos mais diversos trabalhos atuais, de autores de grupos psicanalíticos diferentes, e que as suas idéias estão sendo estudadas, conhecidas e aplicadas também em áreas muito diferentes da psicanalítica.

Minha impressão é que, conquanto ele possa ter um pouco de cada um desses aspectos, o que inegavelmente se sobressai é o fato de, junto a Freud e Klein, ocupar a condição de terceiro gênio da psicanálise. Ademais, as suas contribuições adquiriram uma dimensão revolucionária, em especial no que se refere às aplicações clínicas, portanto uma opinião frontalmente oposta à do ex-presidente da IPA (empreguei o termo "revolucionário" a partir do seu significado etimológico, composto de "re" e "evolucionário", ou seja, o de uma nova evolução a partir das anteriores).

Vale mais um registro: assim como há os incrédulos e os indiferentes, como Joseph, também há o grupo de "adoradores", com o inconveniente de que estes últimos podem se utilizar das idéias de Bion como um fetiche arrogante, isto é, como uma prova de que possuem um "pensamento iluminado", além do alcance da maioria dos seus colegas. A obra de Bion – pela nomenclatura codificada, pela erudição, pela possibilidade de exercitar especulações abstratas (como na grade, por exemplo) e pela atmosfera mística – possibilita-nos o aludido uso fetichizado, com base na suposição de "[...] se eu domino um Bion complicado que os outros não entendem, é porque eu sou um analista especial e pertenço a uma elite muito diferenciada".

Este prólogo destina-se primordialmente àqueles que desejam se familiarizar com as concepções de Bion (e todos nós sabemos como existe uma propensão da maioria a fugir das primeiras dificuldades semânticas e abstrações conceituais). Para os que já dominam as idéias bionianas, é possível que este livro não tenha muito a acrescentar do ponto de vista das concepções teóricas, salvo o estimular reflexões e relações com a prática clínica. Além disso, pareceu-me indispensável expor minhas aspirações, razões, dúvidas e possíveis limitações, pela singela razão de que não haveria a menor coerência em escrever um livro sobre Bion e não partir do marco inicial de ser rigorosamente verdadeiro.

Este livro divide-se em três partes, num total de 26 capítulos. A primeira parte, intitulada "Aspectos Gerais", apresenta ao leitor a "atmosfera bioniana". Acompanhar as vicissitudes biográficas do homem Wilfred Bion – tal como estão no Capítulo 1 – favorecerá muito o entendimento e a experiência emocional que os seus textos despertam. Da mesma forma, os Capítulos 2 – "A Obra: uma Resenha dos Trabalhos de Bion" – e 5 – "Um Glossário Introdutório" –, respectivamente, objetivam familiarizar o leitor através da evolução linear da obra de Bion, com uma síntese das principais idéias de cada um dos seus textos, e de um glossário esclarecedor dos termos que designam suas concepções e os conceitos. O Capítulo 3 aborda os modelos que Bion costumava criar e utilizar tanto para uma finalidade epistemológica como clínica. O Capítulo 4 busca dar uma visão compreensiva das influências provindas de diversos importantes pensadores, não só psicanalíticos, mas também de várias outras áreas do conhecimento humano.

A segunda parte desta obra, "A Teoria", divide-se em sete capítulos e objetiva possibilitar ao leitor acompanhar, de forma simplificada, a criação, o desenvolvimento e o desdobramento das concepções fundamentais de Bion, acrescidas de alguns eventuais novos vértices apontados por outros autores. Em ordem seqüencial, os referidos capítulos tratam das seguintes contribuições essenciais na obra de Bion: o trabalho com grupos e com psicóticos, a atividade do pensamento, a grade, a função do conhecimento, as transformações, e as suas últimas especulações, de natureza "psicoembrionária", acerca do psiquismo fetal. Ao final de cada um desses capítulos, são tecidos alguns comentários críticos, a partir de meu vértice pessoal de observação e reflexão.

Os capítulos apresentados na segunda parte deste livro não pretendem substituir a indispensável leitura dos textos originais de Bion; acredito, entretanto, que a facilidade de um primeiro entendimento e a maior clareza de um escrito tão complexo como o de Bion são um incentivo a uma posterior leitura aprofundada da legitimidade do autor, no original.

A terceira e última parte deste livro é uma espécie de "realização" (para utilizar um termo de Bion) das duas anteriores. Intitulada "A Prática", seu propósito é responder à pergunta que se ouvia com muita freqüência: "É possível aplicar a teoria de Bion à prática clínica?" Não tenho a menor dúvida em dar uma resposta afirmativa, e os 13 capítulos que compõem esta terceira parte visam justamente a abrir um leque de inegáveis aplicações no exercício cotidiano de nossa prática clínica. Assim, o Capítulo 13 traça as linhas gerais que relacionam as concepções teóricas de Bion com a nossa prática diária, de tal sorte que ele pode ser considerado como um dos legítimos inovadores da prática da psicanálise contemporânea. O Capítulo 14 aborda um dos aspectos mais fundamentais para a práxis analítica, que é o referente à utilização da "Verdade, Falsidade e Mentira" tanto por parte do paciente como do psicoterapeuta. O Capítulo 15 trata de uma concepção considerada, consensualmente, como sendo de uma extraordinária relevância, em especial para os pacientes mais regressivos: a função de continente, da análise e do analista. No Capítulo 16, busco reconhecer a validade e profundeza de uma das conceituações mais polêmicas e discutidas na obra de Bion: a que trata do conhecido estado mental do analista de "Sem Memória, sem Desejo e sem Compreensão". O Capítulo 17 enfoca um aspecto do processo psicanalítico que nem sempre tem merecido a devida atenção dos autores em geral, e que Bion enaltece bastante: o da análise do consciente. Embora Bion não tenha produzido nenhum texto que abordasse diretamente o manejo técnico dos fenômenos inerentes ao campo psicanalítico que se estabelece no vínculo analista-analisando, é fácil perceber e extrair de muitos escritos dispersos o quanto ele valorizou os referidos fenômenos e fez recomendações acerca deles. Assim, o Capítulo 18 trata das resistências-contra-resistências; o 19, das transferências-contratransferências; o Capítulo 20 se dedica ao trabalho das interpretações do psicanalista; e o 21 se estende em considerações acerca do *Insight*, Elaboração e Cura. Na esteira dos aludidos capítulos, são destacados muitos dos aspectos que emprestam uma originalidade toda especial às concepções de Bion, tais como os enunciados referentes ao processo de "reversão da perspectiva", de "mudança catastrófica", a necessidade de "sofrer a dor psíquica", a importância da "mudança de vértices", o desenvolvimento da "função psicanalítica da personalidade", etc.

O Capítulo 22 traz uma ilustração clínica de autoria da psicóloga Inubia Duarte, em que relata a experiência de tratamento analítico com crianças que apresentam problemas ligados a um distúrbio da função do conhecimento. No capítulo seguinte, através de algumas passagens extraídas de, virtualmente, todos os seminários clínicos de Bion já publicados, é apresentado algo do estilo e da sua forma de compreensão das distintas situações analíticas.

Ainda dentro do propósito de apresentar um Bion de corpo inteiro, impunha-se incluir neste livro uma transcrição integral de algum trabalho seu que fosse relativamente inédito e que enfocasse de forma prioritária aspectos da prática clínica. Isso foi possível graças à permissão e à colaboração da *Revista Gradiva*. Dessa forma, o Capítulo 24, "Uma Conferência de Bion sobre a Prática Psicanalítica", é a transcrição da tradução de uma conferência significativa que ele pronunciou em Buenos Aires. Publicada na *Revista Gradiva*, em seu n. 49, de 1992, reflete de modo consistente como Bion pensa alguns importantes problemas da técnica da psicanálise.

O Capítulo 25 é especial, pois preenche um dos propósitos deste livro: trazer aos leitores uma aproximação, a mais viva possível, com Bion como figura humana, autor, conferencista, supervisor e psicanalista que trabalhou privadamente no consultório com os seus analisandos. "Sobre uma Experiência Pessoal com W. R. Bion" é de autoria do psicanalista Luiz Alberto Py, que, como os leitores constatarão, teve o privilégio de uma convivência muito próxima com Bion, a qual ele partilha de uma forma muito verdadeira, autêntica e corajosa.

O Capítulo 26 também adquire um interesse especial, pois resulta de um trabalho de garimpagem dos atributos exaltados por Bion nas linhas e entrelinhas de seus diversos textos, atributos esses que são estudados nesse capítulo a partir de vertentes etimológicas, e que podem ser considerados como os necessários para a composição de uma "atitude psicanalítica interna" e da aquisição de uma plena identidade de psicanalista.

O epílogo procura fazer uma integração entre o passado, o presente e o futuro das contribuições de Bion.

Prólogo da 2ª Edição

Em 1995, ousei publicar a primeira edição de *Bion: da teoria à prática*. Considero ter sido uma ousadia porque, sabidamente, os textos de Bion, para quem não estiver suficientemente familiarizado com eles, não são fáceis de ler no original, e eu estaria correndo o risco de poder simplificar demais o seu pensamento ou, até mesmo, de desvirtuá-lo. Além disso, toda a sua vasta obra permite diversos tipos de leitura, e não obstante eu sempre ter sido um dedicado estudioso de Bion, reconhecia minhas limitações, pois nunca pretendi ser um "especialista" em Bion, tampouco basear todo o meu tempo de estudo e de prática na minha clínica psicanalítica exclusivamente em Bion.

Assim, considero-me um analista eclético, porque, de alguma forma, incorporo os conhecimentos provindos de distintas correntes psicanalíticas e de outras afins, como das neurociências, porém reconheço que a minha maior inspiração psicanalítica provém de Bion, a cuja memória rendo, aqui, publicamente, um preito de gratidão, não só porque ele mudou fundamentalmente a minha forma de compreender e praticar a psicanálise, como também porque promoveu expressivas mudanças em mim, como pessoa.

Recordo que, na última frase da primeira edição deste livro, no Epílogo, concluo dizendo: "E é com um sentimento de esperança de que este livro possa ter atingido alguns dos objetivos a que me propus, que o entrego aos leitores". Agora, decorridos oito anos desde o seu lançamento, posso aquilatar melhor que o sentimento de esperança de então atingiu uma gratificante realidade e cumpriu os objetivos propostos, ou seja, fazer a divulgação da obra de Bion, da forma mais descomplicada possível, para motivar os leitores a se aprofundarem em uma leitura de seus textos no original.

Assim, freqüentemente sou solicitado para formar grupos de estudo e recebo um retorno de muitos cantos do Brasil, com inúmeros convites para palestras. Também, não raramente, alguns colegas me informam que este livro abriu as portas para um estudo mais sistemático, facilitado e prazeroso de Bion.

Acredito que essas manifestações sejam sinceras porque, ultrapassando as minhas próprias expectativas, e as dos meus editores, o livro teve sucessivas reimpressões e, no momento em que escrevo, está totalmente esgotado. Julguei que, em vez de simplesmente fazer uma nova reimpressão, seria mais adequado oferecer aos leitores uma nova edição, em que fosse possível fazer algumas correções, simplificar alguns textos e acrescentar alguns aspectos novos, especialmente no que diz respeito ao "Glossário dos Termos de Bion", que teve uma boa acolhida e, estou certo, muita utilidade para os leitores. Ademais, esta segunda edição está ampliada com alguns capítulos originais que não constam na 1ª, os quais julgo que vão enriquecer e dar maior consistência aos interessados em Bion.

Desse modo, o glossário foi significativamente ampliado, não só em relação ao número de verbetes, como também num maior detalhamento de cada um deles; além disso, tanto quanto possível, procuro remeter o leitor para os textos originais, de forma que o conceito contido em cada verbete possa ser localizado na obra completa de Bion. Por essa última razão, o título desse capítulo foi modificado para "Um Glossário dos Termos de Bion, com um Roteiro de Leitura da sua Obra".

Nesta nova edição existem muitas mudanças em relação à primeira, como o acréscimo de novos capítulos, a alteração de alguns títulos da edição anterior e também alguma alteração na ordenação dos capítulos. Conseqüentemente, a numeração dos capítulos tal como está referida no "Prólogo da 1ª edição" não corresponde à atual, e muito menos o "Índice Remissivo". Não obstante tudo isso, optei por manter inalterado o prólogo da edição original com o fim de conservar a autenticidade e, de certa forma, permitir uma observação da evolução de uma edição à outra.

Cabe destacar que, além da antes referida necessária expansão do glossário, com o acréscimo de referências que visam a servir como um "roteiro de leitura" da obra de Bion, também alguns capítulos foram incluídos. O Capítulo 12, intitulado "Os Sete Elementos de Psicanálise", alude à contribuição de Bion, que, com o objetivo de simplificação do estudo e da prática da psicanálise, propôs reduzir o número exagerado de referenciais teóricos a unicamente 7 elementos: "relação continente-conteúdo"; "posição esquizoparanóide e posição depressiva"; "vínculos de amor, ódio e conhecimento"; "razão e idéia"; "a dor psíquica"; "transformações"; "narcisismo e social-ismo". Cada um desses elementos é estudado separadamente nesse capítulo.

O capítulo sobre grupos, da primeira edição, ficou algo incompleto, já que Bion também deu bastante ênfase aos aspectos patogênicos que permeiam a dinâmica do campo grupal, notadamente os que ocorrem em instituições e sistemas sociais em geral, a ponto de, muitas vezes, levar a uma verdadeira "perversão" da finalidade inicial para a qual determinada instituição foi criada. Para sanar essa lacuna, entendi ser útil acrescentar um segundo capítulo, novo, abordando especificamente esse aspecto de patologia grupal. Tal capítulo aparece na presente edição com o título de "Psicanálise, Sociedade e Perversão de Sistemas Sociais".

"Vínculos e Configurações Vinculares" é o título de um terceiro capítulo, que se impõe pela incontestável relevância quanto ao lugar que os vínculos e as configurações vinculares ocupam na obra de Bion e na psicanálise contemporânea.

Um quarto capítulo acrescentado é o intitulado "Frases, Metáforas e Reflexões de Bion", que, creio, não poderia faltar, tendo em vista que, ao longo de sua obra, Bion nos brinda com verdadeiras pérolas que, expressadas numa forma singela, permitem profundas reflexões. Grande parte delas foi extraída das "Conferências de Bion" (tanto as que estão no livro *Conferências brasileiras 1*, de 1973, como as de *Conversando com Bion*, de 1992). Tive como objetivo fazer um passeio pelas inúmeras conferências que ele, com o seu estilo peculiar, pronunciou em diversas partes do mundo, e que possibilitam fazermos uma aproximação mais detida em aspectos de relevância prática, qual um *zoom* no campo da fotografia e filmagem, em diversas passagens das conferências publicadas.

Muitos leitores me alertaram para o fato de que, não obstante na primeira edição haver uma ênfase na constatação de que a obra de Bion se desenvolveu ao longo de quatro períodos distintos – cada um deles, respectivamente, nas décadas de 40, 50, 60 e 70 – este último período, denominado "religioso-místico", em contraste com os outros três, não obteve um capítulo especial e sequer teve mais que esparsas referências breves. Por essa razão, mergulhei demoradamente nos textos em que Bion mais se prolonga nos aludidos aspectos em que enfoca fenômenos psicanalíticos em uma dimensão religiosa e algo mística, de modo a produzir um sexto capítulo extra para o presente livro, denominado "O Período Religioso-Místico".

Creio que a concepção original de Bion acerca da relação "continente-conteúdo" é de enorme importância tanto na teoria como, principalmente, na prática psicanalítica, além de ter o dom de instigar o analista praticante a fazer reflexões e estabelecer conexões, a partir das experiências emocionais de cada ato analítico. Assim, entendi que pudesse ser útil incluir algumas idéias pessoais que me ocorreram a respeito dessa concepção, principalmente, eu me permito destacar, a noção que eu proponho com o nome de "subcontinentes". Esse sétimo capítulo que acresço, já que ele modifica substancialmente o da edição anterior, está intitulado como "A Função de 'Continente' do Analista e os 'Subcontinentes'".

Igualmente inspirado nos textos de Bion, entendi que pudesse ser útil ao leitor o acréscimo de considerações pessoais acerca do que eu intitulo "o mapeamento do psiquismo", o qual visa a enaltecer a importância de o analista reconhecer em si próprio, para então poder trabalhar com seus pacientes, as diversas e distintas zonas do psiquismo de cada um de nós, de sorte a poder traçar o "mapa do psiquismo" e desenvolver uma "bússola empática" que permita navegar nas zonas desconhecidas do verdadeiro "mapa-múndi" que é a nossa mente, com repercussões no corpo e na vida exterior.

Também incentivado por leitores e participantes de grupos de estudo sobre a obra de Bion, que seguidamente demonstram querer saber o que, no dia-a-dia da minha prática analítica, eu tenha mudado por influência de Bion, decidi acrescentar um oitavo capítulo novo, intitulado "O que Mudou na Minha Prática Analítica a partir de Bion?".

Um outro fato que refleti, ao comparar o prólogo da edição original com o da atual, é que, embora tenha decorrido um espaço de tempo de apenas oito anos, me parece que não resta dúvida que aconteceram algumas sensíveis mudanças em relação a como a comunidade psicanalítica em geral encara as idéias que estão contidas na obra de Bion. Esta última afirmativa pode ser constatada nas seguintes evidências:

1. É incontestável a maior freqüência com que citações de Bion aparecem nos mais distintos trabalhos psicanalíticos, provindos de distintos autores de diferentes latitudes.

2. Na medida em que aumenta o conhecimento e o reconhecimento das concepções de Bion, mais diminuem os costumeiros ataques denegridores contra ele, como os que o acusam de ser um psicótico, um tautólogo ou um mero teórico que estaria confundindo psicanálise com matemática e filosofia, etc.

3. Ao mesmo tempo, também foi ficando mais reduzido o outro pólo, o de uma excessiva idealização, que formava uma confraria de "iluminados" em Bion; conquanto estejam aumentando a aplicabilidade de suas idéias na técnica e prática da psicanálise e o reconhecimento de que, de fato, Bion é um inovador, especialmente da moderna psicanálise vincular e, portanto, do papel do analista.

4. A obra de Bion tem sido estudada, dissecada, sintetizada e divulgada por muitos autores, de distintas formações e correntes psicanalíticas.

Isso representa vantagens e desvantagens. As vantagens são evidentes, porque as sínteses da totalidade das idéias de Bion possibilitam uma maior acessibilidade a novos leitores e estudiosos, como um passo inicial e propiciatório para um ulterior aprofundamento na complexidade de seus textos originais. A aparente desvantagem consiste no fato de nem sempre os autores que escrevem sobre as concepções originais de Bion serem uniformes no entendimento daquilo que realmente ele quis transmitir (aliás, seguidamente, ele mesmo se confundia e se contradizia em alguns conceitos e nomes que propunha, além de gostar de manter uma "penumbra de associações").

Assim, nos autores que divulgam e desdobram as idéias de Bion, além do fato de cada texto seu permitir uma diversificação de leituras conforme a dimensão que cada estudioso privilegia, não raramente também aparece uma atribuição de significados a cada concepção, com vértices de compreensão bem diferentes, que às vezes se complementam, porém, em outras, se mostram algo contraditórios. Em relação a este último fato, também vejo um aspecto positivo, porque ele instiga o leitor estudioso a confrontar os diversos vértices de entendimento e, assim, o estimula a procurar os textos originais de Bion, de modo a refletir mais profundamente sobre eles.

No Brasil, temos uma plêiade de psicanalistas que são profundos conhecedores de Bion e escrevem artigos que, partindo de suas idéias, criam novas e ricas concepções originais; no entanto, julgo ser um dever destacar, como os maiores divulgadores e criativos continuadores de Bion, por meio de excelentes livros, os nomes (por ordem alfabética) de Antônio Muniz de Rezende, Arnaldo Chuster e Paulo César Sandler.

Em relação à edição anterior, esta apresenta alguma mudança na forma de diagramação. Assim, muitos capítulos do volume original, não obstante algumas modificações que foram feitas em praticamente todos eles, permanecem os mesmos na sua essência. No entanto, os referidos capítulos podem aparecer com outra denominação, que tenha me parecido mais apropriada. Além disso, coerente com o objetivo do livro – permitir uma leitura didática –, decidi usar e, talvez, abusar do recurso de, especialmente na parte referente à técnica, enumerar os distintos tópicos constantes num dado capítulo, já que a minha experiência com inúmeros grupos de estudo evidenciou que isso facilita bastante as reflexões e o debate nos programas de ensino-aprendizagem.

Uma outra mudança consiste na tentativa de localizar mais precisamente onde as concepções originais de Bion podem ser encontradas no torvelinho de sua imensa obra.

Reconheço que existe uma redundância no meu esquema de exposição, no sentido de que muitos dos mesmos conceitos aparecem em diversos capítulos, embora em contextos distintos. Apesar de haver o risco de que isso se torne cansativo para muitos, admito que o fiz deliberadamente, porque creio que, para os leitores que estão se iniciando em Bion, uma alternada e contínua repetição de uma mesma concepção original funciona como um proveitoso recurso pedagógico.

Também pretendo, com esta nova edição, minimizar uma possível falha da edição anterior, qual seja, a de que, especialmente na parte da "prática", eu ter feito comentários pessoais, em meio às considerações originais de Bion, sem esclarecer isso apropriadamente, de modo que muitos leitores entendiam que tudo que estava no texto provinha de Bion. Receoso de que pudesse ter sido injusto com o autor, não obstante minha intenção ter sido corroborar com suas idéias, na presente edição, procuro discriminar o que é unicamente de minha responsabilidade, por meio de uma chamada de comentário, em negrito.

Para finalizar, gostaria que a *leitura* de cada um dos capítulos, por parte de cada um dos leitores em separado, seguisse aquela recomendação de Bion, em que ele diz que os conceitos emitidos pelo autor só têm valor quando o leitor articula aquilo que lê com as experiências emocionais por que passa, ou seja, como eu entendo, quando se processa uma *realização* de uma idéia com um sentimento. Assim, o óbvio direito (e dever!) de o leitor concordar ou discordar dos conceitos emitidos, em forma parcial ou total, não importa tanto, visto que o realmente importante é que a leitura instigue a um pensamento reflexivo e a uma liberdade para a criatividade.

PRIMEIRA PARTE
Aspectos Gerais

1

O Homem Bion: Dados Autobiográficos

Os dados da vida de Bion provêm unicamente de seus registros autobiográficos, que estão contidos tanto sob uma forma ficcional e metafórica na sua trilogia *Uma Memória do Futuro* (1975-1977-1979) como na publicação, *post-mortem*, de um manuscrito autobiográfico que ele entregou à sua esposa Francesca, com cartas a ela e a seus filhos. Esse manuscrito íntimo foi postumamente publicado em dois volumes e editado por Francesca, que reuniu escritos esparsos de Bion, aos quais acrescentou fotos, cartas, pinturas e seus próprios comentários pessoais. Os dois volumes são: *The long week-end* (1982); *The other side of the genious: all my sins remembered*. O primeiro volume da autobiografia de Bion, *O longo fim de semana*, abarca até 1919, ano em que foi desmobilizado do exército (aos 18 anos ele deixou os estudos para alistar-se no exército e participar da I Guerra Mundial) e se confrontou com a vida civil, sem profissão nem qualquer trabalho com o qual pudesse ganhar o sustento.

A vida de Bion, tal como foi por ele contada nas obras mencionadas, é cheia de altos e baixos e vem entremeada de passagens ora pitorescas e bem-humoradas, ou reflexivas; ora deprimentes, até mesmo trágicas, porém, sempre tocantes e emocionantes, que permitiriam uma descrição longa e rica. No entanto, para o propósito deste livro, vamos adotar um estilo simplificado e traçar umas largas pinceladas, seguindo uma ordem linear e seqüencial.

Bion nasceu na cidade de Muttra, na Índia, em 1897, filho de um britânico que, na condição de engenheiro do serviço público inglês, prestava um serviço de irrigação para o governo indiano. O nome "Bion" provém dos huguenotes – franceses protestantes, calvinistas – que colonizaram algumas colônias da América do Norte, de onde fugiram por serem perseguidos, encontrando abrigo na Inglaterra.

Bion inicia a sua autobiografia, em *The long week-end*, falando de sua mãe:

> Minha mãe nos botava um pouco de medo. Quando menos não fosse, pelo fato de que ela podia morrer – ela era muito velha... O colo dela era esquisito; quando ela nos pegava, ficava quentinho, seguro e confortável. Então, de repente ele ficava frio e aterrorizador.

Deste trecho, e de tantos outros mais, pode-se depreender que sua mãe foi uma pessoa simples, voltada às lides domésticas, e de temperamento instável, com mudanças súbitas de humor. Parece ter sido uma pessoa com fases depressivas, tanto que o menino Wilfred seguidamente lhe perguntava por que ela estava tão triste e sofria muito com o sofrimento dela. Em outros trechos, ele descreve a mãe como uma pessoa fria. Assim – escreve Bion com pesar –, quando terminou o período escolar e se alistou no serviço militar, seus pais ficaram felizes em reencontrá-lo, porém a mãe o beijou de forma impessoal, como se ele fosse um outro rapaz que não o seu filho.

Já o pai é retratado por Bion como uma pessoa que impunha uma imagem idealizada dele próprio, ao mesmo tempo que se irritava profundamente com tudo o que ameaçasse essa sua imagem ilusória. Wilfred tinha uma relação conflituosa com o pai: tanto o admirava muito como recordava de algumas surras; e conclui dizendo que o pai tinha por princípio "introduzir a sabedoria pelo traseiro".

Tinha uma única irmã, de nome Edna, nascida pouco tempo depois dele, e com quem brigava muito.

Bion, em algumas oportunidades, referiu-se à sua família – no sentido genérico – como sendo "um conjunto de amalucados".

Ele viveu na Índia até a idade de 7 anos, acompanhado dos pais e da irmã e sob os cuidados de uma velha ama indiana – a sua querida Ayah –; esse fato exerceu uma significativa influência em sua vida e obra, porquanto a cultura indiana lhe ficou impressa de forma permanente e construiu uma boa parcela de sua cultura psicológica inconsciente. Este último aspecto se manifesta mais claramente durante os anos 70, quando a sua produção científica foi gradativamente adquirindo um cunho de natureza místico-religiosa. Embora Bion nunca mais tivesse voltado à Índia, ele manteve indeléveis em sua memória os anos lá passados e conservou o misticismo oriental e uma certa veneração por aquele país, de forma tal que costumava considerar-se como sendo um "anglo-indiano".

Perto dos 8 anos, com a finalidade de fazer a sua educação escolar na Inglaterra, como era um costume para os filhos de altos funcionários britânicos que vivessem no exterior, o menino Bion mudou-se para lá e morou sozinho no colégio interno, onde recebia esporádicas visitas de seus pais. Quando, em sua autobiografia, Bion alude à sua separação da mãe, por ocasião do seu internamento no colégio, ele relata que não chorou, mas observou-a se afastando, com um chapéu que parecia uma espécie de bolo flutuando contra a paisagem verde, e essa imagem ficou fortemente gravada em sua memória. À noite, ao deitar-se, evocou aquela cena, cobriu a cabeça com as cobertas e só então chorou. Bion prossegue dizendo que o seu único recurso para superar o sofrimento era chorar silenciosamente, até que, aos poucos, foi ficando parecido com a mãe, que "não ria e nem chorava".

Em suas confidências, Bion expressa, com amargura, as marcas que lhe ficaram do rígido e altamente repressor regime escolar da tradicional escola pública em que foi matriculado. Os primeiros anos, especialmente, foram muito difíceis, porquanto se sentia muito sozinho, saudoso dos pais e sofrendo uma certa discriminação por parte dos colegas.

Além disso, embora conhecida como sendo menos rígida que as demais, sua escola impunha hábitos como a obrigação de freqüentar a igreja todos os domingos, vestido com o uniforme do colégio, com um barrete e um pompom dependurado. Também aos domingos havia um obrigatório passeio de cinco quilômetros a pé, e os retardatários eram punidos com uma escala crescente de castigos. Da mesma forma, antes de os alunos poderem dormir, havia a imposição de que rezassem ajoelhados ao pé da cama.

O púbere Bion sentia-se atormentado pelos ditames da religião, que predicava contra a prática da masturbação, com ameaças de punição divina, justamente no período em que ele se masturbava intensamente. Além disso, a sua escola mantinha uma espécie de rede de espionagem, cujo alvo principal era a delação do crime do onanismo.

Bion voltou a recuperar a segurança e a integrar-se com os colegas quando se tornou capitão de equipes desportivas de *rugby*, de natação e de *waterpolo*, ao mesmo tempo que conquistava as primeiras colocações em sua atividade estudantil.

Aos 17 anos, manifestou uma séria crise emocional, que descreveu como apresentando um certo colorido autístico.

Algum tempo após ter saído do colégio, aos 19 anos, Bion, espontaneamente, ingressou nas forças armadas, onde se destacou dos demais companheiros devido às suas qualidades desportivas e intelectuais. No exército, ele prestou serviço no batalhão de carros blindados de combate.

Em certa ocasião, durante a I Grande Guerra, Bion entrou em plena ação militar, com a tarefa de, com seus tanques, ajudar a eliminar os ninhos de metralhadoras inimigas. Nessa perigosa ação bélica, Bion viu a morte de perto; porém, ao término dela, acabou consagrado como herói e foi condecorado no Palácio de Buckingham com uma das mais prestigiadas medalhas militares. Igualmente, foi homenageado pelo aliado governo francês, que lhe atribuiu a tão dignificante "Legião de Honra". Bion chegou a alcançar a patente de capitão, porém, ao término da guerra, abandonou o exército, seguindo para a Universidade de Oxford, optando pelo setor dos historiadores.

No campo das ciências humanísticas, merecem ser registradas as seguintes conquistas de Bion:

- Estudou História Moderna, em profundidade.
- Obteve Licenciatura em Letras, tendo conseguido a distinção B. A. (*Bachelar of Arts*).
- Fez estudos sobre Filosofia, mostrando-se particularmente interessado em Kant, que é bastante citado em sua obra.
- Foi um respeitável conhecedor de Teologia.
- Tinha conhecimentos de Lingüística e das línguas grega e latina.
- Foi um amante da literatura, sendo que os seus escritos estão recheados de citações de Shakespeare.
- Desde muito jovem, além de ser bem-sucedido na prática de esportes, Bion dedicou-se ao magistério, durante 22 anos, como professor de História e de Literatura.
- Revelou um inegável talento para a pintura impressionista, tendo legado alguns quadros a óleo de reconhecida qualidade artística.
- Ao entrar em contato com um livro de Freud, ficou fascinado e decidiu fazer Medicina e tornar-se psicanalista.
- Graduou-se como médico com a idade de 33 anos, e acabou ganhando uma medalha de ouro em Cirurgia, além de outros respeitáveis títulos honoríficos em Medicina.
- Trabalhou com Wilfred Trotter, notável especialista e grande figura humana, que também se interessava por psicologia individual e grupal e escrevera o livro *Instintos de horda na paz e na guerra*. Trotter exerceu uma grande influência sobre Bion, e é provável que a leitura desse livro tenha contribuído para estimular o seu interesse pela área da psicologia.
- Em pouco tempo, lançou-se à prática da psiquiatria, tendo se empregado na Tavistock Clinic, onde encontrou uma maior afinidade com o grupo que se interessava pela psicanálise.

Após uma experiência psicoterápica de alguns anos de duração, iniciada quando, ainda muito jovem, ele sofrera uma profunda decepção amorosa, Bion começou a sua primeira análise com Rickmann, um ex-analisando de Freud e de Klein. Essa análise perdurou de 1937 a 1939, quando foi interrompida pela II Grande Guerra. Os dois voltaram a se encontrar e a trabalhar como colegas em atividades pioneiras de psicologia de grupo, em um trabalho de readaptação dos militares neuróticos de guerra, no Hospital Northfield.

Bion ainda trabalhava na Tavistock quando voltou ao exército, em 1940, em plena vigência da II Grande Guerra, passando, então, a dedicar-se à reabilitação dos pilotos da RAF. Com o término da guerra, Bion voltou a trabalhar na Tavistock, dedicando-se a grupos compostos por pessoas que compunham a cúpula diretiva e detinham funções de poder. Todos esses trabalhos com grupos foram de grande relevância para Bion, e suas experiências relativas a esse período serão detalhadas em capítulo específico deste livro.

A partir de 1945, com 48 anos, começou uma segunda análise, dessa vez com Klein – nome que lhe foi sugerido por Rickman –, que se prolongou por oito anos, ao mesmo tempo em que retomou a sua formação, no Instituto de Psicanálise de Londres.

Nesse período, produziram-se relevantes mudanças em sua pessoa e em sua vida. Foi aceito como membro da Sociedade Britânica de Psicanálise e, desde cedo, foi considerado pelos seus pares como um brilhante discípulo de Klein. Em relação a ela, sua analista, mestra e amiga, Bion transparecia uma certa ambigüidade: assim como manteve uma eterna fidelidade e gratidão a ela, em muitas oportunidades evidenciava críticas e discordâncias, como denotam estas passagens na tradução de *La otra cara del gênio. Cartas de família* (1999, p. 54):

> Tenho de encontrar uma maneira de dizer a M. Klein que necessito dormir, e então aproveitar para escrever! Psicanálise durante o dia, e psicopolítica durante a noite, preferentemente em peças com as janelas fechadas, todos fumando e com fogo aceso, é mais do que minha constituição pode suportar. [...] M. Klein é muito exigente. Suponho que é por ter sofrido tantos ataques e tão poucas autênticas alegrias em sua vida, porém o caso é que sempre sinto que ela me deixa seco; não sei exatamente como ela faz [...]

O primeiro casamento de Bion foi com Elisabeth Jardine, uma ex-atriz que também se dedicava à arte da fotografia e ao estudo de línguas. Esse casamento terminou em 1945, com a morte trágica de sua esposa, devido a complicações com o parto de sua filha, Partenope, enquanto Bion estava ausente, envolvido nos compromissos com as forças militares na Normandia. Em seus escritos autobiográficos, transparece a dor que ele carregou pelo resto da vida e o quanto esse acontecimento influenciou sua pessoa.

Casou-se pela segunda vez, em 1951, com Francesca, pesquisadora e sua assistente na Tavistock. Ela era moça, também viúva, e manifestava talento para a música e para o canto. Francesca Bion tornou-se uma companheira dedicada e inseparável até o fim da vida de Bion, que com ela gerou mais dois filhos: Julian (atualmente médico anestesista) e Nicola (atualmente lingüista), nascida quando Bion já tinha 58 anos.

Bion era respeitado pelos colegas e, por muitos anos, ocupou importantes cargos na Sociedade Psicanalítica Britânica, tendo exercido a função de diretor da Clínica da Sociedade Britânica de Psicanálise, de 1956 a 1962, e de presidente dessa Sociedade, de 1962 a 1965. Não obstante, no final da década de 60, mais precisamente em 1968, apresentava visíveis sinais de desgaste com a maioria de seus pares, que de uma forma ou outra lhe temiam e, por isso, mostravam uma certa indiferença pelo seu pensamento psicanalítico. O amargor de Bion em relação a seus colegas está expresso nessa confidência (1999, p. 174):

> Nunca discuto as opiniões de outras pessoas: 1) não te fazem caso; 2) tomam o que dizes para demonstrar que estás equivocado; 3) se aborrecem muito e não te perdoam nunca; 4) se apossam de tua idéia quando escutam de que se trata, ou 3 e 4 de uma só vez.

Provavelmente devido a esse desgaste, Bion aceitou o convite de um grupo de psicanalistas da Sociedade Psicanalítica de Los Angeles para lá se radicar e dedicar-se prioritariamente à continuação de seus estudos teóricos. A origem desse convite é que alguns analistas de Los Angeles, com o propósito de conhecer a obra de Klein, convidavam alguns dos seus mais ilustres seguidores. Bion foi o terceiro, e sua visita despertou tal fascinação que originou o convite para uma permanência definitiva em Los Angeles. No entanto, a aceitação de suas idéias nos Estados Unidos ficou restrita a um círculo de poucas pessoas interessadas em Klein, permanecendo praticamente ignorado pelo restante dos psicanalistas. Um desses fiéis discípulos foi Grotstein, em cujo testemunho, publicado na *Revista Gradiva* (n. 43, Nov-Dez, 1988, p. 10), diz:

> Bion foi muito maltratado aqui em Los Angeles, como todos os kleinianos, porque Klein foi muito desrespeitada e desconsiderada devido a Anna Freud, sua enorme

influência em nosso país e também pela influência da Psicologia do Ego. De qualquer modo, Bion nunca foi convidado a entrar para o Instituto de L. A. Susan Isaacs chegou a se candidatar a membro da Sociedade Psicanalítica de L. A., mas também foi recusada. Estes foram períodos realmente ruins. Meu próprio treinamento analítico ficou em risco. Eu e mais dois analistas kleinianos tivemos que ameaçar processá-los, para podermos manter nossas posições, o que acabamos conseguindo. Foram tempos ruins. Eles se acalmaram um pouco, mas Klein não é bem-vinda em nosso país.

Esses conflitos com seus pares, tanto em Londres como em Los Angeles, estão, como tudo leva a crer, bem expressados nos seus textos sobre o "místico e o *establishment*".

Foi justamente na última década de sua vida que Bion visitou a América Latina. Primeiramente a Argentina, em 1968, a convite de Grinberg, tendo realizado uma calorosa programação científica na Associação Psicanalítica Argentina, a qual resultou na formação de um grupo de estudo de psicanalistas liderados por Grinberg, que estudaram Bion em profundidade, e cujo fruto mais importante foi a publicação do consagrado *Introdução às idéias de Bion*. Um pouco mais tarde, inicialmente a convite de Frank Philips, seu ex-analisando e discípulo, Bion visitou o Brasil em diversas oportunidades: em 1973 (São Paulo), em 1974 (São Paulo e Rio de Janeiro), em 1975 (em Brasília, por incentivo de Virgínia Bicudo) e em 1978 (São Paulo). No Brasil, ele desenvolveu uma atividade científica tão intensiva e profícua como altamente controvertida e polemizadora.

Desses debates, gravados e transcritos, resultaram excelentes livros, conhecidos como *Conferências brasileiras*, que hoje são reconhecidos internacionalmente e ocupam lugar de alta relevância no acervo psicanalítico de Bion.

Através de um porte físico de alta estatura, uma aparência de forte segurança, uma certa áurea mística, um jeito algo abrutalhado e com colocações surpreendentes e muito apartadas da ortodoxia formal, Bion encantou a muitos e certamente decepcionou a outros tantos. No entanto, dentre os que o assistiram, a ninguém ele foi indiferente ou passou despercebido. Pelo contrário, sempre gerou frutíferas polêmicas.

Para caracterizar melhor o seu jeito de ser e de expor suas idéias, vale recordar com brevidade algumas passagens ilustrativas que ocorreram de forma algo pitoresca.

Bion, por exemplo, iniciou uma conferência dizendo: "estou curioso para saber o que vou dizer esta noite". Poderia parecer uma brincadeira sua, mas não era; pelo contrário, ele demonstrava como construía o seu pensamento de uma forma livre e sem a saturação de sua mente por conceitos já firmemente estabelecidos.

Assim, em mais de uma ocasião, Bion fez questão de se posicionar como um cientista descomprometido com as verdades definitivas e que, portanto, postulava o seu direito de modificar os seus prévios pontos de vista e, até mesmo, o direito de cair em eventuais contradições.

Outra passagem que vale a pena ser mencionada é aquela em que Bion começa a sua 5ª Conferência em São Paulo (1973, p. 73), segurando uma xícara na mão e perguntando: "Qual é a interpretação desta xícara que seguro em minha mão?". Após um silêncio de perplexidade geral, o público presente passou a participar ativamente, e daí podemos inferir algumas particularidades características de Bion. Assim, em momentos sucessivos, ele assinalou, entre outros, os seguintes aspectos: 1) a interação do grupo com ele; 2) os diversos vértices de cada participante separadamente (a xícara com o significado de continente; a sua categorização na grade; as impressões visuais; uma tentativa de "adivinhar" o que Bion tinha em mente, etc.); 3) a formulação de conceitos como o da intuição; 4) a função da verdade na determinação de quando as respostas são verdadeiras ou falsas; e 5) a profunda reflexão, à guisa de conclusão, que ele lançou no auditório: "vocês são capazes de ver?".

Pode-se dizer que esse jeito questionador e instigante de Bion data desde sua meninice, e é ele próprio quem confirma isso na sua 1ª Conferência em Nova Iorque (1992, p. 72-73):

> Voltando à minha vida privada: quando eu era pequeno, costumava ser visto pelos adultos como uma criança ímpar, que estava sempre fazendo perguntas. Fizeram-me recitar um poema:
>
> "Eu mantenho seis empregados honestos
> Que me ensinaram tudo que sei;
> Seus nomes são: O que; Por que e Quando
> Como, Onde e Quem
> Enviei-os para Leste e Oeste,
> Enviei-os por terra e mar;
> Mas depois de todo este trabalho para mim,
> Mandei-os descansar."

Bion esclareceu ao auditório que a frase final "mandei-os descansar" deve valer para os psicanalistas, porque "quando estamos no nosso consultório com um paciente, temos que ter a ousadia de descansar".

Tudo leva a crer que Bion sentiu-se atraído e apaixonado pelo Brasil, tanto que teria confidenciado a alguns dos seus mais íntimos psicanalistas brasileiros que tencionara fixar residência em Brasília, o que só não foi concretizado devido à oposição de sua inseparável Francesca.

Como já foi referido no Prólogo, os seus conceitos são muito controvertidos. Alguns deles são lógicos e de fácil entendimento, enquanto outros são muito instigantes para que se façam reflexões, embora sejam, de início, de difícil assimilação por terem base em paradoxos, enigmas e linguagem incomum; também aparecem outras concepções de natureza mística, que exigem uma disposição muito especial por parte do leitor.

Tudo isso, somado à sua personalidade invulgar e imprevisível, justifica por que Bion deixou diversas imagens no mundo psicanalítico: para muitos, ele é o terceiro gênio da psicanálise, completando a galeria com Freud e Klein. Para outros, em um extremo oposto, ele não passa de um tautólogo, algo esquizóide e místico, que não teria feito mais do que revestir com uma roupagem nova e esquisita os mesmos conceitos que já estavam bem definidos.

Essa imagem controvertida, aliás, não é exclusividade do meio psicanalítico brasileiro. Virgínia Bicudo (*Revista Alter*, n. 1/2/3. 1980, p. 161) – uma importante e respeitada psicanalista brasileira – conheceu-o pessoalmente e relata que testemunhou vê-lo

> sendo agredido em reuniões da Sociedade Britânica de Psicanálise. Após a apresentação de um de seus trabalhos, seguiu-se uma discussão em termos fortemente agressivos, na qual ele era qualificado de esquizofrênico. A reação de Bion foi a de permanecer calado e somente retomar a palavra quando um questionamento sobre as suas idéias era colocado.

É necessário registrar que as pessoas que o conheceram mais de perto testemunham que era de muito bom trato e um profundo respeitador das posições e opiniões divergentes da sua, embora manifestasse irritação em alguns momentos.

Particularmente, situo-me entre os que o consideram como um gênio, tomando essa palavra no sentido com o qual ele próprio a definiu: "um portador de idéias novas e revolucionárias, que ameaçam a estabilidade do *establishment* de determinadas épocas e culturas".

A propósito disso, vale a pena completar o perfil biográfico de Bion com uma pequena história que ele gostava de contar e com a qual iniciou seu contato com os psicanalistas brasileiros na abertura da primeira das oito palestras que proferiu na sua primeira visita a São Paulo. Trata-se da fábula, disfarçada em relato histórico, acerca dos funerais do rei da cidade de Ur e dos profanadores do cemitério real. Nesse conto, o rei morreu e foi enterrado juntamente com todos os membros de sua corte, e com todos os tesouros. Somente 400 anos mais tarde, os túmulos foram saqueados. Segundo Bion, foi um ato corajoso dos saqueadores, porque a tumba havia sido santificada pela morte e pelo enterro do rei. Dessa maneira, sem considerar a pilhagem em si, ele diz que os profanadores do santuário devem ser considerados como os precursores do método científico, os primeiros que enfrentaram e ousaram transpassar as fantasmagóricas sentinelas dos mortos e dos maus espíritos. Ele utilizou esse modelo como uma forma de enfatizar aos seus ouvintes o quanto é importante a coragem do psicanalista em se aprofundar no santuário do inconsciente, e que essa experiência emocional deveria ser feita com algum grau de medo em ambos, no paciente e no analista.

Como se vê, Bion foi uma personalidade invulgar, sendo que a originalidade e o alcance de suas postulações, paradoxos e reflexões provocaram um profundo impacto nos psicanalistas e na psicanálise moderna, de sorte que ele pode ser considerado legitimamente como um dos inovadores da moderna prática psicanalítica.

No entanto, nem tudo é laudatório em sua vida, e é o próprio Bion que, em sua autobiografia, faz questão de se desmistificar e de expor alguns aspectos de sua intimidade que provocam no leitor um misto de perplexidade, respeito e estado de choque. Transcrever todas essas situações, que são algo chocantes, implicaria nos alongarmos em demasia; no entanto, vale a pena reproduzir umas três ou quatro delas, muito resumidamente.

Bion relata ter atravessado uma séria crise emocional em sua adolescência, refugiando-se em uma espécie de autismo e recorrendo a uma masturbação intensiva. Ele também surpreende o leitor quando confessa que a medalha D. S. O. (*Distinguished Service Order*) que recebeu do governo britânico, como herói da I Guerra, lhe teria sido imerecidamente outorgada, pois o seu ato de bravura não teria sido mais do que um erro na condução do seu tanque blindado, erro este que acabou dando certo e que possibilitou a salvação da vida dele e dos seus companheiros. Além disso, continua Bion, teria feito um uso indevido dessa medalha, para conferir vantagens pessoais, daí decorrendo um sentimento de culpa e de vergonha. Ademais, ele nunca se perdoou por ter participado dos horrores da guerra e, pior ainda, intimamente assumiu a responsabilidade pela morte de um amigo que, por tentar imitar o seu heroísmo, acabou sendo uma presa fácil para a força alemã inimiga. Por tudo isso, ele desqualificou a medalha D. S. O. e a rotulou como sendo sua "marca da vergonha".

Antes de ser desmobilizado, com a patente de capitão, Bion já divulgava algumas de suas originais observações sobre as mudanças sociais, nos homens e nas idéias, ao finalizar o horror da grande guerra.

Um outro trecho impactante é aquele em que ele relata a morte de sua esposa, Betty, não se perdoando por não ter estado presente nem no nascimento da filha nem na morte da esposa. Especialmente comovedor, nesse implacável desnudamento de Bion, é o trecho em que ele admite as terríveis dificuldades de aproximação com essa filha; em certa passagem contida no último capítulo da primeira parte do segundo volume, ele chega a confessar que a meninazinha se arrastava em sua direção à espera de colo, enquanto ele se mantinha impassível, imobilizado. O nome dela, Partenope – recentemente falecida num trágico acidente de automóvel –, foi escolhido por Bion e, em grego, alude à figura mítica de uma das Sereias, meio mulher e meio pássaro, que gostava de música. Ela trabalhou como psicanalista na Itália, onde se casou com um músico italiano. Foi particularmente emocionante para mim quando, ao estudar o maior número possível de textos acerca de Bion, me deparei com um artigo de Partenope Bion Talamo na *Rivista di Psicanalisi* (1987, p. 133-135), no qual ela defendia o pai a respeito de uma crítica de Meltzer referente ao processo da interação oscilatória entre a posição esquizoparanóide e a depressiva formulada por Bion, crítica esta que ela julgava improcedente.

Nos últimos anos, já alquebrado pela velhice, Bion sofreu uma fratura no fêmur. Quanto mais pressentia o término de sua vida, mais foi se tornando um místico em busca da "realidade última", e os seus escritos, muito centrados nos problemas relativos ao tempo e à morte, foram adquirindo um estilo que lembra a linguagem esquizóide, embora preservem o mesmo fascinante desafio de sempre. Aliás, essa preocupação com a relação inexorável que há entre a passagem do tempo e a morte pode ser depreendida pelos simples títulos de sua trilogia ficcional: *Uma memória do futuro: O sonho, O passado apresentado, A aurora do esquecimento*.

É interessante registrar que seu primeiro artigo foi publicado em 1940 com o título de "A guerra dos nervos", enquanto o seu último trabalho publicado enquanto vivo – *Como tornar proveitoso um mau negócio* – encerra com a frase "essa guerra ainda não terminou".

Em novembro de 1979, em meio a uma viagem de saudosismo à Inglaterra, da qual estava afastado há 11 anos, Bion veio a falecer após algumas poucas semanas de evolução de uma leucemia mielóide aguda, na cidade de Oxford, aos 82 anos de idade.

2

A Obra:
Uma Resenha dos Trabalhos de Bion

Não é nada fácil a leitura de Bion; pelo contrário, ela costuma ser a um só tempo irritante e instigante, cansativa e fascinante, e, além disso, para ser bem aprendida, exige que o leitor retorne um sem número de vezes aos mesmos textos já lidos e que estabeleça continuadas correlações entre eles.

A obra de Bion cobre um período de 40 anos de intensa produção científica e consta de um total de aproximadamente 50 títulos, além de outras contribuições, como a realização de inúmeros seminários clínicos, os quais permitem o garimpo de verdadeiras preciosidades.

Antes de acompanhar mais de perto a obra de Bion, é útil que se conheçam as principais fontes geradoras de sua identidade psicanalítica, que o diferenciaram de todos os demais psicanalistas importantes.

- A influência da cultura oriental hinduísta, a qual deve ter contribuído para que Bion desenvolvesse e utilizasse um sistema de ensino com base no uso de paradoxos, de contradições e de ilógica, com o objetivo de romper o ciclo unicamente lógico e sensorial da mente.
- Um aprendizado emocional às custas de experiências cruéis e penosas que ele sofreu ao longo da vida, como algumas das que foram referidas no capítulo anterior.
- A incorporação harmônica de uma importante dupla parental, isto é, de Freud e de Klein, apesar da direção diferente, mas nunca excludente, e muito menos beligerante, que Bion deu a alguns dos postulados daqueles dois gênios da psicanálise.
- O seu trabalho ativo e diversificado com grupos dinâmicos e a sua preocupação com os problemas da psicologia social.
- A sua – fundamental – experiência de analisar esquizofrênicos e outros pacientes muito regressivos.
- Uma formação muldimensional: além de médico, de uma experiência junto às forças militares e de sua condição de psicanalista, Bion graduou-se em algumas áreas das ciências humanísticas e tinha profundos conhecimentos de teosofia e de filosofia.
- Uma sólida cultura erudita, aliada a um excepcional senso estético-artístico, sem levar em conta uma privilegiada capacidade para a prática de esportes.
- Um forte senso epistemofílico, arraigado desde a sua meninice e que ele

mesmo recorda através do antes mencionado poema de Kipling, que aborda os "seis serventes" e que lhe serviu como uma espécie de lema na vida. (Posteriormente, Bion acrescentou um sétimo servente, que considerou como sendo a "sabedoria".)

Embora os trabalhos de Bion sejam de uma alta abstração, eles só podem ser entendidos a partir do vértice de que toda a sua obra baseia-se na experiência emocional que ocorreu na *prática* da situação psicanalítica, a qual, como ele nunca cansou de ressaltar, é sempre de natureza vincular.

Dessa forma, no fundo, a contribuição fundamental de Bion consiste na abertura de novas formas de pensar as questões da prática clínica, independentemente de quais são as correntes teóricas que servem de respaldo a um psicanalista, embora de modo algum isso signifique que essas teorias devam ser dispensadas ou relegadas a um plano secundário.

Por outro lado, a obra de Bion não segue uma clara evolução linear e seqüencialmente continuada; pelo contrário, ela é cheia de avanços, recuos, superposições, mutações, paradoxos e, principalmente, profundas mudanças de estilo. Apesar disso, ele mantém uma unidade conceitual, e é possível traçar em um esquema altamente simplificador a trajetória de suas idéias nas quatro décadas de sua incessante produção científica.

Assim, a marca predominante do decênio 40 pode ser considerada aquela que resultou do seu trabalho prático com diversas modalidades de grupos. Esses estudos lhe propiciaram a observação de que a dinâmica grupal que surge no nível inconsciente do grupo (os "supostos básicos") confirmava as teorias de Klein acerca dos primitivos mecanismos defensivos do ego, as ansiedades psicóticas, e as manifestações inerentes à posição esquizoparanóide.

Na década de 1950, inspirado na constatação desses fenômenos psicóticos, Bion dedicou-se a analisar pacientes esquizofrênicos, embora analisasse somente os não-internados que possibilitassem uma abordagem psicanalítica.

No decênio 60, a partir da análise com esses pacientes psicóticos, Bion interessou-se particularmente pelos fenômenos pertinentes à gênese e à natureza dos pensamentos, tanto nos aspectos da normalidade como nos da patologia. A partir daí, pode-se dizer que essa década foi a mais profícua de sua importante obra, e a confirmação disso está na data dos seus trabalhos mais notáveis: *Ataque à vinculação* (1959); *O aprender com a experiência* (1962); *Elementos de psicanálise* (1963); *As transformações* (1965). Aliás, pode-se dizer que os últimos três livros constituem uma espécie de trilogia inicial do método científico e filosófico de sua obra, em contraposição com a trilogia final de *Uma memória do futuro*, a qual guarda um modelo místico-religioso.

A década de 1970, delimitada pela obra *Atenção e interpretação* (1970), vai progressivamente se inclinando por um Bion de crescente complexidade, e, a partir da metade desse decênio até a sua morte, em 1979, suas idéias adquirem uma característica marcadamente místico-transcendental, de difícil compreensão para a grande maioria dos leitores. É oportuno registrar que a trilogia mencionada, escrita ao final de sua vida, não é de caráter científico propriamente dito; antes, a sua natureza é a de uma literatura ficcional. No entanto, uma leitura mais atenta, especialmente nas entrelinhas, permite reconhecer os seus postulados básicos e estabelecer correlações com seus escritos anteriores e com a prática clínica de cada leitor.

Uma observação indispensável para quem vai ingressar na obra original de Bion alude ao fato de que esse autor usa uma terminologia própria, quase sempre inédita em relação aos mais importantes autores psicanalíticos da época. Além das denominações estranhas com as quais ele nominava tanto os fenômenos já suficientemente bem conhecidos como os recentemente criados pela sua intuição genial, Bion utilizou bastante o emprego de signos, letras do alfabeto grego, mitos, fórmulas matemáticas, formulações com base em modelos biológicos, físicos e químicos, além dos artísticos, filosóficos e místicos. Tudo isso foi feito com uma tríplice intencionalidade.

A primeira intuição era a de utilizar a sua vasta cultura e erudição humanística, não com uma finalidade obsessiva ou narcisística, mas sim com o propósito de estabelecer com o leitor uma leitura de natureza dialética-expansionista.

A segunda intenção foi a de impedir que o leitor interessado em suas idéias ficasse tentado a reverter toda a sua leitura para as premissas básicas dos conhecimentos teóricos prévios que o psicanalista leitor já domina bem, e que saturam a sua mente, de acordo com um costumeiro hábito de reducionismo que os analistas também costumam ter.

Um terceiro fator que merece ser levado em conta é o fato de que os textos de Bion exigem uma leitura muito especial, para que o leitor possa sintonizar-se com os distintos modelos que ele utilizava para fundamentar e expor as suas idéias. Assim, como vimos antes, as suas concepções transitam tanto por modelos científico-lógicos, matemáticos e filosóficos como também por modelos estético-artísticos, religioso-místicos e pragmático-existencialistas.

Seguidamente, Bion destacava a importância de o psicanalista, no consultório, chegar ao "fato selecionado", isto é, a um fato que dê coerência e integração ao que parece estar em estado de caos e dispersão. Levando em conta os diversos períodos, com conteúdos, modelos e vértices de conceitualizações distintas entre si, além dos problemas da terminologia semântica, optei por fazer, à guisa de um "fato selecionado", um resumo introdutório de cada um dos principais livros ou artigos de Bion, nos seus quase 40 anos de ininterrupta produção psicanalítica, que se estende desde a publicação de seus primeiros experimentos com grupos, seguidos, em 1947, de seu trabalho "Psiquiatria em um tempo de crise", até os últimos, que resultaram de uma compilação de suas idéias esparsas, publicadas após a sua morte.

O propósito deste capítulo é, portanto, alcançar uma visão panorâmica e integradora de sua obra, isto é, fazer uma *sinopse*, levando em conta a etimologia desta palavra, que é composta pelos radicais gregos *Syn* (junto de; conjunto) e *opsis-optis* (olhar), ou seja, uma visão abrangente e unificada.

1947. PSIQUIATRIA EM UM TEMPO DE CRISE
(*Psychiatry at a time of crisis*)

Esse trabalho, publicado originalmente no *British Journal of Medical Psychology*, corresponde ao discurso que Bion pronunciou ao assumir a presidência da seção médica da Sociedade Britânica de Psicologia. No início desse artigo, Bion diz que, ao visitar o departamento de terapia ocupacional do Hospital Psiquiátrico Militar durante a guerra, se convenceu de que os métodos empregados para tratar as neuroses correspondiam a uma espécie de um neurótico "equilíbrio de insinceridade" entre os médicos, os pacientes e toda a comunidade hospitalar.

Mais adiante, ele afirma que o ser humano regulou suas relações externas através da lei, porém o fracasso surge quando se trata de produzir um método para manejar as tensões emocionais subjacentes a todas as relações humanas, que estão sempre presentes e correspondem às emoções inconscientes primitivas. Segundo Bion, os modernos métodos de comunicação repetem, num nível mais complexo, os problemas da criança que começa a falar, e que os modernos recursos de destruição não são mais do que a repetição dos primitivos aspectos da destrutividade infantil.

A ciência atômica, o ócio resultante dos avanços tecnológicos e outros aspectos afins favorecem a eclosão de conflitos emocionais. Um "grupo sem líder", diz Bion, se dissolverá, e se pode dizer que

> se um homem não consegue ser amigo de seus amigos, tampouco conseguirá ser inimigo de seus inimigos, de modo que um grupo que esteja constituído com tais pessoas, sucumbirá a um subgrupo interno hostil.

1948-1960. EXPERIÊNCIAS EM GRUPOS
(Experiences in groups)

Vale ressaltar que os primeiros escritos de Bion sobre grupos datam de 1943 ("Tensões Intragrupais em Terapias: seu Estudo Como a Tarefa do Grupo") e 1946 ("O Projeto do Grupo sem Líder"), sendo que esses artigos, e outros mais, foram reunidos em 1948 no livro *Experiências em grupos*. Em 1952, ele publicou "Dinâmica de Grupo: uma Revisão" e, em 1961, sob a motivação de que "estes artigos despertaram um interesse maior do que eu esperava", tornou a reunir todos esses textos e os publicou em um livro também intitulado *Experiências em grupos*.

Pode-se dizer que *Experiências em grupos* é o resultado do trabalho realizado em três décadas diferentes de sua vida: aos 40 anos, como psiquiatra militar; aos 50 anos, como psiquiatra civil, e, aos 60 anos, como psicanalista.

1950. O GÊMEO IMAGINÁRIO (1967)
(The imaginary twin)

Conquanto só tenha sido publicado em 1967, como o primeiro capítulo do livro *Second thoughts* (traduzido por *Volviendo a pensar* na edição argentina, e por *Estudos psicanalíticos revisados*, na edição brasileira), esse artigo de Bion foi apresentado na Sociedade Britânica de Psicanálise, em 1950, e valeu a seu autor a condição de psicanalista membro dessa sociedade.

Nesse trabalho, o primeiro de cunho estritamente psicanalítico, Bion aborda as dificuldades de se lidar com pacientes esquizóides e esquizofrênicos. Ele parte do estudo de três pacientes (em um caso tratava-se de um gêmeo real, nos outros dois, eram gêmeos imaginários) e, com base na teoria de Klein, aventa a hipótese de que um gêmeo representaria uma espécie de "duplo". Seria, pois, uma personificação, cuja finalidade visaria a negar a incapacidade de um controle absoluto sobre um outro indivíduo e, ao mesmo tempo, a de negar que esse outro é uma pessoa autônoma e diferente dele.

Assim, Bion aprofunda a investigação sobre a psicopatologia da "posição esquizoparanóide", enfocando as dissociações e o jogo entre identificações projetivas e introjetivas, postulando a correlação entre o desenvolvimento ocular e o desenvolvimento do conflito edípico.

1952. DINÂMICA DE GRUPO: UMA REVISÃO
(Group dynamics: a review)

Esses estudos sobre grupos baseiam-se em experiências vividas em distintos locais e épocas e com propósitos diferenciados. Assim, no Hospital Militar, durante a II Guerra Mundial, Bion descreveu as "tensões intragrupais" com grupos formados com a finalidade de reabilitação. Ele também descreveu um método original, criação sua, de proceder a uma seleção de candidatos a oficial da armada, através da proposição de atividades em "grupo sem líder". A experiência grupal de Bion ficou muito enriquecida, com os seus posteriores experimentos de finalidade psicoterapêutica, na Tavistock Clinic.

São muitos e originais os fenômenos do campo grupal que Bion observou e descreveu, e que seguirão, bastante detalhados, no capítulo correspondente do presente livro.

1954. NOTAS SOBRE A TEORIA DA ESQUIZOFRENIA (1967)
(Notes on the theory of schizophrenia)

Nesse trabalho, Bion esclarece que utilizou com os seus pacientes esquizofrênicos a mesma técnica analítica que empregava para os neuróticos comuns, e destaca os aspectos a seguir colocados:

– A patologia da linguagem utilizada pelos esquizofrênicos. Assim, ele assinala as três maneiras como esses pacientes empregam a linguagem: como um *modo de atuar*; como um método de *comunicação primitiva*; como uma

forma de pensamento. Bion destaca o fato de que, às vezes, o atuar substitui o pensar, e vice-versa.
– Esse artigo destaca o fato de que a presença de ódio e voracidade provoca dissociações que destroem a capacidade para pensar e para unir os objetos e as palavras.
– Dessa forma, esses pacientes utilizam as palavras como se fossem coisas, ou como partes cindidas deles mesmos e que tratam de colocar dentro do analista.
– Há uma marcante dificuldade na utilização dos símbolos e, portanto, dos substantivos e verbos.
– O artigo é enriquecido com excelentes vinhetas clínicas, em que o autor enfoca a linguagem do paciente sendo usada não para comunicar, mas sim para atacar a percepção do analista, provocando uma dissociação na mente deste.

1955. LINGUAGEM E ESQUIZOFRENIA (1967)
(*Language and the schizophrenic*)

Bion, apoiado na experiência de análise com seis pacientes, propõe-se a mostrar o uso que o paciente esquizofrênico faz da linguagem. Os aspectos mais destacados são:

– A utilização dos conceitos de Klein acerca dos ataques sádico-destrutivos, as dissociações, as identificações projetivas, as posições esquizoparanóide e depressiva, etc.
– Os três tipos do uso da linguagem (descritas no trabalho anterior).
– As funções egóicas, notadamente o processo de simbolização, o pensamento verbal e os transtornos do pensamento.

É útil esclarecer que esse artigo de Bion aparece fundido com o anterior – "Notas sobre a teoria da esquizofrenia" –, num capítulo que leva esse último nome, no livro *Second thoughts* (*Estudos psicanalíticos revisados*, na edição brasileira).

1956. DESENVOLVIMENTO DO PENSAMENTO ESQUIZOFRÊNICO (1967)
(*Development of schizophrenic thought*)

Nesse trabalho, Bion propõe-se a discutir até que ponto a personalidade psicótica difere da não-psicótica, e qual a natureza da divergência entre ambas.
Para tanto, ele se fundamenta em Freud e em Klein, dando destaque aos seguintes aspectos presentes nas psicoses:

– Predominam os impulsos destrutivos: o ódio às realidades interna e externa; o medo de uma aniquilação iminente; relações de objetos frágeis.
– Assim, a transferência desses pacientes se caracteriza pelo fato de as relações com o analista serem prematuras, precipitadas e de muita dependência.
– Há um excesso de identificações projetivas, e é freqüente a presença de uma sensação de mutilação e de um estado confusional.
– Há uma presença ativa de ataques contra a percepção consciente da realidade, o que provoca um estado mental no qual o paciente não se sente nem vivo nem morto.
– As crescentes e múltiplas dissociações seguidas de identificações projetivas se constituem como "objetos bizarros".
– Forma-se uma confusão entre o símbolo e o que deve ser simbolizado (equivale ao conceito de "equação simbólica" de Segal).
– Devido a esse estado de confusão e de onipotência, o paciente esquizofrênico fica perplexo quando os objetos reais obedecem às leis da ciência natural e não às do seu funcionamento mental.
– O uso excessivo de identificações projetivas impede a capacidade de in-

tegração dos objetos, e, por isso, esses pacientes somente podem aglomerá-los e comprimi-los, podem fundi-los mas não articulá-los.
- Da mesma forma, eles experimentam as reintrojeções como se fossem uma intrusão violenta e invasiva, vinda de fora.
- Diferentemente da personalidade neurótica, na qual há uma prevalência de repressões, na personalidade psicótica não há repressões, e sim dissociações com identificações projetivas.
- O pensamento verbal depende da resolução da posição depressiva.
- Como também as impressões sensoriais são projetadas, acontece que, devido às projeções e reintrojeções agudas, o paciente fica dominado por alucinações táteis, auditivas e visuais intensamente dolorosas.

Bion conclui o artigo considerando que também o paciente neurótico tem uma parte psicótica e vice-versa, e que um tratamento psicanalítico visa à elaboração de todos os aspectos que acabamos de mencionar.

1957. DIFERENCIAÇÃO ENTRE AS PERSONALIDADES PSICÓTICAS E NÃO-PSICÓTICAS (1967)
(Differentiation of the psychotic from the non-psychotic personalities)

Esse trabalho de Bion – um dos mais conhecidos e citados de toda a sua obra – é praticamente uma repetição do anterior, de 1956, que já resumimos, e nele o autor reelabora os seguintes aspectos da personalidade psicótica:

- Prevalecem os impulsos destrutivos; o ódio à realidade; a angústia de aniquilamento; o modo típico da transferência psicótica; o excesso de identificações projetivas; o ataque aos vínculos; a fragmentação e a formação de objetos bizarros; a inter-relação entre as posições esquizoparanóide e depressiva; o estado da confusão mental; a reificação (das palavras, por exemplo, que "ficam" como sendo "coisas" [*res*, em latim], de fato, num processo de alienação); o uso de equações simbólicas em vez de símbolos; o pensamento sincrético do psicótico, que se baseia mais em ideogramas e visão do que em palavras e audição; a interação do pensamento verbal com a posição depressiva.
- Bion fundamentou esse trabalho nas concepções originais de Freud e de Klein, porém é para o primeiro que ele reserva longas citações extraídas de diferentes trabalhos (principalmente "Neurose e Psicose" e "A Perda da Realidade na Neurose e na Psicose", ambos de 1924), notadamente nos aspectos que se referem às funções conscientes da mente, à conexão dos pensamentos com o registro mnêmico das palavras e à relação da imagem verbal com o pré-consciente. Um importante aspecto que Bion destaca nesse artigo é a presença de fantasias onipotentes que visam a destruir ou a realidade ou a consciência que o paciente psicótico tenha dela e, assim, atingir um estado que "não é de vida e nem de morte".
- O trabalho é ilustrado com um esclarecedor caso clínico, em que é possível constatar como Bion entende e maneja a linguagem pré-verbal da personalidade psicótica.

1958. SOBRE ALUCINAÇÃO (1967)
(On hallucination)

Bion inicia esclarecendo ao leitor que esse trabalho constitui uma aplicação prática das teorias apresentadas no trabalho anterior. Para tanto, ele parte do material clínico da análise com um paciente que "era esquizóide, mas que não é mais".

- Inicialmente, seguindo a Freud, Bion afirma que é importante distinguir entre o fenômeno da dissociação (mais benigna, com objetos totais, presente nas histerias) e o da clivagem (mais primitiva, com objetos parciais, própria das psicoses), e se estende em considerações acerca das diferenças entre histeria e psicose.
- O paciente que ilustra o trabalho fazia um uso evacuatório dos seus sentidos, e as alucinações eram empregadas a serviço do desejo de cura, o que as torna passíveis, portanto, de serem consideradas como atividades criativas. É particularmente interessante a descrição de como o uso excessivo de identificações projetivas provocava uma confusão e indiscriminação entre os órgãos sensoriais da visão e da audição, sendo que o uso desses sentidos era feito como se fossem órgãos de ingestão digestiva, para a satisfação do apetite.
- É igualmente interessante constatar como o paciente associava fortes sentimentos persecutórios a qualquer aparelho elétrico (Bion exemplifica com um gramofone que ele tinha em seu consultório e que alguns pacientes psicóticos confundiam com um "ouvido").
- O próprio Bion era tratado pelo seu paciente não como uma pessoa independente, mas como uma alucinação, de modo que "cada sílaba proferida por mim era experimentada como punhalada" (p. 100).
- Bion também mostra que "para o psicótico, o sonho é a evacuação de um material que foi ingerido durante as horas de vigília" (p. 100).
- O artigo conclui com a afirmação de que é necessário que o psicanalista saiba que as alucinações, durante as sessões clínicas, são mais freqüentes do que se pensa.

1958. SOBRE ARROGÂNCIA (1967)
(On arrogance)

Esse trabalho baseia-se na experiência clínica com um paciente que evidenciava todas as manifestações descritas na personalidade psicótica, inclusive episódios de confusão e despersonalização, embora não fosse um psicótico propriamente dito.

No curso dessa análise, formou-se uma reação terapêutica negativa (RTN), manifesta sob a forma de uma atitude de arrogância, estupidez e curiosidade por parte do paciente.

- Bion assinala que, quando prevalece o instinto de vida, forma-se um sadio respeito por si mesmo – um orgulho; porém, quando a predominância é do instinto de morte, forma-se a arrogância. Neste último caso, a curiosidade, na base de "saber a verdade a qualquer preço", fica a serviço da destrutividade e liga-se à estupidez, a qual consiste em uma espécie de "emburrecimento", a serviço da negação.
- Nesse trabalho, ele estuda o mito edípico sob um vértice ampliado e diferente do que conhecemos em Freud, ou seja, nesse mito, Bion destaca a presença da tríade constituída pela arrogância, pela curiosidade e pela estupidez dos personagens que participam da tragédia.
- Bion se estende em considerações sobre a RTN do paciente, afirmando que, enquanto ele interpretava a inveja edípica, o quadro não se alterava; pelo contrário, piorava. A situação do impasse somente foi revertida quando Bion percebeu que o paciente estava se expressando através de uma forma muito primitiva de comunicação e que necessitava de um continente para a projeção tanto dos seus aspectos bons como de seus ataques mutiladores.

1959. ATAQUES À VINCULAÇÃO (1967)
(Attacks on linking)

Esse trabalho é considerado por muitos autores como um dos mais originais e criativos da literatura psicanalítica. Nele, Bion afirma que a parte psicótica da personalidade de um paciente faz ataques destrutivos a qualquer coisa que ele sinta como tendo a função de vincular um objeto (ou uma idéia, um conhecimento) com um outro. Ele considera especialmente os ataques destrutivos ao pensamento verbal propriamente dito.

- Em meio a seis pormenorizados exemplos clínicos, Bion destaca, entre outros, os aspectos seguintes: uso da gagueira (utilizada por um dos pacientes com a finalidade de impedir que ele se vinculasse verbalmente com o analista); o uso de alucinações visuais de objetos invisíveis (representando ataques à parelha criativa dos pais); o distúrbio da capacidade de sonhar (nos psicóticos, os sonhos se compõem de material tão infinitamente fragmentado que carecem do componente visual).
- A falta de progresso desses pacientes deve ser em boa parte atribuída aos ataques destrutivos aos vínculos, tanto os da sua curiosidade sadia como os da percepção da mente do analista, e também aos vínculos das inter-relações do paciente com o seu meio ambiente, ou entre os distintos aspectos de sua própria personalidade.
- Nesse artigo, Bion dá um destaque especial à função "continente" do psicanalista para as excessivas identificações desse tipo de paciente.
- Os ataques destrutivos provenientes da parte psicótica da personalidade podem determinar que os vínculos perdurem como perversos, cruéis e estéreis e, assim reintrojetados, constituam-se como um superego da mesma natureza.

1962. UMA TEORIA DO PENSAMENTO (1967) *(A theory of thinking)*

Bion adverte que nesse trabalho pretende apresentar um sistema teórico, algo semelhante a uma teoria filosófica, e sem a pretensão de possuir um maior rigor científico.

- Habitualmente, as teorias consideram o pensamento como um produto do ato de pensar. Bion, no entanto, propõe uma teoria contrária: a de que o pensar é que resulta de um desenvolvimento imposto ao psiquismo pela pressão dos pensamentos preexistentes.
- Os pensamentos podem ser classificados como: preconcepções (algo similar ao conceito kantiano de "pensamento vazio"); concepções (ou pensamentos); e conceitos (os pensamentos providos de um nome e um significado).
- Bion utiliza o modelo de uma disposição inata que corresponde à expectativa de um seio (preconcepção), em relação à qual tanto pode haver uma "realização" positiva como uma negativa.
- Se o lactante não tolera a frustração de um "não-seio", ele optará por uma evasão e um ataque aos vínculos. No caso de tolerar a dita frustração, procurará modificá-la, e isso dará origem à função de pensar e à de aprender pela experiência.
- A realização negativa (o "não-seio") se transforma em um "seio mau presente", o qual se presta unicamente para ser evacuado, através de uma hipertrofia do aparelho para identificações projetivas.
- Neste último caso, decorrem as seguintes conseqüências: confundem-se o *self* e o mundo externo; a onipotência substitui as concepções; a onisciência substitui a aprendizagem; fica borrada a discriminação entre o verdadeiro e o falso; a ambigüidade substitui a discriminação.

- Nesse importante artigo, Bion introduz a fundamentação das concepções originais de função, elementos, capacidade de *rêverie* e formação de um "terror sem nome".
- Do mesmo modo que os sentidos devem ser modificados e elaborados pela função α, também os pensamentos devem ser elaborados, para serem traduzidos no plano da ação, a qual se expressa sob três formas: a publicação, a comunicação e o senso comum.
- Se a conjunção dos dados for harmônica, o indivíduo experimenta uma sensação de verdade; caso contrário, haverá um estado mental de debilidade no paciente, como se a "inanição da verdade fosse análoga à inanição alimentar".
- O ponto crucial está na decisão entre "fugir da frustração ou enfrentá-la e modificá-la".

1962. O APRENDER COM A EXPERIÊNCIA
(Learning from experience)

Esse livro é composto de 28 capítulos, alguns muito claros e elucidativos, outros muito difíceis de serem logo apreendidos. Aliás, é o próprio Bion quem afirma, nas páginas introdutórias, que "lamentavelmente, subsistem pontos escuros, devido à minha incapacidade para aclará-los". Mais adiante, ao se referir ao seu emprego de "função e de fatores", ele admite que, embora saiba que esses termos levarão a uma confusão com a matemática e a filosofia, usou-os deliberadamente para que persista uma ambigüidade no leitor, e que optou por conservar "uma penumbra de associações na exposição de suas idéias".

- Os principais pontos estudados nesse importante livro são os seguintes:
  a) as experiências que dizem respeito à teoria do conhecimento;
  b) o estudo vinculado com a experiência de aprendizagem;
  c) os processos de evasão, ou de modificação da dor psíquica;
  d) o processo de pensar;
  e) a proposição de uma teoria das funções, com os seus respectivos fatores, com o objetivo de aplicá-los à teoria e à prática psicanalíticas.

Pela importância desse livro, vale a pena esmiuçar um pouco mais este resumo. Assim:

- Os primeiros quatro capítulos são introdutórios e definitórios.
- Os Capítulos 5 a 15 consistem em uma descrição de fenômenos clínicos, como são os relacionados com as formas de *splitting;* a evacuação de elementos β; a função dos sonhos; a "barreira de contato"; a patologia da contratransferência e a das interpretações do analista; a inversão da função α; o emprego da evitação ou, ao contrário, do enfrentamento e da modificação diante das frustrações.
- O Capítulo 12 aborda mais especificamente a relação da identificação projetiva com a gênese do pensamento, sempre em relação à capacidade de *rêverie* da mãe.
- O Capítulo 13 trata dos problemas ligados a como o analista utiliza a sua teoria e como faz o registro de suas sessões, com considerações acerca da possibilidade da criação de um método de notação científica.
- Nos Capítulos 14 a 16, são introduzidos os signos L, H e K, para designar os vínculos das experiências emocionais.
- Os Capítulos 17 e 18 traçam uma evolução do pensamento, desde o uso das palavras como sendo as coisas concretas até o uso de abstrações e generalizações.
- O Capítulo 19 inicia a análise do emprego de modelos psicanalíticos, como os ligados aos sistemas digestório e respiratório.

- O Capítulo de número 20 consiste em uma investigação sobre o processo de abstração.
- O Capítulo 21 trata do intercâmbio entre as posições esquizoparanóide e depressiva.
- Nos Capítulos 22 e 23, Bion continua analisando a abstração, a construção de modelos no contexto da prática analítica, e dá um destaque ao "fato selecionado".
- Do Capítulo 24 ao 27, Bion estuda o problema da aprendizagem, notadamente o vínculo K, assim como a importante noção de "função psicanalítica da personalidade", e a relação continente-conteúdo.
- No último capítulo, o de número 28, Bion faz uma elaboração do mesmo tema, agora centrado na função -K, e tece considerações acerca do destino das interpretações do psicanalista. Destaca a inveja como um fator impossibilitador de uma relação comensal e descreve um "super"ego, que se baseia em uma superioridade moral própria, com desprezo pela verdade.

1963. ELEMENTOS DE PSICANÁLISE
(Elements of psychoanalysis)

Esse livro é considerado um dos mais importantes e fundamentais da obra de Bion, não somente pelo conteúdo de suas concepções originais como também pelo fato de que pode, por sua clareza, ser recomendado aos que iniciam uma familiarização mais íntima com o autor. Nesse livro, Bion:

- Aborda a origem e a natureza dos pensamentos e da capacidade para pensar.
- Aborda a teoria das funções.
- Define os elementos de psicanálise, através de uma comparação com as letras do alfabeto, as quais, combinadas entre si, podem formar milhares de palavras diferentes. Da mesma forma, a combinação dos elementos de psicanálise abarca todas as situações clínicas. O primeiro elemento é a identificação projetiva na relação continente-conteúdo ($♀ ♂$). O segundo elemento é o da inter-relação entre a posição esquizoparanóide e a depressiva (PS ⇔ D). É da interação entre esses dois elementos que vai resultar o uso sadio ou patológico do pensamento. Ao longo de sua obra, Bion foi descrevendo mais outros cinco elementos, tal como descrevo num capítulo específico da presente segunda edição.
- Compara o bebê esfomeado e angustiado em inter-relação com a mãe com o analista e seu paciente. Assim, a mãe tanto pode contribuir para um estado de desintegração psíquica como para um estado de integração, contendo, metabolizando e transformando os sentimentos angustiantes da criança em confiança e vitalidade.
- Propõe o uso da grade como um instrumento de notação, para o analista, dos elementos de psicanálise que ocorreram no curso de uma sessão.
- Introduz o conceito de "objeto psicanalítico", que ele compara a uma molécula composta por vários átomos. Assim, a combinação dos elementos de psicanálise dá lugar à formação do "objeto psicanalítico", que é o objeto indagado, logo, o que é resistido.
- Considera a dor psíquica inerente ao crescimento da personalidade e parte de toda aquisição de conhecimento das verdades.
- Introduz o conceito do fenômeno da "reversão da perspectiva", como uma forma de eludir o doloroso processo de conhecimento das verdades intoleráveis.

Outras quatro importantes abordagens de Bion nesse livro se referem aos mitos, aos conceitos de intuição e de premonição, à utilização de modelos e ao crescimento mental como um processo diferente do conceito clássico de cura médica.

1963. A GRADE (*The grid*)

Esse importante artigo de Bion aparece traduzido – sob a supervisão geral de Frank Philips – na *Revista Brasileira de Psicanálise* (v. 7, n. 1, 1973). A finalidade desse trabalho inédito (publicado e reelaborado, em 1977, no livro *Two papers: the grid and caesura*) é construir um instrumento que possa ser útil para o psicanalista pensar acerca dos problemas que surgem no decorrer da situação analítica. Não se trata de um método de registro das sessões, e muito menos de um método para ser aplicado durante a situação psicanalítica.

Nesse artigo, Bion retoma alguns dos temas que tratou no livro anterior, introduz os modelos dos mitos de Édipo, do Cemitério Real de UR, do Jardim do Éden, da Torre de Babel e da Morte de Palinuro, aborda o problema dos mentirosos e antecipa outros temas que abordará mais aprofundadamente no livro seguinte, *As transformações*.

O primeiro registro desse artigo surgiu numa cópia mimeografada, na Sociedade Brasileira de Psicanálise do Rio de Janeiro (SBPRJ), em 1963.

1965. AS TRANSFORMAÇÕES (*Transformations*)

Esse livro – hoje, um clássico – objetiva esclarecer a cadeia de fenômenos que se passa entre os enunciados do analista e os do analisando, para compreender a evolução da experiência emocional entre ambos.

Bion introduz o conceito de "invariante", afirmando que, da mesma forma que a matemática, a geometria e a criação artística, também o processo psicanalítico contém elementos que permanecem inalterados, por maior que tenha sido a transformação.

- O ciclo de transformações se inicia a partir de "O", que representa o incognoscível, ou seja, a "coisa em si mesma".
- A transformação se processa tanto na pessoa do paciente como na do analista.
- Os elementos presentes em uma análise estão sempre em uma permanente "conjunção constante" entre si, porém isso não quer dizer que haja uma direta e linear relação de causa-efeito entre eles.
- Bion articula o processo de transformação com o dos vínculos, notadamente o do conhecimento (K). Ele afirma que a "realidade essencial" não pode ser conhecida; ela tem que ter "sido" ou "vir a ser".
- Por essa razão, Bion enfatiza que a interpretação tem que fazer algo mais que aumentar o conhecimento, tendo em vista que tanto o paciente como o analista podem preferir o "saber" antes do "ser".

1966. MUDANÇA CATASTRÓFICA (*Catastrophic change*)

Utilizando o modelo continente-conteúdo (♀ ♂), Bion mostra que, em contextos diferentes (na mente, nos grupos, na sociedade, na sessão psicanalítica, etc.), sempre há uma conjunção constante de fatos específicos. Sempre que tal conjunção estável se enfrenta com uma situação de mudança e de crescimento, altera-se e instala-se um clima de catástrofe.

- Essa mudança catastrófica abriga três características: a violência, a invariância e a subversão do sistema.
- Bion descreve os três tipos básicos da relação: a comensal, a simbiótica e a parasitária.
- Através desse mesmo modelo, ele faz considerações muito interessantes relativas à interação das palavras com os seus significados. Da mesma forma, Bion estuda a relação entre o "gênio" (ou "místico") – portador de uma idéia nova – e o *establishment*.

Nesse artigo, Bion estuda a relação entre o "pensador" e os "pensamentos", sob o prisma da verdade, da falsidade e da mentira.

O artigo original foi publicado na *Sci Bull. Brit. Psychoanal. Soc.* (5) e na *Rev. Psicoanal*, (38, 1981). Bion republicou esse importante trabalho no seu outro clássico livro *Atenção e interpretação*, de 1970, no Capítulo XII, com o título de "Continente e Conteúdo Transformados".

1967. NOTAS SOBRE A MEMÓRIA E O DESEJO
(Notes on memory and desire)

Esse artigo está publicado em *Melanie Klein Hoje* (Imago Editora, v. 2, 1990). Nele, Bion parte da posição de que "o único importante em qualquer sessão é o desconhecido, e nada deve impedir que o psicanalista o intua". Os seguintes aspectos são destacados:

- O uso, por parte do analista, dos órgãos sensoriais constitui-se como um obstáculo para a intuição da realidade psíquica. Da mesma forma, o uso da memória (a qual é muito próxima da experiência sensorial) é buscado de forma ativa pelo indivíduo, e isso também obstrui a intuição e o acesso à realidade.
- O analista deve suprimir ao máximo sua memória e seus desejos ativos, e isso pode ser conseguido através de um treinamento e de exercícios voluntários.

1967. ESTUDOS PSICANALÍTICOS REVISADOS *(Second thoughts)*

Esse livro, dos mais conhecidos e vendidos na obra de Bion, consiste em uma coletânea dos seguintes trabalhos, já anteriormente resumidos: "O Gêmeo Imaginário", "Notas sobre a Teoria da Esquizofrenia", "Desenvolvimento do Pensamento Esquizofrênico", "Diferenciação entre as Personalidades Psicóticas e Não-psicóticas", "Sobre Alucinação", "Sobre Arrogância", "Ataques à Vínculação" e "Uma Teoria do Pensamento".

O livro finaliza com "Comentários", uma interessante abordagem acerca desses seus trabalhos, revistos muitos anos após terem sido escritos.

1970. ATENÇÃO E INTERPRETAÇÃO
(Attention and interpretation)

Esse livro é um novo desenvolvimento das concepções já estudadas em *Elementos de psicanálise* e em *As transformações*, no qual Bion tentou mostrar uma analogia e uma conjunção entre alguns conceitos psicanalíticos, os dogmas religiosos e a matemática moderna. Pode-se dizer que, com esse texto, Bion inaugura a fase mística de sua obra.

- A preocupação central consiste em como observar, avaliar, interpretar e comunicar adequadamente a realidade psíquica das experiências emocionais, já que não podem ser captadas e medidas pelos órgãos dos sentidos. Nesse ponto, Bion prefere utilizar o verbo "intuir", como um modo de aproximação à realidade psíquica.
- Em certos casos, para o analista experimentar a experiência emocional junto com o seu paciente regressivo, deve realizar o que Bion chama de "ato de fé" (não tem nenhuma relação com a fé própria das religiões).
- Nesse trabalho, Bion volta a estudar a relação do místico com o *establishment* e, para tanto, utiliza alguns aspectos da história de Jesus com os seus seguidores e os seus perseguidores. Novamente ele aborda, em termos de continente-conteúdo, os vínculos comensal, simbiótico e parasitário.
- O livro se estende sobre o problema da mentira e do mentiroso, e retoma uma ênfase no papel da inveja destrutiva.

- Outras relevantes considerações desse texto dizem respeito à capacidade para suportar a dor e a incerteza, à mudança catastrófica, à relação continente-conteúdo, à cegueira artificial do analista para poder ver melhor, aos estudos acerca dos estados de paciência e de segurança no analista, à linguagem de êxito, e aos mitos; e conclui com uma pergunta muito instigante e atual: *que tipo de psicanálise é necessária para o consciente?*

1973. CONFERÊNCIAS BRASILEIRAS 1
(Bion's brazilian lectures)

Esse livro resulta das transcrições, devidamente revistas por Bion, dos vários debates que estabeleceu com psicanalistas brasileiros, em São Paulo, durante sua primeira visita ao Brasil.

De modo geral, os capítulos começam com uma introdução de um determinado assunto, por parte de Bion, à qual seguem perguntas formuladas pelo auditório, com respostas imediatas, às vezes bem curtas e outras vezes bastante longas, para cada uma das questões levantadas separadamente.

A leitura dessas conferências, além de fornecer um rico manancial de uma expansão dos conceitos previamente conhecidos dos seus livros, com novas aberturas e proposições, ainda possibilita ao leitor um contato mais íntimo com o estilo de pensamento e de comunicação de Bion.

1976. EVIDÊNCIA *(Evidence)*

Esse artigo, publicado na *Revista Brasileira de Psicanálise* (n. 19, v. 1, 1985), com tradução e notas de Paulo César Sandler, é a versão final, editada por Mrs. Francesca Bion, de uma palestra proferida na Sociedade Psicanalítica Britânica, em 1976, que encerra a primeira edição publicada no *Bulletin of the British Psychoanalytical Society* (n. 8, 1976). Esse trabalho também aparece publicado, numa tradução espanhola, no livro *Seminarios clínicos y cuatro textos* (1992), e, na *Revista de Psicanálise da SPPA* (2000), o artigo vem acompanhado de comentários de psicanalistas.

Nesse trabalho, que se baseia na afirmação de Freud de que os indivíduos sofrem de amnésias e, a partir daí, inventam paramnésias para preencher os vazios, Bion aventa a hipótese de que a própria teoria psicanalítica poderia estar funcionando nos moldes de uma enorme paramnésia para ocupar o vazio da ignorância dos psicanalistas. Completa Bion:

> [...] seria tão bom se apenas os pacientes o fizessem. E tão afortunado seria se nós não o fizéssemos, e o fazemos para preencher o vazio de nossa aterradora ignorância.

Também é nesse trabalho que Bion faz considerações sobre os problemas da prática da psicanálise, especialmente acerca dos que se referem à comunicação, à linguagem utilizada pelo psicanalista, à importância do estado de "turbulência" e à citação de Kant de que "intuições sem conceitos são cegas, e conceitos sem intuições são vazios".

Bion conclui o artigo fazendo algumas especulações sobre a existência de um psiquismo no embrião fetal.

1976. ACERCA DE UMA CITAÇÃO DE FREUD
(On quotation from Freud)

Esse trabalho foi originalmente publicado em *Borderline Personalities Disorders*.I.U.P. Nova Iorque. Também está publicado, em tradução espanhola, em *Seminarios clínicos y cuatro textos* (1979), com o título de "Acerca de uma cita de Freud". Nesse artigo, partindo da frase de Freud (1926): "Há uma continuidade muito maior entre a primeira infância e a vida intra-uterina do que a impressionante cesura do ato do nascimento nos permite supor", Bion faz interessantes considerações acerca do psiquismo embrionário e fetal, cujos vestígios exercem uma inaparente, porém relevante, influência no psiquismo adulto.

1977. CESURA
(Two papers: the grid and caesura)

O original, em inglês, desse artigo é "Caesura", e aparece publicado em *Two papers: the grid and caesura* (Imago Editora, 1977). A tradução – sob a supervisão técnica psicanalítica de Luciano M. Godói – está publicada na *Revista Brasileira de Psicanálise* (n. 15, 1981, p. 123-136).

Bion constrói esse trabalho a partir da citação de Freud de que há muito mais continuidade entre a vida intra-uterina e a primeira infância do que a impressionante cesura do ato do nascimento nos permite acreditar.

Os temas centrais se referem:

1. à necessidade de o analista ser livre e verdadeiro (aqui, Bion tece reflexões acerca de "o que é a verdade?");
2. aos problemas relativos à interpretação (aqui, Bion introduz o seu importante conceito da necessidade de o analista ter a capacidade de fazer uma "clivagem não-patológica");
3. às especulações de natureza psico-embrionária (as quais ocupam o maior espaço do artigo, em torno desta sua pergunta essencial: "há alguma conexão entre o pensamento da vida emocional pós-natal e a vida pré-natal? Deveríamos pensar que o feto pensa, ou sente, ou vê, ou ouve?");
4. a algumas reflexões acerca da conceituação de "crescimento mental" (aqui, Bion faz a sua conhecida analogia de que a personalidade não se desenvolve como se fosse um pedaço de elástico sendo esticado; antes, o crescimento mental se dá como se fosse alguma coisa que se desenvolvesse em muitas camadas diferentes, como uma cebola).

Bion (p. 136) conclui esse importante artigo com a seguinte afirmação:

> Investigar a cesura; não o analista; não o analisando; não o inconsciente; não o consciente; não a sanidade; não a insanidade. Mas a cesura, o vínculo, a sinapse, a (contratrans)-ferência, o humor transitivo-intransitivo.

1977. TURBULÊNCIA EMOCIONAL
(Emotional turbulence)

Esse artigo, publicado originalmente em *Borderline Personalities Disorders*, aparece na *Revista Brasileira de Psicanálise* (v. 21, n. 1, 1987), com tradução de Sandler. Mais recentemente, em tradução ao espanhol, foi publicado no livro *Seminarios clínicos y cuatro textos*, e também na *Revista de Psicanálise da SPPA*, 2000, com comentários de psicanalistas.

Esse texto de Bion se refere a uma palestra que realizou sobre pacientes *borderline*. A turbulência se manifesta quando uma criança que parecia tranqüila, cooperativa e dócil se torna agitada, revoltada e perturbadora; esse fato, que costuma ser entendido como uma patologia, pode estar representando uma necessária passagem de um estado mental para outro. A turbulência costuma acompanhar as grandes mutações da vida: nascimento, adolescência, velhice, etc. O progresso analítico requer uma volta regressiva a um estado mental anterior.

1980. BION EM NOVA IORQUE E EM SÃO PAULO
(Bion in New York and São Paulo)

Esses dois últimos livros estão reunidos em um único volume publicado pela Imago Editora, em 1992, sob o título de *Conversando com Bion*.

As "quatro discussões" dizem respeito às conferências que se realizaram em Los Angeles, em 1976, e que foram destinadas a residentes de psiquiatria, psicoterapeutas e psicólogos.

Em Nova Iorque, as conferências, realizadas em 1977, foram em número de cinco.

Em São Paulo, em abril de 1978, foram dez as conferências pronunciadas e debatidas.

Esse livro é de leitura obrigatória, porquanto nos apresenta um Bion abordando todos os aspectos de sua obra e uma forma muito atualizada de seu pensamento analítico, com um estilo coloquial e muito simples.

1979. COMO TORNAR PROVEITOSO UM MAU NEGÓCIO
(Making the best of a bad job)

Esse artigo foi publicado originalmente na edição de março de 1979 do *Bulletin* e aparece traduzido – sob a revisão técnica psicanalítica de Carlos T. Knijnik – na *Revista Brasileira de Psicanálise* (n. 13, 1979). No livro *Seminarios clínicos y cuatro textos,* o título desse trabalho está traduzido por "Hay que Pasar el Mal Trago". Mais recentemente, 1979, foi publicado na *Revista de Psicanálise da SPPA*, com comentários de dois psicanalistas.

Bion afirma que, quando duas personalidades se encontram, se cria uma tempestade emocional; mas, já que elas se encontraram, e uma vez que essa tempestade emocional ocorre, as duas partes devem decidir "como tornar proveitoso um mau negócio". Ele ilustra essa idéia com uma situação clínica, na qual o paciente queria que Bion se amoldasse ao seu estado mental, procurando lhe despertar sensações como medo, desapontamento e frustração, para que Bion não pudesse pensar livremente.

A partir daí, e com base em citações bibliográficas, em que ele menciona poetas, filósofos e cientistas (Milton, Platão, Shakespeare, Yeats, Planck), Bion faz interessantes considerações de natureza existencialista. Assim, ele mostra como a onipotência e o desamparo estão inseparavelmente associados; faz uma distinção entre a existência e a *qualidade* da existência; diz que prefere entender que a glândula supra-renal não provoca luta, nem fuga, mas, sim, "iniciativa"; afirma que o analista necessita estar apto a ouvir não apenas as palavras mas também a música; e assinala o contraste entre o processo de realização e o de desidealização.

Na situação analítica, a postulação de Bion de que, diante do surgimento de uma turbulência emocional, em vez de fugir dela, o analista deve aproveitá-la para promover um crescimento mental do seu paciente, pode ser comparada ao brocardo "fazer do limão uma limonada".

1975. UMA MEMÓRIA DO FUTURO I. O SONHO
(A memoir of the future. Book one. "The dream")

1977. UMA MEMÓRIA DO FUTURO II. O PASSADO APRESENTADO
(The past presented)

1979. UMA MEMÓRIA DO FUTURO III. A AURORA DO ESQUECIMENTO
(The dawn of oblivion)

Esses três volumes constituem uma marcante trilogia final na obra de Bion, mas não têm uma finalidade de natureza formalmente científica; antes, trata-se de uma literatura na qual, pode-se dizer, predomina um estilo *science-fiction*. Ao mesmo tempo, o seu estilo narrativo adquire um clima poético, em que se alternam passagens sérias e documentais com outras que são comovedoras, e, inclusive, não faltam trechos que são engraçados. Tais relatos guardam um cunho autobiográfico, embora camuflado nos relatos surrealistas entre os personagens; entretanto, isso só fica mais claro quando a leitura dessa trilogia é completada com a leitura dos dois volumes de *A long week-end*, livro publicado após a sua morte, que constitui a sua autobiografia propriamente dita.

Uma memória do futuro é de leitura muito difícil, tanto que, em um primeiro momento, as editoras se negaram a publicá-lo, e Bion o fez às suas expensas porque tinha uma predileção por essa trilogia, por acreditar que estava lançando as sementes da construção do futuro da psicanálise.

No primeiro volume – *O sonho* –, Bion adverte o leitor de que "este é um relatório fictício de uma psicanálise que inclui um sonho artificialmente construído". Cada capítulo recebe o número da página em que inicia. Nesse livro, Bion aparece duplicado como A (utor) e

Q (uestionador), sendo que, dentre todos os personagens, é Roland quem o representa em diversas fases de sua vida.

No segundo volume – *O passado apresentado* –, persiste uma mesma linha de exposição dissociada, como é a do livro anterior, isto é, cada capítulo recebe como título apenas o número da página em que começa. Os capítulos são longos e numerosos, e são muitos os personagens, que, às vezes com neologismos e à moda de parábolas, tratam de problemas como o da purgação das penas e o da morte (Bion já estava com 80 anos) e permitem que o personagem denominado "psicanalista" doutrine os seus pontos de vista acerca da "verdade última".

O terceiro volume – *A aurora do esquecimento* – adota uma carpintaria de teatro e, num estilo francamente surrealista, visa a uma espécie de reconstrução do passado, se abrindo para o futuro. Pode-se dizer que esse volume seja um ensaio psicoembrionário (por exemplo, um personagem relata o encontro entre um espermatozóide e um óvulo), como uma tentativa de dar uma forma artística à experiência pré-natal. Tal experiência aparece sob a forma de uma viagem (dele próprio) que se processa desde antes do nascimento até a morte, o que nos permite dizer, utilizando os termos do próprio Bion: "uma viagem da cesura da vida para a cesura da morte".

Na verdade, uma leitura mais atenta permite reconhecer que os distintos personagens dessa trilogia pronunciam frases que expressam os mais significativos conceitos originais que Bion semeou ao longo de toda a sua obra.

1981. UMA CHAVE PARA "A MEMÓRIA DO FUTURO"
(A key to a memoir of the future)

Editado pela Editora Pertshire Clunie Press, esse livro se destina a facilitar ao leitor a leitura com reflexões psicanalíticas acerca dos diálogos entre os múltiplos personagens que aparecem ao longo dessa clássica trilogia – *Uma memória do futuro*. Consiste numa espécie de "glossário" que Bion organizou junto com sua esposa, a fim de esclarecer aspectos obscuros dessa obra.

1985. BION W. R.
(edited by F. Bion)

Trata-se de um livro póstumo, em dois volumes, editado por sua esposa Francesca, a partir de apontamentos esparsos do próprio Bion, que ela completou com notas, cartas, fotografias, reprodução de pinturas, etc.

O volume I – *The long week-end* (traduzido por Sandler como: *Um fim de semana esticado*) – tem como subtítulo *Part of life. 1897-1919*. Esse livro tem em torno de trezentas páginas e é considerado como a legítima autobiografia de Bion, no período que se estende desde o seu nascimento até o fim da II Guerra, quando tinha 40 anos. O livro está dividido em três partes muito distintas entre si: a primeira, intitulada "A Índia", a segunda, "A Inglaterra", e a terceira, "A Guerra".

Em 1985, Francesca Bion publicou o volume II, dividido em duas partes. A primeira é *All my Sins Remembered* (traduzida por Sandler *Todos os Meus Pecados Rememorados*), título esse inspirado no personagem Hamlet, de Shakespeare, relativo ao famoso monólogo referente ao momento que intercala a decisão de Hamlet em partir para a ação justiceira e o seu encontro com Ofélia. Pode-se dizer que esse conflito homicida-suicida aludia ao drama sofrido e nunca bem elaborado das circunstâncias trágicas da morte de sua primeira esposa. Francesca reconheceu que "este testemunho triste em busca de si mesmo" poderia dar uma falsa imagem do verdadeiro Bion e, por isso, decidiu apresentá-lo na segunda parte, o "O outro Lado do Gênio. Cartas à Família".

1990. COGITAÇÕES
(Cogitations)

Editado pela Karnac Books, de Londres (recentemente, em 2000, a Editora Imago publicou *Cogitações*, numa excelente tradução de Ester Hadassa Sandler e Paulo César Sandler), esse livro resultou de um trabalho de Francesca Bion, que coletou e reuniu anotações esparsas de Bion, algumas datadas e outras não, sob a forma de frases, idéias e reflexões. É a última publicação póstuma, dirigida a uma platéia imaginária, e cobre um período entre fevereiro de 1958 e abril de 1979.

O livro contém 406 páginas, ao longo das quais transparece um Bion que trata de estabelecer inter-relações entre a psicanálise e a evolução das demais ciências e a discussão do método científico. Para tanto, ele utiliza a citação de literatos, poetas, matemáticos (Poincaré), historiadores e filósofos (Descartes, Russell, Hume).

As anotações de Bion se estendem, com especulações reflexivas, acerca dos mais diversos temas, como psicanálise e ciência, matemática e lógica, literatura e semântica, de modo que algumas reflexões aludem a trabalhos seus, anteriores, e outras fundamentam concepções desenvolvidas posteriormente, além de outras cogitações que nunca foram suficientemente desenvolvidas e publicadas.

O que é particularmente fascinante nesse livro é o fato de que os apontamentos de Bion permitem constatar como suas idéias, em conjunção com as de outros pensadores, foram germinando em sua mente, até ganharem a forma de concepções originais.

1994. SEMINÁRIOS CLÍNICOS E QUATRO TEXTOS
(Clinical seminars and four papers)

O livro, póstumo, foi originalmente publicado pela Karnak Books, de Londres, e tem uma tradução na Argentina, chamada *Seminarios clínicos y cuatro textos*, da Editora Lugar Editorial. Nesse livro aparece a transcrição, na íntegra, de 24 seminários clínicos (supervisões coletivas) realizados em Brasília, em 1975, e 28 efetuadas em São Paulo, que permitem que o leitor sinta como Bion pensa e trabalha a prática analítica cotidiana. Além disso, ao final desse livro, aparecem quatro significativos trabalhos de Bion: "Turbulência Emocional", "Acerca de uma Citação de Freud", "A Evidência" e "Como Tornar Proveitoso um Mau Negócio".

Creio ser útil incluir nesta resenha dos trabalhos originais de Bion um breve comentário sobre o livro *Ousarei perturbar o universo? (Do I dare disturb the universe – a memorial to Wilfred R. Bion),* editado em Beverly Hills (Califórnia, 1981) por James Grotstein, de Los Angeles, um ex-analisando, supervisionando e discípulo de Bion.

Esse livro – uma espécie de homenagem póstuma ao mestre Bion – reúne cerca de 31 trabalhos ao longo de uma edição de 673 páginas, de autoria de vários psicanalistas – entre os quais todos os seus ex-analisandos – além dos que fizeram supervisão individual ou participaram de seus grupos de estudo. Dentre todos os colaboradores, vale destacar os nomes de Andre Green, Matte Blanco, Wisdom, Money Kyrle, Hans Thorner, Hanna Segal, Elliot Jacques, Herbert Rosenfeld, Susan Isaacs, Meltzer, Betty Joseph, Frances Tustin, Isabel Menzies, Frank Philips e o brasileiro Alcyon Baer Bahia.

3

A Utilização de Modelos Psicanalíticos

Bion sempre revelou uma preocupação básica em relação à comunicação dos seus escritos, qual seja, a necessidade de que os mesmos transcendessem o plano de uma mera sensorialidade e que, ao mesmo tempo, pudessem transmitir uma compreensão acompanhada de emoções. Para tanto, ele propunha a utilização de distintos tipos de modelos que possibilitassem variados vértices de observação e de entendimento. Da mesma forma, fundamentou as razões de por que considerava conveniente o uso de modelos, destacando a flexibilidade dos mesmos em contraste com a rigidez das teorias.

Pode-se dizer que a utilização de modelos tem vantagens e desvantagens. A principal vantagem é a de que um modelo é mais flexível que uma teoria e representa uma ponte entre as abstrações teóricas e a prática clínica; e a desvantagem é que a sua utilização exagerada pode saturar a mente e prejudicar a observação, de tal modo que o meio fica sendo um fim.

O próprio Bion nos explica melhor, com palavras pronunciadas em uma conferência em Buenos Aires, em 1968, intitulada "O Gênio e o *Establishment*" (*Revista Gradiva*, n. 20, 1980, p. 13):

Agora queria começar a referir-me aos modelos. São apenas estórias imaginárias, idealizadas com o propósito de que exerçam uma porção de efeitos psicológicos sobre nós, no sentido de ajudar-nos a ter uma idéia sobre uma teoria, uma idéia mais abstrata, porém que, não obstante, se mantém a uma distância reconhecida com respeito ao que podemos enfrentar em um consultório.

A seguir, nesse mesmo artigo, Bion propõe um modelo para o destino das identificações projetivas (conteúdo) de um bebê ansioso para dentro da sua mãe (continente). Pela importância que esse modelo representa na obra de Bion, e pela freqüência com que ele aparece em diversos textos, vale a pena transcrever um trecho maior, com as próprias palavras de Bion (p. 13):

Em primeiro lugar, vou propor um modelo para uma identificação projetiva falha que, segundo sustentam nossas teorias, segue um certo rumo e é causa de adversidade para o paciente. O lactente experimenta o temor de estar morrendo e chora. A mãe reage com angústia e diz: "Não sei o que é que se passa com esta criança", e tende a pôr distância entre ela mesma e a criança que chora; seja na realidade concreta, seja psicologicamente, ela não está disposta a tranqüilizar a criança. Este é um modelo da situação em que a criança dissocia uma parte de si mesma – seu temor de morrer – e, chora para colocá-la em sua mãe, porém, essa parte é recusada e colocada novamente na criança. Como já disse, o modelo é: "Não sei o que se passa com esta criança" e também ansiedade e impaciência como resposta.

Agora, como modelo para a identificação projetiva de êxito, suponhamos um tipo de mulher afetuosa e maternal normal e uma criança que também chora por temor à morte. A mãe leva a criança ao colo, sorri afetuosamente e diz: "Bem, bem, não é para tanto" e poucos instantes depois a criança também sorri e aceita voltar novamente para o berço. Segundo a teoria pela qual suponhamos que isto é um modelo, o lactente dissocia seu temor à morte, como sugeri, e o coloca no seio de sua mãe, esta o desintoxica, e a criança recupera um temor, leve. Agora, bem, suponhamos que, por alguma razão, a mãe afetuosa e amorosa não está ali, seja porque não ama o filho ou porque sente alguma angústia, ou talvez porque a criança é particularmente perturbada e sente temor da mãe, ou seja, o tipo de caso que ocorreria com um bebê psicótico. No modelo para esta situação, se poderia dizer que a criança experimenta temor porque sente que está morrendo, dissocia esse temor e o coloca no seio; porém, neste caso, suponhamos que haja algum problema de hostilidade, seja no bebê, ou na mãe, que estraga a fantasia onipotente e impede que o seio desintoxique o temor. Aqui se tem a sensação de que esse objeto mal despoja as projeções do bebê, em forma ávida, invejosa e hostil do significado que pode ter tido. Assim, o temor de morrer que a criança sente se pode colocar no seio materno, mas quando o recupera já se trata de um temor inefável, em outras palavras, o que se coloca no seio materno, o temor da morte, foi despojado inclusive do significado que tinha e se converteu, como disse, simplesmente em um terror sem nome. Essas são três situações totalmente imaginárias, não tenho a menor idéia do que é que pensa um bebê e não creio que alguma pessoa a tenha, e a cada um de nós, só nos resta imaginar sua própria versão. Porém, o importante desses três quadros é o fato de que proporcionam uma gama de imagem visual que permite compreender um pouco mais essa teoria tão abstrata.

Entendi ser conveniente reproduzir integralmente esse longo trecho, não só pela razão de que esse modelo pode ser considerado um protótipo dentre os demais, mas também pelo fato de que é o modelo que melhor sintetiza a ideologia psicanalítica de Bion, alicerçada nos vínculos – com as respectivas identificações projetivas e introjetivas – que se processam entre o bebê e a mãe, ou, na situação analítica, entre o analisando e o analista.

Bion não se cansou de enfatizar essa definição de modelo, com a recomendação de que é sempre transitório, e que somente deve ocorrer enquanto seu uso for útil para cada psicanalista em particular, para depois ser descartado.

A partir daí, pode-se verificar, ao longo de toda a sua obra, o quanto Bion utiliza-se de modelos biológicos, místicos, matemáticos, entre muitos outros, sob a forma de histórias, de metáforas, de equações, etc.

É útil conhecer como Bion utilizava esses múltiplos modelos, porquanto os mesmos refletem o seu pensamento psicanalítico e a sua própria pessoa.

É no Capítulo 19 de *Elementos de psicanálise* (1963) que Bion se estende nas vantagens da utilização de modelos para favorecer a compreensão dos processos de "pensar" e de "sentir". Aí, ele emprega modelos extraídos da biologia, como o do *sistema digestório* (por exemplo, a introjeção, a absorção e a expulsão dos elementos psicanalíticos), o do *sistema respiratório* (como no modelo da asma brônquica), o *auditivo*, o *visual*, etc. Assim, ao fazer os seus importantes estudos sobre a teoria dos pensamentos, Bion sugeriu que a mente, isto é, o aparelho para pensar, constrói-se no modelo do sistema gastrintestinal, ou seja, há o pressuposto na criança de que tudo segue uma linearidade temporal e espacial, tal como um alimento começa na boca e termina expulso pelo ânus. Aliás, é bastante usada a expressão de Bion de "evacuação", referente à expulsão dos protomentais elementos β, sob a forma de excessivas identificações projetivas.

Meltzer (1986, p. 117) utiliza-se do modelo biológico de Bion e mostra que a mente se constitui como se fosse um sistema digestório que digerisse as suas experiências emocionais; assim, pode-se falar em "crescimento, atrofia, expulsão das fezes, foco da infecção, morte da mente, etc.". Ainda em relação aos modelos inspirados na biologia, é interessante observar o quanto transparece um modelo sexual no conceito de "concepção", como resultante da fecundação de uma "preconcepção" por uma "realização".

Da mesma forma, os *símbolos do gênero sexual* – ♀ e ♂ – foram utilizados por Bion para designar, respectivamente, as originais concepções de continente e de conteúdo. Esse modelo é fundamentado por Bion com três submodelos, também biológicos, que caracterizam as três modalidades que tipificam a relação continente-contido (ou conteúdo): a de tipo *parasitário* (eles se alimentam e se destroem reciprocamente), a *comensal* (não há confronto, porém a relação é estática e estéril) e a *simbiótica* (em biologia, esse termo designa uma condição de vantagens recíprocas entre espécies diferentes de animais).

Um outro modelo digestório utilizado por Bion é o da "fome". Nesse caso, a fome é associada à imagem visual de um seio que não o satisfaz, mas que, por ser necessitado, torna-se um objeto "mau". Nesse modelo de "fome", todos os objetos que se apresentam como necessidade são objetos maus, porquanto eles impõem o suplício de Tântalo. Se o indivíduo necessita deles, é porque, na realidade, ele fica à mercê de um outro. Igualmente, nesse modelo, a necessidade do alimento leite deve ser equiparada à necessidade de "amor", e é importante que não se confunda a existência de um "seio bom" – nutridor – que esteja ausente, com a de um "seio mau" – não-nutridor – e ausente, porque foi "evacuado".

É também em *Elementos de psicanálise* que aparece um conhecido modelo que consiste na analogia que Bion traça entre a grade e "a atividade do músico que pratica escalas e exercícios, que não estão diretamente ligados à peça musical, mas sim com os elementos dos quais toda peça musical está composta". O modelo da grade, por sua vez, lhe foi inspirado pela Tabela periódica dos elementos químicos, de Mendelaiev.

O modelo da grade foi uma tentativa de situar tanto o psicanalista como cada um de seus analisandos quanto ao nível genético-evolutivo dos pensamentos, assim como também quanto à forma e à finalidade de como tais pensamentos estão sendo, ou não, utilizados fora da situação analítica. Da mesma forma que com os demais modelos, também em relação ao da grade, Bion insiste para que sirva para o psicanalista apenas como um parâmetro de reflexão pós-sessão e jamais durante a sessão, porquanto, neste último caso, poderia provocar uma tônica intelectiva, em prejuízo de uma entrega afetiva.

Uma outra vertente inspiradora de modelos psicanalíticos é a da mitologia, tanto os mitos privados de cada indivíduo como os mitos públicos universais. Assim, em *A grade* (1964), Bion apoiou as suas investigações sobre a normalidade e a patologia do conhecimento nos mitos de Édipo, no da Árvore do Conhecimento do Éden e no da Construção da Torre de Babel, além dos relatos míticos dos Funerais do Rei de Ur e no da Morte de Palinuro, entre outros.

Comentários: A meu juízo, é difícil entender por que, entre os modelos que Bion adotou para o estudo sobre o conhecimento, ele não incluiu o mito de Narciso, no qual, segundo a profecia de Tirésias, "Narciso morreria quando viesse a conhecer-se".

O uso dos modelos é indissociável da concepção de "vértices", tendo em vista que a finalidade precípua é possibilitar uma dimensão abstrata dos fenômenos psíquicos, através de uma determinada perspectiva de visualização concreta. Ou, devolvendo a palavra a Bion (1962, p. 95):

> O uso de um modelo é eficaz por devolver o sentido do concreto para uma investigação que pode ter perdido o contato com o seu *background* por meio da abstração e dos sistemas dedutivos teóricos a ela associados.

Como modelo genérico da *epistemologia* da psicanálise, Bion gostava de se referir aos três vértices: o científico, o artístico e o religioso, sendo que cada um caracteriza um período diferente e singular de sua produção científica.

Embora comumente o modelo poético não coincida com o do pensamento lógico, Bion conseguiu, muitas vezes, emprestar um tom poético à linguagem científica. Ele acreditava que a linguagem poética, com sua áurea de mistério e de transcendência, possibilitaria ao leitor um acesso mais verdadeiro quando o objeto de estudo fosse o registro de fenômenos protomentais.

Uma amostragem de como Bion usava uma alternância de modelos diferentes, porém em sincronia, pode ser dada pelo emprego das letras L, H e K (iniciais, em inglês, respectivamente, dos vínculos de amor, ódio e conhecimento), que são designações lógicas e científicas, enquanto o signo O (na dupla leitura possível, tanto a letra O como "zero") designa uma abstração, a de um ponto de origem no espaço infinito, e tem o propósito de promover no leitor um estímulo estético e a busca de uma imagem mística, sem, no entanto, perder o rigor do discurso científico.

É interessante transcrever o exemplo dado por Bion para mostrar como um mesmo fato pode ser concebido através tanto de um modelo científico como de um estético, ou religioso, dependendo do vértice que for adotado pelo observador. Assim, afirma Bion (1973, p. 57), tomando como exemplo a conceituação de tempo:

> pode-se considerar o próprio vértice como uma variável e usar uma medida que indique unidades angstron ou anos-luz (o científico). Utilizando uma escala de tempo, poderíamos citar: "O tempo, como uma corrente incessante, carrega para longe todos os seus filhos"; ou "Da eternidade para a eternidade tu és Deus" – como uma escala de tempo religioso.

Também é útil consignar que Bion traçava uma distinção entre modelo e abstração. Ele reservou o termo *modelo* para uma construção na qual se combinam entre si imagens concretas, e o vínculo entre estas últimas produz amiúde o efeito de uma narrativa que implica que alguns de seus elementos sejam a causa dos outros. O modelo é construído com elementos do passado do indivíduo, enquanto a abstração está, por assim dizer, impregnada com preconcepções do futuro do indivíduo.

Na *abstração*, os elementos reais relacionados têm menor importância, enquanto o uso do modelo acentua os elementos reais e as imagens visuais. Da mesma forma, o modelo deve ser diferenciado da *teoria*, porque, ao contrário desta última – que se constitui como um paradigma por um longo período de tempo –, os modelos são efêmeros.

Qualquer experiência emocional pode ser usada como modelo para alguma experiência futura, desde que haja suficiente flexibilidade para permitir a sua adaptação a experiências novas, mas que, supõe-se, sejam similares.

O valor de um modelo, prossegue Bion, consiste em que os seus dados, já familiares para o psicanalista, estão disponíveis para satisfazer qualquer necessidade urgente, interna ou externa. Ao construir o seu próprio modelo, o psicanalista necessita dar-se conta de qual é o modelo usado pelo seu paciente e pô-lo a descoberto. Então, poderá comparar o seu próprio modelo e a sua abstração com os do seu analisando, observando, por exemplo, se o modelo que está sendo vivido na situação analítica é de natureza biológica, de tipo alimentar, excretória, respiratória ou muscular; ou se é de natureza mística, ou, ainda, a dos mitos privados, a que Bion se referia como sendo a dimensão do "como se", e assim por diante.

Vale reiterar que o inconveniente do uso do modelo é que ele por si mesmo gera novas abstrações. De qualquer forma, Bion enfatiza que o uso do modelo deve ser transitório e só tem validade se estiver em consonância com a real experiência emocional de cada analista. Além do fato de cada psicanalista ter de criar e reconhecer os seus próprios modelos – devendo, para tanto, usar menos teorias –, ele deve ter bem claro que os modelos criados só servem para si, que são variáveis de paciente para paciente e, também, que para cada um dos analisandos há uma variação de acordo com o estado mental das diferentes situações analíticas. A propósito disso, Bion gostava do modelo de uma "espiral helicoidal", dizendo que "nas sessões, voltamos constantemente aos mesmos pontos, só que em diferentes níveis da hélice", e seguidamente se referia a três dimensões dos modelos: a dos sentidos, a dos mitos e a das paixões.

Em relação à concepção da natureza do processo psicanalítico, Bion asseverava que a psicanálise não deve seguir o modelo da medicina clássica, com a sua tradicional noção de cura médica. Pelo contrário, ele apregoava que o psicanalista deve provocar um estado de "turbulência emocional" – que é um outro modelo seu muito conhecido – sempre que a situação psicanalítica estiver estagnada. O modelo visual proposto por Bion para esta última eventualidade é o de uma vara que, interposta no curso das águas plácidas de um lago, provoca uma turbulência e somente assim desperta uma atenção maior e pode ser precebida.

Comentários: Creio que esse modelo serve para mostrar que, muitas vezes, na prática clínica, o psicanalista deve fazer com que uma posição egossintônica na pessoa do paciente seja transformada em egodistônica. Ademais, também penso ser válido, para iluminar o conceito de "turbulência", tomar o modelo da física, da teoria de Einstein relativa ao "movimento browniano", que afirma que os átomos somente ficam visíveis através de uma elevada oscilação dos movimentos moleculares.

Em *O aprender com a experiência* (1962), Bion afirma que o modelo é a abstração da experiência emocional, ou a concretização de uma abstração. Assim, o vínculo analítico implica uma forma de modelar as abstrações; portanto, em alguns casos, o fracasso do paciente em resolver os seus problemas pode decorrer da possibilidade de que ele esteja utilizando mal os seus modelos próprios. O mesmo pode ser dito em relação a como o psicanalista esteja utilizando os seus modelos privados.

Dentre os múltiplos modelos criados por Bion, um dos mais conhecidos é o da *grade*, já referido, que pode servir como um claro exemplo do quanto uma abstração teórica (fundamentada em um sistema cartesiano composto de uma coordenada vertical – que é o *eixo genético* da evolução do pensamento –, e de uma coordenada horizontal – que constitui o eixo da utilização dos diversos níveis de pensamentos) pode estar a serviço de uma proposta, eminentemente da prática clínica. Essa afirmativa se baseia na possibilidade de, através de uma posterior notação gráfica dos "elementos da psicanálise" que ocorreram durante uma sessão, o analista refletir sobre as vicissitudes desta e estudar o seu desempenho, notadamente sobre a questão de estar havendo uma sintonia entre o nível de pensamento do paciente e o do analista na formulação das interpretações.

A grade também permite exemplificar como um modelo pode estar embutido dentro de um outro modelo. Assim, no modelo da grade, o encontro da fileira A (elementos protomentais) com a coluna 6 (da ação), designa um outro submodelo: o da *evacuação* daqueles primitivos elementos β, sob a forma de uma atuação. Da mesma forma, a grade também exemplifica o fato de que cada psicanalista tem a liberdade de criar o seu próprio modelo de utilização particular, dentro das premissas gerais de um modelo mais amplo, como é o da grade de Bion, que, aliás, deixou muitos espaços vazios em seu modelo original para que outros analistas os preencham com a sua própria inventividade.

MODELO CONTINENTE-CONTEÚDO

Em meio aos inúmeros modelos propostos por Bion, aquele que é o mais conhecido, citado, divulgado e de maior aplicabilidade prática é, sem a menor dúvida, o da relação de um continente com o conteúdo (♀♂). Esse modelo abrange uma multidimensionalidade: tanto ele designa uma mãe contendo as angústias do seu bebê como também pode ilustrar um ego contendo uma representação, de uma palavra contendo um significado, um sujeito criando e contendo uma mentira, um grupo contendo um indivíduo (ou vice-versa), uma instituição contendo um místico ou um indivíduo contendo as suas próprias dúvidas e aflições; e, dentre tantos outros mais, esse modelo também designa precipuamente a fundamental interação do par analítico, em função do interjogo entre as cargas de identificações projetivas e as introjetivas, de um para o outro.

Como uma ilustração da aplicação prática, na situação analítica do modelo continente-Conteúdo, é oportuno transcrever como a psicanalista argentina E. Bianchedi – uma profunda conhecedora e divulgadora de Bion – e seus colaboradores desenvolvem novos modelos esclarecedores e instigadores.

Dessa forma, a partir desse modelo, mais precisamente da relação do "místico" (o portador de uma idéia nova) com o *"establishment"* (o aspecto organizado e estável de qualquer instituição, a mente inclusive), os autores propõem um excelente desdobramento, como uma forma de entendimento do conceito de "crescimento mental" (1989).

Assim, secundando a Bion, eles mostram que esse crescimento não se processa de forma linear como nas plantas, mas através de saltos disruptivos, dentre os quais são de especial importância os momentos das *desidentificações*. Bianchedi, a partir da relação entre a "idéia nova" e o "estabelecido", formula um novo modelo clínico de vínculo analítico, propondo três possibilidades de diálogo na interação paciente – analista: a) *o diálogo convencional*, em que há uma tendência a evitar desacordos, e ambos buscam os familiarizados "lugares comuns"; b) *o diálogo psicanalítico*, em que há uma tolerância ao desencontro das perspectivas prévias de cada um, e que, portanto, possibilita o encontro de novos e diversificados vértices; e c) *o diálogo suspenso*, que corresponde a momentos de "mudanças catastróficas", em que as identificações do paciente e do analista estão em suspenso. Creio que este último tipo de diálogo possivelmente pertence também ao campo da extra-sensorialidade e pode ser concebido como uma experiência puramente emocional. Bianchedi deixa claro que esses três tipos de diálogos psicanalíticos estão sempre se alternando em uma mesma análise, e que são os momentos de suspensão transitória das identificações que possibilitam os difíceis e disruptivos – porém necessários ao crescimento mental – fenômenos de desidentificações.

Bion descreve uma "cisão não-patológica" do analista, que é uma condição necessária para que ele possa passar de um estado de mente (dele ou do paciente) para um outro estado mental – portanto, alude a uma dimensão espacial do psiquismo –, tal como aparece nos modelos que Bion propõe no trabalho "Cesura" (1977c).

Comentários: De minha parte, atendendo a uma sugestão de Bion de que cada psicanalista crie um vértice particular de observação de modelos, quero crer que o modelo de um analista como sendo um continente dos conteúdos ansiosos de seu paciente (ou de uma mãe com o seu filho que está projetando maciçamente as suas angústias dentro dela) abriga, a um só tempo, as três dimensões da vida psíquica: a do espaço, a do tempo e a do desejo.

A dimensão *espacial* está suficientemente exemplificada no modelo da "cesura". A dimensão *temporal* transparece claramente no fato de que deve decorrer um tempo dentro do analista, desde a sua "escuta analítica" até a formulação final da interpretação. Trata-se de um período que se processa dentro do "continente" do analista e que demanda uma certa paciência, tanto para conter o seu próprio "não saber" como para respeitar a velocidade e o ritmo peculiar de cada paciente em separado.

Também penso que a dimensão do *desejo* pode ser mais bem compreendida através da origem etimológica desse vocábulo. Assim, "desejo" se forma a partir do prefixo *de* (privação) e *sidus* (astro), o que permite dizer que designa um anelo por uma estrela que está tão perto dos olhos e tão longe do alcance das mãos. Portanto, a palavra "desejo" alude à perda de algo, que, por conseguinte, causa a instalação de uma falta, acompanhada por um desejo premente de preenchê-la. Destarte, quanto mais regressivo for o paciente, maior será o seu desejo por um continente que lhe faltou no passado, e, ao mesmo tempo, o continente do analista é o único que pode conter esse desejo.

Conforme enfatizava Bion, os modelos analíticos somente têm validade se encontrarem uma aplicabilidade na prática clínica. Assim, a aplicação do modelo continente-conteúdo, segundo o vértice da contenção de espaço, tempo e desejo, tal como esbocei, pode ser entendida, na prática, da forma que segue. A falha da continência espacial, quando se trata do espaço intrapessoal, costuma provocar uma dificuldade de discriminação entre os conteúdos mentais; se a falha for no espaço interpessoal – a zona transicional entre o analisando e o analista –, decorrerá um prejuízo na capacidade de criatividade. No caso em que a falha de continência do analista ocorrer em relação ao conteúdo inerente ao tempo, não só haverá uma falta de consideração pelo ritmo e velocidade de cada analisando em particular, como também a atividade interpretativa do analista tomará uma feição do tipo "pingue-pongue", sem que se tenha o tempo necessário para as associações e reflexões e para um ensaio de *insight* elaborativo. Da mesma forma, se o analista não contiver o desejo do paciente por um continente – e isso comumente aparece disfarçado sob uma forma erotizada, ou agressivo-reativa –, a análise estará fadada a uma apatia recíproca.

É claro que a sumária transcrição dos modelos anteriormente mencionados não visa mais do que a uma ilustração teórico-clínica, e que uma multiplicação infindável de outros tantos excelentes modelos poderia ser aqui utilizada. O que importa, não custa repetir, é que os modelos são muito úteis, porém transitórios, e que, conforme afirma Meltzer (1975):

> Todos nós adquirimos, através de nossa educação e desenvolvimento, preconcepções maciças de modelos, teorias e idéias das quais temos que gradualmente nos libertar para nos sentirmos livres para receber novas impressões, pensar novos pensamentos e formar novos modelos.

À guisa de resumo, vale repetir que Bion estimulou que cada psicanalista crie os seus próprios modelos, adequados ao seu modo específico de ser e de trabalhar, e que os empregue não para enriquecer a teoria psicanalítica, mas para praticar a construção de modelos dentro do vértice da observação clínica e, assim, promover novas aberturas e formas de comunicação. Uma vez que o modelo fica superado, ele deve ser descartado.

Assim, o modelo que a mim ocorre para conceber esta última definição é o dos *andaimes de uma obra em construção*: eles são úteis e indispensáveis até que a construção se complete, e então são dispensados.

4

Sobre uma Experiência Pessoal com W. R. Bion

Luiz Alberto Py*

Meu primeiro contato com as idéias de Bion se deu quando eu ainda estava em formação, no Instituto de Psicanálise da Sociedade Brasileira de Psicanálise de São Paulo. Naquela época, paralelamente ao curso de formação, para meu sustento, eu trabalhava num hospital psiquiátrico e montara, juntamente com alguns colegas, um consultório onde praticava psicoterapia.

À noite, eu ia para a Sociedade de Psicanálise em busca de conhecimentos que me permitissem trabalhar de forma competente. Durante o dia, eu me encontrava com pessoas que confiavam em mim, que iam ao meu consultório na esperança de que os ajudasse. E eu queria ajudá-los, pois estavam me sustentando, me ajudando a pagar a minha análise, os cursos na Sociedade de Psicanálise, a moradia, a alimentação e tudo o mais. Eu tinha muito interesse em oferecer um bom serviço a essas pessoas.

Minhas primeiras lições de psicanálise me levaram à idéia de construir um corpo de conhecimentos que me permitisse trabalhar como psicanalista. Isso parece óbvio, mas, com o tempo, fui descobrindo que não era bem assim. Eu estudava, lia muito, prestava atenção nas aulas, aprendia a evolução do pensamento freudiano, construía teoricamente uma razoável visão das neuroses humanas – sem falar das psicoses –, mas isso não me parecia suficiente quando me encontrava no consultório com meus clientes.

Recorria à proposta de Freud: tornar consciente o inconsciente. O trabalho andava, os clientes continuavam a vir às sessões, mas eu me sentia inseguro quanto ao que estava fazendo. Freqüentemente me perguntava o que poderia fazer para perceber o que era inconsciente para meus clientes.

Costuma me sentir como se estivesse tentando rebater uma bola, como um jogo de tênis ou pingue-pongue. O cliente falava, e eu procurava responder com uma interpretação. A idéia era que as interpretações com que retrucávamos à fala do analisando seriam curativas – como se fossem uma medicação – desde que tornássemos consciente o seu inconsciente, tendo como referência sistemática a transferência.

A transferência, eixo de nosso trabalho, era entendida como a possibilidade de referenciar

---

*Médico-psicanalista didata da Sociedade Brasileira de Psicanálise do Rio de Janeiro.

à pessoa do analista tudo ou quase tudo que o cliente falasse durante a sessão. Assim, se dissesse, por exemplo, que se sentia roubado pelo guardador de carros que lhe cobrava muito caro, deveríamos responder – interpretar – que estava se sentindo roubado por nós. Se dissesse que pretendia enganar o guardador, deveríamos entender e interpretar estava querendo nos enganar. Se dissesse que estava com raiva da namorada que não o compreendia, devíamos lhe dizer que ele estava com raiva do analista porque achava que não o compreendia. E, principalmente, devíamos interpretar atentamente o que era chamado de "transferência negativa", ou seja, mostrar para nosso analisando que ele estava com raiva do analista, ou com qualquer outro sentimento negativo, sempre que algo negativo estivesse contido na sua fala.

Eu me sentia desconfortável fazendo esse tipo de trabalho interpretativo, porque não confiava que tais interpretações correspondessem necessariamente à realidade psíquica de meus clientes. O mais difícil era suportar o sentimento de ridículo que me importunava permanentemente, além de sentir, cada vez com mais clareza, que essa atividade pouco os ajudava.

Foi quando se mudou para São Paulo o psicanalista inglês Frank Philips, discípulo de Bion. Sua chegada efetuou uma radical transformação em meu desenvolvimento. Após assistir a alguns seminários com Philips, procurei-o para supervisão, encantado com a abordagem, para mim nova e original, que fazia do trabalho psicanalítico.

Philips me deu uma outra idéia do fenômeno transferencial. Mostrou-me que, de acordo com o pensamento de Bion, sempre havia um clima emocional presente entre duas pessoas que se encontravam regularmente sozinhas. Nossa tarefa como analistas seria perceber os elementos dessa relação e comunicá-los a nosso cliente. Sua proposta era entender o significado do encontro entre o analista e seu analisando.

Aprendi com Philips que a observação da transferência não era meramente uma transposição direta do discurso do analisando para a relação analítica, mas tentar ouvir as motivações que levariam nosso cliente a dizer cada palavra e tomar cada atitude, em cada momento específico da sessão de análise. Ou seja, em vez de entender que nosso cliente se sentia roubado por nós pelo mero fato de chegar no consultório se queixando do carro, tentaríamos entender o que o levava a optar por fazer tal queixa em vez de qualquer outra coisa que poderia estar dizendo. A pergunta que passei a me fazer era: "O que será que faz com que esta pessoa saia de sua casa para vir aqui me falar de sua irritação com um guardador de carros que ela acha que está lhe roubando?".

Quando passei a prestar atenção nesses aspectos, aconteceram coisas surpreendentes no meu trabalho. Comecei a perceber que eu e o meu cliente não sabíamos o que estávamos fazendo; tentávamos "fazer psicanálise". Ele ficava no papel de analisando e eu no papel de analista. Ele ia para o meu consultório, pensando: "... eu vou fazer análise lá com o Dr. Py". E eu ia também para o consultório pensando: "... eu vou analisar o meu cliente, Sr. Joaquim". Eu sentava numa cadeira, ele deitava no divã, ele fazia análise comigo, e eu fazia análise dele. Mas estávamos principalmente desempenhando papéis, não nos perguntávamos: "O que estamos fazendo aqui?" "O que realmente está acontecendo entre nós?".

Descobri que não sabia o que estava fazendo em meu próprio consultório. Percebia que tinha uma influência na vida de meus clientes, que eles, como eu, não sabiam bem qual era, mas mostravam estar valorizando, pois voltavam às sessões.

O trabalho com meus clientes passou a girar em torno de questões como: "O que a gente está fazendo?" "Por que essa coisa que a gente está fazendo aqui é saudável?".

Aprendi que Bion questionava o autoritarismo com que nós, analistas daquela época, lidávamos com nossos clientes. Nós nos colocávamos como donos da verdade do inconsciente deles, e nossas interpretações eram formuladas num tom de quase certeza absoluta. Estimulado por minha supervisão, propus-me a me despir da postura autoritária e inclusive denunciá-la aos meus clientes, questionando sua tendência a aceitarem de forma submissa meu pretenso saber sobre seus inconscientes. O resultado dessa mudança em minha postura trouxe uma dificuldade para meus clientes, pois privou-os do recurso de se entregarem para mim e dizerem para si mesmos que estavam sendo devidamente cuidados por mim. Passaram a ter também responsabilidade de verificar se o que eu estava fazendo era algo valioso para eles. Antes, os analisandos iam para o consultório, ficavam ouvindo interpretações e esperando que entrassem dentro deles e os curassem, como quando uma pessoa toma um remédio e acredita que aqueles dois comprimidos que o doutor receitou vão fazer com que ele fique bom. O espírito com que os analisandos iam para a análise comigo naquela época era esse, e eu praticava uma mágica que funcionava razoavelmente, graças à auto-sugestão dos clientes, uma espécie de efeito placebo. Quando comecei a questionar a situação e a indagar a mim e a meus clientes o que realmente ocorria na análise, ocorreu uma interessante transformação: eles passaram a assumir a responsabilidade de separar o joio do trigo nas minhas palavras.

Philips colocava constantemente a questão de como o analista fazia para analisar, qual o equipamento utilizado por ele e como ele se posicionava ante seu cliente para trabalhar. E essa era a indagação que eu procurava. Percebi que era importante para a evolução da qualidade de meu trabalho que eu voltasse minha atenção para aprimorar meus processos de evolução em vez de simplesmente me dedicar a estudar a mente doente de meus clientes. Data dessa época minha ojeriza pela idéia de chamar os analisandos de "pacientes" e o trabalho analítico de "tratamento". Descobri que Bion afirmava que a terminologia médica havia contaminado negativamente a psicanálise.

Durante uma sessão com uma paciente, eu respondi a algo que ela havia acabado de falar dizendo: "Isto sugere que...". E segui um raciocínio qualquer, do qual não me lembro mais. Mas o que eu lembro, e nunca mais esqueci, foi que, quando eu falei "Isso sugere...", ela entendeu: "Você sugere..." e me respondeu com surpreendente entusiasmo: "Ah! Eu sugiro? Ah! Você acha que eu estou sugerindo? Ah! É? Pois é, porque eu até poderia te dizer mais coisas...". Daí em diante ela começou, por assim dizer, a colaborar com o trabalho psicanalítico. Ou seja, em vez de passivamente fornecer material para minhas elocubrações, passou a conversar comigo sobre suas reflexões, sobre, enfim, nossa psicanálise. Era uma porta que seria aberta.

Esse episódio simboliza toda uma evolução que foi lentamente ocorrendo. Situações semelhantes aconteceram, eu comecei a formular diferentemente minhas palavras e percebi que podia contar com a colaboração de meus clientes. Eles não eram meros fornecedores de material, eventualmente poderiam desempenhar o papel de psicanalistas. E mais, compreendi que a psicanálise só seria bem-sucedida na medida em que eles fossem capazes de desenvolver sua capacidade psicanalítica, a capacidade de interpretarem o que sentiam. Dito de outra forma: em vez de os clientes apenas contarem seus sonhos, eles, estimulados por minha nova postura, passaram a contar o sonho e suas interpretações, suas opiniões sobre ele. Isso certamente era muito útil para mim, para nosso trabalho, porque podíamos trocar idéias. Passamos a viver uma situação em que éramos pessoas que trocavam idéias a respeito das coisas que passavam nas suas cabeças. Parece óbvio, mas me custou muito tempo de esforço, de trabalho, de sofrimento. Na Sociedade, ninguém falava dessas questões, apenas de sofisticadas teorias, predominantemente sobre a constituição do aparelho psíquico humano ou sobre a patologia dos neuróticos e psicóticos.

Achei que fazia sentido me dedicar a algo que me ajudasse a funcionar melhor como analista, ou seja, em vez de tentar acumular conhecimento e leitura, na esperança de que isso me tornasse um bom profissional, entendi que podia ser mais útil dar atenção ao processo de me preparar para estar mais apto internamente para o trabalho. Um tradicional provérbio indiano diz: "Quando o discípulo está pronto, o mestre aparece". Tomei para mim a idéia de que meu compromisso devia ser tentar me preparar para ser uma pessoa mais bem capacitada para funcionar como analista, investindo no "ser", e não no "saber".

Comecei a buscar esse novo tipo de abordagem, e isso foi fascinantemente transformador na minha vida profissional. O primeiro artigo que escrevi sobre psicanálise chamava-se "Observando uma Interpretação" e era sobre um episódio semelhante aos muitos que então ocorriam em meu consultório. Uma cliente, ao chegar para a sessão, havia dito: "A minha mãe é que me lembra da hora que eu tenho que vir para cá. Eu sou uma pessoa muito biruta, eu me esqueço das coisas, eu ontem até esqueci da hora da costureira".

Fiquei pensando o que dizer: "... lembrava,... lembrar não lembra, ela está precisando que lembrasse as coisas pra ela, que eu era que nem a mãe dela, que ela esperava de mim que eu fosse...". Mas nesse momento eu estava já imbuído da idéia de não me agarrar à primeira interpretação que me ocorresse e me permitia procurar um pouco mais e esperar. Realmente, após algum tempo, uma outra percepção me ocorreu: aquela moça – era menina, tinha 17 anos e era bastante infantil – ficava aflita, angustiada por estar ali comigo. Ela tinha que me falar qualquer coisa para não ficar em silêncio, para nós não ficarmos em silêncio, e, nesse falar qualquer coisa, o que ela tinha dito a respeito de sua mãe significava dar uma utilidade a ela. Eu lhe disse que achava que ela sentia necessidade de dar uma função, uma utilidade para mim.

Ela respondeu: "Ah! Isso é birutice sua."

Respondi: "Quando eu não cumpro a função que você quer dar para mim, ou seja, a de interpretar, de ser psicanalista, você fica com raiva, diz que eu sou biruta. Para você é uma coisa ameaçadora, quer dizer, enlouquece. Quando você diz que eu sou louco..."

A partir daí fomos conversando sobre isso, e aos poucos ficou claro que aquela situação psicanalítica era muito difícil para ela suportar, porque era uma oportunidade na qual emergiam emoções sexuais que se sentia na obrigação de reprimir. Não era de bom tom. Ela era uma menina de 17 anos, de um colégio de bom nível, e, em 1966, o mundo era completamente diferente, as jovens deveriam se manter virgens até o casamento. Ela recebera todo um aprendizado de que essas emoções sexuais tinham que ser reprimidas. Se elas surgissem ali, iam ser muito desconfortáveis para ela, ela não deixava surgir. Fomos capazes, a partir de então, de conversar sobre essas questões.

Algo que era um empecilho para o trabalho se tornou uma força motivadora, positiva, pois, ao ver essas coisas todas, ela percebeu como uma melhor compreensão do que se passava dentro de si mesma lhe trazia alívio. Também foi um progresso a diminuição de sua preocupação e tensão em relação às questões sexuais. Cada vez mais eu percebia que tinha a capacidade de me deixar abandonar e que construía alguma coisa a partir daquela situação de descontração, de relaxamento. Assim, fui construindo uma postura pessoal como psicanalista. Percebi que estava num bom caminho, meu trabalho melhorou de qualidade, e os clientes reagiram, melhorando também.

Eu sabia que, na década de 50, Bion escrevera uma série de artigos sobre análise de psicóticos e desenvolvera idéias bastantes originais sobre a origem do pensar. Descobri que nos últimos anos vinha se dedicando a uma reflexão sobre a atividade do analista. Era um enfoque novo, Bion optava por dar atenção aos processos mentais do analista em vez de estudar os processos mentais do analisando, como mandava a tradição psicanalítica.

Aprendi que Bion desenvolvera a idéia de que, para poder melhor trabalhar, o analista devia tentar ativamente se abster de lançar mão de sua memória e procurar evitar quaisquer desejos em relação à situação analítica, principalmente, dizia ele, o desejo de curar ou entender seu analisando.

Ele afirmava que nosso desejo obscurecia nossa capacidade de perceber as sutilezas de significados contidos na comunicação (verbal ou corporal) do analisando, e que livrar-se de seus próprios sentimentos libertava o analista para melhor observar a realidade psíquica de seu cliente.

A experiência de tentar evitar desejo e memória durante o trabalho era fascinante. Meu treinamento tinha sido no sentido de procurar lembrar o que acontecia em cada sessão, o que o cliente contava, e escutá-lo, tentando associar o que estava sendo dito com as coisas ditas anteriormente. A proposta de Bion libertava o analista de tais preocupações. Ele comentava que a memória tem um caráter de percepção que dificulta novas percepções, e que nos libertar da memória ajuda a perceber o que ocorre a cada momento na relação emocional entre analista e analisando. Ao mesmo tempo, libertar-se do desejo significa estar livre para poder apreciar os acontecimentos sem se sentir obrigado a intervir. Deixando a memória (o passado) e o desejo (o futuro) de lado, eu podia me concentrar em viver plenamente a sessão analítica (o presente). Bion afirmava que só podemos nos encontrar com nossos clientes no aqui e agora de cada momento de uma sessão, pois o passado já não existe, e o futuro ainda não chegou.

O mais importante para mim, no entanto, foi o fato de que o contato com as idéias de Bion me possibilitou compreender que não eram os conhecimentos do analista o que importava para um bom trabalho, mas sua PESSOA. Isso quer dizer que, para sermos analistas capazes, temos que nos aprimorar, sermos mais sadios em todos os sentidos, tanto física quanto mentalmente. Em outras palavras, um bom ser humano tem melhores possibilidades de ser um bom analista do que um erudito. Nossa meta seria em primeiro lugar a sabedoria, e não o simples saber.

Essa preocupação com o ser do analista, em vez do seu saber, eu já havia encontrado antes em um analista argentino. Emilio Rodrigué escrevera sobre a "cozinha" da interpretação, interessado no processo de funcionamento mental do analista que o torna mais apto para dizer algo proveitoso para seu cliente.

A partir de Bion, o próprio conceito do que seria proveitoso de ser dito para meu cliente passou a ser mais e mais complexo. Aos poucos, fui levado a questionar todos os dogmas psicanalíticos. Revi experimentalmente as questões de freqüência e duração das sessões e a crucial questão da escolha do que interpretar a cada momento, dentre as várias possíveis alternativas, e até mesmo a difícil opção entre formular uma interpretação ou ficar calado. Na época, ao ser indagado por um colega sobre que leituras psicanalíticas eu recomendava, respondi aconselhando Dostoiévski e Shakespeare.

Em 1973, Bion veio pela primeira vez ao Brasil, tendo proferido uma série de oito palestras em São Paulo. Seu contato inicial com os brasileiros deu-se através de uma fábula, disfarçada de relato histórico, acerca do Cemitério Real de Ur.

Ao morrer o rei, nos disse Bion, os ministros da corte se alojaram junto com seu cadáver numa escavação, desde então conhecida como "O Poço da Morte", e lá, vestidos com suas melhores roupas e adornados de ricas jóias, tomaram uma droga em pequenos copos, que depois foram encontrados junto a cada corpo. Quatrocentos anos depois, sem qualquer publicidade, a tumba foi saqueada. Diz Bion que esse assalto foi um ato de coragem, pois o lugar estava santificado pela morte e pelo enterro de toda a família real. Segundo ele, os assaltantes foram patronos do método científico, por terem ousado irromper através de maldições e fantasmas que guardavam a tumba.

Dos variados símbolos dessa pequena história, que inclui mortes, maldições, drogas, religiosidade, etc., Bion utilizou os saqueadores para enfatizar seu ponto de vista de que os psicanalistas precisam de coragem para se aproximarem de seu objetivo, o inconsciente, guardado por múltiplos e terríveis fantasmas.

> Para nós, não é necessariamente de grande importância aprender o que Freud e outros descobriram; o que importa é que se deveria aprender o valor daquilo que hoje em dia chamamos de atividade psicológica ou psicanalítica, isto é, psicanálise PRÁTICA. Esta vasta área necessita de investigação, não de ossificação. É de importância fundamental que não seja tratada como um assunto fechado.

Adiante, na mesma conferência, Bion prossegue:

> Em cada consultório, deveria mais precisamente haver duas pessoas amedrontadas, o paciente e o psicanalista. Se não estão, então seria o caso de se perguntar

por que estão se incomodando em descobrir o que cada um já sabe. É tentador sempre se ocupar com algo familiar. Esta tentação é maior para os psicanalistas do que para os outros, porque é uma das raras situações em que se podem absorver numa ocupação aterradora, mesmo sem terem que sair de casa.

A primeira palestra de Bion nos causou um profundo estado de estupefação, apesar e por causa da reverência com que havia sido acolhido. Após algum tempo, compreendi que Bion me tornara verde um sinal vermelho. Até então, sempre que me sentia atemorizado, ou angustiado, durante uma sessão, acreditava estar seguindo um caminho perigoso e estancava. Encorajado pelas idéias desenvolvidas por Bion nessa primeira série de conferências, eu me dispus, a partir de então, a suportar medo e confusão para poder me aproximar do que realmente me importava como psicanalista: o desconhecido.

Aqueles que acompanharam o rei de Ur à sua cova e com ele lá se encerraram representam uma versão mais antiga do diretor do departamento de patentes da França que, em fins de século XIX, demitiu-se e propôs a extinção de seu corpo, afirmando que nada mais havia para ser inventado.

Através dos tempos, temos visto a grande maioria das sociedades de psicanálise ter um comportamento hostil e violento para com aqueles que ousam sugerir novas idéias e formas de trabalho psicanalítico. Tradição lamentavelmente iniciada com o próprio Freud, que manifestava enorme dificuldade em conviver com idéias que divergissem das suas. São incontáveis os analistas expulsos das sociedades pela prática de heresias contra a tradição psicanalítica. Esses surtos de dogmatismo estúpido representam uma versão atualizada daqueles que prefeririam se enterrar com o rei a viver sem ele. Pior ainda, os ousados pensadores execrados ontem são transformados pelas diferentes instituições psicanalíticas em monstros sagrados que, a despeito do que nos ensinam suas palavras e suas próprias biografias, não podem mais ser contestados ou mesmo questionados. Os psicoburocratas que se agarram ao poder nas diversas instituições muito se assemelham aos que se deixaram morrer na tumba, provavelmente repetindo como um catecismo as palavras de seus mestres.

Bion inquietava-se com a idéia de que pudesse haver algum dia um movimento "bioniano" e não se cansava de repetir que conhecia melhor que ninguém seus próprios defeitos. Falando sobre essa questão, ele certa vez comentou comigo, no tom de ceticismo que lhe era próprio:

> Você acha que daqui a cem anos, se até lá ainda existir humanidade, alguém ainda se dará o trabalho de ler artigos sobre psicanálise? Certamente, se a civilização ainda existir, continuarão a ler Shakespeare.

Em outro momento, disse: "E quanto a Beethoven, você acredita que alguma sociedade de psicanálise o aceitaria como membro?".

Aprendi com Bion a desprezar a possibilidade de me enterrar na cova da satisfação com meu sucesso e minha sabedoria, cercado de honrarias e reverenciado como um pilar da sociedade de psicanálise, sem a necessária vitalidade para seguir seu exemplo, preferindo morrer lutando para aprender, consciente de minha ignorância e prosseguindo na árdua trilha da investigação da mente humana.

Ele dizia que o analista devia tentar se libertar da prisão representada pelo seu próprio desejo. Até porque, se o cliente perceber, captar, conscientemente ou não, o desejo do analista, ele pode controlá-lo frustrando ou satisfazendo seu desejo. Se o analista quer que o cliente melhore, ele melhora ou piora, e assim pode manipular o analista, manifestando melhoras ou pioras.

Ele tinha, percebia-se, uma consciência muito clara de que só se pode fazer psicanálise trabalhando no sentido de tentar aprender o que não sabemos, para o que é preciso agüentar a confusão e o sofrimento da ignorância e ser capaz de esperar que surja uma luz, às vezes uma difusa claridade, para que possamos finalmente descobrir algo que valha a pena ser apreendido, conhecido. Ao longo dos anos, aprendi que *a inspiração – ou a voz de Deus – se manifesta sobre a forma de um sussurro, e não como um trovão, como costumamos acreditar.* Se não conseguimos agüentar o sofrimento de não saber, estamos condenados a nos iludir, achando que já sabemos. Condenados porque, quando precisamos de um resposta, encontramos alguma qualquer, mas muito provavelmente não a verdadeira.

É importante considerar que não fazemos psicanálise em busca de respostas ou interpretações, mas para suportar a oportunidade de um encontro em que há a possibilidade de se descobrir o que pode acontecer com a mente humana quando duas pessoas se dispõem a realmente se encontrarem. A meu ver, essa investigação é que merece o nome de psicanálise, seja ela feita uma ou dez vezes por semana, por 15 ou 80 minutos, deitado num divã, caminhando pela beira da praia ou no jardim de uma praça de Viena. A atividade psicanalítica encarada dessa forma nos leva inevitavelmente à criatividade, e é só criando que se chega a algo novo, a uma descoberta. E assim poderemos oferecer a nós, analista e analisando, algo que seja realmente substancial para nossas mentes e contribua para nossos processos de evolução.

Voltando a Ur, creio que, quando Bion menciona o rei sendo enterrado com sua corte, está sendo enterrada toda uma era psicanalítica, quando trabalhávamos com a ilusão de que se sabia o que se estava fazendo. Durante algum tempo, os analistas sabiam tudo direitinho, o caminho estava todo balizado.

Quando, hoje, nos perguntamos o que é a *formação psicanalítica* à luz dessas reflexões, vemos que ela não é apenas ensinar textos da área, mas formar as pessoas, isto é, ajudá-las a serem capazes de descobrir por elas mesmas as coisas que têm de ser descobertas. Em psicanálise, como em qualquer outro ramo do conhecimento humano, o que não se sabe é muito mais do que o que se sabe, o que deveria nos interessar é exatamente o que ainda não sabemos. Devemos ir para a fronteira do nosso conhecimento e lá trabalhar com a nossa ignorância, não com o conhecimento.

Tal situação é, todavia, amedrontadora, pois estaremos lidando com o desconhecido, e isso inevitavelmente nos provoca medo. Assim, o trabalho do analista envolve aprender a suportar e a superar seus medos, evitando que eles o impeçam de levar seu trabalho avante, e ajudar seu analisando a também conseguir suportar essa situação de temor quando ele se dispõe a ficar despido de suas defesas, entre elas a de iludir-se de que já sabe aquilo que ignora ou que está buscando saber. Costumo caracterizar essa situação através de uma anedota.

Conta-se que certa noite, chegando à porta de sua casa, um homem encontra o vizinho aflito, abaixado junto a um poste de iluminação. Curioso, aproxima-se e pergunta o que está acontecendo. O vizinho explica que perdeu o chaveiro, começam juntos a procurá-lo, o vizinho descreve o chaveiro: dourado, com três chaves, etc. Após algum tempo, o homem pergunta ao vizinho: "Mas onde foi exatamente que caiu esse chaveiro?" Ao que o vizinho responde: "Foi lá na esquina", e aponta um lugar a uns 20 metros de distância. E, percebendo a surpresa do outro, esclarece: "Mas eu vim procurar aqui, junto ao poste de luz, porque lá está muito escuro.".

De volta ao Rio de Janeiro, depois de alguns anos de trabalho, eu vivia um período de sucesso profissional, mas de excesso de trabalho em conseqüência do próprio sucesso. Chegou o momento em que eu estava intoxicado pelo tanto que trabalhava e sem saber o que fazer, como administrar o dinheiro que eu ganhava. Hoje, olhando retrospectivamente, isso é muito claro para mim, e posso descrever em poucas frases a minha situação, mas naquela época eu nada percebia, vivia de casa para o consultório, do consultório para casa, trabalhando sem parar. Aplicava mal o dinheiro que ganhava, gastava-o sem planejamento e sem tirar prazer dele. A relação comigo mesmo, com meu corpo, era ruim, estava gordo, pesado, praticamente não fazia exercícios, de vez em quando uma corrida na praia, nada que fosse harmonioso, nada de novo.

Criei o hábito de ir à noite para um cinema *drive-in*, qualquer que fosse o filme. Ficava lá, dentro do carro, vendo o filme passar, ou talvez nem vendo, e comendo algum sanduíche. Hoje, percebo que eu não queria contato com quem quer que fosse. Depois de um dia de trabalho em que chegava a ver quatro grupos com dez clientes cada, fora alguns clientes que atendia em sessões individuais, à noite eu não suportava nem a proximidade física de seres humanos que a cadeira de um cinema nos traz. Tinha que ficar no *drive-in*, protegido de contato pela carroceria de um automóvel. A coisa mais sensata que consegui fazer na ocasião foi procurar uma nova análise, um novo analista. Nessa época de dinheiro fácil, dispus-me a buscar o melhor, e para mim o melhor analista que havia era Bion. Quando ele veio ao Rio, em 1974, procurei-o e propus que ele me aceitasse para análise nas seguintes condições: eu tiraria dois meses de férias por ano, janeiro e agosto, e quando ele viesse ao Brasil eu estaria com ele para análise. Ele concordou, e em janeiro de 1975 fui a Los Angeles para um primeiro período de cinco semanas de análise com sessões diárias.

O sucesso profissional tinha me trazido de volta a questão da minha dúvida sobre minha vocação, e eu me dizia que o fato de fazer meu trabalho de uma forma bem-sucedida não me tranqüilizava a respeito de se era o que queria fazer. Hoje, sei que o problema era muito mais da intensidade, do trabalho em excesso, mas, na época, duvidava um pouco da minha vocação e me questionava sobre isso, dizendo a mim mesmo que, afinal de contas, eu não sabia se estava fazendo o que realmente gostava – minha real vocação – ou se estava apenas seguindo a atividade profissional do meu pai, que também era analista. Nesse primeiro período, em Los Angeles, esse foi um dos assuntos abordados.

Em agosto do mesmo ano fui encontrar Bion no interior da França, onde ele tinha uma casa de campo e passava um ou dois meses do verão, em férias. Ele havia concordado em me atender enquanto estava de férias, e eu rumei para lá. Foi curioso, pois, no dia em que cheguei, percorri uma longa jornada até chegar à sala onde ele me receberia. Decolei do Rio numa quinta-feira à noite, cheguei a Paris na sexta-feira à tarde. Passei o fim de semana em Paris e, no domingo à noite, tomei um trem em direção ao sudoeste da França. Saltei pouco antes de Bordeaux e peguei um trem no sentido inverso que me deixou numa cidadezinha onde peguei um ônibus que me levou a Saint-Cyprien, cidade perto de onde Bion tinha a sua casa. Lá chegando, largaram-me numa pracinha. Pus a mala nas costas e saí em busca do hotel L'Abbey, que tinha sido reservado de antemão, reserva inclusive confirmada.

Chegando ao hotel, encontrei-o superlotado, e não havia reserva nenhuma. Preocupado com meu encontro com Bion, larguei a mala no hotel e me mandei para a estrada. Bion havia me enviado um mapa que eu esquecera de trazer, mas sabia mais ou menos o rumo. Saí pela estrada a pé e, depois de uma ou duas horas de caminhada, acabei dando na casa de um vizinho de Bion que me mostrou o caminho, por dentro da mata, descendo um pequeno vale e subindo pelo outro lado. Cerca de meia hora depois, rastejando, terminei de subir uma colina e me vi nos fundos da casa de Bion. Eu devia estar parecendo um flagelado, foragido da polícia. À pessoa que me recebeu, desconfiada, eu disse que tinha uma hora marcada com Bion.

Eu havia lhe telefonado de Paris e ele me dissera que me atenderia a qualquer hora que eu chegasse, acho que já prevendo que eu teria dificuldades; fui conduzido então para uma pequena salinha numa torre, fora da casa, onde, poucos minutos depois, ele me encontrou. Atirei-me no seu sofá depois de cumprimentá-lo, descrevi da forma mais minuciosa a minha odisséia e terminei comentando que havia sido difícil chegar lá. Ao que ele respondeu, cortante: "Difícil, mas você chegou; o que você não está conseguindo mesmo é fazer análise.".

Aquilo foi uma ducha de água fria em todo o meu entusiasmo. Percebi que com meu longo relato estava desperdiçando o "nosso precioso tempo", como ele gostava de dizer toda vez que eu falava alguma coisa que ele achava que não tinha importância.

Nesse período, um dia voltei ao assunto da minha preocupação com a minha profissão e das dificuldades que eu tinha em sentir segurança sobre a minha vocação. Ao mesmo tempo, trazia um certo conformismo e acrescentei que havia lido em algum lugar que Beethoven, quando menino, não gostava de estudar música, mas seu pai, que era músico, o forçava, batia nele, e ele tinha acabado por se tornar quem era. Arrematei dizendo que não precisávamos ter vocação, bastava ter talento para fazer bem feito seja lá o que fosse. "Tenho certeza que se Beethoven tivesse seguido outra carreira também teria tido sucesso", disse.

Bion respondeu: "Bem, Beethoven não está aqui, nem sequer está vivo, portanto não podemos analisá-lo. Mas não custa lembrar que ele morreu surdo. Talvez, se sua versão é verdadeira, ele não estivesse satisfeito com o que estava fazendo e tenha preferido ficar surdo para não ter que ouvir o que compunha".

Esse comentário foi terrível, porque desmoronou toda a minha reflexão sobre o fato de que não teria importância o não ter vocação para analista, e percebi que, mesmo que não estivesse ficando surdo como Beethoven, podia estar ficando louco para não ter que pensar no que estava fazendo.

Um belo dia, chegado de um fim de semana em Paris, comentei com Bion a emoção que me havia causado encontrar com os originais de quadros que eu havia visto, tantas e tantas vezes, em reproduções. Referia-me aos impressionistas do Museu Jeu de Paume: Gauguin, Vang Gogh, Degas, mas, principalmente, Renoir; só ao ver os originais, tive a possibilidade de perceber a poesia, a pureza, a beleza dos quadros de Renoir que até então havia visto apenas em reproduções e me pareciam um pouco frágeis e piegas. Conversamos muito sobre a relação do original com a cópia, não só no sentido de que a cópia não reproduz fielmente o original, o original é outra coisa, tem um toque, alguma coisa que a cópia não tem, mas no sentido oposto também, de que a cópia divulga o original e cria um mito em torno dele. Lembro que foi uma conversa que me deu muito prazer, porque nessa troca de idéias se clarearam algumas reflexões minhas, e saí muito contente de seu consultório. Anos mais tarde, tive a agradável surpresa de encontrar num texto dele uma referência a essa conversa, em que ele mencionava que havia conversado com um cliente sobre a diferença do original para a cópia.

Bion era muito singelo e objetivo quanto à valorização de sua pessoa e de seu trabalho. Certa vez comentei com ele que achava estranho ver meus clientes me valorizando tanto quando eu me considerava bem pouco capaz. Ele respondeu dizendo que eu havia viajado quase quinze mil milhas para vê-lo. Cheguei a ensaiar um protesto dizendo que ele era diferente, mas me calei, vencido pela clareza de sua observação.

Depois de três anos de um processo analítico intermitente, comecei a perceber que, no momento em que minhas sessões começavam a se tornar mais e mais produtivas, estava já na hora de interrompê-las. Decidi mudar-me com minha família para Los Angeles e me proporcionar um longo período de análise com Bion. Para isso, tive que fechar meu consultório e interromper meu trabalho como analista, o que vinha a calhar para que eu pudesse me proporcionar uma oportunidade de eventualmente escolher uma nova profissão, buscando o que seria minha verdadeira vocação. Decidi que com o dinheiro que havia juntado em dez anos de trabalho, ao vender os imóveis que havia adquirido, teria o suficiente para manter a minha família e a mim durante cerca de três anos. Pensava que esse tempo seria o bastante para levar minha análise a um ponto satisfatório. Ao final de 1977, parti para Los Angeles, acompanhado de minha mulher e de meus três filhos.

Durante alguns meses, me permiti saborear a liberdade de escolher, aos 38 anos de idade, uma nova carreira. Pensei em estudar economia ou arquitetura, depois desisti, comprei um piano e me dediquei à música, que havia estudado quando jovem. Convivi com músicos brasileiros que lá moravam e com outros que por lá apareciam para gravar discos nos bem equipados estúdios californianos. Fiz grandes amizades que conservo até hoje.

Depois, pensei em me tornar escritor e cheguei a iniciar um curso para aprender a fazer literatura infanto-juvenil. Finalmente passei a me interessar por medicina alternativa e estudei massagem, acupuntura, medicina herbal indiana e xamanismo. Estes estudos me levaram à conclusão de que tanto as doenças quanto suas curas estavam estreitamente relacionadas à atividade psíquica. Isso aos poucos foi encaminhando minha curiosidade para o estudo da mente, e daí para a psicanálise. Quando voltei a me interessar por psicanálise, senti, um dia, subitamente enquanto estava no chuveiro, um enorme desejo de voltar a trabalhar como psicanalista; o que até então jamais me havia ocorrido desde que estava em Los Angeles. Compreendi que havia cumprido um ciclo e decidi que era tempo de voltar a trabalhar como psicanalista.

Junto com a minha mulher, tomei a resolução de voltar para o Brasil e reabrir meu consultório, o que me levou a encerrar minha análise com Bion, em março de 1979. Voltando ao Brasil, retomei minha atividade e me dei conta de que havia escolhido por duas vezes a mesma profissão...

Foi curioso observar a reação de meus colegas à experiência que havia atravessado. Alguns se mostraram interessados e me convidaram para palestras e até se dispuseram a me procurar para análise ou supervisão. Outros me ignoraram e continuam a ignorar minha rara experiência de contato com uma pessoa tão significativa. Registro, como curiosidade, que diversos grupos se organizaram para estudar a obra de Bion, mas nenhum deles teve a menor curiosidade de ouvir meu depoimento sobre minha experiência com ele.

Ter feito análise com Bion foi uma vivência extremamente impactante. Para dar uma idéia, lembro-me de estar indo de carro para uma sessão numa manhã de segunda-feira e me perguntar, algo assustado: "Quem serei eu ao final desta semana?". Não era mera retórica, mas a expressão íntima de estar atravessando um período de violentas transformações, estimuladas por um poderoso processo psicanalítico que me levava a questionar cada elemento de minha personalidade.

A análise com Bion tinha momentos de grande sofrimento. Como estar lá com ele era um enorme investimento, eu me preocupava em como aproveitar ao máximo cada sessão. Certo dia, reclamei de seu silêncio após cerca de vinte minutos durante os quais eu falara quase ininterruptamente. Ele retrucou observando que lhe parecia que aquela seria mais uma sessão de pura perda de tempo. Insatisfeito, insisti, procurando onde estaria o tema que nos poderia levar a um trabalho proveitoso. Os últimos quinze minutos daquele dia foram bastante intensos e produtivos, o que me levou a comentar, ao final da sessão, que ele se equivocara em sua previsão. Bion respondeu que naquela situação sua observação tinha sido a melhor que pudera fazer. E funcionara.

Por diversas vezes ele respondeu a meus momentos de insatisfação com seu trabalho dizendo que, se eu conseguisse suportá-lo e suportar seus defeitos e ineficiências, talvez pudesse tirar algum proveito de sua companhia. Acho que tais observações não eram meramente irônicas, mas uma constatação prática e despojada sobre psicanálise.

Para dar uma idéia do quanto me havia causado impacto a análise com Bion, certa vez, numa palestra sobre minha análise na Sociedade Brasileira de Psicanálise do Rio de Janeiro, declarei que não sabia ainda se algum dia conseguiria me curar da análise que havia feito. Acho que minha formulação não causou muito boa impressão, mas era o sentimento que eu tinha naquela época, recém-vindo de Los Angeles. Eu precisava me curar do impacto e da desestruturação que me causara a convivência diária com a seriedade e a perspicácia com que Bion observava meu funcionamento mental e me comentava suas observações.

Hoje, passados mais quinze anos, lembro com saudade do interesse e do carinho com que Bion me atendia. No dia de nossa última sessão, ele se despediu de mim me oferecendo um livro seu que havia acabado de ser editado. Enquanto me estendia o livro, disse, com sua habitual formalidade, que talvez eu tivesse dificuldade de encontrar aquele livro no Brasil, como a se desculpar por estar infringindo sua rígida postura analítica que certamente não recomendava que um analista presenteasse seu analisando.

Nesse dia eu havia descoberto que estava sofrendo e que estava muito triste, mas não infeliz, porque estava perdendo-o mas, ao mesmo tempo, estava fazendo o que desejava: voltar para o meu país. Além do que, havia o saldo altamente positivo de tudo o que aprendera com ele. Dei-me conta então da imensa diferença que existe entre tristeza e infelicidade, noção que por diversas vezes me ajudou em minha vida, e que tenho constantemente transmitido a analisandos meus. Não tornei a vê-lo; ele morreu naquele mesmo ano. Mas dentro de mim ficou uma consciência muito forte de sua influência na minha vida e um doce sentimento de gratidão e amor por ele.

5

Bion e Outros Pensadores

A personalidade psicanalítica de Bion é tão invulgar e de tal envergadura que se impõe, para quem quer penetrar no espírito de sua obra, a necessidade de conhecer as profundas influências sobre a sua pessoa, provindas de diversas fontes humanísticas e científicas, a começar pelas marcas da cultura indiana que lhe foram impressas nos primeiros anos de vida e restaram indeléveis, sendo que tiveram uma boa parcela na determinação de seu patrimônio psicológico.

Na sua formação psicanalítica propriamente dita, as maiores influências vieram, fora de qualquer dúvida, das leituras de Freud e de Klein, desta última tanto pelo seu corpo teórico como, e principalmente, por ela ter sido sua analista por quase dez anos.

Além disso, no curso da obra de Bion, é fácil perceber o quanto a sua formação erudita está alicerçada em filósofos, poetas, teólogos, matemáticos, historiadores, literatos e artistas, sem levar em conta os seus consistentes conhecimentos de línguas, biologia, química, física, etc.

O presente capítulo objetiva dar uma visão generalizada e sintetizada daquilo que, como se pode depreender dos escritos de Bion, se constitui como a coluna-mestra de sua identidade psicanalítica. Embora as diversas influências provindas de importantes e diferentes pensadores sejam indissociadas, complementares e, muitas vezes, estejam inter-relacionadas entre si, o esquema de exposição que aqui será adotado é dar um destaque particularizado para alguns deles, separadamente, sem a menor pretensão, é óbvio, de um aprofundamento nem, muito menos, de abarcar a todos.

FREUD

Pode-se dizer que, assim como Bion modificou, e alargou, muitos dos conceitos básicos de Freud, também é verdade que muitos dos pensamentos de Bion não nos fariam sentido se ele não se referisse continuamente às premissas de Freud. No entanto, fica claro que Bion não transgrediu e nem se adonou de nenhum de seus conceitos essenciais.

Em termos mais genéricos, pode-se dizer que a diferença fundamental entre Freud e Bion é que o primeiro baseou-se essencialmente na teoria pulsional, enquanto o segundo valorizou sobretudo a teoria cognitiva psicanalítica. Embora o estilo de ambos seja muito diferente, a verdade é que muitos dos conceitos nucleares em psicanálise foram estudados tanto por Freud como por Bion, conquanto o tenham feito com diferenças no nível de profundidade, de semântica, de vértice de observação e de estilo de escrita.

Quanto a esta última, as diferenças são bem evidentes: enquanto Freud – prêmio Goethe de

Literatura – tem uma redação enxuta e lógica, Bion, como já foi referido, adotou um estilo muito variável ao longo de sua obra, de modo que, se por vezes ele é claro e lógico, em outras, é confuso e deliberadamente ambíguo e provocativo. No entanto, há um ponto comum entre Freud e Bion, que é o fato de ambos demonstrarem uma sólida cultura erudita, e tanto um como o outro gostavam de utilizar modelos e de instigar a imaginação dos leitores.

Vale a pena uma tentativa de estabelecer, entre ambos, algumas das correlações conceituais que seguem enumeradas:

1. Bion foi o primeiro autor psicanalítico a estudar em profundidade a gênese primordial dos pensamentos e sua interação com o seu pensador. No entanto, ele fundamentou-se fortemente nos conceitos emitidos por Freud em *Dois princípios do suceder psíquico*, de 1911, acerca dos princípios do prazer e da realidade e de como tais princípios determinam a formação dos pensamentos. Como Bion também utilizava a teoria kleiniana, ele desenvolveu as idéias originais de Freud em uma forma modificada. Por exemplo: Freud significou o fenômeno alucinatório como uma projeção da satisfação do desejo, enquanto Bion o considerou do ponto de vista de uma evacuação dos elementos protomentais.

2. Ainda em relação aos estudos sobre formação e funcionamento dos pensamentos, Bion utilizou bastante o conceito de "barreira de contato", que é constituída pelos elementos α, como uma membrana permeável e delimitadora entre o consciente, o pré-consciente e o inconsciente. Sabemos todos que, embora com um sentido algo diferente, em seu sempre atual trabalho de 1895, "Projeto de uma Psicologia Científica para Neurólogos", Freud criou a denominação e a conceituação de "barreiras de contato", porém nunca mais a retomou ao longo de sua obra.

3. A postulação de Bion de que uma "preconcepção fecundada por uma realização resulta em uma concepção" tem uma certa equivalência com o ensinamento de Freud de que o "id, em confronto com a realidade externa, promove o crescimento do ego".

4. O conceito de "capacidade negativa", muito mencionado por Bion, diz respeito à capacidade que o psicanalista deve possuir para suportar, na situação analítica, um estado de "não saber" o que está se passando entre ele e o analisando. Para reforçar a necessidade de obtenção desse estado mental, Bion preconizava que o analista deveria abster-se, durante a sessão, do uso de sua memória, de desejos, e de uma obrigação de compreensão imediata. Para tanto, ele citava com freqüência Freud, na carta que este dirigiu a Lou Andre Salomé, em que recomendava a necessidade de o analista "cegar-se artificialmente" para poder ver melhor. Destarte, pode-se dizer que o estado de "sem memória e sem desejo" de Bion não difere da recomendação técnica de Freud relativa à "atenção flutuante", tal como este a descreveu em seus escritos sobre técnica.

5. Os estudos de Bion sobre grupos mostram uma nítida influência do texto de Freud "Psicologia das Massas e Análise do Ego", de 1921. Assim, Bion parte dos modelos do Exército e da Igreja – que ele considerou como "grupos de trabalho" especializados –, criados e utilizados por Freud como ilustração de seus estudos sobre os tipos de lideranças. Da mesma forma, pode-se dizer que a concepção de Bion referente aos "supostos básicos" do inconsciente grupal se refere ao funcionamento do "processo primário" e, portanto,

equivale à descrição que Freud fez acerca do "grupo desestruturado, inerente às massas", conforme um estudo prévio de Le Bon, bastante citado por Freud no seu aludido trabalho. Por outro lado, é importante ressaltar que Bion considerava os conceitos de processos primário e secundário de Freud como redundantes e, por isso, propôs a teoria das funções, com o objetivo de melhor explicar o pensamento onírico e o da vigília.

6. Uma outra influência importante no pensamento de Bion se refere aos conceitos emitidos por Freud nos trabalhos "Neurose e Psicose", de 1924, e "Clivagem do Ego no Processo de Defesa", de 1938. Esses trabalhos de Freud favoreceram bastante a elaboração da importantíssima concepção de Bion relativa à "diferenciação entre as personalidades psicóticas e as não-psicóticas", assim como também lhe inspirou a descrição da "cisão não-patológica", um estado mental que deve estar presente no analista.

7. A situação edípica, conquanto tenha sempre sido um referencial freudiano de absoluta importância no pensamento de Bion, foi por ele reestudada a partir de muitos outros vértices. Assim, no próprio mito de Édipo, Bion faz um estudo pormenorizado da função de cada um dos personagens. A diferença fundamental é que Freud utilizou um modelo do mito edípico como uma visualização das vivências pulsionais, enquanto Bion o considerou a partir de um vértice da função do vínculo do conhecimento.

8. A incursão de Bion pelo psiquismo fetal, descrita em alguns trabalhos da década de 70, como o da "Cesura", está claramente inspirada em uma afirmativa que Freud fez em *Inibição, sintoma e angústia*, de 1926:

há muito mais continuidade entre a primeira infância e a vida intra-uterina do que a impressionante cesura do ato do nascimento nos permite supor.

Da mesma forma, a busca da "verdade última", o "O" incognoscível de Bion, lembra muito o "estado de nirvana", de Freud.

9. De certa forma, parece-me que as noções de "preconcepção" e o fenômeno clínico que Bion denomina como "terror sem nome" estão bastante ligadas ao que Freud, já no *Projeto para uma psicologia científica para neurólogos*, estudou a respeito das primitivas *inscrições* que as arcaicas experiências emocionais deixam inscritas na mente do indivíduo sob a forma de *representação-coisa*, logo, antes do surgimento da palavra.

É claro que os exemplos acima citados não passam de uma amostragem, e que inúmeras outras alusões, convergências, divergências e desdobramentos poderiam ser levantados entre ambos os gênios da psicanálise.

MELANIE KLEIN

A influência de Melanie Klein foi decisiva na estruturação psicanalítica de Bion. Após uma curta análise com Rickman, Bion iniciou um tratamento analítico com Melanie Klein, em 1945, que se prolongou até 1953. Os que o conheceram mais de perto atestam o quanto se produziram consideráveis mudanças em sua vida nesse período. Amadureceu como pessoa, como psicanalista e como autor, casou-se pela segunda vez e gerou mais dois filhos, resgatou uma boa relação com a filha Partenope e começou a escrever os primeiros textos profundamente originais acerca de grupos e das psicoses.

Além disso, as essenciais concepções metapsicológicas de Klein foram plenamente adotadas por Bion, especialmente aquelas referentes aos primitivos mecanismos defensivos do ego, como o emprego das dissociações e identificações projetivas, as posições esquizoparanóide e depressiva, a importância da inveja primária e dos ataques destrutivos, a formação de um superego primitivo, a precocidade da influência da mãe real, a formação de símbolos, etc.

Foi a partir dessas conceituações de Klein que Bion desenvolveu suas idéias originais sobre os mecanismos psicóticos nos grupos, manifestos nos esquizofrênicos, com as respectivas repercussões nas funções egóicas do pensamento, da linguagem e do conhecimento.

Mais particularmente em relação ao aspecto do conhecimento, sabemos que Klein – por sua vez inspirada no trabalho de Ferenczi, sobre os estágios no desenvolvimento do sentido da realidade, de 1913 – descreveu em *O desenvolvimento da criança*, de 1921, não somente a luta entre o princípio do prazer e o da realidade, mas também a luta travada entre uma inata pulsão epistemofílica para conhecer as verdades *versus* o sentimento de onipotência da criança.

Aos poucos, Bion foi introduzindo sucessivas modificações nas idéias clássicas de Klein, e me parece ser muito significativo o fato de que, após a morte dela, em 1961, os trabalhos de Bion passaram a tomar uma desenvoltura originalíssima. Somente para exemplificar algumas das modificações que ele fez dos conceitos kleinianos, podem-se mencionar cinco fatos:

a) em relação à passagem da posição esquizoparanóide para a depressiva, Bion formulou uma concepção mais desenvolvida que a de Klein, isto é, mais do que uma simples passagem de uma posição para outra, ele enfatizou um permanente intercâmbio oscilatório e interativo entre ambas as posições, representado graficamente por PS ⇔ D;
b) em relação à natureza e formação de símbolos, Bion forneceu um entendimento a partir de um vértice essencialmente diferente do de Klein;
c) em relação ao clássico conceito kleiniano de "reparação", Bion preferia falar em "reestruturação do ego";
d) coube a Bion dar uma dimensão ao fenômeno das identificações projetivas que foi muito além do aspecto quantitativo das mesmas, tal como é o seu emprego excessivo nas situações psicóticas; ele também valorizou o aspecto qualitativo dessas identificações projetivas, e lhe cabe o reconhecido mérito de ter sido o primeiro autor a nos mostrar o quanto elas se constituem como um importante meio de transmissão de uma comunicação em um nível muito primitivo por parte do paciente;
e) a utilização do conceito de inveja primária, que, gradativamente, foi perdendo relevo na obra de Bion, embora ele o tenha retomado no final de *Atenção e interpretação*.

Pessoalmente, tenho a impressão de que o fenômeno que Klein descreveu com o nome de *memory in feelings*, isto é, o registro mnêmico de sensações e sentimentos primitivos, não de fatos propriamente ditos, tem uma similitude com o que antes foi dito a respeito das "inscrições" de Freud.

Bion sempre proclamou uma fidelidade ideológica a Klein, a ponto de se opor tenazmente a qualquer iniciativa de seus seguidores no sentido da homologação de uma "escola bioniana". Não obstante isso, tudo leva a crer que ele, reservadamente, guardava algumas impressões negativas a respeito dela. Assim, na terceira das Conferências pronunciadas em Nova Iorque, em 1977 (1992a, p. 113), em resposta a uma pergunta acerca de Klein, Bion respondeu que

> [...] ela dava um fluxo contínuo de interpretações. Depois, acabei pensando que essas interpretações eram excessivamente coloridas por um desejo de defender a acurácia de suas teorias de tal modo que ela perdeu de vista o fato de que aquilo que se supunha que ela fizesse seria interpretar os fenômenos que se lhe eram apresentados.

Também Bléandonu (1990, p. 108) destaca que a relação de Bion com Klein era um misto de gratidão e de muito ressentimento.

Ele a achava firme, o que muito o aliviava durante a análise, porém, ao mesmo tempo, se ressentia com um excesso de autoritarismo e rigidez da parte dela, o que o fazia sentir-se "sempre sugado até a medula". Uma outra queixa de Bion é que Klein não era favorável, senão completamente hostil, ao seu trabalho com grupos, por acreditar que estes o desviariam de um trabalho analítico mais importante. Bion também não concordava que Klein somente se interessasse pelas individualidades e pelos problemas das sociedades psicanalíticas, porquanto o interesse dele também pendia muito para os problemas psicossociais, de forma genérica.

WINNICOTT

Embora Bion, Winnicott e Lacan tenham sido contemporâneos em relação aos seus períodos mais férteis de produção científica, a verdade é que, aparentemente, um não tomou conhecimento do outro. Dessa forma, Bion e Winnicott conviveram na mesma Sociedade Britânica de Psicanálise, porém praticamente não fizeram citações entre si, apesar de alguns importantes assuntos assemelhados terem sido estudados por ambos.

No entanto, como aponta Mello Fº (1989, p. 248), Winnicott se correspondeu com Bion, sempre demonstrando muito respeito pelas suas idéias, concordando com algumas e apontando dúvidas e discordâncias a respeito de outras. Assim, em uma das cartas, Winnicott reconhece um paralelismo entre a afirmação de Bion de que a parte neurótica da personalidade traz a parte psicótica para a análise e suas idéias sobre o falso *self*, que pode proteger o verdadeiro *self* e trazê-lo para a análise. Além disso, em uma carta datada de 5/10/59, Winnicott escreve a Bion: "Em primeiro lugar, gostaria de dizer que penso em você como o grande homem do futuro da Sociedade Britânica de Psicanálise". Cabe destacar os seguintes aspectos de aproximação entre eles:

- Ambos tiveram um convívio íntimo com Klein, dela receberam uma forte influência, e, aos poucos, cada um criou um corpo teórico distinto e original.
- Ambos tinham um invulgar senso estético artístico, além do fato de terem sido campeões em provas esportivas.
- Tanto Bion como Winnicott reconheceram e enfatizaram uma precoce e extraordinária importância à mãe da realidade externa, assim como igualmente destacaram a relevância da introjeção das funções dessa mãe.
- Desse modo, os conceitos de *holding* e o de "preocupação materna primária", de Winnicott, e os de "continente" e *Rêverie*, de Bion, guardam uma grande semelhança entre si.

Comentários

- A meu juízo, o conceito de "preconcepção" de Bion tem uma afinidade com o "espaço de ilusão" de Winnicott, sendo que ambas as conceituações nos remetem a um estado de espera por uma "realização" criativa. Seria uma espécie de espaço de transição do protomental para o mental.
- Winnicott aludia a um estado de *breakdown* (catástrofe), equivalente ao estado de "não-integração" ou de "desintegração". Bion refere-se mais exatamente às situações de "mudança catastrófica" que a uma catástrofe propriamente dita. No entanto, se tomarmos o vértice da etimologia da palavra "catástrofe", perceberemos o quanto ambos os autores estão conceitualmente próximos. Assim, "catástrofe" se origina dos étimos gregos *kata* (abaixo de) e *strophein* (revolta, subversão, evento, calamidade). Contudo, é interessante registrar que, no idioma inglês do passado, como assinala Gadini (1982, p. 123), *catastrophe* significa uma evolução, uma mudança de um estado a outro.
- Tanto Bion como Winnicott se interessaram pelos problemas relativos à ver-

dade, mentira e falsidade, sendo que, em *As transformações* (1965), Bion se refere a um "*self* real", muito equivalente ao "verdadeiro *self*" de Winnicott, e a mesma equivalência vale para os conceitos de "falsidade" de Bion e de "falso *self*" de Winnicott.

LACAN

Em relação a Lacan, o que sobretudo chama a atenção é sua similitude com Bion no que diz respeito ao entendimento e à valorização das questões pertinentes aos fenômenos da linguagem, em que os significados e os significantes adquirem um caráter estrutural. Assim, da mesma forma que Lacan (o qual, nos anos 40, inspirou-se nos trabalhos do antropólogo Claude Lévi-Strauss, que, por sua vez, inspirou-se na lingüística estrutural, de Saussure, nos cursos que este ministrou em Genebra, por volta de 1910), também nos trabalhos de Bion transparece claramente o princípio estruturalista de que os elementos da linguagem não valem tanto pelo que são isoladamente, mas muito mais pela interação entre eles, dentro de um sistema formado.

É justamente essa dimensão estruturalista da psicanálise que aproxima Bion de Lacan. A propósito, Rezende (1993, p. 46) mostra como a noção de Bion de que os "pensamentos precedem ao pensador" reflete uma filosofia estrutural, porquanto a estrutura é anterior aos modos de realização. Por isso, diz Rezende, "o simbólico é a norma ('o nome do pai') que preside a estruturação da estrutura". Esse mesmo autor afirma que "ao falar do caminho de K para O, Bion está muito próximo de Lacan, quando este último nos fala da passagem do registro do *real* para o *simbólico*, com trânsito para o *imaginário*".

Da mesma forma, encontramos uma semelhança entre Bion e Lacan no que se refere às concepções derivadas da dialética da presença e da ausência. Lacan afirmava que não é precisamente o objeto que *dá* como sendo o provocador do desejo, mas o objeto que *não dá*, o ausente, o que provoca a *falta*, e, assim, o desejo estrutura-se como um *desejo do desejo do outro*. Nesse mesmo enfoque de intersubjetividade, Bion nos legou a importante noção de que o primeiro pensamento é o *seio ausente*.

Um outro ponto de aproximação entre Lacan e Bion é o que diz respeito à importância do discurso dos pais e da cultura na determinação da personalidade do indivíduo. Os que conhecem os postulados de Lacan quanto à sujeição do sujeito em ser "o desejo do desejo do outro" vão encontrar uma clara afinidade com o pensamento de Bion, tal como está expresso nas citações que seguem. Assim, na primeira Conferência em Nova Iorque (1992a, p. 76), Bion afirma que:

> Sempre se pressupõe que estejamos aprendendo a nos comportar de um modo civilizado – desde o momento do nascimento. Em uma idade precoce, nós já aprendemos não só a *não ser* nós mesmos, mas *quem* devemos ser; nós temos um rótulo, diagnóstico, interpretação bem estabelecidos de quem somos.

E mais adiante: "Gastamos um número excessivo dos nossos anos mais impressionáveis aprendendo como ser igualzinho aos outros – não como sermos nós mesmos" (p. 78).

Também ambos os autores dão um expressivo destaque ao fenômeno da "negatividade" – o "não ser".

Creio que um outro ponto de aproximação entre Bion e Lacan é o que diz respeito à concepção de Lacan alusiva à *rede de significantes,* com os sucessivos *significados* e *deslizamentos* recíprocos, e as idéias de Bion acerca das sucessivas *transformações* que todos os fatos psíquicos sofrem.

Há um fato curioso, mencionado por Bléandonu (1990, p. 72) quando cita Lacan, em que este relata um encontro que teve com Bion, em 1945, na Inglaterra. Lacan, que foi o primeiro a introduzir, na França, os progressos realizados pela psiquiatria inglesa, teve a premonição de que um artigo sobre dinâmica de grupo que Bion escrevera juntamente com Rickman seria "um marco na história da psiquiatria". Além disso, Lacan os entrevistou e definiu Bion como alguém em quem brilhava a chama da criatividade, como que congelada numa máscara imóvel e lunar, que acentua as finas vírgulas de um bigode negro, e que são menos que a grande estatura e o tórax de nadador que a sustentam, e tudo nos informa estarmos frente a um desses seres solitários até mesmo nas suas mais altas dedicações.

POETAS, LITERATOS, MATEMÁTICOS, HISTORIADORES, FILÓSOFOS

Sem a pretensão de um maior aprofundamento, pelo contrário, unicamente através de fragmentos muito breves, creio que vale a pena darmos uma pálida idéia de como situar Bion na constelação de importantes pensadores, fora da área psicológica propriamente dita, que tiveram uma decisiva importância no seu pensamento psicanalítico.

Assim, entre os poetas e os literatos que ele citava com freqüência, em contextos distintos, estão R. Kipling, Keats, Milton, Virgílio e Shakespeare.

Em *Shakespeare,* Bion encontrou uma forte fonte de inspiração e seguidamente fazia citações ou alusões à obra desse importante escritor, com a qual demonstrava grande familiaridade.

De *Kipling,* Bion reconheceu que uns versos o marcaram de uma forma a se constituir como uma marca característica de sua personalidade investigadora. Trata-se de um poema (extraído de *The Elephant's Child; Just So Verses*), no qual Kipling fala de "seis empregados honestos que são: O Que, Por que, Quando, Como, Onde e Quem".

Do poeta *Keats,* Bion gostava de citar o conhecido trecho de uma carta que aquele enviara ao irmão, em 1817, a respeito de Shakespeare, para realçar uma "capacidade negativa" (*negative capability*) deste último: "[...] quando um homem consegue permanecer na incerteza, no mistério, na dúvida, sem se irritar de modo algum na procura de fatos ou razões". Como sabemos, Bion deu um grande destaque a essa "capacidade negativa", considerando-a um dos principais atributos que um psicanalista deve possuir.

De *Milton,* autor do clássico *Paraíso perdido,* Bion extraiu pensamentos, como: "uma forma de aproximar-se de Deus é através da cegueira"; "a personalidade deve sobrepujar o 'infinito vazio e amorfo'"; "o ser humano deve observar coisas invisíveis para um mortal". Rezende (1993) dá muita ênfase a uma citação de Milton que define bem a posição psicanalítica de Bion: "O que você é fala mais alto do que você diga". Ou seja: SER é mais importante do que DIZER.

Em *Virgílio*, poeta grego autor de *Eneida,* Bion recolheu o mito da morte de Palinuro, cujo modelo utilizou para ilustrar, metaforicamente, os perigos e as armadilhas a que o psicanalista pode estar submetido na situação psicanalítica.

Em *São João da Cruz,* Bion encontrou poemas que expressam, em um estilo lírico, uma intimidade mística com Deus: "é a alma que busca uma união divina". É fácil deduzir que citações como essa e as de Milton coincidem com o período religioso-místico de Bion.

De *M. Buber,* autor de *Eu e tu* (*I and thou*), Bion, no seu trabalho "Cesura", cita alguns trechos, nos quais aquele autor exalta a pré-natalidade, "o mundo primitivo ainda não formado e nem diferenciado".

Beckett, autor de *Esperando Godot* e *Fim de jogo,* Prêmio Nobel de Literatura em 1963, ocupa um lugar especial na galeria de personagens importantes na vida de Bion. Por problemas psicossomáticos, Beckett tratou-se psicoterapicamente com o principiante Bion na Tavistock Clinic, em 1933.

Autores como Anzieu (1989) e Simon (1988) consideram que entre Bion e Beckett estabeleceu-se, ao longo do tempo, uma relação do tipo "gêmeo imaginário". Assim, Beckett sempre demonstrou um interesse pela psiquiatria e pela psicanálise e transpôs para os personagens de sua obra ficcional as vivências que sofrera em sua psicoterapia, enquanto, reciprocamente, ao final de sua vida e obra, Bion extravasou a sua veia literária, compondo a trilogia *Uma memória do futuro,* a qual é muito mais de ficção do que de ciência.

Dentre os historiadores que inspiraram a Bion (não vamos esquecer que Bion graduou-se em História Superior), é justo mencionar a figura de *Toynbee,* um eminente historiador inglês que tinha como tese central o fato de que as civilizações nascem como as criações humanas e declinam quando a força da criação diminui. Esse estudo relativo ao (de)crescimento das civilizações influenciou diretamente as idéias de Bion acerca da dinâmica de grupos.

Dentre os matemáticos, é indispensável mencionar o nome de *Poincaré*, que assumia uma postura de "filosofia científica", de tal forma que situava os seus conhecimentos matemáticos na fronteira entre a lógica e a física, entre a experiência e o espírito puro. Bion fundamentou-se nesse brilhante matemático para postular o seu importante conceito de "fato selecionado". Assim, em *Science et methodo*, ao descrever uma fórmula matemática, Poincaré afirma que, para um novo resultado ter valor, deve introduzir uma ordem entre elementos aparentemente estranhos entre si.

Muitos filósofos exerceram uma decisiva influência no pensamento psicanalítico de Bion.

O filósofo *Kant*, autor de *Crítica da razão pura*, é citado com freqüência, porém vale ressaltar particularmente a menção ao conceito da "coisa em si mesma", o qual indica ser necessário saber suportar e aceitar que só é possível se conhecer a realização da coisa, assim como a conjunção e a constelação dos fenômenos manifestos, mas não a coisa em si mesma, em sua "realidade última".

Na evolução de seu modo de pensar, Bion passou do positivismo lógico para uma "busca da razão pura" de Kant, que pudesse ser aplicada a uma "busca da razão prática". Na estética de Kant, há o esvaziamento das qualidades sensoriais peculiares dos objetos percebidos, restando nestes as formas relativas ao espaço e tempo. Assim, Bion cita com freqüência a concepção de Kant relativa ao "pensamento vazio", fazendo a equivalência do mesmo com a preconcepção, isto é, com uma expectativa inata do seio, ainda não preenchida.

Uma outra conhecida alusão que Bion faz a Kant encontra-se no trabalho "Evidência" (1976), em que lembra que o filósofo diz: "intuições sem conceitos são cegas, e conceitos sem intuições são vazios".

As idéias do filósofo austríaco *Wittgenstein*, autor de *Tractatus logico-philosophicus* e de *Investigations philosophiques*, mereceram uma consideração especial por parte de Bion, porquanto aquele autor procura não enunciar teses, mas sim clarificar um pensamento que busque se livrar das armadilhas da linguagem. A postulação central de Wittgenstein é definir os limites entre o que pode ser dito (modelo lógico-matemático) e o que somente cabe ser "mostrado" (enfoque lingüístico). Rezende (1994) assinala que a postulação de Bion, "ser é mais importante que entender, dizer ou sentir", está claramente inspirada em Wittgenstein, para quem "a mística significa antes de tudo a experiência de ser".

Mestre Eckart, dominicano alemão que viveu no século XIV, influenciou Bion com suas idéias de mística cristã. Para Eckart, a unificação com Deus permite a descoberta da realidade das coisas e a consumação do destino. Ele designava por *Got* o Deus da criação transcendental, e, por *Gotheit*, aludia à divindade, à essência divina, à origem das três pessoas da Trindade.

De *Hume*, seguindo os passos de seu positivismo lógico, Bion extraiu a concepção de "conjunção constante", a qual alude a uma configuração de fatos que estão sempre presentes e interagindo. Bion utilizou esse conceito em suas hipóteses acerca do desenvolvimento do pensamento e na sua busca das fontes epistemológicas.

Bion encontrou uma forte inspiração no *Princípio da incerteza*, de *Heisenberg*, segundo o qual, na tentativa de alcançar a verdade, descobrimos que nós, os observadores, perturbamos a coisa que está sendo observada. Se existe algo certo, é que a certeza é errada. Assim, completa Bion (1992a, p. 202), "a incerteza não tem cor, não tem cheiro, não é palpável, mas ela existe".

Em *Platão*, Bion encontrou a inspiração para um aprofundamento do conceito de "forma". A conhecida "alegoria da caverna", de Platão, dá bem uma dimensão da importância do vértice de observação e de como as linguagens filosóficas e religiosas terminam por se confundir, já que "a alma liga o homem ao mundo das formas". Aliás, é oportuno registrar que o étimo grego *eidos* tanto alude à forma como à idéia e, assim, estabelece uma conjunção entre ambas.

Bion demonstrou um grande interesse pelas idéias do filósofo *Descartes* e considerava que seu objetivo de chegar às "idéias" claras e precisas (atingir o mesmo grau de perfeição das demonstrações matemáticas) pode ser aplicado à psicanálise, de sorte a também poder se desiludir devido ao imponderável da mente primitiva que subsiste em qualquer sujeito.

Não custa repetir a obviedade de que muitos outros nomes de pensadores importantes, da área psicanalítica ou não, poderiam ser aqui incluídos, e que, dentre os mencionados, muitas outras idéias poderiam ser expandidas; porém prevaleceu o propósito de unicamente transmitir uma espécie de "conjunção constante" entre as distintas influências na cultura psicanalítica de Bion.

6

Um Glossário dos Termos de Bion, com um Roteiro de Leitura de sua Obra

De regra, quando em um livro científico consta um glossário esclarecedor, ele sempre aparece no fim do volume. Contrariando a essa regra, creio ser mais adequado inseri-lo aqui, praticamente no início. A razão disso é que, para os leitores que estão bem familiarizados com os conceitos e os termos de Bion, esse glossário servirá unicamente como uma definição semântica de como eu os entendo e emprego no presente livro. Para os que não estão familiarizados com a original, complexa e, por vezes, ambígua e confusa terminologia empregada por Bion, creio que, consoante com a proposição didática do livro, a inclusão desse glossário se impõe pela vantagem de preparar e facilitar a leitura que seguirá nos demais textos de Bion, que, à primeira vista, pode parecer esotérica e desalentadora.

O esquema utilizado abarcará o maior número possível dos termos típicos de Bion, em ordem alfabética, dando um esclarecimento conceitual simplificado, com o recurso de, muitas vezes, remeter o leitor para um outro termo do glossário, ou para o texto de algum capítulo em que determinado conceito é estudado com maior profundidade.

Sempre que possível, os termos serão acompanhados de referências, para que o leitor possa estudá-los nos textos originais. Assim, mais do que um simples glossário, o presente capítulo também funcionará como um roteiro de leitura da obra de Bion.

Ao final do glossário, seguirá uma lista dos livros originais de Bion, a maioria deles em traduções brasileiras, que consultei detidamente com o propósito de ser o mais fiel possível ao seu pensamento, não obstante a ressalva de que nem sempre todos os estudiosos de sua obra fazem um mesmo entendimento sobre algum determinado conceito original que ele propôs.

A (Letra): em muitas traduções latino-americanas da obra de Bion, a letra A designa a inicial de *Amor (vínculo do)*. Em muitos outros escritos (como no presente livro), a inicial utilizada para designar esse tipo de vínculo é a letra L, inicial do original *Love*. Por outro lado, Bion emprega a letra A como constituindo a primeira fila de sua grade, mais exatamente a que designa o estádio da função de *pensar*, que ainda está no nível dos *protopensamentos*, ou seja, dos elementos beta.

Referências: ver o capítulo "A Grade", do presente livro. Além disso, o leitor pode procurar as idéias originais de Bion, no seu texto *The grid*, que, traduzido por "A grade", aparece publicado na *Revista Brasileira de Psicanálise* (v. 7, 1973) e nos livros *Elementos de psicanálise* e *O aprender com a experiência*.

Abstração: esse termo aparece com relativa freqüência ao longo da obra de Bion, denotando uma capacidade bem desenvolvida do ego, a de conseguir, mercê da evoluída utilização, fazer generalizações e abstrações, diferentemente do pensamento psicótico, que fica mais radicado em coisas concretas, ao mesmo tempo que os símbolos são substituídos por *equações simbólicas*. No eixo vertical da grade, o chamado eixo genético da formação da capacidade para *pensar os pensamentos,* essa capacitação corresponde à fileira F.

Referências: na obra de Bion, esse conceito aparece mais pormenorizado em *O aprender com a experiência*, especialmente nos Capítulos 17, 18, 20, 22 e 23, em que estuda as diferentes combinações resultantes das capacidades ou incapacidades de abstração e de uma maior, ou menor, aproximação da abstração com a *realização*. Também no livro *Elementos de psicanálise* (p. 19), Bion faz considerações sobre o conceito de abstração e exemplifica, dizendo que "a palavra linha é uma abstração, enquanto a linha desenhada no papel é uma realização".

Ação: refere-se à função do ego que possibilita ao sujeito agir no plano motor de sua vida, o que pode suceder de forma exitosa ou patológica, conforme o estado evolutivo das condições psíquicas. Assim, é importante diferenciar "ação" de "atuação". Enquanto esta última se processa em dois tempos – "o impulso e sua efetivação motora" –, a "ação" se desenvolve em três tempos: o impulso, os pensamentos reflexivos e o ato motor conscientemente assumido. Na grade, a ação aparece no eixo horizontal – o da utilização das funções mentais –, em que ocupa o lugar reservado ao algarismo 6.

Referências: o leitor, além de "A grade", também pode consultar o livro *Elementos de psicanálise*, em que esse conceito é bastante enfocado por Bion.

Acasalamento (ou pareamento): esse termo (*pairing*, no original) designa um dos "supostos básicos" do inconsciente grupal, o que se refere à condição de um grupo que se alimenta da expectativa, não tanto pela união de um casal, como geralmente se supõe, mas pela esperança das pessoas do grupo de que acontecimentos futuros (casamentos, nascimentos, entrada de elementos novos no grupo, etc.) os salvarão das incapacidades neuróticas.

Referências: a referência de leitura é o livro *Experiências em grupos,* de Bion. O leitor também pode consultar o capítulo do presente livro que trata especificamente sobre a dinâmica de grupos conforme Bion.

Alfa (α): esse signo é empregado por Bion tanto no estudo dos "pensamentos", sob a forma de "elementos α" e de "função α", como também designa um tipo de "transformação α". Bion emprestou à função alfa um papel de grande relevância para possibilitar o funcionamento amadurecido do ego, como a capacidade de pensar, fazer síntese, abstrair, simbolizar, sonhar, etc.

Referências: ver os verbetes e capítulos correspondentes deste livro, além de uma consulta direta aos livros de Bion *Elementos de psicanálise* e *O aprender com a experiência* (Capítulo 5).

Alucinação: fenômeno bastante conhecido, próprio da clínica psiquiátrica, surge com grande freqüência nos textos em que Bion enfoca os transtornos psicóticos.

Referências: mais especificamente, o leitor pode ler as páginas 53 e 96 de *Estudos psicanalíticos revisados*, e a página 11 de *Atenção e interpretação*.

Alucinose: é um estado psíquico presente na "personalidade psicótica" que consiste em um tipo de "transformação" resultante de excessivas identificações projetivas, que distorcem a percepção da realidade. Não deve ser confundida com o conceito clássico de "alucinação", tal como ensina a psiquiatria, embora eventualmente a alucinose possa chegar a um estado de alucinação.

Referências: *Atenção e interpretação* (de forma mais específica, na página 41).

Amor (Vínculo do): ver L (inicial de *Love,* amor).

Antiemoção: quando Bion estuda os *vínculos* – que são elos relacionais e emocionais –

de *amor* (*L*), *ódio* (*H*) *e conhecimento* (*K*), ele os designa tanto de forma positiva como de forma negativa, à moda de uma imagem em espelho, caso em que as letras vêm precedidas de um sinal negativo (-L; -H; -K). Com essa concepção, deixando claro que "antiemoção" não é o mesmo que "não-emoção", Bion se afasta do clássico modelo do conflito do amor contra o ódio e enfatiza o conflito que se estabelece, dentro do sujeito, entre as emoções que estão contidas no amor e as forças que se opõem a esse mesmo sentimento de amor, o mesmo valendo para o ódio e para o conhecimento. Essa concepção baseia-se no *princípio da negatividade*, ou seja, os aspectos contraditórios e opostos é que formam uma unidade completa. Dessa forma, Bion deixa claro que "menos amor" (-L) não é o mesmo que ódio, e a recíproca (H e -H) também é verdadeira. A antiemoção que mereceu maior destaque de Bion é a que se refere às diversas formas de ataque ao conhecimento das verdades (-K). Bion exemplifica o conceito de "antiemoção", nos aludidos três vínculos, com as situações de *farisaísmo, puritanismo* e *hipocrisia*.

Referências: sugiro que o leitor leia os Capítulos 14 e 16, e um bom resumo no Capítulo 26, do livro *O aprender com a experiência*. Uma referência mais explícita aparece na página 23 de *Atenção e interpretação*.

Aparelho para pensar os pensamentos: em suas concepções originais sobre origem, desenvolvimento e utilizações da capacidade para pensar, Bion, com essa expressão, defende a idéia de que os pensamentos (melhor seria dizer os "protopensamentos", que equivalem aos elementos beta) precedem o pensador. Assim, as primitivas sensações e emoções necessitam de um mínimo de condições mentais, uma espécie de *aparelho* para que o sujeito efetivamente possa pensá-las, com símbolos, imagens e palavras.

Referências: essas noções estão bastante desenvolvidas na maioria dos seus livros, principalmente em *Elementos de psicanálise* (especialmente no Capítulo 8: "Pensamentos e o aparelho para pensá-los") e em *O aprender com a experiência* (nas páginas 118 e 127 constam detalhes mais específicos).

Aprendizagem com a experiência: além de aludir ao título de um dos mais importantes livros de Bion (1962), essa expressão designa uma importante condição de que o indivíduo possa aprender com as experiências emocionais da vida, as boas e, principalmente, as más, caso em que irá sofrer a dor das aludidas experiências, a qual possibilitará que ele venha a crescer mentalmente. Segundo Bion, diante de uma situação difícil, algumas pessoas se *evadem* mediante uma série de recursos defensivos de fuga, enquanto outras enfrentam a dificuldade, sofrendo uma dor mental, porém desenvolvendo uma capacidade para *modificar* a realidade frustradora. Nas pessoas que não conseguem aprender com as experiências – e isso depende diretamente de um acesso à "posição depressiva" –, essa capacidade fica substituída pela *onisciência*, ou seja, o sujeito racionaliza que não precisa aprender porque "já sabe tudo".

Referências: para ter um conhecimento mais pleno desse assunto, o leitor deve ler o livro original *O aprender com a experiência*.

Arrogância: é um estado da mente que, juntamente com os estados de "estupidez" e de "curiosidade", compõe uma tríade presente nas personalidades psicóticas e que resulta de uma onipotência e de uma onisciência, compensadoras de falhas, faltas e de vazios. A arrogância é a contraparte de um sadio sentimento de orgulho, ou seja, este último foi transformado em "arrogância" pela predominância da pulsão de morte.

Referências: uma leitura mais aprofundada sobre esse tema pode ser feita no artigo de Bion "Sobre Arrogância", que constitui o Capítulo 7 de *Estudos psicanalíticos revisados*.

Ataque à vinculação: é o título de um trabalho, publicado originalmente em 1959 como *Attacks on linking*, considerado por muitos autores um dos mais originais e criativos da literatura psicanalítica. Nele, Bion afirma que a *parte psicótica da personalidade* de um paciente faz ataques destrutivos a qualquer coisa que ele sinta como tendo a função de vincular um objeto (ou idéia, ou conhecimento...) com outro. Considera especialmente os ataques destrutivos ao pensamento verbal propriamente dito, por meio de um ataque ao conhecimento das verdades penosas, as externas e as internas (-K). Igualmente, afirma Bion, o paciente que necessita evitar o contato com verdades pode consegui-lo atacando a capacidade de percepção de seu analista (por exemplo, deixando-o confuso, irritado, entediado, etc.) ou desvitalizando as suas interpretações, tal como aparece no fenômeno da *reversão da perspectiva*.

Referências: no livro *Estudos psicanalíticos revisados*, o leitor encontrará um capítulo específico, "Ataque aos Elos de Ligação".

Atenção: esse conceito ocupa um lugar na quarta coluna do eixo horizontal da grade e designa, portanto, um estado de evolução e de utilização dos pensamentos. Trata-se de uma importante função do ego que, indo além do que é captado pelos órgãos dos sentidos, também se institui como uma atividade indispensável à relevante função de *discriminação*. Por outro lado, na situação analítica, essa 4ª coluna da grade aproxima-se do conhecido conceito de *atenção livremente flutuante*, estado mental necessário para que a mente do analista não fique saturada por excesso de "memória e de desejo".

Referências: o leitor pode fazer uma consulta ao capítulo referente à grade e aos livros *Elementos de psicanálise* (páginas 29 e 30) e *O aprender com a experiência* (mais precisamente, na página 23).

Atenção e interpretação: é o título do livro publicado em 1970, que inaugura, por assim dizer, a fase mais claramente mística da produção científica de Bion. Assim, ele tentou mostrar uma analogia e uma conjunção entre alguns conceitos psicanalíticos, a matemática moderna e os dogmas religiosos. Alguns dos mais significativos aspectos abordados nesse livro são:

1. a valorização da *intuição* do psicanalista;
2. a valorização de que o psicanalista consiga realizar o que ele chama de *ato de fé*;
3. o estudo, em maior profundidade, da relação do *místico* com o *establishment*.
4. os estudos sobre problemas relativos à *mentira* e ao *mentiroso*, a capacidade para suportar a *dor* e as incertezas, a *mudança catastrófica*, a relação *continente-conteúdo*, a *cegueira artificial* do analista para poder enxergar melhor, os estudos acerca dos estados de *paciência e segurança*, a *linguagem do êxito*, os *mitos*.

O livro termina com uma pergunta muito inteligente e atual: "Que tipo de psicanálise é necessária para o consciente?".

Como o leitor pode confirmar, são temas de significativa relevância, que merecem ser estudados no livro original.

Ato de fé: alude a um conceito um tanto místico de Bion. Assim, ele designa um ato que se realiza no domínio da ciência e que deve ser diferenciado do significado habitual de conotação religiosa. Sobretudo, não deve ser confundido com crendices mágicas. Refere-se à necessidade de o sujeito acreditar que há uma realidade que ele não sabe o que é e que não está a seu alcance. O "ato de fé" pode ser considerado uma conceituação pertinente à prática analítica, porque consiste numa atitude que requer a amálgama de *ver e crer;* ver não com os olhos orgânicos, mas sim com os olhos *espirituais*.

Referências: esse assunto está muito bem explanado no livro *Atenção e interpretação*, notadamente nas páginas 36, 39 e 46.

At-One-Ment: trata-se de uma expressão inglesa (equivalente a "junto com"), diferente de *atonement* (a qual se traduz por sacrifício, expiação), que foi utilizada por Bion para designar que algumas pessoas, treinadas segundo a religião, crêem que "duas pessoas se tornam uma". Em um outro nível, esse termo corresponde a uma intuição contemplativa em direção à "verdade incognoscível" e se constitui ao mesmo tempo como uma união mística e como uma admiração silenciosa. Diz Bion: "Os místicos, em diferentes épocas e lugares, têm sustentado ter tido contato direto com a deidade; terão conseguido tornar humano o divino?".

Referências: o conceito de "atonement", de Bion, aparece muito bem descrito em *Nueva introducción a las ideas de Bion*, de Grinberg e colaboradores, a partir da página 131.

B (letra): essa letra designa a segunda fileira na grade de Bion, correspondente aos "elementos alfa", que são a matéria-prima para o prosseguimento da formação de pensamentos propriamente ditos.

Referências: *Elementos de psicanálise*. Ver o desenho da grade, no capítulo específico deste livro.

Barreira de contato: resulta do conjunto formado pelos elementos α, que demarcam a fronteira de contacto e de separação entre o consciente e o inconsciente, e, qual uma membrana permeável, impede que a fantasia prevaleça sobre a realidade.

Referências: *O aprender com a experiência*, especialmente o oitavo capítulo, "A Barreira de Contato". Na página 64 de *Elementos de psicanálise*, Bion faz um comentário específico sobre a "barreira de contato" que se estabelece entre o paciente e o analista.

Beta (β): esse signo designa um tipo de elemento de pensamento, de natureza protomental, que não se presta à função de pensar, mas sim de ser evacuado (ver verbete Elementos β). Quando predomina a "parte psicótica da personalidade", diz Bion, em vez da barreira de contato, com elementos alfa, esse lugar, imaginário, seria ocupado por um aglomerado de elementos beta, assim constituindo o que denominou como *pantalha (ou tela) beta*, a qual não tem condições de estabelecer inter-relações entre si, de modo que não consegue separar o consciente do inconsciente.

Referências: ver *Elementos de psicanálise* e *O aprender com a experiência*, especialmente o Capítulo 3 ("Os Elementos-beta"). Ver "A grade".

C (letra): na grade, essa letra ocupa a terceira fileira, a qual designa a etapa evolutiva dos pensamentos que estão no registro onírico sob a forma de sonhos, devaneios e mitos. Dessa forma, a função de *rêverie* (ver verbete) do analista também pode ser enquadrada na fileira C. Por outro lado, a letra C também aparece nas traduções em português da obra de Bion, designando a inicial da palavra *conhecimento* (do original *knowledge* e da correspondente letra K).

Referências: como letra, consultar o desenho da grade e os livros *Elementos de psicanálise* e *O aprender com a experiência*. Como inicial de "conhecimento" (= K), consultar este último livro nos Capítulos 14 a 16.

Calma do desespero: essa terminologia designa o fato de que, muitas vezes, aparentemente tudo está bem na vida do paciente, no entanto, isso não passa de uma resignação, e a perspectiva de que esteja surgindo a possibilidade de uma mudança, de um resgate de crescimento, pode produzir muitas perturbações, com sentimentos "catastróficos". Bion ilustra esse conceito com a metáfora de náufragos que aparentemente estão em calma, embora cansados e esfomeados, e somente quando aparece um barco salvador se exaltam.

Referências: essa última metáfora consta de uma passagem de *Seminarios clínicos y cuatro textos*, na página 233.

Capacidade negativa: trata-se de uma capacidade indispensável ao psicanalista, para que possa suportar as dúvidas, as incertezas e o "não-saber" de uma situação analítica. O analista deve conter dentro de si, no curso da análise, a emergência de sentimentos muito difíceis, principalmente de determinados sentimentos contratransferenciais angustiantes que nele tenham sido despertados.

Referências: o leitor poderá encontrar uma referência mais específica sobre este verbete no livro *Atenção e interpretação*, no Capítulo 13, mais precisamente na página 138.

Catástrofe: ver Mudança catastrófica.

Cesura: refere-se à cesura do nascimento (equivale ao corte do cordão umbilical). Bion – inspirado em Freud – utilizou esse termo em seus estudos sobre a continuidade que existe entre a vida pré-natal e a pós-natal (ver capítulo relativo ao "psiquismo fetal"). Assim, a palavra *cesura* também designa, na obra de Bion, uma espécie de ponte que, na situação analítica, representa a passagem de um estado mental para outro, muitas vezes acompanhada de sintomas ruidosos, tal como acontece na *mudança catastrófica*. (Ver este último verbete). Ao longo de sua obra, Bion empregou outras expressões com um significado equivalente ao de "cesura", como: *linha divisória, sinapsis, pantalha beta, barreira de contato, diafragma, encruzilhada, etc.*

Referências: Freud empregou a palavra "cesura" na frase "Há muito mais continuidade entre a primeira infância e a vida intra-uterina do que a impressionante *cesura* do ato do nascimento nos permite supor", que consta no livro *Inibição, sintoma e angústia*. A noção de "cesura" aparece mais explicitamente em um artigo publicado em 1977, que leva esse título. No artigo de 1976, "Acerca de uma Citação de Freud" (p. 231), Bion afirma que

> Picasso pintou um quadro num pedaço de vidro de maneira que pudesse ser visto de ambos os lados. Sugiro que o mesmo pode se dizer da *cesura*: depende de que lado se mira, para qual lado se está indo.

Cisão não-patológica: esse conceito alude a um atributo necessário ao psicanalista, para que ele possa fazer uma dissociação útil do seu ego que lhe possibilite, a um só tempo, estar envolvido em uma situação analítica e preservar o lado observador do seu ego consciente.

Referências: *Estudos psicanalíticos revisados*.

Cogitações: título da edição em português de *Cogitations*, livro de Bion publicado *post-mortem*. Resultou do labor de Francesca Bion, sua esposa, que coletou e reuniu anotações esparsas de Bion, algumas datadas e outras não, sob a forma de frases, idéias e reflexões, em que o leitor pode sentir o nascedouro de seus principais livros. No prefácio desse livro, Francesca diz:

> Ele escrevia lenta e claramente, com poucas alterações; usava folhas soltas [...]. Muitas ficaram sem data [...]. Bion tentava, com esses escritos esporádicos, disciplinar, esclarecer e avaliar idéias complexas [...], freqüentemente endereçando-as a uma platéia imaginária. Esses escritos não devem ser lidos por neófitos, de modo isolado, mas como adendo aos trabalhos publicados anteriormente [...]. É a última de suas publicações póstumas; tive muito prazer em prepará-la.

Coisa em si mesmo: esse conceito – literalmente extraído do filósofo Kant – designa que a realidade psicanalítica não pode ser conhecida pelos órgãos dos sentidos, mas somente pelos fenômenos secundários observáveis; clinicamente, ela pode se expressar através da evacuação de elementos β. Esse conceito, na obra de Bion, seguidamente aparece com outras denominações, porém com significado equivalente, como "realidade última", "número" e a letra O, de "origem".

Referências: entre outras citações, o leitor pode encontrar uma clara explicitação desse conceito em *Conferências brasileiras 1*, nas páginas 50 a 52. (Ver Númeno.)

Comensal: é uma das modalidades da relação "continente-conteúdo" (♀♂), e consiste em que ambos, hóspede e hospedeiro, convivam harmonicamente, embora não haja crescimento nem prejuízo em nenhum dos dois, e eles pouco se influenciem mutuamente. As outras duas modalidades são a *parasitária* e a *simbiótica*. (Ver os respectivos verbetes.)

Referências: um estudo mais específico dessas três modalidades da relação continente-conteúdo consta no Capítulo 7 de *Atenção e interpretação*.

Como tornar proveitoso um mau negócio: título de artigo, cujo original é "Making the Best of a Bad Job". Nele, Bion afirma que, quando duas personalidades se encontram, cria-se uma tempestade emocional, mas, tendo ocorrido o encontro e a conseqüente tempestade emocional, as duas partes devem decidir "como tornar proveitoso o mau negócio".

Referências: esse trabalho aparece, traduzido, na *Revista Brasileira de Psicanálise* (v. 13, 1979) e na *Revista de Psicanálise da Sociedade Psicanalítica de Porto Alegre*, acompanhado de comentários críticos de Elisabeth T. Bianchedi e Raul Hartke.

Comunicação: Bion afirma que a teoria científica representa-se essencialmente por um dispositivo que lhe facilite a "publicação", isto é, da *comunicação* do saber particular do indivíduo, consigo mesmo e com seu grupo. Bion diz que "a primeira pessoa com a qual deveríamos nos comunicar somos nós mesmos". Pela comunicação, o paciente é impelido a operar soluções de seus problemas de desenvolvimento. A *comunicação* se faz através de identificações projetivas realistas. Essas considerações aparecem nas páginas 30 e 104 de *Elementos em psicanálise*. Por outro lado, Bion sempre destacou os fatos de que a comunicação por meio do discurso verbal nem sempre tem o propósito de realmente comunicar algo a alguém e de que, na situação analítica, o psicanalista deve estar muito atento para as diversas formas de distorções, falsificações, mentiras e ambigüidades confusionais que o paciente, inconscientemente, utiliza para não comunicar as verdades penosas e para impedir que o analista tenha acesso a elas.

Referências: além de *Elementos de psicanálise*, o leitor pode consultar *Estudos psicanalíticos revisados*, especialmente os Capítulos 8 e 10. A passagem da "comunicação privada para a pública" aparece mais explicitamente nas páginas 40 e 41 de *As transformações*.

Conceito: esse nível de capacidade para pensar, na grade, ocupa a fileira F, onde designa que já existe condição de estabelecer correlações entre as *concepções*, de modo a desenvolver os pensamentos abstratos que possibilitam a passagem para os níveis G e H.

Referências: ver o capítulo sobre a "grade" e o livro *Elementos de psicanálise*, especialmente o sexto capítulo.

Concepção: resulta de uma "preconcepção" que venha a ser fecundada por uma "realização" (ver os respectivos verbetes). Na grade de Bion, ocupa a fileira E, e permite a passagem para o nível seguinte da formação do pensamento: a de *conceito*.

Referências: as mesmas que foram assinaladas para o verbete Conceito.

Conhecimento: esse termo designa, ao mesmo tempo, uma importante função do ego e um dos três vínculos básicos (os outros dois são o "amor" e o "ódio"). O vínculo "conhecimento" vem designado pela letra K (inicial de *knowledge*) e, nos textos latino-americanos, aparece com as letras C (conhecer) ou S (saber). O vínculo K não está relacionado ao saber intelectual, mas sim à pulsão epistemofílica de busca das verdades. Bion ocupa grande parte de sua obra enfatizando o -K, isto é, o ataque ao conhecimento, tal como aparece no verbete "não-conhecimento", do presente glossário.

Referências: ver os Capítulos 14 a 16 e 27 de *O aprender com a experiência*. Em *Cogitações*, ver página 279.

Conjectura: Bion utiliza os termos "conjectura imaginativa" e "conjectura racional". O primeiro alude ao exercício de uma imaginação especulativa sem compromisso com o rigor científico, para que melhor possamos escutar aquilo que nunca foi dito e para que melhor possamos ver o que é imperceptível (como as conjecturas que ele fez acerca do psiquismo fetal), enquanto o conceito de conjectura racional exige uma fundamentação em fatos de comprovação científica.

Referências: ao longo de suas múltiplas "Conferências", Bion utiliza bastante esses conceitos.

Conjunção constante: trata-se de uma configuração de fatos que estão sempre presentes e interagindo em toda relação do tipo continente-conteúdo. Inspirado no matemático Hume, Bion utilizou esse termo para configurar as suas hipóteses acerca do desenvolvimento dos pensamentos. Quando a função de "conjunção constante" falha, resulta que os pensamentos guardam uma seqüência, porém sem as necessárias *conseqüências*.

Referências: as considerações acerca deste verbete aparecem descritas em *Elementos de psicanálise* e em *Atenção e interpretação*, mais precisamente nas páginas 69 e 71.

Consciente (Análise do): seguidamente Bion fazia alusões à necessidade de os analistas pensarem na realização de uma "análise do consciente", tal como podemos observar no trecho que segue, extraído de *Atenção e interpretação* (p. 74):

A importância do inconsciente não deve nos cegar ao fato de que, além de nossas memórias e desejos inconscientes, tratados psicanaliticamente, há um problema a resolver no manuseio de nossas memórias e desejos *conscientes*. Que tipo de "psicanálise" é necessário para o consciente?".

Consenso: equivale ao conceito de *senso comum*. Ver este último. Consultar o Capítulo 17 de *O aprender com a experiência*.

Continente: é a capacidade de uma mãe (ou de um psicanalista) em "conter" as angústias e necessidades do seu filho (ou paciente). Na psicanálise contemporânea, a noção de *continente* adquire uma relevância extraordinária, e, por isso, mereceu um capítulo especial no presente livro, com o título de "A Função de 'Continete' do Analista e os 'Subcontinentes'".

Referências: na obra de Bion, o leitor pode consultar o Capítulo 7 de *Atenção e interpretação*.

Continente-Conteúdo: esse conceito (também conhecido por continente-contido) costuma ser representado por ♀ ♂ e designa um tipo de modelo que se baseia no uso de identificações projetivas, em que o *continente* se constitui como um lugar onde um objeto é projetado, enquanto o *conteúdo* é o objeto ou a massa de necessidades e angústias que podem ser projetadas no interior do continente. Essa relação é estudada por Bion a partir da teoria das "identificações projetivas" de Klein.

Referências: o leitor deve consultar o Capítulo 27 de *O aprender com a experiência*, em que consta uma excelente súmula, e o Capítulo 7 de *Atenção e interpretação*.

Cooperação: esse termo alude a uma forma exitosa de participação dos indivíduos nos "grupos de trabalho".

Referências: esse termo aparece com relativa freqüência nos trabalhos de Bion sobre grupos. É mencionado na página 87 de *Estudos psicanalíticos* revisados, acompanhado de uma vinheta clínica.

Correlação: Bion destaca que um dos elementos mais importantes para o exercício da função de "comunicação" é justamente a capacidade de fazer *correlações* entre fatos, idéias, sentimentos, etc.

Referências: esse conceito é mencionado em *Atenção e interpretação*, mais explicitamente na página 103.

Crescimento mental: trata-se de uma expressão muito utilizada por Bion, porquanto ele considera que o crescimento mental positivo (destaca a possibilidade de um crescimento negativo) é o objetivo maior da psicanálise. Ele representa o "crescimento mental" através de uma equação algébrica (Bion emprega a letra grega "Ψ" para representar o crescimento mental), na qual participam os elementos das características inatas da personalidade em conjunção com as experiências emocionais, sendo que o fator determinante é a qualidade das emoções. O termo *crescimento mental*, em Bion, substitui a clássica utilização conceitual de "cura".

Referências: os leitores que quiserem conhecer melhor a noção de "crescimento negativo" podem consultar *Elementos de psicanálise*, página 97, e a página 141 de *Atenção e interpretação*, onde Bion compara esse "crescimento negativo" com um crescimento canceroso.

Criptograma: essa denominação é, por vezes, empregada por Bion com o mesmo significado de *ideograma*. Ver este último verbete.

Cultura grupal: esse termo designa a organização de um determinado momento de um grupo, resultante do interjogo entre a mentalidade da totalidade grupal e a de cada indivíduo em particular.

Referências: *Experiências em grupos*.

Cura: para referir o que se costuma chamar de "cura analítica", Bion manifesta que não gosta dessa expressão, porque a "cura analítica" é significativamente diferente do conceito clássico de "cura médica". Ele prefere o termo "crescimento mental" (ver verbete).

Referências: no livro *Atenção e interpretação*, na página 110, há uma menção específica do conceito de "fuga para a cura".

Curiosidade: embora reconheça a importância essencial da curiosidade na busca de conhecimentos, Bion emprega esse termo mais notoriamente no sentido negativo, de patologia associada com a arrogância e a estupidez, nas personalidades psicóticas.

Referências: esses últimos conceitos aparecem com freqüência nos textos sobre a *parte psicótica da personalidade*, tal como eles estão nos capítulos de *Estudos psicanalíticos revisados*.

D (Letra): letra da grade de Bion, que ocupa a quarta fileira, correspondente ao estágio evolutivo de *concepção*, ou seja, a capacidade de pensar das "preconcepções", permitindo a passagem para o estágio da formação de "conceitos".

Referências: ver o desenho da "grade" e os livros *Elementos de psicanálise* e *O aprender com a experiência*.

Decisão: no Capítulo 5 de *Elementos de psicanálise*, Bion afirma que a capacidade de *decidir* implica transmudar pensamentos em ação, o que se constitui como uma função do ego, de especial relevância. Ele destaca bastante o quanto uma tomada de decisão é importante para o psicanalista, sobretudo no ato de selecionar qual a interpretação que ele escolherá, em meio a muitas outras possibilidades. A propósito, cabe citar uma frase de Ilya Prigogine, Prêmio Nobel de Química, 1977: "As moléculas obedecem a leis, e as *decisões* humanas dependem do passado e das expectativas para o futuro".

Referências: *Elementos de psicanálise*, mais especificamente na página 28.

Dedutivo científico (Sistema): na notação da grade, esse conceito ocupa a fileira G. Refere um alto grau evolutivo da capacidade para pensar, com abstrações e deduções, que implica a condição de o sujeito conseguir estabelecer correlações entre as hipóteses e os conceitos. Bion considera a expressão "sistema dedutivo científico" como "um sistema de hipóteses no qual certas hipóteses ocupam um nível superior, um sistema particular, e são usadas como premissas, das quais se deduzem as hipóteses de nível inferior".

Referências: essa concepção aparece no livro *Cogitações* (em que a citação mencionada aparece na página 165). No livro *Elementos de psicanálise*, com ênfase no Capítulo 6, página 35, e em *O aprender com a experiência*, página 98.

Deidade (ou Divindade): na mística cristã, Bion privilegiou as idéias de Mestre Eckhart, dominicano alemão que, no século XIV, em razão dos limites do pensamento humano àquilo que não tem começo nem fim, designava por *Deus (Got)* o criador da trindade, e por *divindade (gotheit)* a essência divina, a origem das três pessoas da trindade. Deus *age* via conhecimento (K), enquanto a divindade permanece alheia a qualquer ato, *não age*, de modo que se alcança o conhecimento via "O". Assim, para Eckhart, Deus e divindade são tão diferentes quanto céu e terra.

Referências: Capítulo 11 de *As transformações*, especialmente páginas 159, 160 e 164. Um bom resumo dessas idéias pode ser consultado no livro *Bion. A vida e a obra* (p. 196-201), de Bléandonu, que refere a "gnose psicanalítica".

Dependência: esse termo designa um dos "supostos básicos" da dinâmica dos grupos e refere-se à condição de uma grande dependência do grupo em relação ao seu líder, geralmente de características carismáticas. Os demais *supostos básicos* propostos por Bion são os de *luta e fuga* e o de *acasalamento*. Ver os respectivos verbetes.

Referências: *Experiências em grupos*.

Desejo: trata-se de um termo que ficou muito popularizado na obra de Bion, em razão da sua recomendação de que o psicanalista deve se manter na situação psicanalítica sem a saturação da mente pela "memória, desejo e ânsia de compreensão". Ele exemplifica com o desejo do analista em relação à "cura" do seu paciente, assim como os seus desejos de que a sessão termine logo, etc.

Referências: embora essa conceituação compareça bastante nos textos de Bion, é útil que o leitor leia o trabalho "Notas sobre a Memória e o Desejo", que está publicado, traduzido para o espanhol, na *Revista de Psicoanalisis*, (v. XXVI, n. 3, 1969). Também existem interessantes considerações sobre a memória e o desejo, nos Capítulos 3 (p. 37) e 6 (p. 75) de *Atenção e interpretação*.

Deus: ver Deidade.

Dimensões: a investigação psicanalítica formula premissas diferentes das da ciência comum, como as de filosofia ou teologia. Os elementos psicanalíticos e os objetos deles derivados apresentam as seguintes dimensões:

1. terreno dos *sentidos*;
2. terreno dos *mitos*;
3. terreno da *paixão*.

Referências: essa concepção aparece com freqüência na obra de Bion, porém o leitor vai encontrar no livro *Elementos de psicanálise* uma explicitação mais completa, notadamente no terceiro capítulo, onde consta, na página 22, a menção às três dimensões referidas.

Dor: Bion atribui grande importância à dor psíquica, no sentido de que mais que *sentir* a dor, é necessário *sofrê-la*, para poder vir a "aprender com as experiências emocionais". Ele frisa que é muito importante que se estabeleça a diferença entre o paciente evadir a dor ou enfrentá-la. É tamanha a importância que Bion empresta à necessidade de sentir a dor (correspondente à entrada na "posição depressiva"), que ele a considera como um dos sete elementos da psicanálise.

Referências: o assunto "dor" aparece bastante bem desenvolvido por Bion no Capítulo 2 (páginas 11 e 22) de *Atenção e interpretação* e, especialmente, no Capítulo 13 de *Elementos de psicanálise*. No livro *Conversando com Bion*, o leitor encontrará interessantes alusões à dor psíquica nas páginas 38, 233 e 240.

"Dor de fome": expressão seguidamente utilizada por Bion para apresentar um modelo que demonstre o sofrimento que a criança sente quando está privada da presença de um bom seio nutridor, o que gera uma ativação de sentimentos de ódio, com as respectivas conseqüências.

E (letra): Na grade, essa letra ocupa a fileira que designa o nível de pensamento de *concepção*. A concepção segue à letra D, que designa as *preconcepções*, e permite a passagem para a letra F, que refere a formação de *conceitos*.

Édipo: o mito de Édipo aparece constantemente na obra de Bion, partindo de um vértice de observação em muitos pontos diferentes de Freud.

Referências: um detalhado estudo do mito de Édipo, sob a ótica bioniana, encontra-se nos Capítulos 10 e 11 de *Elementos de psicanálise*. O leitor também pode ver o subtítulo "O Mito de Édipo e a Grade", no presente livro, no capítulo "A Grade".

Elementos de psicanálise: é o título de um dos mais importantes livros de Bion (1963). Ele também emprega essa expressão para designar que, da mesma forma que as letras do alfabeto se combinam para compor palavras, e estas, para compor frases, também os elementos da psicanálise se unem, desunem, combinam e reconstroem sob múltiplas formas entre si. Os "elementos" são "funções" da personalidade. Uma atenta leitura dos textos de Bion permite circunscrever os seguintes sete elementos da psicanálise: 1) a relação posição esquizo-paranóide e posição depressiva. 2) a relação continente-conteúdo; 3) os vínculos de amor, ódio e conhecimento; 4) o conceito de transformações; 5) a relação entre idéia e razão; 6) a relação entre narcisismo e social-ismo e 7) a dor mental.

Referências: ler *Elementos de psicanálise*, além de fazer o acompanhamento dos verbetes de cada um dos sete elementos que foram mencionados neste glossário.

Elementos α: são as impressões sensoriais e as experiências emocionais transformadas, predominantemente, em imagens visuais e utilizadas pela mente para a formação de sonhos e recordações e para as funções de simbolizar e de pensar. Assim, os elementos alfa relacionam-se com o abstrato, enquanto os elementos beta o fazem com o concreto.

Referências: *Elementos de psicanálise* e *O aprender com a experiência*, especialmente o Capítulo 5 deste último.

Elementos β: quando as impressões sensoriais e as experiências emocionais não conseguem ser transformadas, ela devem ser expulsas e evacuadas para fora, como nos *actings*, por exemplo. Por isso, elas não se prestam para a função de pensar e são vivenciadas como concretas, "coisas em si mesmo".

Referências: *Elementos de psicanálise*. e *O aprender com a experiência*, notadamente o Capítulo 3, intitulado "Os Elementos beta".

Elos de ligação: ver Vínculo.

Estados da Mente: ao longo de sua obra, Bion deu um grande destaque ao estado mental que predomina tanto no psiquismo do analista, no curso das situações analíticas, como na mente do paciente. Particularmente, são importantes suas considerações acerca de um *estado mental de descobrimento*, o qual implica o amor às verdades, de uma superação das resistências, de um processo de sucessivas transformações, de uma disposição para o sofrimento e de uma contínua mudança de vértices de pensamentos e conhecimentos. O estado mental proposto por Bion, que é o mais conhecido, não obstante geralmente ter sido entendido de forma equivocada (ver "Evolução"), é o de "sem desejo e sem memória".

Establishment: Bion tomou emprestado esse termo da sociologia e da política para designar uma situação constituída de uma forma consistente e aceita por todos, para uma determinada época e lugar, como uma cultura, uma situação de poder político, institucional, etc. Bion estudou especialmente a relação entre o *establishment* e a figura do "místico", que ameaça a sua estabilidade.

Referências: esse termo aparece com muita precisão nos Capítulos 7 e 12 de *Atenção e interpretação*.

Estupidez: na verdade, trata-se de uma "estupidificação", ou seja, de um pseudo "emburrecimento", como uma decorrência da patologia do conhecimento. Bion empregava esse termo em conjunção com a "arrogância" e a "curiosidade", nas personalidades psicóticas.

Referências: *Estudos psicanalíticos revisados*, especialmente o Capítulo 8, em que, na página 118, há um subtítulo "Curiosidade, Arrogância e Estupidez".

Evacuação: Bion utiliza com freqüência o "modelo digestivo", com o propósito de esclarecer o uso expulsivo de sentimentos e de idéias indesejáveis, que geralmente se apresentam sob a forma de elementos beta, através do uso maciço de identificações projetivas. Assim, para Bion "o sonho do psicótico representa ser a evacuação de um material que foi ingerido durante a vigília".

Referências: *Estudos psicanalíticos revisados*.

Evidência: é o título de um trabalho de Bion, de 1976, no qual ele questiona quais as evidências de que uma interpretação é a mais eficaz e enfatiza o risco de o psicanalista "preencher o vazio de nossa ignorância com diversos artifícios". Nesse artigo, Bion tece interessantes conjecturas a respeito do psiquismo fetal.

Referências: o trabalho "Evidência" consta dos "Quatro Textos" que estão presentes, traduzidos para o espanhol, no livro *Seminarios clínicos y cuatro textos*. Sugiro que o leitor leia, na *Revista de Psicanálise da Sociedade Psicanalítica de Porto Alegre* (v. VII, n. 2, set. 2000), a publicação desse artigo em português, seguida de comentários críticos de Antonino Ferro e David Zimerman.

Evolução: esse termo, ao longo da obra de Bion, surge com três significações distintas. 1) Consiste em um estado mental do psicanalista que permite que utilize, de forma construtiva (para uma interpretação, por exemplo), uma série de fenômenos dispersos, inclusive os de sua memória, desde que não esteja saturada e que, antes, provenha mais de uma intuição repentina. Esse conceito é importante para diferenciar um equívoco bastante comum, o de atribuírem a Bion uma posição contrária ao surgimento da memória no curso da sessão ("sem desejo e sem memória..."). Na verdade, ele se posicionava contra um esforço deliberado do analista de forçar-se a lembrar fatos, mas era favorável à presença da memória sempre que essa surgisse espontaneamente, quer na mente do analista, quer na do paciente. 2) Em outros momentos, Bion prefere utilizar o termo "evolução", com o significado de um crescimento mental, para diferenciar do significado que o vocábulo "cura" tem em medicina. 3) Bion também usa a denominação de "evoluções de O", ou seja, como "O" – que significa o desconhecido e desconhecível – evolui para "K", ou "K" para "O".

Referências: os três significados aludidos aparecem em *Atenção e interpretação*; a evolução referente à memória está no Capítulo 6, mais precisamente; na página 77 e as evoluções de "O" estão no Capítulo 3, nas páginas 30 e 37. Em *Cogitações*, na página 395, Bion responde às críticas dos debatedores de seu trabalho "Notas sobre Memória e Desejo".

Experiência Emocional*: essa expressão-chave aparece com grande freqüência na obra de Bion e alude ao fato de que as emoções, explícitas ou implícitas, que impregnam os vínculos das relações estão sempre presentes. Primitivamente sob a forma de "impressões sensoriais", restam captadas no psiquismo e são suscetíveis de sofrer sucessivas transformações. Assim, Bion enfatiza que, na situação analítica, há uma grande diferença entre o aprender *acerca* das coisas e o aprender emocionalmente *com* a experiência das coisas. Dessa forma, na abertura do livro *O aprender com a experiência*, afirma que "este livro terá fracassado se a própria leitura não for uma experiência emocional". Pode-se dizer, pois, que "experiência emocional é toda relação, vincular, que está ativamente presente na área da aprendizagem, assim como, inversamente, toda a aprendizagem se realiza numa experiência emocional".

Referências: *O aprender com a experiência*.

Experiências em Grupos*: é o título de um dos mais conhecidos livros de Bion, em que reúne uma série de escritos originais sobre a dinâmica de grupos, que tinham sido publicados de 1943 até 1961. Nesses trabalhos, Bion aporta muitas e diversas contribuições originais e muito fertilizantes acerca da dinâmica inconsciente sempre presente nos campos grupais.

Referências: *Experiências em grupos*

F (Letra)*: essa letra, na grade de Bion, designa a sexta fileira, alusiva ao nível da capacidade de formação de *conceitos*.

Facho de escuridão*: com base em Freud ("tento amiúde ofuscar-me artificialmente a fim de examinar esses lugares obscuros"), Bion preconizava que, às vezes, é necessário um facho de escuridão ("cegar-se") para poder ver melhor. A melhor analogia é com o céu, que somente à noite nos permite ver as estrelas, que já existiam no firmamento mas estavam obscuras aos nossos olhos durante o dia. No livro *Conferências brasileiras* 1 (p. 45), Bion considera que

> ao invés de tentar trazer uma luz brilhante, inteligente, compreensível para incidir sobre problemas obscuros, sugiro empregarmos uma diminuição da "luz" – um penetrante facho de escuridão; uma réplica do holofote.

Referências: *Conferências brasileiras 1*.

Falsidade*: Bion parte do princípio de que todo pensamento, uma vez formulado, é falso se comparado com a "verdade" do fato original que ele está formulando. O que varia é o grau de falsidade, e é necessário distinguir entre falsidade, falsificações e mentiras. A importância disso, na prática analítica, pode ser evidenciada na seguinte afirmativa que aparece no livro *Conferências brasileiras 1*, (p. 125):

> A dificuldade surge quando se é psicanalista e não se fica satisfeito com a idéia de que o paciente esteja realmente tentando enganar, ou se acha que ele está se referindo a uma das muitas facetas da verdade.

Referências: o conceito do presente verbete está muito ligado ao de -K, logo, o leitor pode consultar os livros *O aprender com a experiência*, principalmente o Capítulo 16, e *Atenção e interpretação*, especialmente os Capítulos 5 e 11.

Fato selecionado*: este importante conceito – inspirado no matemático Poincaré – se refere à busca de um fato que dê coerência, significado e nomeação a fatos já conhecidos isoladamente, mas cuja inter-relação ainda não foi percebida, e que estão em um estado algo caótico, na posição esquizoparanóide, quando inicia a posição depressiva. Na situação analítica, consiste na espera por um tema dominante, entre outros que formam um aparente caos, que permita ao analista exercer a função interpretativa.

Referências: *Elementos de psicanálise*, no Capítulo 5. *O aprender com a experiência*, no Capítulo 26. *Cogitações*, nas páginas 241 e 285.

Fator: trata-se de um elemento de psicanálise, isolado, não-saturado, que, combinado com outros, concorre para a construção de uma *função*. Por exemplo: os elementos α possibilitam a função α, a qual, por sua vez, será um fator da função de sonhar, de pensar, etc.

Referências: Capítulo terceiro de *Elementos de psicanálise*, *O aprender com a experiência*, nos Capítulos 1 e 27 – neste último, há uma excelente "súmula" acerca dos conceitos de fator, função, continente-contido, vínculo, etc.

Fé (Ato de): é um conceito algo místico; no entanto, trata-se de um ato que se realiza no domínio da ciência, que deve ser diferenciado do significado de conotação religiosa e, principalmente, não deve ser confundido com crendices. Refere-se a uma necessidade de acreditar que existe uma realidade incognoscível no fundo daquilo que não sabemos o que é e que não está ao nosso alcance.

Ver Ato de fé, com as respectivas referências de leitura.

Frustração: é um dos termos-chave na obra de Bion, que seguidamente o emprega, destacando três aspectos: 1) positivo e sadio, quando empregado adequadamente pelos educadores, porque promove o contato com a realidade e prevê a noção de limites e limitações; 2) negativo e desestruturante, quando excessiva e injustamente empregado, com a formação de um incremento do ódio e suas respectivas conseqüências daninhas; 3) quando a frustração for demasiadamente escassa, a criança vai desenvolver onipotência e onisciência. Bion afirma enfaticamente que, na prática analítica, "o que importa ao psicanalista situa-se entre os comportamentos destinados a fugir à frustração e os que a modificam".

Referências: *O aprender com a experiência*, nos Capítulos 11 (do qual se extraiu a última frase citada) e 26. No livro *Estudos psicanalíticos revisados*, a importância da frustração aparece praticamente em todos os capítulos.

Função: Bion emprega os termos "fator" e "função" sem o sentido estrito com o qual são utilizados na matemática – embora tenha se inspirado nesta última –, com o intuito de configurar que se tratam de variáveis em relação com outras variáveis psíquicas, e que essa relação entre duas grandezas exprime uma lei. Emprega-se o termo "função" como nome para o grupo de ações, físicas e mentais, reguladas por determinadas finalidades, e sempre as tendo em vista. Função e fatores sempre são estudados conjuntamente, de modo que o valor de uma função qualquer que se considere vai depender da forma de relação entre os fatores. Cabe aqui o exemplo da "função sexual": ela resulta de fatores *físicos* (como visão, olfato, tato, uma beleza sensual, ereção ou humidificação, que, por sua vez, implicam outros fatores orgânicos, etc.) e fatores *mentais* (estado de excitação, ou de depressão, ou o sabor narcisista de uma conquista, etc.). Uma determinada função pode servir como fator de uma outra função. Uma das funções mais nobres é a que Bion denominou como "função-alfa" (ver verbete, a seguir).

Referências: valem as mesmas referências sugeridas para Fator.

Função α: Bion utiliza esta expressão com uma vagueza intencional, para evitar que o psicanalista fique saturado com uma única teoria do pensamento. Essa área de investigação inclui os processos de pensamento e as diversas formas como se apresentam os produtos finais (gestos, palavras, ou formulações mais abstratas). Ele destaca a indispensabilidade da função α, por parte da mãe, para que o filho também possa desenvolvê-la. Assim, afirma que "o *rêverie* da mãe é fator de função-alfa da mãe". Bion destaca alguns aspectos da função-alfa, como:

1. armazena experiências físicas e emocionais, como caminhar, dirigir, sofrer, etc.;
2. permite fazer as necessárias repressões;
3. permite a formação de símbolos;
4. assim, possibilita pensar e raciocinar;
5. igualmente faculta o pensar inconsciente da vigília e a capacidade para sonhar, ou seja, o "pensamento onírico";

6. forma a "barreira de contato".
Ver os verbetes dos dois últimos aspectos assinalados.

Referências: Capítulos 1, 2 e 12 de *O aprender com a experiência*.

Função analítica eficaz: com essa expressão, Bion quis precisar que, na situação analítica, o psicanalista necessita aliar três estados da sua mente: ser um *líder* em busca da verdade, um *místico* em permanente estado de fusão com a verdade incognoscível e um *artista* para saber comunicá-la eficazmente.

Função psicanalítica da personalidade (FPP): trata-se de um dos conceitos mais significativos de Bion e refere-se ao fato de que a busca epistemológica é inata em qualquer indivíduo, e que essa pulsão a conhecer as verdades deve ser desenvolvida no analisando através da análise e da introjeção dessa função de seu psicanalista. Em suma, a FPP designa uma atitude mental profunda ante a verdade e o conhecimento de si mesmo.

Referências: a expressão "Função psicanalítica da personalidade" pode ser encontrada no Capítulo 26 (p. 123) de *O aprender com a experiência*.

Functores: seguidamente, Bion emprega esse vocábulo, que é uma contração dos conceitos de *função* e de *fator*. O termo pertence à sintaxe das categorias matemáticas, e Bion o utiliza quando pretende designar conceitos psicanalíticos que operam segundo uma lógica matemática.

Referências: uma referência mais explícita pode ser encontrada no Capítulo 27 (p. 124) de *O aprender com a experiência*.

G (letra): na grade de Bion, G ocupa a sétima fileira, onde designa o *sistema dedutivo científico* (ver esse verbete).

Gêmeo imaginário: é o título do seu primeiro trabalho rigorosamente psicanalítico, apresentado em 1950, na Sociedade Britânica de Psicanálise, para a obtenção da condição de membro aderente. A tese central desse trabalho recai sobre o uso maciço de identificações projetivas de um sujeito dentro de um outro indivíduo. Desse artigo, derivou o conceito de Bion relativo à *visão binocular*.

Referências: esse clássico trabalho está incluído no livro *Estudos psicanalíticos revisados*, Capítulo 2.

Gênio: Bion usa indistintamente os termos "gênio", "místico", "herói, "indivíduo excepcional" ou "messias" para designar aquele indivíduo (por exemplo, Jesus) que, por ser possuidor e transmissor de idéias novas, se constitui em uma ameaça ao *establishment* em que está inserido.

Referências: esse conceito está bastante bem-desenvolvido nos Capítulos 6 e 7 de *Atenção e interpretação*.

Grade: é um modelo criado por Bion para servir como instrumento para que o psicanalista, fora da sessão, possa situar em qual nível de evolução e de utilização de pensamento estão tanto ele próprio como o seu paciente. Consiste em um sistema cartesiano, com o entrecruzamento de um eixo vertical (gênese do pensamento) e um horizontal (utilização dos pensamentos).

Referências: além do próprio trabalho referente à grade, o leitor encontra uma descrição pormenorizada nos livros *Atenção e interpretação* (principalmente no Capítulo 6, "O Místico e o Grupo") e *Elementos de psicanálise*.

Grupo: o trabalho prático de Bion com diversos tipos de grupos contribuiu fortemente para a construção de seu pensamento psicanalítico e para a realização de alguns livros seus, específicos e inovadores sobre dinâmica de grupo. Nos respectivos verbetes deste glossário, assim como no capítulo sobre grupos, aparecem conceitos como os de "grupo de trabalho", "grupo de supostos básicos", "grupos sem líder", "grupo de trabalho especializado", "valência", "mentalidade grupal", "cultura do grupo", etc.

Referências: *Experiências em grupos* e o Capítulo 6 ("O Místico e o Grupo") de *Atenção e interpretação*.

"H": a letra H aparece com freqüência nos textos de Bion, com dois significados distintos:

1. na grade, ocupa a oitava fileira, designando a etapa evolutiva da capacidade para pensar que atingiu um

alto grau de abstração, ou seja, a condição de fazer cálculos algébricos;
2. como signo (letra inicial de *Hate*), designa o vínculo de *ódio*, que, juntamente com L e K, acompanha todas as relações objetais.

Nos escritos de língua portuguesa, pode aparecer como O (de ódio).

Hipérbole: com essa palavra (que nos dicionários correntes significa "figura que engrandece ou diminui exageradamente"), Bion designa um tipo de transformação na qual há uma intensa deformação dos fatos originais. Na situação clínica, a hipérbole pode se manifestar como uma tentativa desesperada do paciente de se fazer entender pelo seu analista, através do exagero dos sintomas, do uso superlativo da linguagem e por meio de identificações projetivas excessivas.

Referências: esse conceito aparece no Capítulo 9 de *Estudos psicanalíticos revisados*, em muitas passagens da obra de Bion em que ele se refere a assuntos da prática clínica, como em *Conversando com Bion* e *Seminarios clínicos y cuatro textos*.

Hipótese definidora: ocupa a coluna 1 do eixo horizontal da grade; consiste em o indivíduo usar o pensamento formulando hipóteses que se constituem como uma definição da sua verdade naquele momento da sessão analítica (por exemplo, o analisando começa a sessão dizendo: "tenho certeza de que o sr. está cheio de mim"). É útil levar em conta que a etimologia do verbo "definir", do latim *de +finis*, dá uma clara idéia de que "se chegou ao fim", ou seja, a hipótese definidora alude a que a mente do paciente está saturada com a sua "verdade". No entanto, se a mente não estiver totalmente saturada, é possível que, com o curso da análise, venha a sofrer transformações em direção a um crescimento, conforme o eixo vertical da grade, excluindo o sistema dedutivo científico e o cálculo algébrico, que não fazem parte da psicanálise propriamente dita.

Referências: consultar "A Grade", *Elementos de psicanálise* (especialmente o Capítulo 5), *Atenção e interpretação* (referência direta na página 18) e *O aprender com a experiência* (no Capítulo 22, p. 98, há uma referência explícita ao conceito de "hipótese definidora").

Idéia: Bion utiliza a letra "I" para designar o conceito de "idéia", e a sigla "I-R", para indicar a constante interação que existe entre *idéia* e *razão*. Segundo o autor, a sigla "I" se destina a representar os "objetos psicanalíticos" compostos de elementos-alfa, produtos da função-alfa.

Referências: *Elementos de psicanálise* (de forma mais específica, na página 13) e *O aprender com a experiência*.

Identificação projetiva: embora esse termo não seja original na terminologia de Bion, ele consta deste glossário porque Bion foi o primeiro autor a lhe emprestar dois significados de enorme importância no processo psicanalítico: o primeiro é o da identificação projetiva normal (favorece a empatia), e o segundo, o de entender e utilizar as identificações projetivas dos pacientes – especialmente os mais agressivos – como uma primitiva forma de linguagem e de comunicação. Bion denomina as identificações projetivas como *realista* (normal) e *excessiva* (patológica).

Referências: *Estudos psicanalíticos revisados*, na página 59, e Capítulo 12 de *Elementos de psicanálise*.

Ideograma: ao se referir aos pensamentos primitivos de natureza pré-verbal, Bion os ligava mais à visão e aos ideogramas (tal como na escrita dos chineses) que às palavras e à audição. Segundo Bion, o ideograma representa só uma palavra, enquanto relativamente poucas letras formam milhares de vocábulos. Essa concepção, também conhecida como "criptograma", "holograma", "fotograma" e "imagem onírica", está ganhando uma grande relevância na psicanálise contemporânea, que valoriza o surgimento de idéias e de sentimentos sob a forma de imagens que brotam espontaneamente na mente do paciente, do analista ou em ambas.

Referências: consultar os seguintes livros: *Estudos psicanalíticos revisados* (p. 70) e *Elementos de psicanálise* (referência explícita na página 12). Em diversas passagens de *Conferências brasileira 1* (referência direta na página 83) e de *Conversando com Bion*.

Indivíduo excepcional: essa expressão sintetiza o mesmo significado que está designado por outros termos equivalentes, tais como "gênio", "herói" e "místico".

Referências: ver as referências do verbete Gênio.

Intuição: não deve ser confundida com adivinhação ou qualquer outra coisa mágica. Trata-se tão-somente da capacidade do psicanalista de se ligar a fatos que não são captados através dos órgãos dos sentidos, é essa capacidade que permite o acesso às verdades incognoscíveis. Bion afirmou que preferia o termo *intuir* a "observar", "escutar" ou "ver", pois aquele não encerra uma "penumbra de associação". O autor proclama que o analista precisa estar num estado de mente não-saturado por memória e desejos, para que, então, possam "intuição, que é cega, e o conceito, que é vazio, se associarem para formar um pensamento ou uma interpretação".

Invariante: esse termo designa o fato de que, por mais profundas e aparentemente irreconhecíveis que tenham sido as transformações, sempre restam vestígios originais, imutáveis. Por exemplo, quando um pintor pinta uma tela, não obstante as transformações impostas pelo seu estilo e sua técnica, alguma coisa do modelo original permaneceu "invariável", o que permitirá um "reconhecimento". Uma outra analogia pode clarear melhor esse relevante conceito: a água líquida, um bloco de gelo e uma nuvem podem parecer totalmente diferentes entre si, mas esses três estados são transformações que conservam um mesmo invariante, o H_2O.

Referências: *Atenção e interpretação*, Capítulo 2 (p. 15) e Capítulo 10, intitulado "Imagens Visuais e Invariantes". No livro *As transformações*, a noção de invariante surge com freqüência.

Inversão da função alfa: consiste no fato de os elementos alfa – portanto, a serviço de uma função simbólica – serem reduzidos, parcial ou totalmente, a escombros e não voltarem a ser como os elementos beta iniciais, mas sim como elementos beta com vestígios de ego e de superego, ou seja, unicamente com fragmentos de significados, tal como se observa no pensamento das personalidades psicóticas.

Investigação: na grade de Bion, a investigação ocupa a coluna 5, designando a utilização da função de pensar no que se refere à capacidade de investigar (aludindo a uma "busca de vestígios") aquilo que o paciente traz nas suas narrativas, na situação analítica. Para tanto, Bion propõe o emprego de indagações, tanto por parte do analista quanto do paciente.

Referências: capítulo quinto de *Elementos de psicanálise*, além do artigo original "A Grade".

K e -K: esses signos aparecem com grande freqüência em todos os escritos que tratam da normalidade (K) e da patologia (-K) do conhecimento. Por ser a inicial da palavra inglesa *knowledge*, em muitos escritos brasileiros e de idioma espanhol, aparece como C ou -C (de "conhecer"), e em alguns outros aparece como S (-S), inicial do verbo "saber".

Referências: existe uma suficiente explicitação nos livros *O aprender com a experiência*, especialmente nos Capítulos 1 e 16, este último intitulado "O Vínculo K", e *Atenção e interpretação*.

L: inicial de *love*, é o signo designador do vínculo de amor. Em textos latino-americanos, por vezes aparece como A (de "amor"). Por sua vez, a sigla -L representa a antiemoção do amor, que não deve ser confundida com o ódio.

Referências: as mesmas de K.

Líder: Bion dedica um relevante papel à função de liderança, mas partindo de um enfoque diferente do descrito por Freud. Assim, ele postulava que não era o líder que constituía e determinava o destino das massas, como postulava Freud, mas, o contrário, ou seja, certas necessidades emergentes de um grupo social é que determinam o tipo de liderança adequada para satisfazê-las. Dessa forma, descreveu que existem três tipos de líderes básicos:

1. o de características *carismáticas*, que surge nas massas que estão sob o domínio do "suposto básico de dependência";

2. o líder tipo *caudilho,* com características paranóides e tirânicas, que preenche o suposto básico de "luta e fuga";
3. o líder com perfil de algum *misticismo,* que satisfaça o suposto básico de "acasalamento".

Bion também descreveu que as lideranças podem ser positivas e construtivas ou negativas e niilistas.

Referências: Experiências em grupos e *Atenção e interpretação,* especialmente os Capítulos 6 e 7.

Linguagem: outra palavra-chave na obra de Bion. Ele concede uma importância relevante às diversas formas de linguagem, de sorte a enfatizar que a mesma pode designar a aquisição de uma linguagem verbal composta por símbolos, que serve para a nobre função de comunicação; entretanto, também pode acontecer de essa linguagem verbal vir a ser utilizada para a "não-comunicação", por meio de distorções, ambigüidade, falsificações, confusão, etc. Bion destaca, principalmente, a linguagem que diz respeito à sua patologia, como é a que acompanha os distúrbios psicóticos, como a esquizofrenia, que ele estuda com mais profundidade e originalidade.

Referências: Estudos psicanalíticos revisados, notadamente no Capítulo 3, "Notas sobre a Teoria da Esquizofrenia".

Linguagem do psicótico: neste caso, Bion destaca três maneiras de como mais francamente esquizofrênicos utilizam a linguagem:

1. como um modo de *atuação;*
2. como um método de *comunicação primitiva;* e
3. como uma forma de *pensamento,* caso em que esses pacientes podem utilizar as palavras como se fossem coisas, ou como partes cindidas deles mesmos, as quais tratam de colocar dentro do analista.

Referências: as mesmas do verbete anterior.

Linguagem de êxito: essa expressão, que também aparece traduzida por "linguagem de consecução", no original é *Language of Achievement.* Esta última palavra designa aquilo que está em jogo no movimento de alguma "realização". Com essa terminologia – que se baseia na crença de que "as emoções falam mais alto que as palavras" –, Bion designa uma condição que a linguagem do analista deve possuir para ter mais êxito em alcançar a realidade incognoscível do paciente, e assim conseguir modificações verdadeiras do paciente. Para tanto, essa linguagem deve partir mais da intuição, e menos dos órgãos dos sentidos. A linguagem do êxito pode se expressar em ação, pelo discurso, por escritos ou no plano da estética. É algo que não fica limitado ao êxito concreto, mas abrange experiência, habilidade, perseverança, empenho e sabedoria.

Referências: Capítulo 2 de *Estudos psicanalíticos revisados.* A expressão "linguagem do êxito" comparece com freqüência em muitas passagens de *Atenção e interpretação,* especialmente na Introdução e nos Capítulos 6 e 13, este último denominado "Prelúdio ou Substituto ao Êxito".

Luta e fuga: trata-se de um dos supostos básicos do inconsciente grupal e indica a prevalência de mecanismos projetivos, os quais determinam um estado mental de predominância paranóide.

Referências: Experiências em grupos.

Memória: Bion distinguiu quando a memória do psicanalista é usada negativamente, por estar saturada de concepções prévias (caso do "sem memória, sem desejo..."), ou quando a memória brota espontaneamente em sua mente. Esta última constitui o estado de "evolução" (ver esse verbete) e é considerada como bastante positiva quando surge na situação analítica. Na grade, a memória corresponde à *notação,* que ocupa a coluna 3.

Referências: "Notas sobre a Memória e o Desejo", artigo de 1967, *Atenção e interpretação,* Capítulos 3 (p. 37), 6 e 13, *Estudos psicanalíticos revisados* (p. 146 e 170) e *Cogitações* (p. 392).

Memória do Futuro (Uma): é o nome de uma obra composta por três volumes (*O sonho, O passado apresentado, A aurora do esquecimento*). Uma síntese mais detalhada pode ser lida no presente livro, no Capítulo 2, "A Obra: Uma Resenha dos Trabalhos de Bion".

Mentalidade grupal: essa expressão designa que um grupo constituído como tal funciona como uma unidade, com uma atividade mental coletiva própria, que muitas vezes se conflitua com a mentalidade de cada um dos indivíduos componentes do todo grupal.

Referências: *Experiências em grupos*.

Mente primordial: Bion afirma que o *grupo* funciona em níveis, que ele chama de "primitivos", nos quais o psiquismo grupal precede ao individual, tal como se pode observar nos povos primitivos (clãs, tribos) e no reino animal (rebanhos). Esse atavismo, que vem de nossos "primórdios", persiste como uma "mente primordial" e constitui o que ele denomina *sistema protomental* (ver esse verbete).

Mentira: significa o oposto da verdade, o que não é a mesma coisa que falsidade. Ela implica uma certa intencionalidade, e deve-se levar em conta que, em algum grau, todos somos mentirosos. O interesse maior de Bion era verificar como e quanto as mentiras impedem os processos associativos, a ponto de ele perguntar: "um mentiroso pode ser psicanalisado?".

Referências: *Atenção e interpretação*, nos Capítulos 1, 5 (em que há um excelente texto sobre a mentira, na página 67) e 11, intitulado "As Mentiras e o Pensador".

Místico: na obra de Bion, às vezes essa expressão tem o mesmo significado que "indivíduo excepcional" e "gênio" (ver esses verbetes). No entanto, outras vezes, o conceito de "místico" aparece como uma contrapartida de gênio, de sorte que é definido como aquele que proclama ter tido um acesso à divindade, que desvenda a verdade de algum mistério sem ter ficado louco. É útil estabelecer uma distinção entre místico e gênio, misticismo e mistificação. Esse indivíduo excepcional, que revoluciona, no campo da ciência, é considerado "gênio"; no campo religioso ou metafísico, é denominado "místico"; quando o sujeito ou os grupos acreditam cegamente nas crenças místico-religiosas, estamos na dimensão do "misticismo"; já o vocábulo "mistificação" fica reservado para as situações em que alguém se aproveita das crendices de outros para fazer algum tipo de exploração da boa-fé.

Referências: *Atenção e interpretação*, principalmente nos Capítulos 6 e 7.

Mitos: por ser conhecedor da cultura e do idioma grego, além de solidamente erudito, Bion utilizou muitos relatos mitológicos para a construção de modelos distintos. O mito resulta de uma permanente necessidade de saber o "porquê" das coisas. Dessa forma, o mito está assentado tanto no plano do imaginário como, ao mesmo tempo, no plano da realidade. Os mitos tanto podem ser privados como coletivos, universais. Bion definiu a dimensão do mito como a dimensão do "como se", ou seja, no espaço e tempo da pré-história da mente. Os mitos mais estudados por Bion foram o de Édipo, o do Jardim do Éden (o "paraíso"), o da Torre de Babel, o da Morte de Palinurus e o dos Funerais do Rei de Ur.

Referências: *Elementos de psicanálise*, principalmente nos Capítulos 3 (como uma forma de dimensão analítica) e 14 (o que representa a fileira C da grade e alude a alguns dos mitos mencionados, especialmente o de Édipo), e *Cogitações*, na página 245.

Modelos: Bion foi um ferrenho adepto da construção de modelos (mitos, imagens, metáforas, analogia com funções fisiológicas, etc.), com a finalidade de situar uma intersecção e uma ponte entre os processos de abstração e os de uma concretização sensorial. O autor afirma que "o modelo é a abstração da experiência emocional ou a concretização de uma abstração".

Referências: Bion utiliza modelos em praticamente toda a sua obra. No livro *Elementos de psicanálise*, no Capítulo 9, aparecem modelos do paciente, para representar estados mentais. No Capítulo 20 de *O aprender com a experiência*, consta um interessante uso do sistema digestório como modelo para os processos de pensar. Ver também a página 392 de *Cogitações*.

Mudança catastrófica: esse conceito começou a surgir quando Bion formulou a teoria das "transformações". O termo "mudança catastrófica" é reservado às situações em que uma mudança determina uma subversão de um sistema ordenado de coisas (como em um *establishment*, ou em uma couraça caracterológica de algum analisando, etc.), e que desperta sentimentos de desastre iminente nos participantes, porque ela aparece de forma brusca e violenta. Bion sempre associa o conceito de mudança catastrófica ao de "violência", ao de "subversão da ordem" e ao de "invariância". Na prática analítica, esse conceito adquire uma importância especial, visto que a mudança catastrófica, acompanhando as verdadeiras mudanças que se processam no paciente, pode vir acompanhada por um estado de *turbulência emocional*, que pode atingir altíssimos graus de ansiedade. Bion destaca três aspectos, com características de cada um, que ele denomina como *pré-catastrófica; catastrófica* e *pós-catastrófica*.

Referências: Bion, em 1966, publicou o livro *Mudança catastrófica*, que posteriormente foi republicado no Capítulo 12 de *Atenção e interpretação*, sob o título de "Continente e Contido Transformado".

Não-conhecimento: representado por -K, é um tipo de patologia cognitiva que vem adquirindo uma progressiva importância na prática psicanalítica.

Referências: as mesmas do verbete -K.

Não-seio: para Bion, pior do que introjetar um "seio mau", que está interiorizado e representado dentro da criança, como presença de uma mãe ausente, é não ter representação nenhuma do seio-mãe. Trata-se então, segundo o autor, de um *não-seio*, uma *não-coisa*. A formação de uma "não-coisa" pode ficar mais clara se utilizarmos um exemplo do próprio Bion. O autor diz que, diante da ausência prolongada de algo ou de alguém, processa-se uma *não* (*no* em inglês) *coisa* (*thing*), ou seja, *no + thing* forma *nothing* (nada).

Referências: *Estudos psicanalíticos revisados*, especialmente no Capítulo 9 (p. 129 e 130), e *O aprender com a experiência*, no final do Capítulo 19.

Narcisismo/Social-ismo: na obra de Bion, da mesma forma que na de Klein, a palavra "narcisismo" aparece pouquíssimo; no entanto, ele dá uma ênfase especial à passagem de um estado mental de narcisismo – em que predomina a posição esquizoparanóide – para o de um social-ismo (deliberadamente ele usa um hífen separador, para que não haja a menor possibilidade de essa palavra ser confundida com ideologia política), em que prevalece a posição depressiva, com consideração e uma interação social com demais pessoas e grupos. É tal a importância que Bion dá a esse conceito que ele o cataloga como um dos "elementos da psicanálise".

Referências: *Estudos psicanalíticos revisados*, no Capítulo 9 (p. 136), em *Cogitações*, nas páginas 113, 117 e 133 (esta última, em um capítulo denominado "Narcisismo e Social-ismo"). *O aprender com a experiência*, Capítulo 22 (p. 101).

Notação: ocupa a coluna três da grade e compreende as categorias empregadas para registrar um determinado fato que cumpra a função de notação dos elementos psicanalíticos da sessão e de memória desses elementos. Textualmente, Bion afirma que "o sistema de notação, provavelmente, surge com a tarefa de armazenar os resultados da atividade periódica da consciência – parte do que chamamos memória".

Referências: *Elementos de psicanálise* e *O aprender com a experiência*, em que, no Capítulo 2 (p. 23), consta a citação anterior.

Númeno: termo que Bion toma emprestado do filósofo Kant, alude a uma divindade mitológica e designa a "coisa em si mesmo", por oposição ao fenômeno ou às coisas tais como aparecem e são conhecidas pela nossa percepção. É um fato concebido pela consciência mas não confirmado pela experiência, porquanto a sua existência é abstrata e problemática. "Númeno" também aparece na obra de Bion com os nomes de "coisa em si", "verdade absoluta" e "O". Assim, Bion, numa de suas concepções místicas, diz que

> recorrendo às religiões, podemos dizer que o pressuposto é o de haver uma Natureza

Divina (correspondente ao número) sobre a qual nada sabemos; mas pensamos saber algo sobre Deus quando chegamos ao domínio dos fenômenos.

Referências: *Conferências brasileiras*, em que, na terceira conferência (p. 51 e 52), consta a transcrição anterior.

O: esse signo tanto pode ser lido como letra (inicial de "origem") ou como "zero". Em ambos, Bion designa um ponto de origem de uma verdade que não se consegue conhecer a não ser através de produtos das suas transformações. Guarda uma sinonímia com "realidade última", "coisa em si mesmo", "verdade absoluta", "divindade" e "númeno". Para caracterizar a perspectiva mística desse termo, ele gostava de mencionar a expressão do poeta Milton: "O infinito informe, sem nome". Bion preferia que "O" fosse lido como a letra, e não como "zero". Por outro lado, em muitas traduções da sua obra, a letra "O" pode aparecer como a inicial para designar o vínculo de "ódio".

Referências: as mesmas que constam no verbete Númeno.

Objeto (ou Fragmento, ou Partícula) bizarro: a personalidade psicótica, por definição, utiliza em demasia os mecanismos de sucessivas dissociações e projeções de seus objetos internos em tal intensidade que o indivíduo psicótico sente-se rodeado de fragmentos expulsos (dos objetos, das pulsões e do ego) que o ameaçam e o cercam por todos os lados. Segundo Bion, os objetos bizarros (cujo nome deve ser creditado à imprevisibilidade desses objetos, que escapam do controle consciente do sujeito) podem ficar alojados em objetos materiais do mundo exterior, de forma a emprestar-lhes características da natureza humana. Um exemplo disso é a situação de um paciente psicótico que imaginou que o gramofone que havia na sala de trabalho de Bion fosse um pavilhão auditivo que estaria escutando a conversa deles. O autor diferencia "objeto bizarro" de "elemento beta", afirmando que o primeiro "é elemento beta mais traços de ego e superego".

Referências: *Estudos psicanalíticos revisados*, mais particularmente no Capítulo 4, intitulado "Desenvolvimento do Pensamento Esquizofrênico". *O aprender com a experiência*, no décimo capítulo, em que consta a última citação mencionada.

Objeto psicanalítico: o termo "objeto", aqui, não tem o mesmo significado que conhecemos da teoria das relações objetais, com objetos externos e/ou internos. Antes, alude a uma atitude, a um estado mental que leva em conta uma série de fatores multidimensionais (as dimensões de espaço, tempo, velocidade de mudança...) ligados ao "crescimento mental". Bion diz que

> a experiência emocional, estimulada pela realização, determina o objeto psicanalítico e, assim como nos mitos, dá significação aos elementos.

O objeto psicanalítico é o mesmo que "objeto da psicanálise", ou seja, está mais ligado ao que não é capturado pelos órgãos sensoriais, é de natureza mais intuitiva e empática e aponta uma progressão (ou regressão) na direção de um estado mental de "ser" e de "vir a ser". Da mesma forma, o "objeto psicanalítico" corresponde ao objeto que é indagado e, portanto, ao que é resistido. Assim, pode-se dizer que essa concepção também alude às associações e interpretações, com uma extensão no domínio dos sentidos, do mito e da paixão, de modo que, num significado mais genérico, cabe afirmar que "*objeto* psicanalítico" se refere àquilo que é objeto de estudo da psicanálise e, de certo modo, equivale ao "*objetivo* psicanalítico".

Referências: *O aprender com a experiência*, no Capítulo 22, página 101, em *Elementos de psicanálise*, no Capítulo 20, denominado "Elementos e Objetos Psicanalíticos", e em *Estudos psicanalíticos revisados*, na página 137 do Capítulo 9.

Paciência: Bion utiliza esse termo mais em relação aos analisandos, mas também o faz em relação ao psicanalista. No primeiro caso, "paciência" foi descrita como um estado mental em trânsito para um estado de "segurança", sendo que, no referencial kleiniano, significa a transição da posição esquizoparanóide para a posição depressiva. Quando se refere ao psicanalista, "paciência" equivale à "capacidade negativa", enquanto "segurança" corresponde à descoberta do "fato selecionado" (ver os respectivos verbetes). Diz Bion:

> A paciência deve ser retida sem tentativa irritável de alcançar fato e razão (nota: isso equivale à "capacidade negativa") até que um modelo evolua. Para esse estado, uso o termo de "segurança". Acredito que nenhum analista está autorizado a acreditar que fez o trabalho requerido para dar uma interpretação, a não ser que tenha passado pelas duas fases "paciência" e "segurança".

Em resumo: o conceito de "paciência", na obra de Bion, tem a significação de tolerância à frustração, à dor psíquica, à necessidade de que a mente do analista não esteja impregnada por memórias e desejos, e que sirva de passagem para um estado mental de "segurança"(ver esse verbete).

Referências: *Atenção e interpretação*, Capítulo 12, páginas 136 e 137.

Paixão: Bion admitia que os elementos do processo psicanalítico se estendem em três dimensões: no domínio dos sentidos, no do mito e no da paixão. A presença desta última não é revelada pelos sentidos, somente se revela quando duas mentes estão em ligação através da emoção. A dimensão da "paixão", segundo Bion, abarca tudo o que é derivado e que está compreendido entre os vínculos de amor, ódio e conhecimento. Ele afirma que a noção psicanalítica do termo paixão representa uma emoção experimentada com intensidade e calidez, ainda que sem nenhuma sugestão de violência.

Referências: Capítulo 3 de *Elementos de psicanálise*.

Pantalha β: ao contrário da "barreira de contato", composta por elementos α, que possibilitam uma delimitação entre o consciente e o inconsciente, a pantalha de elementos β se constitui desses elementos protomentais que ficam aglomerados, não sintetizados, portanto sem capacidade de estabelecer vínculos entre si, e que por isso não delimitam o consciente do inconsciente. Essa pantalha é própria dos estados psicóticos.

Referências: também conhecida com o nome de "Tela beta" (ver esse verbete), essa original conceituação de Bion aparece no Capítulo 9 de *O aprender com a experiência*.

Parasitária: é uma modalidade da relação entre o continente e o contido. É um termo da biologia e, como tal, designa uma condição em que somente um desses dois se beneficia, enquanto o outro corre o risco de vir a ser destruído. Essa relação é despojante não só quanto à relação existente, como também em relação àquela que poderia vir a ser. Na maior parte das vezes, a relação continente-conteúdo é parasitária, quando a união se dá por uma impregnação de inveja associada à voracidade.

Referências: *Atenção e interpretação*, Capítulo 7, denominado "Continente e Contido".

Parte psicótica da personalidade: outra expressão-chave na obra de Bion, esse termo pode ser tomado como sinônimo de "personalidade psicótica", aludindo ao fato de que todo indivíduo neurótico tem enquistado dentro de si essa "parte psicótica" (não confundir com a psicose clínica, tal como é conhecida em psiquiatria), e toda personalidade psicótica, mesmo no grau de franca psicose clínica, abriga uma parte não-psicótica. Os principais elementos componentes da "parte psicótica" são: fortes pulsões agressivas, com predomínio da inveja e da voracidade; baixíssimo limiar de tolerância às frustrações; uso excessivo de defesas primitivas, como dissociações e identificações projetivas; grande ódio às verdades, tanto as internas como as externas, havendo, conseqüentemente, preferência pelo mundo das ilusões; ataque aos vínculos de percepção; sensível prejuízo das funções de pensamento, conhecimento e uso da linguagem verbal como forma de comunicação; e predominância de onipotência, onisciência, arrogância e confusão entre o verdadeiro e o falso.

Referências: *Estudos psicanalíticos revisados*, praticamente em todos os capítulos, com destaque para o quinto – "Dissociação entre a Personalidade Psicótica e a Personalidade Não-psicótica" – e para o nono – "Uma Teoria do Pensar".

Pensamento: possivelmente a gênese, formação evolutiva, normalidade e patologia da função de pensar seja a parte da obra de Bion que mais o consagra, tanto na teoria como nas repercussões na prática analítica. Ele parte das concepções pioneiras de Freud (1911) e do fenômeno das "identificações projetivas", descritas por Klein, e, a partir do seu trabalho com pacientes psicóticos, acrescenta, em profundidade e extensão, suas concepções originalíssimas. Com o termo "pensamento", Bion alude aos protopensamentos, às preconcepções, às concepções e aos pensamentos propriamente ditos, como os *conceitos,* as abstrações algébricas e o sistema dedutivo-científico, tal como constam no eixo vertical – o da gênese dos pensamentos – da grade.

Referências: *Estudos psicanalíticos revisados.*

Pensamento psicótico: Bion enfatiza os seguintes elementos que caracterizam o pensamento de pacientes psicóticos: ele é predominantemente concreto, com uma grande dificuldade para a simbolização, abstração e generalização; o paciente psicótico pode dar *seqüência* aos pensamentos, porém dificilmente avalia as *conseqüências*; ele não correlaciona e sintetiza os pensamentos, pelo contrário, comprime-os e funde-os, num todo que resta bloqueado ou confuso. A predominância de cisões e de identificações projetivas promove um tipo de pensamento com sérias distorções, podendo atingir proporções de percepções alucinatórias e idéias delirantes. O pensamento psicótico influi diretamente na linguagem, a ponto de as palavras serem vivenciadas como coisas concretas.

Referências: na obra de Bion, especialmente no livro *Estudos psicanalíticos revisados*, existem muitas vinhetas clínicas que atestam a forma e o grau de patologia do pensamento psicótico.

Pensamento onírico: segundo Bion, consiste na transformação das impressões sensoriais em uma *imagem visual*, que resulta da predominância de elementos beta. Isso é diferente do que ele denomina como "trabalho onírico alfa", que é composto por elementos alfa e propicia o pensamento normal e os sonhos elaborados. Em *O aprender com a experiência*, Bion refere que

Se adormecido, o indivíduo converte a experiência emocional em elementos alfa, é capaz de pensamentos oníricos. Está assim apto a ficar consciente (isto é, acordar) e descrevê-la pela narrativa em geral conhecida como sonho.

Assim, os pensamentos oníricos (uma espécie de "sonhar acordado") dependem da existência de elementos beta e alfa.

Referências: em *Cogitações*, nas páginas 187 a 192, em *O aprender com a experiência*, na página 36, e em *Elementos de psicanálise*, no sexto capítulo, página 34.

Pensamento sem pensador: Bion revolucionou a epistemologia do pensamento com a original concepção de que os pensamentos (melhor dizendo: os protopensamentos) precedem ao pensador. Uma ilustração disso pode ser a sexualidade infantil: sempre existiu, no entanto, só foi descoberta e revelada após ter sido "pensada" por Freud.

Referências: *Estudos psicanalíticos revisados.*

Pensamento vazio: com essa expressão – extraída do filósofo Kant – Bion aludia a um estado de pensamento equivalente ao de uma preconcepção que ainda não foi preenchida por uma realização.

Referências: *Estudos psicanalíticos revisados.*

Perspectiva reversível: esse conceito não deve ser confundido com o de "reversão de perspectiva". Bem ao contrário do significado deste último, a expressão "perspectiva reversível" indica que o paciente está sendo capaz de mudar o seu vértice de observação, e isso pode lhe propiciar o estabelecimento de confrontos e de correlações com outros vértices.

Ponto (.) e Reta (–): especialmente no livro *As transformações*, Bion empresta uma grande relevância aos conceitos que ele representa pelas imagens de ponto (.) e de reta (–). O ponto, numa dimensão espacial, designa um lugar que pertencia a algum objeto (seio, por exemplo) que não está presente, ou não mais existe. A reta, numa dimensão temporal, designa o que virá a ficar no espaço vazio. Assim, o ponto representa um "estágio de crescimento", um ponto no meio de um caminho que pode levar para algum lugar. A metáfora usada por Bion é a de uma semente, que é um estágio de crescimento de uma árvore.

Referências: *As transformações*.

Preconcepção: esse termo, no curso da obra de Bion, adquire dois significados, fato que, muitas vezes, gera alguma confusão conceitual. São eles:

1. O de uma preconcepção *inata*, hereditária.
2. Na escala evolutiva do pensamento que, na grade de Bion, vai desde os protopensamentos (fileira A) até os cálculos algébricos (fileira H), as preconcepções ocupam a fileira D. Bion utiliza modelos, como, por exemplo, o de um bebê que tem uma preconcepção inata do seio, que está à espera de uma "realização" (ver esse verbete), a qual pode ser positiva (+) ou negativa (-), gerando assim uma *concepção*. Outro modelo que utiliza é o de um pênis à espera de uma cavidade (vagina) para penetrar, ou vice-versa. A preconcepção, em psicanálise, pode ser considerada como análoga ao conceito de "pensamento vazio", de Kant.

Referências: *Elementos de psicanálise*, especialmente no sexto capítulo.

Premonição: designa uma capacidade de antecipação de um acontecimento que está por ocorrer e que ainda não ganhou forma.

Pode-se dizer que a premonição é uma pré-emoção, que adquire na prática um colorido de pressentimentos (pré-sentimentos). A premonição é equivalente à preconcepção, e, diz Bion, "os estados emocionais diretamente observáveis só significam premonições".

Referências: *Elementos de psicanálise*, Capítulo 16, página 87.

Protomental (Sistema): nos seus estudos sobre grupos, Bion especula sobre as situações grupais "básicas, comuns e primitivas", as quais ele denomina como "supostos básicos" (ver esse verbete), que, por sua vez, são "contidos numa *matriz*", chamada de *sistema protomental*. Isso ocorre numa época primitiva dos indivíduos e dos grupos, em que o físico e o psíquico ainda estão inseparados e indiferenciados, de sorte que, diz Bion, "quando a aflição originária dessa fonte se manifesta, ela pode manifestar-se tanto sob formas físicas quanto sob formas psíquicas". Esse sistema protomental, composto pela matriz primordial de que fluem as arcaicas emoções pertinentes aos supostos básicos, às vezes, também é chamado por Bion de "grupo embrionário".

Referências: *Experiências em grupos*.

Protopensamento: designa as primitivas impressões sensoriais e experiências emocionais que, como elementos β, não se prestam ainda para ser utilizadas como pensamentos propriamente ditos (conceitos e abstrações), mas sim para serem evacuadas fora (nos *actings* e nos supostos básicos dos grupos) ou dentro do organismo ("estados psicossomáticos"). O termo "protopensamento" pode ser tomado como sinônimo de "elemento beta", de sorte que ocupa a fileira A da grade.

Psi (ψ): Na grade, esse signo ocupa a coluna 2, com o significado de alguma forma de falsificação das verdades, ou melhor, de que forma as *mentiras* – elemento essencial da psicanálise – estavam sendo utilizadas. Assim, o importante é considerar que, na prática clínica, a coluna "psi" está a serviço das *resistências*. Nas *fórmulas algébricas*, que, ao longo de sua obra, Bion utiliza com equações compostas por vários signos, a letra "psi" representa o universo das "preconcepções".

Referências: *Elementos de psicanálise*.

Psiquismo fetal: nos últimos pronunciamentos e trabalhos de Bion, ele foi progressiva e convictamente expandindo suas conjecturas sobre a existência de uma vida psíquica embrionária.

Referências: ver o capítulo deste livro referente ao psiquismo fetal, com as respectivas indicações bibliográficas.

Publicação: esse termo indica que um determinado enunciado que adquiriu um grau de abstração pode vir a ser concebido como uma forma de publicação, ou seja, tornar público um texto, ou uma idéia, que possibilite estabelecer uma correlação com o "senso comum" (ver esse verbete). Isso, diz Bion, não é diferente do processo envolvido no indivíduo que tem que transmutar pensamento pré-verbal em pensamento verbal para tornar explícito o que é implícito, ou consciente aquilo que é inconsciente. Em *Cogitações*, ele afirma que

> Publicação é uma essência do método científico, e isso quer dizer que o senso comum desempenha um papel vital. Se ele, por qualquer razão, não está operando, o indivíduo em quem ele não opera não pode publicar, e um trabalho não publicado é um trabalho não-científico.

Bion costuma estudar o conceito de "publicação" conjuntamente com os de "correlação", "comunicação" e "senso comum". (Ver os respectivos verbetes.)

Referências: *Estudos psicanalíticos revisados*, Capítulo 9, e *Cogitações*, página 38.

Razão: esse conceito, que Bion representa com a sigla "R", significa a função que se destina a servir às paixões, quaisquer que sejam elas, orientando-as para o seu domínio no mundo da realidade. Afirma Bion (1970, p.1): "A razão é escrava da emoção e existe para racionalizar a experiência emocional". Bion costuma abordar "razão" numa recíproca relação com "idéia" (ver esse verbete), de sorte que a representa pela grafia R:I e a considera como um dos elementos da psicanálise.

Referências: *Elementos de psicanálise*, nas páginas 13, 46 e 47, e *Atenção e interpretação*, no Capítulo 1.

Realidade última: freqüentemente, Bion utiliza essa expressão para designar o mesmo significado do signo O, ou seja, trata-se de uma verdade original que é sempre incognoscível.

Referências: as mesmas que acompanham o verbete "O". No livro *Elementos de psicanálise* consta um capítulo específico sobre esse tema – o nono – justamente intitulado "Realidade Última".

Realização: o conceito de realização se refere ao fato de que uma preconcepção (por exemplo, o conhecimento inato do seio) necessita de um seio real (logo, uma "realização") para satisfazer a necessidade do bebê. A realização pode ser "positiva", caso em que o seio torna-se, de fato, real e presente, ou "negativa", caso em que o seio necessitado está ausente e será introjetado como um seio ausente (ou um não-seio). A preconcepção, somada a uma realização positiva, produz uma concepção. A preconcepção mais uma realização negativa produz um pensamento. Há uma diferença entre "realização" e "realidade": o ser humano nunca atinge a essência da realidade, só as realizações. Assim, Bion afirma que alguém pode "dizer" uma frase verdadeira sem "realizar" o significado e o sentido em que ela é verdadeira, como é o caso, por exemplo, de recitar acertadamente alguma teoria de Freud, sem ter tido a experiência emocional a que ela alude.

Referências: em *Estudos psicanalíticos revisados*, no Capítulo 9 – "Uma Teoria Sobre o Pensar" –, página 129.

Rêverie: muitos autores acreditam que Bion usou esse termo como sinônimo de "continente". No entanto, *rêverie* designa mais especificamente a capacidade da mãe (ou do psicanalista) de permanecer em uma atitude de poder receber, acolher, decodificar, significar, nomear as angústias do filho (paciente) e somente depois devolvê-las devidamente desintoxicadas. Numa passagem de *O aprender com a experiência*, Bion assim considera o conceito de *rêverie*:

> O termo *rêverie* aplica-se a todos os conteúdos. Reservo-o entanto apenas àquele que se infunde de amor ou ódio. Nesse sentido estrito, a *rêverie* é estado mental aberto a receber quaisquer "objetos" do objeto amado e, portanto, acolher as identificações projetivas do bebê, se boas ou más. Em suma, a *rêverie* é fator da função alfa da mãe.

Referências: *O aprender com a experiência*, Capítulo 12, de que foi extraído a citação anterior.

Reversão da função α: em certos indivíduos, a função simbólica começa, mas enfrenta tal dor psíquica que recua e produz elementos β, com traços de ego e superego. Como resultado, a reversão da função α produz alucinações, delírios, fenômenos psicossomáticos e a mentalidade do suposto básico dos grupos.

Referências: *Cogitações*, página 145, e *O aprender com a experiência*.

Reversão da perspectiva: trata-se de um recurso inconsciente bastante utilizado na prática analítica por pacientes muito regressivos, como os psicóticos ou os portadores de uma forte "parte psicótica da personalidade". A "reversão da perspectiva" consiste no fato de esse tipo de paciente reverter às suas próprias premissas todo significado das interpretações do seu psicanalista, ainda que esteja de pleno acordo manifesto com ele.

Referências: *Estudos psicanalíticos revisados*.

Saturação e Não-Saturação: essa expressão surge com relativa freqüência na obra de Bion, referindo-se ao fato de a mente do analista (ou do paciente) se manter aberta para a escuta e a recepção de novos aspectos e valores (quando não está saturada), ou permanecer cerrada, impregnada com os prévios valores do indivíduo (quando está saturada). Por exemplo, a "Hipótese Definidora", que ocupa a coluna 1 da grade, indica que a mente está saturada. Um outro exemplo: a clássica e polêmica afirmação de Bion de que, na situação analítica, o analista deve trabalhar "sem memória, sem desejo e sem ânsia de compreensão" (ver esse verbete) deve ser entendida como uma importante recomendação de que a mente do analista não pode estar *saturada com memórias e desejos*.

Segurança: como foi dito no verbete Paciência, Bion utiliza o termo "segurança" para caracterizar o estado mental do psicanalista depois da sua descoberta do "fato selecionado" em meio ao aparente caos das comunicações do paciente. Esse estado mental (equivalente à passagem para a posição depressiva) passa a ser de menor ansiedade, livre dos perigos da incerteza, e prepara o analista para o ato da interpretação. (Ver Paciência).

Referências: *Atenção e interpretação*, Capítulo 12.

Seio bom pensante: com alguma freqüência, Bion utiliza essa expressão para designar o importante fato de que, no desenvolvimento da capacidade de pensar, a criança (paciente) introjetou a figura da mãe (psicanalista), possuidora de uma boa capacidade para pensar os pensamentos.

Referências: *Estudos psicanalíticos revisados*.

Sem memória, sem desejo e sem ânsia de compreensão: essa terminologia é, seguramente, das mais polêmicas e controvertidas entre todas as de Bion. O que ele realmente pretendeu caracterizar é que o psicanalista deve evitar ao máximo que a sua mente esteja *saturada* pela memória de situações anteriores, pelos seus desejos pessoais e por uma ânsia compulsória de compreender de imediato – e tudo – o que está se passando durante a sessão. Esse conceito equivale ao de "atenção flutuante", de Freud.

Referências: as mesmas mencionadas no verbete Memória.

Senso (Sentido) Comum: essa expressão também é conhecida pelo termo "consenso". Enquanto Freud restringiu o universo da compreensão do discurso do paciente às inter-relações do consciente com o inconsciente, Bion alargou esse universo para as inter-relações do infinito com o finito. Portanto, por nunca perder de vista a necessidade de o analista estabelecer conexões com o finito e o sensorial, Bion postulava que os enunciados analíticos só se tornam válidos quando são confirmados por diversos sentidos de uma mesma pessoa, ou por um (ou mais) sentido(s) de pessoas diferentes.

Referências: *Estudos psicanalíticos revisados*, Capítulo 9, mais exatamente nas páginas 135 a 137, e Capítulo 17; *Elementos de psicanálise*, Capítulo 3, página 21; *Cogitações*, nas páginas 31, 42 e 43 e 240.

Simbiótica: no modelo continente-contido, Bion estabeleceu três modalidades – parasitária, comensal e simbiótica, sendo que esta última designa uma condição, de acordo com o termo da biologia, de um harmônico e produtivo convívio recíproco entre as partes, que se influenciam mutuamente. Exemplo: a mãe (ou o analista) desenvolve a sua aptidão para ser mãe em função de seu vínculo com o bebê (ou paciente), enquanto o bebê desenvolve a sua aptidão em ser bebê em contato vivencial com a mãe.

Referências: *Atenção e interpretação*, Capítulo 7, intitulado "Continente e Contido", página 86.

Sistema dedutivo científico: ver o verbete Dedutivo científico (Sistema).

Sonhos: Bion estuda o fenômeno dos sonhos de um vértice diferente daquele paradigma clássico de Freud que conhecemos. Ele considera três tipos de sonhos: 1) *elaborativo*, que resulta da capacidade da "função alfa", a qual propicia uma expressão verbal de imagens visuais reunidas que conotam experiências emocionais; 2) *evacuativo*, que designa o fato de que, quando falha a função alfa, os elementos beta não conseguem ser transformados e elaborados em símbolos, de sorte que os restos diurnos só conseguem ser evacuados. Nesse caso, o paciente psicótico não consegue sonhar, portanto, diz Bion, *não consegue dormir e tampouco ficar acordado*; 3) *mistos,* quando a predominância da "parte psicótica da personalidade" promove a evacuação, enquanto a "parte não-psicótica" faculta certa elaboração onírica.

Referências: *Cogitações*, nas páginas 238 a 241.

Splitting: Bion descreveu duas modalidades de *splitting* do psiquismo do paciente, o "estático" e o "forçado". O primeiro consiste em uma forma de proteger-se da dor psíquica do *insight* através de um ativo "ver mal", "ouvir mal", "entender mal", como é o caso da "reversão da perspectiva". O *splitting* "forçado", por sua vez, significa que o paciente pode se relacionar bem com o analista enquanto este fornece segurança e alimento, porém, ao mesmo tempo, bloqueia toda aproximação afetiva proveniente dele.

Referências: *Estudos psicanalíticos revisados*.

Superego: talvez o nome mais apropriado fosse "super" superego, ou "supra-ego", tendo em vista que Bion pretendeu designar uma parte do *self* do paciente psicótico que vai além da noção de certo e errado, do bem e do mal, os quais são inerentes ao superego como o conhecemos habitualmente. O "superego" de Bion se opõe a todo desenvolvimento em bases científicas e se rege por uma moralidade, normas e valores próprios que são firmados a partir de uma afirmação de superioridade destrutiva. Por isso, o paciente portador desse "superego" se acha no direito de impor as suas leis contra as da natureza e da cultura.

Referências: em *Estudos psicanalíticos revisados*, no Capítulo 8, página 124, há um subtítulo com o nome de "Superego".

Suposto básico (SB): também conhecido por "pressuposto básico", indica que, ao contrário da cooperação do grupo de trabalho (GT), nos supostos básicos (SB) prevalece um nível inconsciente em que as fantasias grupais adquirem uma das três formas típicas: de "dependência", de "luta e fuga" e de "acasalamento" (ver os respectivos verbetes).

Referências: *Experiências em grupos*.

Tela beta: também conhecida com o nome de "Pantalha beta", é definida pelo próprio Bion como um aglomerado de elementos beta que, no lugar do que seria uma saudável "barreira de contato" composta por elementos alfa, apresenta a condição de compelir o paciente a estar sendo apenas infenso aos efeitos da análise por deficiência de representação mental, ou, por outro lado, se o analista não o acompanha, estabelece relação outra que não a analítica; se não o alcança, a suposta relação analítica colore-se fortemente de contratransferência.

Referências: *O aprender com a experiência*, principalmente o Capítulo 9, na página 45, em que aparece a citação anterior.

Terror (ou Pavor) sem nome: quando falha a função *rêverie* da mãe, as pulsões e angústias que a criança projeta dentro dela não são devidamente contidas e elaboradas. Por essa razão, tais angústias do filho são reintrojetadas por ele e retornam acrescidas das angústias da mãe, sob a forma de um terror que o ego ainda não tem condições de significar e nomear, daí um "terror sem nome". Em algumas traduções brasileiras, esse conceito aparece com o nome de "terror inonimado".

Referências: *O aprender com a experiência*, Capítulo 28, página 132.

Transferência do psicótico: com base em seu trabalho clínico com pacientes psicóticos, principalmente esquizofrênicos, Bion descreveu algumas características específicas da transferência que eles desenvolvem, principalmente o tripé de que ela é "prematura, precipitada e intensamente dependente".

Referências: *Estudos psicanalíticos revisados*, Capítulo 4, "Desenvolvimento do Pensamento Esquizofrênico". Na página 49 desse capítulo, consta um subtítulo: "Transferência".

Transformações: é o título de um dos mais importantes livros de Bion, publicado em 1965. O termo "transformação(ões)" refere-se ao fenômeno que, consoante a sua etimologia (trans+formar, ou seja, "formar para além"), consiste na aquisição de novas formas, no paciente, no analista e no processo psicanalítico. Bion descreve três tipos de transformações: a de "movimento rígido" (quando é fácil reconhecer a forma do fato original), a das "transformações projetivas" (em que há um intenso exagero e deformação das distâncias e das épocas dos fatos originais), e a das "alucinoses" (na qual a forma original fica praticamente irreconhecível). Toda e qualquer transformação conserva algum grau de "invariância". Além das formas aludidas, Bion também estuda as "transformações *em K e em –K*", e as "transformações *de O e em* O". As transformações abarcam várias dimensões, como sociológica, ou antropológica, econômica, psicótica, em pensamentos (de elemento beta em elemento alfa) e, naturalmente, transformações analíticas em geral, tanto na pessoa do analista quanto na do paciente e/ou no vínculo entre ambos.

Referências: livro *As transformações*. Capítulo "Mudança Catastrófica".

Trilogia: a expressão muito corrente "a trilogia de Bion" se refere aos três volumes que, publicados respectivamente em 1975 (*O sonho*), 1977 (*O passado apresentado*) e 1979 (*A aurora do esquecimento*), constituem o livro *Uma memória do futuro*.

Turbulência (Estado de): é o título de um trabalho de Bion, de 1977. A expressão "turbulência" designa o fato de que, da mesma forma como toda grande mutação da vida (nascimento, adolescência, velhice e morte), também o progresso psicanalítico requer uma volta a um estado anterior, que vem acompanhada por uma manifestação clínica de "turbulência" emocional, tanto no analisando como, possivelmente, no psicanalista. Na prática clínica, criar uma turbulência equivale ao ato de transformar o estado egossintônico do paciente em egodistônico. Na página 51 de *Conferências brasileiras 1*, Bion esclarece melhor, com o seguinte exemplo:

> Eu não seria capaz de ver um regato com um fluxo plácido, sem o menor obstáculo que o perturbasse, porque seria muito transparente. Mas, se eu crio uma turbulência, colocando nele uma vara, então posso vê-lo. Do mesmo modo, a mente humana pode organizar uma turbulência, e determinada mente sensível, intuitiva e bem dotada, como aquela que chamamos de Leonardo da Vinci, pôde pintar quadros de turbulência que lembram cabelos e água.

Referências: *Conferências brasileiras 1*, especialmente a terceira, em que consta a transcrição anterior. Na *Revista de Psicanálise da Sociedade Psicanalítica de Porto Alegre* (v. VII, n. 3, 2000), está publicado o artigo "Turbulência Emocional", acompanhado de comentários críticos de James Grotstein e Juarez Cruz.

Universo em expansão: com essa expressão, Bion costumava asseverar que um processo psicanalítico não deve procurar verdades acabadas nem conclusões definitivas; pelo contrário, deve constituir-se em novas e progressivas aberturas, numa constante inter-relação entre o sensorial e o abstrato, entre o finito e o infinito, entre "K" e "O". Afirma Bion: "o finito não deixa espaço para o desenvolvimento; estamos aqui preocupados com algo que requer espaço para o crescimento". Um "universo em expansão" implica alterações dos vértices, seguidas de transformações e das respectivas mudanças catastróficas, com a perda de defesas e máscaras, como as que decorrem das interpretações do psicanalista. Na prática da situação analítica, Bion diz que

> No consultório, o analista tem que ser uma espécie de poeta, artista, ou cientista, ou teólogo, para ser capaz de chegar a uma interpretação ou a uma construção [...] No interregno, ele deve ser capaz de tolerar esse universo em expansão que se expande mais rapidamente do que ele pode imaginar.

Referências: *Conferências brasileiras 1*, especialmente na segunda, em que essa expressão aparece nas páginas 34, 37 e 41.

Valência: é um termo que Bion extraiu da química para aplicar na dinâmica de grupos, a fim de assinalar a maior ou menor disposição do indivíduo para fazer combinações com os demais, de acordo com a vigência do suposto básico em atividade. A predominância harmônica das valências é que dá uma força de coesão grupal.

Referências: *Experiências em grupos*.

Verdade: Bion sempre deu uma relevância especial à verdade, considerando-a essencial para o crescimento mental; ele entendia que sem ela o aparelho psíquico não se desenvolve, morre de inanição. A busca da verdade impõe a necessidade de estabelecer confrontos e correlações, assim como um acesso à posição depressiva. O estudo das verdades, falsificações e mentiras ocupa um constante espaço ao longo da obra de Bion, e está intimamente ligado aos vínculos de K e –K.

Referências: *Estudos psicanalíticos revisados*, especialmente nos Capítulos 7 e 9. No livro *Cogitações*, nos capítulos "Necessidade de Verdade e Necessidade de Reajustar constantemente os Desajustes" (p. 111 a 113) e "Compaixão e Verdade" (p. 136), o qual, a meu ver, é uma preciosidade. No livro *O aprender com a experiência*, o Capítulo 19. Em *Atenção e interpretação*, consta um importante texto sobre o assunto relativo às verdades e mentiras, no Capítulo 11, intitulado "As Mentiras e o Pensador" (nele, Bion faz a clássica e instigante pergunta "Um mentiroso pode ser psicanalisado?").

Verdade absoluta: sinônimo de "realidade última", com o mesmo significado. Em alguns textos, Bion utiliza a palavra "númeno", que tomou de Kant, significando "um fato que é concebido pela consciência, mas não é confirmado pela experiência; um objeto cuja existência é abstrata e problemática".

Referências: as mesmas que constam do verbete Númeno.

Vértice: refere-se a um "ponto de vista", um "ângulo" ou uma "perspectiva" a partir dos quais tanto o analisando como o analista observam e comunicam uma determinada experiência analítica, a qual, por isso mesmo, pode ser sentida e descrita de muitas maneiras. Bion preferiu usar o termo "vértice" em vez dos outros, com o propósito deliberado de criar uma dimensão além da sensorial. Quando muda o vértice, qual um caleidoscópio, também muda a configuração do processo, embora permaneçam os mesmos elementos. Bion afirma que existem diferentes vértices para a observação e descrição das experiências emocionais, de sorte que, diante de uma mesma experiência, podemos percebê-la e enunciá-la a partir de um vértice familiar, político, institucional, psicanalítico, etc. Mais especificamente, o próprio vértice psicanalítico também permite vários outros vértices, como os que se fundamentam em distintas correntes de teoria e técnica de psicanálise ou em diferentes dimensões do ato analítico, assim como, segundo Bion, as dimensões do *sentido comum*, do *mito pessoal* e da *paixão*. Na situação da comunicação entre os analistas, é de grande importância, na discussão entre colegas, que fique claro a partir de qual vértice eles estão operando, caso contrário, é grande a probabilidade de que surjam polêmicas estéreis.

Referências: *Atenção e interpretação*, no Capítulo 8, intitulado "Vértices: Evolução". *Conversando com Bion*, páginas 191 e 211.

Vínculo (ou "Elo de ligação"): designa uma experiência emocional na qual duas pessoas, ou duas partes de uma mesma pessoa, estão relacionadas uma com a outra. Bion considera que pelo menos três emoções básicas são fatores sempre presentes em qualquer vínculo: as de amor (L), ódio (H) e conhecimento (K). Nos estados psicóticos, há um permanente ataque a todo vínculo com o analista, aos vínculos entre as partes diferentes do próprio paciente e ao conhecimento das verdades penosas que estão contidas tanto na realidade externa como na interna.

Referências: *Atenção e interpretação*, Capítulo 8, denominado "Continente e Contido", páginas 86 e 105. Livro *O aprender com a experiência*, Capítulo 14, intitulado "Os Vínculos entre Objetos".

Visão binocular (ou Visão bifocal): ao contrário da "reversão da perspectiva", que permite uma única visualização (a das premissas do paciente), a "visão binocular" alude à capacidade de estabelecer confrontos e correlações entre distintos vértices e, assim, capacitar o sujeito a passar de um ponto de vista a outro acerca do que sucede em uma determinada experiência emocional. Por exemplo: um psicanalista que somente interpreta o lado infantil ou psicótico de um paciente, ou, pelo contrário, somente o lado adulto, não está tendo uma necessária visão binocular. Numa das conferências, a sexta, Bion afirma: "valendo-me de dois sentidos diferentes, o da visão e o da audição, seria possível conseguir uma visão *bi-sensorial*, ao invés de binocular". A "visão binocular" (ou "multifocal") também alude a um contato do sujeito com as diversas partes de sua personalidade, de sorte que está voltada, concomitantemente, para fora e para dentro.

Referências: *Estudos psicanalíticos revisados*, Capítulo 2, página 28. *O aprender com a experiência*, Capítulo 18, página 82. *Conferências brasileiras 1*, sexta conferência, páginas 102 e 103.

Zero ("O"): tem o mesmo significado descrito em "O" como letra (inicial de "origem"). Em variados contextos, com o mesmo sentido, Bion utiliza outros termos, como os de "realidade última", "verdade absoluta", "númeno", "a divindade", "a coisa em si mesmo", o "incognoscível", etc.

Referências: as mesmas do verbete "O".

É interessante consignar o fato de que, neste despretensioso glossário, foi possível reunir mais de cem termos que denotam concepções inteiramente originais de Bion, o que, por si só, permite dar uma dimensão da criatividade de sua obra.

Uma vez que muitos verbetes as foram referenciando com o assinalamento das páginas em que foram especificamente mencionados nos textos de Bion, impõe-se a necessidade de situar de qual edição publicada me vali. Assim, segue uma enumeração dos livros consultados, a editora, a edição e a data de publicação.

1. *Experiências em grupos*. Editora Imago, 2. ed., 1970.
2. *O aprender com a experiência*. Imago, 1991.
3. *Elementos de psicanálise*. Imago, 1991.
4. *As transformações*. Imago, 1991.
5. *Estudos psicanalíticos revisados*. Imago. 3. ed. revisada, 1994.
6. *Atenção e interpretação*. Imago, 1973.
7. *Conferências brasileiras 1*. Imago, 1973.
8. *Uma memória do futuro. Vol. III. "A aurora do esquecimento"*. Imago. 1996.
9. *W.R.Bion. La otra cara del genio. Cartas de familia*. Editorial Promolibro, Valência, 1999.
10. *Seminarios clínicos y cuatro textos*.
11. *Conversando com Bion*. Imago.

SEGUNDA PARTE
A Obra

7

A Dinâmica de Grupos

Os trabalhos de Bion com grupos ocupam um lugar de grande relevância na sua produção científica por duas razões. Uma é que foram os grupos que lhe possibilitaram reconhecer a presença dos mecanismos psicóticos, e isso o alavancou para um aprofundamento no trato de pacientes esquizofrênicos e, por conseguinte, dos problemas ligados ao pensamento, linguagem e conhecimento. A segunda razão consiste no fato de que Bion tornou-se internacionalmente conhecido através dos seus estudos ligados à dinâmica dos grupos, o que lhe abriu as portas para a divulgação do desenvolvimento de suas idéias em outras áreas do campo psicanalítico. Aliás, durante muito tempo, os únicos livros de Bion que conseguiam ser bem vendidos eram os referentes a grupos, e, da mesma forma, essa notoriedade pode ser medida pelo fato de que, por ocasião de sua primeira visita ao Brasil, foi saudado pela imprensa unicamente como "o pai da psicoterapia de grupo".

Assim como Freud, também Bion não separava de forma radical a psicologia individual da grupal, pelo contrário, ele sempre demonstrou uma visão unificadora das duas, transmitindo a idéia de que a diferença entre a psicologia grupal e a individual é o fato de o grupo oferecer um campo de estudo para captar certos aspectos da psicologia individual mesmo quando, no grupo, a participação de um indivíduo consiste em comportar-se como se não fizesse parte de nenhum grupo.

Em plena vigência da II Grande Guerra, a psiquiatria e a psicanálise ascenderam a um plano de muita importância, porquanto os distúrbios emocionais se constituíam visivelmente como a causa mais importante da inativação dos militares. Por isso, as forças armadas propunham programas de reabilitação e de readaptação. Bion, ao retornar à atividade militar, em 1940, observou que no serviço de terapia do hospital em que ele operava existia um "equilíbrio na insegurança", uma espécie de conluio inconsciente entre pacientes, corpo médico e instituição hospitalar. Por outro lado, o exército precisava aumentar muito o seu quadro de oficiais, e era tão grande o número de candidatos que se impunha um método mais adequado de seleção.

Desse modo, premido por essas duas circunstâncias, ocorreu a Bion a genial idéia de utilizar o recurso grupal. No tocante ao projeto de readaptação dos militares estressados, Bion executou no hospital militar um plano de reuniões coletivas, nas quais se discutiam os problemas comuns a todos e se estabeleciam programas de exercícios e atividades. Assim, em 1942, no hospital Northfield, que comportava com 200 leitos no "pavilhão de tratamento" e 400 leitos no "pavilhão de readaptação", Bion iniciou os seus experimentos com grupos.

Ele se reunia diariamente numa sala com 15 pacientes e promovia uma discussão grupal, com o objetivo precípuo de readaptá-los à vida militar ou de julgar se eram capazes de voltar ativamente a essa vida. Um fruto visível desse trabalho grupal foi Bion ter conseguido restabelecer a disciplina e manter uma ocupação útil dos seus homens; com isso, constituiu-se um verdadeiro "espírito de grupo". Por razões que nunca ficaram bem esclarecidas (a mais provável é que a cúpula dos oficiais superiores teria ficado alarmada com a mudança do clima do hospital), essa experiência durou apenas seis semanas. Uma das sementes que germinou dessa curta experiência foi o hospital Northfield tornar-se o berço da "comunidade terapêutica", cujo modelo, após a guerra, ganhou uma enorme expansão, principalmente nos Estados Unidos.

A propósito, merece ser transcrito o seguinte trecho, extraído da conferência pronunciada por Bion na Sociedade Britânica de Psicologia, em 1947, sob o título "Psiquiatria em um Tempo de Crise", na qual ele também abordou os problemas de suas experiências grupais em um hospital militar, anteriormente mencionados (*Gradiva*, n. 13, 1981):

> Quando, alguns anos mais tarde, tive a oportunidade de pôr essa idéia em prática, o resultado foi a liberação de uma poderosa emoção que se mostrou, principalmente, na elevação do moral entre os pacientes, atos de indisciplina por parte de dois suboficiais do *staff ex-officio*, personalidades estáveis, e uma obstrução ligeira, mas persistente de origem obscura. A experiência foi encerrada pelas autoridades, e já que foi impossível investigar o estado de espírito das autoridades, não posso aventar uma causa para o fracasso.

Em relação à seleção de oficiais, Bion deixou de lado o método habitual de priorizar as qualidades militares dos postulantes ao oficialato e propôs a técnica de "grupo sem líder". Tal técnica consistia na proposição de uma tarefa coletiva aos candidatos, como, por exemplo, a construção de uma ponte, enquanto os observadores especializados avaliavam não a capacidade de cada um deles para construir uma ponte, mas sim a aptidão do homem em estabelecer inter-relacionamentos, em enfrentar as tensões geradas nele e nos demais pelo medo do fracasso da tarefa do grupo, e o desejo do êxito pessoal.

A aplicação dessa técnica trouxe quatro vantagens que foram reconhecidas por todos: economia de um tempo que era habitualmente despendido na seleção; possibilidade de uma avaliação compartilhada coletivamente com outros técnicos selecionadores; observação de como os candidatos interagiam entre si e facilitação da importante observação dos tipos de lideranças.

A filosofia dessa seleção grupal era sintetizada por Bion com uma frase: "Se um homem não consegue ser amigo de seus amigos, tampouco poderá ser inimigo de seus inimigos".

Ao fim da guerra, Bion retornou à Tavistock Clinic, com o propósito de promover mudanças estruturais. Assim, iniciou um grupo composto por uns dez diretores de serviços da clínica e trabalhou com eles em um clima de alta tensão grupal, com objetivos algo indefinidos, já que esse grupo era, a um só tempo, tanto de integração institucional como de formação técnica e de finalidade psicoterapêutica. Essa experiência não durou muito tempo, porém teve o dom de mobilizar fortemente os participantes, a ponto de alguns deles procurarem análise individual.

Após algum tempo, Bion compôs um novo grupo, com analistas que já tivessem trabalhado com grupos. O aspecto inovador é que cada um desses participantes poderia funcionar como paciente ou como analista dos demais, em uma forma pela qual todos se beneficiariam simultaneamente. Essas reuniões também não tiveram pleno êxito: ao final de um ano, o grupo se extinguiu por falta de participantes.

No início de 1948, Bion organizou os seus grupos unicamente terapêuticos, a partir dos quais fez importantes observações e contribuições que permanecem vigentes e inspiradoras na atualidade.

Dentre as concepções originais acerca da dinâmica do campo grupal, além das que já referimos em relação aos grupos de reabilitação e de seleção, aos grupos sem líder e à abertura para a comunidade, vale a pena destacar ainda as seguintes, e hoje clássicas, conceituações e designações.

1. *Espírito de grupo*: no livro *Experiências em grupos*, Bion destacou uma série de características que legitimam o "espírito" que unifica e determina a dinâmica do campo grupal. Cabe destacar as seguintes oito características: um objetivo comum de todos os componentes; o reconhecimento dos limites do grupo e das posições e funções do grupo em relação a outros grupos; a capacidade para absorver e perder membros; a liberdade e o valor em relação aos subgrupos que se formam; a valorização das individualidades dentro do grupo; a capacidade para enfrentar o descontentamento interno; a tradição do grupo como possível oposição ao surgimento de idéias novas deste grupo; o líder e o grupo comungando uma mesma "fé".

2. *Mentalidade grupal*: alude ao fato de que um grupo adquire uma unanimidade de pensamento e de objetivo, a qual transcende aos indivíduos e se institui como uma entidade à parte.

3. *Cultura do grupo*: resulta do conflito de uma oposição entre as necessidades da "mentalidade grupal" e as de cada indivíduo em particular.

4. *Valência*: é um termo, extraído da química (o número de combinações que um átomo estabelece com outros átomos), que designa a aptidão de cada indivíduo combinar-se com os demais, em função dos fatores inconscientes de cada um. Bion alertava para o fato de que "sempre teria que haver algumas valências disponíveis para ligar-se a algo que ainda não aconteceu".

5. *Cooperação*: designa a combinação entre duas ou mais pessoas que interagem sob a égide da razão; logo, é própria do funcionamento do que Bion denomina como "grupo de trabalho".

6. *Grupo de trabalho (GT)*: Bion afirma que todo grupo opera sempre em dois níveis que são simultâneos, opostos e interativos, embora bem delimitados entre si. Um nível é o que ele denomina como "grupo de trabalho", e o outro é o "grupo de base" (ou de "pressupostos básicos").

O "grupo de trabalho" está voltado para os aspectos conscientes de uma determinada tarefa combinada por todos os membros do grupo, e, se quisermos comparar com o funcionamento de um indivíduo, equivale às funções do ego consciente operando em um nível secundário do pensamento (conforme a concepção de Freud).

7. *Grupo de (pré)supostos básicos (SB)*: (no original: *basic assumption*) é, certamente, na área grupal, a concepção mais original de Bion e a mais largamente conhecida e difundida.

Os supostos básicos (SB) funcionam nos moldes do processo primário do pensamento e, portanto, obedecem primordialmente às leis do inconsciente dinâmico. Assim, os supostos básicos ignoram a noção de temporalidade, de relação causa-efeito, ou se opõem a todo o processo de desenvolvimento e conservam as mesmas características que as reações defensivas mobilizadas pelo ego primitivo contra as ansiedades psicóticas.

Bion descreveu três modalidades de supostos básicos, denominadas, respectivamente: supostos básicos de "dependência", de "luta e fuga" e de "acasalamento" (ou "pareamento").

É claro que as emoções básicas, como amor, ódio, medo, ansiedades, etc., estão presentes em qualquer situação. Porém, o que caracteriza particularmente cada um dos três supostos básicos é a forma como esses sentimentos vêm combinados e estruturados; por isso, exigem um tipo de líder específico apropriado para preencher os requisitos do suposto básico predominante e vigente no grupo.

O suposto básico de "dependência" designa o fato de que o funcionamento do nível mais primitivo do todo grupal necessita e elege um líder de características carismáticas em razão da busca do recebimento de proteção, segurança e de uma alimentação material e espiritual. Os vínculos com o líder tendem a adquirir uma natureza parasitária ou simbiótica, voltados para um mundo ilusório.

O suposto básico de "luta e fuga" alude a uma condição em que o inconsciente grupal está dominado por ansiedades paranóides, e, por isso, ou a totalidade grupal mostra-se altamente defensiva e "luta", com uma franca rejeição contra qualquer situação nova de dificuldade psicológica, ou os componentes do grupo "fogem" dela, criando um inimigo externo a que atribuem todos os males e contra quem, por isso, ficam unidos. O líder requerido por esse tipo de suposto básico grupal dever ter características paranóides e tirânicas.

O suposto básico de "acasalamento" consiste no fato de que o grupo espera que, conforme a primeira descrição de Bion, um casal do grupo gerará um filho "Messias", que será o redentor de todos. Posteriormente, o conceito desse suposto básico deixou de levar em conta o sexo dos indivíduos envolvidos (daí a preferência pelo termo "pareamento"). Destarte, as esperanças messiânicas do grupo podem estar depositadas em uma pessoa, uma idéia, um acontecimento, etc., que virá salvá-los e fazer desaparecer todas as dificuldades. Nesses casos, o grupo costuma organizar-se com defesas maníacas, e o líder desse tipo de grupo deverá ter características messiânicas e de algum misticismo.

Pela importância que a concepção dos "supostos básicos" representa na obra de Bion, é justo transcrever um trecho do trabalho de Py (1986, p. 61) – psicanalista da SBPRJ e reconhecido grupoanalista – que trata da emergência dessas suposições básicas nos indivíduos e de como eles se interpenetram. Afirma esse autor:

> Emerge algo inconsciente, instintivo e extremamente primitivo, impelindo o grupo a um determinado tipo de comportamento que parece um padrão da espécie humana, tendo em vista o fato de o homem ser um animal gregário. Talvez padrões semelhantes sejam característicos do comportamento dos mamíferos gregários. Trata-se de um comportamento de sobrevivência que então aparece de forma rudimentar, ineficiente, caricata. Os aspectos mais essenciais da sobrevivência da espécie estão aí presentes conforme descritos por Bion. Existe a expectativa da emergência do líder místico, aquele que individualmente detém capacidades invulgares e que tem condições de liderar, dirigir o grupo para a sobrevivência. O instinto de obediência a esse líder aparece caricaturado no grupo de suposto básico de dependência. Como animal predador e ao mesmo tempo alvo e presa de outros predadores, o ser humano necessita estabelecer padrões de comportamentos grupais que lhe permitam lutar e fugir de acordo com as circunstâncias. A liderança necessária para tal se faz presente e a formulação das atitudes grupais que fazem face a essas necessidades encontra-se representada no grupo de suposição básica de luta-fuga. O outro elemento fundamental da sobrevivência da espécie, a procriação e a criação da prole, está expresso no grupo de suposto básico de acasalamento. Assim, vemos que as principais necessidades básicas de manutenção da espécie humana emergem desta forma primitiva nos agrupamentos humanos quando é dada a oportunidade para tal.

Comentários: essas modalidades de suposto básico não se contrapõem entre si; pelo contrário, podem coexistir em um mesmo grupo e se alternar no surgimento. Como exemplo, pode ser lembrado o surgimento do movimento nazista e o seu líder, Adolf Hitler, que, a meu juízo, preencheu os três supostos básicos em que estava mergulhado o povo alemão da época.

8. *Uma dimensão "atávica" de grupo*: é interessante registrar que, na década de 70, em meio a seus estudos sobre a "cesura", Bion, indiretamente, acrescentou uma nova dimensão à conceituação dos supostos básicos. Meltzer (1990, p. 31) se refere a isso dizendo que o ser humano tem a tendência inata, herdada do seu passado animal, a unir-se em rebanhos e a formar famílias, tribos e clãs, e que Bion assinalou que as partes pré-natais da personalidade tendem a cindir-se na cesura do nascimento, o que permanece nas organizações sociais muito primitivas sob a vigência do psiquismo protomental, representado pelos supostos básicos. Seria, em outras palavras, uma vida tribal, atávica e profundamente internalizada nos indivíduos.

9. *O grupo de trabalho especializado*: seguindo Freud, Bion também estudou a dinâmica dos dois grandes grupos – o Exército e a Igreja – aos quais acrescentou o entendimento, sempre dentro de uma óptica dos supostos básicos, de um terceiro grande grupo: o da Aristocracia.

Dessa forma, Bion assevera que a Igreja funciona sob os moldes do suposto básico de "dependência"; o Exército, sob os de "luta e fuga", e a aristocracia, sob o suposto básico de "acasalamento". Além dessas, devem ser levadas em conta as formas mistas e as formas aberrantes, não tão típicas como as outras, sendo que o "cisma" religioso pode servir como exemplo.

10. *As lideranças*: tanto Freud como Bion estudaram o fenômeno das lideranças, porém partiram de perspectivas diferentes. Para Freud (1921), um grupo se constitui como o emergente de seu líder (por exemplo: Jesus, introjetado pelos devotos, forma o grupo cristão da igreja; um comandante militar encontra uma ressonância projetiva nos seus subordinados...), enquanto para Bion, de uma forma bem oposta, o líder é que é o emergente das necessidades do grupo.

Comentário: creio que a diferença entre essas duas posições fique mais clara a partir do exemplo, real, da forte e decisiva liderança de Churchill, no momento mais difícil para a população inglesa durante a II Guerra Mundial. Para Freud, seria a magnitude de Churchill que teria dado ânimo e resistência ao povo; Bion sustentaria o seu vértice a partir das palavras que o próprio Churchill dirigiu à nação: "Se vocês me elegerem como seu líder, só me cabe fazer o que todos esperam de mim".

11. *Grupo sem líder*: como já referido, Bion utilizou esse recurso como método de seleção de candidatos ao oficialato militar e recolheu interessantes observações dessas experiências: a) fica visível que nem sempre uma liderança que é a formalmente designada coincide com a que surge espontaneamente; b) são muitos os tipos de lideranças espontâneas, e o seu surgimento varia com as distintas circunstâncias de cada grupo; c) um grupo sem nenhuma liderança tende à dissolução.

12. *A relação do "gênio" com o* **establishment**: Bion estudava os grupos do ângulo da psicologia social, isto é, através da interação entre o indivíduo, o grupo e a sociedade. Um "gênio" (que em outros momentos ele nomeia como "herói" ou "místico") é aquele que, por ser portador de uma idéia nova, representa uma ameaça de mudança catastrófica para a estabilidade do *establishment* (uma cultura, uma instituição, um poder político, etc.) que está firmemente constituído e aceito para certa época e lugar. Ele utiliza como exemplo a pregação de Jesus, tão ameaçadora para o *establishment* do poder romano. Bion nos ensina também que, para enfrentar a ameaça do "gênio", o *establishment* ou o segrega (através da configuração do bode expiatório) ou dá um jeito de absorvê-lo e cooptá-lo.

13. *O grupo e os mecanismos psicóticos*: outra diferença na visualização dos grupos entre Freud e Bion é que o primeiro os estudou a partir dos mecanismos neuróticos e da relação de objeto total (embora Freud, em *Psicologia das massas*, de 1921, tenha chegado próximo dos mecanismos psicóticos quando esmiuçou os trabalhos de Le Bon referentes às turbas e grupos primitivos), e Bion, pelo contrário, conectou o entendimento da dinâmica de grupo à psicose e à relação de objeto parcial.

14. *A contratransferência do grupoterapeuta*: a própria natureza dos fenômenos dinâmicos de um campo grupal propicia que, com base em Bion, se conclua que é indispensável que um grupoterapeuta funcione como um continente adequado ao incessante e cruzado bombardeio de identificações projetivas de uns nos outros. Aliás, Bion foi dos primeiros psicanalistas a reconhecer a contratransferência resultante das identificações projetivas maciças como uma forma de comunicação primitiva e a perceber de que forma essa contratransferência pode servir como uma excelente bússola empática.

À guisa de sumário, pode-se dizer que os trabalhos que Bion desenvolveu com grupos contribuíram para o desenvolvimento dos aspectos a seguir indicados.

1. Ele foi o criador pioneiro de uma série de concepções totalmente originais acerca de dinâmica de grupo, através de experiências realizadas com grupos em distintos locais e com diferentes objetivos. Da mesma forma, empregou uma terminologia inédita, que, ainda hoje, se mantém vigente.
2. Propiciou um melhor entendimento da dinâmica inconsciente profunda dos grupos – os supostos básicos, que se opõem à mudança e ao crescimento e não toleram a frustração – e que estão sempre subjacentes em qualquer "grupo de trabalho", o qual opera voltado para uma tarefa comum.
3. Criou uma tradição de terapia de grupo que ficou conhecida pelo nome de "estilo Tavistock".
4. Suas descobertas sobre a psicologia social dos grupos abriram as portas para a criação e o florescimento das comunidades terapêuticas.
5. Da mesma forma, seus estudos acerca da relação do "místico" (o indivíduo contestador e inovador) com o *establishment* alargaram o entendimento da psicologia dos grandes grupos nos planos institucional, social, político, religioso, psicanalítico, etc. Pela importância que representa essa dimensão da dinâmica grupal, ela será mais detalhada no próximo capítulo.
6. Criou e introduziu um método original e duradouro de *seleção* de oficiais nas Forças Armadas.
7. Propiciou o desenvolvimento de métodos de *ensino* em grupos.
8. Demonstrou um método de condução de debates com um público grande, posto que freqüentemente provocava uma dinâmica de grupo com o auditório.
9. Promoveu uma significativa mudança na prática da psicoterapia analítica de grupo.
10. Todos os escritos de Bion sobre grupos foram reunidos em uma única publicação, em 1961, sob o título original *Experiences in groups and other papers* (na edição argentina, de 1963, traduzido por *Experiencias en grupos*). As demais publicações que estão contidas nesse livro único são: "Tensões Intragrupais em Terapia" (1943), "Experiências em Grupos" (1951) e "Dinâmica de Grupo: uma Revisão" (1952).

Comentários

Não obstante o conceito relativo aos (pré)supostos básicos de "dependência", de "luta e fuga" e de "pareamento" constituir sua elaboração mais conhecida e muitíssimo citada, creio que restringir sua aplicação na prática a uma forma assim tão esquemática empobrece muito o trabalho clínico com grupoterapias. Observa-se, com freqüência, um outro inconveniente: a linguagem referente aos três supostos básicos ficou tão desgastada pelo uso corrente e excessivo que perdeu o caráter discriminativo. Muitas vezes ela é empregada mecanicamente, algo dissociada da real experiência emocional dos grupos.

Na verdade, quem trabalha com grupos sabe que o campo grupal é muito caleidoscópico e permite uma gama de pressupostos inconscientes muito mais complexa e variada. Aliás, essas linhas já estavam escritas quando me deparei com as palavras do próprio Bion (*Conversando com Bion*, 1992, p. 62), ao responder a uma pergunta que lhe fizeram sobre a utilidade dos três supostos básicos. "São construções, generalizações grosseiras [...] se elas não me lembram a vida real, não me servem para nada".

Além disso, na atualidade, o foco de maior importância no campo grupal se apóia em quatro aspectos prioritários que extrapolam os dos supostos básicos:

a) a observação da estereotipia do desempenho dos distintos *papéis*, posições e funções de cada um do grupo;
b) o assinalamento dos problemas da *comunicação* entre os participantes do grupo, especialmente os que se referem aos costumeiros problemas dos "mal-entendidos";
c) a singular possibilidade de o grupoterapeuta observar e interpretar o interjogo especular das identificações projetivas e introjetivas de uns com os outros, de um modo similar a uma galeria de espelhos, o que permite que cada um se reflita no outro, reconhecendo e sendo reconhecido pelos demais;
d) sempre levar em conta que "todo indivíduo é um grupo", isto é, cada pessoa carrega dentro de si um grupo de personagens introjetados, que interagem entre si conforme um certo *script*. Esses personagens do grupo interno, seguindo o roteiro do aludido enredo, determinam uma grande parcela do comportamento grupal e social de cada sujeito, na escolha de pessoas para conviver e no desempenho de determinados papéis (Zimerman, 2000).

Sempre que questionado em relação ao seu aparente desinteresse por grupos, Bion alegava que somente não retomava o trabalho efetivo com grupos porque estava absorvido por outra atividade também muito fascinante: a da psicanálise individual. Não obstante, Bion confidenciara a amigos que a sua analista, Melanie Klein, nunca vira com bons olhos o seu trabalho com grupos, e até os hostilizava, com o argumento de que isso o desviava de um "trabalho analítico mais importante".

A propósito disso, pode-se dizer que, embora aparentemente haja em Bion uma dissociação entre as suas concepções grupais e as da psicanálise individual, na verdade, ele nunca deixou de as correlacionar e integrar.

8

Psicanálise, Sociedade e Perversão dos Sistemas Sociais: As Contribuições de Bion*

Em continuação às concepções referentes aos fenômenos da dinâmica dos grupos, o presente capítulo visa a abordar as múltiplas contribuições de Bion no que se refere à formação e às inter-relações que se estabelecem entre a psicanálise, a sociedade e a perversão dos sistemas sociais. Para tanto, cabe discriminar, separadamente, as sete diferentes dimensões em que Bion estuda os referidos fenômenos sociais, nas vertentes atávica, mítica, metapsicológica, vincular, comunicacional, clínica e na dimensão da psicologia social. Por fim, este capítulo tentará descrever as múltiplas causas e distintas modalidades pelas quais se manifestam as perversões de certas instituições e sistemas sociais em geral.

Bion sempre evidenciou que grande parte de sua obra foi inspirada pelas concepções originais de Freud e de Klein, porém, mais restritamente no campo da dinâmica psíquica que preside os grupos humanos, ele ficou muito mais próximo do primeiro do que da segunda.

Freud, embora nunca tenha trabalhado diretamente com grupos, em diversos trabalhos demonstrou interesse pela psicologia das massas e pelas inter-relações entre o indivíduo e a sociedade, postulando que a subjetividade humana é gerada no seio de uma cultura e vice-versa. Assim, as postulações de Freud relativamente aos fenômenos psicológicos que se processam nos grupos, nos sistemas sociais e na formação da cultura estão presentes em muitos de seus trabalhos, principalmente nos cinco seguintes: *As perspectivas futuras da terapia psicanalítica* (1910); *Totem e tabu* (1913); *Psicologia das massas e análise do ego* (1921); *O futuro de uma ilusão* (1927) e *Mal-estar da civilização* (1930). No entanto, foi no aludido trabalho de 1927 que, fundamentado nas concepções de Le Bon, Freud fez aprofundados estudos sobre os fenômenos psicológicos primitivos, inerentes às multidões. Nesse mesmo trabalho, apresentou importantes contribuições relativamente às lideranças, tanto as que se processam nas forças militares (projeção dos anseios, do ideal do ego de cada um e de todos os subordinados na pessoa do comandante) como também quanto ao tipo de liderança que é própria da igreja cristã (todos os seguidores estão fraternalmente identificados, em função da introjeção comum da figura de Jesus Cristo).

---

*Trabalho apresentado na mesa-redonda "A Contribuição de Bion: Psicanálise e Sociedade", no congresso da FEPAL, em Gramado-RS, em 04/9/2000.

Assim como ele, também Bion, desde os seus primeiros passos no campo do psiquismo humano, trabalhou e valorizou sobremodo esses referidos aspectos, como pode ser sintetizado na frase, em que concorda com Aristóteles, "o homem é um animal político", logo, não pode realizar-se fora de um grupo, tampouco satisfazer qualquer impulso – não só os sexuais e agressivos, mas também os narcísicos – sem que os respectivos componentes emocionais se expressem em relação com outras pessoas.

Cabe mencionar uma distinção entre Freud e Bion, relativamente ao fenômeno do surgimento das lideranças: Freud considerava o grupo social como um emergente do líder (isto é, o líder como alguém de quem o grupo depende e de cuja personalidade vão derivar as qualidades dos demais), enquanto Bion fundamentou a postulação de que o líder é um emergente do grupo. Creio que esse ponto de vista está bem consubstanciado na afirmação do grande líder Churchill, no curso da II Guerra Mundial: "Como me escolheram como líder, eu devo ser comandado por vocês".

Em relação a Klein, de quem foi paciente, discípulo e fiel seguidor, e cujas concepções concernentes aos primitivos mecanismos defensivos do ego lhe foram extremamente úteis para entender e trabalhar com psicóticos e com grupos, Bion diferenciou-se significativamente, pois, ao contrário dela, sempre evidenciou um especial interesse pela dimensão social da psicanálise.

Mais especificamente em relação a Bion, antes de destacar alguma contribuição mais genérica sua, creio que, parodiando Wallerstein ("...uma psicanálise ou muitas?"), cabe perguntar: "um Bion ou muitos?", já que tanto podemos enfocar aquele Bion de concepções científicas quanto o das especulações filosóficas, estéticas, místicas ou clínicas, além do fato de que seus textos permitem leituras diferentes de um leitor para outro. Na verdade, existem vários Bions unificados por um único, aquele que sempre valoriza a experiência emocional que acompanha qualquer uma de suas afirmativas ou conjecturas, por mais matemáticas ou místicas que elas pareçam ser.

No presente capítulo, vou adotar um esquema algo didático com vistas a integrar e discriminar, separadamente, as diferentes dimensões com que Bion, de forma direta ou indireta, abordou as inter-relações da psicanálise com os fenômenos sociais. Assim, as sete dimensões antes referidas seguem enumeradas.

A dimensão *atávica* alude ao fato de Bion manter a crença de que a evolução histórica do ser humano tem evidenciado a existência de uma tendência inata, herdada de seu passado animal, a unir-se em rebanhos e a formar famílias, tribos e clãs. Ao dar uma dimensão atávica aos grupos, Bion postulou que as partes pré-natais da personalidade tendem a cindir-se na "cesura" do nascimento, e isso permanece nas organizações sociais muito primitivas, sob a vigência latente do psiquismo protomental. Este último aspecto aparece manifesto nos grupos através do fenômeno que ele conceitua como "supostos (ou pré-supostos) básicos", os quais, fundamentalmente, descreve com os nomes de "dependência", "luta e fuga" e "acasalamento" e que, de alguma forma, reproduzem a essência do que se passa no reino animal, ou seja, a busca de sobrevivência do indivíduo e da espécie.

De fato, toda criatura humana reproduz, nos seus grupos de convívio obrigatórios, os mesmos processos que, podemos pressupor, sejam os básicos para assegurar a sua sobrevivência. Destarte, é impossível imaginar um filhote de qualquer animal, ou um bebê humano, que não tenha uma absoluta "dependência" dos cuidados maternos. Da mesma forma, diante dos animais predadores, só restava aos ameaçados os recursos extremos de enfrentar o inimigo com o estabelecimento de uma "luta", ou empreender alguma das inúmeras formas de "fuga". Igualmente, para preservar a continuidade da espécie, nossos ancestrais acasalavam, garantindo, assim, a reprodução.

Cada grupo elege um tipo específico de líder, conforme a predominância do suposto básico, de sorte que no *suposto de dependência* a liderança costuma ser do tipo carismática, enquanto no de *luta e fuga* predomina a liderança com características tirânicas, caudilhescas, e no *suposto de acasalamento* o grupo elege uma liderança de natureza mais mística, que acene para o nascimento de um messias que represente o porvir da realização dos sonhos de cada um e de todos, de grandeza e felicidade plena. É possível que um mesmo líder preencha esses três supostos básicos, tal como, me parece, foi a figura de Hitler na época da Alemanha nazista.

Para ficar num único exemplo que ilustre a dimensão atávica, basta citar os grupos fanatizados, nos quais predomina, de longe, o suposto básico de dependência, em cujo caso, mercê de uma extrema idealização, cada um e todos os liderados esvaziam totalmente as suas capacidades próprias e obedecem cegamente ao líder carismático, tal como, há algumas décadas, o planejado suicídio coletivo de centenas de pessoas seguidoras do fanático pastor Jones, na Guiana. Dentre os grupos fanatizados, o melhor exemplo são os chamados "fundamentalistas", encontrados em distintas religiões, os quais, a título de defender os "fundamentos" básicos, essenciais, ditados por Deus (algo diferente, em cada uma das religiões), atacam cegamente qualquer avanço científico, econômico, social ou moral que ameace as suas crenças atávicas.

Em síntese, Bion conjectura que a vida tribal atávica possa estar profundamente internalizada em todos os indivíduos e grupos, de forma mais manifesta ou mais oculta, determinando inconscientemente grande parte de seus comportamentos.

Em relação à dimensão *mítica*, como forma de encarar os grupos, Bion considera que os seres humanos também buscam a sua sobrevivência física e psíquica, muitas vezes à custa de uma submissão, ou de rebeldia contra Deus, com as devidas recompensas e castigos, além de intrigas invejosas e de um ataque ao conhecimento das verdades. Tudo isso, de forma implícita, aparece nos mitos grupais, tais como os relatos das agruras de Adão e Eva no mito do Éden, a confusão de línguas no mito de Babel, o conhecido mito de Édipo e outros tantos que configuram esse plano transpessoal do convívio entre os seres humanos. A meu juízo, é difícil entender as razões pelas quais Bion não incluiu o mito de Narciso em suas conjecturas míticas, tendo em vista que basta lembrar o relato da profecia de Tirésias, segundo a qual Narciso morreria se, e quando, viesse a conhecer a si próprio. Entendo que esse trecho, tal como consta em *Metamorfosis*, de Ovídio (1984), ilustra o quanto a sabedoria dos mitos revela a tendência das pessoas e dos grupos humanos a desconhecer a verdade (-K, de Bion) devido ao medo de conhecer as próprias debilidades, caso renunciem às ilusões narcisísticas. O desfecho desse mito nos mostra que é necessário que Narciso morra para que nasça Édipo.

Se sintonizarmos esse mito com as concepções e a terminologia de Bion, vale destacar dois aspectos: um, o da estreita relação do mito de Narciso com o problema relativo às verdades e às inúmeras formas de falsificações das aludidas verdades, quando prevalece o -K. A história nos fornece um excelente exemplo dessa negação coletiva das verdades que ameaçam a nossa ilusão de grandiosidade narcisística: refiro-me à manutenção, durante séculos, da falsificação científica contida nas teorias de Ptolomeu, de que todo o universo giraria em torno da Terra. Cientistas como Copérnico, Galileu Galilei e Giordano Bruno, que, mercê de evidências científicas da física da época, tentaram demonstrar a verdade oposta àquela então vigente – isto é, a teoria heliocêntrica, no lugar da geocêntrica –, foram condenados como hereges, perseguidos, torturados, e alguns pagaram com a própria vida. No fundo, a cruel resistência à tomada de conhecimento de uma verdade indigesta não se refere unicamente à ofensa ao narcisismo humano, mas esse exemplo pode ilustrar que aqui também existe uma influência atávica, isto é, os representantes da Igreja da época, de forma "fundamentalista", acreditavam estar numa sagrada luta para perpetuar as palavras e profecias divinas que constavam na Bíblia.

Creio que um segundo aspecto pelo qual o mito de Narciso se ajusta a Bion consiste no fato de que a morte de Narciso, propiciando o nascimento de Édipo, ilustra uma importante concepção bastante enfatizada por ele, referente à passagem de um estado de "narcisismo" para o de um "social-ismo".

A dimensão *metapsicológica* alude ao fato de que, da mesma forma que o aparelho psíquico de todo e qualquer indivíduo tem zonas de funcionamento tanto consciente quanto inconsciente, também nos grupos existe um aparelho psíquico grupal que opera no plano consciente e, subjacente a este, existe uma forma de funcionamento provindo do plano inconsciente. Ao funcionamento consciente, Bion denominou "grupo de trabalho" (todos os participantes, deliberadamente, estão voltados para uma tarefa de interesse comum), enquanto o funcionamento inconsciente corresponde ao que, tal como foi mencionado anteriormente, ele conceituou como "supostos básicos", que costumam interferir na tarefa a que o grupo se propôs conscientemente, devido à pressão oculta de sentimentos como inveja, ciúme, rivalidades, disputa pelo poder, etc. Um outro aspecto metapsicológico importante que se observa nos grupos e sociedades consiste na presença dos sete "elementos da psicanálise": a relação continente-conteúdo; a permanente inter-relação da posição esquizoparanóide com a posição depressiva; os vínculos de amor, ódio e conhecimento; a equação que se estabelece entre a razão e a idéia; o fenômeno das transformações e a dor psíquica; e a interação entre um estado de narcisismo e um de social-ismo. (No presente livro, existe um capítulo especial sobre esses elementos.)

Convém lembrar que Bion se indispunha contra o excesso de teorias existentes na psicanálise e por isso propôs uma simplificação: a de considerarmos que toda experiência emocional repousa nas diferentes formas como se combinam os elementos de psicanálise, à moda do que se passa no campo da música a partir dos elementos simples, ou seja, das sete notas musicais. Cada um dos elementos de psicanálise, separadamente ou em formas combinadas, dá acesso a fenômenos essenciais do campo dinâmico grupal, como é o caso das identificações projetivas, das introjetivas (presentes na transgeracionalidade), do grupo como continente para os conteúdos de necessidades, desejos, demandas e angústias e das inúmeras formas de configurações vinculares que se estabelecem entre os indivíduos, grupos e comunidades.

A dimensão *vincular* refere que, indo muito além da existência das pulsões libidinais (enfaticamente descritas por Freud) e das agressivas (exaustivamente estudadas por Klein), Bion postulou a noção de uma permanente interação dessas duas formas de experiência emocional, às quais acrescentou uma terceira, ou seja, a que se refere à emocionalidade mais diretamente conectada ao desejo de um indivíduo, ou de um determinado grupo, em querer, ou se recusar a, fazer um contato consciente com as verdades ameaçadoras. A psicanálise contemporânea está gradativamente concedendo uma expressiva importância às múltiplas formas como se estruturam as configurações vinculares entre casais, famílias, grupos, instituições, comunidades, nações e sistemas sociais em geral.

Relativamente à dimensão *comunicacional*, não parece ser exagerada a afirmativa de que "o maior mal da humanidade consiste no problema dos mal-entendidos da comunicação". Bion dedicou uma significativa parte de sua obra ao estudo dos transtornos da comunicação no seu tríplice aspecto: o da "transmissão" das mensagens (assinalou, especialmente, o quanto, muitas vezes, ao contrário do que seria de esperar, o discurso verbal está mais a serviço de não comunicar e de confundir); o da "recepção" das mensagens verbais que provêm dos outros (distorções devidas a um estado de uma defensividade paranóide, uma demanda narcisista, etc.); e o que se refere aos "canais de comunicação" (nesse particular, a maior contribuição de Bion se refere à valorização da primitiva comunicação não-verbal, como pode ser a dos gestos, atitudes, *actings*, somatizações, efeitos contratransferenciais na situação analítica, posições ambíguas; sobretudo, ele enfatizou a importância, em todos os níveis da comunicação humana, de algumas formas de ataque aos vínculos, especialmente os perceptivos, a serviço do -K).

Já no que diz respeito à dimensão *clínica*, ao contrário dos autores psicanalíticos mais importantes, Bion praticou ativamente distintas formas de "grupoterapias" e criou um conjunto de relevantes contribuições originais para o entendimento e manejo dos fenômenos da dinâmica do campo grupal, que continuam plenamente vigentes na atualidade. Essa afirmativa pode ser facilmente comprovada pela leitura dos textos que compõem o seu livro *Experiências em grupos* (1962).

A sétima dimensão provinda de Bion a que vou aludir é a da *psicologia social*. Nesse campo, Bion estudou a formação da "cultura grupal", como resultante da necessidade de uma adaptação dos interesses do indivíduo em oposição aos do grupo como uma totalidade. É útil lembrar que um grupo não é um simples somatório de individualidades, ele se constitui como uma nova entidade, com feições e valores próprios e singulares.

Além desses aspectos, a maior contribuição de Bion referentemente à normalidade e patogenia dos sistemas sociais, sem qualquer dúvida, consiste em seus estudos, que aparecem mais densamente em *Atenção e interpretação* (1970), relativos à vincularidade do embate que se estabelece entre o "indivíduo excepcional" e o "*establishment*". O indivíduo excepcional (que, indistintamente, também denomina "gênio", "herói", "místico") é aquela pessoa portadora de alguma idéia ou concepção que, por ser nova, representa uma ameaça para a estabilidade do *establishment*. Esta última denominação é utilizada por Bion para designar uma casta dirigente numa determinada época e lugar, tal como pode ser um poder político, uma cultura vigente, instituições em geral, como uma sociedade psicanalítica, segundo um exemplo que ele costumava empregar em seus textos.

Relativamente ao eterno embate entre o indivíduo excepcional e o *establishment,* Bion destaca mais dois aspectos: o primeiro deles se refere ao fato de que o indivíduo gênio tanto pode ser portador de idéias construtivas, renovadoras, revolucionárias para os paradigmas dominantes (ele exemplifica com o apostolado de Jesus, no campo da religião, Newton, no da física, etc.) como funcionar como uma liderança niilista, destrutiva; já o segundo aspecto considera que o indivíduo excepcional necessita do grupo que compõe a instituição a que ele pertence não só para o reconhecimento de suas idéias, mas também pelo fato de que uma das funções de um grupo é servir de continente para as partes negadas e dissociadas de cada um, que serão projetadas nos outros, do que resulta a formação de subgrupos. Igualmente, vai haver a formação de uma hierárquica distribuição de papéis a serem desempenhados, lugares a serem ocupados, com posições e funções a serem definidas. A recíproca disso também é verdadeira, ou seja, o grupo da instituição estabelecida também necessita do sujeito excepcional, caso contrário, ele está fadado a um destino de esclerosamento e inanição.

Destarte, toda instituição sempre está estruturada como uma organização sistêmica, isto é, as partes constituintes do todo são indissociáveis entre si, de sorte que cada parte influencia e sofre a influência das demais. Isso pode acontecer tanto de uma forma harmônica e saudável como, num outro extremo, o funcionamento da instituição correr riscos, desde uma imperceptível estagnação até uma manifesta adulteração dos objetivos para os quais ela foi inicialmente criada, isto é, pode acontecer uma perversão da instituição.

PERVERSÃO DOS SISTEMAS SOCIAIS

A terminologia "sistema social", aqui, designa tanto o campo da microssociologia (por exemplo, qualquer tipo de instituição) quanto o da macrossociologia (por exemplo, o poder político de uma nação), de modo que, guardando as devidas proporções e respeitando as óbvias diferenças, pode-se dizer que, de forma genérica, todos os sistemas sociais estão sujeitos a sofrer predominantes influências de fatores patogênicos inconscientes, o que pode determinar diversas formas de patologia, inclusive a de uma perversão.

Rastreando as contribuições de Bion, cabe aventar uma série de possibilidades quanto à determinação de alguma forma de patologia de um determinado sistema social. Como exemplificação, vamos ilustrar com a patologia de uma hipotética instituição de ensino-aprendizagem.

Caso, nessa instituição, haja um forte predomínio do suposto básico de "dependência", acontecerá uma extrema idealização dos líderes, às custas de uma infantilização e submissão dos liderados, o que concorre para um prejuízo da capacidade para pensar e criar, porquanto nessas situações as idéias não são realmente pensadas, mas sim negadas, deificadas, dogmatizadas, com a repetição de chavões familiares. Tudo isso vem aliado a uma conduta de bom comportamento por parte dos alunos, que vai servir como um passaporte para cair nas boas graças dos mestres venerados. Penso que uma das formas possíveis de embotar a criatividade e uma saudável capacidade para a contestação, por parte dos alunos, provém do efeito de "deslumbramento" causado pelo discurso de um professor especialmente brilhante (às vezes trata-se de um "falso brilhante"). Convém lembrar que a palavra "deslumbramento" provém dos étimos "*des*" ("retirada de") e "*lumbre*" (luz), ou seja, provoca o mesmo efeito de um farol de luz alta de um carro que, vindo em direção contrária à nossa, nos ofusca de tão brilhante que é.

Na hipótese de que a predominância seja, de longe, a do suposto básico de "luta e fuga", acontece a formação de um clima em que a totalidade do grupo da instituição mantém-se unida, porquanto o "inimigo" está projetado em outras instituições congêneres, rivais. Nas circunstâncias em que essa paranóia, colocada no inimigo externo, diminui de intensidade, é bastante freqüente que o desafeto seja colocado em "bodes expiatórios", em indivíduos ou subgrupos dentro do seio da instituição, os quais passam a ser hostilizados de alguma forma ou até mesmo cassados como "inimigos na trincheira". Por essa razão, nesses casos, o maior prejuízo reside no fato de que alguém que pensa diferente da maioria, a qual comunga com a cúpula dirigente, virá a ser reputado como indesejável, de modo que boas cabeças pensantes serão eliminadas por distintas racionalizações, o que costuma acarretar sucessivas dissidências que poderiam ser evitadas.

Comentário: se houver uma forte emergência da "parte psicótica do grupo" (adaptei essa expressão, inspirado na concepção de Bion de "parte psicótica da personalidade" [p.p.p.], que atribuiu a cada sujeito em particular; porém não custa lembrar que esse conceito de p.p.p. não trata necessariamente de uma psicose clínica), o "grupo de trabalho" será invadido pelos supostos básicos, fazendo com que prevaleça uma "posição narcisista" (Zimerman, 1999). Nesse caso, haverá o primado da inveja destrutiva, ou de indivíduos separadamente, ou de fortes subgrupos, com os seus clássicos derivados, como a volúpia por poder, prestígio, riqueza, vantagens pessoais e palco para brilhaturas, a não-aceitação dos limites e limitações, da finitude inevitável, tampouco o reconhecimento das diferenças entre os confrades.

Além disso, na perversão dos sistemas sociais que estejam sob a égide da "parte psicótica do grupo", reinará um clima de *onipotência* (que substitui a capacidade para pensar), de *onisciência* (no lugar de uma capacidade para o aprendizado com as experiências), de *prepotência* (a qual substitui o contato verdadeiro com as próprias fragilidades, ou seja, trata-se de uma "pré-potência"), de *hipocrisia* ou *cinismo* (quando as pulsões sádico-destrutivas ficam dissimuladas e ocultas por uma atitude de uma simpatia sedutora), de certa *confusão* (obscurece a discriminação, ou seja, a tomada de conhecimento de verdades penosas) e de *ambigüidade* (não há coerência entre o que se diz, o que se faz e o que, de fato, se é).

Nessas condições, as conseqüências patogênicas são bem conhecidas, como é o caso de um prolongamento atávico da demarcação do território exclusivo, de sorte que, tal como acontece no reino animal, o grupo dominante de alguma instituição também pode fazer de tudo para perpetuar-se no poder e jamais renunciar à posse do "seu" território. Embora a aparência seja de uma democracia, uma observação mais detida comprova o quanto a perpetuação no comando ideológico e administrativo da instituição mantém-se por meio do recurso de um constante rodízio de um mesmo círculo restrito de pessoas que alternam entre si os cargos diretivos.

Um outro fator perpetuador do poder consiste na formação de uma corte de seguidores e bajuladores em pessoas da próxima geração, as quais demonstram uma aceitação incondicionalmente adoradora da cúpula dirigente, não raramente funcionando de forma esvaziada, subserviente e mimética. Assim, quando o sistema social aproxima-se de uma estrutura de natureza perversa, muitas vezes a liderança que compõe o comando da instituição apresenta uma aparência democrática e um bonito discurso demagógico (trata-se de um discurso "fetichizado", portanto perverso, que consiste em usar a teoria como um fetiche arrogante e dogmático, visando a seduzir e impor aos demais as suas próprias verdades), os quais, sutilmente, ocultam uma ideologia autocrática, logo, esterilizadora.

O produto final pode redundar em um dos dois extremos: uma atmosfera opressiva ou um estado de *"laisser-faire"*, em que cada um, de maneira algo oculta e dissimulada, dá um jeito de fazer aquilo que bem entende. Um outro prejuízo causado pela predominância de uma "posição narcisista" consiste numa dificuldade para atingir a "posição depressiva" (a única que possibilitaria a abertura para novas saídas), porque, tal como a mitológica figura de Medusa, os detentores do poder (o *establishment*) morrem de pavor de ver a própria imagem.

Em relação à emergência dos supostos básicos inconscientes, penso ser bastante útil aduzirmos o fenômeno que Bleger (1987) descreve no seu trabalho "Grupos Operativos no Ensino", em que postula que "toda organização tende a adquirir a mesma estrutura que o problema que tem que enfrentar e para a qual ela foi criada". Assim, uma instituição psicanalítica, por exemplo, pode manifestar cisões, vínculos patogênicos, querelas narcisistas, etc., assim reproduzindo em seu seio justamente aquilo que está programada para tratar.

Nos Capítulos 6 ("O Místico e o Grupo") e 7 ("Continente e Contido") do seu livro *Atenção e interpretação* (1970), Bion enfoca mais diretamente o problema da patologia dos sistemas sociais. Pode-se dizer que Bion sintetiza a relação que o *establishment* estabelece com o ameaçador "indivíduo excepcional" de acordo com estes passos:

1. simplesmente não aceita a sua filiação; ou
2. aceita, porém cedo o caracteriza como bode expiatório;
3. daí decorre que o expulsa, ignora ou desqualifica;
4. é freqüente que procure cooptá-lo através da atribuição de funções administrativas honrosas (Bion lembra que um bom epitáfio seria: "coberto de glórias, morreu sem deixar vestígios");
5. ou, ainda, existe a possibilidade de que, decorrido algum tempo, mercê da progressiva aceitação das idéias dele por muitos outros, adote suas idéias, porém as divulgue como se elas tivessem partido dos pró-homens da cúpula diretiva.

Aliás, essa última afirmativa encontra respaldo neste trecho de uma entrevista concedida por Freud, em 1926 (*Revista Ide*, 1988, p. 55):

> A história, essa velha plagiadora, repete-se após cada descoberta. Os doutores [creio que pode ser lido como "os detentores do poder"] combatem cada nova verdade no começo. Depois procuram monopolizá-la.

Creio ser imprescindível esclarecer que estamos enfocando um fenômeno grupal, de sorte que a existência de alguma instituição que, por razões inconscientes, resvala para uma natureza perversa, não refere que os indivíduos que compõem a cúpula sejam pessoas perversas; pelo contrário, na maioria das vezes, são sérios, simpáticos, bem-intencionados, tenazes e apaixonados pelo que fazem em favor da instituição que dirigem.

9

O Trabalho com Psicóticos

Estimulado pelas suas observações relativas aos mecanismos psicóticos observados em seus diversos grupos, Bion começou a analisar pacientes esquizofrênicos por meio da técnica clássica da psicanálise.

É útil esclarecer que é o próprio Bion quem afirma: "só analisei pacientes esquizofrênicos que *podiam vir ao meu consultório*" (1973, p. 119; grifo meu). Ademais, Bion não analisava somente esquizofrênicos, mas também pacientes neuróticos graves e toxicômanos. Ele publicou muitos trabalhos sobre essa experiência com psicóticos, sempre os ilustrando com vinhetas clínicas e interessando-se, sobretudo, pelos fenômenos das identificações projetivas e o modo como os esquizofrênicos utilizam a linguagem, o pensamento e a função do conhecimento.

Esses trabalhos foram produzidos no período de 1950 a 1962 (o primeiro deles foi "O Gêmeo Imaginário", com o qual obteve o título de Membro da Sociedade Britânica de Psicanálise), e praticamente todos foram enfeixados no seu livro *Second thoughts* (na edição brasileira, *Estudos psicanalíticos revisados*).

Observa-se em todos esses trabalhos iniciais de sua obra uma forte influência da teoria kleiniana, e as interpretações dadas por Bion atestam claramente que o seu referencial maior eram as relações parciais de objeto, a teoria da inveja primária, a primitiva angústia de aniquilamento, a utilização dos primitivos mecanismos de defesa, como a negação onipotente, as dissociações, a negação, as identificações projetivas, as posições esquizoparanóide e depressiva e o complexo de Édipo muito precoce. Além disso, Bion observou um forte conflito entre as pulsões de vida e de morte em todos os seus pacientes esquizofrênicos, assim como uma estreita relação entre a "pulsão a conhecer" (epistemofilia) e o sadismo, a qual fica muito exacerbada pelas fantasias ligadas à cena primária edípica. Em relação aos conflitos ligados ao conhecimento, Bion deu muita importância ao fato de que a criança se faz as primeiras perguntas antes da aquisição da linguagem verbal (em meu entender, isso tem relação com os conceitos de "representação coisa" e "representação palavra" freudianos. Aliás, Bion propôs uma teoria compreensiva de esquizofrenia a partir da linguagem utilizada pelo esquizofrênico, baseando-se na evidência de que o pensamento verbal representa o elemento essencial das funções desenvolvidas pelo ego para entrar em contato com a realidade. Bion vai mais adiante, afirmando que o pensamento verbal não só contata com a realidade exterior, mas também com a realidade psíquica interna, o que se torna intolerável, pois esse paciente sente uma relação de causa-efeito entre o pensamento verbal e a dolorosa posição depressiva.

Dessa forma, na sua teoria sobre a esquizofrenia, Bion parte de Klein (pulsão de morte agindo dentro do ego e provocando uma sensação de aniquilamento) e da concepção de um ataque à percepção da realidade interna. Nos esquizofrênicos, segundo Bion, esse ataque ocorre com violência contra os elos que vinculam as diversas fantasias entre si e essas à realidade. Trata-se do fenômeno descrito por Bion com o nome de *ataque aos vínculos*.

Resulta daí que o esquizofrênico vive em um mundo fragmentado, sem conjunção e discriminação das diferentes partes de si mesmo ou dos objetos diferentes. Esse paciente sente-se aterrorizado, cercado e ameaçado por fragmentos de objetos estranhos e bizarros, o que nos lembra o que Freud, em 1911, no caso Schreber, aludiu como sendo a sensação de "catástrofe mundial".

As conseqüências desses ataques aos vínculos perceptivos são importantes e várias, porém, todos eles são encadeados entre si e levam a distúrbios do pensamento, da capacidade de formação de símbolos, de sonhos, da linguagem, da percepção, do conhecimento, etc.

Utilizarei agora um esquema didático, enumerando as principais causas, conseqüências e fatores relativos à esquizofrenia que Bion postulou a partir de sua experiência com pacientes.

1. Uma causa importante é a disposição inata do bebê, com a pulsão de morte e a inveja levando-o a atacar tudo o que o liga ao seio materno.

2. Outra causa importante é o comportamento do meio ambiente, notadamente da mãe, em relação aos aludidos ataques.

3. Bion valorizou muito a precocidade das fantasias edípicas ligadas à cena primária, afirmando que o bebê concebe as relações entre os seus pais parciais nos mesmos moldes de sua ligação com o seio parcial.

4. A íntima relação entre a pulsão epistemofílica de saber e conhecer, associada com o sadismo, com uma conseqüente inibição intelectual e, por conseguinte, com uma atrofia da sadia curiosidade pelos conhecimentos.

5. Um ataque aos elos de ligação (vínculos) que possibilitariam a passagem da posição esquizoparanóide para a depressiva.

6. Por esta última razão, a *onipotência* substitui o pensar, a *onisciência* substitui a aprendizagem com as experiências, a *prepotência* substitui o reconhecimento da impotência infantil, a *confusão* substitui a tomada de conhecimento de verdades penosas, e, como conseqüência, o pensamento verbal fica comprometido.

7. Forma-se, pois, uma impossibilidade de colocar as experiências em pensamentos e os pensamentos sob forma de palavras, resultando uma linguagem que comumente adquire a forma de uma "salada de palavras".

8. Ao contrário do que se passa com as personalidades neuróticas, nas personalidades psicóticas não se forma a "barreira de contato", que, como veremos mais adiante, se compõe de elementos α e funciona como uma barreira delimitadora entre o consciente, o pré-consciente e o inconsciente. Pelo contrário, nos psicóticos, essa barreira é substituída pela "pantalha β", a qual não consegue delimitar aquelas três instâncias psíquicas nem os pensamentos, fantasias e afetos que transitam entre elas, razão pela qual se forma uma confusão entre o real e o imaginário.

9. Em vez do uso da repressão, como é o habitual nos neuróticos, nos psicóticos há sempre um uso excessivo de *splittings* (Bion prefere esse termo ao termo "dissociação", nos casos em que esses processos são muito intensos), seguidos de maciças identificações projetivas, como uma forma de evacuar e descarregar em um outro tudo o que é intolerável para si próprio.

A propósito, é importante registrar que Bion faz uma distinção entre duas modalidades de emprego da identificação projetiva. Uma, a *identificação projetiva excessiva*, acarreta sérios prejuízos à capacidade de pensar os pensamentos, especialmente quando os vínculos de ligação entre os conteúdos mentais – entre si e com a realidade exterior – são atacados com ódio (vínculo H). A outra é a *identificação projetiva realista*, que é normal e estruturante, especialmente porque possibilita que a criança reintrojete a função contenedora da mãe e a função α da mesma, sob a forma de um "seio pensante" bom. Na prática psicanalítica, também é muito importante discriminar a diferença entre ambas as formas de identificação projetiva, tendo em vista que seus destinos dentro do analista podem se manifestar por contra-identificações patológicas ou podem ser utilizadas a serviço de uma necessária capacidade de empatia.

10. Os fragmentos de objetos e das demais partes do aparelho psíquico (id, ego, superego, etc.) resultantes dos *splittings* são projetados – sob forma de "objetos bizarros" – no espaço exterior, onde ameaçam e perseguem o indivíduo que os projetou.

11. A projeção desses temores e ansiedades, principalmente de aniquilamento e morte, deve encontrar um continente adequado por parte da mãe, ou seja, ela deve acolher e devolver esses temores devidamente "desintoxicados", nomeados e significados. Caso contrário, se não houver um continente adequado, a criança reintrojetará as ansiedades projetadas, as quais, muitas vezes acrescidas com as angústias próprias da mãe, se constituem sob a forma de um "terror sem nome".

12. O impedimento à passagem para a posição depressiva causa uma séria dificuldade na capacidade de formação e utilização dos símbolos e, por conseguinte, uma dificuldade de conceituação e abstração. Nesse caso, o símbolo é substituído pela *equação simbólica*, e, assim, as coisas que lhes parecem ser, por mais imaginárias que sejam, passam a ser como, de fato, sendo.

13. Bion ligava os pensamentos primitivos pré-verbais do esquizofrênico ao modelo de "ideogramas" (como na escrita chinesa), com predominância ao sentido da visão, antes da audição e da percepção das palavras. O ataque aos vínculos também atinge os elos de ligação que unem os ideogramas entre si e cuja união possibilitaria a função de pensar, a qual fica prejudicada, juntamente com um prejuízo da formação dos sonhos e do ato de fantasiar.

Aliás, Bion costumava afirmar que os *esquizofrênicos não sonham*, e isso parece contrariar a observação clínica de qualquer psiquiatra. Quero crer que essa contradição é somente aparente, porquanto os sonhos que os pacientes psicóticos graves nos trazem costumeiramente não são de uma elaboração simbólica, mas constituídos de restos diurnos que são evacuados, no mais das vezes, sob a forma de protopensamentos.

14. Como conseqüência do ataque aos vínculos e da *incapacidade de formação de símbolos*, o esquizofrênico tem dificuldades em articular, integrar e fazer sínteses; ele aglomera, comprime e confunde os pensamentos, e então a linguagem se complica mais ainda, porque as palavras adquirem uma dimensão concreta, como se fossem, realmente, as próprias coisas que deveriam apenas designar.

15. A "linguagem esquizofrênica" é usada de quatro maneiras:

1. como um modo de *acting* (o esquizofrênico, da mesma forma que os gritos de um bebê desesperado, troca o pensamento pela ação e vice-versa, sendo que a ação tem uma finalidade de descarga de ansiedades orais, anais, fálicas, sádicas, masoquistas, narcisistas, etc.);
2. como um meio de comunicação primitiva (pode ser captada pela contratransferência);
3. como um modo de pensamento (a ausência de símbolos acarreta um prejuízo na utilização dos substantivos e verbos, e a "salada de palavras e de sentidos" pode estar traduzindo como são os seus pensamentos);
4. pode estar a serviço de produzir efeitos no outro (no caso de uma análise, pode estar atuando na mente do psicanalista, de forma a dissociar seus vínculos associativos).

16. Bion dá um destaque especial a todos os recursos de que o ego do esquizofrênico lança mão com a finalidade de negar o odiado conhecimento (-K) das penosas realidades ex-

ternas e internas. Da mesma maneira, o psicótico cria múltiplas maneiras de se evadir das frustrações em vez de enfrentá-las. Toda mudança é vivida com uma sensação de *catástrofe iminente*.

17. Como também os elementos dos órgãos dos sentidos são negados e projetados, a sua reintrojeção provoca penosas alucinações sensoriais.

18. Os esquizofrênicos apresentam o que Bion denomina um *"super" superego*. Isso quer dizer que, diferentemente do significado clássico que todos conhecemos de superego, para Bion, prevalece nesses pacientes uma afirmação de superioridade destrutiva que vai além do bem e do mal, de uma aprovação ou condenação. Esse "super" superego (talvez seja mais adequada a denominação de "supra-ego") se opõe a todo desenvolvimento e aprendizagem pela experiência; troca o orgulho pela arrogância, desconhece as leis científicas e impõe as suas próprias leis e valores contra os da natureza e da cultura.

19. Na prática analítica com pacientes psicóticos, Bion chama a atenção para os problemas contratransferenciais difíceis, que resultam tanto dos ataques invejosos (responsáveis, em grande, parte pelas freqüentes "reações terapêuticas negativas") como dos efeitos das excessivas identificações projetivas, e dos que provêm de *actings* perigosos desse paciente. Além disso, os fortes ataques aos vínculos podem induzir o paciente psicótico a um estado de mente pelo qual ele se mantém "cego, estúpido, curioso, arrogante e suicida", gerando uma contratransferência dificílima, caracterizada pelo surgimento, no analista, de sensações de enfado, paralisia e impotência.

20. Pode-se depreender, ao longo da obra de Bion, que, tal como assinala Green (1990, p. 80), o fator mais importante na determinação das condições psicóticas de um indivíduo não é tanto a carga das suas pulsões agressivas, porém muito mais o grau dos mecanismos de *negação do conhecimento* (-K), sendo o grau máximo dessa defesa o que, na atualidade, os psicanalistas chamam de for(a)clusão (termo original de Lacan), quando a negação atinge algum grau de ruptura com a realidade.

PARTE PSICÓTICA E PARTE NÃO-PSICÓTICA DA PERSONALIDADE

Um aspecto muito importante que deve ser destacado nos escritos de Bion é o que ele denomina como "personalidades psicóticas e não-psicóticas" (1957). Bion não deixou inteiramente esclarecido se as características psicóticas anteriormente descritas existem somente nos doentes mentais gravemente regredidos ou se também estão presentes, embora de forma oculta, em cada um de nós.

Alguns estudiosos de Bion, como Grinberg (1973), consideram a denominação "personalidade psicótica" como sinônimo de "parte psicótica da personalidade", portanto, nesse contexto, ela não equivaleria a um diagnóstico psiquiátrico, senão a um modo de funcionamento mental, coexistente com outros modos de funcionamento.

Comentários: pessoalmente, creio que é mais útil fazer alguma distinção entre ambas as denominações, de forma a considerar "personalidade psicótica" como designadora de situações regressivas – com manifestações clinicamente psicóticas, tal como conhecemos na psiquiatria – e reservar o termo "parte psicótica da personalidade" para os núcleos primitivos enquistados na personalidade de qualquer indivíduo, sem nenhuma conotação psiquiátrica.

Assim como todo doente psicótico tem uma parte de natureza neurótica, todo e qualquer paciente neurótico tem uma "parte psicótica" subjacente e oculta. Ademais, pode-se afirmar com absoluta convicção que uma análise que não tenha tratado dessa "parte psicótica" está inconclusa e corre o risco de ter produzido resultados analíticos não mais que superficiais.

O que importa é que nesse espectro, que vai desde um extremo de uma inaparente "parte psicótica da personalidade", absorvida pelo restante do ego neurótico e sadio, até o outro extremo de uma franca esquizofrenia clínica, o fator quantitativo pesa bastante, porquanto a dinâmica psíquica tem uma mesma natureza análoga.

Juntamente com esse aspecto quantitativo que determina o grau de sanidade ou de insanidade, é necessário frisar que também há uma diferença qualitativa na configuração da severidade da psicose, como se depreende dos estudos de Bion, notadamente em relação aos seguintes aspectos, já antes mencionados:

1. a qualidade das identificações projetivas;
2. o emprego da for(a)clusão.

Dessa forma, coube a Bion o mérito de ter percebido que o psicótico utiliza as excessivas identificações projetivas não só como uma descarga de sentimentos e idéias intoleráveis, mas também com a finalidade de servirem como uma primitiva linguagem não-verbal, para produzir no analista os efeitos daquilo que o paciente não consegue verbalizar, uma vez que ele é portador de angústias que ainda não têm nome nem significação.

O segundo aspecto que tipifica a psicose é o que se refere a um grau máximo de negação das verdades penosas (-K), promovendo uma ruptura com a realidade, como acontece nas esquizofrenias.

Assim, vale a pena registrar quais são as características básicas do estado mental decorrente da personalidade psicótica ou da "parte psicótica da personalidade" e que nos pacientes estão respectivamente bem manifestas ou ocultas.

1. Fortes pulsões destrutivas, com predomínio da inveja e da voracidade.
2. Baixíssimo limiar de tolerância às frustrações; por isso, esses pacientes tratam de *evitar* as frustrações, no lugar de buscar *modificá-las*.
3. As relações mais íntimas caracterizadas por vínculos de natureza sadomasoquista.
4. Uso excessivo de *splittings* e de identificações projetivas patológicas.
5. Projeção dos fragmentos resultantes dos intensos e sucessivos *splittings* no mundo exterior, sob a forma de "objetos bizarros", provocando pensamentos e sentimentos persecutórios. Quando projetados no mundo interior, traduzem-se por somatizações e queixas hipocondríacas.
6. Reintrojeção de fragmentos sensoriais que tinham sido projetados sob forma de francas alucinações (nos esquizofrênicos) ou de alucinoses (na "parte psicótica da personalidade").
7. Um grande ódio à realidade, tanto à interna como à externa. Por conseguinte, resulta uma nítida preferência pelo "mundo das ilusões".
8. Como decorrência, há um ataque aos vínculos de percepção e aos do juízo crítico.
9. Da mesma forma, resulta um prejuízo na capacidade das funções de pensamento verbal, de formação de símbolos, do conhecimento e do uso da linguagem.
10. Em *O aprender com a experiência* (1962), Bion assevera que o amor materno se expressa pelo *rêverie*, porquanto é a função α da mãe que permite desfazer as angústias que lhe foram projetadas. É somente através da introjeção da função α da mãe – função que permite perceber e pensar a ausência do objeto – que se torna possível a capacidade de simbolizar e, portanto, de sonhar. Como o psicótico, pela falta de introjeção de um bom *rêverie* materno, não desenvolveu a capacidade de simbolizar, seus sonhos não são elaborativos.
11. A onipotência, a onisciência e a imitação substituem o penoso processo de aprendizagem pela experiência. Da mesma forma, o orgulho dá lugar à arrogância, o desconhecimento promove a estupidez, e a curiosidade se transforma em intrusividade.

12. A perda da capacidade de discriminar acarreta uma confusão entre o verdadeiro e o falso, tanto do próprio *self* como de tudo que está fora dele.
13. A presença de um "super" superego, que dita as suas próprias leis e quer impô-las aos outros. O prefixo "super" designa a condição mental do psicótico de crer que *tudo sabe, pode, condena* e *controla*, assim dispensando e repudiando um aprendizado com as experiências.
14. Todos esses aspectos, somados, tendem a levar o paciente psicótico a um estado que não é "nem de vida e nem de morte".

No curso da análise, transparecem os seguintes fenômenos no *campo analítico*:

15. A *transferência psicótica* pode instalar-se de forma precoce, com muita dependência, e pode ser tenaz; porém é frágil e muito instável. É muito comum uma oscilação transferencial, de uma forte idealização alternada com denegrimento, em que o paciente acusa o analista de ser o único responsável por todos os seus males. Nessas condições, tudo será motivo para acusações: a tranqüilidade do analista será tomada como uma indiferença hostil, e assim por diante.
16. A *contratransferência* é muito difícil e penosa, não obstante o fato de que o analista, nessas condições, encontra-se em uma boa posição para observar os ataques do paciente contra os vínculos que o ligam aos objetos, já que ele próprio deve se ligar ao seu paciente.
17. As *resistências* aparecem sob três formas: uma enorme dificuldade em ingressar na posição depressiva, a formação de impasses, sobretudo a da tão temível reação terapêutica negativa, e o uso do recurso da "reversão da perspectiva", através do qual o paciente desvitaliza toda a atividade interpretativa do analista.
18. A "realização da loucura", segundo Bion, é o momento mais difícil e, ao mesmo tempo, o mais promissor da análise, porquanto a psicose parece emergir clinicamente, e o paciente apresenta estados de depressão, confusão, despersonalização, somatizações e atuações malignas, sem contar com a mobilização da preocupação dos familiares, os quais podem vir a pressionar o analista.

Comentários

Conquanto a experiência que Bion teve com as análises com os seus pacientes psicóticos tenha sido riquíssima do ponto de vista da investigação do psiquismo – tanto da patologia esquizofrênica adulta como da evolução psíquica desde o recém-nascido –, creio que algumas críticas podem ser feitas no tocante à prática clínica propriamente dita.

Uma leitura atenta das passagens clínicas que ilustram seus trabalhos teóricos dos anos 50 nos mostra um Bion que, pelo menos a meu juízo (e de forma alguma descarto a possibilidade de que me tenha faltado alcance ou sensibilidade), não parece estar muito contatado afetivamente com os seus pacientes. Pelo contrário, as suas interpretações soam como intelectualizadas e saturadas de conhecimentos teóricos prévios.

Vou exemplificar com uma breve vinheta de Bion (mesmo reconhecendo que pinçar um trecho isolado do contexto sempre representa o risco de se cometer injustiças contra o autor) (*Estudos psicanalíticos revisados*, p. 38): "Paciente: *Arranquei um pedacinho da pele do meu rosto e me sinto bastante vazio.* \ Bion: *O pedacinho de pele é seu pênis que o senhor arrancou fora e todas as suas entranhas vieram junto*". Aliás, o próprio Bion reconhecia que, quando ilustrava seus conceitos com material clínico, o mesmo não era bem aceito pelos congressistas.

Por outro lado, em *Conversando com Bion. Quatro discussões com W.R. Bion* (1992, p. 11) – conferências pronunciadas em Los Angeles em 1977 – Bion afirma que

> o paciente psicótico presta pouca atenção para uma comunicação, a menos que ela seja exatamente no comprimento de onda correto. Ele é muito preciso, muito exato, e não gosta de interpretações que estejam fora do facho; geralmente ignora-as como se elas nem tivessem sido ditas.

Em outras colocações, nessa mesma época, Bion reitera a necessidade de as interpretações serem formuladas em uma linguagem *a mais simples possível*, para que possam ser entendidas e "sentidas" pelo paciente. "Só que [completa Bion] eu não sei que tipo de linguagem deve ser usada" (p. 30).

A propósito da *linguagem,* Bion exemplifica com situações em que é difícil o analista entender o paciente psicótico porque nem sempre a linguagem deste é verbal, tal como entendemos habitualmente. Ele menciona um paciente que, ao não se sentir entendido, protestou, como forma de mostrar que o seu meio de comunicação era muito mais primitivo, de natureza não-verbal: "me dê um piano, e quando eu tocar a música, o senhor me entenderá". Em outra vinheta clínica, Bion relata uma situação em que outro paciente psicótico descrevia uma meia que lhe apertava o pé como "um monte de vazios presos por um barbante" (1967).

Assim, ainda em relação à linguagem, creio ser importante destacar que, muitas vezes, os analistas insistem para que o paciente verbalize determinada angústia que ele, o paciente, refere estar sentindo e não consegue traduzir com palavras. Não é raro que os terapeutas não se dêem conta de que, de fato, o analisando não está negando ou resistindo, simplesmente a angústia que ele sente é antiga, nunca adquiriu uma "representação palavra" (conceito de Freud), de modo que se trata de uma angústia que Bion denomina como *terror sem nome*; cabe justamente ao analista a tarefa de tentar decodificá-la e nomeá-la. A propósito, lembrei-me de um trecho de "*Os lusíadas*", em que essa terrível angústia sem nome está poeticamente bem expressa nestes belos versos de Camões: "Dias há em que em minha alma se tem posto \Um... não sei o quê \Que nasce...não sei onde \Que surge...não sei quando \E que dói...não sei por quê."

É interessante registrar que na 7ª Conferência pronunciada em São Paulo, em 1978, Bion propôs que é conveniente considerar que se pode também dividir os pacientes psicóticos como havendo um psicótico "insano" em contraste com um psicótico "são", utilizando os termos "são" e "insano" com uma ênfase em suas origens latinas "saudável e não-saudável" (1992a, p. 218). Creio que essa colocação de Bion indica que a diferença entre o psicótico são e o insano depende do espaço que a parte psicótica ocupa no *self* do paciente e da contraparte disso, ou seja, do quanto da parte não-psicótica está preservada.

Essas afirmações mais recentes de Bion contrastam com o tipo de interpretações que ele formulava naquela outra época, como mostram, por exemplo, alguns trechos que podem ser lidos nas ilustrações clínicas utilizadas nos artigos constantes de *Second thoughts* (*Estudos psicanalíticos revisados*, 1967).

Entendo que deva ter, naturalmente, ocorrido com Bion a mesma modificação notória que se passou com Rosenfeld e Segal, outros dois importantes psicanalistas kleinianos que analisaram pacientes esquizofrênicos. As ilustrações clínicas dos primeiros trabalhos de ambos mostram uma mesma forma de interpretar, voltada estritamente para as pulsões destrutivas – a inveja, prioritariamente –, sempre dirigidas a objetos parciais e com construções verbais muito complexas e abstratas, com o fito de traduzir, em palavras, as mais primitivas fantasias inconscientes do paciente. Esses dois autores foram gradualmente modificando o seu posicionamento psicanalítico a um ponto tal que, se formos ler, por exemplo, as partes finais de *Impasse e interpretação* (1988), de Rosenfeld, ficaremos com a nítida impressão de que estamos diante de um outro autor, mais brando, cauteloso, coloquial e respeitador das deficiências do ego do paciente regressivo.

Tanto Bion como Rosenfeld e Segal reconhecem os brilhantes frutos de investigação, em contraste com os questionáveis (para não dizer escassos) resultados psicanalíticos propriamente ditos. No entanto – e esta é a razão das reflexões que estou aqui tecendo – Bion representa um grande avanço na forma mais atualizada como se posicionam os psicanalistas que analisam pacientes psicóticos. Sua influência consiste justamente na progressiva ênfase que emprestou à pessoa real do psicanalista e na sua autêntica atitude interna, especialmente no que se refere aos atributos de amor à verdade e de respeito ao ritmo e às limitações do paciente, como é o caso da escolha de uma linguagem apropriada, da importância de o psicanalista ser um novo modelo de identificação para o seu paciente regressivo, através da introjeção de capacidades do psicanalista ("o seio bom pensante"), e pela postulação da noção de *rêverie,* ou de continente, por parte do psicanalista, a qual, como todos reconhecemos, é fundamental na análise dos pacientes muito regressivos.

Essas afirmativas estão de acordo com as reiteradas assertivas de Bion de que "as ações falam mais alto do que as palavras" e com os seus constantes assinalamentos de que, nas condições psicóticas, sempre houve a falta de uma mãe com boa capacidade de *rêverie* e que, pelo contrário, nesses casos ou a mãe estava ausente, perdida, evadida, destruída, ou estava presente, porém sem um amor adequado.

Outra reflexão que merece ser feita é a referente ao fato de que há uma certa imprecisão e ambigüidade semântica em Bion quando ele se refere aos termos "esquizofrênico", "psicose", "personalidades psicóticas" e/ou "parte psicótica da personalidade". É possível que essa impressão se deva a dois fatores: o primeiro, o fato de que a psiquiatria anglo-saxônia da época dava uma conceituação muito expansiva ao diagnóstico de esquizofrenia; o segundo, a influência de Klein, tanto quando ela descreveu a posição "esquizoparanóide" como quando denominou de "psicóticas" as angústias primitivas do bebê.

Essas considerações permitem uma outra reflexão: terá sido uma mera casualidade o fato de que o início dos trabalhos mais originais, despojados e criativos de Bion, na década de 60, tenham coincidido com o período que se seguiu logo após a morte de Melanie Klein?

10

Uma Teoria do Pensamento

Como vimos, as experiências com grupos despertaram em Bion o seu interesse por analisar psicóticos, e, no curso dessas análises, ele ficou fortemente mobilizado para se aprofundar nos problemas da linguagem e da origem e função dos pensamentos.

Diferentemente dos demais importantes autores seguidores de Klein, que referiam Freud segundo a óptica que ela tinha dos trabalhos dele, Bion estudava diretamente nos textos de Freud, como pode ser constatado nos seus artigos concernentes aos pensamentos. Dessa forma, em sua elaboração sobre a teoria do pensamento, Bion se inspira muito nas conceituações que Freud expôs em *Dois princípios do suceder psíquico*, de 1911, que trata do "princípio do prazer" e do "princípio da realidade", além de fazer citações de outras idéias de Freud, como as presentes nos trabalhos *Neurose e psicose*, de 1924, e o *O ego e o id*, de 1923.

Da mesma forma, Bion utiliza as concepções expostas por Klein em "O Desenvolvimento da Criança", de 1921 (ela, por sua vez, muito influenciada pelas idéias de Ferenczi, contidas em *Sobre o desenvolvimento do sentido da realidade*, de 1913), as quais se referem ao conflito que se estabelece na criança entre um inato impulso epistemofílico que busca o conhecimento da verdade *versus* o sentimento de onipotência.

Uma breve revisão de Freud. Vale a pena fazer uma síntese da teoria de Freud acerca dos pensamentos, porque, além de ter sido o grande inspirador de Bion, foi o primeiro a assinalar que havia a necessidade de se desenvolver um aparelho psíquico para lidar com um excesso de estímulos mentais, aparelho esse que pudesse elaborar de forma ativa esses estímulos que não podiam ser simplesmente descarregados.

Em *Dois princípios do suceder psíquico*, Freud afirma:

> a decepção ante a *ausência* da satisfação esperada motivou o abandono de sua tentativa de satisfação por meio de alucinações [como é, no bebê, a "gratificação alucinatória do seio"], e, para substituí-lo, o aparelho psíquico teve que decidir-se a *representar* intrapsiquicamente as circunstâncias reais do mundo exterior e tender à sua *modificação real*.

Pode-se verificar, portanto, que Freud tocou nos pontos essenciais da formação dos pensamentos: a ausência (ou privação) do objeto necessitado, a frustração, a impossibilidade real de compensar com uma gratificação alucinatória, a internalização do objeto faltante através de representações no ego e a busca de modificações do mundo real, através dos pensamentos e, a partir desses, por meio das ações.

A contribuição mais importante de Freud para a teoria das perturbações do pensamento foi a sua descrição totalmente original do "processo primário" e do "processo secundário". O primeiro está diretamente ligado às experiências de satisfação imediata das necessidades básicas, portanto inerente ao princípio do prazer. O "processo secundário", por sua vez, está ligado ao princípio da realidade, o qual determina a formação do pensamento, porquanto as exigências da realidade promoverão a criação do pensamento verbal, com a finalidade de adiar a descarga pulsional e de melhorar os estados de desamparo que decorrem das frustrações. Diante de novas exigências reais, o pensamento verbal da criança fica forçado a se desviar da sua função primitiva de adiamento da descarga motora e necessita abrir um novo caminho: o do autoconhecimento.

Por conseguinte, o pensamento, as emoções e o conhecimento são indissociáveis entre si, sendo que o pensamento precede o conhecimento, porquanto o indivíduo necessita pensar e criar o que não existe, ou seja, o que ele não conhece.

Bion utilizou todos esses elementos de Freud e, também enriquecido pela teoria kleiniana, fez algumas modificações e novos acréscimos, que surgem com mais consistência a partir, de 1962, dos trabalhos *Uma teoria do pensamento* e *Elementos de psicanálise*, de 1963.

Assim, Bion introduziu as seguintes concepções:

1. Da mesma forma que para Freud, também a teoria do pensamento de Bion tem como ponto de partida a *frustração* das necessidades básicas que é imposta ao lactante.

No entanto, para Bion, o essencial é a maior ou menor capacidade do ego do lactante de tolerar o *ódio* resultante dessas frustrações. Da mesma forma, considera fundamental, quando se trata do processo psicanalítico, se vai haver uma fuga em relação à frustração ou uma modificação dessa frustração.

2. Bion introduz a noção de que é necessário estabelecer a diferença que há entre *pensamento* (como substantivo/adjetivo) e "função de pensar" (como verbo).

Para tanto, estabeleceu uma distinção entre *elementos* do pensamento (elementos α, β, preconcepções, oníricos, etc.) e os pensamentos propriamente ditos. Assim, em *Uma teoria do pensamento*, de 1962, Bion formula a hipótese de que "o pensar é um desenvolvimento forçado sobre o psiquismo, pela pressão dos elementos dos pensamentos, e não o contrário". Daí decorrem algumas expressões muito empregadas por Bion e que, nos primeiros tempos, chocavam os leitores, como a do "aparelho para pensar os pensamentos", "pensamento sem pensador", "todo o pensamento é verdadeiro enquanto não for formulado por um pensador", "pensamento vazio", etc.

A conceituação de Bion a respeito de "pensamento sem pensador" pode ser sintetizada em sua afirmação pronunciada na 4ª Conferência de Nova Iorque, em 1977, na qual afirma que se trata "de um pensamento errante em busca de algum pensador para se alojar nele" (1992a, p. 131) e, a seguir, faz uma comparação analógica do "pensamento sem pensador" com a colocação de Pirandello na sua conhecida peça *Seis personagens à procura de um autor*.

O conceito de "pensamento vazio", por sua vez, corresponde a uma preconcepção que usamos sem ser capazes de imaginá-la, tal como a define Money-Kyrle (1968). Esse autor compara o "pensamento vazio" com uma palavra esquecida: se apresentam em nossa consciência várias palavras que rechaçamos imediatamente, até que apareça a palavra verdadeira e a reconhecemos logo. Da mesma maneira, o pensamento vazio seria uma forma que está esperando por um conteúdo. Assim, creio que cabe afirmar que "pensamento vazio" equivale a uma preconcepção que está à espera de uma realização.

3. Bion fala de "realizações", que consistem em experiências emocionais, positivas ou negativas, resultantes de frustrações da onipotência do lactante, o qual, por isso, precisa se voltar ao mundo real (daí real-ização). No entanto, é importante não confundir o conceito de "realização" com o de "realidade".

Ele toma como modelo o vínculo do bebê – que sempre tem uma preconcepção inata do seio – com a mãe que o amamenta. Na "realização positiva", há uma confirmação de que o objeto necessitado está realmente presente e atende às suas necessidades. No caso de uma "realização negativa", o lactante não encontra um seio disponível para a satisfação, ausência que é vivenciada como a "presença de um seio ausente e mau" dentro dele. Aliás, para Bion, todo objeto necessitado, em princípio, é sentido como sendo mau, porque, se o bebê o necessita, é porque não tem sua posse; logo, esses objetos são maus porque a sua privação provoca muito sofrimento.

4. Se a inata capacidade para tolerar as frustrações for suficiente, a experiência do "não-seio" torna-se um elemento do pensamento, melhor dizendo, um protopensamento, e desenvolve-se um aparelho psíquico para "pensá-lo". Isso está em sintonia com Freud, quando postula que o princípio da realidade é sincrônico com o desenvolvimento de uma capacidade para pensar.

No entanto, se a capacidade para tolerar a frustração for insuficiente, o "não-seio" – mau –, como assim foi internalizado, deve ser evadido e expulso, o que é feito através de um excessivo emprego do aparelho de identificações projetivas e de uma hipertrofia da onipotência.

No modelo proposto por Bion para ilustrar esse tipo de desenvolvimento, ocorre a formação de um psiquismo que opera sob o princípio de que a evacuação de um seio mau é equivalente à obtenção de um seio bom, e sabemos todos da freqüência e da importância que isso representa na clínica psicanalítica quando tratamos da "parte psicótica da personalidade".

5. Como se vê, as experiências de realização negativa são inerentes e indispensáveis à vida humana e podem resultar em dois modos de desenvolvimento: se o ódio resultante da frustração não for excessivo à capacidade do ego do lactante em suportá-lo, o resultado será uma sadia formação do pensamento, através do que Bion denomina "função α", a qual integra as sensações provindas dos órgãos dos sentidos com as respectivas emoções. Caso contrário, se o ódio for excessivo, os protopensamentos que se formam, denominados por Bion "elementos β", não se prestam à função de ser pensados, pois são tão abrumadores que precisam ser imediatamente aliviados, portanto descarregados, pela criança, através de uma agitação motora (e, no caso de pacientes, por meio de *actings*) ou pela via de *somatizações*, mas sempre com um exagerado uso expulsivo de identificações projetivas.

Os elementos β são, pois, *protopensamentos*, ou seja, são experiências sensoriais e emocionais muito primitivas e que adquirem uma natureza de "coisas em si mesmas", concretas, porquanto não puderam ser pensadas até um nível de conceituação ou de abstração, como é o destino dos elementos α.

É necessário frisar que, para Bion (1973, p. 36),

> não há evidência alguma para acreditar que os elementos beta e os elementos alfa existam, a não ser por uma espécie de metáfora, tal como chamá-los de átomos psicológicos, ou elétrons psicológicos.

6. Em decorrência do bombardeio das identificações projetivas, Bion intuiu que deveria haver um "continente" para poder contê-las; a partir daí, introduziu a importantíssima noção de capacidade de *rêverie* por parte da mãe real. Assim, a capacidade de tolerância que o bebê tem em relação às frustrações tanto depende de suas inatas demandas pulsionais excessivas como também, fundamentalmente, da mãe real externa, sendo que esses dois fatores são indissociados e constituem o modelo de Bion de "continente-contido", representado pelos símbolos ♀ ♂.

7. Para a formação e a utilização dos pensamentos, são necessárias as interações dinâmicas desse modelo ♀♂, como também as que se processam entre as posições esquizoparanóide e depressiva, representadas por Bion com as siglas PS ⇔ D.

Se os pensamentos serão utilizados de uma forma integrativa e estruturante ou de uma forma desintegrativa do ego, vai depender basicamente do modo da passagem de "PS" para "D". Assim, pode-se depreender que a essência da formação dos pensamentos úteis depende não só da capacidade de tolerância às frustrações como também da capacidade de suportar as depressões.

8. Unicamente através da elaboração exitosa da posição depressiva os pensamentos vão sofrendo sucessivas modificações progressivas, passando pelas oníricas, pelas preconcepções, pelas concepções, pelo conceito e pelo sistema dedutivo científico, até atingir o alto grau abstrativo do cálculo algébrico.

Da mesma forma, é o êxito da posição depressiva que possibilita a *formação de símbolos*, os quais substituem e representam todas as perdas inevitáveis no curso do desenvolvimento. É essa formação que permite a capacidade de generalização, de abstração e de criatividade.

9. A fim de reduzir ao máximo o número de teorias existentes para explicar os fenômenos mentais, Bion propôs a utilização do conceito de "função", termo que extraiu das ciências matemáticas, sem, no entanto, aplicar-lhe o mesmo significado estrito e específico. O ponto de equivalência entre ambos é que, em matemática, *função* alude a um elemento "variável" que satisfaz os termos de uma equação; do mesmo modo, a função α representaria uma incógnita à espera de uma realização para satisfazer-se.

Toda função é composta de fatores. Assim, por exemplo, pode-se dizer que uma personalidade funciona "psicoticamente" devido à conjugação de fatores como uma inveja destrutiva, identificações projetivas excessivas, etc. Bion deixa claro que um fator pode adquirir a dimensão de uma função, assim como qualquer função pode servir como fator de uma outra função. Ele chegou a propor a possibilidade de que as diversas teorias psicanalíticas fossem fatores de uma função comum: a observação da prática psicanalítica.

10. A função α é a primeira que predominantemente existe no aparelho psíquico (daí por que Bion a designou com a primeira letra do alfabeto grego) e é ela que, se for bem-sucedida (e isso vai depender essencialmente da capacidade inata de tolerar as frustrações), vai transformar as impressões sensoriais (visão, audição, tato, etc.) e as primeiras experiências emocionais (prazer ou dor) em elementos α.

Caso contrário, essas mesmas sensações e emoções permanecerão como estavam em seu estado nascente bruto, constituindo os elementos β, os quais se prestam unicamente a ser "evacuados" por meio da hipertrofia das identificações projetivas.

Comentários: através dessas identificações projetivas excessivas, creio, os elementos β exercem uma certa "função" de comunicação primitiva, porquanto provocam efeitos nos outros (no caso de uma análise, provocam um efeito de uma contra-identificação projetiva do analista).

Os elementos α, por sua vez, sendo processados pela função α, vão funcionar para as seguintes finalidades: pensamentos oníricos, pensamentos inconscientes da vigília, produção de sonhos, memória e funções intelectivas.

11. Os *elementos* α proliferam e se aderem entre si, formando um conjunto que Bion, inspirado em Freud, denomina "barreira de contato", o qual, à moda de uma membrana osmótica semipermeável, exerce as importantes funções de demarcar tanto um contato como a separação e o intercâmbio entre o consciente e o inconsciente e entre o mundo real externo e o interno, impedindo que um invada o outro. Assim, a "barreira de contato" se assemelha ao ato de sonhar como guardião do sono e, além disso, propicia a capacidade de o indivíduo estar dormindo ou acordado e de ter a noção do presente discriminado do passado e do futuro.

Comentários: é necessário lembrar que em "Projeto de uma Psicologia Científica", de 1895, Freud, ao estudar o aparelho psíquico, incluiu a noção do que chamou de "barreira de contato", que, em parte, alude à função da paraexcitação da mãe em relação às demandas pulsionais do seu bebê. Freud nunca mais retornou a esse conceito, que foi retomado por Bion com a mesma denominação, embora com uma conceitualização algo diferente.

12. Os elementos β, por sua vez, se proliferam e, sob a forma de uma aglomeração – sem integração e vinculação entre si –, constituem o que Bion chamou "pantalha (ou tela) β", a qual, ao contrário da "barreira de contato", não possibilita nem uma diferença entre o consciente e o inconsciente, entre a fantasia e a realidade, nem a elaboração de sonhos. Clinicamente, isso se manifesta através de estados mentais confusionais no paciente ou de um estado de confusão semelhante que ele consegue provocar nos outros, acrescido do fato de que nesses casos a linguagem não é utilizada para comunicar, mas sim para produzir efeitos.

13. Nos *pacientes psicóticos*, prevalecem a formação de uma pantalha β sobre a de uma barreira de contato e a posição esquizoparanóide sobre a posição depressiva; isso determina que não se processe a capacidade de formação de símbolos, os quais são substituídos por "equações simbólicas", tal como foram descritos por Segal (1957). Por essas duas razões, o pensamento de um esquizofrênico não consegue conceituar, generalizar, abstrair ou discriminar; pelo contrário, os pensamentos adquirem uma materialização concreta, como se fossem coisas que podem causar danos reais e que precisem ser expulsas para fora, como uma evacuação. Da mesma forma, os pensamentos do paciente esquizofrênico não conseguem atingir uma *síntese* (estacionam ao nível da *síncrese*), e restam não mais do que um conjunto de protopensamentos que, seguindo o mesmo destino das coisas materiais, só podem ser aglomerados, prensados, dilacerados, entesourados, expulsos, etc.

Além disso, forma-se uma hipertrofia do aparelho psíquico que processa as identificações projetivas, ao mesmo tempo que o pensamento adquire uma onipotência e um caráter mágico sincrético, pelos quais as coisas parecidas ficam sendo significadas como se fossem iguais. O "pensamento vazio", que predomina nos psicóticos, alude ao fato de que os primórdios protomentais do pensamento ainda não adquiriram um significado, uma simbolização, um sentido e, muito menos, um nome; ele está vazio e, por isso mesmo, nas situações de angústia, vem acompanhado de um estado psíquico que Bion denomina como "terror sem nome". Ademais, nos esquizofrênicos, a aglomeração e a superposição dos elementos β costumam gerar a conhecida fala do tipo "salada de palavras", vazia de sentido e de significação.

De modo genérico, creio que se pode dizer que, no pensamento predominantemente psicótico, existe um desvirtuamento de certas funções nobres, com a capacidade para pensar sendo substituída pela *onipotência;* o aprendizado com a experiência, pela *onisciência;* e o reconhecimento da dependência e da fragilidade, pela *prepotência*. No lugar de uma disponibilidade para conhecer as verdades, fica um estado de certa confusão na mente do paciente, em vez de um superego, instala-se um *supraego* (ou *"super"superego)*, de modo que esse tipo de paciente, partindo da idéia de que tudo sabe, pode e controla, faz as suas próprias leis e espera que o mundo exterior se curve diante delas.

14. Além dessas duas formações, a dos elementos α, que determinam uma exitosa evolução e utilização dos pensamentos, e a dos elementos β, que se prestam unicamente a ser evacuados, Bion postulou uma terceira possibilidade, que veio a denominar como "reversão (ou inversão) da função α". Este último conceito alude ao fato de que, em muitos casos, a função α já teve início, mas enfrenta tal *dor psíquica* que recua e produz elementos β, diferentes dos elementos β originais, porquanto aqueles guardam vestígios do superego e do ego e, por isso, estão mais relacionados com o conceito de "objetos bizarros".

Nos casos de uma "reversão da função α", os conceitos regridem em uma direção contrária à do desenvolvimento normal dos pensamentos: assim, partindo do pensamento normal, o indivíduo pode regredir ao pensamento concreto (elementos β) e, daí, regredir ainda mais ao nível de linguagem das sensações psíquicas corporais, como acontece nos distúrbios psicossomáticos. Segundo Meltzer (Revista *IDE*, n. 18, 1989, p. 105), "essa é a melhor das teorias psicossomáticas".

Clinicamente, os elementos β resultantes da "reversão da função α" seguem três destinos: ou se descarregam dentro do *corpo* (como nas somatizações ou nos sintomas das crianças hiperativas), ou pelos órgãos dos *sentidos* (retornam sob a forma de alucinações), ou pela *ação* (*actings* ou conversas sem sentido, por exemplo).

15. Contra a opinião corrente de que o pensar é que produz o pensamento, Bion considerava que os pensamentos (melhor dizendo, os protopensamentos), tanto em sua gênese como epistemologicamente, são anteriores à capacidade para pensar. Assim, começou a classificar os pensamentos segundo o seu desenvolvimento cronológico, principiando pela *preconcepção*; Bion citava como um modelo disso a expectativa inata que o bebê tem por um seio.

Quando uma *preconcepção* encontra uma realização positiva, forma-se uma *concepção*, com uma qualidade sensório-perceptiva. Quando sofre uma realização negativa, forma-se um *pensamento*, como uma sadia solução do "problema a resolver", que surge com a primeira noção da ausência do objeto necessitado.

As concepções e os pensamentos evoluem de uma forma indissociada entre si. A correlação entre as concepções promove os *conceitos;* a relação entre os conceitos, estabelecendo as diferenças e tirando as conclusões entre o verdadeiro e o falso, forma a capacidade de *julgar*; e o enlace entre os juízos diferentes, em que o último deriva do primeiro, faculta a capacidade de *raciocinar*.

16. Bion tentou criar um modelo que, a exemplo dos músicos, permitisse aos psicanalistas fazer a notação gráfica dos elementos de psicanálise, mais especificamente a dos pensamentos. Para tanto, ele propôs a "grade", que consiste em um sistema cartesiano composto por dois eixos: um vertical, com seis fileiras, denominado *eixo genético* porque permite a anotação da *evolução* seqüencial do pensamento desde os protopensamentos até os da mais alta abstração científica, e outro, horizontal, composto por oito colunas, que possibilita o reconhecimento e a notação de como é a *utilização* dos distintos níveis do pensamento.

A despeito das deficiências e dos inconvenientes que o modelo da grade representa – tal como está exposto no próximo capítulo –, não resta dúvida de que ele propiciou ao psicanalista uma atenção mais detida à gênese, ao nível de evolução e ao modo de utilização dos pensamentos, tanto do paciente como dele próprio. Assim, na prática clínica, de acordo com Bion, a transformação da experiência emocional intolerável em algo tolerável só é possível através do pensamento, e, por essa razão, é de grande utilidade prática que o analista localize em qual subestágio da evolução está detida a capacidade de pensar do seu paciente. Se este último aspecto não for levado em conta, as interpretações do analista podem resultar ineficazes, embora estejam corretas do ponto de vista do entendimento.

17. Bion estudou a relação entre o pensador e os pensamentos sob o modelo continente-conteúdo (♀♂), que pode adquirir três formas. A primeira é a *parasitária*, na qual o pensador e o pensamento novo se desvitalizam, se destroem entre si e se nutrem de mentiras que funcionam como uma barreira contra a verdade. A segunda é a do tipo *comensal*, em que o pensador convive com o seu pensamento sem grandes atritos e, se não impede a evolução, também não possibilita grandes avanços. A terceira forma é a *simbiótica*, pela qual o pensador e o pensamento se harmonizam e se beneficiam mutuamente.

18. É útil retomar aqui a importância fundamental que Bion atribui à capacidade de *rêverie* da mãe externa, real. Se ela for capaz de conter as angústias do bebê e ao mesmo tempo prover as necessidades que o seu filho tem de leite, calor, amor e paz, tanto as realizações positivas como as negativas serão utilizadas para este "aprender com a experiência"

– o qual requer o enfrentamento e a modificação da dor – e para promover o crescimento mental. Caso contrário, as fortes cargas emocionais resultantes das realizações negativas, e que foram projetadas na mãe, não vão encontrar um continente adequado e serão reintrojetadas pela criança sob a forma de um "terror sem nome" que leva a uma evitação da dor depressiva, um importante fator de inibição do crescimento psíquico.

Nos casos em que não se forma a "capacidade de aprender com a experiência", ela é substituída pela onipotência e pela onisciência, e tanto se perdem as diferenças entre o verdadeiro e o falso como também se cria um *"super" superego* que cria e dita as suas próprias leis morais e quer impô-las aos outros.

19. Um importante sinal positivo da evolução do pensamento é quando ele se traduz numa "ação de pensar", que, segundo Bion, repousa neste quarteto: *correlação*, *senso comum*, *publicação* e *comunicação*.

20. Acima de tudo, o importante é que a capacidade de *rêverie* da mãe será introjetada pela criança como uma importante capacidade própria desta, e o contrário disso também é verdade.

Comentários: embora hoje possa parecer uma obviedade, de tão simples, Bion teve a genial intuição de modificar a concepção linear e seqüencial que tiveram tanto Freud (a passagem do princípio do prazer para o da realidade) como Klein (a passagem da posição esquizoparanóide para a depressiva). Assim, ele concebeu uma presença sincrônica e interativa de todas essas etapas no curso de toda a vida de qualquer indivíduo.

Isso lhe possibilitou dividir o psiquismo em uma parte protomental (não-simbólica) e uma mental (simbólica) ou, da mesma forma, uma parte psicótica e outra não-psicótica da personalidade, e, na época em que estudava os processos do pensamento, passou a admitir uma posição intermediária entre ambas. Essa concepção facilitou bastante a observação dos fatos que se passam na prática psicanalítica e que serviram de fundamento clínico para Bion, apesar do alto grau de abstração e complexidade e também de alguma especulação filosófica, que tornam relativamente difícil a sua leitura.

Não obstante, a teoria do pensamento de Bion encontra um campo de aplicação prática, como ilustram os apontamentos que seguem.

– Desde esses trabalhos de Bion, os psicanalistas estão mais atentos aos níveis de pensamento e de linguagem utilizados não só pelo paciente como por eles próprios. A psicanálise fez, então, uma sutil mudança de direção: mais do que o objetivo único de tornar consciente o conflito inconsciente, o interesse passou a ficar mais centrado no intercâmbio comunicativo entre essas duas instâncias psíquicas e na necessidade de o paciente passar de um modo de funcionamento de processo primário para outro, de processo secundário.

– Em pacientes mais regressivos, cresce de relevância a pessoa do psicanalista, tanto no que se refere à função de ser "continente" como à de "ensinar" o paciente a pensar com elementos α. Para Bion, o pensar é sobretudo uma função de criar significados e de estabelecer correlações em um mundo de significados. "Ensinar" a pensar consiste em auxiliar o paciente a mudar a necessidade de "evacuar um seio mau" pela presença de um "seio bom pensante", isto é, mudar a identificação projetiva excessiva pela capacidade de conter e pensar.

– O pensar consiste em uma *visão binocular*, ou seja, uma integração de perspectivas diferentes, tal como uma imagem, que não se forma a partir do olho direito ou do esquerdo, mas de uma conjunção de ambos.

– A diferença que Bion estabelece entre "os diversos tipos dos pensamentos" permite estabelecer, na clínica, dois níveis em relação à patologia do pensamento. O primeiro nível, em que predomina a formação e a presença não integrada dos pensamentos, é mais característico dos *pacientes psicóticos*. No segundo nível, há a integração dos pensamentos, porém a patologia da utilização dos pensamentos propriamente ditos pode ser encontrada nas neuroses obsessivas ou nas personalidades narcisistas, por exemplo.

– Há um aparente paradoxo na teoria de Bion: é a frustração (não excessiva) que mobiliza a capacidade para pensar, porém o pensar somente se desenvolve mediante uma tolerância às frustrações. O pensamento é doloroso desde a sua origem mais primitiva, porquanto o primeiro pensamento útil (α) surge quando se aceita a dor da frustração, em vez de simplesmente evacuar a presença interna do "não-seio" sob a forma de elementos β.

– Talvez a tarefa mais importante do psicanalista seja capacitar o seu paciente a não *evadir* as frustrações, mas sim tentar *modificá-las*. Os pacientes que usam sistematicamente uma forte predominância de evasão das frustrações e das verdades intoleráveis enfrentarão a análise com arrogância, onipotência e onisciência. Nos casos mais regressivos, o modo de pensar está impregnado com premonições, vaticínios antecipatórios e vacilações, ao mesmo tempo em que eles usam a "memória" para explicar o passado, com o "desejo" procuram antecipar o futuro e, com a "compreensão", procuram racionalizar o presente. É claro que no vínculo analítico também o psicanalista não está imune a apresentar algum grau desse prejuízo na utilização dos pensamentos.

– A teoria dos pensamentos, de Bion, tem uma grande aplicabilidade prática e favorece bastante o entendimento dos pacientes muito regressivos, assim como dos problemas ligados às interpretações do analista e da manifestação de atuações e somatizações.

A teoria de Bion a respeito do pensamento tem servido como fonte de inspiração para o desenvolvimento de novos trabalhos originais sobre esse importantíssimo assunto. Um bom exemplo disso se constata na obra do psicanalista britânico Kyrle, que foi analisando de Klein e um dos mais brilhantes continuadores das idéias de Bion. Em alguns artigos constantes do livro *The collected papers of Roger Money-Kyrle*, especialmente no trabalho que, traduzido, é intitulado "O Desenvolvimento Cognitivo" (1968), esse autor traça quatro estágios da evolução conceitual do pensamento, desde as vivências mais primitivas de uma primeira etapa até o quarto estágio, no qual se formam as inconscientes concepções distorcidas (*misconceptions*), sendo que Kyrle estabelece inter-relações entre os processos do pensamento e os do conhecimento.

As concepções de Bion acerca das vicissitudes do pensamento merecem ser complementadas com outros vértices de abordagem, como aqueles propostos por Piaget* e por Matte Blanco. Piaget é um epistemólogo suíço que estudou a cronologia do desenvolvimento cognitivo desde os primórdios do pensamento, a partir de sua concepção de uma evolução neurobiológica constante de sucessivas passagens, predeterminadas geneticamente, de uma estrutura para uma outra, mais desenvolvida. (Sobre esses aspectos, há um excelente artigo da psicanalista britânica Anne Marie Sandler [1990] intitulado "Comentários sobre o Significado de Piaget para a Psicanálise".)

Em relação a Matte Blanco, psicanalista chileno que fez formação em Londres e atualmente reside em Roma e que contribuiu com um artigo para o livro em homenagem a Bion, *Do I disturb the universe?*, é necessário destacar suas importantes contribuições, que começam a ser reconhecidas por todos os psicanalistas interessados nos processos do pensamento e do conhecimento. Assim, Matte Blanco (1988), através da relação que estabelece en-

---

*Há um bom resumo de Piaget no artigo de Rayner [1980]: "Experiências Infinitas: Uma Abordagem da Contribuição de Matte Blanco à Teoria Psicanalítica".

tre a matemática e a psicanálise – tal como Bion procedeu muitas vezes –, parte dos princípios dos "conjuntos infinitos do inconsciente" e das "estruturas bilógicas", fundamentadas nos pensamentos "simétricos e assimétricos", e chega aos conceitos de pensar, imaginar, sentir e ser.

Entre tantos outros colegas que, inspirados em Bion, estudaram e publicaram trabalhos sobre a origem e a função de pensar, também eu tenho um trabalho – "Nossos Pacientes Sabem Pensar?" –, publicado na *Revista do CEP de PA*, edição especial de outubro de 1999, em que reviso as contribuições dos principais autores e teço considerações acerca da normalidade e da patologia da forma de os pacientes (e também nós, analistas) utilizarem os pensamentos.

11

A Grade

Durante a quarta "discussão" que manteve com um grupo de Los Angeles, ao responder a uma pergunta relativa ao modo como ele fazia as anotações dos seus pacientes, Bion assim respondeu (1992a, p. 57):

> Eu não faço. De tempos em tempos, costumava manter anotações, mas depois, quando olhava para elas, o que via? Terça-feira. Mas sobre que diabo é isto? Não tenho a menor idéia. Gostaria de tomar uma nota que, pelo menos, me lembrasse algo. Então, a primeira precondição é ser capaz de ver, ouvir, cheirar, sentir algo que possa ser relembrado, mas não sei qual é a notação que devemos usar. Se eu fosse um arquiteto, poderia desenhar ou pintar isto. Se eu fosse um músico, poderia compor uma peça musical. Mas o que os psiquiatras têm a fazer a respeito disso?

A transcrição desse trecho serve como um atestado de que Bion nunca se conformou com o fato de não termos um sistema de notação fiel, como a dos músicos, por exemplo. Da mesma forma, ele tinha uma determinação obstinada em simplificar a psicanálise, propondo que os analistas tivessem um menor número de teorias psicanalíticas e que as trocassem por uma discriminação judiciosa dos estritos elementos isolados que, em combinação, compõem os diferentes fenômenos do processo psicanalítico.

Assim, partindo da idéia de que com umas poucas letras se podem formar milhares de palavras, Bion afirmava que (1963, p. 18):

> Do mesmo modo, os elementos que eu busco hão de ser tais que com uns poucos se expressem, através de variações em suas combinações, quase todas as teorias essenciais para o analista em exercício.

Mais adiante, ele complementa essa posição, afirmando que tal exercício imaginativo está próximo da atividade do músico que pratica escalas e exercícios, os quais não estão diretamente relacionados com uma peça musical, mas sim com os *elementos* dos quais toda peça musical está composta.

Portanto, antes de nos aprofundarmos na grade, é necessário esclarecer a concepção de Bion acerca dos "elementos da psicanálise".

ELEMENTOS

É útil começar estabelecendo uma diferença conceitual entre "elementos de psicanálise" e "objeto psicanalítico". Para Bion, o conceito de "elemento de psicanálise" é comparável ao de uma molécula composta por vários átomos ou elementos psicanalíticos simples, isto é, unidades de idéias e sentimentos que se passam no vínculo entre analista e paciente e que podem estar representadas em uma única categoria da grade. O conceito de "objeto psicanalítico", por sua vez, alude às associações e interpretações – com extensões ao domínio dos sentidos, do mito e da paixão –, que, por serem combinações mais complexas, necessitam de três categorias na grade para a sua representação.

A etimologia da palavra "elemento" remonta o vocábulo latino *elementum*, o qual designa as letras do alfabeto, que, em combinação, formarão palavras, as quais formarão frases, etc., da mesma forma como os elementos de psicanálise, em diferentes combinações, qual um caleidoscópio, formarão múltiplas e variadas situações psíquicas no vínculo analítico.

Em uma forma simplificada, pode-se dizer que Bion relacionou como essenciais os seguintes sete elementos de psicanálise:

1. a relação continente-conteúdo ($♀♂$);
2. a relação entre a posição esquizo-paranóide e a posição depressiva (PS $\Leftrightarrow$ D);
3. os vínculos L, H e K;
4. a relação entre a razão (R) e a idéia (I);
5. as emoções, especialmente a dor psíquica;
6. as transformações nos inter-relacionamentos;
7. a interação entre narcisismo e socialismo.

No Capítulo 3 de *Elementos de psicanálise*, Bion propõe estender os elementos psicanalíticos e os objetos psicanalíticos que deles se derivam para as três dimensões: a dos sentidos, a dos mitos e a das paixões.

O domínio dos órgãos dos *sentidos* é obviamente importante, mas não deve ser o único, porquanto a captação predominante, por meio da sensorialidade do psicanalista, prejudica a sua sensibilidade intuitiva.

A dimensão dos *mitos* deve ser entendida segundo a visão de todo mito universal como uma extensão coletiva dos mitos de que cada indivíduo, separadamente, é portador. Creio que se pode dizer que os mitos universais – como o de Édipo, por exemplo – têm, no fundo, a função de servir como um "fato selecionado" que dê expressão e coerência aos caóticos mitos privados de cada um. Trata-se, portanto, de enunciados de um mito pessoal, e Bion se refere a esse domínio como a dimensão do "como se", tal como aparece em *Elementos de psicanálise* (1963).

A dimensão das *paixões* abarca tudo o que é derivado e está compreendido entre L, H e K. Afirma Bion que o termo "paixão" representa uma emoção experimentada com intensidade e calidez, ainda que sem nenhuma sugestão de violência: o sentido de violência não deve ser expressado pelo termo "paixão", a menos que esta esteja associada com o sentimento de voracidade. A evidência da presença da paixão que pode ser proporcionada pelos sentidos não deve ser tomada como a dimensão da paixão, porquanto esta pertence ao domínio da extra-sensorialidade; e, mais ainda, a paixão do analista deve ser claramente distinguida da contratransferência. Na verdade, o significado da palavra "paixão", tal como é empregada por Bion, está mais próximo do que está contido em sua etimologia; "paixão" (como também "com-paixão") deriva de *pathos*, portanto alude a um estado de sofrimento profundo, que transcende a sensorialidade (como na "Paixão de Cristo").

Meltzer (1994, p. 214), ao se referir ao "estado de paixão" tal como foi descrito por Bion, faz a interessante ressalva de que

> as paixões representam estados de turbulência que surgem do impacto paradoxal de uma emoção intensa sobre outra e que produzem uma turbulência em razão do conflito com idéias previamente estabelecidas acerca do significado das ditas emoções.

GRADE

Bion se propôs a criar um sistema de notação científica a partir dos elementos da psicanálise, os quais abrangem vários níveis e usos dos pensamentos, além das emoções correlatas. A escolha do termo "elemento" não foi casual; antes, ela deve ter raízes na matemática (os "elementos" do matemático grego Euclides) e na química (a postulação de que os elementos simples, como os átomos, se combinam para

	Hipóteses definidoras 1	ψ 2	Notação 3	Atenção 4	Investigação 5	Ação 6	... n
A Elementos β	A1	A2				A6	
B Elementos α	B1	B2	B3	B4	B5	B6	... Bn
C Pensamentos oníricos, sonhos, mitos	C1	C2	C3	C4	C5	C6	... Cn
D Preconcepção	D1	D2	D3	D4	D5	D6	... Dn
E Concepção	E1	E2	E3	E4	E5	E6	... En
F Conceito	F1	F2	F3	F4	F5	F6	... Fn
G Sistema dedutivo científico		G2					
H Cálculo algébrico							

formar as moléculas). E foi justamente inspirado na matemática – através do uso de um sistema cartesiano de coordenadas – e na química – pela aplicação da tabela periódica dos elementos químicos de Mendelaiev – que Bion criou o modelo da grade.

Destarte, a grade é composta por uma coordenada vertical e uma outra horizontal, sendo que as respectivas fileiras e as colunas formam casas que são ocupadas pelos diferentes enunciados.

É necessário esclarecer que Bion criou a grade para uso exclusivo do psicanalista, e para que este a usasse unicamente fora da sessão, com os seguintes propósitos:

1. dispor de um método científico de notação dos fenômenos que se passaram na sessão de análise, assim substituindo as anotações trabalhosas, que logo perdem o sentido, por um pensamento criativo;
2. possibilitar uma comunicação semântica mais precisa dos psicanalistas entre si, ou de um autor com os seus leitores, como Bion empregou com freqüência;
3. propiciar que o psicanalista seja "supervisor" de si mesmo, estimulando o exercício da reflexão psicanalítica no sentido de avaliar de forma mais clara se está havendo um crescimento, uma estagnação ou uma involução do seu paciente;
4. visualizar o nível e a qualidade de utilização dos pensamentos, tanto por parte do paciente como do próprio analista, e, principalmente, da comunicação entre ambos;
5. situar qualquer tipo de manifestação clínica desde os simples aos mais complexos, tanto os que se expressam em linguagem verbal com em não-verbal (gestos, *actings*, etc.);

6. facilitar o entendimento epistemológico de certos modelos psicanalíticos, como o das narrativas dos mitos; Bion utilizou bastante a grade para reestudar aprofundadamente o mito de Édipo a partir de vértices diferentes dos que conhecemos em Freud, tal como será descrito mais adiante, neste capítulo.

Assim, no modelo gráfico da grade, o *eixo vertical*, composto por oito fileiras, desde a letra A até a letra H, é denominado *eixo genético*, tendo em vista que cada fileira enuncia um estágio do desenvolvimento do pensamento. O *eixo horizontal* é formado por seis colunas, embora Bion, para não vir a ser acusado de dogmático, tenha acrescentado, após a sexta coluna, a designação "...n", para assim caracterizar a grade como um sistema aberto e permitir que cada psicanalista fizesse os seus próprios acréscimos e modificações. Esse eixo horizontal pode ser denominado como o *eixo da utilização* (dos pensamentos).

Como se vê, a grade resultante do cruzamento das oito fileiras com as seis colunas forma 48 casas, quase todas preenchidas com enunciados categóricos; algumas, no entanto, ficaram em aberto (tal como na tabela periódica do químico Mendelaiev), à espera de um possível futuro preenchimento.

No *eixo genético*, os diferentes estágios do pensamento são designados pelas oito fileiras, com as letras e respectivos significados a seguir descritos.

Fileira A – compreende os elementos β, ou seja, os protopensamentos, os quais, por não terem a condição para fazer discriminações, confundem o animado com o inanimado, o concreto com o abstrato, o sujeito com o objeto, o consciente com o inconsciente, a realidade do mundo externo com a fantasia do mundo interno, o símbolo com o simbolizado, o moral com o científico, etc. Assim, a fileira A não contém elementos que não estejam saturados.

Os elementos β servem unicamente para ser evacuados, de forma que, clinicamente, são próprios das psicoses e necessitam do *rêverie* materno para evoluir à condição de elementos α e, assim, ser liberados através da verbalização. Para ilustrar o conceito de "evacuação de elementos beta", com a grade, pode-se dizer que o encontro de A com 1 – A1– representa um estado de *atuação* do paciente, ou seja, uma descarga motora que substitui sua incapacidade para pensar.

Particularmente penso que, na situação analítica, a evacuação dos elementos beta na mente do analista, se este estiver preparado para recebê-la, pode exercer, através dos "efeitos contratransferenciais", uma importante *função* – a de uma *comunicação primitiva* de sentimentos que o paciente não tem condições de expressar com a linguagem verbal.

A partir daí, também me ocorre que o encontro da fileira A com a coluna 3 – A3 – possa ter o importante significado de uma *notação* (uma espécie de arquivo de registro de memórias) de primitivas *inscrições de elementos beta*.

Fileira B – corresponde aos elementos α, que se formam como resultado do trabalho efetuado pela abstrata função α sobre os dados das impressões sensoriais (provindas dos órgãos dos sentidos) e das precoces experiências emocionais, e podem ser armazenados como pensamentos incipientes. Os elementos α possibilitam que o indivíduo tenha o que Freud chamou de "pensamentos oníricos".

Fileira C – representa os fenômenos compostos pelos pensamentos oníricos com imagens visuais, como nos sonhos e nos devaneios, e pela a construção de mitos, tanto os privados (tecidos com as constelações das fantasias inconscientes de cada um) como os mitos universais (o de Édipo, por exemplo). Particularmente, pergunto-me se a fileira C não equivale à "zona da criatividade", própria do "espaço transicional", tal como concebido por Winnicott. Igualmente, creio que o importante conceito de Bion acerca do surgimento de *ideogramas* na situação analítica deve ser enquadrado nessa fileira.

Fileira D – corresponde à *preconcepção*, um estado mental de expectativa voltada para uma gama restrita de realizações. O protótipo disso é a expectativa inata de um seio pelo recém-nascido, ou, como um outro exemplo, a preconcepção edípica que a criança tem de relação entre os seus pais. Na situação analítica, penso que D4 representa o "estado mental do analista", ou seja, antes de interpretar, ele enfoca uma "atenção" (4) numa "preconcepção" (D).

Fileira E – no caso em que a preconcepção é "fecundada" por uma realização positiva de natureza sensorial, gesta-se uma "concepção".

Fileira F – as concepções, quando adquirem uma dimensão de abstração, caracterizam a formação de *conceitos*, os quais servem para definir aqueles enunciados que previamente existiam isolados, mas que agora, como conceitos, aparecem sob a forma de teorias, por exemplo.

Fileira G – está representada pelos *sistemas dedutivos científicos*, que se formam através de uma combinação lógica de conceitos, de hipóteses e de teorias.

Fileira H – reúne os elementos do pensamento em um grau de abstração tal que se prestam aos cálculos algébricos.

As fileiras A e B não são propriamente "elementos" de psicanálise, porquanto os elementos α e β não se manifestam diretamente na clínica e não são mais do que abstratas hipóteses teóricas. Ou, nas palavras do próprio Bion (1973, p. 36):

> não há evidência alguma para acreditar que os elementos β e os elementos α existam, a não ser por uma espécie de metáfora, tal como chamá-los de átomos psicológicos, ou elétrons psicológicos.

As fileiras G e H não têm maior aplicação na prática clínica, porém são necessárias aos trabalhos de investigação sobre essa mesma prática clínica.

Em relação ao eixo horizontal – o da *utilização* – os diferentes usos do pensamento são designados pelas seis colunas, enumeradas de 1 a 6, conforme descrito a seguir.

Coluna 1 – *hipótese definitória*, que alude a uma situação pela qual o pensamento que é formulado se define como o verdadeiro, tanto para o paciente como para o analista. A hipótese definitória tem tanto um caráter negativo como um positivo. No primeiro caso, o enunciado definidor pode ser rígido e excluir tudo o que não estiver incluído na sua designação (no caso do psicanalista, este pode utilizar o seu enunciado como se fosse o "dono da verdade"; no caso do paciente, este pode usar a sua hipótese definitória a serviço de uma "reversão de perspectiva" das interpretações do analista). A hipótese definitória pode ser *positiva* na medida em que funciona como um "fato selecionado" inicial, isto é, dá uma ordem e integração a um anterior desordenamento caótico dos pensamentos (Bion exemplifica com uma situação de uma série de manifestações e de sintomas dispersos que o analista define para o paciente, como prever um estado de "depressão", por exemplo).

Coluna 2 – representada pela letra grega ψ (psi), provavelmente como uma alusão à "mentira", que Freud descreveu na psicopatologia histérica em *Projeto para uma psicologia científica para neurólogos*, de 1895. Assim, a coluna 2 designa os *enunciados mentirosos* ou *falsos*, que podem ocorrer separadamente, por parte do paciente ou do psicanalista, ou, como é muito freqüente, por um conluio de falsidade existente entre ambos na situação analítica. As falsidades são utilizadas para fugir das verdades penosas e do risco de uma mudança catastrófica, portanto a coluna 2 também significa o uso de resistências.

Coluna 3 – representa as categorias empregadas para registrar um fato, de forma a cumprir a função de *notação* e de armazenamento de dados que possam ser evocados pela *memória*.

Coluna 4 – representa a função de *atenção* do que se passa no meio ambiente, em um nível que vai além da mera sensorialidade, de forma que ela se institui como uma atividade indispensável à importante função de discriminação. Essa coluna enuncia também a "atenção flutuante", como foi descrita por Freud, e permite que o analista seja receptivo ao "fato selecionado", o qual possibilita dar ordem ao caos e assim preparar as interpretações.

Coluna 5 – designa a importante utilização da *investigação* dirigida para um aspecto particular dos fatos acontecidos, através do emprego de indagações por parte do analista e do paciente. O protótipo dessa coluna está contido no mito de Édipo, tanto por aludir à insistência com que este levou a cabo sua investigação como pelo fato de que foi através da investigação do mito edípico que Freud abstraiu a teoria psicanalítica.

Coluna 6 – refere-se ao uso dos pensamentos através das ações, as quais, conforme o vértice contextual da situação analítica, se traduzem como sendo tanto de natureza negativa como positiva. As ações são negativas quando se manifestam, por exemplo, sob a forma de *actings* malignos que expressam tão-somente uma descarga de elementos β na conduta (nesse caso, a categoria da grade é A6). A ação é considerada positiva na análise quando, por exemplo, a atividade interpretativa do psicanalista logra um êxito no paciente, de modo a transformar o seu pensamento em uma ação adequada e progressiva. Por sua vez, prosseguindo num livre exercício, ainda a título de exemplificação, penso que a "interpretação", na situação analítica, corresponde a F6, visto que é uma "ação" (6) que consiste em passar de um pensamento conceitual (F) para a formulação verbal.

A evolução de A até H, à luz da relação continente-contido, revela uma relação mútua entre as sucessivas categorias, em que cada uma depende das modificações que se processam na categoria anterior e predispõe a transformação da categoria seguinte. Por um lado, a interação entre as diversas alternativas de cada uma das categorias da grade, tanto as que procedem separadamente do analista (ou do paciente) como a de uma inter-relação de cada um deles com o outro, permite um leque muito amplo de possibilidades, a partir de vértices diferentes. Por outro, muitas casas da grade – nas fileiras A, G, H – não foram preenchidas por Bion, pois ainda não comportam um lugar na lógica vigente que esse modelo possibilita.

A fileira G está preenchida unicamente na casa G2, e um bom exemplo do seu enunciado, como foi dado por um colega de um grupo de estudos, é o seu entendimento segundo um modelo que mostra a possibilidade de que, quando uma alta abstração científica – a teoria de Ptolomeu, por exemplo – está a serviço de uma mentira (para assegurar a crença religiosa de que o planeta Terra era o centro do universo), e, para mantê-la, foi necessário mover uma perseguição a Copérnico, Galileu e Giordano Bruno.

É útil esclarecer o fato de que Bion não preconizou o uso da grade de forma única e com enunciados bem definidos; pelo contrário, sempre insistiu que cada psicanalista pode construir a sua grade particular a partir dos seus vértices diferentes de observação. Assim, a grade pode servir para categorizar o estágio de pensamento em que o paciente apresenta as suas associações livres, para categorizar o destino que a interpretação do psicanalista tomou dentro do analisando ou para que o psicanalista descubra qual era o seu estado mental em uma sessão já transcorrida.

O mito de Édipo e a Grade

Como vimos, a pretensão de Bion ao criar a grade era poder representar graficamente e de forma abstrata os pensamentos e sentimentos que se passam no campo analítico, para que pudessem ser mais fácil e fielmente compreendidos por todos, da mesma forma que "uma linha traçada no papel" representa a palavra "linha".

Bion reconheceu a extraordinária importância da aplicação à psicanálise que Freud deu ao mito de Édipo, porém propôs-se a estudar outros elementos psicanalíticos contidos na narrativa que não foram destacados por Freud nas primeiras investigações, porquanto eles foram eclipsados pelo componente sexual do drama.

A forma narrativa do mito permite ligar todos os diferentes elementos em um único sistema; logo, nenhum elemento, como o sexual, por exemplo, pode ser compreendido se não estiver em relação com os outros elementos, da mesma forma como as letras estão combinadas em uma determinada palavra. Os demais elementos encontrados e interligados no mito edípico são assim enumerados por Bion:

- O pronunciamento do *Oráculo* de Delfos: define o tema da história e se pode considerar como uma definição, ou como uma hipótese definitória, na grade.
- A advertência de *Tirésias* (que foi castigado com a cegueira por ter atacado as serpentes que ele havia observado em cópula): representa, na grade, a coluna 2, isto é, a hipótese que se sabe ser falsa e que atua como barreira contra um outro conhecimento.
- O enigma da *Esfinge*: o mito, como uma totalidade, pode ser considerado como o registro de uma realização, portanto, cumprindo a função que Freud atribui à notação, coluna 3 da grade. Pode-se dizer que o enigma que se atribui à esfinge expressa a curiosidade do homem voltada para si próprio.
- A curiosidade arrogante de *Édipo*: pode representar a função que Freud atribuiu à atenção – coluna 4 –, porém implica uma ameaça contra a curiosidade que a própria esfinge estimula ("decifra-me, ou te devoro"). Por outro lado, Édipo representa também o triunfo de uma decidida curiosidade sobre a intimidação, e pode, portanto, ser usado como um símbolo de integridade científica – o instrumento investigatório –, o qual corresponde à coluna 5 da grade.

Os demais elementos, sob forma de tragédias, que podem representar a Coluna 6 – a das ações –, são:

- a *peste* que açoita a população de Tebas;
- os *suicídios* da Esfinge e de Jocasta;
- a *cegueira* e o exílio de Édipo;
- o *assassinato* do Rei.

Penso que talvez caiba acrescentar que, após o exílio, surgiu um *novo Édipo*, tal como aparece em *Édipo em Colona*.

Ainda utilizando o mito de Édipo, Bion considera que o conflito entre o enfoque do paciente e o do analista – e o do paciente consigo mesmo – não é um conflito, tal como o vemos nas neuroses, entre um grupo de idéias e outro, ou um grupo de impulsos e outro, mas sim entre K e -K, ou, para expressar em termos pictóricos, entre Tirésias e Édipo, e não entre Édipo e Layo.

Comentários

O modelo da grade é, entre as tantas contribuições de Bion, uma das que causou maior polêmica e reações contraditórias, levando alguns de seus seguidores a um excitante e continuado exercício de suas várias aplicações; porém, por outro lado, não foram poucos os que desistiram de se familiarizar com a obra de Bion, espantados por um gráfico que, à primeira vista, parece tão difícil de ser apreendido.

Essa contradição nas respostas ao estímulo provindo da grade reflete exatamente sua ambigüidade, em um convívio entre muitos aspectos favoráveis e outros tantos desfavoráveis.

Quanto à sua utilização pelo psicanalista, os seguintes aspectos da grade podem ser considerados *favoráveis*:

- A primeira vez que Bion propôs o modelo da grade foi em *Elementos de psicanálise*, de 1962, tomando o mito de Édipo como ilustração. Posteriormente, em 1971, ele publicou *The grid*, no qual, através dos relatos míticos da morte de Palinuro e dos saqueadores do cemitério real de Ur, buscava que a grade pudesse expressar o essencial, a "realidade última". Assim, ficou enfatizado, para os psicanalistas, o que pode parecer o óbvio: que há uma hierarquia da organização dos pensamentos (eixo genético) com diferentes utilizações dos mesmos, e que, portanto, os pensamentos amadurecem e se desenvolvem.
- A grade encontra uma útil aplicação prática quando, no exercício de ser "supervisor de si próprio", o psicanalista pode detectar se há ou não uma sincronia entre o nível de pensamentos, a linguagem do paciente e o nível de suas interpretações. Da mesma forma,

– pode ajudar o analista a detectar possíveis "focos de infecção" que estejam conduzindo a impasses psicanalíticos.
– Por outro lado, a grade pode estimular um exercício de imaginação abstrativa e o de uma intuição psicanalítica, de acordo com a comparação realizada por Bion entre a atividade de um músico em relação aos seus exercícios com os elementos de uma peça musical.
– Com freqüência, Bion utilizou as categorias da grade para facilitar a sua comunicação com o leitor, e, muitas vezes, ele foi bem-sucedido nesse propósito. Assim, em sua segunda Grade, a de 1971, conceitua uma distinção entre a *interpretação*, que é exclusiva da sessão analítica, e a *construção*, que o analista deve erigir após as sessões, com o auxílio da grade.
– Como Bion concedeu a cada leitor a liberdade para criar novas interpretações, significados e conceitos que a grade propicia, resulta ser um fascinante exercício para o analista procurar enquadrar, na grade, sua experiência analítica privada.
– O importante é que o analista esteja apto a observar as *transformações* que se processam entre os distintos elementos da grade. Para exemplificar: na transformação de beta em alfa (um verdadeiro processo de "alfa-betização" emocional) cabe usar uma metáfora, como a de uma "cana-de-açúcar" que, à primeira vista, pode ser confundida com uma mera taquara; no entanto, uma vez reconhecida, pode ser tratada e levada para uma moenda, onde sofrerá um processo de transformações em sucessivas etapas, até resultar alguma forma de açúcar, o qual, por sua vez, pode originar novos produtos, com finalidades diferentes (doces, soro glicosado, etc.).

Os aspectos da grade que podem ser considerados *negativos* são:

– Bion pretendeu incluir os aspectos emocionais na notação científica da grade, e isso certamente não foi conseguido.
– A possibilidade de um risco – tal como foi descrito de forma muito convincente por Sandler, na *Revista Brasileira de Psicanálise* (n. 21, p. 205), porquanto ela foi baseada em sua experiência pessoal – diz respeito ao fato de que,

> como costuma acontecer com qualquer inovação, criou-se uma confusão entre o método em si e a forma como os analistas a utilizavam, a tal ponto que a grade, antes que um meio auxiliar, acabou se constituindo em um instrumento confusional.

– Um outro risco, também apontado por Sandler, é o de que a grade venha a ser usada concretamente, como se faz com a tabela periódica dos elementos químicos de Mendelaiev. Isso representaria um contra-senso com as posições de Bion, pois se tornaria um exercício permanente da memória daquilo que já se passou.
– Um terceiro risco é o de que a grade possa funcionar, para algum analista que a domina bem, como uma espécie de fetiche, isto é, como uma demonstração para si mesmo, e para os outros, de como ele "possui" Bion e de como ele é íntimo dos conceitos bionianos e sabe enquadrá-los perfeitamente. Assim, o fato de ser um psicanalista não imuniza ninguém contra a possibilidade de ser tentado a desvirtuar a proposição original da criação da grade e vir a usá-la como um mero exercício intelectual ou diletante, ou até mesmo de uma forma exibicionista.

No entanto, as maiores críticas ao uso da grade provêm do próprio Bion, a quem passo a palavra, através da transcrição de alguns trechos de sua quarta conferência em Nova Iorque, em 1977. Diz Bion (1992a, p. 140-141):

> Assim que eu tirei o *grid* do meu sistema, pude ver o quão inadequado ele é. [...] Você é que tem que decidir se serve de algum modo. Se não serve, não perca tempo com ele. [...] Para mim, não [é difícil usar o *grid*] – é só uma perda de tempo, porque ele não corresponde aos fatos que provavelmente vou encontrar.

Como último comentário, vale destacar que muitos autores – inclusive o próprio Bion – consideram que a palavra *grid* (no original inglês) – ou grade (na tradução em português) – é o termo mais apropriado para expressar o verdadeiro significado dinâmico que Bion pretendeu ao criar a grade. Desse modo, Sandler (1987, p. 216-217), através de uma sólida argumentação, demonstra que denominar o *grid* como grade pode induzir a que se encare esse instrumento delineado por Bion como sendo algo fechado, estático, aprisionador, e que talvez a melhor tradução fosse "grelha", porquanto esta última denominação, embora possa ferir os ouvidos, inspira algo mais vivo, semovente, adaptável e, conforme a situação, imprestável. Bion, por sua vez, em uma de suas conferências em São Paulo (1992a, p. 193), considerou que o termo *grating*, muito mais que *grid*, transmite uma finalidade de filtro e de uma tridimensionalidade que abarca as noções de espaço, tempo e velocidade da mudança.

12

Os Sete Elementos da Psicanálise

Este capítulo é fundamentado no livro *Elements of psychoanalysis*, que Bion publicou em 1963 e que é considerado um dos mais importantes e fundamentais de sua obra, não somente pelo conteúdo de suas concepções originais, como também pelo fato de que, por sua clareza, pode ser recomendado aos que iniciam uma familiarização mais íntima com Bion. Pela inconteste importância que essa sua concepção representa para a teoria e a prática da psicanálise contemporânea, julguei ser útil adicionar um capítulo específico, em que pudesse detalhar mais cada "elemento" em separado, ainda que de forma muito sintetizada.

O propósito maior de Bion, ao introduzir a noção de "elementos", foi simplificar a compreensão dos princípios básicos da psicanálise, porque considerava que havia teorias em demasia, provindas de diversas correntes psicanalíticas, com o inconveniente de provocarem uma certa confusão conceitual, com superposições e redundâncias de conceitos propostos por uma grande diversidade de autores. Assim, também a "grade" foi criada por Bion com o objetivo de conter os elementos psicanalíticos simples e suas respectivas e sucessivas transformações, desde as mais simples até as mais complexas configurações analíticas.

Conceituação. Para Bion, o conceito de "elemento de psicanálise" é comparável ao de uma molécula, que é composta por vários átomos, ou seja, são elementos psicanalíticos simples que se comportam como unidades de sentimentos e de idéias que ocorrem no vínculo entre analista e paciente. Isso está de acordo com a etimologia da palavra "elemento", do étimo latino *elementum*, o qual designa as letras do alfabeto, que, em combinações, formarão milhares de palavras, as quais formarão frases, orações e uma enorme diversificação de discursos. Da mesma forma, creio que podemos fazer uma analogia de que os elementos de psicanálise, em diferentes combinações, qual um caleidoscópio (aparelho composto por algumas mesmas pedrinhas coloridas que, porém, conforme o giro nele aplicado, adquire configurações com desenhos bastante distintos), formarão múltiplas e variadas situações psíquicas no vínculo da situação analítica.

A mesma analogia feita entre "elemento psicanalítico" e "átomos que compõem a molécula" e "letras do alfabeto", também pode ser feita com os algarismos simples de 0 a 9 que, conforme o arranjo entre eles, podem compor desde números fáceis até cálculos numéricos de extrema complexidade. Ademais, ainda cabe propor a metáfora do campo da música, em que as sete notas musicais simples, conforme as combinações do *dó, ré, mi, fá, sol, lá, si,* com as respectivas variações (por exemplo: dó maior ou menor, sustenido, etc.) e o lugar que ocupam na pauta, tanto podem produzir simples acordes como complexos e belos concertos musicais. Os elementos que ocupam a pauta da partitura da situação analítica também podem sofrer transformações equivalentes.

Assim, da mesma forma que uma mesma música pode sofrer arranjos sem perder a sua essência, e permitindo vários ritmos, estilos e várias escutas compondo distintas dimensões, também as narrativas verbais e outras formas de comunicação não-verbal que o paciente aporta na situação analítica merecem uma *escuta* do analista em no mínimo, três dimensões, que, segundo Bion, no Capítulo 3 de *Elementos em psicanálise*, são a dos *sentidos*, a dos *mitos* e a da *paixão*.

O domínio dos *órgãos dos sentidos* é obviamente importante, porém não deve ficar limitado unicamente à audição, à visão, etc., porquanto a captação predominante, por meio da sensorialidade do psicanalista, prejudica a sensibilidade que poderia provir da sua provável capacidade de *intuição*. Esta última palavra, vale lembrar, etimologicamente deriva de *"in"+"tuere"*, ou seja, uma capacidade de, com uma espécie de "terceiro olho", poder olhar, não de forma sensorial, mas sim de dentro e para dentro, fato que enriquece sobremaneira a escuta analítica.

A dimensão dos *mitos* deve ser entendida através do fato de que todo mito universal é uma extensão coletiva dos mitos de que cada indivíduo, separadamente, é portador. Isso lembra a célebre frase de Freud de que "o mito é o sonho da humanidade, enquanto o sonho é o mito do indivíduo". Creio que se pode dizer que os mitos universais – como o de Édipo, por exemplo – têm, no fundo, a função de servir como um "fato selecionado" que dê expressão e coerência aos caóticos mitos privados de cada um em sua própria mente. Trata-se, portanto, de enunciados de um mito pessoal, e Bion se refere a esse domínio como a dimensão do *"como se"*.

A dimensão da *paixão* abarca tudo o que é derivado dos vínculos de amor, ódio e conhecimento, de sorte que, segundo Bion, paixão representa uma emoção experimentada com intensidade e calidez, ainda que sem nenhuma sugestão de violência. O sentido de violência não deve ser expressado pelo termo "paixão", a menos que esteja associado com o sentimento de excessiva inveja e voracidade. Creio que, na verdade, o significado do termo "paixão", da forma como é empregado por Bion, está mais próximo do que está contido em sua etimologia: a palavra "paixão" (como também "compaixão") deriva do grego *pathos*, portanto alude a um estado de sofrimento profundo e que transcende a sensorialidade, tal como ela está significada na "Paixão de Cristo". O melhor exemplo do que se acabou de afirmar é que um estado de paixão do analista deve ser diferenciado de um estado mental decorrente de sentimentos contratransferenciais nele despertados transitoriamente.

Outras dimensões dos elementos de psicanálise que são aventadas por Bion são aquelas em que eles aparecem numa das seguintes três dimensões, no campo analítico:

1. a *matemático-científica*, em que predomina o raciocínio lógico;
2. a *estético-artística*, em que prevalece algum impacto estético (vale lembrar que essa palavra deriva de *estesis*, que não significa necessariamente beleza, como geralmente se supõe, mas, sim, *sensações*, como está evidente na palavra "anestesia", que significa a privação [*an*] da sensação [*estesis*] de dor); e
3. a de natureza *místico-religiosa*, que atinge zonas muito mais profundas do psiquismo, numa comunhão com Deus e a deidade, tal como aparece nos textos que Bion produziu na década de 70.

Bion destaca que essas três dimensões, muitas vezes, constituem vértices distintos de percepção de um mesmo fato, de forma que ficam em oposição entre si. No livro *Conferências brasileiras* 1 (1973, p. 43), ele exemplifica:

> [...] a crença religiosa que o paciente está revelando seja um insulto à sua inteligência. Conseqüentemente, sua visão científica mostra uma hostilidade à religião, que, por sua vez, é hostil àquela. Os elementos

fundamentais, básicos, pertencentes ao nível primitivo da personalidade humana, estão em guerra um com os outros.

Entendo que, além das três mencionadas, caberia uma quarta dimensão, que poderia ser denominada como *existencial-pragmática*, em que pode ser atribuída uma grande relevância à transmissão e escuta de sentimentos, à forma de comunicação que se expressa através dos atos, da conduta existencial de cada sujeito e do paciente em análise, em particular.

Vou dar um *exemplo clínico*, procurando abarcar um enfoque nas últimas quatro dimensões mencionadas. Trata-se de um paciente de aproximadamente 45 anos, médico muito competente na sua especialização, que brilha em congressos internacionais, porém que pouco avança em sua vida particular no que diz respeito à consolidação de sua vida afetiva, econômica, etc. É bastante comum que sabote importantes possibilidades de crescimento que se abrem para ele: por exemplo, não entrega capítulos de livros com os quais se comprometeu a colaborar; à última hora desistiu de um concurso que, com muita probabilidade, o levaria a assumir uma cátedra; já aconteceu ser demitido de algum importante local de trabalho porque queria impor os seus horários e normas à direção; mantém com as mulheres uma relação do tipo "tantalizante" (em que o sedutor dá muitas esperanças para quem seduziu e sistematicamente se afasta, depois reata novamente, e de novo foge, num círculo vicioso quase interminável).

No modelo "científico", minha primeira tentativa de compreensão e interpretação me remeteu a Freud, ao "triunfo edípico" em relação ao seu pai, seguido de um evidente "complexo de castração" (é claro que eu também poderia me respaldar em outros paradigmas, teóricos e técnicos, provindos de outros autores), e assim interpretei durante uns tempos, sem resultados muito expressivos.

No segundo modelo, o "estético", eu partia de sentimentos contratransferenciais que a narrativa do paciente pudesse despertar em mim. Assim, no curso de um relato em que desenvolvia a tese de que era um fracassado crônico, veio-me à mente o clássico conto infantil de "Joãozinho e Mariazinha", no qual uma bruxa cega queria comê-los; antes, porém, queria que eles engordassem e, para isso, alimentava-os bem. Joãozinho, espertamente, enganava a bruxa cega, fazendo-a apalpar o fino rabo de um camundongo no lugar de seu dedo, já que estava ficando gordinho e precisava ficar oculto. Citei esse exemplo porque se trata de um impacto estético-literário que, à moda de um "ideograma", despertou em mim imagens visuais do aludido conto, o que me fez sentir que o paciente me enganava, não permitindo que eu percebesse o seu crescimento com a análise porque temia que eu, analista, no papel transferencial de uma mãe internalizada como uma bruxa ávida, possessiva e invejosa, o devorasse, caso ele viesse a crescer bastante (é fácil perceber que, nesse ponto, predominava na minha mente um paradigma kleiniano).

Uma terceira possibilidade, a de uma linguagem "mítica" (também poderia ter sido uma linguagem "mística"), pode ser exemplificada com a seguinte situação analítica com o mesmo paciente: em uma certa sessão, em meio às suas habituais queixas, ele associou seu relato com a leitura que vinha fazendo acerca de *Cronos* (também conhecido por *Saturno*), personagem da mitologia greco-romana que devorava os seus filhos homens à medida que eles nasciam, temeroso de que, no futuro, eles o superassem e o destronassem. No entanto, o mesmo mito também refere que posteriormente Saturno ocupou-se em civilizar os povos selvagens da Itália, para onde foi exilado por seu filho Júpiter (na cultura grega antiga, Zeus), deu-lhes leis e ensinou-lhes a cultivar a terra, a ponto de o período de seu reinado, na mitologia, ser chamado de "Idade de Ouro". A narrativa que ele fazia desse mito despertou em mim uma compreensão mais profunda dos dois lados do paciente (projetados em mim): o de um devorador-destruidor e, também, o de alguém que tem muitos recursos positivos, à espera de serem descobertos e praticados.

É fácil perceber, tanto na dimensão estética quanto na mítica, o quanto as *imagens* que surgem na mente do analista ou na do paciente (que Bion chama de *pictogramas* ou *ideogramas*) podem falar mais alto que as idéias e os conceitos verbais definidos.

Mais especificamente em relação à quarta dimensão, que denomino "pragmático-existencial", ela modificou substancialmente a minha forma de psicanalisar na atualidade, de sorte que mudei o meu comportamento técnico porque, nesse caso, priorizo fazer assinalamentos que levem o paciente a *pensar* e a assumir, também *conscientemente*, o destino que está dando à sua vida, diante das ações e decisões práticas ("pragmáticas"). Da mesma forma, enfatizo para o paciente que o fato de ele relatar suas desventuras sem maior angústia e até, inclusive, com um certo jeito divertido, como se fosse um desafio, é uma forma de provar que "ninguém pode com ele" (são características de um narcisismo, em que o paciente pode fazer de sua "fraqueza" um meio de dominar a todos). Essa última abordagem permitiu que eu trabalhasse com esse analisando acerca da diferença fundamental que existe entre *aparência* (consiste no fato de que ele costumava funcionar com um "falso self", ora como um brilhante intelectual, ora travestido como um fracassado crônico, em ambos enganando os outros e, especialmente, a si próprio) e *essência*, ou seja, aquilo que ele realmente é, ou quer e pode vir a ser, existir (daí justifico por que proponho o emprego do termo "pragmático-existencial").

É claro que as quatro dimensões mencionadas são indissociáveis e que cada uma delas complementa a outra, no entanto, creio que a "pragmático-existencial", que demanda uma significativa utilização de recursos *cognitivos*, *conscientes*, e um estilo mais coloquial, seja pouco empregada pela maioria dos analistas; porém, pelo menos em minha experiência pessoal, quero crer que ela tem-se mostrado valiosíssima na prática clínica. Ainda dentro dessa visão pragmática, solicitei uma avaliação com um colega psiquiatra, com vistas a uma possível medicação antidepressiva (o paciente tem familiares com depressão endógena), o que em nada alteraria o prosseguimento natural da análise.

Uma observação mais atenta dessa vinheta clínica permitiria constatar que, nas sete dimensões mencionadas – sensorial, estética, mítica, científica, mística, passional e pragmática –, existe a presença de "elementos da psicanálise" em diferentes combinações, tal como foi postulado por Bion, cujo detalhamento veremos a seguir.

OS SETE ELEMENTOS DE PSICANÁLISE

Coincidentemente com as notas musicais que serviram de metáfora para ilustrar o conceito de elementos de psicanálise, também estes, na obra de Bion, aparecem como sendo sete; no entanto, os distintos autores que divulgam as idéias de Bion nem sempre coincidem na nominação e entendimento dos aludidos elementos, de sorte que existem (pequenas) divergências. De modo geral, esses sete elementos de psicanálise são: 1) *a relação continente-conteúdo*; 2) *a relação da posição esquizoparanóide com a posição depressiva*; 3) *os vínculos de amor, ódio e conhecimento*; 4) os conceitos de *razão e idéia*; 5) as emoções, especialmente a *dor psíquica*; 6) o conceito de *transformações*; 7) a transição de um estado mental de *narcisismo* para o de *social-ismo*. Devido à importância dessa temática relativa aos "elementos", o objetivo deste capítulo é enfocá-los separadamente.

1º Elemento: Relação continente-conteúdo

Noção original e fundamental na obra de Bion, hoje totalmente aceita por todos os analistas, a relação do "conteúdo", que ele representa pelo signo da sexualidade masculina (♂), designa uma massa de necessidades, desejos, demandas e angústias que o bebê (ou o paciente, na situação analítica) deposita, por meio de uma *penetração* de identificações projetivas, *dentro* da mente da mãe (ou do analista). O "continente" materno consiste na receptividade da mãe ao conteúdo que lhe foi penetrado. Assim, é fácil percebermos que Bion utiliza o modelo de uma relação sexual.

Creio ser útil traçar uma certa distinção entre "conteúdo" e "contido", não obstante ambos os termos aparecerem na literatura analítica como sinônimos. Entendo que o conteúdo é simplesmente a referida massa de emoções que são projetadas, à espera de um continente que as acolha, o que nem sempre acontece. Quando não há acolhida, as projeções das angústias do bebê ou ficam perdidas no espaço exterior (muitas vezes se constituindo como "objetos bizarros"), ou tomam o caminho de uma somatização, ou de atuações, etc. Já a noção de "contido" corresponde à idéia de que as projeções da criança, ou do paciente, estão, de fato, contidas no psiquismo da pessoa cuidadora, tanto de forma positiva, em que sofrerá um processo de acolhimento, decodificação, significação, nomeação e devolução em doses desintoxicadas e mitigadas, como de efeitos negativos, quando o cuidador sofre uma turbulência emocional de efeitos maléficos. Esta última possibilidade, no caso da situação analítica, corresponde a efeitos contratransferenciais de natureza patológica, ao contrário de uma contratransferência positiva, que pode ser transformada pelo analista no excelente instrumento técnico que é a capacidade de *empatia*.

O modelo "continente-conteúdo" aparece com bastante freqüência e destaque ao longo da maior parte da obra de Bion, em contextos distintos, e, no seu livro *Atenção e interpretação*, existe um capítulo específico, o sétimo, intitulado "Continente e Contido" que deve ser lido junto com os capítulos "O Místico e o Grupo", que lhe antecede, e também com o Capítulo 12, "Continente e Contido Transformado", levando em conta que eles se complementam.

Um dos modelos que Bion utiliza em relação ao tema que estamos tratando é aquele em que considera três tipos de modalidades da relação continente-contido, que denomina como *parasitária, comensal e simbiótica*, cada uma com suas características específicas, tal como aparece no capítulo do presente livro "A Função de 'Continente' do Analista e os 'Subcontinentes'".

Bion também elaborou o fenômeno da interação do continente com o conteúdo, com a utilização de outros modelos para muitas outras situações, como nas "relações entre pensamento e pensador"; entre a linguagem (como continente) e o significado (como contido); e também entre o "gênio" (o sujeito que é portador de idéias novas) e o tradicional *establishment*; e, assim por diante, muitíssimas outras situações poderiam ser mencionadas.

Particularmente, concedi-me o direito de propor uma série de outros aspectos que complementam os que Bion descreveu, de sorte que, no antes aludido capítulo desta segunda edição, "A Função de 'Continente' do Analista e os 'Subcontinentes'", eu proponho as seguintes contribuições:

1. Diferença entre *continente e recipiente*.
2. *Autocontinência*.
3. A existência de *subcontinentes* (os quais, a meu juízo, são particularmente úteis para a prática analítica).
4. *Função delimitadora*.
5. *Função custódia*.
6. *Função de sobrevivência*.
7. *Função de reconhecimento*.
8. *Continente abstrato*.

2º Elemento: Posição esquizoparanóide e posição depressiva

Todos nós sabemos que essa é uma concepção de Klein que, na atualidade, é aceita e utilizada por todas as correntes psicanalíticas. Bion utiliza com acentuada freqüência essa noção kleiniana, mas concebe algumas modificações na formulação original. Ele enfatizou, por exemplo, que, indo muito além de uma evolução linear da posição esquizoparanóide (Bion, em seus textos, abreviou com a sigla PS) para a posição depressiva (representada pela sigla D), ambas estão numa permanente interação que persiste ao longo da vida, não obstante ambas poderem sofrer sucessivas transformações. Por essa razão, Bion sinaliza a vinculação dessas duas posições com o símbolo de flechas apontando simultaneamente para duas direções opostas. Bion considera que a gradativa consolidação da posição depressiva é o que vai permitir a *formação de símbolos* e, por conseqüência, a formação da linguagem e do pensamento e a transição para uma posição de "social-ismo", isto é, conviver com as demais pessoas com empatia, solidariedade e consideração por elas.

3º Elemento: Vínculos de amor, ódio e conhecimento

Esses elementos de psicanálise adquiriram uma importância extraordinária na obra de Bion, visto que a noção de uma permanente "vincularidade" entre analista e paciente, com as vicissitudes específicas e singulares de cada situação analítica em particular, determinou, a meu critério, a criação de um novo paradigma na psicanálise.

Indo muito além da clássica noção, professada por Freud e Klein, da existência constante do conflito "amor x ódio", Bion concebeu a idéia de que o verdadeiro conflito reside em uma "emoção" (qualquer um dos três tipos de vínculos mencionados) contra uma "antiemoção". Assim, partindo dessa concepção, Bion alargou a nossa compreensão acerca das múltiplas formas da normalidade e da patologia do amor (L), do ódio (H) e do conhecimento (K) em que, sobretudo, emprestou uma expressiva relevância ao problema da "verdade x não-verdade" (K x -K), ou seja, se, na situação analítica, o paciente tem amor às verdades e as enfrenta ou se ele procura evadi-las através de inúmeras formas defensivas, sob a égide dos mecanismos de negação. Neste último caso, Bion aborda com profundidade o problema das mentiras (que são conscientes) e das diversas formas de falsificação (de origem inconsciente) das verdades penosas, as internas e as externas.

Da mesma forma, a contrapartida de L é -L (ou seja, o conflito entre "amor" e "menos amor"), porém -L não deve ser entendido como equivalente ao vínculo do ódio, e a recíproca é verdadeira. O mesmo vale para H x -H.

Mais especificamente em relação ao problema das mentiras e outras formas de falsificação das verdades, sugiro aos leitores mais interessados no tema os Capítulos 5 e 11 de *Atenção e interpretação*.

As emoções que foram aludidas estão sempre presentes em qualquer vínculo (este último termo, Bion conceitua como sendo "elos de ligação emocional que unem duas ou mais pessoas, ou duas ou mais partes de uma mesma pessoa"). Os vínculos permanecem indissociáveis entre si, ora com a predominância de um, ora de outro, o que determina com maior evidência o tipo de funcionamento do psiquismo de cada sujeito e o das configurações vinculares que se formam em grupos, em instituições e na sociedade.

Bion representa esses três vínculos com as iniciais inglesas L (de *love*, amor), H (de *hate*, ódio) e K (inicial de *knowledge*, conhecimento) e usa a grafia quer com sinal positivo (quando não aparece nenhum sinal), quer com sinal negativo, como, por exemplo, -K, para designar que o sujeito não quer tomar conhecimento das verdades.

Comentário: particularmente, venho propondo a inclusão de um "vínculo do reconhecimento" (Zimerman, 1999), que, a meu juízo, também não pode ser dissociado dos outros três, porque se constitui como um elemento que está sempre presente durante a vida de todos nós e determina uma boa parcela do funcionamento do psiquismo.

4º Elemento: Razão e idéia

Entre os demais elementos de psicanálise, o relativo à relação entre "razão" e "idéia" é o menos mencionado na literatura psicanalítica, embora tenha uma significativa parcela de importância. Nada melhor do que o próprio autor nos esclarecer, tal como afirma no primeiro capítulo de *Elementos de psicanálise*:

> Emprego a notação "R", que se deriva da palavra "razão", e da "realização" que se admite que ela representa [...] com a finalidade de representar a função que se destina a servir às paixões, quaisquer que sejam, orientando-as quanto à supremacia do mundo da realidade. Por "paixões", signífico tudo que se inclui em L, H e K. [...] Já a sigla "I", oriunda da palavra "idéia" e todas suas respectivas realizações, inclusive as que o pensamento representa, se destina a representar "objetos psicanalíticos", compostos de elementos alfa, que, por sua vez, são produtos da função alfa, e se destinam a serem usados nos sonhos e em outros pensamentos. [...] A sigla R se associa à sigla I na medida em que I se emprega para preencher o hiato entre o

impulso e sua satisfação, enquanto R assegura que ela alcance outra finalidade que não unicamente a de modificar a frustração durante a espera.

Em seu entendimento, *idéia* pertence ao plano mental que Freud denominou como "princípio da realidade" e traduz a função de pensar as experiências emocionais, de abstração e de criação, enquanto *razão* alude a um controle sobre as paixões – que, em boa parte, são oriundas do "princípio do prazer" – a fim de adaptá-las à realidade.

5º Elemento: A dor psíquica

Esse elemento psicanalítico mereceu uma especial relevância por parte de Bion, porque toda mudança no psiquismo do paciente (e, de certa forma, no do analista), durante o processo analítico, vem acompanhada de alguma forma e grau de sofrimento. Esse tipo de dor que o paciente sofre é denominado por Bion, no original inglês, como *suffering*, para diferenciar do termo *pain*, o qual designa mais precisamente uma dor que surge por outras razões que não aquelas que estejam diretamente ligadas às transformações bem-sucedidas, do ponto de vista psicanalítico.

A forma mais dolorosa do *suffering*, ou seja, aquela condição em que, mais do que "sentir" a dor, é necessário "sofrê-la", é aquela que Bion denomina como "mudança catastrófica", em cujo caso o paciente tem uma sensação muito forte de que está pior, que está a ponto de psicotizar, comumente entra num estado de confusão, depressão, regressão e sentimentos equivalentes. Nesses casos, o analista deve possuir uma boa capacidade de continência e de paciência, tendo em vista que esse período, muito penoso, pode estar prenunciando o início de mudanças psíquicas muito significativas, como, por exemplo, a passagem de um estado de PS (posição esquizoparanóide) para D (posição depressiva), ou uma gradual renúncia ao mundo das ilusões narcisistas, etc.

Bion também pontua que o elemento dor é inerente ao essencial princípio que postulou como sendo o do "aprendizagem com as experiências", de sorte que ele enfatiza a muito significativa diferença que existe entre o paciente "evadir" ou "enfrentar" a dor psíquica, esta última se constituindo como a única via que permite o crescimento mental do paciente.

Comentários: creio que seja bastante útil para a prática clínica, em relação à dor psíquica do paciente, a inclusão do conceito que diferencia a *quantidade* do estímulo da frustração dolorosa da *intensidade* da reação de dor que esse estímulo provoca, visto que muitas vezes há uma grande desproporção entre ambas. Por exemplo, se eu pincelar poucas gotas de tintura de iodo numa pele sadia, o sujeito não vai sentir nada, mas vai urrar de dor, numa intensidade muito desproporcional à mesma quantidade, se o pincelamento de iodo for feito sobre uma ferida aberta.

Para os leitores que desejam conhecer mais detalhadamente as concepções que Bion tece em relação ao elemento da dor psíquica, sugiro a leitura do Capítulo 2, "A Medicina Como Modelo", do livro *Atenção e interpretação*.

6º Elemento: Transformações

Esse elemento da psicanálise adquire tal importância na obra de Bion que um dos seus mais importantes livros (ainda que de leitura muito difícil) leva por título *As transformações: a mudança do aprender para o crescer*. O termo "transformação", por si só, já esclarece que todo processo analítico consiste numa sucessão de contínuas transformações na mente do paciente, na do analista e na configuração do curso da análise. A concepção da grade criada por Bion visa fundamentalmente a fazer um registro gráfico das transformações que se processam tanto na evolução dos diversos estágios da capacidade de pensar (o eixo vertical da grade) como na forma de utilização de cada uma dessas etapas (o eixo horizontal).

Além de múltiplos vértices de abordagem do fenômeno da transformação, cabe enfatizar aqueles que se referem diretamente à prática clínica, ao campo analítico, com a recíproca vincularidade do par analítico. Dentre muitos outros aspectos, vale mencionar os seguintes:

a forma de K (o conhecimento manifesto) ir gradativamente se transformando em direção a O, isto é, à origem dos fatos psíquicos que, inspirado no filósofo Kant, Bion chama de "coisa em si mesmo" (ou "incognoscível", "realidade última", etc.), que, de forma absoluta, jamais será atingida. Reciprocamente, existe uma transformação em sentido contrário, ou seja, partindo de O em direção a K.

Ademais, Bion convencionou denominar *alfa* e *beta* elementos que, de forma abstrata, estariam ocupando a mente do paciente, de modo que uma das transformações que postula como sendo de máxima relevância é a de elementos *beta* (são os "protopensamentos", cujo destino é serem evacuados) em elementos *alfa* (que permitem a *função alfa*, logo, a serviço da elaboração de sonhos, da capacidade para pensar, etc.). Essa transformação é tão importante que chega a ser considerada uma verdadeira "alfa-betização" emocional.

Outras manifestações na prática da situação analítica podem ser sintetizadas nestas afirmativas de Bion, que aparecem em textos distintos: "há um ponto em que a mudança quantitativa se transforma em mudança qualitativa." "Certas mudanças são muito dolorosas, porém é o preço que se paga para as transformações de uma atividade sobre psicanálise, numa atividade que é psicanálise." "Todas as transformações estão associadas a um vértice particular." "A formulação de uma interpretação é o produto final de uma transformação que se passa no psiquismo do analista".

Uma vinheta clínica de Bion, particularmente, me causou um grande impacto quanto à compreensão e relevância do fenômeno das transformações que, ao longo do tempo, podem ir se processando na mente de uma pessoa, tal como descrito no Capítulo 2 de *Atenção e interpretação*. Nessa vinheta, Bion demonstra como um paciente seu, partindo da posição de que desejava um *ice-cream* (sorvete, que pode representar o leite materno), após sofrer sucessivas decepções, foi paralelamente fazendo sucessivas transformações cada vez mais pessimistas, do tipo: "não posso nem comprar sorvete", seguida de "é tarde demais para comprar sorvete", depois, "não há mais sorvete", "não existe sorvete" e, como transformação final, só lhe restava "gritar" (em inglês, *to scream*), de sorte que a transformação foi a gradativa sucessão de um *ice-cream* para um doloroso *I scream*, ou seja, ele, por meio de uma série de sinais e sintomas, gritava para que lhe nutrissem com um leite bom.

7º Elemento: Narcisismo e social-ismo

Bion, deliberadamente, escreveu este último termo com um hífen separador, para deixar claro que ele não tem a mínima conotação com qualquer coisa que lembre um partido ou uma ideologia política. O que de fato importa é que esse elemento de psicanálise designa que, no curso da análise, o paciente deve transitar de um possível estado mental de narcisismo excessivo, como está predominantemente presente na "parte psicótica da personalidade", sob as formas de onipotência, onisciência, prepotência, confusão entre o que é real e o que é imaginário, etc., para um estado de "social-ismo".

O termo "social-ismo" alude a uma condição em que o paciente, se conseguiu sair de uma predominância da "posição esquizoparanóide" e tiver passado exitosamente pela "posição depressiva", terá adquirido e desenvolvido capacidades para relacionar-se com as demais pessoas de uma forma em que prevaleça uma atitude interna de reparação, respeito, consideração, preocupação, empatia e solidariedade (o "solidário" substitui o lugar antes ocupado pelo "solitário"). Igualmente, a predominância da posição depressiva possibilitará a junção de aspectos opostos, assim desenvolvendo a capacidade de formação de *símbolos* e, como decorrência, a formação do pensamento criativo, de uma sadia curiosidade pelo conhecimento e de um desenvolvimento da linguagem verbal.

Os aspectos que foram mencionados, como ingredientes desse elemento da psicanálise que refere a passagem de narcisismo para social-ismo, são de uma tal relevância, que, não obstante este ser um processo altamente doloroso, ele se constitui como um dos critérios de avaliação do "crescimento mental" do paciente.

É desnecessário dizer que os referidos sete elementos da psicanálise não são estanques, de modo que, além de, em alguma forma, estarem sempre presentes conjuntamente e em várias combinações, cada um deles sofre continuadas transformações e também se manifesta através de formas derivadas e diversificadas. Em que pese o fato de que existem essas restrições, não resta dúvida que essa contribuição de Bion relativa aos elementos da psicanálise representa um grande avanço na simplificação teórica e na prática clínica.

13

Uma Teoria do Conhecimento

A experiência da prática psicanalítica deixou claro para Bion que os pensamentos são indissociáveis das emoções e que, da mesma forma, é imprescindível que haja na mente uma função vinculadora que dê sentido e significado às experiências emocionais.

Esse vínculo entre os pensamentos e as emoções – sempre presentes em qualquer relação humana – foi denominado por Bion como *vínculo K* (inicial de *knowledge*), ou seja, o vínculo do conhecimento.

Na verdade, antes dele, tanto Freud como Klein já haviam estabelecido essa vinculação, sem, no entanto, terem lhe dado a dimensão e a profundidade com que Bion desenvolveu a sua teoria do conhecimento.

Assim, *Freud* conectou a função do conhecimento da criança com as suas pulsões libidinais escopofílicas ligadas à relação entre os pais, como está claramente ilustrado no histórico clínico do pequeno Hans (1909). Aliás, já em 1915 (St. Edit., v. 14), quando trata das pesquisas sexuais da infância, Freud refere-se a essas tendências como "instinto do saber ou de pesquisa", e as liga tanto a uma maneira sublimada de obter domínio como a uma forma de utilizar a energia ligada à curiosidade em torno da sexualidade, especialmente a que se relaciona ao enigma da origem dos bebês.

Klein, por sua vez, correlacionou a "pulsão de saber" com a pulsão sádica de controlar e dominar, em que o conhecimento seria um meio de controlar a ansiedade. Dessa forma, ela estudou a curiosidade inata da criança, utilizada para conhecer o mistério do interior do corpo da mãe (1921), e a relacionou com as funções intelectuais (1931). É interessante registrar que a palavra "mistério" (*my-sterion*), como assinala de la Puente (1992, p. 344), se origina do étimo grego *myo*, que quer dizer fechado, e *ystero*, que significa "útero". Caso prevaleça uma admiração pelas capacidades criativas do interior materno, desenvolve-se uma progressiva e sadia capacidade epistemofílica. Klein, no entanto, estabelece, com maior ênfase, as definidas vinculações entre as pulsões sádicas da criança, especialmente a curiosidade destrutiva, dirigida ao interior do corpo da mãe, os distúrbios da aprendizagem (como no "caso Dick") e os distúrbios psicóticos. A partir dessas premissas, ela ensaiou uma teoria da simbolização (1930).

Bion apoiou-se na concepção de uma inata "pulsão *epistemofílica*" descrita por Klein e, a partir daí, estabeleceu uma série de linhas de desenvolvimento acerca da gênese, normalidade e patologia do conhecimento, que, aqui, serão abordadas nos seguintes subtítulos: "Origem do Conhecimento"; "Vínculos K e -K"; "Formação de Símbolos"; "Natureza e Utilização do Conhecimento"; "Mitos"; "Patologia do Conhecimento (-K)"; "Situação Psicanalítica".

ORIGEM DO CONHECIMENTO

Bion concebeu a formação do *conhecimento* de uma forma indissociada da formação dos pensamentos, sendo que ambas se originam, inicialmente, como uma reação à experiência emocional primitiva decorrente da ausência do objeto.

Para Bion, "conhecer" é uma meta definida, porém é uma parte do "pensar", o qual é bem mais amplo. O melhor exemplo é o da incógnita, a qual não pode ser conhecida, mas pode ser pensada. O conhecimento progride em função do pensamento, porquanto, para Bion, "a incógnita é desconhecida e, como tal, faz pensar e criar".

O eixo central na formação do conhecimento, da mesma forma que na do pensamento, é a maior ou menor capacidade da criança em tolerar as frustrações decorrentes das privações. Assim, a criança tanto pode fugir dessas frustrações, criando mecanismos que evitem conhecê-las (ela evita o problema, mas não evita a angústia e impede a solução), como pode aprender a modificar a realidade, através da atividade do pensar e do conhecer.

Os incipientes problemas que o ego da criança não quer conhecer e que, por isso, a levaram a formar estruturas falsas e mentirosas se referem a conflitos de pares contraditórios: ela ama os objetos proibidos e odeia os amados; tem uma absoluta dependência da mãe, porém a odeia, e sente inveja de quem lhe ajuda; necessita de amparo e de limites, mas desafia com ódio os mandatos e proibições.

A frustração da expectativa de uma preconcepção, ou seja, a "realização negativa", leva à formação do pensamento (caso o ódio não tenha sido excessivo), enquanto a "realização positiva" da preconcepção leva à formação da concepção. As concepções encontram um denominador comum nos conceitos, os quais podem adquirir uma dimensão de generalização e de abstração, propiciando a formação de um vocabulário e de uma linguagem verbal.

Esse desenvolvimento cognitivo será mais ou menos exitoso, dependendo diretamente de no mínimo três fatores intimamente congregados:

1. o modelo da mãe real quanto à forma como esta utiliza o seu próprio pensar e conhecer e quanto a forma como contém as angústias do filho;
2. a capacidade da criança quanto à formação de símbolos, que depende diretamente do ingresso na posição depressiva;
3. o terceiro fator consiste naquilo que Bion estudou acerca do "desejo de conhecer a respeito dos conteúdos mentais", como estando intimamente conectado com as emoções de amor e de ódio.

Da combinação desses três fatores resultam três possibilidades, como veremos mais adiante: a de que se forme a função de vínculo K; a de que se forme um vínculo -K e a de que resulte um "não-K".

VÍNCULOS K E -K

Vimos que a descrição do vínculo emocional entre a mãe e o bebê somente em termos de amor (L, de *love*) e de ódio (H, de *hate*) não era suficiente. Precisávamos ter um terceiro tipo de vínculo emocional, que era o desejo da mãe em compreender o seu bebê (K, de *knowledge*).

O termo "vínculo" designa uma experiência emocional pela qual duas pessoas, ou duas partes de uma mesma pessoa (consciente e inconsciente; id e superego; parte psicótica e parte não-psicótica da personalidade, etc.), estão relacionadas uma com a outra.

O desdobramento do vínculo K foi conceituado por Bion como sendo aquele que existe entre um sujeito que busca conhecer um objeto (pode ser ele próprio ou alguém de fora) e um objeto que se presta a ser conhecido. Representa também, portanto, um indivíduo que busca conhecer a verdade acerca de si mesmo.

Em muitos textos de língua latina, os vínculos de amor estão representados pela inicial "A"; os de ódio, pela letra "O"; e os de conhecimento, pela letra "C" ou pela letra "S", de saber. Não obstante isso, eu preferi conservar a nomenclatura no idioma original de Bion: L, H, K. Esses três vínculos estão intimamente indissociados entre si e dependem diretamente tanto da disposição heredoconstitucional de cada criança (maior ou menor inveja, avidez, etc.) como, e principalmente, da capacidade de *rêverie* da mãe. Da correlação desses dois fatores, surgem três possibilidades.

1. Se a capacidade de *rêverie* da mãe for adequada e suficiente, a criança terá condições de fazer uma aprendizagem com as experiências das realizações positivas e negativas impostas pelas privações e frustrações. Nesse caso, desenvolve uma função K, que possibilita enfrentar novos desafios em um círculo benéfico de aprender com as experiências, à medida que introjeta a função K da mãe.
2. Caso contrário, se a capacidade de *rêverie* da mãe para conter a angústia da criança for insuficiente, as projeções que tenta depositar na mãe são obrigadas a retornar a ela sob a forma de um "terror sem nome", o qual gera mais angústia e mais ódio, que não consegue ser depositado em um continente acolhedor e, assim, retorna à própria criança, estabelecendo-se um círculo vicioso maligno que impede a introjeção de uma função K.
3. Assim, em vez de K, forma-se um vínculo -K (a mãe é predominantemente reintrojetada pela criança como uma pessoa que a despoja invejosamente dos seus elementos valiosos e a obriga a ficar com os maus) ou um "não-K" (nos casos mais extremos, em que a mãe externa não contém e não dá significado, sentido e nome às identificações projetivas do bebê). Esse bebê, em desespero progressivo, apela para um uso cada vez mais continuado e de força crescente das identificações projetivas, as quais conduzem tanto a um esvaziamento progressivo das capacidades do ego de perceber, pensar e conhecer, como se fragmentam em múltiplos pedaços menores que são expulsos no ambiente exterior sob a forma do que Bion denomina "objetos (ou fragmentos) bizarros", os quais o ameaçam de forma persecutória e se manifestam sob a forma de delírios ou de alucinações. Esta última hipótese é protótipica das psicoses.

Bion ilustra essas três possibilidades com o exemplo de uma criança que projeta em sua mãe o seu medo de morrer.

Nos casos em que não se desenvolve a função K, essa será substituída pela onipotência e onisciência *arrogantes*, por uma *curiosidade* intrusiva e sádica, por uma *estupidez* (no duplo sentido: como uma obstrução da inteligência e como uma atitude agressiva) e pela formação de um "super" superego. A partir deste último, que o sujeito com -K cria e impõe aos outros a sua própria moral e ética, ditando as leis, partindo da crença de que tudo sabe, tudo pode, tudo controla e tudo condena. Em nome dessa falsa moral, são desfechados ataques contra a busca da verdade.

É importante enfatizar que há uma distinção entre uma *aquisição cumulativa de conhecimentos* e a obtenção de um estado mental de *sabedoria*, em que os conhecimentos foram adquiridos mesclados com experiências emocionais e servem para ser pensados, elaborados e correlacionados com os fatos da vida, privilegiando a condição de ser uma pessoa *verdadeira*, e valorizando, sobretudo, a *essência* no lugar da *aparência*, a qual predomina nos casos de -K. Esse meu comentário está concordante com a linha de pensamento de Bion (1992b, p. 169), pois ele afirma: "De forma geral, preocupamo-nos mais em adquirir esperteza; somos espertos, mas não temos sabedoria".

Também cabe esclarecer que a *função K* não se refere à posse de um conhecimento ou saber, mas sim a um enfrentamento do "não-saber", de modo que o saber resulte da difícil tarefa do descobrimento e do aprendizado com as experiências da vida, as boas e, principalmente, as más.

Igualmente, é útil sublinhar que -K não significa ausência de conhecimento, senão um processo ativo que visa a privar de significado uma relação, como pode ser a do vínculo analítico.

FORMAÇÃO DE SÍMBOLOS

A função do conhecimento está intimamente ligada à da formação de símbolos, porquanto são esses que permitem uma evolução da criança à condição de poder conceituar, generalizar e abstrair, assim expandindo o seu pensar e o seu conhecer. Além disso, todos os novos conhecimentos são, na verdade, para Bion, um reconhecimento de verdades e de fatos preexistentes e são os símbolos que permitem que um todo seja reconhecido nas partes fragmentadas e dispersas, e que, a partir de um todo, se venham a descobrir as partes. Conforme afirma Bion (1992b, p. 202), "para a formação de símbolo são necessários dois para a formação de um terceiro, para benefício dos três, e isso é propiciado pela função K".

Dito de outra forma, o símbolo é a unidade perdida e refeita, porém esse reencontro unificador não deve se dar nos moldes originais (do tipo de uma regressão a uma unidade simbiótica fusional mãe-filho), mas sim no reencontro de um mesmo com um diferente, visto que, na situação psicanalítica, simbolizar consiste em captar o sentido em um outro nível, a partir de um outro vértice.

Tudo isso que foi conceituado como símbolo está de acordo com a sua etimologia, a qual mostra que a origem do termo vem de *symbolon*, que, na antiga Grécia, designava o reencontro de duas partes que pertenciam a uma mesma unidade e que foram separadas (Laplanche e Pontalis, 1967, p. 630). Aliás, é muito interessante citar a correlação entre os termos "símbolo" e "cópula", tal como aparece em Rezende (1993, p. 69), no belo trecho que segue transcrito:

> "*Syn*", em grego, é, em latim, a preposição "*cum*", que é o "com" em português.
> Acontece que o "com" em português muitas vezes perde o "m" e fica "co": cooperação, colaboração. O "b" do grego, passando para o latim e para o português, vira "p". Nós temos, por exemplo, em italiano, *cópola*, e em português, cópula. Esta é uma tradução simbólica da palavra símbolo: símbolo é cópula. E a gramática o confirma, pois a conjunção "e" também é chamada de "copulativa".

A capacidade de formar símbolos depende, portanto, da capacidade do ego de suportar perdas e substituí-las por símbolos. A capacidade da criança de suportar perdas, por sua vez, depende do fato de ter havido a passagem da posição esquizoparanóide para a posição depressiva, tal como a conhecemos da teoria kleiniana. Se essa passagem não se processou exitosamente, o indivíduo não tolera perdas, portanto não forma símbolos, e os troca por "equações simbólicas", que são próprias dos estados psicóticos, e nas quais o símbolo é confundido com o simbolizado, isto é, o "parece que é" torna-se algo concreto, o que "de fato é".

Bion foi além de Klein quando, ao estudar os processos criativos inerentes aos do conhecimento, discordou da crença geralmente aceita de que a criatividade seja um movimento progressivo da posição esquizoparanóide para a depressiva, sendo que esta última é que possibilitaria uma capacidade de síntese e de reformulação de um novo conjunto de idéias, valores e posições. Para Bion, antes de ser um movimento progressivo unidirecional, o processo criativo consiste em um movimento alternativo, para lá e para cá, entre as duas referidas posições, processo que ele representou pelo símbolo PS ⇔ D. É útil lembrar que o ingresso na posição depressiva está intimamente ligado à capacidade de sentir gratidão pelo outro, de sorte que, tal como, de uma forma muito feliz, nos mostra Muniz de Rezende, o desenvolvimento sadio da capacidade de *pensar* (*denken*, no original alemão) decorre diretamente do reconhecimento e da *gratidão* (*danken*).

Como conclusão, pode-se dizer que é unicamente através da restauração dos vínculos afetivos que se torna possível a obtenção dos vínculos simbólicos.

NATUREZA E UTILIZAÇÃO DO CONHECIMENTO

A função "conhecer" (ou "saber") é, pois, uma atividade pela qual o indivíduo chega a ficar consciente da experiência emocional, tira dela uma aprendizagem e consegue abstrair uma conceituação e uma formulação dessa experiência.

Esse processo, advindo originalmente de uma pulsão epistemofílica ao conhecimento das verdades, realiza-se em diferentes planos, como o indivíduo conhecer a si mesmo (a sua origem, o seu corpo, a sua identidade...); conhecer os outros e os seus vínculos com os grupos; os vínculos dos grupos entre si e com a sociedade, nos três planos: o intrapessoal (entre as diversas partes, *dentro* do indivíduo); o interpessoal (com outras pessoas do mundo exterior) e o transpessoal (extrapola as individualidades e abarca as nações, a cultura, etc.).

Em todos os casos, há uma inter-relação entre o *conhecimento* e a *verdade,* e desta com a *liberdade*, de modo que o conhecer (K) ou o não-conhecer (-K) é equivalente ao "ser ou não ser" (como em *Hamlet*, de Shakespeare), ou seja, é um determinante fundamental do senso de identidade de um indivíduo nos planos individual, social e grupal. Na atualidade, coerente com o "princípio da negatividade", seria mais adequado se a frase de Hamlet fosse transformada em "ser *e* não ser".

Por outro lado, a partir da curiosidade do bebê a respeito do corpo da mãe e do seu próprio, a permanente busca e a importância da utilização da pulsão de "conhecer as verdades" expandiram-se para todos os campos da atividade humana, como o científico, o religioso, o filosófico (a etimologia de "filosofia" mostra um apego – *filo* – às verdades – *sophos*; o contrário disso é uma fobosofia, ou seja, um horror – *phobos* – às verdades – *sophos*), o estético (como atesta a passagem literária do "ser ou não ser" da crise existencial de Hamlet) e, naturalmente, o campo psicanalítico.

A propósito, creio ser útil transcrever um resumo muito interessante do trabalho de de la Puente (1992, p. 341), no qual ele assinala que os significados da palavra "conhecimento" estão contidos em sua etimologia derivada do termo latino *cognoscere*, o qual, por sua vez, é composto por três étimos: *co* (junto com) mais *g*, raiz do verbo *gignomai* (gerar), e *noscere* (entender). É particularmente interessante o radical *g* do verbo *gignomai* (gerar, vir a ser, nascer), pois ele dá origem a *ge* (terra), a *gei* (genética) e a *gig* (ter relações sexuais). Deste último significado se depreende por que a Bíblia utiliza o eufemismo "fulano conheceu beltrana" para se referir às relações sexuais. Da mesma forma, prossegue de la Puente,

> a palavra francesa *connaitre*, de *naitre*, nascer, enfatiza o significado gerador de *gignomai*, gerar... O termo *gnosis* é um entendimento gerado. O contrário de Conhecimento é a Alucinose (*hallos* + *gnose)*, já que *hallos* significa "outro", "falso", "não-real").

Admitindo-se que a etimologia, muito mais do que um exercício curioso da formação das palavras, representa, de certa maneira, a sabedoria de um inconsciente coletivo, pode-se dizer que essa etimologia de "conhecer" alude a uma curiosidade primitiva relativa ao mistério do nascimento e da relação entre os pais de cada um. Esse exemplo pode, portanto, ser considerado uma universal "preconcepção edípica", e, nesse caso, a etimologia tem a mesma função que a das narrativas dos mitos.

MITOS

Vimos como Bion gostava de utilizar o modelo dos mitos, porque representam uma intersecção entre o imaginário e o real, o concreto e o abstrato, e, da mesma forma, entre o conhecer e o não conhecer as verdades originais.

Em seus primeiros estudos relativos ao conhecimento, ele utilizou os mitos de Édipo, do Éden e da Torre de Babel, e mais tarde, em sua obra, acrescentou as narrativas míticas das mortes de Palinuro e do Rei de Ur.

Partindo, portanto, do fato de que a produção imaginária coletiva que está contida no mito equivale à fantasia inconsciente como uma produção individual, ele estudou os mitos anteriormente referidos à luz dos vínculos L, H, K (1970).

Mito de Édipo: diferentemente de Freud, que estudou esse mito sob o enfoque pulsional, Bion o fez sob o enfoque do conhecimento. Dessa forma, entendeu que, em relação ao seu mito edípico privado, Édipo pagou um alto preço por querer, com uma curiosidade arrogante, conhecer a verdade proibida pelos deuses (pais). Bion aprofundou esse vértice cognitivo do mito de Édipo à luz da categorização na grade (1971), tal como resumimos no Capítulo 11.

Mito do Éden: no Gênesis (1,17), Deus adverte Adão: "[...] Porém, da árvore da Ciência do Bem e do Mal não comerás, porque o dia que a comeres, morrerás". Da mesma forma que com Édipo, Bion assinala a mesma curiosidade arrogante, severamente punida por Deus, porque a sua proibição de conhecer foi desobedecida pelo seu casal de "filhos".

Mito da Torre de Babel: também nesse mito, a curiosidade ligada à arrogância em chegar perto e conhecer a intimidade de Deus (chegar ao céu, à morada de Deus) foi punida com a destruição da capacidade de comunicação através de uma confusão de línguas.

O Mito dos Funerais do Rei de Ur: contado sob a forma de narrativa histórica, mostra-nos que o rei foi sepultado coletivamente com os demais membros da corte, por desejo destes, e juntamente com todo um tesouro. Bion utilizou esse mito para enaltecer os saqueadores do cemitério real, os quais, aproximadamente 500 anos após o funeral, que teria ocorrido por volta de 3.500 anos antes de Cristo, tiveram a audácia de profanar a tumba sagrada e, assim, enfrentar as proibições e os tabus. Da mesma forma, comparava Bion, também o paciente, em uma tarefa comum com o seu analista, deve ter a coragem de profanar o santuário sagrado do seu inconsciente e assim conhecer seus mistérios. Além disso, esse mito propicia a Bion que nos faça perguntas instigantes: "Que forças movem, a exemplo dos cortesãos, ao suicídio? Que forças teriam levado os saqueadores a profanar o que era sagrado?".

O Mito da Morte de Palinuro: esse personagem era piloto do navio de Enéias, que aparece no Livro V de *Eneida*, de Virgílio. Por decisão de Vênus, ele foi tomado pelo deus do sono enquanto pilotava, sozinho, o navio e, por isso, não pôde evitar que um movimento brusco o atirasse no mar, morrendo afogado sem que ninguém ouvisse seus gritos. Nos detalhes dessa narrativa, como nas anteriores, também encontramos a presença de desafio e deuses, castigos, etc. Bion utilizava esse mito (1973, p. 39) para mostrar que o psicanalista e, logo, o paciente correm sérios riscos ao pilotarem uma embarcação em uma viagem analítica por águas turbulentas e traiçoeiras que levam ao porto da verdade.

É claro que todas essas narrativas míticas, mesmo que só relacionadas ao conhecimento, comportam diferentes entendimentos, de acordo com o vértice utilizado, segundo o próprio Bion nos ensinou. Assim, para exemplificar unicamente com o mito edípico, creio ser viável a hipótese interpretativa de que a cegueira que Édipo se auto-impôs, mais do que um simples castigo, pode representar uma "cegueira artificial" para poder ver melhor, tal como aparece na posterior sabedoria dele, tal como transparece em *Édipo em Colona*.

PATOLOGIA DO CONHECIMENTO (-K)

Os mitos universais citados por Bion deixam claro o quão dolorosa é a busca do conhecimento também nos mitos individuais de cada pessoa. Por essa razão, forma-se, em graus muito variáveis de um indivíduo para outro, uma tendência a evitar o sofrimento que acompanha a pulsão epistemofílica. Como vimos antes, Bion denominou o desvirtuamento do vínculo K como "menos K" (-K), ou, como ocorre no caso das psicoses, "não-K".

Simplificando, pode-se dizer que o -K serve ou para evitar a dor das verdades intoleráveis, ou para não enfrentar o medo do desconhecido, ou para não transgredir as proibições, etc.

Nesses casos, em que o ego não quer conhecer, ele constrói estruturas falsas, substitui a busca de K por uma onisciência, onipotência e prepotência ("pré-potência"), substitui o enfoque científico, e culturalmente aceito, pelo de uma "moral" de seu "super" superego, que está acima de todos, não desenvolve a capacidade de discriminação entre verdades, falsidades e mentiras e cria uma hipertrofia dos mecanismos defensivos ligados à negação, como aparece com nitidez nas situações da prática psicanalítica.

SITUAÇÃO PSICANALÍTICA

O objeto de conhecimento de uma determinada situação na psicanálise clínica foi denominado por Bion com o termo "objeto psicanalítico" (não é o mesmo que o significado corrente, em psicanálise, do termo "objeto") e alude ao descobrimento da realidade psíquica do próprio indivíduo e, por extensão, também a de outra pessoa ou da ligação entre ambos.

A palavra "descobrimento" confirma que o acesso à realidade psíquica consiste em uma retirada ("des") das "cobertas" que camuflam as verdades preexistentes. De fato, Bion insistia na afirmação de que a realidade original causadora da ansiedade não tem cor, cheiro, peso, etc., manifestando-se unicamente por fragmentos dessa verdade incognoscível, através dos efeitos corporais ou verbais, tais como transparecem na clínica. Bion fundamentou essa posição tomando emprestada do filósofo Kant a concepção de "realidade última" (também mencionada como "O", "coisa em si mesmo" ou "verdade absoluta"), a qual designa que a verdadeira origem dos fatos é desconhecida e nunca chegará a ser totalmente conhecida.

A tarefa do par psicanalista-analisando é chegar o mais próximo possível dessa "realidade última", e, para tal "des-velamento" (quer dizer: a retirada ["des"] dos "véus"), Bion faz uma série de conceituações originais, que aqui serão abordadas muito esquematicamente, uma vez que serão enfocadas mais aprofundadamente na terceira parte deste livro.

Assim, pode-se depreender que, entre outros aspectos, Bion destaca os descritos a seguir.

- É necessário que haja atitude mental de "descobrimento" do paciente e, obviamente, do analista.
- O psicanalista deve evitar a saturação da sua mente por "memória, desejo e necessidade de compreensão imediata", para que a abolição parcial da sensorialidade dê lugar à intuição.
- Tanto o analista como o paciente têm os seus próprios "vértices" de observação dos fenômenos psíquicos que estão ocorrendo. Cabe ao psicanalista propiciar ao paciente vértices alternativos, que lhe estimulem novas indagações.
- Em meio a um possível caos associativo, é importante a descoberta do "fato selecionado" que permite dar alguma ordem e coerência aos conhecimentos que ainda estão dispersos, sem forma e sem nome. Da mesma forma, é uma imposição técnica que o psicanalista possa discriminar entre o que é verdade, falsificação ou mentira.
- É de absoluta importância que se tenha bem clara a diferença que há entre o paciente querer conhecer a verdade e pretender ter uma possessão absoluta da sua verdade. No primeiro caso, o indivíduo chega ao conhecimento através de um enfrentamento doloroso, e a aquisição da verdade lhe estimula novas descobertas; no segundo, ele a utiliza a serviço de -K. Esses aspectos têm uma decisiva importância em relação tanto ao tipo e ao destino das interpretações e dos *insights* como a algumas resistências que podem se manifestar no curso da análise.
- Entre essas *resistências*, Bion destaca particularmente a forma que ele denominou como "reversão da perspectiva", através da qual o paciente desvitaliza as interpretações do psica-

nalista, porquanto ele as reverte para suas próprias perspectivas prévias. Uma outra forma importante de resistência ao conhecimento das verdades intoleráveis consiste em um "ataque aos vínculos perceptivos" dele próprio e de seu analista. Igualmente são formas de resistência os distintos modos de *negação* (graus e formas de -K) e o uso de uma linguagem em que prevaleça confusão e ambigüidade.

Mais do que a simples resolução de conflitos, a psicanálise deve visar ao crescimento mental do paciente, e, para tanto, é primordial o desenvolvimento da capacidade que Bion denomina como "função psicanalítica da personalidade", de origem inata, que alude a uma nunca acabada busca das verdades, independentemente do fato de a análise formal ainda prosseguir ou já ter sido concluída.

Comentários

Ninguém duvida que os trabalhos de Bion sobre a origem, a normalidade e a patologia do vínculo K representaram um significativo acréscimo à psicanálise, notadamente por atribuirem uma valorização importante às formas clínicas pelas quais o paciente busca ou evita os conhecimentos, como os utiliza e comunica.

Isso me estimula a fazer alguns comentários críticos.

1. Quando estudou os pensamentos, Bion citou exaustivamente Freud, principalmente *Dois princípios...*, porém ele não fez o mesmo com referência aos distúrbios do conhecimento, embora já fossem suficientemente conhecidos os trabalhos de Freud acerca das várias modalidades de negação que o ego pode utilizar, desde a supressão, passando pela repressão dos neuróticos, e pela renegação dos perversos (também conhecida por "desmentida", "denegação"; no original, Freud a chamou de *verneunung*), até chegar à for(a)clusão (ou "recusa"; no original, *verwerfung*), própria dos psicóticos.

   A última constitui uma forma extrema de negação e equivale em tudo a -K, sendo que o termo e a conceituação de "for(a)clusão" foram resgatados por Lacan, a partir de uma releitura dos textos de Freud *Neurose e psicose* (1924) e *Divisão do ego nos processos de defesa* (1938).

2. É difícil entender, pelo menos para mim, por que, entre as diversas narrativas míticas que Bion utilizou como modelo da patologia -K, ele não tenha incluído o Mito de Narciso, que, além de ser conhecidíssimo em psicanálise, por causa de Freud, se encaixaria como uma luva em suas considerações. Não custa lembrar que, em *Metamorfosis*, de Ovídio, o cego Tirésias profetizara que Narciso morreria se viesse a conhecer-se.

3. Também causa uma certa estranheza que Bion nunca tenha feito a menor referência aos importantes trabalhos de Piaget acerca do desenvolvimento cognitivo, embora os estudos desse epistemólogo suíço já fossem bem conhecidos na época.

4. A ênfase que Bion deu, em seus escritos, à forma arrogante da curiosidade pode provocar uma subestimação do valor altamente estruturante da curiosidade natural e sadia, que nem sempre é bem entendida e valorizada pelos educadores do ambiente externo real.

5. Este último aspecto – a violenta repressão parental (deuses) contra a ânsia por novos conhecimentos por parte dos filhos – está claramente expresso nos mitos utilizados por Bion.

No entanto, dois pontos merecem ser indagados. O primeiro é que, nesses relatos míticos, a tônica da violência dos deuses é quase sempre uma réplica vingativa contra alguma forma de transgressão cometida, ou seja, seria uma espécie de uma justiça rigorosa, porém uma justiça contra o curioso "arrogante". Sabemos que nem sempre é assim, e que não é incomum que a repressão, as ameaças e as violências sejam provindas de educadores, pais ou mestres que, às vezes, de uma forma acintosa, porém de maneira geralmente sutil e camuflada, cometem uma repressão injusta, movidos que são pelos seus inconscientes sentimentos de medo, inveja, etc.

É claro que podemos entender essa violência cotidiana (diferente da necessária colocação de limites que pais diligentes têm de impor aos filhos para educá-los) a partir de um vértice transgeracional, ou seja, o das sucessivas identificações projetivas e introjetivas que se transmitem de uma geração para a outra.

Destaquei esse aspecto das culpas indevidas impostas de fora para dentro porque ele adquire uma forte importância clínica se levarmos em conta o sem-número de vezes que o paciente sente culpas porque, quando criança, foi injustamente castigado, e não o inverso, isto é, que ele procurou o castigo devido às culpas primárias decorrentes das pulsões sádicas, como habitualmente é trabalhado pelos psicanalistas.

O segundo ponto, relacionado à violência que o ambiente comete contra a busca epistemofílica, está contido nos estudos que Bion (1970, p. 68) fez acerca da relação entre o "místico", portador das verdades novas, e o *establishment*, que faz de tudo para reprimi-las, em moldes equivalentes aos dos mitos mencionados, ainda que bem mais civilizados. Esse estudo de Bion acerca da oposição do *establishment* contra o místico (que em outros momentos ele denomina "gênio" ou "herói") permite que se abra um leque de outros vértices, além do mítico, de observação desse importante fenômeno.

Para ilustrar isso com um único exemplo, vale lembrar as violentas perseguições, por parte do *establishment* científico da época, a que foram submetidos tanto Copérnico como, muito tempo depois, Giordano Bruno, pelo "crime" de terem desafiado a concepção ptolomaica de que a Terra era o centro do universo e tido a "afrontosa ousadia" de propor uma idéia totalmente contrária à vigente, pois, com isso, representavam uma terrível ameaça ao narcisismo humano.

Nada disso, no entanto, nem de leve empana o maior mérito de Bion, que consiste em ter dado, assim como Freud já o fizera em contextos diferentes, uma extraordinária importância à verdade como um vital alimento psíquico, sem o qual a mente morre por inanição e os processos psicanalíticos estão destinados ao fracasso.

Nesse aspecto, Bion foi mais longe que Freud; sua obsessão pela busca da "verdade última" pode ser comprovada não só no estilo místico de sua autobiografia como em relação à prática clínica, quando ele preconiza enfaticamente a necessidade de que, na sessão, se passe de um conhecimento prévio em direção à realidade incognoscível, isto é, de K a O, e vice-versa, tal como propõe em *As transformações* (1965).

14

Teoria das Transformações

Em 1965, Bion publicou *As transformações*, com o subtítulo: "Da aprendizagem ao crescimento", que juntamente com os dois livros anteriores, *O aprender com a experiência*, de 1962, e *Elementos de psicanálise*, de 1963, constituem uma espécie de trilogia da parte epistemológica de sua obra científica.

Vimos como Bion costumava enfatizar que a psicanálise pode ser abordada a partir de três dimensões: a *científica* (com fundamentos lógico-matemáticos), a *estética* (artística) e a *religioso-mística*. Acho interessante o título *As transformações* por "coincidência" corresponder a uma época em que Bion começava a dar os primeiros sinais mais claros de transformações em seu pensamento científico para um modelo de natureza filosófica e progressivamente mística.

Dessa forma, esse livro contém uma mescla de elementos da lógica matemática (com a utilização de signos, pontos, linhas e conceitos extraídos da geometria moderna), da estética (como a visualização que ele faz do caso "Dora", cuja bela descrição literária feita por Freud representa para Bion um primeiro elo de ligação entre a psicanálise e a arte) e da filosofia religioso-mística (como as enfáticas citações de Platão, do poeta Milton e de São João da Cruz, os quais, cada um com o seu vértice e estilo próprio, asseveravam a reencarnação das almas em vidas sucessivas e a necessidade de o homem ultrapassar o que Milton chamava de "infinito vazio e informe" para se aproximar de Deus).

Além desses modelos, Bion também ilustra esse *As transformações* com muitas passagens clínicas, de modo a nunca perder de vista que não admitia posições teóricas e considerações metapsicológicas que não tivessem um embasamento e uma correlação com a prática analítica.

Na descrição que segue, há uma omissão deliberada dos detalhes mais profundos dos três modelos anteriores, devido ao propósito de tornar mais claro e fazer sobressair o que, creio, podemos considerar a quarta dimensão que Bion empregou em *As transformações*, que proponho denominar *pragmático-clínica*.

CONCEITO DE "TRANSFORMAÇÃO"

O conceito de "transformação" é prioritariamente clínico e, segundo Bion, objetiva esclarecer a cadeia de fenômenos que se passa entre os enunciados do analista e do paciente, para compreender a evolução da experiência emocional entre ambos.

Os termos "transformação" e "invariância" são utilizados em muitas disciplinas, como na geometria projetiva, na teoria dos conjuntos da matemática, na gramática, na filosofia e, naturalmente, em psicanálise, desde Bion.

De certa forma, lembrando a clássica lei de Lavoisier, segundo a qual "na natureza, nada se perde, nada se cria, tudo se transforma", também em psicanálise tudo sofre e, ao mesmo tempo, é produto de transformações. (Hoje, pensando melhor, ao revisar para esta segunda edição, é possível que essa minha analogia com a lei de Lavoisier não faça justiça a Bion, visto que seu conceito de que o crescimento mental se comporta como um *universo em expansão* implica a agregação de novos espaços e objetos.)

Bion estendeu o conceito de "transformação" utilizado no processo analítico para as modificações que se processam no meio ambiente fora da análise, tal como exemplificou com um paciente psicótico seu que, com sua "piora", mobilizou a preocupação e a interferência de familiares e amigos na análise.

A palavra "trans-formação" significa "formar para além de", de modo que as mudanças da forma de um determinado fenômeno podem ser múltiplas e adquirir os mais diversos formatos e significados, porém sempre conservarão a propriedade de se conectarem entre si, devido à permanente manutenção de pelo menos um elemento imutável comum a todas as formas, que constitui o que se conhece por "invariantes".

Para esclarecer a sua conceituação psicanalítica, Bion utilizou, entre outros, o modelo da geometria (pode-se submeter as figuras geométricas a todos os tipos de transformação, como translação, rotação ou projeção, em que o matemático consegue encontrar o que há de comum entre o antes e o depois das transformações) e o modelo da arte (uma mesma paisagem pode ser transposta para a tela de formas bem diferentes, conforme a escola do pintor).

Os elementos presentes em uma análise estão sempre em uma "conjunção constante" (penso que à moda de uma estrutura reticular) entre si, mas isso não quer dizer que haja uma direta e linear relação de causa-efeito entre eles. No entanto, esses elementos sofrem constantes transformações, e o importante a assinalar é que estas últimas se processam tanto na pessoa do paciente (podendo atingir o grau máximo de alucinações sensoriais) como na sua família e na pessoa do psicanalista (a interpretação verbal é a culminância de um processo de transformação dentro dele).

Dessa forma, como exemplos de transformação que ocorrem na situação psicanalítica, podem-se mencionar os sonhos, os sintomas, a passagem do pensamento para o verbo ou para o *acting*, o fenômeno da transferência, a formulação da interpretação do analista e o ato de simbolizar, visto que transformar é simbolizar e vice-versa. Da mesma maneira, a "grade" pode ser encarada, tanto no seu vertical eixo genético como no horizontal eixo da utilização dos pensamentos, como um grupo de sucessivas transformações de uma categoria a outra, sendo que Bion frisa que nenhuma transformação pode ocorrer sem a concomitância de uma experiência emocional.

Assim, em *As transformações*, para deixar claro que as diversas formas de transformação sempre ocorrem no curso de uma vivência emocional, Bion utiliza como modelo prototípico o da "violência na encruzilhada de Tebas", estabelecendo uma vinculação entre a sua teoria das transformações com uma invariante das teorias psicanalíticas: a do Complexo de Édipo.

Penso que, a exemplo de um mapa-múndi geográfico que vai mudando a sua configuração com o correr das transformações históricas, também na análise as sucessivas transformações que ocorrem no vínculo analítico visam a modificar o mapa das capacidades afetivas e intelectivas do analisando.

O PROCESSAMENTO DA TRANSFORMAÇÃO

Bion postulou que em todo o processo de transformação, o qual ele designa por T, tanto no paciente (Tp) como no analista (Ta), sempre vai haver a presença de quatro elementos: um estado inicial – que ele denomina O –, um mecanismo de ação que produz a transformação (designado pelo signo *alfa*), um produto final (designado pelo signo *beta*) e a permanência de algum grau de invariância. É útil esclarecer que os signos gregos das letras alfa e beta, que Bion utiliza em *As transformações*, não têm nada a ver com o significado que essas letras representam como "elementos" do pensamento.

O signo O necessita ser clarificado, porquanto tem sido empregado com acepções um pouco distintas pelos autores que têm divulgado a obra de Bion. Alguns são convictos em interpretar O como a letra "o" (de "origem"), enquanto outros lêem esse signo como "zero". O próprio Bion nos esclarece melhor, ao responder uma pergunta que lhe foi formulada na oitava das *Conferências brasileiras 1* (1973, p. 136), sugerindo que O seja lido como letra "o", embora deva ser consignado que o idioma inglês permite as duas acepções.

O que importa é que, para Bion, O designa um estado inicial desconhecido (pode ser o início de uma sessão); no entanto, de uma forma mais consistente, ele emprega O com o significado de que o ciclo de transformações se inicia a partir de uma original "realidade incognoscível". Em outros contextos, ele denomina O como "coisa em si mesmo" (inspirado em Kant); ou também como "verdade absoluta", "infinito", "incognoscível", "númeno", "divindade", e essa variada nomenclatura parece que vai além de uma simples sinonímia e serve para Bion tanto designar um plano objetivo, como o de uma sessão, como também pretende atingir a um plano místico, sendo que tudo isso pode nos causar alguma imprecisão, quando não uma certa confusão.

Vale lembrar que, inspirado em Kant, Bion afirma que a "coisa em si mesmo" indica que é necessário que o analista saiba suportar e aceitar conhecer somente a realização da coisa, a conjunção, a constelação dos fenômenos que cercam a original coisa em si mesmo, porquanto esta última é impossível de ser conhecida.

Comentários: acredito que o conceito de como é e de como se processa o fenômeno da "transformação" fique mais claro através de um modelo da física: o da transformação da água nos estados líquido, sólido e gasoso e nos diversos usos desses derivados. Assim, se apresentarmos a uma criancinha (ou a um habitante primitivo, a um psicótico, a alguém que ignora a física) um copo com água, uma barra de gelo e uma nuvem no céu, ela não terá condições de reconhecer que esses três corpos não passam de transformações de um mesmo fato original, a combinação de átomos de hidrogênio e de oxigênio que formam a molécula H_2O, que é o "invariante" comum nos três.

Da mesma forma, o significado que cada pessoa empresta a uma simples menção da palavra água, para ficarmos no mesmo exemplo, também vai produzir transformações conceituais. Assim, "água" tanto pode significar um líquido para matar a sede, uma água para tomar banho, um rio para um navio navegar, uma queda d'água, etc. Indo mais além, uma queda d'água tanto pode ser destrutiva e arrasar uma lavoura como ter o seu curso transformado por aquedutos e ser vital e construtiva para essa plantação, ou, ainda, essa mesma queda d'água pode ser transformada em energia elétrica e esta, por sua vez, em energia luminosa, e assim por diante.

A partir dessa analogia, podemos deduzir que o fenômeno de transformação depende muito do meio no qual ele se processa e da técnica empregada, e, voltando para a situação psicanalítica, o meio de transformação pode ser a mente, o corpo, o espírito ou o espaço exterior, e as técnicas analíticas variam muito de acordo com cada um desses diferentes estados mentais.

Outro modelo de transformação que me ocorre é aquele em que Freud, ao estudar as paranóias, parte de uma suposta frase de um homem que tenha em relação a outro homem um inconsciente pensamento carregado com um desejo tipo "eu o amo". Como esse desejo denotaria um proibido desejo homossexual, a mente do sujeito, mercê do uso de negações e projeções, e trocando os lugares do sujeito, verbo ou complemento, pode fazer uma série de transformações do tipo: 1) *não, eu não o amo, eu o odeio*; 2) *ele me odeia*; 3) *ele ama ela* (sua mulher, por exemplo); 4) *ela ama ele* (pode atingir o grau de um ciúme delirante). Poderíamos fazer outros desdobramentos, como: 5) *todas as mulheres me amam* (erotomania); 6) *não amo ninguém, e nunca vou amar* (fuga para o narcisismo), etc.

Ainda tomando Freud como referência, um exemplo simples de transformação, como é, em Bion, o de elementos beta em alfa, equivale, em Freud, à revelação dos conteúdos latentes do sonho, na sua transformação em conteúdo manifesto.

Segundo Bion, as verdadeiras transformações em direção a O, na situação psicanalítica, podem vir acompanhadas de um estado psíquico que ele denomina "mudança catastrófica", nome que titulou um artigo ("Catastrophic Change") escrito em 1966.

Utilizando o modelo continente-conteúdo (♀♂), Bion mostra como, em diversos contextos diferentes – na mente, nos grupos, na sociedade, na sessão psicanalítica, etc. –, há sempre uma "conjunção constante" de fatos específicos. No entanto, sempre que essa conjunção estável se enfrenta com uma situação de mudança e crescimento, se altera e se instala um clima de catástrofe.

Em relação aos fatos que irrompem a mudança catastrófica, Bion aponta a presença de três características, a violência, a invariância e a subversão do sistema.

TIPOS DE TRANSFORMAÇÃO

Inspirado na nomenclatura utilizada pela geometria moderna, Bion propõe que as transformações psíquicas se processam por três modalidades distintas entre si, e que ele chama de "transformações de movimento rígido", "transformações projetivas" e "alucinoses".

A transformação de *movimento (ou moção) rígido* é aquela que pouco distorce o fato original e permite ao analista encontrar o elemento invariante com alguma facilidade. Essas transformações são mais comuns em pacientes neuróticos, cujo mecanismo defensivo predominante é o da repressão.

A transformação do *tipo projetivo* deforma mais intensamente o fato original, desvirtuando as noções de espaço (a distância) e de tempo (a época dos fatos distorcidos), sem, no entanto, impedir completamente que o psicanalista possa reconhecer os invariantes, que possibilitam a interpretação. Esse tipo de transformação acontece com pacientes que estão no limite do analisável, e as deformações dos fatos originais ocorrem por conta do precoce emprego de defesas muito primitivas (dissociações, projeções...), conforme conhecemos da teoria kleiniana.

Comentários: penso que podemos encontrar um bom exemplo de transformação do tipo projetivo no historial clínico de Freud – "Homem dos Ratos", em que, na sessão inicial com Freud, o paciente falava de seu pai como se ambos estivessem convivendo diariamente numa relação muito intensa e viva. Qual não foi a surpresa de Freud quando, ao perguntar qual era a atividade do seu pai, o paciente lhe informou que o mesmo já havia falecido há dezenas de anos. Trata-se, creio, de uma transformação projetiva, oriunda da vivência distorcida de um fato, devido a uma projeção no tempo, provavelmente porque o paciente não tinha elaborado a morte do pai, e este continuava morto-vivo dentro dele.

A transformação em *alucinose* consiste em uma deformação de tal grandeza que se torna uma tarefa dificílima ao analista chegar ao O da verdade essencial de seu paciente. É preciso esclarecer que alucinose não deve ser confundida com o conceito clássico de "alucinação" em psiquiatria, embora, eventualmente, possa chegar a esse estado.

Creio ser oportuno e útil registrar a etimologia da palavra-conceito "alucinose". Segundo de la Puente (1992, p. 343), de forma nenhuma "alucinar" deriva de *a* (privação de) e *lucinare* (de *lux, lucis* – iluminar), isto é, como o significado de "sem luz" (*a-lucinare*), equívoco muito comum. "Alucinose" resulta dos étimos gregos *hallos* e *gnosis*. *Hallos* significa "outro", e seus derivados e correlativos são: diferente, estrangeiro, falso, não-real, mau. *Gnosis*, por sua vez, se encontra em duas palavras especificamente opostas: a cognose e a alucinose. Portanto, o conhecimento se opõe diferencialmente à alucinação. Dessa forma, prossegue de la Puente, a partir do referencial bioniano, quer se trate de alucinose como um fenômeno de transformação, ou de uma alucinação clínica como um termo final desse processo transformatório, "alucinar" deve ser encarado como um entendimento, uma presença de luz. Tal entendimento não provém da experiência, apesar de ser expressado com elementos sensoriais.

A transformação em alucinose está correlacionada à catástrofe primitiva do lactante, pela qual as sensações e os protopensamentos (elementos β), embutidos numa ansiedade de aniquilamento primordial, não foram bem contidos pelo *rêverie* da mãe, e, por isso, a criança os reintrojetou sob a forma de um "terror sem nome", o qual, por sua vez, volta a ser evacuado por projeções no ambiente exterior pelas vias sensoriais; as projeções, então, retornam, por essas vias, sob a forma de alucinoses.

Essa transformação em alucinose processa-se na área psicótica da personalidade do paciente, e o fato de as fortes ansiedades não serem adequadamente processadas em pensamentos úteis (falta da função α) compromete a capacidade de formação de símbolos; daí a dificuldade de o psicanalista decodificar as transformações. Essa parte psicótica da personalidade não opera com símbolos abstratos, mas sim com equações simbólicas, concretas, conforme a clássica descrição de Segal (1957).

Pode-se dizer, portanto, que a transformação em alucinose resulta essencialmente da intolerância à ausência do objeto, ou, o que é o mesmo, da dor da privação, da frustração e da decepção. A transformação em alucinose consiste na evacuação projetiva dos estados ocultos da personalidade nos órgãos sensoriais, de uma forma tal que reverte a função de algum órgão do sentido, o qual de receptor passa a efetor. Assim, por exemplo, a visão não recebe as imagens, pelo contrário, emite-as, como se observa nas alucinações.

O psicanalista precisa estar atento aos estados de alucinose, porquanto nessa situação a linguagem do paciente, seja ela verbal ou alguma forma não-verbal, não visa tanto à comunicação, mas a um meio de expressão da alucinose e a uma tentativa de impô-la aos demais.

Comentários: penso que esses três tipos de transformação podem ser exemplificados a partir da minha prática analítica com três pacientes diferentes em situações em que um mesmo objeto – um violino – apareceu como produto de transformações distintas. No primeiro caso, um paciente neurótico sonha que executa em seu violino os movimentos para lá e para cá, enquanto a dama proibida que ele cobiça sexualmente o escuta, embevecida. Aqui a transformação é de "movimento rígido" e, portanto, permite uma fácil leitura do desejo sexual reprimido. Em um segundo caso, um paciente adulto *borderline* sonha que um menino assustado olha atentamente para um palco, onde um grande número de músicos utiliza os mais variados tipos e tamanhos de violinos, enquanto ele está ladeado por duas mulheres, uma negra malencarada e uma moça que lembra uma fada. (No caso, tratava-se de uma transformação "projetiva", de um reconhecimento mais difícil para o analista; porém, a análise do simbolismo do sonho mostrou que a transformação consistia em que o paciente, homem adulto de hoje, confundia-se com o menino de ontem, aspirando a possuir um pênis que fosse igual ou maior do que o de seu pai, sem saber qual a reação que encontraria por parte da mãe, dissociada em uma idealizada e uma denegrida.) Uma terceira situação é trazida por um exemplo da própria Segal (1957, p. 77), criadora do conceito da "equação simbólica": um paciente psicótico convidado por ela a tocar seu violino em uma festa do hospital ficou indignado e respondeu: "a senhora quer que eu me masturbe em público?". (Trata-se de um caso mais extremo de alucinose, porém ilustra como, na "equação simbólica", o símbolo ficou confundido com o simbolizado, tal como ficou o violino com o pênis.)

O tipo de transformação mais dramática, na situação analítica, é a que Bion denominou como *mudança catastrófica*, que permite uma visualização de tipos diferentes, como será explicitado mais adiante.

RELAÇÃO ENTRE "K" E "O"

Vimos que K é o signo do conhecer (saber), que -K indica uma condição de se negar e de não querer tomar conhecimento de certas verdades penosas, e que não-K se refere ao fato de que houve uma "for(a)clusão" (termo de Lacan), ou seja, uma ruptura com a realidade, e a substituição das ausências do mundo interno pela criação e presença de um "mundo inexistente".

Por outro lado, vimos que, em psicanálise, O é tudo aquilo que é desconhecido no paciente, o que ainda não apareceu e não evoluiu, enquanto, na pessoa do analista, O é o seu ponto de partida do desconhecido, isto é, o seu vértice psicanalítico. Esse O pode evoluir muito, amparado na sua intuição, até a formulação da interpretação.

Assim, a *transformação de K em O* significa as interpretações transformarem o "saber acerca de algo" (por exemplo, o caso de um *insight* unicamente intelectivo-cognitivo) em "vir a ser esse algo" (no caso, *insight* elaborativo e verdadeiramente transformador).

Transformação em O é, portanto, retomando Nietzsche, o mesmo que "um indivíduo vir a ser aquilo que, realmente, ele é".

Uma leitura mais atenta de Bion permite supor que a relação entre K e O na situação analítica se opera em três tempos: inicialmente, é necessário passar do K trazido pelo paciente (a sua realidade racionalizada) para uma condição de algo desconhecido (O) e, a partir desse desconhecido O da sessão, chegar ao *insight* (K), porém esse K deve ser dirigido ao O original dos primórdios do psiquismo.

Assim, pode-se falar de uma "transformação *de* O" (isto é, a partir do fato desconhecido trazido pelo paciente, chegar a K), de uma "transformação *em* O" (ou seja, chegar a uma verdade absoluta a partir de K), e de alcançar um estado mental de "estar de acordo *com* O".

Mudança catastrófica

As transformações em O são caracterizadas pela tríade *subversão do sistema, violência* e *invariância*, de sorte que sempre representam um caráter disruptivo e ameaçador. A palavra "catástrofe" se forma dos étimos gregos *katos* ("para baixo") + *strophos* ("virar, voltar"), porém não necessariamente significa um desastre. Assim, Bion enfatizou que o vocábulo "catástrofe" não deve ser tomado no sentido literal e concreto (salvo em algumas situações em que a mudança se faz num meio mental totalmente ocupado por -K); tal como podemos ver em *Atenção e interpretação*, ele considera que esse tipo de mudança, num meio em que prevaleça K, constitui um movimento psíquico positivo e evolutivo de crescimento mental, não obstante, muito sofrido.

Segundo Bion, existem três etapas: uma mudança *pré-catastrófica*, quando podem predominar distintas formas de resistências – mais intensas nas personalidades psicóticas –; o *catastrófico* propriamente dito, impregnado de fortes emoções, como, por exemplo, o paciente sentir-se confuso, angustiado, deprimido, hipocondríaco, queixoso de que está pior do que antes de ter começado a análise e, não raramente, mostrar-se agressivo, dar indícios de uma "reação terapêutica negativa" ou chegar a um extremo de fazer veladas ameaças suicidas. Além disso, indiretamente ele aciona a família que, então, angustiada, procura interferir no tratamento analítico. Um terceiro momento é o *pós-catastrófico*, que pode trazer grandes benefícios analíticos.

Trata-se, pois, de um estado psíquico que Bion denomina como "turbulência emocional", que pode ser tanto mais forte quanto mais psicótica for a personalidade do paciente. Bion gostava de comparar essa turbulência com obras de Leonardo da Vinci em que, com sensibilidade e intuição, esse genial artista pinta figuras que se assemelham à água em movimento ou a uma cabeleira algo revolta.

Essa noção de mudança catastrófica adquire uma importância especial na evolução da análise, visto que o risco é de que o analista se amedronte e não consiga tirar os frutos positivos dessa situação turbulenta.

TRANSFORMAÇÃO NA SITUAÇÃO PSICANALÍTICA

Comentários: como exemplificação desses conceitos, vou figurar com uma situação de minha clínica, de um tipo bastante comum na experiência de todo psicanalista. Após a interrupção da análise por duas semanas, devido a uma viagem do analista, um paciente adulto começa a primeira sessão do retorno fazendo um relato minucioso do incrível número de mulheres que "havia passado no pau". Na sua forma de falar, ele exibia, a um só tempo, tanto o júbilo de um vencedor em relação ao analista como uma forma de desprezo pelas mulheres, na sua forma de referir-se a elas. A sessão transitou pelas seguintes transformações: o O inicial está representado nos *actings* donjuanescos, os quais traduziam uma forte necessidade de confirmar a sua condição de homem potente, para evitar o conhecimento (-K) de que se despertaram nele impulsões de natureza homossexual. Essa homossexualidade latente, por sua vez, encobria um ódio à figura feminina e um conseqüente desejo de um afago masculino, sendo que o despertar desse ódio lhe foi incrementado pelo abandono a que foi submetido pelo seu analista. Em outras palavras, um *acting* de natureza maníaca o protegia de sentir uma profunda depressão. Percebe-se que do O inicial da sessão (donjuanismo) chegou-se a um K (*insight*); o movimento seguinte do analista foi, a partir daí, chegar às vivências inanimadas de um O muito primitivo da personalidade do paciente, que provavelmente correspondiam a uma terrível ansiedade de aniquilamento decorrente de uma mãe muito ausente ou que, quando presente, não o entendia e não o "continha".

Na prática analítica, é fundamental a afirmativa de Bion de que qualquer O do paciente que não seja comum ao analista (por exemplo, um "ponto cego" deste último, por uma insuficiência de sua análise pessoal) impossibilita a investigação psicanalítica entre K e O.

Da mesma forma, toda vez que o paciente estiver em um estado mental de -K, de nada adiantarão as interpretações centradas nos conflitos, por mais exatas que sejam (o que não é o mesmo que eficazes), porquanto o paciente *não quer* (ou não pode) tomar conhecimento delas. Nessas condições, a atividade interpretativa prioritária do analista deve objetivar transformar -K em um K, isto é, um "estado de descobrimento". Dizendo com outras palavras, tudo isso corresponde à importante passagem de um estado mental egossintônico do paciente para o de uma egodistonia.

É fácil deduzir que, à medida que a análise vai se aproximando do O do paciente, também vão aumentando as resistências deste, e isso se torna muito intensificado nas alucinoses, pois nesses casos o O original se confunde com as primitivas fantasias inconscientes do paciente, que o levam ao medo de se transformar em um louco, um assassino ou em Deus. O que Bion quer dizer, me parece, é que o paciente enlouquece (tem delírios, alucinações...) para não enlouquecer (cometer suicídio, homicídio ou ter os poderes mágicos e onipotentes, portanto também perigosos, de Deus).

Na hipótese de que na mente do analista predomina um "ponto cego" em relação ao O do paciente, ele vai desenvolver um movimento contra-resistencial conjugado com as resistências que o paciente opõe às transformações. Essas resistências adquirem muitas modalidades conhecidas, porém é preciso destacar as duas que Bion descreve de um modo original em outros textos: a do "ataque aos vínculos perceptivos", dele próprio e do seu analista, e a da "reversão da perspectiva", através da qual vai impedir as transformações propostas pela interpretação do analista e vai retransformá-las, enquadrando-as para as suas próprias premissas imutáveis.

Uma transformação adequada no psicanalista consiste em que, partindo de seu vértice de observação do fato analítico, ele utilize a sua intuição e consiga chegar ao "fato selecionado", que corresponde à descoberta do fato que dá ordem e coerência ao que até então parecia disperso e caótico. O "fato selecionado" possibilita o pensamento verbal do analista e, daí, a formulação da interpretação.

Bion por vezes chama esse processo de "evolução", porém, quando utiliza o referencial kleiniano, se refere a ele como a passagem, na mente do analista, de um estado de "paciência" (correspondente à posição esquizo-paranóide) para um estado de "segurança" (correspondente à posição depressiva). Partindo daí, e do fato de que "transformar é simbolizar, e vice-versa", pode-se dizer que a formulação final de uma interpretação é decorrência de uma série de transformações na mente do analista.

Em relação às transformações que se passam na mente do paciente, Bion traz uma bela ilustração no livro *Atenção e interpretação* (1970, p. 15), na qual descreve as transformações que o desejo de seu paciente por sorvete (*ice-cream*) sofreu até se transformar em um grito de dor (*I scream*).

Comentários: creio que cabe fazer uma metáfora das transformações que se processam numa análise com as que resultam de uma "análise química". Assim, a palavra *análise* (formada dos étimos gregos *ana+lysis*) significa uma dissolução ("lise") de um todo em partes ("aná"), de sorte que se pode dizer que o modelo de uma análise química é comparável ao acontecimento psíquico, que pode ser decomposto em seus *elementos* componentes, os quais, por sua vez, podem entrar em novas combinações, da mesma forma que os elementos musicais.

O modelo utilizado por Bion (1965) para ilustrar o fenômeno da transformação foi o de uma analogia com a hipótese de dois pintores de estilos diferentes pintarem uma mesma paisagem de maneiras aparentemente irreconhecíveis entre si, embora conservem uma mesma invariante, que é a paisagem real. Assim, dois analistas que trabalham com diferentes referenciais teóricos e técnicos, um freudiano e um kleiniano, por exemplo, poderão sofrer transformações diferenciadas e, assim, dar interpretações bem distintas a um mesmo material clínico; o mesmo pode ocorrer entre dois analistas de mesma orientação teórica, como também com cada psicanalista isoladamente, conforme forem as particularidades de um determinado contexto clínico. Uma outra metáfora utilizada por Bion, no mesmo livro, é a de que a sombra da imagem de uma árvore, por exemplo, pode mostrar os contornos dela, mas nunca será a mesma coisa que uma visão direta da mesma árvore, ao vivo.

Da mesma forma, este capítulo sobre "transformações" resulta da transformação particular que o texto de Bion provocou em mim e que certamente não será coincidente com a de outros, embora conserve a mesma invariância essencial. A própria escolha do vértice prioritário de observação já determina uma significativa mudança nas transformações que esse texto opera no leitor, devido à intersecção entre os enfoques da matemática, geometria, estética, religião, filosofia e o da prática analítica, e cada uma de suas abordagens permite um desdobramento específico.

A utilização do modelo da *geometria*, bastante empregado por Bion, nos levaria a interessantes correlações com as transformações psicanalíticas, e para tanto seria imprescindível reproduzir como se comportam os ângulos, vértices, movimentos e projeções das figuras geométricas, assim como o emprego gráfico do ponto (·), da linha (–) e do círculo. Estes três últimos sinais, para Bion, representam, respectivamente, o seio, o pênis e a noção de dentro-fora e poderiam servir para indicar o tempo em que o objeto estava antes (.) e o espaço onde o objeto vai ficar (–), que, por sua vez, simbolizam os objetos ausentes e as relações objetais. Além disso, esses sinais de ponto e linha podem ser precedidos do sinal negativo, o que designaria que houve um despojamento da representação e da significação através de um ataque invejoso, tanto ao que ocupa o espaço da mente como ao tempo, o qual fica reduzido a um instante sem passado nem futuro, abolindo, assim, toda significação. Como se vê, embora tenha o mérito de ser instigante, o modelo geométrico é muito complicado e, do meu ponto de vista, não faz acréscimos ao entendimento e à aplicação na prática analítica do importante conceito de "transformação".

Da *matemática*, além de outros, vale registrar – pela importância que representa para o entendimento do processo de transformação no analista até sua interpretação – o conceito de "fato selecionado" que Bion extraiu de Poincaré. Segundo esse pensador, que conseguia emprestar um caráter filosófico à sua condição de matemático, o "fato selecionado", tal como ele alude em *Science and method*, descreve o processo de criação de uma formulação matemática do seguinte modo:

> se um novo resultado há de ter algum valor, deve unir elementos conhecidos por muito tempo, porém que tenham estado diversos até então, e que tenham sido aparentemente estranhos entre si, e subitamente introduzir ordem onde havia a aparência de desordem.

Bion diz que usa o termo "fato selecionado" para descrever aquilo que o analista deve experimentar no processo de síntese, em meio aos movimentos transformatórios. Trata-se de uma experiência emocional, com uma significação essencialmente epistemológica, e não se deve supor que a relação dos fatos selecionados seja lógica, pois ela é, antes disso, mais intuitiva.

O enfoque *filosófico-religioso-místico* também permitiria tecer interessantes considerações acerca da relação da realidade última e incognoscível do O com a divindade. Assim, entre outros, Bion menciona o Mestre Eckart (o qual considerava a diferença entre Deus e a divindade, e apregoava que a unificação com Deus, que consuma o destino, permite ao mesmo tempo a descoberta da realidade das coisas), São João da Cruz (cujos poemas líricos e místicos expressam a intimidade dos homens com Deus) e o poeta Milton (o qual, numa passagem do "Paraíso Perdido", escreveu que a personalidade deve sobrepujar o "infinito vazio e amorfo").

Entre os filósofos, no entanto, poderia ser muito útil um aprofundamento no conceito de "forma" da teoria platônica, que também serviu de inspiração para as idéias de Bion acerca das transformações. Vale lembrar que na clássica "alegoria da caverna", de Platão, os homens primitivos estão sentados imóveis na entrada de uma caverna, de costas para a entrada, observando as formas projetadas pelo fogo que arde no fundo da caverna, enquanto desconhecem as formas decorrentes da luminosidade do sol, que se filtram para dentro da caverna. Essa alegoria situa o mundo sensorial no interior iluminado pelo fogo e o mundo inteligível fora, à luz do sol.

Da mesma forma, completa Bion, os órgãos dos sentidos bloqueiam o conhecimento das verdadeiras realidades e fazem-nos tomar como sendo verdades aquilo que não é mais que uma aparência fragmentária e muitas vezes enganadora das mesmas. Para Platão, a alma aproxima o homem do mundo divino das idéias e das formas, e a ambas ele designa como *Eidos*. É justamente aqui que, a meu juízo, Bion poderia ter feito uma conexão mais íntima e mais clara entre formas e idéias, tal como é possível perceber nos derivados etimológicos de *eidos*, étimo grego que tanto dá origem à palavra "idéia" (no sentido de pensamento) como designa o surgimento de "formas" (como na palavra "cal-eidos-scópio") e ainda dá origem à palavra "ídolo" (vem de *eidolon* e alude a Deus). O conceito de "transformação" de Bion, penso, não deixa de ser um constante movimento caleidoscópico na análise.

Na hipótese de que Bion tivesse utilizado para as "transformações" um *modelo mitológico*, tal como fez com seus estudos sobre o (des)conhecimento, creio que o mito de Narciso poderia se enquadrar muito bem para esse propósito de, sem nunca perder de vista a prioridade científica psicanalítica, estabelecer as conexões entre as idéias e as formas. A começar pelo título *Metamorfose*, que o poeta Ovídio deu à sua narrativa. Essa tragédia grega – a partir da fala do cego Tirésias, que profetizara que Narciso morreria caso, e quando, viesse a conhecer-se – pode bem ilustrar a necessidade de um crescimento mental dar-se sobre as ruínas e a morte de anteriores estados mentais primitivos, que devem sofrer transformações. Assim, clinicamente falando, para que se dê o crescimento de um paciente regressivo, portador de uma "parte psicótica da personalidade", portanto fixado em uma posição narcisista (se usarmos um referencial atual), é necessário que se processe uma transformação essencial: que o sujeito atinja uma posição edípica; porém, para atingi-la, é preciso que, antes, o seu Narciso patológico morra, como no mito.

Se partirmos de um *modelo grupalista*, vamos reconhecer que os enunciados de Bion referentes à "relação do místico com o *establishment*" têm muito a ver com o medo de uma mudança catastrófica por parte da estrutura social vigente. O melhor exemplo, dado pelo próprio Bion, é o de Jesus, que provocou uma turbulência na comunidade judaica da época.

Em relação à aplicação do conceito de "transformação" na *prática psicanalítica*, pode-se dizer, de forma muito resumida, que pelo menos três aspectos são relevantes: a descoberta do "fato selecionado", a repercussão clínica da "mudança catastrófica" e a busca da verdade, representada por O.

À importância que o fato selecionado representa para a elaboração dentro do analista e a posterior formulação da sua interpretação, já aludimos antes. Bion considera, na transformação que se processa no analista, o estado mental que chama de "evolução", o qual inclui a presença de lembranças que surgem espontaneamente no curso da sessão, portanto, bem diferentes de memórias que, por antecipação, estejam saturando a mente do analista.

A repercussão clínica diante da "mudança catastrófica", além das manifestações resistenciais mais gritantes, próprias da área psicótica do paciente, como a "reversão da perspectiva" e o "ataque aos vínculos" perceptivos, adquire uma relevância nas formas mais sutis como se manifestam na prática psicanalítica. Assim, mudanças verdadeiras e significativas de qualquer paciente costumam vir acompanhadas de sensações catastróficas de um medo de enlouquecer, de uma sensação de piora, de sintomas hipocondríacos, de despersonalização e de somatizações, de *actings* preocupantes, além de angustiantes (para o paciente, para o seu entorno familiar e para o psicanalista) sentimentos depressivos e confusionais e ameaças de suicídio. É justamente nesse momento de transformações que a capacidade de *rêverie* do analista se torna de fundamental importância no destino do processo analítico.

Quanto à busca da verdade, representada por O, deve ser destacado como particularmente significativo o fato de esse conceito enaltecer a necessária discriminação que deve haver entre o que é verdadeiro, o que é falso e o que é uma mentira deliberada. Chegar a O significa, como vimos, que o analisando venha a ser o que realmente ele é, e isso está muito bem ilustrado em *Ecce homo* ("Eis o homem") de Nietzsche, em um subtítulo denominado: "Como se chegar a ser o que, realmente, se é". Por outro lado, essa conceituação de O, em um certo sentido, aproxima Bion dos conhecidos postulados de Winnicott acerca do "verdadeiro" e do "falso *self*".

As transformações no processo analítico, se exitosamente superadas as dores que acompanham os estados derivados de uma mudança catastrófica, são recompensadas por uma sensação de autenticidade e liberdade, tal como expressou uma paciente, às vésperas do término de uma análise de sete anos de duração:

> [...] pensei muito no que foi a minha análise nestes anos, e comparei-a com as transformações [a paciente não era da área "PSI"] que sofre uma larva até chegar à condição de borboleta. Eu vim para cá me sentindo um bicho cabeludo [termo que particularmente designa o estado larvário da borboleta], se arrastando viscoso, repugnante, e com uma única e monótona cor verde; fui passando por outros estágios de transformação, e sinto que posso me considerar uma borboleta, com cores vivas e variadas e acreditando em que eu possa fazer um vôo livre, porque estou me sentindo verdadeira.

15

Período Religioso-Místico

Não custa lembrar que, tal como já foi dito em outro capítulo, se usarmos um esquema didático, podemos dividir a obra de Bion em quatro períodos distintos: o de *grupos,* na década de 40; o de *psicóticos,* na de 50; o período *epistemológico,* na de 60; e o *religioso-místico,* na década de 70. Cada um desses períodos guarda, separadamente, características mais marcantes e predominantes, de acordo com sua década específica. No entanto, de alguma forma, todos eles se imbricam, formando um conjunto único.

Na primeira edição do presente livro, constavam capítulos dirigidos especificamente para as três primeiras etapas aludidas, enquanto as idéias próprias do período denominado religioso-místico, embora estivessem presentes, apareciam de forma esparsa, não integradas num capítulo especial. Da mesma forma, sabemos que Bion enfocou a psicanálise sob o prisma de diversificados vértices de observação, descrevendo as três dimensões psicanalíticas: *científico-matemática; estético-artística* e *religioso-místico.* Muitos leitores manifestaram sentir falta de uma maior consistência dessa última dimensão da obra de Bion, de sorte que o presente capítulo, nesta nova edição, visa a sanar essa lacuna.

De modo geral, a literatura psicanalítica que se dedica à obra de Bion pouco ou quase nenhum interesse tem demonstrado por esse modelo religioso-místico, o que representa um evidente paradoxo, visto que os estudiosos de sua obra reconhecem que esse é o ponto alto de sua originalidade e representa uma espécie de eixo, um pano de fundo, em torno do qual Bion fundamenta os outros dois modelos, o científico e o estético, assim possibilitando a abertura de novas concepções psicanalíticas e de novos vértices que norteiam o modo como Bion pensa e pratica a psicanálise.

Certamente essa omissão pela maioria dos autores, entre os quais estou incluído, decorre do fato de tratar-se de um assunto de extrema complexidade, que requer conhecimentos altamente especializados de Teologia e demais ramos humanísticos ligados à espiritualidade. Até onde sei, uma notável exceção é a do psicanalista brasileiro Antônio Muniz de Rezende, autor de muitos livros e grande divulgador da obra de Bion. Ele é doutor em Teologia e em Filosofia e, assim, navega com alta propriedade nessa dimensão místico-religiosa da obra de Bion, tal como pode ser constatado no seu livro *Bion e o futuro da psicanálise* (1993), particularmente nos Capítulos 11 e 12.

Segundo Meltzer (1990), de certa forma, até o livro *As transformações* (1965), Bion procurava dar uma expressão matemática aos fenômenos mentais, tentando descrever um mundo do psiquismo muito preciso e quantificável, porém cuja harmonia interna estaria fundamentalmente ameaçada por fatores de patologia psíquica.

O fracasso do uso prioritário do vértice matemático-científico para explicar e conter a violência das emoções inerentes à vida mental de todo ser humano determinou uma significativa mudança na identidade psicanalítica de Bion: ele abandonou o viés matemático, substituindo-o por um vértice religioso, tal como consta neste trecho do Capítulo 11 de *As transformações*: "as formulações religiosas preenchem melhor os requisitos de transformações em O do que as formulações matemáticas".

Uma vez que a terminologia referente aos aspectos religioso-místicos da psicanálise não é empregada com freqüência, entendi ser útil fazer uma sinopse das principais concepções de Bion nesse terreno. Assim, bastante inspirado em grandes pensadores de diferentes épocas, como Platão, Immanuel Kant, São João da Cruz, Santo Agostinho, Mestre Eckhart, John Milton, Hume, Bacon e em trechos do Bhagavad Gitá (livro sagrado dos hinduístas), entre outros, Bion, num enlace psicanalítico, utilizou expressões como "a mística e os místicos", "psicanálise e religião", "Deus e divindade", "O" ou "realidade última", "coisa em si mesmo", "at-one-ment", "cesura" e "ato de fé", que, em separado, seguem explicitadas.

Mística e Místicos. Com base nas referidas colocações de Bion, Meltzer diz que a "realidade última" já não é tanto a busca de O, mas sim "Deus", e a luta "para vir a se tornar O" passa a ser considerada agora como a luta para alcançar um contato direto e a fusão com Deus. A pessoa que diz haver conseguido isso é denominada por Bion "místico". A propósito, Bion (Revista Brasileira de Psicanálise, V. 15, n. 2, p. 127, 1981) afirmou que os místicos se expressam em termos que são impressionantemente semelhantes, apesar de algumas vezes estarem separados uns dos outros por muitas centenas de anos. Cabe, ainda, a seguinte transcrição, que aparece em Grinberg (1994): "Os místicos em diferentes épocas e lugares têm sustentado ter tido contato direto com a deidade; terão conseguido tornar humano o divino?". Rezende (1993) afirma que

> [...] o místico situa-se em contexto religioso, mas vive outra coisa. Da religião para a mística, há uma transformação análoga à do sensório-sensível para o estético-artístico. Assim como a arte é mais do que o sensório, a mística é mais do que a religião. As religiões separam, a mística reúne. Há várias religiões, mas a mística é uma só. E a razão epistemológica é que as religiões se distinguem por suas falas enquanto os místicos se encontram no silêncio do seu ser.

Em resumo, quanto ao significado do sujeito portador de uma idéia nova que ameaça o *establishment* vigente, para Bion, o conceito de "místico" equivale ao de "gênio", com a ressalva de que "gênio" alude ao campo da ciência, enquanto "místico", ao da religião. Quando o sujeito acredita de forma radical e cega no religioso, temos o "misticismo". Nesse caso, o místico cria as suas próprias crenças, de sorte que não tem necessidade de crenças já estabelecidas e tampouco tem compromisso com as verdades, embora toda a sua meta de vida seja a busca das verdades misteriosas. Também é útil estabelecer uma distinção entre misticismo e mistificação, esta última com o significado de "má-fé", o que não existe na anterior.

Bion pode ser considerado um gênio, um místico e um verdadeiro conhecedor de teologia.

Psicanálise e Religião. Provavelmente bastante influenciado pelas primeiras experiências vividas na atmosfera do hinduísmo, ou seja, do misticismo oriental que reina na Índia, onde viveu os seus sete primeiros anos, sobretudo as influências transmitidas por Ayah – sua velha ama indiana –, Bion sempre demonstrou uma inclinação para conhecer os mistérios da mente e do espírito. É útil esclarecer que há uma diferença entre *problema* (esse pode ser resolvido e, logo, acaba) e *mistério* (continua ainda mais misterioso depois de todas as especulações e nunca acaba). Essa atração pelo misterioso induziu Bion a estudar a obra de pensadores, verdadeiros místicos, como Mestre Eckhart, São João da Cruz e Santo Agostinho, e também o Bhagavad Gitá.

A partir desse novo vértice, fundamentalmente mais religioso, Bion trocou o aspecto quantitativo das distintas manifestações da fenomenologia psíquica por uma ênfase nos aspectos qualitativos, os quais, em sua essência, não mudam. A partir dessa dimensão religiosa, Bion nos apresenta a seguinte visão da psicanálise: "no mundo existem grandes idéias que são descobertas por 'pensadores' e são transmitidas para ser pensadas por 'não-pensadores'". A propósito, Meltzer diz que "esse problema, em certo sentido, é similar ao que se dizia dos aviões e submarinos, que foram inventados por gênios, para ser operados por idiotas".

Seguidamente Bion tentava estabelecer conexões entre a psicanálise e a religião, ou o misticismo, tal como pode ser comprovado por algumas afirmativas suas, em que ele dá a entender que os psicanalistas têm-se mostrado particularmente cegos em relação ao tema da religião.

Em outros textos, Bion afirmava que "a psicanálise é a prática de uma determinada filosofia; a psicanálise está para a filosofia assim como a matemática aplicada está para a matemática pura". Bion também considerou a importância da teologia na prática analítica, tal como atesta esta frase que aparece numa passagem de *Conferências brasileiras 1*: "No consultório, o analista tem que ser como um cientista, um artista e um teólogo".

Como Meltzer (1990) demonstra conhecer a fundo o assunto em pauta, passo a palavra a ele, transcrevendo literalmente alguns trechos significativos, em que se fundamentou nos trabalhos de Bion sobre grupos:

> [...] Bion, então, deseja tratar a psicanálise como "coisa em si", que já existia no mundo antes de ser descoberta pelo gênio místico de Freud (grande ou pequeno, não importa) que lhe deu forma em seus escritos, em sua prática e em seus ensinos. Essa "nova coisa" não podia ser contida dentro do "*establishment* médico", um novo *establishment* messiânico, eventualmente a IPA, cuja função foi evangélica e conservadora. Segundo este modelo da história da psicanálise, cada psicanalista se converte em um idiota que utiliza um equipamento desenhado por um gênio, porém deve pertencer a uma sociedade estabelecida de idiotas que pensam que são geniais porque a dita sociedade lhes habilita para participar da genialidade de um Freud, de uma Klein ou de um Bion. [...] Não obstante, este *establishment*, que confere a seus membros o sentido de participação, o qual lhes permite funcionar com seriedade e convicção como prelados psicanalíticos administrando os sacramentos psicanalíticos (isso, que constitui o vértice religioso, não deve ser tomado literalmente) também impõe uma atitude conservadora por parte do grupo, lealdade às velhas idéias-novas e resistência às novas idéias-novas.

Meltzer prossegue descrevendo que é como se, a partir de um vértice religioso, Bion preconizasse que o delimitador ditame ditatorial do tipo "Abandonai toda recordação, desejo e compreensão" (como diria um inquisidor) devesse ceder lugar a um "Não deverás recordar, não deverás desejar, não deverás compreender" (como propugnava Bion). Ou seja, um "Novo testamento" e não o "Velho", a exortação e não a proibição. Isso é tão diferente como são diferentes a atitude que diz "aqueles que não estão comigo estão contra mim" daquela outra que diz "aqueles que não estão contra mim estão comigo".

Ainda no Capítulo 8 de seu livro, Meltzer, de certa forma comparando o sistema religioso com o sistema psicanalítico, conclui:

> [...] Desde o vértice religioso nós, idiotas praticantes, podemos, razoavelmente, nos contentar em executar os rituais e vender nossas medalhinhas religiosas para induzir, em nossos pacientes, a emergência da Fé em que "seu redentor vive", dito nos termos poéticos de Klein, os bons objetos internos existem. [...].

O destaque que dei às reflexões de Meltzer, inspiradas nas idéias de Bion, se justifica para enfatizar a aproximação e a comparação que, nesse quarto período de sua obra, Bion estabelece entre a psicanálise e a religião, com um certo grau de misticismo, bem como para mostrar as severas críticas feitas, não contra a psicanálise, mas contra determinados setores de psicanalistas que fazem do método psicanalítico um uso extremamente radical. Cabe, portanto, transcrever mais algumas passagens, que pincei nos seus últimos livros póstumos, *Uma memória do futuro* e *Cogitações*, em que fica claro o intento de Bion em estabelecer as intersecções da psicanálise com a religião. Assim, Bion preconizava a importância que representaria uma recíproca aproximação – integradora – entre a psicanálise e a religião. Dessa forma, em *Uma memória do futuro* (v. III, p. 161), o personagem Robin declara:

> Será que a "religião" da psicanálise ou a investigação da psicanálise, pelos teólogos, não pode ensinar aos psicanalistas algo valioso, assim como a psicanálise da religião poderia ensinar algo de valioso para a teologia? Por que deveria haver alguma dificuldade?

É útil esclarecer o significado que Bion empresta à expressão "religião da psicanálise", conforme o que afirma o personagem Sacerdote (p. 160):

> Vocês têm tantas seitas de psicanalistas quanto as que existem em qualquer religião que eu conheça, e igual número de "santos" psicanalíticos, cada qual com sua respectiva procissão de devotos.

Igualmente, Bion acreditava que, muitas vezes, os rituais psicanalíticos tangenciam, sem uma precisa delimitação, os rituais de fundo mágico, tal como podemos depreender desses fragmentos que aparecem no livro *Cogitações* (p. 306-307):

> Ritual ou cerimonial mágico visa controlar o mundo espiritual de vários modos, desde breves conjurações e amuletos até cerimônias demoradas e elaboradas, incluindo rezas e invocações [...] o ritual lembrando vagamente o método científico e o método científico traindo com freqüência uma curiosa e inquietante semelhança com o ritual.

Nas suas especulações filosóficas e religiosas, que atingem uma dimensão algo mística, Bion se apoiava em muitos pensadores como, entre outros, Milton, autor do clássico *Paraíso perdido*. Do Livro III dessa obra, Bion, recolhe este trecho (*Cogitações*, p. 376):

> [...] toda bruma se dissipa, e eu poderia ver e contar algo invisível ao olho mortal. [...] No entanto, não se pode comprar isso "perdendo-se" a visão mortal; a solução não é ficar cego, inconsciente, sem se dar conta do mundo visível e audível, quando você se encontra no estado de mente "yin". [...] Yin e Yang, conceito chinês do negativo, material, e do positivo, metafísico, constituindo juntos o Cosmos. [...] precisa haver um intercurso – um modo de comunicação "inter", entre dois estados de mente. Sócrates descreveu a si mesmo como uma parteira mental; talvez o psicanalista seja uma parteira entre dois estados de mente do analisando [...].

Deus e Divindade. No curso de suas conjecturas religiosas, Bion se fundamenta nas idéias do Mestre Eckhart para estabelecer uma diferença entre "divinitas" (divindade, deidade) e "Deus". Assim, segundo Rezende (1993, p. 191), Eckhart considerava que

> Deus e deidade se distinguem entre si, da mesma forma como o céu e a terra, como fazer e o não fazer. A divindade é o fundo obscuro em que todas as coisas formam uma unidade absoluta, onde nenhuma distinção é possível. [...] Deus, ao contrário, é atividade que se exterioriza e atua, se revela em suas criaturas, vive nelas e através delas se reconhece e se ama. Deus é criador e sua obra se renova constantemente.

Eckhart designava por Deus (*Got*) o deus da trindade, da criação, com a característica de agir; e por divindade (*gotheit*), a essência divina, a origem das três pessoas da trindade, que se caracteriza por permanecer alheia a qualquer ato. A divindade, nas concepções de Bion, corresponde ao conceito de O.

É necessário distinguir a noção de Deus como uma transcendental concepção abstrata, intrinsicamente ligada à fé, do estado de uma extrema idealização de algo ou alguém que assume características divinas, mas não passa de um ídolo que exerce a função de defesa a serviço de um reasseguramento contra uma terrível angústia de desamparo.

O (ou Númeno, ou Realidade Última, ou Coisa em si mesmo). Em *Elementos de psicanálise* Bion afirma que "O analista deve concentrar a sua atenção em O, o desconhecido e o incognoscível", o que evidencia que tamanha é a importância que Bion creditou à concepção de O que, muitas vezes, deu a entender que só existe a psicanálise se este ponto de vista for mantido.

Cabe lembrar que, para a formulação dessa concepção de natureza mística de O, Bion inspirou-se no filósofo Immanuel Kant, que concebera a noção da "coisa em si mesmo", para referir algo que deve existir, porém é incognoscível e só se evidencia através de outras manifestações. Assim, Kant dizia que não podemos saber como o mundo é "em si"; só podemos saber como o mundo é "para mim" e, portanto, para todos os homens. A diferença que Kant estabelece entre as "coisas em si" e as "coisas para nós" é a sua mais importante contribuição para a filosofia e principal inspiração para Bion. Nunca poderemos saber com certeza como as coisas são em si, só poderemos saber como elas se mostram a nós. Em compensação, podemos dizer com certeza como as coisas são percebidas pela razão humana.

Alguns autores entendem que o signo O equivale a zero; no entanto, o próprio Bion, numa das *Conferências brasileiras*, confirmou que o O que ele utilizava não era o mesmo que o zero da matemática, mas que remontava à letra inicial de "origem" (*origin*), palavra que alude de forma mais clara ao significado de O, ou seja, o da busca da origem primária dos fenômenos da natureza. Bion também diz que o O pode assemelhar-se ao zero, sendo ao mesmo tempo bastante diferente, e que deveria existir em psicanálise um vazio análogo ao que existe na pausa, no silêncio da música.

A letra O aparece na obra de Bion com vários outros nomes (coisa em si mesmo; realidade última; verdade absoluta, o incognoscível, númeno, etc.), embora com o mesmo significado. Em *Conferências brasileiras 1* (p. 50), Bion afirma:

> [...] é possível contar algo a respeito do modo como os seres humanos pensam, mas é duvidoso que lhe contem algo sobre as "coisas-em-si" Se existe uma coisa-em-si, coisa a que Kant chamaria de "númeno", tudo o que podemos saber se refere a fenômenos relacionados à coisa-em-si, que se evidenciam quando encontram a mente humana que tenta conhecer o desconhecido.

Creio ser útil esclarecer que o étimo *nume* significa "divindade mitológica", e, daí, a palavra *númeno* designa a "coisa em si mesmo" por oposição ao fenômeno ou às coisas tais como aparecem e são conhecidas. Os outros dois significados de "númeno", segundo o dicionário Aurélio, são: a) fato que é concebido pela consciência, mas não confirmado pela experiência; b) objeto cuja existência é abstrata e problemática.

Prossegue Bion:

> Quando os númenos, as coisas-em-si, avançam para frente, até o ponto em que encontram um objeto que chamamos de mente humana, aí então, começa a existir o domínio dos fenômenos. Podemos imaginar, portanto, que, em correspondência a esses fenômenos que são algo que conhecemos, porque são nós, há a coisa-em-si, o númeno. O homem religioso diria: "Existe, em realidade, Deus". [...] Recorrendo às religiões, podemos dizer que o pressuposto é o de haver uma Natureza Divina (correspondendo ao númeno) sobre o qual nada sabemos; mas pensamos saber algo sobre Deus quando chegamos ao domínio dos fenômenos. Em terminologia religiosa, há um númen que pode ser numinoso [essa palavra alude ao estado religioso da alma inspirado pelas qualidades transcendentais da divindade], e um ômen [corresponde a "ominoso", ou seja, abominável] que pode ser ominoso.

É interessante assinalar que Green (citado por Bléandonu, p. 207) correlacionou a experiência de "união com O" (*at-one-ment*), de Bion, ao "narcisismo primário absoluto", de

Freud, correlação essa que é um pouco arriscada, porque afastaria Bion da escola kleiniana, para a qual existem estados narcísicos, mas não um narcisismo primário. Bion dizia que ele se colocava na posição filosófica monista, na qual o corpo e a mente podem reduzir-se à unidade. O analista, a exemplo da frase poética de Milton, deve observar "coisas invisíveis para um mortal". Com outras palavras, Bion dizia que "o analista deve saber escutar não só as palavras, mas também a música".

É grande a importância que o conceito de O (númeno) representa na prática analítica, especialmente no que diz respeito à transformação de O em K, e vice-versa, como será descrito mais adiante.

O Ato de fé. Em *Atenção e interpretação*, Bion pergunta se os estados mentais do analista, saturados com memórias e desejos, não são bem-vindos, então qual seria? Ele mesmo responde: "um termo que corresponderia aproximadamente ao que quero expressar é 'fé'. Fé na existência de uma realidade e verdade última: o desconhecido, o desconhecível, infinito, informe".

Rezende esclarece que o "ato de fé" tem muito a haver com a "negatividade", isto é, diante daquilo que não sabemos, daquilo que não está ao nosso alcance, mas que cremos que existe, ou seja, por um ato de fé, nós cremos na realidade última. Em resumo, segundo Bion, é preciso acreditar na existência de uma realidade última e de uma verdade absoluta, caso contrário, a realidade última significada por O não poderá evoluir até o ponto em que as funções mentais ligadas aos sentidos consigam apreendê-la. Tão logo o conhecimento, o pensamento e a memória se fazem presentes, o ato de fé não é mais necessário.

É importante deixar claro que, para Bion, a expressão "ato de fé" não tem o mesmo significado que correntemente atribuímos exclusivamente no plano religioso; para ele, o ato de fé depende de um estado de espírito científico e deve ser desvencilhado de sua habitual conotação religiosa.

At-one-ment. Com essa expressão, que, de certa forma, pode ser traduzida como "unicidade", Bion designa o encontro da mente humana com o estado de O, o que equivale a uma comunhão com a divindade, consigo mesmo ou com a mente de um outro. Bion sempre enfatizou que o objetivo de uma análise não é o paciente adquirir um conhecimento *sobre* as coisas, mas que, muito mais do que *saber*, o essencial é ele vir a *ser* (em inglês *being*). Assim, na concepção psicanalítica de Bion, *ser* é *at-one-ment;* ou seja, é uma condição de estar em *concordância com O* (é útil lembrar que dos étimos latinos "com" (junto) + "cordar" (vem de "cor, cordis", que significa "coração").

Comentários do autor

As especulações de Bion acerca de aspectos filosóficos, religiosos e místicos da condição humana em geral, e do vértice psicanalítico em particular, vão muito além de um exercício de erudição e abstração ou de meras conjecturas imaginativas. Na verdade, da mesma forma como fez ao longo de toda a sua obra, também no que se refere aos aludidos aspectos relativos aos mistérios incognoscíveis, Bion estabelece conexões com a prática psicanalítica. Vejamos alguns desses pontos de conexão.

1. Da mesma forma que na atual tendência da medicina moderna, também a psicanálise contemporânea, tal como foi preconizada por Bion, adquire uma visualização *holística*, isto é, deixa de estar localizada única e parcialmente nos sinais e sintomas físicos ou psíquicos referidos pelo paciente e ganha uma dimensão múltipla e integradora, entre o corpo-mente-e-espírito.

2. A dimensão espiritual raramente é valorizada, não obstante as cotidianas evidências, não explicáveis pela lógica, que acontecem no mundo da medicina ou do psiquismo, de que *entre o céu e a terra existe algo que a nossa vã filosofia não alcança*. Assim, sabemos que, desde sempre, o homem apelou para mitos e ritos de natureza religiosa como uma tentativa de responder a questões existenciais que continuam misteriosas: "Como foi que tudo come-

çou no mundo? Por que nascemos? Por que morremos? O que – e quem – sou eu? Existe algo, ou alguém, como, de fato, sendo Deus? Existe vida depois da morte, reencarnação ou transmigração?..." Em função da ânsia em responder a essas misteriosas questões, tanto quanto os pesquisadores sabem, não existe nenhuma raça, tribo ou nação que não tenha tido algum tipo de religião, mais primitiva ou mais sofisticada.

3. Pode-se dizer que "religião" consiste numa relação entre a criatura e o criador, o homem e o transcendental – Deus –, em três planos: a) *emoções especiais*; b) *um sistema de crenças*; c) *ações* (cultos, rituais, princípios éticos, etc.). Creio também que a própria palavra "religião" é bastante elucidativa, visto que, etimologicamente, deriva do verbo latino *religare*, que alude a um "re-ligar" o homem a Deus, numa sagrada comunhão. A noção de "sagrado" é diametralmente oposta à de "profano", isto é, o sagrado tem uma conotação religiosa, com a característica de, a um mesmo tempo, despertar medo e adoração.

4. *Importância para a prática analítica*. Tudo o que foi dito anteriormente está ligado à formação humanística e psicanalítica de Bion, já que, na religião hinduísta, que, de forma subliminar, o influenciou na infância, um dos objetivos primordiais é atingir a "união com a divindade", tal é a essência do Bhagavad Gitá, livro sagrado do hinduísmo, um verdadeiro poema, que doutrina e catequiza. Daí Bion propugna concepções psicanalíticas, numa dimensão algo mística, tal como *at-one-ment* ou a busca de O, que enriquecem significativamente a prática do ato analítico.

5. É necessário esclarecer que, ao longo da maior parte de sua obra, Bion emprega a palavra *místico* com um significado que não é exatamente o de um misticismo próprio de religiões mais primitivas, tal como transparece em muitos de seus trabalhos da década de 70. Assim, quando Bion estuda os fenômenos grupais, mais exatamente a relação do "indivíduo excepcional" com o *establishment* – tal como consta em *Atenção e interpretação*, no Capítulo 6, "O Místico e o Grupo" –, afirma que o *indivíduo excepcional* é chamado de várias formas: gênio, messias, místico. Seus seguidores podem ser numerosos ou poucos; são pessoas possuidoras de um talento especial que os indivíduos comuns não conseguem entender, pelo menos de imediato. São portadores de idéias novas que representam uma ameaça para o *establishment* vigente. Creio que há um entrelaçamento entre os dois significados atribuídos ao termo "místico", como podemos depreender da transcrição do trecho em que, literalmente, Bion (1973a, p. 70) afirma:

> Por conveniência, usarei o termo "místico" em relação a estes indivíduos excepcionais. Incluo cientistas, e *Newton* é exemplo destacado de tal homem: suas preocupações místicas e religiosas foram rejeitadas como uma aberração, quando deviam ter sido consideradas a matriz de onde suas formulações *matemáticas* evoluíram. [...] Será surpreendente se a qualquer altura de sua carreira um místico verdadeiro não for considerado niilista místico por maior ou menor proporção do grupo. [Grifos meus.]

Por minha conta, penso que, onde Bion escreveu "matemáticas", podemos ler "psicanalíticas", e onde mencionou "Newton", podemos ler "Bion".

6. Notadamente, o fenômeno das *transformações*, concebido de forma original por Bion, por si só já empresta ao tratamento analítico uma característica diferente da clássica limitação a uma resolução de conflitos, de maneira que possibilite ao terapeuta manter um especial estado mental diante do seu paciente. Essa nova posição do analista consiste em manter com o seu paciente canais de comunicação que vão muito além do que é captado e transmitido pelos órgãos dos sentidos, ou do que é percebido por um pensamento *lógico-científico*. Ou seja, os referidos meios de comunicação, num nível mais propriamente pré-verbal, se estendem e abrangem os planos do *estético-artístico* e do *religioso-místico*, sem nunca descurar, acrescento eu, da aplicabilidade ao pla-

no *pragmático-existencial,* ou seja, a consecução de verdadeiras mudanças que se traduzam na vida real, na conduta exterior, de cada paciente em análise.

7. Para atingir esses objetivos, Bion preconiza uma série de condições necessárias para que o analista chegue o mais próximo possível de um estado de "comunhão" com o paciente. Segundo o meu entendimento, essas condições seriam: a) uma capacidade de *intuição* (corresponde a uma espécie de "terceiro olho"); b) estar com a mente *não saturada por memória, desejos e ânsia de compreensão,* caso contrário, ele pode estar impregnado de preconceitos ("pré-conceitos"), com os conseqüentes prejuízos ("pré-juízos"); c) dar asas à *imaginação* (isto é, deixar a *imagem-em-ação),* assim permitindo que o terapeuta faça conjecturas, não só as racionais, mas também as *imaginativas* e d) desprender-se da obediência a uma exclusiva atenção ao que é captado pelos órgãos dos sentidos, permitindo a incidência de um *facho de escuridão* em sua mente, que poderá iluminá-la – "é na escuridão que as estrelas se tornam visíveis". Dessa maneira, o analista terá mais condições de captar e valorar o surgimento de *imagens visuais* que brotem na sua mente ou na do paciente, e que, tal como *imagens oníricas* – fenômeno que acontece no campo analítico, conhecido com os nomes de *ideograma, criptograma, holograma,* etc. –, representam ser um excelente instrumento técnico na psicanálise contemporânea, por serem veículos de uma comunicação bastante primitiva. Bion também destaca enfaticamente que o analista deve estar voltado para as *transformações* que acompanham as passagens de *K para O,* e as de O para K. Com outras palavras, na situação analítica, existe um importante trânsito de imagens, sentimentos, idéias e conhecimentos, desde a primitiva e desconhecida "coisa em si-mesmo" que é a origem (O) de tudo, até uma tomada de "conhecimento" consciente (K).

8. Com outras palavras, de acordo com Bléandonu (1990, p. 207), pode-se dizer que na prática analítica o psicanalista toma conhecimento, através dos sentidos, do que o analisando faz ou diz, mas não pode conhecer o O, apenas derivados deste. Deve esperar que O se torne manifesto por meio de pistas na tomada de conhecimento dos acontecimentos, o que se processa em meio a diversas formas de resistência que podem se tornar obstáculos à busca de O. O encontro entre o analista e o paciente não poderia ocorrer sem os sentidos; entretanto, o analista trata apenas das qualidades psíquicas que os sentidos não podem apreender. Quanto mais se liga aos acontecimentos atuais, mais a sua atividade se apóia no pensamento que depende de um substrato sensorial. Inversamente, quanto mais o analista é real, mais ele consegue ficar inteiramente *uno* com a realidade do paciente. Pode-se então fazer uma interpretação que favoreça a transição entre *conhecer* a realidade e *tornar-se* realidade.

9. Segundo Bion, é necessário um estado de *ato de fé* por parte do analista, isto é, ele precisa acreditar na existência de uma *realidade última* e de uma *verdade absoluta,* caso contrário, a realidade última significada por O não poderá evoluir até o ponto em que as funções mentais ligadas aos sentidos consigam apreendê-la. O ato de fé tem por trás de si algo desconhecido, pois ninguém sabe o que poderá acontecer. Ainda segundo Bion, o ato de fé, assim como o estado de *at-one-ment,* em suma, a unificação da mente e do espírito com a verdade absoluta, é tão essencial para a psicanálise como para a ciência e a religião, apesar de serem os místicos os que provavelmente mais se aproximam dessa vivência.

UMA TENTATIVA DE ENCONTRAR ALGUMAS SEMELHANÇAS DE BION COM O ZEN-BUDISMO

Dentre as múltiplas vertentes de inúmeras correntes religiosas, de todos os tempos, com os seus respectivos mitos, ritos e crenças, particularmente pela impossibilidade de, aqui, fazer um estudo mais completo, creio ser bastante interessante estabelecer algumas similitudes entre os vértices religioso-místicos de Bion e os fundamentos do movimento religioso conhecido por *zen-budismo*. Para tanto, vou me servir de referências e citações integrais do *Livro das religiões* (Hellern, Notaker e Gaarder 2000, p. 52-75). Após a transcrição de determinado trecho do livro a que aludi, entre parênteses, em itálico, consigno o meu comentário, buscando alguma semelhança com Bion.

O fundador do budismo foi Sidarta Gautama, filho de um rico rajá. Ele viveu no nordeste da Índia entre os anos 560 e 480 antes de Cristo, de modo que o budismo nasceu do hinduísmo. Não satisfeito plenamente com o hinduísmo, ele buscava outros caminhos, renunciando à opulência e à família, até que, aos 35 anos, num certo dia em que meditava sob uma figueira, alcançou a "iluminação". A palavra "Buda" quer dizer "iluminado". Assim, ao mesmo tempo que conservou muito do hinduísmo, e também se distanciou dele, Buda adotou o "caminho do meio", buscando a salvação por meio da "meditação", de modo a atingir a compreensão de uma realidade que não é transitória, mas absoluta, acima do tempo e do espaço. No budismo, isso se chama *nirvana*, palavra que significa "apagar", uma referência ao fato de que o desejo "se extingue" quando se atinge o nirvana. (*O termo "nirvana" foi bastante utilizado por Freud com o mesmo significado budista. Já a referência à busca de uma "realidade absoluta, acima do espaço e tempo" evoca a Bion, principalmente quanto à concepção de O, da "verdade absoluta", tal como está descrito ao longo deste capítulo*).

Zen-budismo. A maior ambição de todos os budistas é atingir algum dia a *iluminação*; no entanto, algum tempo após a morte de Buda, ocorreu uma divergência entre seus discípulos acerca da maneira como seus ensinamentos deviam ser interpretados (especialmente quanto ao que implica a "iluminação" de Buda e como chegar a ela; porém conservam a "invariância" de que o objetivo maior de todos os budistas é se redimir do ciclo dos "renascimentos" no globo terrestre), do que resultou uma diversidade religiosa (que eles não consideram como fraqueza) dentro do movimento budista. Entre outros tantos movimentos, de origem na China, com desenvolvimento na Coréia e Japão, medrou o movimento que no mundo ocidental ficou conhecido por seu nome japonês "Zen" – que significa "meditação" –, movimento religioso este que, cada vez mais, cresce no mundo inteiro com a denominação de "zen-budismo". (*Incluí o termo "invariância" para acentuar que estamos diante de uma situação de "transformações", uma importante concepção de Bion, aplicada à psicanálise, em que ele enfatiza a permanente presença de algum elemento original, que se mantém invariável. Também entendo que o estéril "ciclo de renascimentos" equivale, em psicanálise, à "compulsão à repetição", de sorte que cabe ao analista ajudar o paciente a se livrar desse jugo sofredor e a encontrar os caminhos da liberdade interna e, logo, da vida externa, conforme a ênfase que Bion concede a esse aspecto analítico.*)

Os zen-budistas não valorizam de forma especial os ensinamentos de Buda tal como foram passados para os textos escritos, por preferirem, muito antes da transmissão de conhecimento pelas palavras, ditas ou escritas, a "visão direta". Por exemplo: diz-se que Buda trouxe a "iluminação" para seu discípulo mais promissor simplesmente segurando uma flor diante dele, sem nada dizer. Assim, a iluminação vem sendo comunicada de geração em geração pela transmissão *não-verbal*. Ensina o zen que a iluminação deve *vir de dentro*, deve ter sua origem no coração do indivíduo. (*Aqui, podemos reconhecer as postulações de Bion no sentido de o analista não ficar restrito à percepção unicamente provinda dos órgãos dos sentidos e do pensamento racional, mas sim permitir que aflore a sua capacidade de "intuição", deixar a sua imagem-em-ação, ou seja, libertar a "imaginação", valorizar os "pictogramas", isto é, as imagens visuais que surgem na mente do analista [ou na do paciente] e que podem dizer muito mais do que as palavras e idéias. Com outras palavras, estamos destacando a forte ênfase que Bion, ao longo de toda a sua obra, concedeu à "linguagem, à comunicação não-verbal".*)

> Os ensinamentos de Buda só podem nos levar até uma parte do caminho. Podem indicar o rumo certo, mas o importante é vislumbrar aquilo para onde apontam, a

iluminação em si. Nós, seres humanos, nos comportamos como crianças; estamos mais interessados no dedo que aponta do que naquilo que ele mostra. [...] Uma vez que a iluminação deve vir de dentro, o zen-budismo não tem nenhuma fórmula fixa para alcançá-la. Mas ela pode chegar quando menos se espera e atingir a pessoa como um raio. É como uma piada que de repente se compreende. De súbito, a pessoa "desperta" e fica consciente de que faz parte do infinito, de uma maneira inteiramente nova. (Livro das Religiões, Helleru V; Notaker, H; Gaarduer, J., 2000)

(Bion também insistia na diferença entre a aquisição de um insight *intelectual e a de um* insight *que parta "de dentro" do paciente e produza transformações. Igualmente, o trecho transcrito aponta para o risco de uma análise transcorrer num clima de idealização do analista, portanto pagando o preço de o analisando ficar infantilizado, mais desejando imitar os valores do terapeuta – fixado no seu "dedo" – do que propriamente "encontrar os seus rumos" na vida.)*

As noções fixas podem ser um obstáculo para a iluminação; portanto, um pré-requisito é a mente se esvaziar de palavras e idéias. O importante no zen é romper com a lógica do discípulo e com seus processos conceituais de pensamento. Isso sempre foi feito pelos mestres ao apresentar a seus discípulos perguntas e respostas totalmente surpreendentes. A seguinte conversa entre mestre e discípulo serve de exemplo dessa técnica: Discípulo: Qual é o caminho para a libertação? \ Mestre: Quem está te prendendo? \ Discípulo: Ninguém está me acorrentando. \ Mestre: Então, por que queres ser libertado?

(Nesse trecho podemos perceber um Bion que valorizava sobremodo que o analista não deve dar respostas acabadas, mas sim fazer perguntas a fim de instigar a capacidade do paciente de fazer reflexões; da mesma forma, levantar questões e abrir novos vértices de percepção dos fatos, sempre visando a um incentivo ao exercício da função de "pensar os pensamentos", de sorte a buscar soluções para suas dúvidas e incertezas. É claro, me parece, que a pergunta final do mestre zen-budista "então, por que queres ser libertado?", na situação analítica, deveria ser complementada com um enfoque nos fatores patológicos do mundo interior do paciente que o deixam aprisionado, acorrentado.)

Semelhante a esses diálogos é o uso de charadas que parecem absurdas e sem sentido. O mestre zen pode fazer a seu discípulo como perguntas: "Como era seu rosto antes de você nascer?", ou "Que som se produz quando se bate palma com uma só mão?". Ao ponderar esses enigmas, o discípulo é levado a experimentar um sentimento de dúvida avassalador. E esse sentimento de dúvida é vital para a captação direta da realidade [...] A iluminação é perceber que não existe iluminação. Talvez devêssemos dizer que não há nenhuma outra maneira de compreender o significado da vida a não ser vivê-la. Em conseqüência, muitos zen-budistas destacam que o trabalho rotineiro pode ser usado como meditação.

(Também aqui é fácil reconhecer a importância que Bion concede à instalação permanente da dúvida – motor gerador do pensamento, não unicamente o racional e lógico. Creio que a expressão "A iluminação é perceber que não existe iluminação" equivale à expressão "facho de escuridão", que Bion utilizava com o propósito de, conforme dizia Freud, o analista poder "cegar-se artificialmente para poder ver melhor". Não custa lembrar a metáfora "as estrelas ficam visíveis quando há escuridão". O caminho para alcançar uma relativa escuridão na mente do analista, segundo Bion, consiste em o analista, durante a situação analítica, não manter a sua mente saturada por "memória, desejos e ânsia de compreensão imediata".)

Convido o leitor a ler na íntegra não só as páginas do livro que, aqui, utilizei como referência, mas também outros textos que tratem do zen-budismo, ou outras fontes religiosas, para que cada um possa exercitar reflexões acerca de uma possível semelhança com as concepções de Bion, principalmente aquelas que tangem ao período religioso-místico.

16

Bion e o Psiquismo Fetal

Vimos como o pensamento psicanalítico de Bion foi sofrendo gradativas transformações e que, embora sem nunca ter deixado de priorizar a situação psicanalítica da prática clínica, suas concepções teóricas e metapsicológicas foram adquirindo um caráter filosófico, místico e de conjecturas imaginativas sobre a vida psíquica do embrião fetal, muito embasadas na crença de uma metempsicose, ou seja, a reencarnação das almas em vidas sucessivas.

Aliás, o termo "conjectura imaginativa" é do próprio Bion, e ele o diferencia conceitualmente de "conjectura racional", termo emprestado de Kant. Bion designa que o psicanalista investigador tem o direito e o dever de dar livres asas à sua imaginação, procurar captar os pensamentos que estão soltos no espaço e poder pensá-los sem um compromisso com o rigor científico. Assim, afirma Bion (*Conversando com Bion*, 1992, p. 94):

> Encorajo as pessoas a serem indulgentes com a sua imaginação especulativa; há um bocado a ser dito sobre isto antes que se transforme em algo que um cientista poderia denominar "evidência".

A "conjectura racional", pelo contrário, exige uma fundamentação em fatos de comprovação científica.

Bion, no curso da sua 5ª Conferência em São Paulo (1992), postulou que essas duas conjecturas devem estar sempre juntas e exemplificou isso com a conjectura acerca da vida mental do feto:

> a especulação imaginativa permite fazer várias hipóteses, por mais estapafúrdias que elas possam parecer ao nosso atual registro de compreensão e de aceitação; enquanto a conjectura racional pode ser comprovada a partir de fotografias e ecografias que mostram o bebê intra-uterino chupando o polegar, ou protegendo os olhos com as mãozinhas, de uma possível luminosidade desconfortável.

Ele próprio explica isso melhor, nessa mesma Conferência (p. 203):

> O que vou dizer não pode aspirar ao *status* daquilo que ordinariamente se denomina "pensamento científico"; o máximo que posso reivindicar é de que se trata de uma conjectura imaginativa. A questão central dela é que mesmo antes do nascimento, o feto – não sei o quão perto do feto estaria de ser a termo, ou se poderia se aplicar ao embrião em um estágio mais precoce – se torna sensível àquilo que poderia ser denominado "ocorrências", eventos como sentir a pulsação de seu sangue, ou sentir a pressão física de um tipo que pode ser comunicado através de um fluido aquoso tal como o fluido amniótico ou mesmo o fluido extracelular.

As conjecturas imaginativas em torno do nascimento psíquico centralizaram o interesse de Bion nos últimos anos de sua produção psicanalítica, e ele inspirou-se em Freud como ponto de partida de seus estudos sobre a vida mental intra-uterina. Esses trabalhos de Bion estão particularmente mais desenvolvidos e explicitados em "Evidência", de 1976, "Cesura", de 1977, e nas Conferências pronunciadas em 1977, em Nova Iorque, e em 1978, em São Paulo.

Como sabemos, Freud deu muito destaque, no recém-nascido, ao estado de "desamparo mental" (*Hilfosigkeit*, no original), como um estado de angústia provocado pelo corte biológico do cordão umbilical, que é seguido pela condição humana de neotenia, pela qual a criança, durante um longo tempo, vai depender, orgânica e psiquicamente, de outras pessoas. Bion retomou essa idéia de Freud e deu-lhe um outro desenvolvimento, tanto destacando a onipotência mental do bebê, que o ajuda a liberar-se dessa dependência absoluta da mãe, como fazendo concepções a partir de um prisma de matizes místicas, embora estas se amparem em algumas conjecturas racionais científicas.

Ainda em relação à influência de Freud, Bion inspirou-se particularmente na frase que serve como epígrafe ao clássico *Inibição, sintoma e angústia*, de 1926: "Há uma continuidade muito maior entre a primeira infância e a vida intra-uterina do que a impressionante cesura do ato do nascimento nos permite supor". Lamentando que Freud não tenha investigado mais profundamente o contido nessa sua frase, Bion partiu da perspectiva de que o "impressionante" seria o fato de que deveria haver alguma coisa espiritual ou uma vida psíquica intra-uterina.

Bion sustentava essa especulação imaginativa a partir dos estudos científicos dos embriologistas que encontraram no corpo adulto vestígios daquilo que primordialmente eram os órgãos sensoriais e fisiológicos do feto. Em relação a esse aspecto, pronunciou-se da seguinte maneira (1992a, p. 40):

> Será que podem existir vestígios daquilo que um cirurgião chamaria "fendas branquiais"? Será que em nosso desenvolvimento, nós realmente passamos através destes estágios peculiares de ancestralidade piscosa, ancestralidade anfíbia, e assim por diante, e eles mostram sinais em nossos corpos, então por que não em nossas mentes?

Convicto da resposta afirmativa a essa sua última pergunta, Bion reiterava que ficava espantado com a "impressionante" importância que se costuma dar ao ato físico do nascimento. Diz ele (1992a, p. 39 e 40):

> O ponto de vista do obstetra, o ponto de vista do ginecologista, o ponto de vista do estatístico são baseados em "Quando foi que você nasceu? Data? Hora? Com certeza, o fato do nascimento impressiona o indivíduo e o grupo. Mas me parece que é por demais limitante pressupor que o nascimento físico seja tão impressionante quanto muita gente o supõe. Na medicina física, se reconhece que a história pré-natal é de grande importância"[...] Vocês consideram que a criança nasceu no dia do seu aniversário? Será que o feto a termo não tem nenhum caráter ou personalidade?

Mais adiante (p. 91), ele mesmo responde:

> Não vejo razão para duvidar que o feto a termo tenha uma personalidade. Parece-me gratuito e sem sentido supor que o fato físico do nascimento seja algo que cria uma personalidade que antes não existia. É muito razoável supor que este feto, ou mesmo o embrião, tenha uma mente que algum dia possa ser descrita como muito inteligente.

Ainda apoiado nos embriologistas, Bion afirma que, no terceiro estágio da divisão celular do ovo fecundado, se formam as cavidades ópticas e auditivas, e que, nesse período, a divisão celular prossegue em um fluido aquoso. Trata-se do fluido amniótico, o qual pode estar sendo submetido a modificações de pressões, tanto as internas na mãe, a exemplo das contrações uterinas, como as extrínsecas à mãe

– podem berrar com ela, podem empurrá-la, etc. Dessa forma, Bion imaginava um feto, quase a termo, percebendo as desconfortantes oscilações em seu líquido amniótico, as quais, por sua vez, podem estar sendo ocasionadas pelo desentendimento entre os pais, por exemplo.

Os embriologistas, prossegue Bion, têm seus pontos de vista a respeito das cavidades auditivas ou ópticas que vêm a se transformar em ouvidos ou olhos, e, com base nisso, ele faz a especulação imaginativa (1992a, p. 90):

> Quando é que as covas ópticas e auditivas tornam-se funcionantes? Quando começa algum tipo de visão ou audição primordiais? À época em que já existe um sistema nervoso autônomo ou simpático – um cérebro "talâmico"–, o embrião pode experimentar algo que algum dia poderá ser chamado de "medo" ou "ódio" [...]. [O tálamo e os núcleos límbicos serão algum dia as origens do medo e da agressão, da dança e do combate. Em favor da conveniência e da síntese, podemos descrever isto como 'comportamento "subtalâmico".]

Da mesma forma, Bion diz não ter a menor dúvida de que o feto pode ouvir e responder a sons musicais, tanto os de dentro (como os borborigmos intestinais da mãe) como os de fora ("será que o feto quase a termo, registra uma discussão irada dos pais?"), assim como é certo que ele move-se no útero em resposta a determinados ritmos e responde à pressão dos dedos no ventre da mãe.

Em suma, nas palavras de Bion (p. 98):

> um plasma germinativo é potencialmente perceptivo [...]; posso então imaginar que mesmo no útero esta criança se torna consciente de certas "coisas" que são "não ele" [...]. É possível que o feto esteja consciente de uma "visão" primordial, da luz, e pode ser que desgoste destas experiências que lhe são impingidas, sensações que parecem provir do espaço exterior – sensação de luz, sensação de barulho – e também de algum lugar que possa parecer ser interno – o batimento cardíaco, o sangue correndo pelas artérias. Isto poderia ser tão intolerável que o feto poderia – usan-
> do nossa terminologia consciente – se esquecer disso, se livrar disso, não ter nada a ver com isso [...] Suspeito que a experiência do nascimento seja muito severa; o que as pessoas fizeram quando eram embriões ou fetos não está mais disponível ao conhecimento.

Bion afirma que essas desprazerosas sensações fetais precisam ser evacuadas; no entanto, o "evacuado" tem que ser mantido como expulso e, por isso, jamais foi inconsciente e, muito menos, consciente. Ele conclui dizendo que algumas palavras diferentes de "reprimido" ou "suprimido" se fazem necessárias para descrever esses elementos que não chegaram a ser inconscientes.

Dessa forma, Bion afirma que existem zonas peculiares do corpo que se comportam como se tivessem uma mente ou um cérebro próprio, e que essas descobertas físicas são feitas bem precocemente. Ele faz uma interessante exemplificação (p.19) com uma criança que

> pode ficar fascinada pelo extraordinário comportamento de seu pênis que, caso seja tocado por si mesmo ou pela babá, ou por qualquer outra pessoa, torna-se ereto. É maravilhoso – é uma parte do corpo que parece ter senso de humor, que coopera e que é amigável. A criança tem uma oportunidade de estabelecer uma relação amigável ou funcionante com o seu próprio corpo, que se comporta como se não fosse seu próprio corpo, pois segue seu próprio caminho [...] Se tivermos que ser espertos sobre isso e colocar em termos anatômicos ou fisiológicos teríamos que dizer: o parassimpático ganhou um cérebro? O tálamo faz um tipo de pensamento parassimpático?

Há situações nas quais um paciente mostra grandes sinais de medo inexplicável, embora também possa ter aprendido a não demonstrá-lo e a tentar ignorá-lo. Bion acha conveniente pensar isso em termos de "medo talâmico".

Assim, na prática clínica, em alguns pacientes, ocorrem, às vezes, certas manifestações somatoformes que despertam sentimentos intensos e aparentemente sem uma explicação lógica, que a intuição clínica do psicanalista percebe como tendo uma origem muito rudimentar. Bion exemplificava a existência de sentimentos "subtalâmicos" ou "parassimpáticos" com a analogia de que, se o globo ocular for pressionado de modo brusco ou violento, o indivíduo "vê estrelas", tem uma impressão de luz. Essa é uma resposta anômala que clinicamente pode aparecer sob a forma de escotomas ou enxaqueca, mas que pode ser um remanescente das respostas embrionárias da cavidade óptica ante as pressões no meio aquoso intrauterino.

Outro modelo fisiológico bastante utilizado por Bion é o referente aos remanescentes das respostas secretórias da supra-renal aos estresses embrionários. Isso forma uma espécie de antecipação corpórea, uma preparação para o funcionamento de uma mente que, diante de futuros estresses e pela descarga adrenalínica, possa preparar-se para a iniciativa e para a luta. Bion chega à pergunta (p. 171): "quando essas reações químicas se tornam funcionantes, no embrião? quando poder-se-ia dizer que o embrião sente medo ou agressão?".

Dessa forma, alguns sintomas clínicos, como o surgimento de turbulências emocionais, tal como ocorre na adolescência, por exemplo, não podem ser entendidos se os encararmos unicamente como tendo se desenvolvido após o nascimento da criança. Para Bion, é necessário que também consideremos as emoções que nunca se tornaram conscientes e, portanto, nunca foram "conceitualizadas" ou verbalizadas, como o medo subtalâmico antes aludido.

As especulações psicoembrionárias de Bion mereceram, por parte dele, um interesse clínico voltado particularmente para os prematuros, as crianças autistas e psicóticas e os pacientes somatizadores.

Em relação aos prematuros, ele define quão importante é a possibilidade de que nasçam antes de estarem *mentalmente* prontas para o nascimento. Nas crianças autistas, ele especula que persistam capacidades sensoriais próprias da esfera animal. Quanto aos psicóticos, Bion conjectura a possibilidade de que muitas produções delirantes e alucinatórias sejam manifestações mais verdadeiras e sadias (ele diferencia os psicóticos "sãos" dos "insanos"), e que o comum das pessoas é estarem tão escudadas que não têm coragem para mostrá-las.

Outro ponto importante para a prática analítica diz respeito à conjecturação que Bion faz acerca de uma moral de existência extremamente primitiva. Diz ele (p. 13 e 30):

> O impulso moral é extremamente primitivo. A gente precisa apenas olhar para uma criança que ainda não conhece nenhuma linguagem e dizer, "Ah!" de um modo reprovador, e você vai vê-la se retrair culposamente – ou assim alguém poderia pensar. A menos que se reconheça a natureza primitiva do sistema moral, da consciência, este não pode ser devidamente avaliado. Infelizmente, somos obrigados a usar termos como "superego", o qual sugere imediatamente algo que está acima de tudo. Muito mais provavelmente é algo que está embaixo de tudo – o mais básico, fundamental [...] Realmente, uma das dificuldades com a qual temos que nos haver é uma moralidade que foi esquecida e da qual, provavelmente, nós jamais estivemos conscientes; nem de sua magnitude.

Bion insistia que a personalidade não cresce em um sentido progressivo puramente linear, e que há um deslizamento progressivo de uma vida mental a outra. Essa concepção permite ao analista compreender melhor as situações nas quais o paciente não consegue transitar positivamente de um estado de espírito a outro, sem misturá-los e confundi-los. Aliás, essa mesma capacidade de atravessar uma camada que separa dois estados de espírito diferentes é essencial para o psicanalista exercer a sua função interpretativa e constitui a capacidade psicanalítica que Bion denomina de "cisão não patológica".

Dentro desse "modelo de cebola", Bion afirmava que todo progresso requer um retorno a um estado mental anterior, o que pode causar uma turbulência emocional, tal como se observa nas crises vitais – como as do nascimento, da latência, da adolescência, da velhice e da morte. Ele incluiu o término de uma análise entre esses momentos críticos, como se constata nesta passagem: "[...] deve haver um momento certo para deixar o hospital, ou um momento certo para deixar a análise – não ficando seduzido por um término precoce, nem tampouco aterrorizado em prosseguir". Bion prossegue (p. 53), fazendo uma analogia conjectural entre o término de uma análise e o nascimento de um bebê.

> Isto me faz pensar que o feto a termo tem algo a ver com a hora da expulsão; ele pode ficar tão aterrorizado em precipitar um evento catastrófico ou desastroso que não inicia coisa alguma. Posteriormente, o paciente aprende como ser independente, mas este medo fundamental se torna um medo arcaico, e assim se estabelece algo que é inconsciente, algo que não é conhecido. Na aparência externa a pessoa é brilhante, esperta; tão cheia de sucesso e maravilhosa, até que algum dia ocorre uma explosão desastrosa, isto é, incompreensível, pois alega-se a respeito do paciente que ele nunca mostrou o menor sinal de distúrbio. Não há explicação para essa explosão extraordinária que é particularmente suscetível de tomar lugar, em qualquer uma destas épocas de "tumulto" ou "turbulência".

Para finalizar, creio que a melhor forma de resumir como Bion conjecturou – imaginativa e racionalmente – a vida mental do feto é voltar a dar-lhe a palavra (p. 216):

> A criança ou nenê que mostra mecanismos inconscientes e que se comporta como se tivesse um inconsciente parece experimentar um tipo de cesura que Rank denominou "trauma do nascimento". Em outras palavras, há uma continuidade entre o feto a termo e a criança, ainda que a continuidade seja tanto mantida como quebrada por aquilo que aparenta ser uma sinapse, ou diafragma, ou tela, de tal modo que o pensamento primordial do feto é projetado nesta cesura e se reflete, partindo da criança para seus níveis primordiais de pensamentos e sentimentos. Através desta membrana permeável, existe um contacto em ambas as direções; a cesura é um espelho transparente. O nenê, ou a criança, pode vivenciar sentimentos que eclodem do inconsciente e que, de modo semelhante, podem ser afetados na direção oposta.

E mais adiante ele completa (p. 234):

> penso que existe uma barreira, uma cesura, entre a espécie de animal que eu sou e uma outra espécie de animal; e entre nós e nós mesmos. Até o ponto que a situação se refere a nós, torna-se difícil divisar qualquer padrão pelo fato de estarmos tão perto da multidão de nós mesmos.

Comentários

Este capítulo, diferentemente dos demais, foi redigido por meio de inúmeras transcrições literais, algumas bastante longas, de muitas falas de Bion, especialmente as pronunciadas em suas últimas conferências. Esse esquema de exposição foi deliberado, pois existe sempre um risco inevitável de que se distorça o verdadeiro significado do pensamento original científico de algum autor (aliás, é o próprio Bion quem seguidamente nos adverte a esse respeito). Esse risco fica muito aumentado quando se trata de idéias que, além de serem originais, também estão prenhes de conjecturas imaginativas, altamente subjetivas; também pesa o fato de que essa parte da obra de Bion tem sido relativamente pouco divulgada e conhecida.

Conquanto Bion admita que ele tenha se inspirado fortemente em Freud, a partir da alusão deste último em relação à impressionante cesura do nascimento, não fica claro se há uma igualdade conceitual entre ambos. Por um lado, Freud não aceitava esse nível de psiquismo primitivo, e a melhor comprovação disso está no tipo de censura que, naquele mesmo trabalho de 1926, ele faz a Otto Rank, acerca do "trauma do nascimento", dizendo que é muito inverossímil a hipótese de Rank de que a criança, na hora do nascimento, teria recebido impressões sensoriais, determinantes no seu psiquismo, principalmente de natureza visceral. Por outro lado, encontramos em certos trabalhos de Freud algumas passagens muito significativas quanto a uma possível crença que ele teria do psiquismo fetal. Bion, ao contrário da ambigüidade de Freud, acreditava convictamente na influência dessas impressões sensoriais, tanto durante o nascimento como na vida intra-uterina, precedente ao nascimento.

O aprofundamento que Bion fez em relação às impressões sensoriais e neurofisiológicas está começando a ter um reconhecimento psicanalítico, a ponto de o conceituado autor Meltzer (1986) ter afirmado que os estudos de Bion acerca do psiquismo fetal abrem uma importante porta para a compreensão dos fenômenos psicossomáticos.

Um outro aspecto digno de ser registrado é o fato de que, a despeito do alto grau especulativo de suas considerações acerca da vida mental do feto, escritas e pronunciadas em um período notoriamente místico, Bion conectava essas hipóteses com a prática clínica. Dessa forma, além de abrir uma nova perspectiva de investigação dos distúrbios somáticos e de outros sintomas clínicos, ele ainda trouxe duas importantes aplicações práticas: uma, que se refere a uma atitude interna do psicanalista, e outra, que diz respeito à linguagem que o analista emprega em suas interpretações. Em relação à "atitude psicanalítica", Bion parte de uma concepção filosófica de que a mente e o corpo podem ser reduzidos a uma unidade, e daí decorre que o analista deve observar "coisas invisíveis para um mortal" (isso me lembra muito *O pequeno príncipe*, de Saint-Exupéry, quando ele diz que o "essencial é invisível aos olhos"). Essa atitude que Bion recomenda pode ser sintetizada na sua sentença de que o analista deve saber "escutar não só as palavras e os sons, mas também a música".

A propósito, Bion costumava utilizar a expressão *at-one-ment* (que não tem o mesmo significado de *atonement*), com a qual designava uma condição em que há uma espécie de fusão harmônica, ou seja, uma comunhão de um indivíduo consigo mesmo, ou com uma outra pessoa, tal como pode ocorrer, por exemplo, no vínculo analítico. Isso parece estar de acordo com o dito de Bion (1992a, p. 62) de que "a unidade biológica é dois, e não um". Assim, Bianchedi e colaboradores (1989) afirmam que o conceito contido na palavra *at-one-ment* faz parte da teoria da técnica, porquanto designa uma forma de "re-união" entre paciente e analista, sendo que esse conceito excede em muito a idéia de empatia ou de identificação. Esses autores lembram que esse estado de união poderá ser atingido através do uso disciplinado da "não-memória", do "não-desejo" e da "não-compreensão". Destarte, uma das razões que justificam a controvertida recomendação de Bion de que o analista deva estar na sessão "sem memória, desejo e compreensão" é justamente evitar a nossa tendência de ficarmos mais ligados ao sensório, assim possibilitando que o analista desenvolva a sua *intuição* e a sua sensibilidade para aquelas manifestações do paciente que são inerentes ao arcaísmo da cesura.

Em relação à linguagem que o analista emprega nas interpretações, Bion reconhece que ele próprio não sabe qual é a forma mais eficaz de atingir o paciente numa dimensão além da sensorial, tal como os poetas e artistas conseguem, e que encontrá-la é um desafio que os estudiosos de psicanálise devem encarar; o que é certo, no entanto, é que a formulação verbal habitual do analista, em termos de conceitos e de símbolos, não consegue atingir os sentimentos arcaicos que podem estar ligados às sensações pré-natais.

Por último, impõe-se que os psicanalistas reconheçam que muitas das especulações imaginativas de Bion estão encontrando uma certa confirmação nas modernas investigações que estão sendo levadas a cabo por importantes psicanalistas que pesquisam e tratam de crianças. Assim, pesquisas recentes, amparadas num rigor científico, propiciado por recursos da moderna tecnologia que não existiam na época de Bion, comprovam importantes observações sobre as sensações cenestésicas fetais, a fisiologia, a organização motora e as influências que as experiências pré-natais exercem sobre o desenvolvimento e o comportamento do feto.

Assim, os pesquisadores atestam aspectos do desenvolvimento fetal, tais como o fato de as estruturas do ouvido interno do feto estarem muito próximas em tamanho das do adulto desde o início do seu desenvolvimento e completamente desenvolvidas até a metade da gestação. Isso talvez explique a capacidade e a habilidade do bebê para localizar a origem de um som no espaço e virar-se para olhar.

Dentre os modernos cientistas pesquisadores, é justo destacar a figura de Alessandra Piontelli, médica e psicanalista italiana que, com publicações que se iniciaram 1986, tem realizado interessantíssimos estudos, promovendo alterações nas respostas do feto na sua vida intra-uterina quando submetido a mudanças diversas, como alterações de pressão, de temperatura, alterações sonoras, etc. Numa de suas observações, Piontelli diz:

> É possível observar que várias características do feto persistem durante toda a gravidez e podem inclusive ser sentidas na vida pós-natal. [...] com 7,5 semanas, o feto começa a responder a estímulos vindos tanto de fora como de dentro do seu corpo. Ele responde com movimentos violentos e aumenta o batimento cardíaco à punção de uma agulha e à injeção intra-peritoneal de soluções frias.

A autora apresenta a possibilidade de detectar, já no útero, algumas indicações prematuras do futuro temperamento da criança.

Especialmente muito interessantes e importantes são as suas observações, com o auxílio de ultra-sonografias, acerca de gêmeos, que, dentro da cavidade uterina, interagem entre si, dando uma nítida impressão de que brincam, brigam, etc. Segundo a autora, observações posteriores de criancinhas que tinham sido investigadas quando ainda estavam no estado fetal comprovam uma similaridade de comportamentos, dentro e fora do útero. Um recente artigo de Piontelli que recomendo ao leitor interessado no tema é "Observações de Crianças desde antes do Nascimento" (Em *Psicanálise hoje: uma revolução do olhar*, organizado por Nize Pellanda e Luiz Ernesto C. Pellanda, Vozes, 1996).

Tudo isso confere um enorme mérito às conjecturas imaginativas de Bion e dá mais razão à instigante pergunta que, à moda de um puxão de orelhas e de um desafio à nossa escuta psicanalítica, ele lançou na sua 3ª Conferência em Los Angeles, quando abordava a hipótese de que o feto é capaz de "ver", "ouvir" ou "sentir" (1992a, p. 42): "Eu queria saber quando os psiquiatras e os psicanalistas vão alcançar o feto. Quando é que eles vão ser capazes de ouvir e ver estas coisas?".

17

Vínculos e Configurações Vinculares

Dentre os sete elementos da psicanálise preconizados por Bion, o dos *vínculos*, sem a menor dúvida, ocupa um papel de alta relevância na teoria, na prática e na própria essência de sua obra. Assim, a psicanálise contemporânea inclina-se, cada vez mais, para o paradigma da vincularidade, isto é, para a visão do processo psicanalítico sempre em interação entre analisando e analista, a partir dos vínculos que se estabelecem entre ambos e que constituem o *campo psicanalítico*.

O VÍNCULO ANALÍTICO

O termo *vínculo* tem sua origem no étimo latino *vinculum*, que significa uma união, com as características de uma ligadura, uma atadura de características duradouras. Da mesma forma, *vínculo* provém da mesma raiz que a palavra "vinco" (com o mesmo significado que aparece, por exemplo, em "vinco" das calças, ou de rugas, etc.), ou seja, alude a alguma forma de ligação entre as partes, que estão unidas e inseparadas, embora claramente delimitadas entre si. Trata-se, portanto, de um estado mental que pode ser expressado através de distintos modelos e com variados vértices de abordagem.

Assim, vale a pena fazermos algumas breves menções entre os principais autores que, de forma direta ou indireta, trabalharam com a noção de vínculo.

Freud, em diversos trabalhos, deixou implícita a importância que atribuía aos vínculos (embora utilizasse termos correlatos) que se estabelecem entre o *indivíduo e seus semelhantes* (Projeto..., 1895), entre *a criança e a mãe* (Leonardo..., 1910) ou entre *os indivíduos e as massas* (Psicologia das massas..., 1921).

Klein também aludiu diretamente à noção de vínculo, como podemos observar no seu relato acerca da análise do menino Dick, no seguinte trecho (1930, p. 214): "A análise desta criança tinha que começar pelo estabelecimento de um *contato* com ele".

Bowlby, um importante psicanalista britânico, durante mais de 40 anos estudou, utilizou e divulgou bastante o que, em sua "teoria do vínculo", sob a denominação original de *attachment*, conceituou como o *vínculo afetivo primário* da relação mãe-filho. No entanto, seus estudos interativos (1969) se fundamentam no comportamento social, em um contexto evolutivo, de modo que ele considera que a principal função do vínculo é a de proteger a sobrevivência do indivíduo contra os agentes predadores externos.

Bateson e colaboradores (1955), da Escola de Palo Alto, Califórnia, no curso de seus aprofundados estudos sobre a teoria da *comunicação humana*, descreveram a importante conceituação de *duplo vínculo* (*double bind*), a qual consiste em uma patologia da relação entre pais e filhos, em que, através de mensagens *contraditórias* (do tipo: "eu te ordeno que não recebas ordens de ninguém...") e *desqualificatórias* (do tipo: "me decepcionei contigo, o teu amigo 'X' faz muito melhor que tu..."), a criança, faça o que fizer, nunca pode superar seus pais, e daí sobrevém um estado mental de aprisionamento às expectativas deles. É interessante acrescentar que o termo *bind*, usado no original, na sua essência, tem o significado de *escravidão*, o que traduz fielmente a natureza desse vínculo pelo qual as pessoas – um casal, por exemplo – estão atadas de tal sorte que não conseguem viver juntas nem, muito menos, separadas.

A Escola Argentina de Psicanálise tem dado uma importante contribuição ao estudo dos vínculos nas interações humanas. Assim, o casal Baranger (1961) descreveu com uma grande riqueza de vértices psicanalíticos a permanente e recíproca interação entre analista e analisando no espaço que denominaram como *campo analítico*. Na atualidade, autores como Puget e Berenstein (1994) reservam a conceituação de vínculos para o plano da intersubjetividade, com um enfoque de natureza sistêmica, assim privilegiando uma ênfase nas distintas *configurações vinculares* (de natureza simbiótica, sadomasoquista, etc.) entre duas ou mais pessoas do mundo real, embora, é claro, esses importantes psicanalistas argentinos reconheçam a similaridade entre essas configurações vinculares *inter*-subjetivas e as *intra*-subjetivas.

É óbvio que os nomes e conceitos anteriormente mencionados não passam de uma simples amostragem, e que poderíamos nos estender com outros autores que deram um grande destaque à vincularidade, como Balint, Winnicott, Mahler, Kohut, Lacan, Aulagnier, Anne Alvarez, Green, etc.; no entanto, vamos nos restringir ao psicanalista que mais diretamente e enfaticamente aprofundou o estudo sobre os vínculos, o que permeia praticamente toda a sua obra, notadamente quando alude à prática psicanalítica: estou me referindo a Bion, cujos conceitos vão merecer, aqui, uma apreciação um pouco mais alongada.

Do ponto de vista psicanalítico, fundamentada em Bion, a conceituação de *vínculo* necessariamente apresenta as seguintes características:

1. São *elos de ligação* que unem duas ou mais pessoas, ou duas ou mais partes de uma pessoa.
2. Tais elos são sempre de natureza *emocional*.
3. Eles são *imanentes* (isto é, são inatos, existem sempre como essenciais em um dado indivíduo e são inseparáveis dele).
4. Comportam-se como uma *estrutura* (vários elementos, em combinações variáveis).
5. São *polissêmicos* (contêm vários significados).
6. Comumente atingem as dimensões *inter*, *intra* e *trans*pessoal.
7. Um vínculo estável exige que o sujeito possa *pensar* as experiências emocionais, na ausência do outro.
8. Os vínculos são potencialmente *transformáveis*.
9. Devem ser compreendidos através do modelo da inter-relação *continente-conteúdo*.

Assim, partindo da conceituação de que "'vínculo' é uma estrutura relacional-emocional entre duas ou mais pessoas, ou entre duas ou mais partes separadas de uma mesma pessoa", Bion estendeu o conceito de vínculo a qualquer função ou órgão que, desde a condição de bebê, esteja encarregado de vincular objetos, sentimentos e idéias uns aos outros.

Dessa forma, descreveu os vínculos de amor (L), ódio (H) e conhecimento (K) de tal modo que todos os três podem ser sinalizados tanto de forma positiva (+) como negativa (−), detendo-se mais especificamente no vínculo -K, ou seja, quando este está a serviço do que Bion denominou como *ataque aos vínculos* perceptivos, especialmente no que se refere à desvitalização e anulação dos significados das experiências emocionais.

Durante muitas décadas, todos os psicanalistas basearam os seus esquemas referenciais virtualmente em torno de dois vínculos, o do *amor* (principalmente com base nos ensinamentos de Freud) e o do *ódio* (fortemente apoiado nas concepções kleinianas), e coube a Bion, sabidamente um analista de profundas raízes na escola de Klein e com um sólido embasamento freudiano, propor uma terceira natureza de vínculo: o do *conhecimento*, diretamente ligado à aceitação ou não das verdades penosas, tanto as externas como as internas, que dizem respeito mais diretamente aos problemas da auto-estima dos indivíduos.

Em lugar do clássico conflito amor *versus* ódio, Bion propôs uma ênfase no conflito entre as emoções e as antiemoções presentes em um mesmo vínculo. Assim, postulou que "menos amor" (-L) não é o mesmo que sentir ódio, e que, tampouco, "menos ódio" (-H) significa amor. O vínculo de "menos amor" alude à *oposição à emoção do amor*, o que pode ser ilustrado com a situação de *puritanismo* e a de *samaritanismo*, ou seja, em nome do amor o sujeito se opõe à obtenção da emoção do prazer. Nesses casos, a manifestação externa adquire a aparência de amor, que, no entanto, é falso, o que não significa que esteja havendo ódio.

Comentários: um exemplo de -L que me ocorre seria o caso de uma mãe que pode amar intensamente o seu filho, porém o faz de forma simbiótica, possessiva e sufocante, de modo que, embora sem ódio, o seu amor de tipo samaritano, cheio de sacrifícios pessoais e com renúncia ao prazer próprio, tem resultados negativos, pois funciona como culposo e infantilizador, já que ela não reconhece e impede o necessário processo de diferenciação, separação e individuação do filho.

O vínculo -H ("menos ódio") pode ser ilustrado com o estado emocional e a conduta de *hipocrisia*, pela qual o indivíduo está tendo uma atitude manifestamente amorosa por alguém, ao mesmo tempo que existe um certo ódio latente (quando o ódio for predominante, trata-se de *cinismo*). Portanto, pode-se dizer que, no "menos ódio", está presente uma forma de amar que se baseia no ódio, embora o sujeito não se dê conta dele. Num grau extremo, podem servir como exemplo as atrocidades que, em nome do amor, foram cometidas pela Inquisição.

Comentários: visto por outro ângulo, creio que também pode servir como exemplo uma situação em que o indivíduo está sendo manifestamente agressivo com os outros, inclusive com uma emoção de ódio, por não estar se sentindo entendido e respeitado, porém, no fundo, sua agressividade, simultaneamente com o ódio, está mais a serviço da pulsão de vida que propriamente da pulsão de morte, assim caracterizando o conflito de uma emoção *versus* uma antiemoção. Um exemplo disso encontramos em muitos adolescentes rotulados como rebeldes e agressivos pelos pais, professores e sociedade, mas que, em uma análise mais atenta, demonstram que estão exercendo uma conduta contestatória, com a finalidade precípua de adquirir um sentimento de identidade própria, ou seja, ser eles mesmos, e não quem os outros querem que eles sejam.

Por sua vez, o simples fato de o *vínculo do conhecimento* (K) estar intimamente ligado ao mundo das verdades (ou *falsidades e mentiras, no caso de -K*) permite depreender a enorme importância que isso representa para a psicopatologia, se levarmos em conta que os diversos tipos e graus da patologia psíquica dependem justa e diretamente dos tipos e graus de defesa que o ego utiliza para a *negação* do sofrimento mental. Como exemplo de "menos conhecimento", pode servir o "ataque às verdades" que comumente é empregado pela "parte psicótica da personalidade", de sorte que, nos casos mais exagerados, o sujeito constrói a sua própria verdade, que contraria as leis da lógica e da natureza, e a todo custo quer impô-la aos outros como se fosse a verdade definitiva. Dada a importância desse "vínculo do conhecimento" no ato analítico, ele consta de dois capítulos neste livro: "Uma Teoria do Conhecimento" e "As Múltiplas Faces da Verdade".

Conquanto a contribuição de Bion em acrescentar o vínculo do conhecimento aos do amor e do ódio tenha trazido uma grande ampliação e um enriquecimento da compreensão das inter-relações humanas em geral, e da situação psicanalítica em particular, penso que, a partir das suas próprias concepções, pode-se ampliar a conceituação genérica de "vínculo" para outros vértices de vincularidade além dos aportados por Bion e pelos outros autores mencionados, especialmente se levarmos em conta a possibilidade de uma multiplicidade de arranjos que caracterizam as *configurações vinculares,* tal como, mais adiante, será mais desenvolvido.

Comentários: no contexto que está sendo enfocado, entendo ser de grande utilidade acrescentarmos mais uma modalidade de vínculo que caracterize mais especificamente as vicissitudes radicadas desde a primordial relação mãe-bebê. A esse quarto elo de ligação, o qual considero estar intimamente ligado às etapas narcisistas da organização e evolução da personalidade, proponho chamar de *vínculo do reconhecimento* (R). Em outro texto (Zimerman, 1999), considero como sendo quatro as formas pelos quais esse tipo de vínculo pode se manifestar na prática analítica:

1. Como um "re-conhecimento", isto é, o sujeito voltar a conhecer aquilo que já preexiste dentro dele, por exemplo, as "preconcepções", tão bem estudadas por Bion, como é o caso da inata preconcepção que o recém-nascido tem de um seio amamentador da mãe, ou a preconcepção edípica, isto é, a de um pênis que vai penetrar numa vagina, etc.
2. Um *reconhecimento do outro*: o paciente deve reconhecer no outro (por exemplo, o analista) não um mero espelho seu, mas um ser que é autônomo e que tem idéias, valores e condutas diferentes das dele. Essa condição de aceitação das diferenças somente será atingida se ele ingressar exitosamente na posição depressiva, conforme Klein.
3. *Ser reconhecido aos outros*: alude à maior ou menor capacidade de consideração, reparação e gratidão.
4. *Ser reconhecido pelos outros*: esse é um aspecto que, particularmente, considero de alta importância na prática analítica e na vida em geral. No texto a que antes aludi, de um outro livro meu, detenho-me em destacar a relevância desse tipo de vínculo em situações como as de *ansiedade de separação; personalidades com organização narcisista; vínculos que se formam nos grupos; falso self; sua repercussão no campo analítico, nas situações do* setting, *resistência, transferência, interpretação e insight.*

Para ficar num único exemplo, cabe mencionar a possível formação de *conluios inconscientes* entre analista e paciente, que têm por objetivo alcançar uma sensação de que um deles, ou ambos mutuamente, estão sendo *reconhecidos,* tal como acontece – com uma freqüência considerável – na modalidade vincular que costumo denominar "recíproca fascinação narcisista".

CONFIGURAÇÕES VINCULARES

A expressão *configuração vincular* designa o fato de que cada pessoa contrai com uma outra, ou com várias outras pessoas, uma configuração típica de inter-relacionamento, em que os quatro tipos de vínculos com os seus respectivos derivados, provindos de todos os participantes no relacionamento, se entrecruzam e se complementam, de forma sadia ou patológica, com uma alta possibilidade de diferentes combinações, assim determinando distintas configurações vinculares. Por vezes, a estruturação que configura o tipo de vínculo guarda raízes tão antigas e profundas que pode acontecer de uma pessoa variar bastante de parceiro(s), porém manter-se a invariância da natureza da essência do tipo de configuração vincular (por exemplo, sadomasoquista).

Comentários: unicamente como forma de ilustração, esmiucei diferentes formas de configurações vinculares que caracterizam o que, manifestamente, constitui o *vínculo do amor* (L e -L). Assim, é imprescindível que o analista se dedique mais detidamente ao estudo da normalidade e da patologia do amor, à forma de o paciente amar e ser amado, nas suas múltiplas formas de configurações, como as que seguem:

1. O *amor-paixão*, tanto no seu lado belo e sadio, que representa o prelúdio de um amor a ser construído em bases sólidas ou, como acontece na adolescência, o despontar de uma saudável capacidade para amar, como no lado cego e burro da paixão, em nome da qual muitas e graves bobagens podem ser cometidas.

2. O *amor-simbiótico*, que, numa aparente plenitude amorosa, quando o casal se basta, andando e respirando sempre juntos em quaisquer circunstâncias, pode estar encobrindo uma profunda dependência recíproca, em que não existe espaço para uma relativa e necessária autonomia de cada um.

3. O *amor-sadomasoquista*, que se caracteriza, em graus e formas variáveis, por uma forma de amar e ser amado em que a constante é a predominância de um permanente jogo de recíprocas acusações desqualificatórias, cobranças, mágoas, ódio com revides vingativos, humilhações diante da presença de outros, etc.

4. O *amor-obsessivo-tirânico*, que consiste numa forma tirânica, não raramente cruel, de controle de um sobre o outro, comumente através do poderio de quem tem o dinheiro, que provê o sustento básico do outro, às vezes descendo a níveis de minúcias mesquinhas, impondo sucessivas regras e mandamentos, de forma a podar a liberdade e a criatividade do que fica no papel de subjugado.

5. O *amor-histérico*, cuja característica mais marcante é a de que o casal revive uma configuração vincular que, mais comumente em nosso meio, reproduz a de um pai amando e sustentando a filhinha, embora a recíproca – a mulher representando a mãe, enquanto o homem assume o papel do filhinho sendo amparado –, cada vez mais, também seja verdadeira. Nesse tipo de vínculo amoroso, quem está no papel da criança costumeiramente demonstra uma forte e predominante preocupação com sua aparência exterior (para compensar a sensação de vazio e feiúra interior), uma propensão para o consumismo de roupas, jóias, etc., além de uma baixíssima capacidade para tolerar frustrações, o que também gera infindáveis brigas entre o casal. Assim, o(a) histérico(a) tortura, humilha e inunda o outro de culpas, porém não comete a vingança final porque depende e necessita da sua vítima.

6. O *amor-paranóide*, aquele que gira em torno de desconfianças, principalmente de um ciúme excessivo por parte de um deles – algumas vezes, por parte de ambos –, e ainda se jacta com a idéia de que o ciúme é uma prova de amor, quando, na verdade, essa forma de ciumeira pode atingir níveis delirantes, configurando o estado conhecido na nosologia psiquiátrica com o nome de ciúme patológico.

7. O *amor-narcisista*, em que a eleição do(a) parceiro(a) obedece mais propriamente a razões de exibicionismo, e a característica mais marcante é que um deles fica extremamente idealizado pelo outro, enquanto àquele(a) que idealiza excessivamente cabe o papel de manter-se esvaziado, para que o outro possa brilhar ainda mais. Assim, o narcisismo enrustido daquele que idealiza em demasia pode seguir, de carona, no rastro do brilho do outro, o que ficou no papel de idealizado.

8. O *amor-perverso*, quando os dois, em alguma forma e grau, compõem uma parceria que, mercê de um patológico conluio inconsciente entre ambos, transgride as normas geralmente aceitas nos planos da sexualidade, da ética, dos vínculos familiares e sociais.

9. Particularmente, venho propondo o nome de "vínculo tantalizante" a uma muitíssimo comum forma patológica de um casal configurar uma relação de "amor". O termo "tantalizante", até onde pesquisei, não consta na literatura psicanalítica, porém aparece nos bons dicionários, como o Aurélio. De acordo com a mitologia grega, por ter cometido uma transgressão no Olimpo dos deuses, *Tântalo* foi submetido por Zeus ao suplício de lhe serem oferecidos alimentos para mitigar sua intensa fome e sede, mas, quando ele chegava bem perto, os alimentos desapareciam.

Quando nos referimos a uma mãe tantalizante, ou a um namorado tantalizante, estamos designando um "vínculo" entre duas pessoas que se caracteriza pelo fato de uma delas – o *sedutor* –, por meio de promessas de uma próxima felicidade paradisíaca, submeter o outro – *o seduzido* – a um verdadeiro suplício, na base de um "dá e tira", que pode prolongar-se pela vida inteira.

Do ponto de vista psicanalítico, as principais características do vínculo tantalizante, composto pelo par sedutor-seduzido, são:

a) um sujeito exerce um vínculo de "apoderamento" sobre o outro (algumas vezes os papéis são fixos, outras, alternantes ou recíprocos), isto é, exerce um poder tirânico, impingindo toda sorte de humilhações, quase sempre bem dissimuladas;

b) a maior arma é a sedução, exercida por meio de sortilégios que alimentam no outro um permanente estado de ilusão, no qual ficará perdido, alternando momentos de total desilusão e derrocada vital, com outros em que renascem as esperanças, jamais completadas;

c) a relação adquire uma configuração perversa, na qual vítima e verdugo se complementam numa relação dual, especular, adquirindo características de natureza sadomasoquista;

d) a origem desse vínculo escravizante remonta a uma precoce, intensa e sistemática "apropriação-dominação" que caracterizou a existência de uma unidade primitiva com a mãe, numa fase em que, por falta de recursos do ego, a criança foi obrigada a mimetizar e ficar numa constante espera de que, finalmente, a mãe e/ou o pai venham a amá-la de fato ou a cumprir a velada promessa de restaurar um estado de completude idílica.

10. É óbvio que cada uma das formas mencionadas permite distintas variações, e geralmente elas vêm combinadas entre si; da mesma maneira, também poderíamos tecer considerações acerca do que pode ser entendido como constituindo um amor *normal e sadio*.

18

Algumas Frases, Metáforas e Reflexões de Bion

Da mesma forma que Freud, também Bion se notabilizou como um excelente criador de frases, às vezes atingindo um nível poético sem perder a profundidade científica, assim como costumava consubstanciar suas concepções abstratas com metáforas simples, de sorte a facilitar para o leitor a junção da idéia com a imagem, tal como Freud fazia com grande freqüência e maestria. O principal mérito de Bion, além de um natural talento literário, é instigar o leitor a fazer reflexões, não somente intelectuais, mas também as que o induzam a um despertar de sentimentos e a fazer uma ligação com as experiências emocionais clínicas e pessoais.

Diante da impossibilidade de englobar todas as suas citações mais significativas, ainda mais se acrescido o fato de que elas estão desconectadas do contexto geral do texto em que estão inseridas, entendi que, mesmo assim, cabe dar uma amostragem das referidas citações, porque ela nos aproxima da forma como Bion pensava e praticava a psicanálise. É claro que não pretendi incluir todas as frases, metáforas e reflexões, de sorte que o leitor bastante mais familiarizado com os escritos de Bion notará a ausência de tantas outras, muitas delas, lindas.

As principais fontes de minha garimpagem, além de todos os seus livros mais conhecidos, recaíram sobremodo nas conferências por ele pronunciadas, e debatidas em muitos centros da psicanálise internacional, que foram coletadas em dois livros que, editados pela editora Imago, receberam os nomes de *Conferências brasileiras 1* (1973) e *Conversando com Bion* (1992). Ademais, de forma esparsa, colhi muitas passagens significativas que aparecem nos livros *Cogitações* (1991) e *La otra cara del gênio. Cartas de família,* nos quais aparecem apontamentos mais íntimos de Bion. Uma outra importante fonte de referência em que garimpei algumas passagens mais especificamente de natureza técnica, principalmente as que aludem ao que se processa durante a *situação analítica,* é o livro *Seminarios clínicos y cuatro textos* (1992), que transcreve cerca de 52 supervisões coletivas, ou seja, seminários clínicos, nos quais, mais claramente, podemos perceber como Bion sentia e trabalhava com cada situação em especial.

As citações não obedecem a uma precisa ordenação, elas vêm precedidas de uma espécie de "chamada" para o tema em foco e, ao fim, cada uma delas vem acompanhada da respectiva fonte, em que foi colhida.

FRASES

Sobre *psicanálise*

Acerca da leitura de textos psicanalíticos:

> O livro terá fracassado se não se tornar um objeto de estudo para o leitor, e se a própria leitura não for uma experiência emocional. Minha esperança é que seja uma experiência que conduza a uma ampliação da capacidade do analista para mobilizar os próprios recursos de conhecimento, observação clínica e construção teórica [...]. (*Cogitações*, p. 269)

Sobre metodologia psicanalítica:

> Em metodologia psicanalítica, não há critério para se determinado uso é certo ou errado, significativo ou demonstrável, mas se promove ou não um desenvolvimento. (*O aprender com a experiência*, p.14)

Psicanálise e realidade:

> Se a psicanálise quer sobreviver e se desenvolver, terá que ser um contato com a realidade com que lidamos. (*Conferências brasileiras 1*, p. 89)

Responsabilidade dos psicanalistas pela psicanálise:

> Segundo minha experiência, é muito difícil manter a responsabilidade pelo progresso psicanalítico, mas se *nós* não a mantivermos, alguém o fará e até pior. [...] É, por isso, importante que os psicanalistas e as instituições psicanalíticas cuidem de que a psicanálise sobreviva. (p. 129)

Sobre escritos psicanalíticos originais, indiferentemente de quem sejam os autores:

> Se eu pareço falar algo original, sei que isso não é verdade, porque aquilo que digo em geral já foi dito por alguém mais, amiúde por Freud, mas também, freqüentes vezes, por pessoas de quem não me lembro. Não sei de onde as idéias vieram, nem quais foram as primeiras idéias. Por outro lado, se afirmo "sim, sou freudiano", ou "sou kleiniano" não tenho certeza de não estar difamando os criadores, atribuindo-lhes falsamente as minhas idéias a respeito do que disseram. (p. 95)

Acerca da participação de psicanalistas em mesas-redondas, etc.:

> Não importa em demasia o que pensam aqueles que integram um painel; o verdadeiramente importante é se ele consegue produzir novos brotos de pensamento. Soa simples, porém segundo a minha experiência, não o é, porque essas idéias podem ter sido suprimidas antes que tivessem tido a oportunidade de se desenvolverem. [...] Deve haver alguém capaz de semear uma semente mental que tenha a capacidade de germinar. Por isso é que poetas, filósofos e matemáticos são tão importantes: eles tornam possível que uma idéia se converta em ação. Kant disse uma vez que *a intuição sem conceito era cega, e o conceito sem intuição está vazio*. Esta frase tem um alcance particular; é uma dessas expressões que, como uma semente, germina e se converte em árvore, ou bosque. (*Seminarios clínicos y cuatro textos*, p. 124 e 125)

Em relação à dificuldade dos analistas em aceitarem novos paradigmas:

> Na biografia de Max Plank há uma passagem muito triste. Diz, referindo-se às dificuldades que se apresentavam quando estava tentando elaborar a mecânica quântica: esta experiência me deu a oportunidade de aprender um fato – notável em minha opinião – que uma nova realidade científica não triunfa por convencer a seus opositores fazendo-os ver a luz, senão que muito antes porque eventualmente, seus opositores morrem e surge uma outra geração que se acha familiarizada com aquela. [...] Um dos requisitos de nosso aprendizado consiste em que os estudantes também devam se analisar. Lamento dizer que, ainda assim, tampouco se evita a possibilidade de que o analista resulte um estreito de mente e intolerante. (p. 127)

Posição de Bion quanto às opiniões de outras pessoas (numa das cartas para Francesca, sua esposa):

> Nunca discuto as opiniões de outras pessoas: 1) não te fazem caso; 2) tomam o que dizes para demonstrar que estás equivocado; 3) se aborrecem muito e não te perdoam nunca; 4) se apossam de tua idéia quando escutam de que se trata, ou 3 e 4 de uma só vez [...] Como vês, pelo que acabo de te dizer, que mau caráter eu tenho; infelizmente não melhoro com a idade. (*La otra cara del gênio. Cartas de familia*, p. 174)

Acerca do excesso de teorias psicanalíticas:

> Graças à teoria psicanalítica, todo mundo sabe tudo acerca da psicanálise. Eu mesmo provoco este tipo de inconveniente: cada conferência que dou aumenta a bagagem de teorias acerca da psicanálise. A gente pensa que isso seja de alguma utilidade para os analistas, porém, na realidade, uma e outra vez, não faz mais do que complicar ainda mais as coisas. (p. 151)

Psicanálise vista como uma "religião":

> Creio que sempre há uma atitude religiosa e que a religião sempre está se modificando. Em determinada época, o *deus* poderia ser um futebolista como Pelé. Agora a moda é uma religião psicanalítica, com Freud como o grande deus e todos os santos menores. Não creio que todos os pacientes queiram adotar a religião psicanalítica de deuses e santos. Utilizo o termo "panteon", mas não esqueçamos que também implica um "pandemônio": *cada demônio tem um santo que o acompanha, cada santo tem seu demônio.* (p. 156)

Sobre a evolução da imagem da psicanálise:

> Durante a época em que estive em Oxford, havia rumores a respeito de um negócio chamado "psicanálise" e de alguém chamado Freud. Eu nada sabia a esse respeito; tampouco na Universidade se conhecia grande coisa sobre o assunto. Fiz algumas investigações, mas fui persuadido de que não era nada que valesse mesmo a pena – havia muitos estrangeiros e judeus misturados com a coisa, e então seria melhor não me envolver. No entanto, quando tive a sorte de cruzar com John Rickman, decidi iniciar uma análise com ele. Descobri que a análise era extremamente esclarecedora. (*Cogitações*, p. 386 e 387)

A psicanálise e o psicanalista:

> Tudo isso [o começo de uma idealização] correu paralelamente ao fato de tornar-se cristalinamente claro para mim que eu era um mero ser humano, que a psicanálise, afinal de contas, era apenas uma forma de comunicação verbal, e que havia limites para o que se podia fazer com ela – especialmente pelo fato de a pessoa estar na dependência de ter alguém que ouça aquilo que ela tem a dizer. (p. 387)

Confiança na psicanálise:

> Todos nós acabamos nos acostumando com uma coisa extraordinária: esta conversa esquisita, que denominamos psicanálise, funciona – é inacreditável, mas ela funciona. (*Conversando com Bion*, p. 126 e 127).

Comentário sobre o conceito de psicanálise:

> Há muito para ser dito a respeito de uma frase que Melanie Klein usou comigo: "Psicanálise é um termo sem sentido. Mas está aí, disponível". É uma palavra em busca de um significado; um pensamento em busca de um significado; um pensamento esperando por um pensador; um conceito aguardando por um conteúdo. (p. 145)

Jargões psicanalíticos:

> Aqueles que pensam que conhecem tudo a respeito do jargão psicanalítico acreditam que podem falar igualzinho a um psicanalista com um paciente que procura por ajuda. Entretanto, "igualzinho" não é a mesma coisa que "psicanálise" [...] O resultado imediato seguinte é que gradualmente a psicanálise vai tendo uma reputação cada vez pior. Caso este processo

continue por muito tempo, a psicanálise não vai ser capaz de sobreviver. Então, estamos carregando uma responsabilidade pesada. (p. 170)

Cada vez mais arrasta-se a linguagem da psicanálise para os domínios da conversa social. (p. 224)

"Pílula psicanalítica" (transcrição da fala de um personagem de *Uma memória do futuro*, v. III, p. 55):

> Chupe uma dessas pílulas psicanalíticas, devagar. Apenas deixe-a dissolver-se em sua mente. Ei! Você a engoliu! Não devia ter feito isso. Apenas deixe-a dissolver-se em sua mente! Não devia ter feito isto. Não vai te causar nenhum dano – só um pouco de dor no coração. Entretanto, ela vai se espalhar pelo seu sistema e vai ser secretada pela sua mente, sem nenhum dano – como uísque, ou canela. Provavelmente era o futuro moldando sua sombra antes; às vezes ele fica disfarçado de passado moldando sua memória à frente.

Acerca da situação analítica

A propósito da permanente interação do adulto e da criança que convivem num mesmo paciente:

> Em algum lugar da situação analítica, sepultada sob massas de neuroses, psicoses e demais, existe uma pessoa que pugna por nascer. Me parece que a função do analista não é demonstrar todos esses mecanismos neuróticos e psicóticos, mas, sim, que [...] o analista está comprometido com a tarefa de ajudar a criança a encontrar a pessoa adulta que palpita nele e, por sua vez, mostrar também que a pessoa adulta ainda é uma criança. (*Seminarios clínicos y cuatro textos*, p. 49)

Sobre o excesso de teorias:

> Sofremos de "indigestão" de teorias e fatos, até tal ponto que é quase impossível escutar o que o paciente diz. O problema na atualidade não consiste em ignorar as teorias psicanalíticas; o problema consiste em que existem tantas teorias que não podemos ver o paciente por causa delas. (p. 72)

A dupla analítica:

> Em análise, a coisa importante não é aquilo que o analista e o analisando podem fazer, mas o que a dupla pode fazer [...], onde a unidade biológica é dois e não um. (*Conversando com Bion,* p. 62)
> Então é importante trabalhar com base no fato de que o melhor colega que você [o analista] jamais poderá ter – além de você – não é um analista ou um supervisor ou seus pais: é o paciente; esta é a única pessoa em que você pode confiar que está de posse do conhecimento vital. A única coisa que não sei é por que ele simplesmente não faz uso desse conhecimento. (p. 95)

A respeito da neutralidade do analista:

> Habitualmente nós não tranqüilizamos nossos pacientes. Não lhes contamos acerca de nossa vida privada ou coisas por este estilo. Assim, de certa forma, lhe apresentamos um "universo em branco". Se obedecermos as clássicas regras da psicanálise, damos a impressão de estar fazendo exatamente o que o paciente teme: não lhe damos nenhuma perspectiva animadora. (*Seminarios clínicos y cuatro textos*, p. 106)

Sobre pacientes que julgam que basta ser um "bom paciente" para conseguir um êxito analítico:

> Talvez o paciente pense que a psicanálise seja uma espécie de religião e que os analistas seguem o ritual das três vezes por semana, quatro vezes, cinco vezes por semana, a tais e tais horas, e que, se ele segue com toda a propriedade o ritual da religião psicanalítica, então o paciente sairá curado. (p. 135)

Acerca da composição do mundo interno:

> Quando observamos um paciente, na realidade estamos observando um espécime arqueológico em vida: sepultada no paciente, se encontra uma antiga civilização. (p. 142)

A respeito do medo do paciente em relação ao analista:

> Todos devemos estar conscientes de que os pacientes estão assustados de nós. Têm medo porque pensam que somos ignorantes, e possivelmente tenham mais medo ainda de que não sejamos ignorantes. Estes pacientes nos teme por ambas as razões: ele julga que o analista não sabe o suficiente para ajudá-lo, ou que saiba demasiado para que queira ajudá-lo. (p. 143)

Uma alusão ao objetivo principal de uma interpretação:

> Seja lá qual a interpretação que se aplique, penso que o objetivo dela é introduzir o paciente à pessoa mais importante com que ele jamais poderá lidar, ou seja, ele mesmo. (*Conversando com Bion*, p. 13)
> Pouquíssimas pessoas pensam que é importante ser apresentados a si mesmo; no entanto, um parceiro de quem o paciente jamais poderá se livrar, enquanto estiver vivo, é ele mesmo. (*Conversando com Bion*, p. 76)

Um secreto prazer de certos pacientes:

> Na análise, alguns pacientes podem sentir certo secreto prazer no exame psicanalítico, pelo fato de que a experiência analítica possa ser tão frustrante que esses pacientes aprendem a desfrutar que se os frustre. Eles podem gostar que se os adule, ou que se os insulte. (*Seminarios clínicos y cuatro textos*, p. 176)

A presença de um terceiro no par analítico:

> Concretamente, no consultório estão duas pessoas, porém também existe um observador que está mirando este contato verbal entre você [o analista] e o paciente. O analista poderia dizer: creio que você e eu estamos sendo observados por uma pessoa que também é você. (p. 192)

Perda de pacientes:

> Nenhum analista gosta de perder pacientes, sempre nos perguntamos o que é que fizemos de errado. É muito útil saber no que nos tenhamos equivocado, porém é igualmente bom recordar que, neste mundo, os acidentes passam e os seres humanos comuns cometem erros. Não estamos obrigados a ser Deus, nem estamos obrigados a ser o que não podemos ser. Não temos o privilégio de estar livres de erros. *Não importa quão velho e experimentado seja alguém, sempre estará cometendo erros.* (p. 205)

O paciente fazer o seu analista de bobo:

> Haveria algo de muito errado com o seu paciente caso ele não pudesse te fazer de bobo. Ao mesmo tempo, há algo de muito errado com o analista que não pode tolerar ser feito de bobo; caso o analista possa tolerar isto, se você puder tolerar ficar irritado, então você pode aprender algo. (*Conversando com Bion*, p. 114)

Sobre a figura do *analista*

Diferença entre o psicanalista e o médico:

> O médico depende da realização da experiência sensorial: pode ver, tocar e cheirar. As realizações com as quais o psicanalista lida dependem muito mais das experiências não sensoriais: elas não podem ser vistas, nem tocadas; a ansiedade não tem forma, cor, cheiro ou som. (*Atenção e interpretação*, p. 8)

Analista como "parteira":

> Poderíamos dizer também que somos uma versão moderna de parteira mental: ajudamos a alma, ou psique, a nascer, e a ajudamos também para que ela continue a se desenvolver depois de nascer. Não deveríamos nos considerar como sendo apenas historiadores das conquistas passadas da psicanálise. Ainda não estamos mortos e não há necessidade de gastarmos nosso tempo comparecendo aos nossos próprios funerais. Não acho nada interessante ficar rendendo perpétuas graças aos obséquios da psicanálise; gostaria também de comparecer a um de seus muitos re-nascimentos. (*Conversando com Bion*, p. 200)

Analista como espelho:

> O analisando pode ser capaz de deduzir quem ele é a partir do espelho que lhe é

apresentado – de preferência sem muita distorção –, pela tentativa de o analista refletir de volta o significado de suas associações livres. (p. 33)

O analista se vendo no espelho do paciente:

Na minha experiência, o barulho do passado tem tantos ecos e reverberações que é difícil saber se estou realmente ouvindo o paciente ou sendo distraído por alguns desses fantasmas do passado. Tive a experiência de ver um adolescente e pensar comigo mesmo: "É muito esquisito, ele quase não fala nada, mas fica lá sentado com aquele sorriso estúpido". Não consegui conceber o que aquilo me lembrava. Na manhã seguinte, quando estava me barbeando, eu o vi no espelho – por isso me era tão familiar. Supunha-se que o jovem fosse um adolescente; não se supunha que ele fosse o analista; não se supunha que ele estivesse me ensinando nada. Supunha-se que eu o estava analisando. Mas, na verdade, ele havia segurado um espelho no qual eu podia *ver a minha face* – só que eu não a reconheci. (p. 153)

Destino do analista no fim da análise:

Realmente, o destino do analista é tornar sua própria existência desnecessária. De certo modo, pode-se dizer que se trata do destino dos pais: que, se vocês criam os filhos corretamente, estes não necessitam de pais. (*Conferências brasileiras 1*, p. 9)

Estado mental do analista:

Em cada consultório, deveria mais precisamente haver duas pessoas amedrontadas, o paciente e o psicanalista. (p. 15-16)

"No consultório, o analista tem que ser uma espécie de poeta, artista, ou cientista, ou teólogo, para ser capaz de chegar a uma interpretação, ou a uma construção". O analista deve ser capaz de construir uma estória. Não apenas isso; deve construir uma linguagem que ele possa compreender. (p. 40)

Sarcasmo de Bion acerca da hipocrisia dos analistas:

Eu poderia escrever um comentário de coordenador que, alteradas uma ou duas frases, serviria praticamente para qualquer artigo de qualquer pessoa, em qualquer momento. Assim: "Senhoras e senhores, estivemos ouvindo um artigo muito interessante e estimulante. Tive a grande vantagem de poder ter lido o trabalho antes, e, embora não possa dizer que concordo com tudo que o Dr. X diz" (principalmente porque não faço a menor idéia do que ele pensa que está falando, e tenho a certeza absoluta que ele também não faz), "achei sua apresentação bem – hum – estimulante. Existem muitos pontos que eu gostaria de discutir com ele caso tivéssemos tempo" (graças a Deus, não temos) "mas sei que aqui há muita gente ansiosa por falar" (em particular, os nossos chatos vitalícios de plantão, *ex-officio*, que ninguém ainda conseguiu silenciar); "assim não devo ocupar muito de nosso tempo" [esse contexto prossegue em mais algumas linhas, nesse mesmo tom]. (*Cogitações*, p. 312)

Falhas do analista:

Diz-se com freqüência que é mais fácil ver as falhas nos outros do que em si mesmo. De fato, essa pareceria ser a principal justificativa para uma pessoa empregar outra pessoa como analista, e não a si própria. A desvantagem do arranjo fica clara quando o observador, o psicanalista, enxerga no analisando falhas que são suas, em vez dos defeitos do analisando, que supostamente veio para que seus defeitos fossem expostos, demonstrados (e manejados?). (p. 343)

Queixas de Bion contra colegas:

A relação entre mim e meus colegas aqui em Los Angeles poderia ser descrita, de modo preciso, como quase totalmente fracassada. Eles ficam perplexos comigo e não podem me compreender – mas têm algum respeito por aquilo que não conseguem compreender. Caso eu não esteja enganado, existe mais medo do que compreensão ou simpatia pelos meus pensamentos, personalidade ou idéias. Não há dúvidas de que a situação – a situação emocional – não é melhor em qualquer outro lugar. Eu poderia dizer o mesmo da Inglaterra. (p. 343)

Um comentário sobre a forma como Klein o analisava:

> Penso que ela dava um fluxo contínuo de interpretações. Depois, acabei pensando que essas interpretações eram excessivamente coloridas por um desejo de defender a acurácia de suas teorias de tal modo que ela perdeu de vista o fato de que aquilo que se supunha que ela fizesse seria interpretar os fenômenos que se lhe eram apresentados. (*Conversando com Bion*, p. 113)

Uma brincadeira com o nome de Klein: (um personagem de *Memória do futuro*, v. 3, p. 81, responde a outro):

> Você me faz recordar os meus primeiros dias da universidade, quando um gatinho preto costumava aparecer no nosso pátio, fazer suas evacuações, encobri-las com cuidado e desaparecia. Era chamada de Melanie Klein – Melanie, pois era preto, Klein porque era pequenino e Melanie Klein porque não tinha inibições.

Outras opiniões de Bion sobre Klein:

> Tenho que encontrar uma maneira de dizer a Klein que eu necessito dormir, e então aproveitar para escrever! Psicanálise durante o dia, e *psicopolítica* durante a noite, preferentemente numas salas com as janelas fechadas, todos fumando [...] Melanie é muito exigente. Suponho que é por ter sofrido tantos ataques e tão poucas autênticas alegrias em sua vida, porém o caso é que sempre sinto que me deixa seco; não sei como exatamente ela faz isso. (*La otra cara del gênio. Cartas de família*, p. 54 e 56)

Sobre a parte psicótica da personalidade

Atitude analítica diante de pacientes psicóticos:

> Com pacientes psicóticos, eu não me afasto do procedimento analítico que costumo empregar com neuróticos, tomando cuidado para sempre considerar tanto os aspectos positivos quanto os aspectos negativos da transferência. (*Estudos psicanalíticos revisados*, p. 34)

Mente fragmentada:

> O contato com um paciente psicótico é uma experiência emocional que apresenta algumas características precisas, diferenciando-a da experiência de contato mais comum. O analista não se encontra com uma personalidade, mas com uma apressada improvisação de personalidade ou, talvez, de um jeito. É uma improvisação de fragmentos [...] Se a impressão predominante for de depressão, o mosaico de fragmentos revelará pedaços incongruentes de um sorriso, sem outro contexto que não o da contigüidade com os fragmentos vizinhos. Lágrimas sem profundidade, jocosidade sem cordialidade, pedaços de ódio – tudo isso e muitas outras emoções ou idéias fragmentárias aglomeradas entre si para apresentar uma fachada lábil. (*Cogitações*, p. 87)

Um misto de sentimentos persecutórios e depressivos:

> Quando há uma presença excessiva de elementos beta – que são compostos por "coisas em si", e por sentimentos de depressão – perseguição e de culpa, admito a existência de um estado mental misto em que o paciente é perseguido pelos sentimentos depressivos e deprimido pelos sentimentos persecutórios. (*Elementos de psicanálise*, p. 51)

Fantasias onipotentes:

> Pelo uso excessivo de fantasias onipotentes encaminhadas a destruir, tanto a realidade como a consciência da mesma, e, assim então, o psicótico alcança um *estado que não é nem de vida, nem de morte* [...] Tal é o domínio dessa fantasia, que para o paciente ela não é apenas uma fantasia, mas um fato. (*Estudos psicanalíticos revisados*, p. 59)

Sonhos:

Para o psicótico, *o sonho é a evacuação* de um material que foi ingerido durante as horas de vigília. (p. 114)

Comunicação do analista com paciente psicótico:

O paciente psicótico presta pouca atenção para uma comunicação, a menos que ela seja exatamente no comprimento de onda correto. Ele é muito preciso, muito exato, e não gosta de interpretações que estejam fora do facho; geralmente ignora-as como se elas nem tivessem sido ditas. (*Conversando com Bion*, p. 11).

Ideogramas:

Minhas experiências me levaram a supor que existe, desde o começo, alguma classe de pensamento, referido ao que chamaríamos de ideograma e visão, mais do que as palavras e o que foi ouvido. [...] Como uma coisa se faz pré-consciente? A resposta seria: conectando-se com as *imagens verbais* que lhe correspondem. (*Conferências brasileiras 1*)

Ataque aos vínculos:

Se, daquilo que o paciente pode ver ou sentir a meu respeito, ele sabe que existem determinados sons que eu acho muito difícil de tolerar – como "Sim, eu sei", "Eu quero dizer", "Você sabe", "Não entendo o que você quer dizer" –, então ele pode me bombardear com essas afirmações; pode me inocular com essa espécie de *soporífero verbal*. Como em Hamlet, o veneno pode ser pingado no ouvido, de tal forma que se destrói a capacidade analítica da pessoa. (*Conversando com Bion*, p. 228)

Vinhetas clínicas alusivas a ataque aos vínculos (para exemplificar que um paciente com características psicóticas atacava a sua capacidade de percepção e de interpretação analítica, Bion cita exemplos, entre os quais vou mencionar dois):

O paciente tencionava me dividir, ao me fazer dar duas interpretações opostas ao mesmo tempo, e isto foi revelado pelas associações seguintes em que indaga: Como o elevador sabe o que fazer quando aperto dois botões de andares diferentes ao mesmo tempo?

O paciente fala de um modo sonolento com intenção de fazer o analista dormir. Ao mesmo tempo estimula a curiosidade do analista. A intenção, mais uma vez, é dividir o analista, que é impedido de dormir e de ficar acordado. (*Estudos psicanalíticos revisados*, p. 35)

Sobre o pensamento

Pensamento sem pensador:

Pessoalmente, acho mais fácil considerar a existência de pensamentos sem um pensador. Pirandello, que colocou de um modo um pouco diferente, como título de uma peça – *Seis personagens à procura de um autor*. Mas por que parar aí? Por que não pode se algo ainda menor, mais fregmatário do que isto? É algum pensamento errante em busca de algum pensador para se alojar nele. (*Conversando com Bion*, p. 131)

Sobre a linguagem

Desgaste da linguagem:

A linguagem que utilizamos é a tal ponto desnaturada que é como se fosse uma moeda que foi submetida a tantos atritos que acabou por apagar o valor facial; este ficou indistingüível. (p. 79)

Uso da comunicação verbal:

As pessoas desenvolvem a capacidade de aprender truques. O departamento de truques e momices está ganhando longe do resto. [...] Uma das aquisições mais precoces do discurso articulado é justamente esta: como fazer os outros de tolos – o que freqüentemente inclui se fazer a si mesmo de tolo, também. Então [...] como é que a comunicação verbal, que tem uma história tão longa de uso para finalidades como a mentira, a dissimulação e o engano, vai ser reconstituída para incrementar o progresso em direção à verdade. (p. 19 e 83)

Linguagem não-verbal:

Um paciente me disse uma vez que, se eu parasse de falar e o ouvisse tocar piano, ele poderia me ensinar algo, mas ele nada podia fazer porque eu tinha uma mente fechada, uma mente envolta nesses preconceitos em favor de uma atitude humana muito limitada – o falar. [...] eu estaria pensando, ou tentando interpretar, em termos de linguagem articulada, ao passo que ele falava em termos de expressão *verbal de* imagens visuais, assim como um chinês fala. (*Conferências brasileiras 1*, p. 82).

Um poeta de verdade é capaz de usar uma linguagem que é penetrante e durável. Eu gostaria de usar uma linguagem que fizesse o mesmo. (*Conversando com Bion*, p. 147)

Falhas no uso e na compreensão da linguagem verbal:

Se não consigo ser claro verbalmente, poderia então apoiar-me sobre as ações, que falam mais alto que as palavras. Se eu fosse um bebê, poderia tentar esgüelar. Se minha mãe fosse incapaz de compreender isso, eu talvez me assustasse tanto com o barulho que mergulharia no silêncio, então ninguém, nem mesmo eu, poderia ouvir meus gritos. No lugar destes, eu desenvolveria ações. Depois de crescido, com o analista, eu tentaria a atuação. (*Conferências brasileiras 1*, p. 97 e 98)

Sobre a linguagem do analista baseada na intuição e conceito:

Poder-se-ia utilizar uma idéia de Kant: Intuição sem conceito é cega; conceito sem intuição é vazio. (*Conversando com Bion*, p. 96)

A linguagem é enganadora:

Platão assinalou que a linguagem é extremamente enganadora – ela aparenta ser precisa, exata, mas de fato ela não é mais exata do que a pintura ou desenho. Uma pintura não te conta coisa alguma – ela tem que ser interpretada. (p. 54)

Sobre o desenvolvimento emocional primitivo

Psiquismo fetal:

Não vejo razão para duvidar que o feto a termo tenha uma personalidade. Parece-me gratuito e sem sentido supor que o fato físico do nascimento seja algo que cria uma personalidade que antes não existia. É muito razoável supor que este feto, ou mesmo o embrião, tenha uma mente que algum dia possa ser descrita como muito inteligente. (p. 91)

Modelo do sofrimento do bebê e rêverie da mãe:

O bebê, sob a agonia da fome, do medo de estar morrendo, açoitado por culpa e ansiedade, impelido pela voracidade, desorienta-se e chora. A mãe toma-o no colo, alimenta-o e consola-o, e ele não raro adormece. (*Elementos de psicanálise*, p. 42)

Sobre "sem memória e sem desejo"

Atenção flutuante:

Enquanto estamos pensando no passado e no futuro, estamos cegos e surdos para o que está se desenvolvendo no momento presente. Acho que Freud tinha algo dessa natureza em mente quando se referiu à "atenção flutuante". Se o senhor está cansado e tenta prestar atenção ao que o paciente diz, então o senhor não ouve o que ele diz – as coisas parecem opacas. (*Conferências brasileiras 1*, p. 132)

Paciente que quer esquecer lembranças:

Não consigo esquecer aquilo que não posso lembrar. [...] Eu não presto atenção ao presente se estou obececado pelo futuro [...] Essas lembranças, passadas ou futuras, que ele não conhece, parecem encerrar uma grande quantidade de poder; elas são o que eu chamaria de idéias fracas, mas emoções poderosas. (p. 64)

Recomendação ao analista:

Descarte-se de sua memória, descarte o tempo futuro de seu desejo; seja aquilo que você sabia ou aquilo que você quer, para deixar espaço para uma nova idéia. Pode ser que um pensamento, uma idéia não reivindicada, esteja flutuando pela sala procurando por um lar. Entre estas, pode ser que haja uma que seja sua, que parece brotar de seu interior; ou uma fora de você, ou seja, do paciente. (*Conversando com Bion*, p. 74)

Sobre "verdades e mentiras"

Medo de conhecer as verdades:

Podemos acreditar em qualquer coisa que nos agrade, mas isto não significa que o universo vá se adaptar às nossas crenças ou capacidades particulares. [...] A procura da verdade pode ser limitada tanto pela nossa falta de inteligência ou sabedoria, como pela nossa herança emocional. O medo de conhecer a verdade pode ser tão poderoso que as doses de verdade são letais. (p. 61)

Sobre os mentirosos:

Algumas formas de mentira vêm intimamente relacionadas à experiência de desejar. Histórias inventadas, com toda a aparência de verdade, são narrativas de improviso como se a virtuosidade do exercício proporcionasse prazer. [...] Não é demais dizer que a raça humana deve sua salvação àqueles poucos mentirosos de talento, preparados para mentir, mesmo em face de fatos indubitáveis, a verdade de sua falsidade. Mesmo a morte era negada. Esses mártires da inverdade eram freqüentemente de origem humilde e seus nomes pereceram [...] Os mentirosos puderam mostrar o vazio da pretensão dos cientistas arrogantes. (*Atenção e interpretação*, p. 110)

Sobre metáforas

Memória e desejo:

Memórias e desejos são "iluminações" que destroem o valor da capacidade do analista para observação, como a penetração da luz numa câmara destrói o valor do filme exposto. (p.76)

Calma do desespero:

Uma pessoa [paciente na situação analítica] desesperada não manifesta nenhum sentimento particularmente marcado e algumas vezes, preferiria permanecer neste estado, porque resulta menos perturbador do que uma possibilidade de resgate. Para dar um dramático exemplo do que quero dizer: os sobreviventes de um naufrágio estão flutuando sobre um dos restos deste naufrágio. Não estão assustados, estão desesperançados e esfomeados. Porém, quando um barco aparece à vista, a ansiedade, o medo e o terror eclodem e a calma do desespero desaparece. Teoricamente a situação está melhor, estão a ponto de serem resgatados e salvos. Porém, em lugar de sentir-se melhor, se sentem pior. O mesmo ocorre com muitos pacientes. (*Seminarios clínicos y cuatro textos*, p. 152)

O pensamento e os movimentos do diafragma:

Se o pensar não se desenvolveu, a pessoa passa diretamente do impulso à ação, sem o menor espaço interveniente de pensamento. Por isso, na psicologia homérica, tanta importância se dá ao *phrenós*, ao diafragma. [...] os sentimentos de medo, de ódio, de amor, se acompanham de movimentos do diafragma. [...] Demócrito de Abdera foi o primeiro a sugerir que a mente se relaciona com o cérebro [e não com o diafragma como parecia]. (*Conferências brasileiras 1*, p. 54)

Diversos estados mentais do paciente:

O analista é como uma pessoa que passa as folhas de um livro com certa desídia. O analisando pode dizer "página trinta". O analista escuta então o relato do livro aberto à idade de trinta anos e, à medida que o paciente lê a história de sua vida, começando pela página trinta, se pode imaginar o que é que aconteceu nas páginas de um a vinte e nove? O analista pode imaginar o que ocorrerá nas páginas trinta e um e quarenta? O que nós chamamos de interpretações são na verdade "conjecturas imaginativas" acerca das páginas que faltam. (*Seminarios clínicos y cuatro textos*, p. 179)

Uma condição necessária ao analista:

Usando a guerra como exemplo: não se espera que um oficial esteja inconsciente de uma situação aterrorizadora e perigosa; espera-se, no entanto, que ele seja capaz de continuar pensando caso se encontre em uma posição em que surja o pânico, o medo – permitam-me lembrar-lhes do deus Pan. Só que não se espera que ele fuja. Apesar de estar no meio desta tempestade emocional, espera-se que ele continue pensando de modo claro. Deste modo, ele forma um foco, a partir do qual a reação mais disciplinada vai surgir; os soldados não vão fugir, mas vão começar a reagir. (*Conversando com Bion*, p. 171)

Universo em expansão:

"No consultório, o analista tem que ser uma espécie de poeta, artista, ou cientista, ou teólogo, para ser capaz de chegar a uma interpretação, ou uma construção". O analista deve ser capaz de construir uma estória. Não apenas isso; deve construir uma linguagem que ele possa falar e que o paciente possa compreender. No interregno, ele deve ser capaz de tolerar esse universo em expansão que se expande mais rapidamente do que ele pode imaginar. (*Conferências brasileiras 1*, p. 40)

Diversas formas de expressar um mesmo fato:

Dependendo do *vértice* que adotarmos expressar um fenômeno, por exemplo, o "tempo", de modo estético, ou científico, ou religioso. Assim, do vértice científico, posso usar uma medida que indique unidades angstrom ou anos-luz. Utilizando uma escala de tempo estético, poderíamos citar: "O tempo, como uma corrente incessante, carrega para longe todos os seus filhos". Como uma escala do tempo religioso, pode-se dizer: "da eternidade para a eternidade tu és Deus". (p. 57)

Os registros mentais falsificam, tal como as fotografias:

Os registros mnêmicos têm a fidelidade da fotografia, mas, confeccioná-los, não obstante a aparente probidade do resultado, leva mais longe a falsificação – ou seja, até dentro da sessão, a fotografia da fonte da verdade talvez seja muito boa mas, da fonte após turvada pelo fotógrafo e sua máquina, da pose escolhida. Mesmo assim, continua o problema de interpretar a fotografia. A falsificação do registro é maior, por emprestar verossimilhança ao já falsificado. (*O aprender com a experiência*, p. 15)

Facho de escuridão na situação analítica:

Ao invés de tentar uma luz brilhante, inteligente, compreensível para incidir sobre problemas obscuros, sugiro empregarmos uma diminuição da "luz" – um penetrante facho de escuridão; uma réplica do holofote. [...] A escuridão seria tão absoluta, que conseguiria um vácuo luminoso, absoluto. Desse modo, se houvesse qualquer objeto, mesmo tênue, apareceria bem claramente. [..] Suponham que estamos observando uma partida de tênis, olhando-a sob uma escuridão que aumenta. Amortecemos a iluminação e a luz intelectual, esquecendo a imaginação ou a fantasia ou quaisquer atividades conscientes; primeiro, perdemos de vista os jogadores e, aí, aumentamos gradativamente a escuridão até que somente a rede seja visível. Se conseguirmos fazer isso, ser-nos-á possível ver que a única coisa importante visível para nós é uma quantidade de buracos coletados juntos, numa rede. Do mesmo modo, poderíamos olhar um par de meias e ser capazes de ver uma soma de buracos tricotados juntos [tal como um paciente psicótico de Bion via a sua meia]. [...] Esse tipo de paciente apresenta uma capacidade visual diferente, que o torna capaz de ver aquilo que eu não consigo ver. (*Conferências brasileiras 1*, p. 45-47)

Modelo de "Transformações":

Suponha o pintor que contempla trilha, em campo semeado de papoulas, e o pinta. [...]A despeito da transformação que o artista efetua sobre o que vê, para conseguir que tome forma pictórica, suponho que "algo" permaneceu inalterado, e, desse "algo", vai depender o reconhecimento. Aos elementos responsáveis pelo aspecto inalterado da transformação, chamo *invariantes*. [...] Suponha, agora, que avistamos um trato de linha férrea, reta até onde a vista alcança. Os trilhos parecem convergir. Se tentamos verificar, caminhando pela ferrovia, não deparamos a convergência: andando, porém, um tanto, e olhando o trecho percorrido, lá está ela, atrás de nós, comprovada por nossa vista; paralelas encontrando-se num ponto. Onde, no entanto, estará ele? Uma teoria apresenta, como ilusão de ótica, o convergir aparente. [...] Em psicanálise, cumpre é encontrar os invariantes e a natureza do relacionamento de um com o outro. [...] Os trilhos, de meu exemplo, se encontram; o topógrafo e o neurologista não o confirmam. [...] Freud, em 1905, apresenta a paciente Dora. O escrito é análogo a uma pintura, embora dela difira, por constituir uma representação verbal da análise. [...] Convém considerar a psicanálise parte do grupo de transformações. Interpretação é transformação. (*As transformações*, p. 11-14)

Em outras passagens de sua obra, como modelo de um aspecto de sua teoria das transformações, Bion utiliza a metáfora do "reflexo de uma árvore na superfície de um lago, da qual o observador pode reconhecer a forma, mas não os detalhes da sua estrutura".

A falência de um estado mental:

O estado mental é tão vasto, comparado com qualquer realização do espaço tridimensional, que a capacidade de certos pacientes para a emoção se sente perdida porque a própria emoção se esgota e se perde na imensidão, e se apresentam como simples fragmentos de um momento disperso no espaço. Isso pode ser explicado mais facilmente usando-se o *choque cirúrgico* como modelo; nesse, a dilatação dos capilares por todo o corpo aumenta de tal maneira o espaço no qual o sangue circula que o paciente pode sangrar até morrer. (*Atenção e interpretação*, p. 14 e 15)

Semente e árvore:

Uso o ponto (.) para representar o "lugar onde" estava a coisa [o seio, por exemplo], ou "tempo quando", ou "estágio de crescimento"; e a linha (——) como local do ponto ou lugar aonde o ponto vai. A preconcepção que se representa pelo ponto (.) constitui a transição de desenvolvimento (*a semente é árvore*, em estágio definido de desenvolvimento: é árvore, pois). (*As transformações*, p. 128)

Transformação de ice-cream *(sorvete) em* scream *(grito)*: Aqui, Bion faz uma bela metáfora, a partir de uma vinheta de sua clínica, para evidenciar o quanto a ausência de um alimento nutridor se transforma, gradativamente, num grito de revolta e socorro.

O paciente diz que *não poderia* comprar sorvete (*ice-cream*). Seis meses mais tarde, ele diz que *não pode nem* comprar sorvete. Três dias depois ele menciona ser *tarde de mais* para comprar sorvete. Dois anos mais tarde ele acha que *não existe* sorvete. Se eu soubesse quando o tópico foi mencionado pela primeira vez, o que sei agora, eu poderia ter anotado o tempo e o lugar de referência, mas eu não sabia. Quando o fiz, foi por causa do tema que ele incluiu, o de "eu grito" (*I scream*). Foi mais tarde ainda que eu apanhei o significado de "não tem" – "eu grito". (*Atenção e interpretação*, p. 15)

TERCEIRA PARTE
A Prática

19

Concepções Inovadoras da Contemporânea Prática Psicanalítica

Vimos como a obra de Bion tem despertado as mais diversas reações no mundo psicanalítico, e, ainda hoje, uma parcela muito significativa de psicanalistas das mais diferentes latitudes e escolas continua fazendo questão de ignorá-la ou de menosprezá-la, sob o argumento principal de que as suas contribuições psicanalíticas não têm uma aplicação prática. Serve como exemplo disso a opinião de Joseph – um importante psicanalista didata norte-americano e ex-presidente da Associação Psicanalítica Internacional –, que assim se manifestou em uma entrevista concedida à *Revista IDE* (n. 14, 1987, p. 15): "Li Bion, me parece que não tem nenhuma aplicação clínica; é interessante filosoficamente".

De uma mesma forma, muitos daqueles que admitem o valor clínico das contribuições de Bion costumam fazer a ressalva de que ele não passou de um tautólogo e de um complicador teórico-filosófico das teorias psicanalíticas já existentes e consagradas.

Por outro lado, tem crescido o número de psicanalistas, entre os quais me incluo, que consideram o maior mérito de Bion justamente a aplicação de suas idéias à prática da clínica psicanalítica e, ainda mais, acreditam que ele constitui um legítimo precursor e inovador da psicanálise moderna.

Esse é mais um entre tantos outros paradoxos que caracterizam Bion: quanto maior é o seu aparente afastamento da clínica, devido às incursões que faz nas áreas da matemática, filosofia, arte e religião, maior é a sua aproximação da psicanálise como uma experiência emocional que passa na intimidade do par analítico, entre as quatro paredes de um consultório.

Bion e a psicanálise brasileira

Como uma maneira de fundamentar a afirmativa de que Bion deve ser considerado um inovador, é útil tecer considerações mais estritas à influência que ele exerceu sobre os psicanalistas brasileiros.

A primeira vez que Bion visitou o Brasil foi em 1973, a convite de Frank Philips – um importante psicanalista aqui radicado, ex-analisando de Klein e de Bion –, numa época, portanto, em que a psicanálise ensinada e praticada no Brasil, embora alicerçada em Freud, girava muito enfaticamente em torno do eixo referencial da teoria e da prática kleiniana. Esta última afirmação pode ser comprovada com o simples manuseio da expressiva maioria dos artigos publicados na época pela *Revista Brasileira de Psicanálise*, nosso órgão oficial, e pela temática e conteúdo dos trabalhos apresentados em congressos psicanalíticos de então.

É desnecessário frisar que, na atualidade, as coisas se passam de forma muito diferente no meio psicanalítico brasileiro, no qual convivem fortes grupos apegados a diferentes correntes do pensamento psicanalítico, como os freudianos, os kleinianos clássicos, os neokleinianos e os seguidores de Winnicott, da psicologia do ego, de Kohut e de Lacan.

Nessa primeira visita, Bion desenvolveu em São Paulo, durante duas semanas, uma intensa atividade que incluiu conferências, debates e seminários clínicos. Causou um enorme impacto em todos que o assistiram, e tal foi a repercussão de seu sucesso que, a convite, ele voltou mais três vezes ao Brasil: em 1974, ao Rio de Janeiro e a São Paulo; em 1975, a Brasília, por iniciativa da reconhecida psicanalista Virgínia L. Bicudo, que o conheceu quando ele ainda trabalhava em Londres; e em 1978, novamente a São Paulo, pela última vez.

Embora fazendo questão de se reconhecer não mais do que um seguidor kleiniano, Bion tinha pensamento próprio, um modo muito genuíno, original e peculiar de compreender a teoria e a prática da psicanálise.

Creio ser importante ressaltar as diferenças entre ambos, porquanto isso pode nos servir como um parâmetro para medir as modificações que tiveram início na psicanálise brasileira em particular e, genericamente, em toda a América Latina, a partir das sementes que Bion plantou na sua visita a Buenos Aires, em 1968, e que frutificaram intensamente.

Assim, importa enumerar os seguintes aspectos diferenciadores:

1. Enquanto o interesse de Klein ficou restrito unicamente aos fenômenos da psicanálise individual, Bion nunca deixou de se interessar e de estender as suas concepções ao campo da *relação do indivíduo com os grupos e a sociedade*.

2. Movido por essa razão, em grande parte, Bion, muito mais do que Klein, emprestou uma considerável importância à *realidade externa*, pertinente às situações analíticas.

3. Da mesma forma, Bion (como Winnicott e alguns outros poucos psicanalistas da época) valorizou, de forma fundamental, a presença da *mãe real externa* – e a capacidade de *rêverie* desta – ao contrário de Klein, que, acima de tudo, valorizava a projeção das fantasias inconscientes do bebê em sua mãe, sem que importasse muito como era, de fato, essa mãe real.

4. Pela razão anterior, a situação psicanalítica foi concebida por Bion como um processo de natureza eminentemente *vincular*, isto é, o de uma permanente interação entre as angústias do analisando e as do analista – de forma análoga à de um filho com a mãe – e dos recíprocos efeitos de um sobre o outro. Até então, em Freud e Klein, a análise era concebida mais em termos de um paciente sofredor a quem cabia o papel de trazer as suas angústias, com a sua livre associação de idéias, e, do outro lado, um psicanalista, sempre hígido, cuja função maior era a de decodificar as fantasias inconscientes do paciente e interpretá-las.

5. Enquanto Freud alicerçou a sua teoria essencialmente nas pulsões libidinais, e Klein, nas relações objetais agressivas, representadas pela inveja primária e derivados, Bion acrescentou um terceiro vínculo fundamental, além do amor e do ódio: o *vínculo do conhecimento* (K e -K).

6. A concepção da *gênese e função do sonho* também é diferente entre Freud, Klein e Bion. Para Freud, o sonho é o guardião do sono, porque protege o indivíduo que dorme de uma irrupção das pulsões do id. Para Klein, o sonho é a expressão das fantasias inconscientes relacionadas com os objetos internos. Bion aceita esses aspectos, porém preferiu entender o sonho como uma forma de pensamento simbólico. Por isso, diz Bion, o psicótico não sonha simbolicamente; nesse caso, o que parece ser sonho não passa de uma *evacuação* de estímulos e de sensações. É somente através da introjeção da *função α* da mãe – função que permite perceber a ausência do objeto e de pensar essa ausência – que se torna possível a capacidade de simbolizar e, portanto, de sonhar.

7. A propósito da concepção referente aos sonhos e ao *ato de sonhar*, é útil registrar que Bion, seguindo o seu *modelo* digestivo do aparelho mental, afirmava que os sonhos tanto podem ter uma função de armazenamento de

um pensamento, sentimento ou imagem (transformados em *ideogramas*), quanto uma função de evacuação, quando os mesmos são indigeríveis. Portanto, para Bion, os sonhos podem ser *evacuativos* (como nas esquizofrenias), *elaborativos* (nas neuroses) ou *mistos*, sendo que essa concepção de Bion permite depreender, para a prática analítica, a relevante recomendação técnica de que o importante do sonho não é tanto o fato de que ele seja interpretado simbolicamente, mas sim de o paciente ter sonhado, e com qual estado psíquico ele o fez.

8. De Klein, ele utilizou, sobremaneira nos primeiros tempos de sua obra, os conceitos relativos à inveja e nunca deixou de enfatizar, na teoria e na prática analítica, a importância dos primitivos mecanismos defensivos do ego, notadamente o uso das identificações projetivas, assim como também deu uma alta relevância à noção da "posição esquizoparanóide" em permanente interação com a "posição depressiva".

9. Em relação à inveja primária, é possível observar nos textos, nos debates e nos seminários clínicos transcritos de Bion uma decrescente utilização desse conceito, tanto na teoria como na prática, embora ele tenha retomado essa concepção de Klein em *Atenção e interpretação*, de 1970, e sempre tenha dado uma relevância às pulsões de ódio, sádico-destrutivas, especialmente em relação ao prejuízo que causam ao desenvolvimento da *capacidade para pensar*.

10. As posições esquizoparanóide e depressiva foram concebidas por Klein a partir da passagem evolutiva de uma para a outra, enquanto Bion as concebeu como uma *permanente, mútua e sincrônica presença de ambas*, e se interessou mais particularmente pelas alternâncias e flutuações entre essas duas posições (e isso, graficamente, ele representou por PS ⇔ D).

11. Da mesma forma, modificando um pouco os conceitos originais de Freud acerca da seqüência temporal entre os *princípios do prazer e da realidade,* assim como entre o *processo primário e o secundário*, Bion também concebeu esses fenômenos mentais como funcionando em qualquer indivíduo, de forma sincrônica, interativa, permanente e alternante na predominância de um ou do outro.

12. O medular conceito kleiniano de *identificação projetiva* sofreu substanciais desenvolvimentos por parte de Bion. Assim, ele é considerado como o primeiro autor que introduziu três concepções muito importantes relativas ao fenômeno da identificação projetiva. A *primeira* é o fato de, enquanto Klein valorizou sobretudo a patologia das identificações projetivas e o fato de que a mesma se deveria quase que unicamente ao seu uso excessivo, como um mecanismo de defesa primitivo, Bion, embora aceitasse essa abordagem quantitativa, também conceber e valorizar o aspecto qualitativo, isto é, o aspecto sadio e estruturante das identificações projetivas, tal como ocorre na empatia da mãe (analista) com o seu bebê (paciente). A *segunda* diz respeito à finalidade das identificações projetivas como um relevante meio de *comunicação primitiva*, pré-verbal, agindo por meio dos *efeitos* afetivos que produzem nos outros (corresponde, no caso da situação analítica, ao fenômeno da contra-identificação projetiva, tal como foi descrito por Grinberg). O *terceiro* aspecto desvelado por Bion é que as identificações projetivas não se constituem unicamente de objetos ou das pulsões cindidas, mas também das funções egóicas do psiquismo.

13. Além disso, Bion utilizou o conceito de identificação projetiva sempre dentro de um contexto de que algo – *um conteúdo (ou contido)* – *é projetado dentro de um continente*, como ocorre, por exemplo, na situação transferencial. Ele representou essa relação com os signos ♀ e ♂, tendo se aprofundado nas diversas formas (*parasitária, comensal, simbiótica...*) pelas quais se processa essa relação interativa entre continente e contido.

14. Uma outra dimensão que Bion acrescentou ao processo psicanalítico, e que estava muito preterida no modelo kleiniano, é a que se refere à necessidade de que a análise não se restrinja exclusivamente ao inconscien-

te, mas que também se interesse pelo *plano do consciente* e, especialmente, pelo modo como se processa a *comunicação* entre essas duas instâncias psíquicas da mente do analisando (e do analista).

15. A *análise do consciente* se refere às funções ou disfunções do ego, de sorte que, indo muito além do objetivo da resolução dos conflitos pulsionais, a principal meta da psicanálise passa a ser, para Bion, o *crescimento mental*. Dessa forma, os psicanalistas brasileiros passaram a valorizar mais as maneiras como o analisando e o analista percebem, pensam, sabem, agem e se responsabilizam e como e com qual *linguagem* eles comunicam (ou "in-comunicam") os seus pensamentos e sentimentos.

16. Em relação a determinados firmados conceitos kleinianos, Bion fez algumas transformações. Assim, em vez de "reparação", ele preferiu enfatizar uma "restauração do ego"; em vez de "gratidão" como antítese da inveja, ele preferia pôr a tônica na "criatividade". Klein descreveu os movimentos da posição depressiva para a esquizoparanóide como uma regressão defensiva contra as ansiedades depressivas. Bion, por sua vez, apoiado na sua convicção de que a *identificação projetiva também pode ser de uso sadio*, acrescentou a sua concepção de que a passagem da posição depressiva para a esquizoparanóide pode não somente ser patológica, como também se constituir como um elemento essencial para o processo da criatividade.

17. Sobretudo, Bion enfatizou a *passagem da posição esquizoparanóide para a posição depressiva* como um período de especial importância na evolução de qualquer análise, por duas razões: a primeira, por que tal passagem indica uma mudança psíquica, altamente significativa, em direção a um "crescimento mental"; a segunda, por que essa transição da posição esquizoparanóide – ou seja, quando o paciente emprega excessivamente seus costumeiros recursos defensivos de clivagens e identificações projetivas nos outros, de sorte a ficar convicto de que, como dizia Sartre, "o inferno são os outros" – para a posição depressiva – quando o paciente começa a assumir o seu quinhão de responsabilidade e de eventuais culpas por tudo que acontece – vem acompanhada por uma intensa dor psíquica no paciente, podendo atingir níveis de sofrimento que Bion chama de "mudança catastrófica".

18. Essa aludida *mudança catastrófica*, outro fenômeno freqüente no campo da prática analítica que foi observado e descrito de forma original por Bion, veio a contribuir de forma muitíssimo importante – pelo menos, para mim – para que os analistas possam compreender melhor e, logo, manejar com mais segurança e propriedade as manifestações de dor dos pacientes. Os sintomas indicativos do sofrimento de um paciente nessa condição (na qual, do ponto de vista sintomático, ele está pior, porém, do vértice psicanalítico, está melhor) se expressam por meio de múltiplas queixas, como as de que está confuso, ou deprimido, ou que se sente pior e não vê saída, ou com muita raiva do analista que lhe deixou nessa situação, não sendo raro que faça menções veladas de que a única saída é a sua morte, etc.

19. Os mecanismos de defesa do ego são fundamentalmente considerados por Bion como diferentes formas de *evasões da verdade, através de mentiras e falsificações*. Partindo dessa concepção, ele deu uma extraordinária importância ao "vínculo do conhecimento", mais especialmente ao do "não-conhecimento", tal com segue descrito.

20. O enfoque principal de Bion não estava tanto no clássico conflito entre o *amor (L)* e o *ódio (H)*, mas sim entre uma emoção e a oposição a essa emoção, que ele chama de *antiemoção*. Além desses dois vínculos, que, na condição de uma antiemoção, são grafados com sinal negativo (-L e -H), também o *vínculo do conhecimento,* ligado aos dois anteriores, com as respectivas emoções, permite a grafia -K. A propósito, a noção de -K, relativamente ao problema de negação das verdades penosas, substituindo-as por diversas formas de evasivas e falsificações, mais do que em qualquer outro autor, adquire um papel fundamental em toda a obra de Bion no que tange à prática do ato psicanalítico. Para dar um único exemplo, pode

acontecer que o analista esteja interpretando de forma plenamente adequada, com exatidão no conteúdo, na forma e no *timing* do que ele diz, porém, embora correta, a interpretação resulte *ineficaz* se o psiquismo do paciente estiver dominado por um estado mental de -K, na base de um "não sei, não quero saber e tenho ódio de quem sabe...".

21. O problema das inevitáveis *frustrações*, desde a condição do recém-nascido (ou já na condição embrionária e fetal), merece uma relevância toda especial na obra de Bion, tanto para a compreensão da formação da personalidade a partir do desenvolvimento emocional primitivo quanto para a prática da situação analítica.

22. As frustrações, particularmente quando são patogênicas – isto é, ou demasiadamente escassas, ou por demais excessivas, injustas e incoerentes – exercem uma enorme e decisiva influência no que diz respeito à gênese e função do *pensamento*, aspecto esse que talvez seja o que representa o maior manancial de contribuições originais de Bion, com uma expressiva importância na prática psicanalítica.

23. Também a *dor psíquica* mereceu um destaque especial por parte de Bion, que alerta o analista para discriminar, no curso da análise, se o paciente simplesmente sofre uma dor que é inútil do ponto de vista psicanalítico (*pain*), ou se sofre porque está num processo de elaboração (*suffering*).

24. Em meu entender, um aspecto que sobremodo distinguiu Bion de outros ilustres autores é o fato de, em vez de ficar centrado quase que exclusivamente no conflito entre pulsões e defesas, ou nas fantasias inconscientes determinantes dos objetos e relações objetais internalizadas, e assim projetadas, ter dado uma especial ênfase à desarmonia que preside a presença concomitante de *partes opostas dentro de um mesmo indivíduo* (parte psicótica da personalidade x parte não-psicótica; parte infantil x parte adulta; parte que quer crescer x parte que sabota um possível crescimento; narcisismo x social-ismo, etc.). Bion insiste na necessidade de qualquer pessoa conhecer as distintas partes do psiquismo, de sorte a conseguir uma convivência harmônica entre elas.

25. Pode-se dizer que a teoria kleiniana constitui-se em um sistema de natureza mais linear, tipo causa-efeito (ódio, culpa, reparação...), e que isso "facilita" o trabalho do psicanalista – porque é possível enquadrar qualquer paciente nesse esquema – ao mesmo tempo que o empobrece – porquanto, da mesma forma, um seguro conhecimento de suas principais postulações possibilita o entendimento e o fechamento de qualquer situação analítica. As concepções psicanalíticas de Bion, pelo contrário, antes de uma compreensão causa-efeito, visam a uma dimensão do tipo "universo em expansão", com renovadas aberturas de questões e de inquietações em um *processo dialético* tipo tese-antítese-síntese, seguido de novas teses, etc. Dizendo de outra maneira, pode-se afirmar que mais do que o "porquê" etiológico, e indo além do "o quê" se passa na singular e recíproca relação do vínculo analítico, o eixo central passou a girar mais em torno do "para quê" *existencial* do analisando, sempre levando em conta a combinação de todos os "elementos de psicanálise", em interação com a realidade exterior.

26. Aliás, cabe a afirmativa de que o pensamento psicanalítico de Bion está muito alicerçado em uma *concepção estruturalista* e, particularmente nesse aspecto, ele está mais próximo de Lacan que de Klein.

Essa perspectiva pode ser fundamentada com o fato de que Bion utilizou, de forma consistente, as seguintes conceituações, todas de natureza estruturalista:

a) Os "elementos de psicanálise" (1963) comportam-se como as letras do alfabeto: são em pequeno número, porém as diversas combinações permitem a formação de palavras, que, combinadas, formam as frases, as quais formam o discurso. A mesma analogia vale para os algarismos ou para as notas musicais.

b) Há uma "conjunção constante", isto é, uma permanente interação estrutural entre todos os elementos de psicanálise e todos os fatores que agem na personalidade do indivíduo, tanto os internos como os externos, e até, como Bion aventou nos seus últimos anos, os fatores *psicoembrionários*.

c) Os *"vértices"* psicanalíticos, segundo uma metáfora que me ocorre, se comportam como um *caleidoscópio*, isto é, cada novo movimento e nova visualização de uma mesma situação conserva os mesmos elementos, porém cria novas configurações e estruturas.

d) A importância do discurso dos pais na precoce estruturação da personalidade do indivíduo se pode depreender dessa citação literal do próprio Bion (1992a, p. 76): "Em uma idade precoce, nós já aprendemos não só a *não ser* nós mesmos, mas *quem* devemos ser; nós temos um rótulo, diagnóstico, interpretação bem estabelecidos de quem somos".

27. Da mesma forma, a introdução, por parte de Bion, da importante noção de que o analista deve funcionar como um "continente" das angústias e necessidades do paciente, acarretou uma importante modificação no tocante à técnica da interpretação. Como sabemos, o modelo da análise kleiniana sempre foi criticado por autores de outras correntes psicanalíticas, com a acusação de que os kleinianos interpretavam "exageradamente". Mesmo dando o devido desconto a essa crítica, a verdade é que, em grande parte, foi a partir do reconhecimento do papel fundamental do analista como continente que os seguidores kleinianos mais ortodoxos passaram a interpretar em um ritmo mais apropriado as condições egóicas de cada paciente em particular.

28. Acredito que, em boa parte, a modificação da forma de trabalho diário de muitos psicanalistas brasileiros se deva a esse reconhecimento do analista como um continente para a parte psicótica da personalidade de qualquer paciente. É muito provável que esse analista tenha ficado menos intelectivo e mais sensitivo e intuitivo, logo, mais sensível ao que não é sensorial e lógico, e também que tenha adquirido um *estilo de interpretar em uma linguagem mais acessível e coloquial*, e que tenha desenvolvido um estado de "paciência" para conter a "parte psicótica da personalidade" de qualquer paciente, e assim por diante.

29. Também, de uma forma diferente dos outros autores de sua época, que privilegiavam a observação que o analista deveria fazer sobre o relato – unicamente verbal – do paciente, através dos órgãos de captação sensorial e do uso de seu pensamento lógico, Bion preconiza a importância de o analista reunir as *condições mínimas necessárias* para o exercício da psicanálise clínica. Essas condições, indo além daquelas de um bom respaldo teórico-técnico, de captação da realidade psíquica do paciente por meio dos órgãos dos sentidos e de um pensamento racional, também implicam a capacidade do analista de perceber a *comunicação primitiva não-verbal* (expressa por uma atuação ou por alguma somatização, por exemplo), a capacidade de *intuição*, a capacidade de valorizar o surgimento na sua mente de imagens, sob a forma de *ideogramas*, e a capacidade de permitir-se sair da exclusividade do pensamento lógico e poder fazer *conjecturas imaginativas,* de sorte a *soltar a imaginação* ("a imagem em ação").

30. Partindo da ênfase que, tal qual um mapa do mundo, Bion empresta à existência de diferentes partes (infantil, adulta, psicótica, não-psicótica, a sadia que quer crescer e a organização patológica que sabota o crescimento...), creio que podemos considerar a importância de uma das tarefas essenciais do analista ser fazer um *mapeamento do psiquismo* do paciente (desde que ele conheça o seu).

31. Como decorrência imediata do mapeamento do psiquismo, fica implícito na obra de Bion o valor que ele atribui à tarefa do analista de capacitar o seu paciente para a importante tarefa de manter um *diálogo interno* entre as suas diferentes partes.

32. Para concluir estas correlações, é necessário consignar que o melhor atestado de que as concepções originais de Bion não renegam ou colidem com as de Klein, mas sim as complementam e criam novos desenvolvimentos e aberturas, consiste no fato de que "os mais eminentes autores kleinianos da atualidade consideram a sua atual teoria e prática como tendo sido significativamente modelada pelos trabalhos de Bion" (Hinshelwood, 1991, p. 249). Além disso, sabemos que ele também é, cada vez mais, muito citado por autores de outras correntes psicanalíticas e por outras disciplinas.

Aplicações na prática clínica

O primeiro assinalamento que merece ser feito é que, estranhamente, ou talvez deliberadamente, Bion não escreveu nenhum texto especificamente técnico, embora tenha dado inestimáveis contribuições tanto da sua teoria aplicada à prática clínica como das provenientes de uma garimpagem que merece ser feita ao longo de seus textos, e que se referem a recomendações de técnica psicanalítica propriamente dita. Aliás, ele nunca se cansou de reiterar que a clínica era soberana, como se pode depreender deste trecho de seu trabalho "Cesura" (1977, p. 135):

> [...] minha ênfase é mais da prática que da teoria, não só da teoria da psicanálise, mas de qualquer coisa [...]. A única situação em que a pesquisa psicanalítica pode ser levada adiante é no consultório com pacientes, tal como eles se apresentam para análise.

Portanto, não é demais reiterar que, embora Bion enfoque velhos conceitos sob novos vértices e tenha criado modelos do processo psicanalítico, construídos com pensamentos de base filosófica e matemática, além da humanística, ele nunca deixou de partir dos fatos tomados da vivência emocional de sua própria prática clínica.

Em relação à aplicação dos postulados de Bion na técnica e prática do ato psicanalítico, os seguintes elementos merecem ser considerados:

Atitude psicanalítica: a postura científico-filosófica preconizada por Bion poderia bem ser chamada de "atitude socrática", tendo em vista que Sócrates, segundo a descrição que dele fazem Platão e Aristóteles, foi o primeiro a propor a essencialidade do "conhece-te a ti mesmo", e que, para chegar a isso, ele

> [...] não ensinava verdades terminadas, senão que ensinava a aprender [...]. Sócrates interroga mas não responde [...]. A verdade é difícil porque dói [...]. Para conhecer, faz falta ter tolerância ante o sofrimento e valor para seguir adiante sem cair em mentiras sobre nós mesmos [...]. (Platão, 1981)

Da mesma forma, Bion enfatizava que, como toda análise é um processo de natureza vincular e íntima entre duas pessoas que vão enfrentar verdades penosas de serem reconhecidas, impõe-se a necessidade de que o analista reúna o que denominou "condições mínimas necessárias" (1992a, p. 75), antes de assumir a corajosa empreitada de uma análise difícil com determinados pacientes.

Essa atitude analítica deve ser permanente e autêntica e somente pode ser tecida no psicanalista mediante uma série de atributos, alguns inatos e outros que podem ser desenvolvidos. Dizendo com outras palavras: o analista vale não tanto pelo que ele sabe e pelo que diz, mas muito mais pelo que, de fato, ele é.

Como os elementos que constituem uma "atitude analítica" são muitos e estão combinados em diversas e complexas características, vamos nos restringir, aqui, a comentá-los brevemente, tendo em vista que a maioria deles está pormenorizada nos correspondentes capítulos específicos, principalmente no capítulo referente aos atributos do psicanalista.

— Bion saiu do modelo da tradição psicanalítica de fases, ou posições, e pre-

feriu uma teoria de campo circular muito mais complexa, em direção a um "universo em expansão".
- Nesse campo analítico, o jogo dialético das emoções positivas e das emoções negativas, sinalizadas graficamente com o signo (-), é diferente do tradicional conflito entre o amor e o ódio, e está mais centrado entre K e -K.
- Assim, Bion destacou, como o objetivo precípuo de uma análise, o crescimento mental do analisando, a partir da busca da verdade de uma multiplicidade de *vértices*.
- A utilização desses distintos vértices permite, segundo Bion, a formação de três dimensões na atitude analítica: a do domínio dos *sentidos* (os elementos da psicanálise podem ser percebidos sensorialmente), a do *mito* (elaborações pessoais do analista, não-sensoriais) e a dimensão da *paixão* (emoção sentida de maneira intensa e calorosa, mas sem violência, entre a mente do analista e a do paciente).
- Da mesma forma, Bion propôs que a psicanálise pode ser entendida a partir de um vértice *matemático-científico,* de um *estético-artístico* ou de um vértice *religioso-místico*.
- Seja qual for o vértice ou a dimensão adotados pelo psicanalista, em toda análise *deve haver um certo grau de angústia no paciente e no analista.* A ausência de angústia acomoda e esteriliza; o excesso de angústia, por sua vez, pode bloquear a necessária associação e correlação afetiva, ideativa e cognitiva, além de provocar uma dor, possivelmente de intensidade desnecessária. No primeiro caso, Bion propõe que o analista promova alguma forma de "turbulência emocional". No segundo caso, ele adverte que, mais importante do que simplesmente "sentir" a dor, é a necessidade de o paciente "sofrer" a dor, de modo que o analista deve ter claro para si a distinção entre as dores que são inevitáveis e as que são evitáveis.
- Como vemos, a atitude psicanalítica é indissociável de alguns atributos básicos que o psicanalista deve possuir, como veremos a seguir.

Amor à verdade: esse atributo implica o fato de que, a exemplo de Freud, também Bion considerou, indo além de um dever ético, a condição de o analista ser verdadeiro e não transigir com as falsificações e as mentiras como uma regra técnica, *sine qua non*, para o bom desenvolvimento da análise. Bion chega a afirmar que, tal como o corpo necessita de alimentos e de oxigênio, também o psiquismo se alimenta e cresce com as verdades, e que, sem elas, cai em estado de inanição e pode ficar corroído pelo veneno das mentiras.

Um permanente estado de des-cobrimento: como mostra a etimologia desta última palavra, ela designa uma condição voltada para a retirada ("des") das "cobertas" que impedem um verdadeiro encontro do paciente, ou do próprio analista, consigo mesmo. Trata-se, pois, de uma curiosidade sadia e de uma coragem para o enfrentamento – no lugar de uma evasão – das verdades dolorosas, as externas e as internas.

Capacidade negativa: esse termo alude à imprescindível necessidade do psicanalista de aceitar o seu estado de angústia relativo às incertezas, dúvidas, e ao "não-saber" o que está acontecendo no vínculo analítico. Essa capacidade é particularmente imprescindível diante de pacientes regressivos (psicóticos, *borderline*, psicopatas, etc.), que costumam provocar no analista reações contratransferenciais muito difíceis de suportar.

Capacidade de ser continente: esse atributo, que pode ser considerado como o essencial, possibilita que o analista contenha as angústias, as necessidades, as demandas e os ataques que o paciente projeta dentro dele; logo, é de fundamental importância na composição da "atitude psicanalítica". Bion utiliza o modelo da relação mãe-bebê segundo o vértice kleiniano das identificações projetivas.

Sem memória, sem desejo e sem compreensão: reiterando e ampliando a regra técnica de Freud relativa à "atenção flutuante", Bion alertou quanto aos riscos de a mente do psicanalista, no curso da sessão, estar *saturada*, isto é, estar impregnada com uma "memorização ativa de fatos já passados", com os "desejos futuros" de uma cura do seu paciente em moldes médicos e com uma "ânsia exagerada por uma compreensão imediata" do que está se passando na situação analítica.

Intuição: complementando o item anterior, entendo que esse atributo designa uma condição que possibilita ao psicanalista *ver* (diferente de olhar), *escutar* (diferente de ouvir), ou *sentir* (diferente de entender) o que está aquém e além das impressões captadas pelos órgãos dos sentidos. É necessário, pois, uma certa privação do sensório para que surja uma maior sensibilidade no analista. Inspirado em Kant, Bion repisava freqüentemente a frase, de grande importância na prática da análise, especialmente no ato interpretativo: "intuição sem conceito é cega, e conceito sem intuição é vazio".

Paciência: Bion insiste no fato de que, antes de formular uma interpretação, o psicanalista deve ter "paciência" diante de um estado psíquico que é próprio de uma posição esquizoparanóide, até atingir um estado de "segurança", o qual equivale a uma passagem para um estado de posição depressiva.

Empatia: conquanto Bion não tivesse utilizado diretamente esse termo, fica evidente que o seu modelo de relação continente-conteúdo (♀ ♂) tem uma íntima conexão com o conceito de empatia, visto que ambas as situações dizem respeito ao acolhimento e à ressonância das identificações projetivas do outro.

Modelo de identificação: não é unicamente a atividade interpretativa do psicanalista que promove o crescimento mental do analisando. Também a introjeção de todos os atributos do psicanalista anteriormente citados, quando são autênticos e verdadeiros, se constitui como um modelo para o surgimento ou o desenvolvimento das respectivas capacidades que possam estar faltando ao paciente. Da mesma forma como a criança aprende (ou não) com a sua mãe a conter, conhecer, pensar, significar e nomear, também essas mesmas funções do analista devem ser introjetadas pelo paciente.

A prática psicanalítica propriamente dita

Setting: Bion não se mostrava exageradamente rígido e inflexível diante de determinadas circunstâncias da análise, porém sempre procurava preservar ao máximo as combinações habituais. Basta dizer que os parâmetros analíticos que utilizou com os seus pacientes esquizofrênicos eram os mesmos que os classicamente empregados para os pacientes neuróticos. Ele reconhecia como inerente ao processo psicanalítico o desenvolvimento do trabalho numa atmosfera de privação e num certo grau de sofrimento, como antes foi frisado, porém diferenciava as privações e os sofrimentos inevitáveis daqueles que são impostos desnecessariamente ao paciente.

Resistência: esta é uma das manifestações do campo analítico que mereceu especial atenção de Bion. Em primeiro lugar, é útil consignar que, embora reconhecendo muitas formas de resistências obstrutivas à evolução da análise, ele não dava um caráter genericamente maligno ao fenômeno resistencial; pelo contrário, considerava-o como uma clara amostragem do funcionamento do ego do paciente, tanto que comparou o surgimento das resistências com o surgimento de frutos, os quais permitem que rapidamente se reconheçam as árvores.

No entanto, Bion destacou três formas resistenciais muito importantes, as quais, por sua elevada relevância na prática clínica, serão estudadas mais aprofundadamente no capítulo sobre resistência/contra-resistência. Trata-se das resistências sob a forma de "ataque aos vínculos", "reversão da perspectiva" e "criação de um 'super' superego".

A *contra-resistência* geralmente decorre da patologia da função do conhecimento (-K) do próprio analista, e se refere às diferentes formas como ele faz a evasão de certas verdades de que são penosas de reconhecer.

A manifestação clássica mais comum e importante da contra-resistência consiste na formação de *conluios inconscientes* com o analisando, como os de natureza sadomasoquista, ou uma recíproca fascinação narcisística, e assim por diante.

Transferência: todas as considerações aludidas à resistência também são válidas para a transferência, até mesmo porque ambas são indissociadas. Além disso, Bion valoriza o psicanalista como pessoa real, e não somente como uma repetição, uma criação transferencial.

A *contratransferência* está muito presente nas afirmações de Bion, embora dificilmente ele empregue essa expressão. Ele concebe o fenômeno que denominamos contratransferencial sob a ótica da relação continente-conteúdo, e alguns autores, como Bléandonu (1990, p. 93), julgam que os estudos de Bion relativos à contra-identificação projetiva e o entendimento desta como uma forma primitiva de comunicação do paciente precedem aos trabalhos de Racker e Heimann.

A *atividade interpretativa do psicanalista*, dentre os aspectos técnicos abordados por Bion, é o que, sem dúvida, recebeu um interesse mais acurado por parte desse autor, tanto em relação ao conteúdo e ao momento da formulação (a passagem do estado de "paciência" ao de "segurança") como, e principalmente, em relação à forma e à linguagem empregadas na comunicação com o paciente.

Bion afirma que todo indivíduo tem horror a "estar" ignorante e ao vazio, e que, por isso, o psicanalista, muitas vezes, deve se perguntar se está realmente dando uma interpretação ou se está unicamente se satisfazendo por preencher um vazio intolerável de si mesmo.

Em relação ao relevante problema da *comunicação*, Bion nos mostra o quanto é comum que pacientes portadores de uma personalidade psicótica utilizem um discurso que não visa a comunicar idéias e sentimentos significativos e elucidativos, mas, pelo contrário, tem a função prioritária de provocar efeitos no analista e, assim, acioná-lo para representar determinados papéis.

Para Bion, uma *interpretação* é uma "transformação" que se processa dentro do analista, no curso da sessão, e a sua formulação visa a obter "transformações" no analisando. Caso contrário, pode acontecer que o paciente esteja utilizando as interpretações mais como uma forma de ficar subentendendo como é a pessoa do seu analista do que propriamente procurando refletir para fazer mudanças verdadeiras.

O *insight*, para Bion, consiste em dar ao analisando a possibilidade de organizar uma nova forma de pensamento e mudar de ponto de vista.

Como essas transformações são muito dolorosas, especialmente quando vêm acompanhadas de um sentimento de "mudança catastrófica", Bion nos alerta para a diferença que existe entre simplesmente o paciente sentir uma dor psíquica (*pain*) e um estado pelo qual ele "sofre" essa dor (*suffering*), sendo que esta última condição é a que permite estabelecer correlações, reflexões e elaborações (na terminologia kleiniana, corresponde ao ingresso na posição depressiva).

A *avaliação dos êxitos*, segundo Bion, além de outros critérios bem conhecidos, também deve ser medida por mais estes dois: a forma como o paciente enfrenta as frustrações e o desenvolvimento do que ele denominou como "função psicanalítica da personalidade".

Em relação à capacidade para suportar as privações e frustrações, Bion realça a diferença entre o paciente utilizar recursos para a evasão das primeiras e o desenvolvimento da capacidade para enfrentar e modificar as aludidas frustrações. Quanto à "função psicanalítica da personalidade", que é uma função diretamente ligada ao conhecimento da realidade psíquica de si próprio, Bion diz que ela existe desde o começo da vida, e o método psicanalítico tem por objetivo desenvolvê-la mediante sucessivas e múltiplas experiências de enfrentamento das vivências emocionais.

Essa função psicanalítica da personalidade – que o paciente utilizará para o resto de sua vida – somente se desenvolverá a partir de uma exitosa introjeção e identificação com essa mesma função do seu psicanalista.

Creio que o somatório de todas as contribuições teóricas e técnicas que procurei sintetizar neste capítulo permite afirmar, com convicção, que, embora Bion seja uma figura altamente controvertida, ele pode e deve ser considerado como um dos precursores de uma nova concepção de análise e como um legítimo inovador da moderna prática psicanalítica, quer dentro da corrente neokleiniana, quer fora dela.

20

As Múltiplas Faces da Verdade

Freud descobriu a psicanálise a partir da "falsificação mentirosa" que as suas pacientes histéricas faziam de suas reprimidas verdades históricas, por meio da linguagem simbólica dos sintomas conversivos e dos dissociativos. Ao término de sua obra, ele reitera essa posição, afirmando (1937, p. 282) que: "a relação entre analista e paciente se baseia no amor à verdade – isto é, no reconhecimento da realidade – e isso exclui qualquer tipo de impostura ou engano".

Da mesma forma, Meltzer (1990, p. 91) afirma que "toda a psicopatologia resulta de um auto-engano" e desenvolveu uma grande parte de suas posições teórico-técnicas com base nesse princípio.

Bion, por sua vez, começa a se preocupar com a verdade a partir de "On Arrogance" (1958) e do estudo dos vínculos K e -K da função do conhecimento. Bion deu extraordinária importância aos problemas da verdade, falsidade ou mentira que ocorrem no vínculo analítico, a ponto de afirmar que "todo paciente e todo analista, em maior ou menor grau, fazem uso de mentiras". É no livro *Atenção e interpretação* (1970), principalmente nos Capítulos 1, 5 e 11, que o leitor poderá encontrar textos mais consistentes em relação ao problema das verdades e mentiras.

Aliás, os aspectos referidos são facilmente visíveis no plano social, em que convivemos diariamente com as assim chamadas mentiras sociais, as dos outros e as nossas. Essas mentiras são utilizadas sob as mais diversas formas, como o uso das desculpas dissimuladas, a omissão de alguns detalhes comprometedores ou então o exagero de alguns detalhes que visam a um auto-engano engrandecedor, uma douração da pílula, e até mesmo como um recurso para provocar uma inveja nos outros. Isso tudo, sem falar nas mentiras daqueles que, tendo contas a ajustar com os demais, por exemplo, com a Justiça, falseiam escandalosamente a verdade e ainda aparentam estar indignados com a injustiça de que estariam sendo vítimas.

Nesse caso, o que, sobretudo, chama a atenção é que o uso dessas mentiras começa sendo deliberado, amparado pela ficção legal de que aquilo que não pode ser provado deve ser aceito como verdade, e, aos poucos, as mentiras vão ficando tão incorporadas no seu criador que este passa a acreditar convictamente na sua nova versão da verdade, tal como acontece na "Síndrome de Ganser", descrita na psiquiatria clássica.

Dessa forma, também na clínica psicanalítica, as distorções da verdade se manifestam sob formas diferentes, como mentiras, enganos, evasões, meias verdades, ficções, fantasias, cisões, alucinações, distorções, exagerada dramatização histérica, etc. O que importa, aqui, é estabelecer no que consistem e como se formam o auto-engano e a falsificação da verdade.

Freud assinalou que as falsificações mentirosas faziam parte da operação de repressão com as conseqüentes amnésias, encobertas e preenchidas por paramnésias e confabulações. Ele também destacou o fato ilusório de que "a repetição da mentira a tornaria uma verdade".

Meltzer esclarece que os erros conceituais não são a mesma coisa que os erros perceptivos, os quais são produto de identificações projetivas excessivas, como ocorre, por exemplo, nos estados de alucinose.

Também não se trata exatamente daquilo que Kyrle (1968) descreveu como "concepções errôneas" (*misconceptions*), derivadas de um encontro de uma preconcepção com uma realização inadequada. A premissa fundamental desse autor é, pois, a de que todo o paciente sofre de *mal-entendidos e de concepções ilusórias inconscientes* (expressadas pelo ego). A criança está inatamente preparada para descobrir a verdade, e os impedimentos são principalmente emocionais.

Entendo que, em relação à percepção do sujeito quanto à significação que cada um dá ao que julga ser a verdade, Bion esteja mais próximo de Lacan, no que refere à concepção deste último que atribui uma especial importância à *rede de significantes*, ou seja, ao fenômeno de que as primitivas emoções que impregnam as experiências vivenciais influenciam poderosamente a forma como se processam as *realizações* e como os fatos são *representados* no psiquismo incipiente da criança. A partir da óptica dessas "representações" e "significações", o futuro adulto perceberá os fatos do mundo exterior.

Bion sempre deu especial relevância à verdade, considerando-a essencial para o crescimento mental e afrimando que, sem ela, o aparelho psíquico não se desenvolve, morre de inanição. A busca da verdade impõe a necessidade de estabelecer confrontos e correlações entre fatos passados e presentes; realidade e fantasia; verdades e mentiras; o que o sujeito diz, faz, e o que, de fato, ele é!, etc.

Bion considerou essas falsificações autoenganadoras como uma espécie de *mitos pessoais* e estudou-as a partir do vértice de que, desde a infância, o indivíduo pode estar mais voltado para evadir e dominar as emoções difíceis do que propriamente para enfrentá-las e assim promover um autêntico crescimento da personalidade. Dessa forma, Bion afirma que "o pensamento verdadeiro não requer formulação e nem um pensador. A mentira requer um pensador e uma mente hospedeira."

Juntamente com os vínculos do amor (L) e do ódio (H), Bion descreveu o vínculo do conhecimento (K). Neste último caso, ele contribuiu com concepções originais acerca do *não-conhecimento*, que designa com a sigla -K. O ego processa esse automutilatório *ataque ao vínculo do conhecimento* quando o sujeito não pode ou não quer tomar conhecimento e ciência da existência de verdades penosas, tanto as externas quanto as internas, assim impedindo o desmascaramento, a percepção e a correlação dessas verdades intoleráveis. Mais especificamente na situação analítica, um paciente pode fazer um ataque ao acesso às verdades intoleráveis, com o recurso de obstruir a capacidade interpretativa do analista por meio de sutilezas inconscientes, como por exemplo, deixando o analista confuso, entediado, irritado, ou causando efeitos contratransferenciais equivalentes.

O processo que leva à formação das falsificações e das mentiras está, portanto, intimamente ligado ao da evasão do *conhecimento* das verdades (-K), e essa função, por sua vez, também está intimamente conectada com o *pensamento*, de tal sorte que o estudo dessas três funções é indissociável.

Dessa forma, em relação à função egóica do pensamento, já vimos que, diante de estímulos excessivos – sob a forma inicial de elementos β –, o ego da criança pode se comportar de duas maneiras: ou vai processar os elementos β em elementos α, para a indispensável função α, ou converterá os elementos β em *evacuações*, tanto sob a forma de *actings* como de conversões e somatizações.

No entanto, pode ocorrer que, embora a função α já tenha sido processada, o indivíduo se veja forçado, ao longo da vida, a "inverter" essa função. Segundo Bion, essa "inversão da função α" consiste no fato de que os elementos α (a serviço de uma função simbólica, portanto) são reduzidos, parcial ou totalmente, a escombros e *não* voltam a ser como os elementos β iniciais, mas sim como "elementos β com vestígios do ego e do superego", ou seja, com fragmentos de significados. A partir daí se depreende, como Meltzer (1990, p. 120), que "o paciente não percebe os fatos e os objetos acerca dos quais deve pensar para derivar o significado; pelo contrário, ele percebe os fatos com o significado já implicitamente contido".

É claro que esse processo se dá no plano do inconsciente e por isso configura um processo de *falsificação* da verdade, a qual é diferente do conceito de *mentira*, porquanto, nesta última, predomina uma deliberação consciente, ou pré-consciente, de fazer uma distorção da verdade.

Igualmente, creio, é necessário fazer uma diferença entre a falsidade, ou a mentira, e a *hipocrisia* e o *cinismo*. Assim, o fato de um indivíduo ter ódio à não-verdade não é o mesmo que ter amor à verdade. A *hipocrisia* consiste em o indivíduo fazer uma superposição entre esses dois aspectos como se eles fossem sinônimos; assim, por exemplo, um moralista pode ter um discurso de absoluta intransigência contra qualquer transgressão de uma moral vigente, enquanto, a um mesmo tempo, na sua privacidade, de forma muito sigilosa, ele pratica aquilo que tanto parece combater. Assim, essa forma hipócrita de lidar com a verdade pode ser observada nas personalidades muito *obsessivas*, as quais, embora o façam de forma honesta, não toleram transgressões às verdades conhecidas, porém, a título de funcionarem como vestais da verdade, opõem-se tenazmente ao surgimento de outras faces ocultas dessa mesma verdade ou de outras tantas intoleráveis.

Esse fato pode exemplificar como o amor e o ódio à verdade podem conviver amistosamente em um mesmo indivíduo, sendo útil levar em conta a possibilidade de um grau mais extremo de uma coexistência sincrônica entre a verdade e a mentira, como é a regra nos *perversos*. Já o *cinismo* guarda o significado de um intento de finalidade em que predominam as pulsões sádico-destrutivas.

Como vemos, o interesse de Bion em relação à verdade não está voltado para a configuração moralística tal como é habitualmente considerada no senso popular, nem como uma oposição entre a verdade e a mentira, mas sim em como estas últimas se relacionam e interagem entre si. Dessa forma, uma mentira pode ser considerada a expressão de uma verdade em um outro nível. Uma afirmação mentirosa pode conter muita verdade sobre a pessoa que a formulou, ou indicar a verdade de um determinado momento da situação psicanalítica. Além disso, a mentira pode ser uma das múltiplas faces da verdade. Aliás, em *Construções* (1938), Freud já recomendava aos psicanalistas que buscassem "[...] capturar um pedaço da verdade com uma isca de falsidade".

Por outro lado, afirma Bion, a mentira não está limitada ao campo do pensamento e pode adquirir uma dimensão no campo da existencialidade, de tal maneira que *algum indivíduo pode, ele próprio, ser uma mentira*. O exemplo que me ocorre é o de um falso *self*, especialmente na sua forma máxima, a do *impostor*.

Ao utilizar o modelo do mito de Édipo para conceitualizar que, em análise, a verdade não se constitui simplesmente como uma oposição à mentira, mas que também pode se configurar como uma apatia passiva ou um ataque ativo contra a função do conhecimento, Bion afirmava que a interação entre a verdade e a mentira na tragédia edípica deve ser entendida a partir do vértice da dimensão *cognitiva* (K e -K) da relação entre Édipo e Tirésias, e não da relação entre Édipo e Laio, que implica mais diretamente uma dimensão *pulsional* do conflito.

Portanto, o importante é que o psicanalista reconheça os conflitos que o ego *não quer conhecer*, causa por que o paciente forma estruturas falsas e mentirosas – mediante diferentes técnicas de evasão da verdade, desde as acintosas até as extremamente sutis – de atacar o conhecimento. Dizendo com outras palavras: o problema verdade/mentira passa a ser, para Bion, um problema entre K e -K.

Particularmente, creio que os conflitos que o ego do sujeito não quer conhecer residem nos seus dramas íntimos de que ele ama os objetos proibidos e odeia os amados, tal como ocorre com os seus desejos edípicos; que ele desafia com ódio aos mandatos, expectativas e proibições, que provêm do ego ideal, do ideal do ego e do superego; assim como inveja a quem o ajuda, odeia a dependência e devota um ódio a todos os que desiludem as suas ilusões. É fácil depreender a importância que tudo isso representa na situação transferencial da prática analítica.

Como já foi enfatizado, Bion deu uma relevância especial ao fato de o elemento prioritário da psicanálise ser a busca das verdades, não a que tem o ranço obsessivo moralístico, mas sim uma busca das verdades originais, que ele designa como "realidade última", representando-a com o signo da letra "O". Torna-se, pois, fundamental que o psicanalista seja uma *pessoa verdadeira*, e que esse atributo possa ir se desenvolvendo gradativamente no analisando, no sentido da formação de uma "função psicanalítica da personalidade" deste último.

A propósito, é útil citar algumas considerações muito interessantes que Rezende (1993) descreve a partir da etimologia da palavra *alétheia*, que, em grego, quer dizer "verdade". Segundo esse autor, ela se forma com os étimos *a* (sem) e *letheia* (esquecer) e, portanto, tomada ao pé da letra, *alétheia* significa "não-esquecimento" (creio que podemos expandir essa concepção ao significado de "não-negação"). Prossegue Rezende (p. 157) afirmando que "ser verdadeiro é não esquecer as coisas que merecem ser pensadas, vivenciando-as na prática". Aliás, creio que se pode acrescentar que é importante a função do "des-mascaramento", porque costumamos crer que, de fato, *somos* aqueles papéis mascarados (máscara, em grego, é *persona*, e daí deriva "personalidade") que *representamos ser*.

Consoante com seu esquema conceitual de sempre considerar o lado negativo dos fenômenos afetivos e cognitivos, Bion dedicou um interesse especial ao estudo das falsificações da verdade, especialmente no que tange às mentiras e ao mentiroso. Tais estudos aparecem mais estendidos e aprofundados em *Atenção e interpretação*. É nesse mesmo livro que ele formula a sua já clássica pergunta (p. 107): "Um mentiroso pode ser psicanalisado?". Ele mesmo responde, em um outro trecho do livro, dizendo concordar (p. 3) que "as mentiras do mentiroso aparecem muitas vezes como sintoma de personalidade perturbada, [...] porém, isso não é, necessariamente, uma contra-indicação para a análise". Essa posição de Bion parece ser contrária à de Klein, de quem se teria ouvido dizer que os mentirosos seriam impossíveis de analisar.

Bion sustentava a sua convicção de que é possível analisar mentirosos, argumentando que tanto o paciente que mente excessivamente como o paciente psicótico opõem-se aos princípios da psicanálise, porquanto ambos atacam e impedem a associação livre. A diferença consiste em que o psicótico ataca os vínculos associativos inconscientemente, enquanto o mentiroso o faz deliberadamente. No entanto, assim como todo esquizofrênico tem alguma parte neurótica na sua personalidade que possibilita a análise, da mesma forma todo mentiroso abriga algum núcleo verdadeiro.

Bion prossegue, afirmando que deve ser possível ao psicanalista observar um amplo aspecto de categorias de mentiras e o que elas representam. A seguir (p. 67), ele formula ao leitor uma série de questões, como:

> As afirmações do paciente são mentiras? É mentira o termo mais apropriado? Se não, qual é a formulação correta? Por que o paciente inventa, e o que ele transforma em invenção? A invenção difere do mito? Como as afirmações do paciente diferem de outras falsas afirmações?

Ao longo de sua obra, Bion ensaia algumas respostas às suas perguntas. Assim, ele fez considerações interessantes e instigantes, como a de que o *pensamento precede ao pensador*, enquanto o mentiroso precede às mentiras; a de que, em consideração a outras falsas afirmações, supõe-se usualmente que tanto existe uma idéia errônea de que a mentira é uma verdade como a crença de que se associa uma recompensa à capacidade de enganar. Além disso, continua Bion (p. 67), "a mentira pode se constituir como um "conluio sadomasoquista para 'envenenar' ou 'ser envenenado'".

Na verdade, Bion oscilava entre conceber a mentira como uma patologia, por um lado, e como uma forma de criatividade, por outro. Aliás, ele conferia aos mentirosos o importante papel de uma contracultura e, mais ainda, afirmava que esses mentirosos, de todas as épocas, souberam manter uma ilusão que protegeu os contemporâneos do confronto com verdades científicas ou religiosas que não estavam preparados para encarar. Por isso, dizia, jocosamente, "a humanidade deveria reverenciar o túmulo do mentiroso desconhecido".

Em relação ao problema da verdade e mentira na prática psicanalítica, Bion fez observações muito importantes. Assim, ele parte do princípio de que todo mentiroso necessita de um público, ou de alguém que seja o receptor de suas mentiras, portanto, elas se reproduzirão na situação analítica, situação em que elas podem ser entendidas, discriminadas ou até mesmo eficazmente analisadas. Há sérios riscos, no entanto. Um deles é que o analista, enredado em um conluio inconsciente, ou por um despreparo real, dê o aval de verdade e autenticidade ao que é mentira e falsidade. No pólo oposto, outro risco é a falibilidade do analista como avaliador e julgador do que é verdade, até porque ele é ao mesmo tempo um observador e um participante ativo. Bion chega a perguntar (1992a, p. 81): "Será que algum ser humano pode validar aquilo que ele pensa ser verdade? Não se pode praticar psicanálise sem se tornar consciente deste problema".

Para sustentar essa sua tese, citando Darwin, Bion afirma (*IDE*, n. 18, 1989, p. 13) que "é impossível observar e julgar o que você está observando ao mesmo tempo. Os analistas são maus julgadores do caráter alheio".

Por um lado, diz ele (1992a, p. 242),

> [...] apesar das aparências em contrário, o peso das experiências quando um paciente vem ver um analista sugere que o próprio paciente sente que necessita de uma injeção poderosa de verdade, mesmo que ele não goste dela.

"No entanto", prossegue Bion (p. 61),

> [...] a procura da verdade pode ser limitada tanto pela nossa falta de inteligência ou sabedoria como pela nossa herança

emocional. O medo de conhecer a verdade pode ser tão poderoso que as doses de verdade podem ser letais.

Por essa razão, ele considerava que "a verdade sem amor é crueldade, e o amor sem verdade não é mais do que paixão", frase essa que, a meu juízo, além de bela, é de importância capital, especialmente no que diz respeito à *atividade interpretativa* do analista.

Outro aspecto importante, que me parece estar implícito nas considerações de Bion, é o que faz jus a uma passagem da Bíblia, a qual reza que "só a verdade vos libertará". De fato, verdade e liberdade são indissociáveis, e uma condiciona o aparecimento da outra. É necessário, no entanto, reconhecer que há uma substancial diferença entre *querer conhecer a verdade* e *possuir* um conhecimento. Neste último caso, ainda que o conhecimento seja verdadeiro, o paciente o utiliza para os fins de manter um controle sobre outras verdades inaceitáveis. Da mesma forma, penso que também cabe estabelecer uma sensível diferença entre aquelas pessoas que adquirem um sólido acúmulo de conhecimentos e erudição e aquelas outras que, independentemente disso, adquiriram uma *sabedoria*.

Creio ser desnecessário frisar que um paciente somente se tornará verdadeiro se encontrar esse modelo no seu analista, e que, portanto, o psicanalista ser verdadeiro vai além de uma dimensão ética e se constitui como uma indispensável imposição técnica. Assim, diz Bion, numa bonita frase, "o indivíduo pode sentir que lhe falta uma capacidade para verdade, seja para ouvi-la, seja para procurá-la, seja para encontrá-la, seja para comunicá-la, seja para desejá-la". Essa função do ego relativa ao "conhecimento" ou ao "não-conhecimento" ganha uma extraordinária importância na terapia psicanalítica contemporânea, levando em conta o fato de que conhecer (saber) as verdades é o caminho régio para o paciente renunciar às suas ilusões narcisistas e traçar um verdadeiro projeto de um *vir a ser*.

Portanto, no essencial, há uma perfeita sintonia entre Bion e Freud, que, em *Análise terminável e interminável*, como antes destacamos, preconizara que "a relação entre analista e paciente se funda no amor à verdade".

Comentários

A falsificação das verdades, em suas múltiplas dimensões de qualidade e de graus, incluídas as mentiras deliberadas, adquire tal importância como fenômeno universal próprio do ser humano (pode-se dizer que *apenas um mentiroso pode negar a inequívoca evidência da aptidão do homem, desde criancinha, para a mentira*), e representa tamanha relevância na prática analítica, que cabe ilustrar este capítulo com algumas frases e versos extraídos de pensadores, analistas e poetas.

A relatividade da verdade – fato de inestimável importância na *escuta* do analista, durante a situação analítica – está bastante bem expressa neste verso do poeta Campoamor: "Nem tudo é verdade/Nem tudo é mentira/Tudo depende/do cristal com que se mira".

Para comprovar o quanto a verdade pode estar contida numa mentira, cabe lembrar este clássico e instigante verso de Fernando Pessoa: "O poeta é um fingidor/Finge tão completamente/Que chega a fingir que é dor/A dor que deveras sente."

Para ilustrar o fato de que a mentira é uma forma de o sujeito se defender (o que não exclui o fato de que existem mentiras psicopáticas, de má-fé), de sorte a ser utilizada não para enganar, mas sim como uma maneira de se defender, provocar, evocar experiências passadas, tentar manter de pé sua debilitada auto-estima, agarrar-se ao prazer de uma ilusão, me ocorrem duas frases poéticas: uma de Mario Quintana, nosso poeta maior: "A mentira é uma verdade que esqueceu de acontecer.", a outra é do psicanalista Cristopher Bollas: "A mentira pode ser uma tentativa de pôr vida no vazio."

Uma bonita ilustração do conhecido conceito de "falso *self*" está contida neste trecho de "Mal Secreto", do poeta Raimundo Correa: "Quanta gente que ri, talvez, existe/Cuja ventura única consiste/Em parecer aos outros venturosa!"

Pela importância que representa, no processo analítico, a autêntica "atitude psicanalítica interna" do terapeuta durante o seu ato interpretativo, faço questão de encerrar este capítulo repisando o dito de Bion de que a verdade e o amor são indissociáveis, um sem o outro fica desvirtuado: *amor sem verdade não passa de paixão; verdade sem amor não é mais do que crueldade.*

21

A Função de "Continente" do Analista e os "Subcontinentes"

A conceituação de Bion quanto à origem, à natureza e ao funcionamento do continente materno – ou do psicanalista – constitui-se como um dos postulados fundamentais tanto da teoria como da prática psicanalítica.

Vimos como, partindo da noção de identificação projetiva de Klein, ele concluiu que para todo conteúdo projetado deve haver um continente receptor.

Como habitualmente fazia para substanciar e corporificar suas abstrações teóricas, Bion recorreu ao uso de *modelos*. Assim, partiu de dois modelos extraídos da área psicológica: a relação sexual e a relação boca-seio. O primeiro desses modelos serviu para representar graficamente a relação continente e conteúdo, pelos signos ♀♂, que, respectivamente, simbolizam a condição masculina e a feminina, uma clara alusão de que a vagina se comporta como um continente para conter a introdução do pênis, com as respectivas possibilidades prazerosas ou desprazerosas, sadias ou patológicas, que podem ocorrer nessa relação.

No entanto, foi o segundo modelo que Bion empregou de forma mais consistente e sistemática para caracterizar as identificações projetivas que se processam entre as necessidades e ansiedades do bebê (conteúdo: ♂) projetadas na mãe e a capacidade desta em contê-las (continente: ♀) até poder devolvê-las de forma adequada ao bebê.

Como o modelo boca-seio, ou bebê-mãe, encontra uma forte equivalência na relação analisando-analista, torna-se óbvia a conclusão do quão importante é a conceituação de *continente-conteúdo* para a prática psicanalítica.

O próprio *setting* psicanalítico é instituído de tal forma que os encontros entre analista e analisando se alternam com os desencontros decorrentes das inevitáveis separações, frustrações e privações, de modo que tudo isso reproduz as mesmas vicissitudes do vínculo de uma criança com a mãe.

Antes de prosseguir, convém fazer uma distinção entre as concepções de "continente" e as de *rêverie* e de *holding*, porquanto os três termos são largamente empregados na literatura psicanalítica com significados semelhantes.

É claro que todos os autores que concebem o papel decisivo da mãe (ou dos representantes dela) no início da vida do seu filho valorizam sobremaneira, embora com diferentes denominações, essa função. No entanto, deve ser creditado a Winnicott – com a ênfase no papel de *holding* materno – e a Bion – nas funções de *rêverie* e de "continente" – o inegável mérito de terem dado uma sólida consistência teórica-clínica a essas funções.

Holding. Winnicott sempre afirmou convictamente que não existe um bebê individualizado, isto é, que não é possível conceber o desenvolvimento de uma criança sem que a mãe esteja incluída. A concepção original de Winnicott relativa às funções de *holding* data de 1960 ("Teoria do Relacionamento Paterno-Infantil"), quando introduz a idéia de "posição materna", a qual ele desdobra em outros termos, como "missão materna", "devoção materna", "provisão materna", "mãe suficientemente boa" e os reúne sob a denominação de *holding*. Na verdade, a função *holding*, como indica a raiz inglesa dessa palavra (*to hold* = sustentar), foi inicialmente utilizada por Winnicott para caracterizar a mãe executando a tarefa de sustentar o filho, porém numa acepção de suporte físico, como dar colo, fazer afagos, trocar fraldas, etc. Gradativamente, à medida que a sua obra avançava, Winnicott foi estendendo a noção de *holding* para uma abrangência também de um suporte psíquico.

Rêverie. Essa denominação foi cunhada por Bion (1962, p. 58) e, tal como a sua raiz francesa mostra (*rêve* = sonho), designa uma condição em que a mãe (ou o analista) está em um estado de "sonho", isto é, está captando o que se passa com o seu filho não tanto através da atenção provinda dos órgãos dos sentidos, mas muito mais pela intuição, de modo que uma menor concentração no sensório possibilita um maior afloramento da sensibilidade. Em suma, diz Bion: "a *rêverie* é um componente da função α da mãe", capaz de colher as identificações projetivas da criança, independentemente de serem percebidas por esta como boas ou más.

Da mesma forma, o estado de sonho da função *rêverie* do analista possibilita que dê um livre curso às suas fantasias, devaneios e emoções, em um estado mental que lembra o da "atenção flutuante" preconizada por Freud e que serviu de inspiração ao que Bion veio a postular como um estado do analista em relação com o paciente "sem memória, desejo ou compreensão". Pode-se dizer que o conceito de *rêverie* é uma ampliação e complementação da "atenção flutuante". O que, precipuamente, caracteriza *rêverie* é a retomada de uma unidade funcional com a mãe, que vai além de um plano simplesmente físico e fisiológico. Ou seja: não basta o leite materno concreto, mas a forma como ele é dado, tendo em vista que o leite concreto não impede a sensação da presença de um "seio mau", ausente ou perdido.

A função de *rêverie* é estudada por Bion como a capacidade da mãe (analista) de fazer a identificação introjetiva das identificações projetivas do seu filho (analisando); ou seja, é a capacidade de fazer ressonância com o que é projetado dentro dela.

Fazendo jus ao nome, esse conceito também guarda uma semelhança com o da formação dos sonhos, tal como é a passagem do processo primário para a formação das imagens oníricas, e destas para a formação dos símbolos dos sonhos.

Continente. Esse termo, por sua vez, de acordo com a sua etimologia (*contenere* = conter), designa uma condição pela qual a mãe consegue não só acolher e permitir que as cargas projetivas do filho penetrem dentro dela, como ainda alude a outras funções que processam o destino dessas projeções. Muitos autores preferem a utilização do termo "contido" no lugar de "continente", enquanto outros usam-nos de forma sinônima.

Comentários: Particularmente, creio que há uma certa diferença entre ambos. Assim, reservo a expressão "continente" para uma condição de *disponibilidade* para receber de um outro, ou de si mesmo, um "conteúdo" à espera de ser contido, que consiste numa carga projetiva de necessidades, angústias, desejos, demandas, um terror sem nome, objetos bizarros, etc.; enquanto o termo "contido" sugere que já houve uma incorporação de algo que foi projetado e, agora, está contido, de forma sadia ou patológica.

Uma abordagem esquemática permite que se enumerem os seguintes fatores que compõem a função de "continência" da mãe (analista) em relação às identificações projetivas do filho (paciente): acolher, conter, decodificar, transformar, elaborar e devolvê-las em doses apropriadas, devidamente nomeadas e significadas.

Segue um exemplo clássico, utilizado por Bion, que pode bem ilustrar essa afirmativa. Imaginemos uma criancinha que está assolada por uma angústia de aniquilamento, com um forte temor de morrer, e que pede socorro à sua mãe pela linguagem do choro e de "manhas", uma vez que não consegue verbalizar essa ansiedade, até mesmo porque não sabe o que está se passando consigo. Segundo Bion, podemos aventar três possibilidades: a primeira é que a mãe esteja ausente, física ou afetivamente, e que ela não atenda ou desqualifique a angústia da criança, à qual só restará o recurso de intensificar o choro, até cansar, e daí, penso eu, entrar em um estado de "des-esperança", com a permanência, manifesta ou latente, daquela angústia de morte.

A segunda possibilidade é que se trate de uma mãe amorosa e dedicada ao filho, porém muito ansiosa, e que, por não saber o que se passa com o bebê, toma medidas precipitadas e inadequadas, como, por exemplo, embalá-lo freneticamente, mobilizar familiares e médico, criar um clima de que algo de mal está por acontecer. O equivalente disso na situação psicanalítica é quando o analista, invadido pela ansiedade catastrófica do paciente, logo acode à medicação, ou hospitalização, ou encaminhamento a um outro analista, ou ainda aumenta desproporcionadamente o tempo de duração ou a quantidade das sessões, etc. Nessa eventualidade, a criança do exemplo de Bion não só não terá alívio de sua angústia original como ainda ficará acrescida da angústia projetada pela mãe.

Tanto na primeira como na segunda possibilidade, houve uma ausência de um continente materno, sendo que, como a angústia não foi reconhecida e, portanto, não foi nominada, ela adquire uma dimensão que Bion denominou como "terror sem nome". Creio que essa denominação é muito apropriada, porquanto a angústia de aniquilamento deve ter se formado na criança antes que tivesse as condições egóicas de fazer a "representação palavra" (segundo a conhecida conceituação de Freud), logo, não se formou a possibilidade de verbalizar o terror, e, como a mãe também não conseguiu nominá-lo, ficou sendo representada como um "terror sem nome".

Bion descreveu esse modelo de um continente falho, afirmando que se trata de uma situação em que a criança dissocia uma parte de si mesma – seu temor de morrer – e chora para colocá-la em sua mãe, porém essa parte é recusada e colocada novamente na criança, porque a mãe também não sabe o que se passa e responde com sua ansiedade e impaciência.

A terceira possibilidade do destino das identificações projetivas se trata de uma mãe normalmente afetuosa e maternal que, diante de uma criança que também chora por temor à morte, funcione como um continente adequadamente bem-sucedido. Nesse caso, segundo Bion, a mãe leva ao colo a criança, sorri afetuosamente e diz: "bom, bom, não é para tanto", e, poucos instantes depois, a criança também sorri e aceita voltar para o berço. A imagem de Bion fica mais completa se imaginarmos que esse medo de morrer da criança foi, por exemplo, desencadeado por uma forte dor no ouvido, e que a mãe detecta essa dor e tranqüiliza o filho, explicando-lhe, com palavras acessíveis, que se trata de uma otite, que provavelmente é devida ao catarro da gripe, etc. Nesse caso, a mãe acolheu a angústia da morte da criança e devolveu-a devidamente desintoxicada, com um nome e um significado.

Penso que esses três tipos do modelo continente-conteúdo de Bion comportam algumas variantes, como são as duas que seguem. A primeira é de uma mãe, embora afetuosa e com um bom continente, que está ausente fisicamente e, por isso, o lactante entra em um estado de "dor de uma espera prolongada". Nesse caso, o ódio da privação pode ficar tão intenso que, mesmo quando vai ser atendido, em sua fome, por exemplo, ele recusa o alimento da mãe (ou a interpretação do analista). A outra variante é de uma mãe presente e disponível, cuja inveja que tem do filho pode levá-la não só a devolver a identificação projetiva do medo da morte, sem o despojamento deste significado, como ainda impor à criança uma significação, com culpas, de que ela é ávida e sádica (da mesma forma como não é nada incomum em certas análises que as interpretações do analista reforcem no paciente as culpas e o sentimento de malignidade).

Além da utilização para a prática clínica, Bion também usou esse modelo ♀ ♂ (continente-contido) para muitas outras situações, como na relação entre os pensamentos e o pensador; entre a linguagem (como continente) e o significado (como contido); e também entre o "místico" e o *establishment*. Pode ocorrer que continente e conteúdo estejam presentes em uma mesma situação, e isso está bem configurado no fenômeno do *sonho*, o qual é um continente (de imagens e significados) e ao mesmo tempo tem conteúdos (as emoções elaboradas e processadas).

Outro exemplo dado por Bion é o da gagueira, em cujo caso a palavra funciona como um continente de seus significados, e, ao mesmo tempo, o significado toma conta e contém a palavra. Um bom exemplo de "continente" é a função que um *grupo* (terapêutico, institucional, etc.) exerce para cada um de seus participantes, e a recíproca é verdadeira, isto é, cada sujeito, separadamente, contém a imagem do grupo, de forma a preservar sua existência e continuidade.

Na conceituação de Bion, a relação que se estabelece entre um continente e um conteúdo pode adquirir três modalidades, as quais ele denomina como *parasitária, comensal* e *simbiótica*.

A relação é "parasitária" (termo retirado da biologia, em que uma espécie vegetal pode parasitar uma outra, sem dar nada em troca) quando o conteúdo vive às custas do continente, ou vice-versa, em uma relação que tende a uma destruição recíproca.

Ela é denominada como "comensal" (procede dos étimos latinos *co + mensa*, ou seja, "pessoas que partilham uma mesma mesa") na hipótese de que continente e conteúdo convivam em uma adaptação harmônica, embora não haja um crescimento significativo em nenhum dos dois.

A relação é "simbiótica" (não deve haver confusão com o mesmo termo que os analistas seguidores da "psicologia do ego" utilizam para caracterizar o estado de indiferenciação filho-mãe) quando tanto o continente como o conteúdo crescem beneficiando-se mutuamente.

Bion ilustrou a relação do continente *establishment* com o conteúdo das idéias inovadoras do "místico", afirmando que as últimas representam ser ameaçadoras de um efeito explosivo, destrutivo e catastrófico na estabilidade do *establishment*.

A partir dessa concepção, ele fez importantes estudos de natureza sociológica, exemplificando com fatos históricos ocorridos nos campos da ciência, da política e da religião, e lembra de Jesus como o exemplo clássico de um dos grandes místicos da história universal. Da mesma forma, ele mostra como os grupos e instituições temem que as idéias messiânicas provoquem em seu corpo uma cisão ou fragmentação. Por isso, o grupo instituído procura soluções radicais, como expulsar o "herege", esvaziar as suas idéias ou absorvê-lo pela sedução e pela burocratização.

Seria muito interessante estender e aprofundar as originais concepções de Bion acerca da normalidade e da patologia no processo das relações do *continente com o conteúdo* nas áreas referidas, no entanto, vamos retornar ao campo da prática analítica, de acordo com o objetivo deste capítulo.

Relação continente-conteúdo na prática analítica. Vimos o quanto a função de "continente" da mãe para as angústias do filho é essencial para o crescimento deste, e que, da mesma maneira, é vital para o êxito da análise que o psicanalista tenha uma boa capacidade de continência, sendo útil destacar que essa importância obedece a uma proporção direta ao grau de regressão do paciente.

Comentários: Embora, como já foi assinalado, existam diferenças entre os conceitos de *holding, rêverie* e *continente*, muitos autores os empregam de forma sinônima. O que é necessário distinguir, isso sim, é a função de "continente" de um mero "recipiente" das angústias do paciente. Enquanto o primeiro é um processo psíquico ativo, o segundo se refere a uma atitude passiva do psicanalista, como um mero hospedeiro ou depositário de projeções.

A concepção de "continente" está hoje tão difundida e empregada no meio psicanalítico, e mesmo fora dele, que muitos de nós esquecemos que ela teve origem nos estudos de Bion com o nome de *container*. Da mesma forma, é importante enfatizar as significativas mudanças que esse conceito vem representando para a técnica e prática psicanalítica, como as que seguem.

- Assim como uma criança só pode introjetar uma determinada função se sua mãe (ou pai) a tiver autenticamente, da mesma forma uma análise bem-sucedida deve propiciar que o analisando desenvolva essa capacidade nele próprio, o que somente pode ser conseguido se o analista servir como um bom modelo de introjeção, logo, de *identificação*. Não é demais insistir no fato de que não é unicamente o psicanalista que deve ter a capacidade de continência; também é fundamental que o próprio paciente, gradativamente, possa conter as angústias não só das pessoas próximas a ele como também, e principalmente, as suas próprias.
- Como ilustração da função continente do analista, Bion traz o exemplo de um paciente que, ao longo de sua análise, recorria ao emprego da identificação projetiva com uma persistência que sugeria que se tratava de um mecanismo do qual nunca havia podido valer-se suficientemente. Bion diz que intuía que o paciente sentia que havia algum objeto que lhe negara o uso da identificação projetiva, e que a análise lhe dava a oportunidade para utilizar um importante mecanismo do qual fora privado, notadamente quando tratava de se desfazer do temor à morte, sentido como demasiado poderoso para contê-lo em sua própria personalidade. Dessa forma, conclui Bion, o vínculo entre paciente e analista, ou bebê e mãe, é o mecanismo da identificação projetiva, e ele dá a entender que, conforme a capacidade de "continente" do analista, esse vínculo pode ser restaurado e desenvolvido, ou, em caso de *falha do continente*, sofrerá renovados ataques com deterioração de sua capacidade de desenvolvimento.
- A atitude de "atenção flutuante" (equivalente ao conceito de "sem memória, sem desejo", de Bion) – uma das principais regras básicas recomendadas por Freud – exige que o psicanalista possa conter, durante algum tempo, as projeções do seu paciente. Da mesma forma, é indispensável que ele tenha a condição de uma "capacidade negativa", termo que Bion tomou emprestado do poeta Keats e que consiste em uma capacidade para suportar (conter) as dúvidas, angústias e o *vazio* do "não-saber".
- Os fenômenos da contratransferência e da contra-identificação – sabidamente essenciais ao processo analítico – dependem fundamentalmente da capacidade de continência do analista. Assim, as identificações projetivas do paciente podem tomar *três destinos* no psicanalista, de uma forma análoga à das três modalidades imaginadas por Bion em seu modelo de uma criança projetando dentro da mãe sua angústia de morrer. O *primeiro* destino é as angústias projetadas pelo analisando não penetrarem no analista, simplesmente ricocheteando nele, sendo imediatamente devolvidas ao paciente por meio de "interpretações", enquanto o analista se mantém imperturbável. A *segunda* possibilidade é a de o analista gostar do paciente, tentar conter suas angústias, porém, como não consegue entendê-las e processá-las, ficar enredado em uma contratransferência patológica e contra-atuar com "super" cuidados, fazendo com que suas interpretações tendam a ser devoluções das ansiedades do analisando, acrescidas das angústias do analista. A *terceira* possibilidade é o analista ser um continente adequado, o que exige paciência com seu "não-saber", até que possa decodificar suas emoções pela leitura, dentro de si mesmo, dos efeitos que lhe foram provocados.

- Nestas últimas condições, o analista pode utilizar esses efeitos contratransferenciais como uma bússola norteadora do que se passa no mundo interior do paciente; trata-se, pois, do fenômeno da *empatia*.
- A capacidade positiva ou negativa de o analista ser um adequado continente também vai influir significativamente nas suas interpretações, como se pode depreender do item anterior. Uma forma muito comum de um inadequado estilo interpretativo do analista, como decorrência direta de uma falha em sua continência, é a que transparece no que eu costumo chamar de "estilo pingue-pongue" de interpretar. Nesse caso, não se propicia um tempo e um espaço para a contenção e o processamento das angústias provindas tanto do paciente como do próprio analista, e, num bate-rebate, há um sério risco de as interpretações serem intelectualizações estéreis, não raras vezes, não mais que disfarçadas acusações e cobranças que o analista faz ao paciente.
- Além da necessidade de as identificações projetivas, após serem contidas, sustentadas, reconhecidas e decodificadas, serem devolvidas ao paciente em doses mitigadas, devidamente desintoxicadas, significadas e nomeadas, Bion, como Winnicott, enfatiza um aspecto relevante: a importância de, gradativamente, promover as desilusões das ilusões, das crenças onipotentes do paciente.
- O exercício de uma sadia curiosidade por parte de uma criança pode ficar prejudicado, porquanto sabemos que é pelas identificações projetivas que ela explora a natureza das funções que excitam a sua pulsão epistemofílica. Como qualquer aprendizado depende dessa pulsão de vir a conhecer, quando a criança não encontra um continente receptivo para suas identificações projetivas, que visam a explorar o mundo que lhe cerca, o objeto externo pode se lhe configurar como radicalmente hostil à sua curiosidade. Desse modo, a *curiosidade sadia* fica lhe sendo significada como daninha, do que decorre sua atrofia, com um sério prejuízo na capacidade de aprendizagem.
- Pode ocorrer que o continente materno não consiga tolerar e conter uma emoção forte e primitiva que, por causa disso, tenda a perder a significação importante que representa para a criança. Como, por sua vez, a criança não suporta que essa emoção tenha sido negligenciada ou desqualificada e, assim, privada de sua significação inicial, ela exagerará a sua manifestação de forma desmesurada, como um esforço desesperado para chamar atenção e compreensão, para que possa surgir a significação. Quanto mais falhar ou for insensível o continente, mais aumenta a violência evacuatória da emoção. Bion designa esse resultado com o nome de "hipérbole", ou seja, a criança – ou o paciente, na situação analítica – entra num estado de *turbulência emocional* como um desesperado recurso inconsciente de chamar a atenção sobre si, com vistas a ser escutada e atendida. A aplicação desse modelo para a relação analítica permite reconhecer facilmente como muitas manifestações exageradas de sintomas, de *actings*, etc., representam um desesperado recurso hiperbólico do paciente em busca de um continente significador na pessoa do analista.
- No entanto, o que sobretudo deve ser destacado é que a idéia de "continente" alude muito mais a uma *atitude interna* por parte do analista do que a uma real modificação da técnica. Não é demais insistir no fato de que essa adequada atitude interna do analista está bastante fundamentada na recomendação de Freud de "cegar-se artificialmente" para poder ver melhor e, assim, minimizar os "pré-conceitos" e

os "pré-juízos" que preconceituam e prejudicam a captação de novos elementos e matizes sempre existentes em cada experiência emocional, que se renova em cada novo encontro de cada analista com cada um de seus analisandos.
- Vimos, pois, que a relação do continente de mãe, ou do analista, com o conteúdo das projeções por parte da criança, ou do paciente, tanto pode ser positiva como negativa, e, neste último caso, Bion utiliza a representação gráfica com o sinal negativo de "-". Deve ficar claro, entretanto, que uma atitude de frustração (quando for adequada) por parte dos pais não é o mesmo que "continente negativo".
- No caso de positividade, Bion afirma que o bebê se alimenta não somente com o leite do seio da mãe, mas também com o *rêverie* dela, que lhe chega pelo olhar, pelo contato físico, pela voz, por seu estado emocional, etc. No desenvolvimento da função do pensamento, por exemplo, a primeira *realização* da função α na vida do bebê é feita pela função α da mãe, a qual transforma as emoções do bebê em símbolos compreensíveis.
- Da mesma forma, também certos analisandos necessitam introjetar um "seio pensante", provindo do analista, ao qual acodem sempre que não estão equipados para pensar diante de uma nova experiência emocional forte.

Subcontinentes. Atendendo à sugestão de Bion no sentido de que cada estudioso de sua obra tenha liberdade para ratificar, retificar ou propor novos ou distintos vértices de observação de um mesmo fenômeno, entendi que estou autorizado a levantar algumas idéias que me ocorreram, fundamentado na prática clínica, no que diz respeito às distintas configurações que podem se estabelecer nos vínculos entre "continente e conteúdo". A meu juízo, especialmente a noção de *subcontinentes*, que venho propondo, e que mais adiante será explicitada, representa ser de expressiva valia no ato analítico.

Segue uma enumeração das reflexões que a concepção de *função de continência,* de Bion, de capital importância na cotidiana prática analítica, me inspirou a fazer e a proposta de uma terminologia própria.

1. *Diferença entre continente e recipiente*: a função de *continente* é um processo ativo, no qual o analista participa intensamente, acolhendo, contendo, decodificando, transformando, significando, nomeando e devolvendo de forma desintoxicada tudo aquilo que nele foi projetado. *Recipiente,* por sua vez, significa um processo passivo, no qual o analista somente recebe, qual um penico, a evacuação de todos os dejetos, isto é, de tudo aquilo que o paciente não suporta em si próprio, de sorte que este sai da sessão com uma sensação de alívio (temporário, porque, tal como a evacuação biológica, sempre haverá necessidade de evacuações sucessivas), enquanto o analista fica estaqueado, sentindo-se pesado e fatigado, quando não, confuso.

2. *Autocontinência*: geralmente temos o hábito de considerar "continente" como sendo unicamente a capacidade do analista (ou da mãe, no passado) de conter o que vem do outro; no entanto, é fundamental que ele tenha a capacidade (a ser desenvolvida no paciente) de *conter* as suas próprias angústias. O melhor exemplo que me ocorre para caracterizar a relevância da função de autocontinência é o conceito de "capacidade negativa", conforme Bion.

3. *Subcontinentes*: proponho esse termo inspirado na noção de "mapa-múndi do psiquismo", ou seja, o mundo psíquico do paciente – e do analista – é composto de distintas zonas, de sorte que, especialmente na atividade de supervisor, tenho observado que muitos supervisionandos têm uma excelente capacidade de conter alguns aspectos provindos de certas áreas psíquicas do paciente, por exemplo, as agressivas, eróticas, narcisistas, mas se perturbam seriamente diante da projeção de sentimentos fortemente depressivos

do mesmo paciente, ocasião que perturba bastante a marcha da terapia analítica. Outras vezes, o analista contém suficientemente bem algumas manifestações, como sentimentos depressivos, enquanto um outro subcontinente seu não consegue acolher manifestações, por exemplo, psicopáticas, perversas ou somatizadoras, etc. Enfim, são múltiplas as possibilidades de distintas combinações, sendo que é importante que cada analista conheça bem os seus subcontinentes, de sorte a respeitar as suas próprias limitações e reconhecer os seus alcances, o que lhe possibilitará enxergar o mesmo no seu paciente. Aliás, é necessário deixar claro que, toda mãe, assim como todo terapeuta, tem o seu limite máximo de continência; por exemplo, uma criança (ou paciente adulto) com um ódio excessivo, ou com uma hiperatividade permanente, é capaz de impedir que a mãe (ou o analista) exerça a função de continente. Portanto, não é justo idealizar demais essa função tão fundamental.

4. *Função delimitadora*: ainda inspirado na metáfora comparativa do psiquismo humano com o mapa-múndi, observo a coincidência de que a mesma palavra "continente" (do latim *continere* que significa "conter") não só expressa a função de conter, mas também alude aos vários continentes que compõem o globo terrestre, marcando espaços e delimitando fronteiras. De forma análoga, tanto o analista como o paciente deverão conhecer os seus respectivos continentes parciais (zona sadia, depressiva, narcisista, paranóide, etc.) para, então, munidos de uma "bússola empática", delimitar e discriminar e, assim, poder mais harmonicamente navegar nas suas diversas zonas psíquicas.

5. *Função custódia*: essa expressão designa o fato de que especialmente pacientes em estado de acentuada regressão fazem maciças identificações projetivas dentro do psiquismo do analista, que deve contê-las, porém deve ter claro para si que as mesmas ainda não podem ser devolvidas ao paciente, porquanto este ainda não reúne as mínimas condições egóicas de absorvê-las. Nesses casos, o analista deve possuir a sensibilidade de perceber que o paciente lhe pede uma espécie de "moratória", ou seja, algo equivalente a um sujeito que pede uma espécie de prazo para pagar uma dívida ou empenha uma jóia numa casa de penhora até que, passados alguns meses ou anos, possa resgatar tudo aquilo que deixou protegido por uma custódia temporária. Essa metáfora pretende realçar a importância de o analista poder conter dentro de si, com muita paciência, às vezes durante muitos anos, aqueles sentimentos difíceis que o paciente deixou em custódia, até que este possa resgatá-los.

6. *Função de sobrevivência*: é imprescindível à função de continência que o analista consiga *sobreviver* às diversas formas como o paciente julga poder destruí-lo, logo, sua análise, na qual, ainda que inconscientemente, ele deposita suas últimas esperanças. São muitos os tipos desses supostos ataques: de ordem "narcisista", quando o paciente faz prevalecer uma atitude arrogante, onipotente, onisciente e prepotente; de natureza "sádico-agressiva", movida, por exemplo, por uma inveja maligna; de uma excessiva "avidez, voracidade e possessividade"; por excesso de *actings* preocupantes; por um assédio sexual movido por uma transferência fortemente erotizada, etc. Freqüentemente esses ataques representam para o paciente uma forma extremada de testar os limites do analista, até quanto e quando este poderá suportá-lo. No fundo, esses pacientes ficam à espera que o analista sobreviva aos ataques, sem revidar, sem se deprimir, sem ficar apático e desinteressado, sem enchê-los de medicamentos, sem apelar para uma internação hospitalar, sem encaminhá-los para outro colega e sem desencorajá-los totalmente. Essa função de "sobrevivência do analista" é particularmente importante devido a esses ataques provocarem reações contratransferenciais muito difíceis. Uma recomendação técnica que me parece muito útil é que o terapeuta tenha em conta a diferença conceitual que a identificação projetiva (veículo do ataque) adquire na obra de Klein (para quem tal fenômeno tem a finalidade precípua de evacuar no analista

aquilo que não quer sentir) e na de Bion (para quem o paciente, tal como o bebê, evacua o que ele *quer* que o analista, como a mãe, sinta para poder compreendê-lo melhor).

7. *Função de reconhecimento*: penso que não são unicamente os aspectos intoleráveis que o paciente despeja no analista; ele também força a entrada na mente do terapeuta de seus aspectos positivos, de seus progressos na análise, por mais camuflados e minúsculos que sejam, à espera de que sejam reconhecidos, porque, na maioria das vezes, nem ele mesmo tem consciência de que está crescendo. Se o analista não reconhece, ou porque não se dá conta, ou porque acha irrelevante, está agindo com uma falta de continência para aspectos positivos, e, nesse caso, é muito provável que esse paciente caia num estado de desânimo e apatia. Cabe uma metáfora: a de uma menina que corre alegre para a mãe, exclamando eufórica que conseguiu se pentear sozinha, e recebe como resposta uma lacônica concordância e uma enfática censura do tipo "pois é, mas a blusa que estás usando está toda suja".

8. *Continente abstrato*: observo, na prática clínica com pacientes, individualmente ou em grupo, que não é exclusivamente a pessoa do analista que desempenha a tarefa de continente; também o próprio *setting* instituído na análise funciona como tal, visto que o paciente sabe que conquistou um espaço que *é dele*, em que ele é contido pela atmosfera emocional, pela colocação de limites, um enquadre que o coloca no princípio da realidade, onde ele não só goza de direitos, mas também tem deveres e, sobretudo, a intuição de que nunca ficará desamparado, que é o sentimento mais apavorante de toda criatura humana. É nas *terapias analíticas de grupo* que melhor observo esse fenômeno de que a própria idéia de o indivíduo pertencer a um grupo, independentemente de quem sejam as demais pessoas participantes, provoca uma sensação de que ele não está desamparado, porque sente que está bem acompanhado, que pode contar com os outros, que está sendo "contido", e, especialmente para os pacientes gravemente depressivos, o grupo, como uma abstração, funciona como se fosse a reorganização de um "grupo familiar" que está internalizado como destruído.

Partindo dessas posições, creio que cabe acrescentar com algumas outras reflexões que tenham importância na prática da terapia psicanalítica, como:

– A conceitução de "continente e conteúdo" já implica a criação de um *espaço inter-objetal*, com as noções de fundido/separado; dentro/fora; perto/longe, etc. No entanto, antes disso, no caso de uma psicopatologia em que não se formou no bebê o estado evolutivo de "separação-individuação", existe um prejuízo na adequação da função de continência, visto que o estado de indiferenciação faz a criança supor que o outro é uma mera extensão dela, de sorte que prevalece uma *identificação adesiva* (termo de Meltzer). Nesse caso, é a *pele* (a "segunda pele") que funciona como um necessário "continente delimitador", daí a importância de as interpretações do analista conseguirem *tocar* a sensibilidade do paciente.

– Cabe lembrar a concepção de Bion de que, quando falha a função de continente materno, resulta uma importante conseqüência patogênica: o espaço mental da criança fica por demais alargado, o que pode ser comparado ao que ocorre num "choque cirúrgico". Nesse caso, a criança (ou certos pacientes) necessita recorrer a um uso excessivo de identificações projetivas. Na metáfora com o choque cirúrgico, Bion afirma que "quando a dilatação dos capilares por todo o corpo aumenta demasiado, o espaço de sangue circulante aumenta de tal maneira que o paciente pode sangrar até morrer".

– Também deve ser levado em conta que a existência na criança (ou num paciente adulto) de uma excessiva inveja destrutiva, ou avidez, ou demanda insaciável, ou uma forte retração narcisista, pode impedir que a mãe (ou o

analista) exerça a função de um adequado continente.
- Creio ser importante consignar que a noção de "continente" não se restringe às projeções evacuadoras de pulsões, angústias, objetos internos e aspectos do ego, mas também abrange a necessidade de a mãe (analista) perceber, reconhecer e aceitar os intentos, de natureza sadia, criativos, reparatórios e de preocupação que a criança (paciente) tem por ela.
- Caso contrário, se a mãe não contém esses propósitos positivos e, pior, ainda os significa negativamente, resultará na criança um acréscimo de sentimentos de rejeição e de culpas ("o que foi que eu fiz de errado?") por crer que não merece ocupar um lugar na mente da mãe.
- Uma séria falha na função de continente materno, muito mais freqüente do que pode parecer, é a inversão de papéis, isto é, quando é a mãe que utiliza seu filho como continente, usando-o como confidente de suas agruras.
- Na situação psicanalítica, esses aspectos todos podem ser reproduzidos sob a forma de um *impasse* de natureza de uma "psicose transferencial transitória" (Rosenfeld), que resulta da projeção, no analista, de um superego contraditório e confuso, que não encontrou no passado um continente acolhedor. Esse tipo de "impasse psicótico" é o que mais põe à prova a capacidade de continência do analista.

22

"Sem Memória, Sem Desejo e Sem Ânsia de Compreensão"

Entre todas as contribuições de Bion, talvez a recomendação técnica do "Sem memória,..." tenha sido a mais discutida e discutível no *establishment* psicanalítico.

Dita assim, de forma solta, e tomada ao pé da letra, essa formulação de que o psicanalista deve estar na sessão em um estado de "sem memória e sem desejo" pode provocar nos menos informados perplexidade, confusão e distorção do seu verdadeiro significado, além do risco de vir a ser alvo de comentários jocosos (recordo um saudoso professor de psicanálise que costumava "brincar", dizendo que "se a recomendação é não ter memória e desejo, então o analista ideal é um velho impotente e esclerosado").

No entanto, uma consideração séria e mais abstrativa dessa conceituação permite verificar o quanto ela é importante na prática analítica, a começar pelo fato de que, mais do que uma proposta de modificação na técnica, creio que Bion queria postular uma mudança na *atitude interna* do analista, com uma certa privação dos órgãos dos sentidos que possibilitasse um máximo de *intuição*.

Como vemos, essa proposição de Bion está inteiramente fundamentada em Freud, particularmente nos seguintes aspectos intrinsecamente ligados entre si: a recomendação de que "o analista deveria cegar-se artificialmente, para poder ver melhor esses lugares obscuros" (trecho de uma carta que, em 1916, Freud escreveu para Lou Andreas Salomé*) e a regra técnica que recomenda enfaticamente um estado de "atenção flutuante" por parte do analista. Aliás, Bion (1992a, p. 16) admitiu que "atenção flutuante", tal como Freud a descreveu, "é a melhor expressão que conheço". Creio que cabe acrescentar que a mesma recomendação vale para uma necessária *teorização flutuante*, pela qual o respaldo de nossos conhecimentos teóricos não deve ficar na figura de frente na mente do analista, mas é útil que ocupe o seu lugar no pano de fundo.

Não obstante, Bion promoveu o desenvolvimento dessa importante conceituação analítica mediante a criação de outros correla-

---

*O trecho completo é o seguinte: "Não posso perceber muitas coisas que você pode ver porque não as entendo, mas compreendo seu valor. Isto se deve, em parte, a que, quando estou tratando de um assunto, no momento em que chego a algo que me é muito obscuro, tenho que me cegar artificialmente para permitir que um penetrante raio de obscuridade ilumine o ponto obscuro".

tos vértices de observação. Vamos passar a palavra ao próprio Bion (p. 74):

> Descarte-se de sua memória, descarte o tempo futuro do seu desejo; esqueça-se de ambos, seja aquilo que você sabia ou aquilo que você quer, para deixar espaço para uma nova idéia. Pode ser que um pensamento, uma idéia não reivindicada, estejam flutuando pela sala procurando por um lar. Entre estas, pode ser que haja uma que seja sua, que parece brotar de seu interior; ou uma de fora de você, ou seja, do paciente.

Em um outro trecho (p. 108), Bion prossegue:

> Quando não fomos analisados, ou quando estamos cansados, aparece o perigo da introdução de memória e desejos. Quanto mais uma pessoa ficar ocupada com aquilo que ela quer que aconteça e com aquilo que aconteceu, ou aquilo que ela sabe sobre o paciente ou sobre psicanálise, menos espaço sobra para a incerteza. Se eu me tornar mais e mais dogmático, com mais e mais certeza que o paciente, na última sessão, me disse isto, aquilo ou outra coisa, sei que vou acabar ficando cansado. Quando estamos cansados, nos é difícil sermos receptivos.

Tais afirmativas de Bion já estavam consubstanciadas no seu trabalho "Notas sobre a Memória e o Desejo" (1967, p. 679), em que enfatiza:

> a memória sempre é equívoca como registro de fatos, porquanto ela está distorcida pela influência das forças inconscientes. Os Desejos distorcem o juízo porque selecionam e suprimem o material a ser ajuizado [...] Para o analista, cada uma das sessões deve carecer de história e de futuro.

Comentários

1. Se me permiti fazer tão longas citações de Bion, foi com o propósito de deixar bem claro que a recomendação de o analista abolir a sua memória e os seus desejos refere-se tão-somente ao inconveniente – sob a forma de pré-conceitos, pré-juízos e de uma pouca receptividade – da possibilidade de sua mente estar *saturada* com as memórias, os desejos e uma ânsia de compreensão imediata. Talvez um bom exemplo disso seja a possibilidade nada incomum de que um analista, ainda candidato, vá à sessão com o seu paciente com a mente saturada com as recomendações recentes que recebeu de seu supervisor e faça interpretações que, embora corretas, possam não ser eficazes, porquanto o "momento" afetivo do paciente já pode ser diferente do da sessão anterior. Quanto mais acúmulo houver de *memória,* mais plena de elementos saturados ela fica.

2. Quando Bion se refere aos "desejos" do analista, ele também alude aos conscientes – embora, é claro, estes estejam intimamente conectados com os inconscientes – e exemplifica com a tão costumeira vontade de que a sessão termine logo, que o paciente lhe gratifique de alguma maneira, etc. O que ele destaca enfaticamente, entretanto, é o risco de que o analista tenha um desejo permanente de "cura" como a conhecemos na clínica médica.

3. Penso que o maior risco, na situação analítica, é o paciente almejar ser *o desejo do desejo* (Lacan) do analista e, assim, desenvolver uma espécie de "radar" a fim de captar e atender às expectativas de seu analista, como, por exemplo, trazendo uma reiterada abundância de sonhos, insistindo numa excessiva idealização, priorizando assuntos que transmitam uma certa euforia de sucesso analítico, etc. O mais importante a registrar é que, nesses casos, existe o risco de, inadvertidamente, o analista estar estimulando no psiquismo do paciente estados de regressão, de infantilização ou um falso *self,* em meio à formação de *conluios inconscientes* entre ambos, como, por exemplo, o conluio que, particularmente, denomino de *recíproca fascinação narcisista.* Por outro lado, as interpretações do analista sempre veiculam algum grau de seu desejo e ideologia.

4. Segundo Bion, a memória anda lado a lado com o desejo, e, se pudéssemos dispensar uma delas, a outra também desapareceria. Para

ele, o desejo é similar à memória, pois ambos possuem um transfundo de impressões sensoriais. Como temos frisado, para Bion, o cerne da psicanálise se constitui na busca do "O", ou seja, da "verdade absoluta", da "realidade última", e essa meta fica prejudicada caso a sensorialidade prevaleça sobre a sensibilidade intuitiva. Assim, ele afirma (1970, p. 76) que

> "o desejo" é uma intrusão no estado mental do analista, que esconde, disfarça e obscurece aquele aspecto do O que apresenta correntemente o desconhecido e o desconhecível, embora seja manifesto às duas pessoas [...]. Este é o "ponto escuro", que precisa ser iluminado pela "cegueira". Memória e desejo são "iluminações" que destroem o valor da capacidade do analista para observação, como a penetração da luz numa câmera destrói o valor do filme exposto.

5. Aliás, essa "iluminação pela cegueira", inspirada no "cegar-se artificialmente" de Freud, veio a ser denominada por Bion (1973, p. 45) como um penetrante "facho de escuridão", uma réplica do holofote. Essa analogia fica mais clara ainda com a imagem poética citada por Rezende (1993, p. 131) de que "as estrelas somente são visíveis no escuro".

6. Em oposição a essa imagem da iluminação por meio de um facho de escuridão, pode-se pensar no contrário, ou seja, o fato de que um excessivo facho de luminosidade pode causar cegueira. Assim, uma metáfora que me vem à mente é que, quando viajamos de carro à noite, o cruzar com um carro que vem em sentido contrário, com os faróis de luz alta incidindo em nossa vista, provocará um estado de *deslumbramento*, isto é, de acordo com a etimologia dessa palavra ("des" quer dizer *privação* + "lumbre", que quer dizer *luz*), provocará uma cegueira, que pode ser de conseqüências bastante perigosas. Completando essa metáfora, penso que um analista excessivamente "brilhante" possa "cegar" as capacidades criativas, contestadoras, de pensamento e de autonomia do paciente.

7. É útil insistir no fato de que a abolição da memória, do desejo e da ânsia de compreensão refere-se tão-somente aos aspectos que *saturam* a mente do analista, até mesmo porque uma abolição total é impossível; e o importante é que cada analista saiba reconhecer o seu estado de mente e, assim, realizando uma dissociação útil do ego – a qual Bion denominou "clivagem não-patológica do ego" –, evite que os desejos impregnem a situação analítica. Uma outra razão por que a total privação da memória não somente é impossível, mas também, de certa forma, é antianalítica, é que, a meu juízo, as interpretações reconstrutoras exigem uma memória voltada para uma necessária correlação e integração espaciotemporal, assim como para a consolidação de um sentimento de identidade.

8. A propósito disso, o próprio Bion fez questão em diferenciar as duas maneiras distintas como a memória do analista pode se manifestar nas situações analíticas. A primeira é aquela de que estávamos tratando, uma memória de finalidade controladora das angústias pessoais do analista, como a de se esconder do desconhecido, que acaba sendo nociva ao verdadeiro espírito de uma análise expansiva. A segunda possibilidade é a de que a memória do analista, em referência a certas experiências do paciente, surja-lhe espontaneamente no curso da sessão, sob a forma de uma totalidade. Nesse caso, Bion prefere a denominação de "evolução" em vez de "memória", termo este que ele reserva ou para as lembranças que aparecem em formas de fragmentos e são buscadas ativamente, tanto pelo paciente como pelo analista, e que pertencem mais exatamente à esfera dos órgãos dos sentidos (1967a), ou para os esforços conscientes em lembrar fatos passados.

9. O mesmo raciocínio que foi feito para reconhecer o aspecto favorável da "evolução", ou "intuição", do surgimento espontâneo de fatos passados na mente do analista vale absolutamente para as *recordações* (a etimologia dessa palavra é composta de étimos latinos, "re" [de novo; uma volta para trás] e "cor-

cordis" [coração], o que comprova o seu caráter de afetividade e de positividade analítica) que surjam espontaneamente na mente do paciente. Nem poderia ser diferente, porquanto a maior parte de nossos pacientes é composta por neuróticos com estruturas repressoras, e para estes continua vigente o princípio de Freud de que as reminiscências são latentes, porém ativas, e de que *a melhor forma de esquecer é lembrá-las*.

10. Como resumo, pode-se dizer que Bion entendia a função da memória como um continente de identificações projetivas, suas e dos seus pacientes, e, por isso, ela pode ser tanto muito útil como excessiva, saturada e prejudicial para a análise. Segundo ele, tanto o analista como o paciente temem as experiências de mudança e de crescimento, porque a ameaça do "desconhecido" pode vir acompanhada de uma dolorosa angústia catastrófica. Assim, Bion alerta para o fato de que os caminhos de fuga dessa tão temível mudança catastrófica são de três modalidades: uma fuga para o passado (memória), para o futuro (desejo) ou para o presente (compreensão intelectiva).

11. Por outro lado, como a memória saturada prejudica a crença e o acesso à verdade absoluta, ao incognoscível (O), vai ocorrer que, conforme preconiza Bion, em certos momentos, o pensamento, a memória e o desejo devam ser substituídos por aquilo que ele denomina como um "ato de fé". Obviamente, o "ato de fé", no sentido empregado por Bion, deve ser distinguido do significado religioso, tal como o conhecemos comumente, e ele inclusive faz questão de frisar que considera um "ato" daquilo que ele chamou "fé" como um estado mental científico que deve ser reconhecido como tal. Ele conclui esse posicionamento científico com estas palavras de fundo místico (1970, p. 142):

> Deve-se procurar uma atividade que seja tanto a restauração de Deus (a Mãe) como a evolução de Deus (o informe, infinito, inefável, inexistente), que pode ser encontrada somente no estado em que não há memória, desejo, compreensão.

12. Para finalizar, não custa repetir que Bion em momento algum recomendou que um analista mutilasse uma função egóica tão importante como é a da memória; pelo contrário, ele insistia que o analista deve estar muito vivo, presente e ligado à realidade, porém menos com a sensorialidade e mais com a sensibilidade propiciada por um *estado de intuição*. Este último, indo muito além daquilo que é percebido pelos órgãos dos sentidos e pelo raciocínio lógico, qual um "terceiro olho", abre a percepção do analista para sentimentos inefáveis e não-visíveis. Esta última afirmativa lembra aquilo que dizia o Pequeno Príncipe: "o essencial é invisível aos olhos", o que propicia que o analista entre em um expressivo estado de *sintonia empática,* inclusive numa dimensão de natureza espiritual.

13. Uma imagem que pode iluminar com maior clareza o que foi dito é a analogia com aquele jogo estético denominado "olho mágico", ou "terceira dimensão", que consiste em preparar uma lâmina de papel colorido com alguma ilustração impressa de tal modo que, à primeira vista, em nada se diferencie de qualquer outra figura colorida. No entanto, se a pessoa que observa a figura mantiver uma distância adequada (reparem que, na situação analítica, o mesmo vale para a "distância" que o analista deve manter com o seu paciente: nem longe demais para não se distanciar afetivamente dele, nem, tampouco, perto demais, com o risco de se confundir com o paciente) e uma forma especial de mirar, terá a gratificante sensação de que observa uma terceira dimensão, a de profundidade, que lhe permitirá *ver* coisas que antes era impossível perceber. Tanto é assim que Bion recomenda que o analista, mercê dessa aludida intuição, desenvolva a sua capacidade de "premonição", que consiste em um estado mental de "pré-emoção", isto é, de uma atitude interna que lhe permita antecipar o reconhecimento das emoções que estão se passando no paciente, antes mesmo que este as perceba, verbalize ou atue.

23

A Análise do Consciente

Sabemos que Freud construiu o edifício da teoria psicanalítica alicerçado na concepção dos conflitos psíquicos inconscientes – entre as forças repressoras do ego, mediando as exigências do superego e as demandas da realidade externa, contra as pulsões do id, enfatizando fortemente estas últimas.

Alguns seguidores de Freud desenvolveram as sementes que ele lançara acerca de uma maior valorização do *papel do ego* na teoria e prática da psicanálise. Assim, *Abraham*, em seu notável, e ainda vigente, trabalho de 1919, "Uma forma particular de resistência neurótica contra o método psicanalítico", estudou a organização narcisista do ego nos analisandos, aos quais ele denominou como "pseudocolaboradores"; *Ferenczi* (1928) – um autor que está sendo redescoberto pela psicanálise contemporânea – teve a centelha de valorizar a natureza vincular da relação analítica; *Reich* (1934) aprofundou e deu consistência à análise da "couraça caracterológica" resistencial erigida pelo ego; *Anna Freud* estendeu e aprofundou os estudos sobre *O ego e os mecanismos de defesa* em seu conhecido livro de 1936. Em continuação a essa autora, os autores seguidores da "psicologia do ego" deram uma importância notável às funções e às áreas livres de conflito do ego e à realidade exterior.

Klein, por sua vez, sustentou a tese de que o ego já está presente desde o nascimento, porém a sua valorização do papel do ego ficou praticamente limitada aos primitivos mecanismos defensivos contra a ansiedade decorrente da inata pulsão de morte, ao mesmo tempo que a ênfase que deu às relações objetais internas ofuscou a importância da realidade exterior.

Em contrapartida, a escola da psicologia do ego, liderada por *Hartmann* nos Estados Unidos, caiu no extremo oposto ao de Klein, porquanto deu um merecido valor às diversas funções do ego, porém com uma ênfase tão absoluta que praticamente desconsiderou a relevância do fantástico mundo interior de qualquer indivíduo.

Coube a *Bion*, a meu juízo, desenvolver e formular a teoria da dinâmica psíquica, com fundamentos de uma importância igualmente distribuída entre a realidade interna e a externa, da mesma forma como considerou que o essencial de uma análise não é somente a solução do conflito entre as defesas e as pulsões – e os sentimentos delas derivados–, mas que é igualmente importante o reconhecimento, por parte do analista, da normalidade e patologia das funções do ego.

Ego. É útil recapitular brevemente como na atualidade se conceitua ego. Trata-se de uma instância psíquica que pode ser definida como um conjunto de funções que, em linhas gerais, são as seguintes: mediação entre id, superego e realidade exterior; mecanismos de defesa; formação de símbolos; formação da "angústia sinal"; sede das representações e das significações; processamento da formação das identificações e do sentimento de identidade; reconhecimento das emoções e processamento do seu destino; sede das funções mentais conscientes – as sensoriais e as motoras –; e sede das capacidades de atenção, memória, inteligência, percepção, pensamento, juízo crítico, capacidade de antecipação e postergação, etc.

É claro que, como os demais autores, também Bion, de uma forma ou outra, trabalhou com todas essas funções do ego. Porém, foi o autor que mais aprofundadamente estudou sua gênese, sua natureza e seu funcionamento. O que importa deixar bem esclarecido aqui é que o interesse de Bion por essas funções do ego, de adaptação à realidade exterior, não se restringiu unicamente aos fatores inconscientes. Pelo contrário, ele também considerou bastante como elas se manifestam no plano do *consciente* do indivíduo, sem desconsiderar o fato óbvio de que essas funções conscientes do ego sofrem inequívocas influências provindas do inconsciente.

Em *Atenção e interpretação* (1970), Bion interroga: "que tipo de psicanálise é necessária para o ego?". Da mesma forma, em seminários clínicos (*Rev. Bras. Psican.* 1993, p. 665), Bion costumava enfatizar que

> certos tipos de pacientes usam a análise para evadir-se da realidade e refugiar-se na psicopatologia. É então que se deseja realmente não só esclarecer o material inconsciente, mas também o *que é consciente* [grifo meu], e conhecido para o paciente.

E mais adiante: "Penso que temos que procurar uma técnica para as interpretações do real e do consciente, assim como já encontramos uma para o material inconsciente" (p. 669).

Em trabalho inédito, que no capítulo específico do presente livro recebeu o título de "Uma Conferência de Bion sobre a Prática Psicanalítica", ele afirma que "existem todos os motivos para se acreditar na importância do inconsciente, e, por isso, tendemos a esquecer que o *consciente é ainda mais importante...*" [grifo meu].

Na verdade, o interesse de Bion ficou particularmente voltado para as formas pelas quais o consciente e o inconsciente se inter-relacionam e se comunicam entre si. Desse modo, ele utilizou a denominação "barreira de contato" (que já havia sido utilizada e após abandonada por Freud, com uma conceituação algo diferente da de Bion, em *Projeto de uma psicologia para neurólogos*, de 1895) para definir uma hipotética barreira composta por elementos α, que exerceriam uma necessária delimitação entre os planos da consciência e da inconsciência. Nesse mesmo contexto, Bion denominou "pantalha β" a barreira composta por elementos β, os quais, como sabemos, somente servem para ser evacuados, e, por essa razão, não se forma uma verdadeira barreira delimitadora na topografia da mente.

Portanto, os pensamentos, sentimentos e fantasias que transitam entre o inconsciente e o consciente podem seguir três destinos: o primeiro deles é que a "barreira de contato" funcione adequadamente e mantenha um constante intercâmbio e fluxo associativo entre os dois planos da mente, com um trânsito discriminado entre ambos. A segunda possibilidade é que essa barreira, embora composta por elementos α, seja tão rigidamente organizada, como nas personalidades exageradamente obsessivas ou narcisistas, que o indivíduo não consiga contatar com o seu mundo interior. Bion demonstra uma terceira possibilidade: aquela que é característica das personalidades psicóticas, nas quais a ausência de uma eficaz barreira delimitadora faz com que o *psicótico* não consiga discriminar entre consciente e inconsciente, mundo interior e exterior, fantasia e realidade, concreto e abstrato, símbolo e simbolizado.

Da mesma forma, Bion se interessou pelas mais nobres funções adaptativas do ego, não única e separadamente pelos seus aspectos inconscientes ou conscientes, mas sim por *como ambos interagem entre si*. Assim, ele relevou a importância de o psicanalista verificar como um analisando *percebe* o mundo interno e o externo; como ele utiliza os seus *pensamentos;* com que *linguagem, estilo* e *propósito* ele *comunica* esses pensamentos; qual é a sua posição diante da tomada de *conhecimento* de fatos desconhecidos, e assim por diante, com as demais *funções conscientes do ego,* como a atenção, a memória, a atividade motora, o registro sensorial, o juízo crítico, as capacidades de antecipação e discriminação, etc.

Pela relevância que esses aspectos egóicos adquirem ao longo da obra de Bion, impõe-se uma abordagem mais específica e detalhada de alguns deles, particularmente dos aspectos referentes aos vértices perceptivos e da linguagem e comunicação, tendo em vista que as funções de pensar e de conhecer estão mais explicitadas nos respectivos capítulos.

Fica claro que, de acordo com o enfoque sistemático de Bion, que sempre recai no *vínculo analítico,* todas as considerações que seguem acerca das funções do ego consciente do analisando também são válidas para as do psicanalista e, principalmente, para o vínculo entre ambos.

FUNÇÃO DE PERCEPÇÃO: OS VÉRTICES

A normalidade e a patologia da função perceptiva do ego adquirem extrema importância na prática analítica, especialmente porque esta função não se refere apenas a como um indivíduo percebe o mundo exterior e a possível intenção dos outros, mas abarca uma visualização de como o paciente percebe a si próprio, sua imagem corporal, suas representações e seu senso de identidade.

É evidente que a patologia da percepção deve ser entendida prioritariamente em termos de mecanismos inconscientes, notadamente os decorrentes de inadequadas identificações projetivas e introjetivas. Bion também adotou esse modelo do fenômeno das identificações projetivas inconscientes para descrever a distorção de percepção que se manifesta pelo fenômeno que denominou de "alucinose", e que abrange tanto as discretas alucinações imperceptíveis e fugazes como as francas alucinoses psicóticas, tal como são descritas em psiquiatria.

No entanto, Bion também dirigiu seu interesse à percepção consciente, mais precisamente às variações da configuração perceptiva de um mesmo fenômeno ou de uma mesma pessoa, a partir do *vértice* de observação que o indivíduo adota.

Bion preferiu utilizar a palavra "vértice", em vez dos termos comumente usados "ponto de vista", "ângulo de visualização" ou "perspectiva", porque todos estes aludem ao órgão visual, e para evitar dois inconvenientes. O primeiro é que um termo ligado diretamente à visão restringe o conceito unicamente ao plano sensorial, enquanto a palavra "vértice" permite que a conceituação se estenda também ao que vai aquém e além do sensório. O segundo inconveniente, diz Bion, é que certas experiências emocionais aludem a outros órgãos dos sentidos que não o visual, quando, por exemplo, nos referimos a um sentimento de "amargura" (modelo do aparelho digestório), de um "não está me cheirando bem" (olfativo) ou de "está me faltando o ar" (respiratório), etc.

O modelo visual, no entanto, tem uma supremacia sobre os demais, tanto que Bion ilustrou a sua conceituação de vértice psicanalítico com o fato, já conhecido em outras disciplinas, de que em um mesmo desenho uma pessoa percebe um vaso enquanto outra vai perceber dois rostos humanos frente a frente. Da mesma maneira, na experiência psicanalítica, tanto o paciente como o analista terão os seus próprios vértices em relação à experiência que estão compartilhando.

O importante é que esses vértices recíprocos entre analista e analisando mantenham uma distância útil e adequada: que não sejam nem tão distantes, a ponto de impedirem a correlação entre os respectivos vértices, nem tão próximos, que impeçam uma diferenciação e causem uma conseqüente estagnação na investigação do objeto psicanalítico. É somente a partir de uma distância adequada que será possível que ambos façam correlações e confrontações entre os recíprocos vértices, assim atingindo o que Bion chama de "visão binocular".

É útil esclarecer que essa possibilidade de estabelecer correlações binoculares entre distintos vértices de percepção não se refere unicamente a duas personalidades separadas, podendo existir também em uma mesma pessoa, na qual, conforme a distância dos vértices intrapessoais, tanto pode gerar nela um estado confusional como uma eficaz visão binocular.

Também é útil lembrar que os vértices podem ser de natureza muito diversa, como sociológico, político, econômico, religioso, sexual, científico, mítico, místico, etc., e, naturalmente, o vértice psicanalítico.

As sucessivas mudanças de vértices perceptivos, a exemplo de um caleidoscópio, cuja etimologia procede dos étimos gregos *kalos* (belo), *eidos* (imagens) e *scópios* (ver), promovem novas configurações estruturais – embora conservem os mesmos elementos –, e, inclusive, permitem uma convivência sincrônica entre os aspectos da afirmação e da negação, que podem ficar unidos se o vértice utilizado for de *analogia* (refere-se a coisas que são claramente análogas, na forma, nos significados, etc.) ou de *metáfora* (substituição simbólica de um significante por outro, o que exige uma maior participação da função de simbolização do ego consciente).

A importância do conceito de vértice tem outros prolongamentos, como o problema das dificuldades de comunicação entre analistas de correntes analíticas fundadas em distintos esquemas teóricos ou entre analistas seguidores de uma mesma escola que não conseguem se entender porque adotam diferentes vértices acerca de um mesmo fenômeno. Da mesma forma, a conceitualização de vértice permite uma melhor compreensão do que pode ser considerado o maior mal da humanidade, o problema dos "mal-entendidos", assim como também alude ao problema do vértice adotado por cada um, fato que adquire uma importância fundamental na comunicação entre o par analítico.

A FUNÇÃO DO PENSAMENTO

Conquanto tenha sido Freud o primeiro autor a estudar em profundidade a função do pensamento a partir do vértice referente aos princípios do prazer e da realidade, cabe a Bion, sem dúvida, o mérito de ter desenvolvido, aprofundado e sistematizado a gênese e a evolução do aparelho psíquico para a função de "pensar os pensamentos", tal como está graficamente representado em sua grade. Na concepção desta última, tal como foi exposto no Capítulo 11, Bion utiliza a coordenada vertical como o eixo da gênese evolutiva do pensamento (desde os protopensamentos até as abstrações e deduções científicas), e a coordenada horizontal permite a notação da gradação das capacidades do ego para utilizar os pensamentos. Creio que podemos, abstratamente, acrescentar um terceiro eixo: o do "para que", isto é, com que propósito um indivíduo utiliza os seus pensamentos, inclusive com uma forte participação consciente.

Assim, aprendemos com Bion que o pensar é o eixo central da aprendizagem, desde que se constitua como um processo dialético e que não esteja invadido pela onipotência, pela onisciência ou por ansiedades excessivas. Nos últimos casos, Bion descreveu como, nas situações extremas das psicoses, os pensamentos podem ser concretos, assimbólicos, e ficar fragmentados ou aglomerados, compactados e sincretizados.

Em situações mais discretas, como nas personalidades obsessivas, narcisistas, paranóicas, etc., o pensamento pode ser utilizado como um círculo vicioso, estereotipado e esterilizante; como uma forma sistemática de pensar sempre *contra* alguém, ou como um eco repetidor *submetido* a alguém; com a finalidade de encontrar sempre um "porém" ou um novo ângulo no pensamento do outro; ou, ainda, para a finalidade precípua de se defender, evitar ou controlar, e assim por diante.

Da mesma forma, Bion traçou uma íntima conexão de interdependência entre as funções de pensar e da cognição, de sorte que o pensamento pode ser utilizado para as falsificações e as mentiras, não só inconscientemente, mas também pré-conscientemente e – fato nada incomum – de forma deliberadamente consciente. A relevância desta última situação é tamanha que Bion lançou a sua conhecida questão (1970, p. 107): "Um mentiroso pode ser psicanalisado?".

Partindo dessas conceituações de Bion, é útil estabelecer uma distinção entre as funções do ego consciente de conceituar, julgar e raciocinar. *Conceituar* requer a capacidade de isolar mentalmente, dentre muitos fatores, um único que seja comum a vários objetos (*indução*) e logo aplicar esse aspecto a um grande número de outros (*dedução*). Logo, conceituar implica as capacidades de generalização e de abstração. A função de *julgar* corresponde a estabelecer uma relação entre concepções distintas, para poder afirmar ou negar essa relação como verdadeira ou falsa, sendo que, por meio de um ataque aos vínculos de ligação, pode-se fugir da responsabilidade de ajuizar. A função de *raciocinar*, por sua vez, consiste em correlacionar uma série de juízos, de modo que o último juízo necessariamente tenha uma ligação com o primeiro da série.

A FUNÇÃO COGNITIVA (K E -K)

Tal como exposto no Capítulo 13, Bion deu uma importância extraordinária ao modo como os indivíduos em geral, e o analisando em particular, utilizam a inata pulsão escopofílica que se expressa pela curiosidade e por um vir a conhecer: se para *evadir* e contornar as verdades penosas, pelas mais diversas formas de negação, ou para *enfrentar*, assumir e elaborar essas mesmas verdades difíceis. Daí, Bion partiu para a postulação dos cruciais conceitos acerca da verdade, falsidade e mentira, antes aludidos.

A FUNÇÃO DE DISCRIMINAÇÃO

A meu juízo, entre as tantas concepções psicanalíticas originais e importantes de Bion, destaco como a mais relevante a *discriminação que ele faz entre a* "parte psicótica e a parte não-psicótica da personalidade" (1957). Essa afirmativa não significa que outros autores, como Freud (1924, 1937) ou, especialmente, Klein, não tenham estudado a cisão psicótica do ego; porém foi Bion quem teve a centelha de reconhecer a coexistência ativa e sincrônica entre aspectos tão extremamente contraditórios e opostos em um mesmo indivíduo.

Essa concepção iluminadora permitiu que o psicanalista mudasse a sua "atitude interna" perante qualquer um dos seus analisandos, visto que aquilo que poderia lhe parecer uma resistência obstrutiva, um jeito entediante, aborrecedor ou ameaçador, como sendo da totalidade de um paciente, passou a ser compreendido como uma manifestação parcial de sua "parte psicótica", possivelmente em luta por uma sobrevivência psíquica.

Não é demais lembrar que "parte psicótica da personalidade" não é sinônimo de psicose clínica. Mais ainda, a partir de Bion, aprendemos que nenhuma análise de qualquer paciente neurótico pode ser considerada exitosamente concluída sem que tenha emergido, e tenha sido analisada, a sua parte psicótica.

A capacidade de discriminação é, portanto, indispensável na pessoa do psicanalista e deve ser desenvolvida no analisando para que este consiga, em um *diálogo consciente consigo mesmo*, discriminar entre o "eu" e os "outros" (o que não ocorre nas confusões psicóticas e nas indiscriminações dos vínculos simbióticos), entre o interno e o externo, o fantasiado e o real, o consciente e o inconsciente, a agressão e o amor, o verdadeiro e o falso, o infantil e o adulto, além do reconhecimento discriminatório, antes aludido, entre as suas partes psicóticas e não-psicóticas.

LINGUAGEM E COMUNICAÇÃO

Como as demais funções egóicas, também as de linguagem e comunicação foram estudadas por Bion, tanto na pessoa do analisando como na do analista, tanto na gênese inconsciente como na utilização consciente.

Da parte do paciente, Bion emprestou uma grande importância à *linguagem utilizada pelo psicótico franco*, na qual não se tenha processado a capacidade de simbolização, logo, do pensamento verbal. Da mesma forma, valorizou o emprego que esse paciente faz das palavras como se elas fossem coisas concretas.

No entanto, Bion não ficou restrito às psicoses esquizofrênicas, uma vez que estendeu suas observações aos aspectos de conteúdo, forma e propósito da comunicação verbal, ou não-verbal, dos pacientes neuróticos, ou, mais particularmente, à linguagem derivada da parte psicótica da personalidade destes últimos.

Sem levar em conta as diversas formas de linguagem não-verbal derivada de conflitos inconscientes, como o surgimento de sintomas, o tipo de comportamento gestual na sessão, as somatizações ou a linguagem dos *actings*, a verdade é que, com Bion, ficamos mais claramente cientes de que muitos pacientes usam o discurso não para comunicar, mas, muito pelo contrário, para a não-comunicação. Esta última é feita por meio de relatos ambíguos, confusos, circulares ou intelectuais, com a finalidade de provocar uma paralisação na capacidade perceptiva e interpretativa do psicanalista, por meio de um discurso de provocação sadomasoquista como de um clima ameaçador de suicídio, como de *actings* preocupantes, entre tantas outras possibilidades que visam a uma não-comunicação.

É necessário reiterar que Bion não é o pioneiro no estudo dessa patologia da comunicação; antes dele, outros autores, como Abraham (1919) e, principalmente, Reich (1934), já tinham feito brilhantes descrições, porém sem a profundidade e a abrangência de Bion. Dessa forma, foi com Bion que aprendemos que o "discurso vazio" do paciente ou o seu silêncio e suas negativas como respostas aos estímulos e interpretações do analista podem independer totalmente do esforço consciente do analisando, porquanto as suas ansiedades podem ser de origem primitiva e, portanto, não terem sido significadas nem nomeadas pelo ego; ao contrário, ficaram alojadas no ego sob a forma do que Bion denominou "terror sem nome".

Aliás, pode-se aprender disso quão importante é para um paciente não somente tornar consciente o que era inconsciente, mas obter um significado, um sentido e um nome às suas inominadas experiências afetivas, bem como uma capacidade para comunicá-las verbalmente. A propósito, Bion (1963, p. 119) afirma que

> [...] o nome é uma invenção para possibilitar o pensar e o falar acerca de algo antes que se conheça o que isso é [...] porque os fenômenos carecem de significado e necessitam ser ligados de modo tal que seja possível pensar acerca deles.

Como contrapartida, a forma e o estilo com que o psicanalista se comunica com o paciente e também o conteúdo dessa comunicação quer nas interpretações formais, quer em outros contextos, adquirem uma relevância muito especial na prática clínica. Isso se deve a três razões: a primeira é, obviamente, o efeito da interpretação como promovedora de *insights* para mudanças. A segunda é que um estilo interpretativo muito obsessivo ou narcisista, por exemplo, para pacientes igualmente muito obsessivos ou narcisistas, dificulta o surgimento, no analisando, de novos vértices para mudanças. A terceira razão é que, a exemplo das demais funções conscientes do ego, o paciente somente poderá desenvolvê-las a partir de um *modelo de identificação* de como o seu psicanalista utiliza essa mesma função.

A comunicação por parte do analista é indissociável de como ele elabora e formula as suas interpretações; por isso, esse aspecto será desenvolvido no Capítulo 26.

Em suma, vale citar Bion textualmente (1992b, p. 456):

> [...] a língua foi inventada pelo menos com a mesma finalidade de desencaminhar (*mislead*) e derrotar os inimigos, como para se comunicar com os amigos, e é muito difícil usar a mesma língua que está bem adaptada para mentir, enganar, evadir, com o objetivo de nos aproximar da verdade.

Destarte, Bion nos mostra como, nas personalidades psicóticas, e muito mais especificamente nos esquizofrênicos, a linguagem pode ser empregada de três maneiras: como um modo de *acting*, como um método de comunicação e como um modo de pensamento.

Assim, o paciente usa as palavras como se elas fossem coisas, ou como partes cindidas que ele trata de colocar dentro do analista, a fim de que este se identifique com os seus objetos internos, não só como uma forma de comunicação primitiva, mas também como uma maneira de forçar as contra-atuações. Da mesma forma, a linguagem pode ser utilizada por esses pacientes regressivos para provocar uma cisão no analista, e Bion ilustra essa situação com um paciente que o incitava a dar duas interpretações ao mesmo tempo. Ele reforça essas afirmativas, dizendo que o pensamento verbal dos pacientes psicóticos está entremeado de relatos de catástrofes e de uma dolorosa emoção de depressão, e, por isso, esse paciente recorre à identificação projetiva, dissocia o pensamento e o projeta para dentro do analista, e "outra vez os resultados são desgraçados para o paciente, que agora sente que a falta dessa capacidade lhe parece como estar ficando louco".

Ainda em relação ao emprego da linguagem, outro aspecto importante apontado por Bion é o que diz respeito à possibilidade de que as palavras sejam usadas de forma estereotipada, com o desgaste do sentido original, inclusive por parte do analista em suas interpretações. Consoante com isso, em *Conversando com Bion* (1992, p. 79), ele compara o desgaste da palavra com o de uma moeda em circulação permanente, e, em *Evidência* (1976), afirma que cada analista deve forjar a sua própria linguagem, com o uso de palavras suas que conheça e saiba como utilizar, cuidando para que não se desgastem pela rotina e não percam o seu verdadeiro significado.

É claro que este capítulo poderia ser completado não somente com um maior detalhamento de cada uma das funções do ego que foram abordadas, como também com muitas outras que mereceriam um enfoque particularizado. No entanto, o objetivo do texto, aqui, se restringiu a demonstrar o quanto Bion valorizou o fato de que a psicanálise não se limita à resolução de conflitos e sentimentos inconscientes; ela deve, antes, visar ao desenvolvimento, ou ao resgate, de importantes capacidades egóicas do analisando, as quais este não está querendo ou conseguindo utilizar por estarem ocultas dentro dele, fragmentadas ou projetadas em outras pessoas, às custas do seu esvaziamento pessoal.

Nesse contexto, pode-se dizer que a psicanálise adquire uma dimensão a mais, que é pouco mencionada pelos autores: a de "educar" o analisando para um melhor uso das capacidades e funções do seu ego consciente. É útil deixar claro que o termo "educar" deve ser significado de acordo com a sua etimologia, de *ex* (para fora) e *ducare* (dirigir), ou seja, o analista simplesmente possibilitará que potencialidades latentes do ego sejam dirigidas ativamente para a vida exterior. Portanto, nesse contexto, "educar" é muito diferente de "ensinar", cuja etimologia, composta dos étimos *en* (dentro de) e *signare* (colocar signos), mostra que, neste último caso, o analista estaria exercendo uma função mais pedagógica do que psicanalítica.

Creio que a melhor ilustração de que em psicanálise os aspectos conscientes têm tanto valor quanto os inconscientes, da mesma forma que é importante considerar a inter-relação, ativa e binocular, entre o inconsciente e o consciente, é dada pelo próprio Bion (1973, p. 103):

> Certos pacientes não conseguem [...] ouvir o que eles próprios falam. Não têm respeito pelo que já sabem, de modo que sua experiência e conhecimento não lhes são úteis. A pergunta não é apenas acerca do relacionamento do paciente com o analista, mas do relacionamento do paciente consigo, que pode ser de tal maneira ruim que ele nem mesmo consegue fazer uso do que já sabe. Nada se pode fazer a respeito do seu conhecimento inconsciente, porque ele *não usa o seu conhecimento consciente*. [Grifo meu]

É necessário enfatizar a importância que Bion concedeu à análise do ego consciente, e, para tanto, impõe-se transcrever a seguinte afirmação que pronunciou em Buenos Aires, numa conferência (a qual, literalmente transcrita, compõe o Capítulo 30 deste livro – "Uma Conferência de Bion sobre a Prática Psicanalítica"):

Deve-se adotar o critério de que, em psicanálise, há uma participação consciente, de que a análise é um trabalho que se realiza conscientemente, como qualquer outro trabalho, e que, como psicanalistas, tendemos inevitavelmente a desenvolver preconceitos como resultado de nossa tarefa. Existem todos os motivos para se acreditar na importância do inconsciente e, por isso, tendemos a esquecer que *o consciente é ainda mais importante*, e o é para o psicanalista quando está psicanalisando. [Grifo meu]

Comentários

Por considerar que a "análise do consciente" – em concomitância, é claro, com a clássica análise do inconsciente – é necessária e importante em todo tratamento psicanalítico, julguei útil tecer algumas reflexões, proposições e considerações que colhi ao longo de minha experiência de prática analítica, de forma mais restrita ao que diz respeito ao que se passa na situação do campo analítico.

1. O clássico aforismo freudiano, na época pioneira, de que a análise consistiria em *tornar consciente tudo aquilo que era inconsciente* adquiriu uma outra dimensão e compreensão na atualidade, a de que, mais importante do que essa máxima de Freud, é que o analista perceba – e assinale para o seu paciente – como se processa a *comunicação entre o consciente e o inconsciente* de um mesmo sujeito, num permanente trânsito de duas mãos entre ambas as instâncias.

2. Por outro lado, sou daqueles que acreditam que as *defesas utilizadas pelo ego consciente* possam se estruturar de formas mais rígidas e difíceis de desfazer do que as do inconsciente, porque elas podem ficar muito fortemente organizadas e, às vezes, esclerosadas pelo uso maciço de racionalizações conscientes ou por um deliberado "juramento" de que nunca se vai querer mudá-las.

3. Um dos importantes objetivos da análise do consciente é que o paciente venha a construir uma capacidade de *exprimir sentimentos diferentes, com palavras diferentes*, de sorte a desenvolver as capacidades de *discriminação, simbolização, síntese* e *nomeação* das experiências emocionais. Tudo isso está de acordo com a importância que a psicanálise atribui à *função sintética do ego,* que permite simbolizar significações opostas simultaneamente.

4. A meu juízo, talvez o aspecto mais importante da análise do consciente consista em desenvolver no paciente a capacidade de – conscientemente – *reconhecer e assumir o seu quinhão de responsabilidade* por tudo aquilo que ele pensa, diz e faz. Vou exemplificar com uma situação trivial na clínica cotidiana: o leitor há de concordar que, freqüentemente, diante de um assinalamento interpretativo que se dirige a algum aspecto oculto e desconhecido pelo paciente e lhe pega de surpresa (aliás, essa me parece ser a mais eficaz das intervenções interpretativas), este costuma se defender com a exclamação imediata: "só se isso for inconsciente", ao que costumo redargüir de imediato: "sim, mas a quem pertence o seu inconsciente?", intervenção essa que quase sempre provoca no paciente o impacto da surpresa, que, logo, vem seguida de reflexões.

5. Apesar da singeleza desta última colocação, ela tem se mostrado de grande valia analítica, no sentido de fazer com que o paciente troque o papel de observador (como se o inconsciente dele fosse um terceiro, um corpo estranho a ele) pelo papel de participante direto, assumindo, assim, a sua parte de responsabilidade por tudo que se passa com ele.

6. De forma análoga, também utilizo bastante o recurso tático de fazer o paciente comprometer-se afetivamente com aquilo que narra de forma intelectualizada. Explico melhor: toda vez que um paciente – notadamente os que usam de forma exagerada o recurso da intelectualização, como são os obsessivos, os narcisistas e alguns pacientes da área "psi" – emprega termos técnicos (as minhas "projeções", a minha "angústia de separação", etc.) ou palavras significativas no curso do seu discurso na sessão (amor, ódio, angústia, medo,

depressão), costumo pedir que esclareça melhor qual o significado que tal ou qual palavra representa para ele.

7. Considero esse procedimento relevante, por duas razões: uma é que beneficia a comunicação do analista com o paciente, tendo em vista que uma mesma palavra costuma ter para o paciente, muito mais freqüentemente do que cremos, um determinado significado bastante distinto daquele presente no vocabulário cognitivo e afetivo do terapeuta. A segunda razão consiste em que o paciente é instado a refletir e a dar cores afetivas àquilo que tinha pronunciado de forma mecânica, com a suposição de que o analista estaria sempre algo magicamente sintonizado com aquilo que é muito específico do analisando, e entendendo-o (no entanto, às vezes, a vagueza das palavras tem a finalidade inconsciente de impedir o analista de entender o que realmente se passa nas profundezas do seu inconsciente). Para dar um único exemplo: é comum que, quando um paciente me diz que "ama" um outro, e eu peço que me clareie o que considera ser o seu sentimento de amor, surjam exemplos de uma forte tonalidade sadomasoquista, ou outras de patologias equivalentes, que são muito diferentes daquilo que num primeiro momento eu entenderia por "amar e ser amado", o que possibilita uma análise mais intensa e extensa, contando com a participação consciente do paciente.

8. A psicanálise começa a ceder algum espaço para as correntes *cognitivas e comportamentais,* que se fundamentam sobretudo em uma participação consciente de uma tomada de conhecimentos e adoção dos respectivos comportamentos, o que, em grande parte, se trata de uma fundamental *função do ego consciente.* Entendo que cabe à escola lacaniana o mérito de ter priorizado o aspecto da valoração da função cognitiva na prática analítica.

9. Dentre as funções nobres do ego consciente, além daquelas já antes destacadas, cabe dar um relevo especial à capacidade de fazer *sínteses,* o que é muito diferente de simplesmente fazer resumos, porquanto alude mais diretamente à função de juntar aspectos dissociados, às vezes contraditórios e opostos, criando um novo significado.

10. Virtualmente, sempre existe uma intersecção do presente com o passado e com o futuro, de modo que certas lembranças são de idéias (conteúdos) fracas, porém de emoções poderosas. Penso que, na prática analítica, as frases que seguem podem ser de muita utilidade para aqueles pacientes que gastam uma intensa energia psíquica para manter suas repressões inconscientes, em vez de deixá-las aflorar no consciente e de assumi-las conscientemente. Com outras palavras, seria analiticamente muito proveitoso se o analista pudesse plantar no psiquismo consciente do paciente sementes que o levassem a pensar: *a melhor forma de eu esquecer é recordar; não consigo esquecer aquilo que não posso (ou não quero) lembrar!; eu não presto atenção ao presente se estou obcecado pelo futuro,* etc.

11. Isso faz lembrar outra importante afirmativa de Bion (1971, p. 103):

> certos pacientes não têm respeito pelo que já sabem e, por isso, a sua experiência e conhecimentos não lhes são úteis. Nada se pode fazer a respeito de seu conhecimento inconsciente, porque ele não usa o seu *conhecimento consciente* de modo a estabelecer ligações dele consigo mesmo.

12. É muito importante que o paciente faça um adequado uso das funções do seu ego consciente, *e o mesmo vale para o analista.* Vou me limitar a um exemplo que se refere ao importante conceito de Bion de *capacidade negativa* (a capacidade de o terapeuta ser "continente" dos sentimentos "negativos" despertados nele pelo paciente, como não estar entendendo o que se passa na situação analítica, ou estar confuso, com tédio, raiva, sensação de paralisia ou impotência, etc.). O importante a enfatizar é que tais sentimentos são normais em qualquer analista, no entanto, para que não se perca na sua contratransferência, é necessário que ele faça *uso do seu ego consciente* para reconhecer e discriminar esses sentimentos "negativos", de sorte a conseguir se harmonizar com eles como sendo naturais e, se possível, transformá-los em um excelente instrumento

analítico a partir do desconforto que sente: refiro-me à construção de uma *empatia*.

13. Um outro recurso técnico que costumo utilizar, com o objetivo de que o paciente confronte o seu inconsciente com o consciente, é enfatizar a validade e adequação de suas produções inconscientes – portanto com uma predominância do seu lado ilógico e irracional –, porém, a um mesmo tempo, acrescentando uma pergunta diretamente dirigida ao seu consciente, como: "...e o que é que o seu lado lógico, aquele que sabemos que raciocina muito bem, está achando disso que o seu outro lado acabou de dizer?".

14. Creio que essa tática, que visa a levar o paciente a dialogar consigo mesmo, com partes opostas e contraditórias que convivem dentro de si, seja especialmente importante para certos pacientes, como, por exemplo, os "antianalisandos", nome dado por MacDougall (1972) àqueles pacientes que, apesar de serem honestos e esforçados, e de cumprirem todos os requisitos e combinações do *setting*, não fazem mudanças verdadeiras, devido a uma férrea oposição oriunda de uma parte deles que, por razões distintas, fez uma espécie de "juramento" de nunca mudar de verdade. Um segundo exemplo pode ser o daqueles pacientes que costumam fazer uma, bastante freqüente, *dissociação entre o que dizem e o que, de fato, fazem*.

15. *Uma vinheta clínica*, para exemplificar: um paciente que é particularmente bem-sucedido na sua área profissional e que manifestamente colabora com a tarefa analítica demonstra um radicalismo extremo, através de uma série de racionalizações, quando se trata de permitir um apego afetivo maior com quem quer que seja. Provoca sua mulher até o extremo de ela não agüentar mais (nos primeiros tempos, tentava fazer o mesmo comigo) e pedir uma separação definitiva. Ele entra, então, em estado de angústia, fica carinhoso com ela e a presenteia, de modo que tudo volte às boas. Ao me contar o fato, queria me "presentear" com a boa nova de que estava fazendo mudanças no seu jeito de ser. Apontei que situações idênticas têm sido bastante repetitivas com a sua esposa, e que tudo recomeça de uma mesma forma. Perguntei ao seu consciente se ele achava que era uma mudança verdadeira ou se não era mais do que o emprego de uma nova tática bem-sucedida, o que é diferente de mudança. Depois de pensar bastante, definiu-se pela segunda possibilidade. A seguir, perguntei se ele realmente queria mudar. Como sempre faz, começou uma longa digressão, ao que lhe assinalei que estava "enrolando" para não assumir uma responsabilidade consciente daquilo que quer, ou não quer, mudar. Novamente fez um prolongado silêncio pensativo e, numa voz tímida, admitiu que *sabe* que não quer mudar. É claro que continuamos trabalhando nas razões inconscientes, que, no caso dele, eram os sentimentos de ter se sentido, quando criança, humilhado pelo pai – que o desqualificava –, e pela mãe – que o teria traído na velada esperança de que ele seria sempre seu "filho único". Da mesma forma, sua mulher o estaria traindo por ainda manter um forte vínculo com os filhos de um casamento anterior. Como represália às primitivas humilhações, decepções e ilusões, ele fez o "juramento" de nunca mais depender de ninguém e de que "jogaria" com as pessoas. Penso que, a partir de uma assunção mais clara e consciente de sua responsabilidade nos destinos de seus vínculos, como o conjugal e o analítico, a análise tomou um rumo diferente.

16. Um outro *exemplo clínico* que pode ser dado é aquele que ilustra a situação corriqueira dos pacientes que fazem uma dissociação entre uma tomada de posição consciente, seguida de uma sabotagem do inconsciente, tal como acontece quase que sistematicamente nos vínculos *tantalizantes*, conforme está descrito no Capítulo 17 deste livro. Assim, evoco o caso de uma paciente que estava "enrolada" num vínculo dessa natureza, que "não atava nem desatava" e, cada vez que tinha uma recaída, atribuía a "alguma circunstância especial que a pegara desprevenida". Senti que ela colocava nos pais e em mim um sentimento de vergonha e de fracasso por não estar cumprindo as suas "promessas" de terminar definitivamente com uma "ligação tão louca" que ela não merecia. Sempre expunha essa mesma tese,

embora, no curso da análise, explicitamente eu assinalasse o uso indevido de suas promessas, tanto porque seu inconsciente não deixaria que ela as cumprisse como também porque, diferentemente do que atribuía a mim, eu não alimentava expectativas que não aquelas de que ela se tornasse uma pessoa livre para tomar decisões, desde que se dispusesse a analisar os prós e os contras. Com outras palavras, ela foi incentivada a pôr o seu consciente a dialogar com o que já conhecia do seu lado inconsciente, de modo a assumir a responsabilidade pela decisão que livremente tomasse, com as possíveis vantagens ou riscos.

17. *Uma terceira vinheta clínica*. O próprio fato de um paciente estar em terapia analítica pode lhe servir como uma "resistência", ou até mesmo um estabelecimento de um conluio resistencial com o seu terapeuta. O exemplo que segue é o de um paciente (de um supervisionando) que, em todas as sessões, se queixava de que estava sendo roubado pelo seu sócio, mas nada fazia, enquanto as suas reservas econômicas estava rapidamente se esvaindo. Nenhuma interpretação adiantava, o tempo passando célere, e o paciente sempre repetindo o mesmo chavão: "minha esperança é que vou resolver isso na análise". A situação só modificou quando o analista fez uma ameaça dirigida ao *ego consciente* do paciente: "ou dás logo um jeito de esclarecer isso com o teu sócio, ou terminamos a análise até o fim desta semana, porque senão ficaremos numa eterna masturbação". É claro que se trata de uma intervenção excepcional, mas o exemplo serve para acentuar o fato de que o analista não pode aceitar o convite do paciente para contraírem um conluio inconsciente, ou até consciente, tornando-se, com sua complacência, um cúmplice do lado doente do paciente, no caso, masoquista. Da mesma forma, a "chamada" ao consciente do paciente visou a trazê-lo para o mundo da realidade e, no lugar de esperar soluções mágicas, vir a assumir conscientemente a sua responsabilidade pelos destinos de sua vida.

18. Também costumo utilizar um outro recurso tático para auxiliar certos pacientes a desenvolver a *capacidade para pensar*, como pode ser mais bem explicitado nesta breve vinheta, colhida numa supervisão: um paciente muito regredido, que tem a sensação algo delirante de que exala um terrível odor fétido (correspondente à sua fantasia de que seu interior está prenhe de sujeiras, com coisas nojentas e perigosas), diz à terapeuta que tem muitas coisas para falar, mas que não vai falar porque não quer. A terapeuta, muito acertadamente, assinalou que respeitaria a sua vontade e que, quem sabe, num futuro, quando tivesse mais confiança nela, ele falaria. A minha sugestão foi que, indo além dessa acertada atitude de respeito ao ritmo do paciente e de reasseguramento de que ela não tomaria medidas de imposição ou de retaliação (como os pais dele, no passado, faziam), a analista poderia fazer uma pergunta singela da seguinte maneira: "é claro que tens liberdade para falar ou não, porém o mais importante é que te animes a dizer o que achas que aconteceria entre nós caso resolvesses contar" (aquilo que, podemos inferir, ele considera como sendo coisas fétidas). O propósito dessa intervenção é estimular o paciente a pensar, conscientemente, não só a seqüência do seu pensamento, mas também as conseqüências, por ele imaginadas, na situação analítica, de sorte a promover uma conversa dialética entre paciente e terapeuta.

19. Alguns pensadores, como Paul Ricoeur (1978), usam a expressão "dialética da consciência" para referir que a tomada de consciência passa pela consciência do outro, assim como também passa pela consciência do analista, no caso da situação analítica (sempre levando em conta a necessidade vital de encontrar um "reconhecimento").

20. Muitos adultos têm a experiência de atingir consideráveis mudanças na estrutura da personalidade sem terem tido qualquer experiência de tratamentos de base psicanalítica. Isso se deve ao fato de serem pessoas que tinham em si a capacidade de *introspecção*, ou seja, de aprender com novas experiências, de integrá-las e de vir a modificar-se. A palavra "introspecção" – que, segundo alguns dicionários, designa o "exame da alma" – deve ser entendida como o exame de conteúdos, de pensamentos e de afetos que estão no *consciente*.

21. Também vale consignar que os seres humanos são de uma natureza excepcional dentre os seres vivos devido à sua função de consciência, a qual serve de base à capacidade para desenvolver ações voluntárias de um tipo especial: ações que são motivadas por *razões*, e não por *causas*.

22. Tudo o que foi dito conduz a uma interessante reflexão: uma auto-reflexão psicanalítica consciente pode suspender a causalidade psíquica e transcendê-la? Muitos autores acreditam que sim. Particularmente, enfatizo que o analista deve proceder, ao longo da análise, a feitura de um *mapeamento do psiquismo* (nome que venho propondo), a fim de desenvolver no paciente (parto do princípio de que o analista já tem o seu próprio "mapeamento" razoavelmente bem estabelecido) um conhecimento consciente de que é possuidor de distintas regiões psíquicas, e de que é preciso reconhecê-las e discriminá-las para, só então, encontrar um diálogo interno entre as suas partes contraditórias e opostas, conquistando uma harmonia interior.

Está crescendo a corrente de analistas que acreditam que a *psicanálise* deveria esforçar-se para aproximar a sua interação com a *psicologia cognitiva* ou, indo um pouco mais longe, com uma futura fusão delas com a moderna *neurociência*, tal como aprega o psicanalista Erik Kandel (1999), destacado neurocientista que recebeu o prêmio Nobel de 2000. Nesse trabalho, Kandel menciona duas assertivas proféticas de Freud que robustecem essa visão integradora e mutuamente enriquecedora entre a psicanálise e a neurobiologia, dando uma nova dimensão à ciência psicanalítica, que não aquela centrada unicamente no inconsciente.

Assim, primeiramente Freud afirma em "Sobre o Narcisismo" (1914): "Devemos lembrar que todas as nossas idéias provisórias na psicologia irão presumivelmente um dia se estruturar a partir de base orgânica". A segunda citação de Freud, em "Mais Além..." (1920), é ainda mais expressiva:

> As deficiências em nossa descrição possivelmente desapareceriam se já nos encontrássemos aptos a substituir termos psicológicos por fisiológicos ou químicos. Podemos esperar da fisiologia e da química as mais surpreendentes informações, visto que é impossível prever que respostas retomarão, em umas poucas dúzias de anos, às indagações formuladas por nós. Elas poderão ser de tal natureza a varrer toda a nossa estrutura artificial de hipóteses.

Uma leitura atenta dessa citação permite evidenciar que Freud antecipou a importância de que as experiências emocionais pudessem ser nomeadas como fenômenos psíquicos, com grande participação concreta da fisiologia e da química cerebral, de sorte a serem com mais facilidade reconhecidas pelo ego consciente.

Em resumo, pode-se dizer que a *escuta clínica* – parte importantíssima do processo analítico – vem sofrendo transformações na análise, permitindo uma maior participação da percepção cognitiva consciente nas interações com o que provém do inconsciente.

24

Resistência-Contra-resistência

Conquanto os termos "resistência" e "contra-resistência" não apareçam com muita freqüência nos textos de Bion, é inegável que ele foi um dos autores que mais contribuíram com concepções originais acerca do entendimento e do manejo técnico do fenômeno resistencial-contra-resistencial que, em formas e graus variáveis, está presente em qualquer análise.

O título deste capítulo une com um hífen os conceitos de resistência e contra-resistência – embora, por conveniência didática, eles possam ser abordados separadamente – a fim de mantermos uma fidelidade ao espírito analítico de Bion, que não concebia qualquer fenômeno do campo da análise sem uma reciprocidade interativa entre analisando e analista.

Não é difícil depreender dos escritos de Bion que, embora ele reconheça o caráter obstrutivo e maligno que representa para a evolução de alguma análise o emprego de certas formas resistenciais, sua maneira prioritária de encará-las é considerando que as resistências manifestas no curso da análise reproduzem a estrutura caracterológica do ego do paciente e são um indicador fiel de como esse paciente se defende e se comporta na vida real. Isso fica bem claro na analogia que Bion traça com o fato de que se pode reconhecer com facilidade qual a natureza de uma determinada árvore não-identificada, a partir do aparecimento dos seus frutos. Essa posição de Bion em relação à importância positiva do surgimento das resistências no processo analítico aparece, muito bem sintetizada, nesta citação de Green (1986, p. 140): "Inversamente ao que muitos pensam, a resistência não é o que nos impede de perceber o inconsciente, ao contrário, é quando existe resistência que sabemos existir o inconsciente".

Da mesma forma, Bion concebia as resistências como uma construção do ego do indivíduo para se defender dos perigos, reais ou imaginários, que lhe parecem ameaçar. Em muitos casos, como é a regra em pacientes muito regressivos – atualmente conhecidos como "pacientes difíceis" ou "pacientes de difícil acesso" – trata-se de uma hipertrofia defensiva de que esse paciente lança mão, a fim de garantir a sua sobrevivência psíquica ante o terror do desamparo e do aniquilamento. Este parágrafo que alude ao fenômeno resistencial como uma técnica egóica de salvaguardar a vida torna-se mais compreensível considerando o que nos ensina a etimologia da palavra "resistência", a qual é composta pelos étimos latinos "re" (de novo, mais uma vez) e "sistere" (continuar a existir). Dessa forma, resistir está a serviço da vontade de viver ("ex-istir"); e o contrário disso, ou seja, "de-sistir", seria funesto.

Em meu entendimento, percorrendo a obra de Bion, creio que cabe afirmar que, além das clássicas bem-conhecidas e multiformes modalidades resistenciais, esse autor, no curso de seus estudos sobre as personalidades psicóticas, descreveu quatro tipos a mais, que, pela originalidade de sua abordagem e pela freqüência de surgimento também nas personalidades neuróticas, embora de forma mais dissimulada, merecem ser abordados separadamente. Sem levar em conta os seus importantes estudos, já tratados em outra parte deste livro, acerca da resistência que o *establishment* grupal move contra o indivíduo místico (ou "gênio") que o ameaça, os quatro tipos de resistências antes aludidos são o ataque aos vínculos, a reversão de perspectiva, a criação de um "super" superego e o uso da linguagem a serviço da resistência.

ATAQUE AOS VÍNCULOS

Com o termo "ataque à vinculação" – título de um trabalho de 1959 que é considerado por muitos autores como um dos mais originais e criativos da literatura psicanalítica –, Bion se refere aos ataques que a "parte psicótica da personalidade" do paciente dirige contra qualquer coisa que ele sente como tendo a função de vincular um objeto com outro.

Bion considerou os ataques fantasiados ao seio ou ao pênis primitivo como o protótipo de todos os ataques aos demais vínculos que estudou, como, por exemplo, os ataques contra eles que o analista estabelece com seu paciente por meio das recíprocas emoções emergentes na situação analítica e contra os vínculos possibilitados pela comunicação verbal.

Nesse mesmo trabalho, Bion ilustra os diferentes tipos de ataques aos vínculos com exemplos clínicos de pacientes portadores de uma personalidade psicótica. Assim, em um primeiro exemplo, relata o caso de um paciente cuja gagueira impedia que a linguagem fosse utilizada como um vínculo com o analista. Em um segundo caso, o paciente dormia nas sessões, e isso significava para ele que a sua mente, fragmentada, fluía por meio de identificações projetivas, como uma corrente de partículas agressoras. Um terceiro exemplo alude a alucinações visuais pelas quais o paciente negava e atacava a visão do coito dos pais. Um quarto caso descreve como uma paciente jovem, que estava criando um vínculo afetivo e criativo com Bion, atacou esse vínculo, convertendo-o em uma sexualidade hostil e agressiva, assim tornando estéril a parelha analista-paciente. Num quinto exemplo, o paciente fragmentava a sua capacidade para julgar e, por não dissociar os seus sentimentos de culpa dos sentimentos de responsabilidade, impedia um vínculo com o analista, atribuindo a este ora a responsabilidade, ora a culpa pelo que lhe ocorria. Em um sexto exemplo, a projeção sobre o analista de um superego altamente perseguidor impedia um vínculo criativo.

Como observa o próprio Bion, todos esses exemplos clínicos de ataque aos vínculos procedem de uma condição esquizoparanóide, e ele insiste no fato de utilizar o termo "vínculo" (também aparece traduzido como "elo de ligação"; no original, *linking*) para ressaltar que, na situação analítica, a relação do paciente não é tanto com o psicanalista como um objeto, mas sim com uma função do analista. Afirma Bion: "interessam-me não só o seio ou o pênis ou o pensamento verbal, mas também a sua função de proporcionar um vínculo entre dois objetos".

Assim, os ataques ao analista se devem não tanto ao conteúdo das interpretações, mas ao fato de que ele está compreendendo a tarefa de interpretar, porquanto a interpretação bem-sucedida representa um elo, uma conexão entre dois pensamentos, caracterizando uma interligação humana. Os pacientes que priorizam os ataques aos vínculos das interpretações são justamente aqueles que se mostram empenhados em provocar uma desunião ou estabelecer uniões estéreis entre eles e seu analista e entre eles e eles próprios (1959, p. 141).

Na prática analítica, tais pacientes são sempre "do contra" em relação às interpretações, por uma obediência ao objeto interno da parte psicótica da personalidade, a qual se opõe a qualquer tipo de vínculo e o destrói.

O ataque aos vínculos das emoções e das percepções atinge o seu grau máximo quando vem acompanhado de uma *arrogância insultante*, de uma *estupidificação* (uma espécie de "emburrecimento") e de uma *curiosidade invasiva*, mediante um processo em que há uma permanente e crescente desvalorização e um desprezo pelas pessoas em geral, e também contra a análise, o analista e suas interpretações, na situação analítica em particular.

A respeito disso, o seguinte trecho de Bion (1992a, p. 228) me parece muito ilustrativo:

> Se, daquilo que o paciente pode ver ou sentir a meu respeito, ele sabe que existem determinados sons que eu acho muito difícil de tolerar – como "Sim, eu sei", "Eu quero dizer", "Você sabe", "Não entendo o que você quer dizer" –, então ele pode me bombardear com essas afirmações; pode me inocular com essa espécie de soporífero verbal. Como em Hamlet, o veneno pode ser pingado no ouvido, de tal forma que se destrói a capacidade analítica da pessoa.

Na análise, a resistência desses pacientes fronteiriços deve ser em parte atribuída aos ataques destrutivos aos vínculos em três sentidos:

a) destruição da capacidade para a curiosidade, com a conseguinte incapacidade para o aprendizado;
b) ataque à percepção da mente do analista, originalmente a da mãe;
c) ataques aos vínculos entre o paciente e os outros do seu ambiente, ou entre os aspectos distintos de sua própria personalidade.

Quanto à origem dos ataques aos vínculos, além de considerar o fator de inveja do paciente contra o analista que se mostra tranqüilo e capaz, Bion destaca sobremaneira a capacidade ou incapacidade de o analista (mãe) conter a agressão destrutiva.

Vale mencionar que, segundo Bion, a falha do uso do continente, seja a mãe como depositária dos sentimentos da criança seja pela inveja e ódio do paciente em relação ao analista, destrói o vínculo e leva à pertubação do impulso à curiosidade, da qual depende a capacidade de aprender, afetando, assim, o desenvolvimento normal do indivíduo.

A propósito desse bloqueio de curiosidade, Bion faz a importante recomendação técnica de que o analista não deve valorizar, e muito menos insistir, nos "porquês", porquanto esse paciente ainda não tem condições de compreender as coisas e se queixa de estados de ânimo dolorosos.

Quanto aos ataques ao vínculo analítico como sendo equivalentes a um ataque ao estado receptivo da mente do analista, originariamente da mãe, os meios que a parte psicótica da personalidade desse paciente utiliza para entorpecer a capacidade perceptiva do analista podem ir ao extremo de *actings* malignos, atos delitivos e ameaças de suicídio.

Dessa forma, é importante registrar que a parte psicótica da personalidade – mesmo não recorrendo às suas próprias resistências manifestas, porém fazendo com que se multipliquem as contra-resistências em seu analista – pode conseguir o mesmo resultado obstrutivo da análise, porquanto o vínculo perceptivo fica igualmente atacado.

Uma das formas de o paciente *atacar o vínculo do conhecimento* é atacar a função de "pensar" do analista, especialmente pelo uso de sua *linguagem*, para obrigar que o terapeuta pense dentro dos parâmetros que o paciente impõe, tomando as hipóteses como fatos reais ou impondo os "porquês", de modo a direcionar a sessão.

Em resumo, pode-se dizer que, na comunicação com o analista, os ataques aos vínculos, com os quais a parte psicótica boicota a parte não-psicótica da personalidade, se processam contra os vínculos que interligam as percepções e as emoções e principalmente contra os obstáculos do conhecimento das verdades (K e -K), tanto no plano da realidade exterior como na formação do pensamento verbal, assim impedindo as correlações afetivas e ideativas que dariam lugar à – depressiva – noção de responsabilidade.

Bion conclui afirmando que, nos casos em que o ataque aos vínculos for intenso e predominante, o indivíduo poderá manter relações aparentemente lógicas, quase matemáticas, porém nunca emocionalmente adequadas. Esses vínculos sobreviventes adquirem um caráter perverso, cruel e estéril e, como já foi dito, estão associados com arrogância, estupidez e uma curiosidade maligna.

Uma importante aplicação na prática psicanalítica, que decorre do ataque aos vínculos (-K), é esclarecida admiravelmente por Green (1986, p. 191), que, com base em Bion, afirma:

> [...] o trabalho do analista não pode contentar-se em analisar, mas deve religar. Eu diria que, mais do que uma síntese, é uma análise do contrário; quer dizer, é a análise afetada por um sinal de menos (–) de tal forma que não se trata de decompor, mas de juntar, e juntar não é inteiramente a mesma coisa que a síntese, pois a síntese consiste em fazer uma totalidade, ao passo que juntar consiste em criar uma nova "re-ligação", isto é, ligar de outro modo.

Para concluir, é importante considerar que, por mais que a parte psicótica da personalidade dos indivíduos ataque os vínculos, há sempre uma parte do *self* que está em uma constante busca da restauração desses mesmos vínculos perdidos. Isso pode ser observado em diversas áreas humanísticas, como em "co-memorações" sociais (as ligações entre as memórias de cada um, para assegurar a manutenção da *memória* coletiva); na função da Igreja (do grego *eclésia*, assembléia, convocação) e da religião (de *re-ligare*); em inúmeros exemplos da mitologia; e naturalmente na situação analítica, a qual fundamentalmente visa à reintegração das partes do paciente que estão dissociadas e desvinculadas entre si. O todo contém as partes, e estas, vinculadas, permitem "re-des"-"cobrir" o todo.

REVERSÃO DA PERSPECTIVA

A "reversão da perspectiva" (RP), conceito que Bion introduziu em *Elementos de psicanálise* (1963), nos Capítulos 11, 12 e 13, se constitui como uma das suas mais importantes e originais contribuições. Ela é extremamente útil para que o psicanalista perceba mais claramente uma forma resistencial muito utilizada por pacientes portadores de uma hipertrofiada parte psicótica da personalidade, ou, usando uma terminologia mais em voga, por pacientes que têm uma forte estrutura narcisista.

O fenômeno de RP consiste basicamente no fato de que o paciente que a utiliza mantém com o analista um acordo manifesto e um desacordo latente, tendo em vista o fato de que, formalmente, se trata de um paciente assíduo, colaborador, gentil, que admite e "aceita" as interpretações, porém, no fundo, as desvitaliza, revertendo o significado dessas interpretações às suas próprias e rígidas premissas. Assim, o pressuposto manifesto de que o analista é o analista e o paciente é o paciente pode ficar desvirtuado num desses domínios do desacordo que se passa em silêncio.

A RP não tem o mesmo significado de um distúrbio do pensamento ou de um controle obsessivo e também não alude ao problema da falsidade; na verdade, está mais próxima de um perverso que quer impor as suas premissas, como a homossexualidade, por exemplo.

Da mesma forma, esse fenômeno resistencial não se restringe unicamente a uma reversão do conteúdo das interpretações do analista às premissas estáticas do paciente; ele também se estende a uma convicta suposição das intenções que ele empresta às interpretações do analista, às quais o paciente atribui, de forma silenciosa, uma significação de propósito moralista ou doutrinário.

Por um outro lado, é útil estabelecer uma diferença entre os conceitos de "reversão da perspectiva" e "perspectiva reversível", tendo em vista que alguns autores os utilizam indistintamente (a meu juízo, de forma equívoca) como se fossem sinônimos. Enquanto o primeiro deles é uma forma resistencial, conforme foi delineado, o conceito de "perspectiva reversível" é enaltecido por Bion (como aparece em *Experiências em grupos*, de 1961), pois alude ao *insight* e consiste na necessidade de o analista empregar uma técnica que propicie uma constante mudança de pontos de vista, de acordo com a sua recomendação de que é indispensável observar tanto o anverso como o reverso de toda a situação analítica. Nesse ponto, Bion compara essa situação com a de um cubo de muitas faces e utiliza o modelo de um desenho que tanto pode expressar um vaso como dois perfis humanos, tal como aparece na ilustração gráfica a seguir. Não se trata de uma falsidade imposta, mas, sim, equivale às premissas que levam alguém a ver dois rostos, quando, da mesma forma, poderia ver um vaso.

Tal desenho, que costuma ser empregado pelos que estudam a psicologia das formas e dos conteúdos e a sua analogia com a situação analítica, permite conceber o quanto o analista e o paciente podem estar falando sobre uma mesma coisa, observando um mesmo fato, ao mesmo tempo que podem estar falando e "vendo" coisas totalmente diferentes, em meio a uma relação que pode estar completamente estéril, caso ambos estejam com premissas distintas e com diferentes vértices de observação. Ou seja, nenhum progresso analítico é possível se não houver uma sintonia entre os vértices do paciente e os do analista.

A RP é um procedimento ativo do paciente e visa a tornar estática, paralisada, uma situação que é de natureza dinâmica. Bion denomina essa condição *splitting* estático, e diferencia esse estado de uma outra forma resistencial que nomeia *splitting* forçado. (Ver a conceituação dessas duas expressões no verbete *Splitting*, no Capítulo 6, deste livro.)

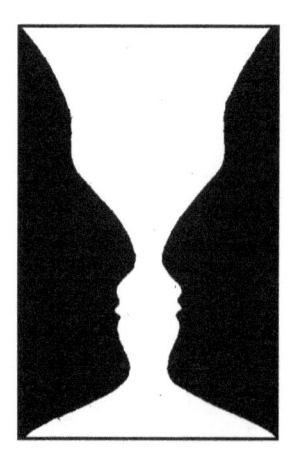

Vaso de Rubin: vaso branco num fundo negro? Ou dois perfis num fundo branco? (Extraído de Bléandonu, G., *Wilfred R. Bion: la vie et l'ouvre. 1897-1979*. Paris, Bordos, 1990.)

A modalidade de *splitting* forçado é descrita por Bion a partir do modelo de conduta de um lactante que, em uma relação tão conflituada com o seio da mãe, chegue ao ponto de deixar de mamar. No entanto, para não morrer de inanição e, ao mesmo tempo, para não sofrer tanto a dor da fome biológica e afetiva, retoma a mamada, porém com uma dissociação forçada entre a satisfação material provinda do leite e a satisfação psíquica devido à sua desistência do aconchego amoroso. Os pacientes que utilizam esse tipo de *splitting* forçado, no fundo, têm tanto medo de novas privações e decepções e, conseqüentemente, do incremento do seu ódio destrutivo (e da retaliação do outro) que evitam toda classe de sentimento, especialmente os amorosos. Como não conseguem sentir e expressar gratidão, costumam tratar os demais como meros provedores e, nos casos extremos, tratam os outros como se fossem inanimados.

Em relação à *prática clínica* com os pacientes portadores de uma significativa parte psicótica da personalidade, os seguintes aspectos relativos à "reversão de perspetiva" merecem destaque:

– Na RP há um mal-entendido na comunicação entre analista e paciente, e também entre as partes psicótica e neurótica dentro de um mesmo analisando. Dessa forma, a RP é relevante porque pode estar refletindo um debate surdo – não-verbalizado e também não-percebido – entre paciente e analista, porquanto ambos partem de supostos diferentes (o paciente tem o mesmo conceito de "cura" que o seu analista?, ele incorpora as interpretações ou acha que está sendo alimentado à força?, e assim por diante). Tudo isso não deve ser confundido com o fato natural, e útil, de, episodicamente, o paciente e o analista emprestarem significados discordantes acerca de um mesmo fato.

– Não se trata, no paciente, de um problema de inteligência, sensibilidade, seriedade ou distúrbio de pensamento, nem de inépcia do analista; na verdade, a essência da RP consiste em uma evitação da dor psíquica, do medo profundo de vir a ser humilhado ou cair em estado de dolorosa depressão. Por isso, ele recorre ao uso do "*splitting* estático", que lhe possibilita crer que não está em desacordo ou em conflito com o analista e que, portanto, não corre riscos de ficar desamparado. Como se observa, trata-se de uma situação egossintônica, e a tarefa do analista, postula enfaticamente Bion, é transformá-la em egodistônica, passá-la da situação estática para outra, dinâmica.

– Quando o paciente se apega com todas as forças resistenciais para manter estática a sua RP, pode ocorrer o surgimento clínico de breves momentos alucinatórios e delirantes, que consistem em uma forma ativa de "ver mal", "ouvir mal", "entender mal", ou de alguma somatização. Assim, é comum a ocorrência de ilusões e alucinações relativas à percepção e à memória, sendo que estas últimas costumam provocar grandes dúvidas e incertezas na própria memória do analista.

– Para manter a RP de que a análise não adianta, embora o paciente até possa estar crescendo realmente, ele precisa manter uma dúvida a respeito do valor da análise. Por isso, esse tipo de paciente costuma atribuir a sua melhora ao eventual uso de uma medicação, à realização de um bom negócio ou a um conselho que recebeu de alguém, e a obtenção de um *insight* eficaz ele credita a si próprio, inspirado que foi por um trecho de livro, por um filme, etc. O paciente também pode apelar para a execução de *actings* como uma forma de provar ao analista que este está errado, ou que a análise não adianta nada, mantendo, assim, estática a sua RP.

– A RP está intimamente ligada à dinâmica das interpretações, do *insight* e das mudanças. Assim, um dos critérios da prevalência da RP é quando tudo parece estar indo bem, mas o paciente não faz verdadeiras mudanças psíquicas.

– Pode-se afirmar que a RP está diretamente ligada ao narcisismo: o drama desse paciente é que ele não quer, ou não pode, aceitar a autonomia do outro e a sua necessidade deste; porém, paradoxalmente, precisa deste outro (o analista) para ser reconhecido em suas teses narcisistas. *Ele precisa da psicanálise e do psicanalista para provar que não precisa deles.*

– Habitualmente a RP é silenciosa; porém, às vezes, a verbalização do paciente permite notar uma distorção total da perspectiva das reais intenções do analista. Assim, o paciente pode supervalorizar ou depreciar desmedidamente alguma palavra, gesto ou atitude do analista; pode pegar uma parte do que o analista disse como se fosse um todo do que foi dito, etc., de tal maneira que fique certo que consegue "provar" que a sua tese prévia estava correta.

– No Capítulo 12 de *Elementos de psicanálise*, Bion alude ao conceito de RP tanto a partir das premissas de posições prévias do paciente como de uma suposição da intenção atribuída ao analista, por exemplo, de natureza moral ou doutrinária.

– Nas análises em que esses processos de reversão das perspectivas são muito exagerados, há um sério risco de se formar um impasse terapêutico, nos moldes como Rosenfeld (1978) descreve a "psicose de transferência", que, muitas vezes, não dá saída à análise (a palavra impasse deriva do léxico francês *im-pas,* ou seja, alude a uma condição tipo "beco sem saída").

– Também é necessário acrescentar uma forma de resistência bastante freqüente que consiste em o paciente, geralmente muito inteligente, fazer da análise um meio de aprender *acerca de* (com conotação mais intelectiva do que afetiva), no lugar de aprender *com* as experiências emocionais da vida, visto que esse difícil aprendizado é que lhe possibilitaria traçar um projeto de um *devenir,* isto é, de um *vir a ser, de fato.*

UM "SUPER" SUPEREGO

No último capítulo de *O aprender com a experiência* (1962), Bion introduz o conceito de um "super"ego, com características distintas da instância psíquica que classicamente conhecemos como superego.

Ele parte do princípio de que os pacientes psicóticos resistem ao máximo em renunciar à sua parte psicótica da personalidade, pois atribuem à mesma uma falsa crença de que sua arrogância onipotente seja a fonte de saúde e de força do seu *self.* Portanto, a necessidade de superioridade fica altamente idealizada, ao mesmo tempo que esses pacientes rejeitam e denigrem qualquer sinal, por mínimo que seja, de inferioridade ou fragilidade.

Para o paciente sustentar essa ilusão de superioridade, é necessário, antes de mais nada, atacar o vínculo do conhecimento, porquanto esse o levaria a uma realidade oposta e, portanto, muito dolorosa e inaceitável. Desse modo, através da utilização de -K, ele substitui o enfoque científico pelo moral e não possibilita a discriminação entre o verdadeiro e o falso, entre a representação simbólica de uma coisa e a "coisa em si mesmo". Dizendo com outras palavras: em nome de uma "superioridade moral" – com a crença ilusória de que tudo sabe, pode, ordena e condena –, são desfechados ataques resistenciais à busca da verdade.

Indo além, esse paciente criou o que Bion denominou "super"superego, como uma forma de diferenciá-lo do superego clássico, tendo em vista que o primeiro vai além do bem e do mal, do certo e do errado, do permitido e do proibido; está acima disso tudo (por isso creio que seria apropriado utilizar o termo "*supraego*"), nega a verdade, a ciência e a moral convencional e, para tanto, cria e segue um código de valores de normas e uma ética própria.

É importante registrar que esse paciente psicótico está tão convencido de que o seu "bem-estar" e sua "vitalidade" se devem às suas "partes más", que, em casos mais extremos, estas nem sequer precisam ser projetadas nos outros, ou seja, no analista.

A predominância de um "super" superego na estrutura psíquica se organiza como uma verdadeira autarquia narcisista e se constitui como uma das mais difíceis formas de resistência, exigindo, por parte do analista, uma grande capacidade de continência, empatia e, sobretudo, paciência.

A LINGUAGEM A SERVIÇO DA RESISTÊNCIA

Especialmente na abordagem de pacientes psicóticos, Bion deu uma especial relevância à forma como e à finalidade para a qual esses pacientes empregam a linguagem, verbal e não-verbal. Assim, partindo da premissa de que *muitas falas podem ser a própria resistência,* ele enfatizava que o paciente pode usar o discurso para auto-representar-se tal como julga que é e quer ser visto e, de forma veemente e falsa, tenta induzir o outro (no caso, o analista) a confirmar as suas teses ou acumpliciar-se dele, não raramente com o propósito de induzir o terapeuta a cometer *contra-actings* e também a contrair várias modalidades de inconscientes *conluios resistenciais-contra-resistenciais,* tal como está descrito a seguir.

CONTRA-RESISTÊNCIA

Como frisamos anteriormente, na concepção de Bion de que toda análise é sempre uma interação vincular, todo fenômeno mental do paciente, como a resistência, por exemplo, vai de alguma forma repercutir no analista, e vice-versa. Não obstante isso, é necessário diferenciar quando a resistência, inconsciente ou consciente, por parte do analista é originária dele próprio, ou quando é uma decorrência de um estado de contra-identificação.

Pode-se exemplificar isso pela forma como o analista utiliza a memória e o desejo na situação analítica: ele tanto pode estar sendo acionado pelas resistências do paciente – que podem induzir uma confusão em sua memória, assim como uma hipertrofia ou atrofia dos seus desejos – como também, independentemente de quem seja o seu paciente, pode utilizá-las a serviço de suas próprias resistências ao desconhecido. Nesses casos, diz Bion, o analista pode utilizar a sua memória como uma forma de possessividade controladora sobre o analisando, a partir de conhecimentos já passados, assim como o desejo do analista pode ser uma forma de controlar o futuro, sendo que em ambas as situações ele estará contra-resistindo ao presente. Vale reiterar que a personalidade psicótica pode não recorrer às resistências próprias no plano manifesto; fazendo com que se multipliquem as resistências em seu analista, ele consegue o mesmo resultado.

O que aqui importa consignar é que a resistência-contra-resistência mais séria e esterilizante de uma análise é aquela que se manifesta sob a forma de conluios inconscientes (os conscientes são melhor denominados como "pactos corruptos") entre o paciente e o analista. Esse conluio pode adquirir muitas modalidades, como uma muda combinação entre ambos de evitarem certos assuntos, ou uma recíproca fascinação narcisista, entre tantas outras. No entanto, a configuração de uma relação de poder sob uma forma sadomasoquista bem dissimulada é, de longe, a mais freqüente.

No entanto, Bion também chama a nossa atenção a uma outra forma de conluio resistencial-contra-resistencial, muito daninha devido à sua natureza silenciosa e deteriorante, que consiste em um conformismo com a estagnação da análise, portanto, complemento eu, em um estado de "a-patia" em ambos. Nesses casos, Bion recomenda que o analista tenha coragem (de "*cor*", coração) para perceber que a aparente harmonia e a tranqüilidade de uma determinada situação analítica não estão sendo mais do que uma estagnação estéril e que, a partir dessa percepção, possa provocar uma "turbulência emocional", tal como será descrita no próximo capítulo.

Particularmente, entendo que, na análise, enquanto houver resistência, existe sinal de vida, e a pior forma de resistência é um estado de *desistência,* quando, então, o paciente desistiu de desejar, seu único desejo é o de nada desejar, já está num estado de morte psíquica e mantém um cerrado namoro com a morte física.

25

Transferência-Contratransferência

Como introdução a este capítulo, não custa repisar que, da mesma forma como na resistência-contra-resistência, também a transferência, na atualidade, em uma relação vincular, não pode ser concebida separadamente da contratransferência, não obstante o fato de que Bion, nos últimos tempos, considerou o surgimento desta última como uma manifestação patológica conseqüente aos núcleos doentes que o analista não superou em si próprio.

Da mesma forma, o fenômeno transferencial é indissociável do resistencial (no fundo, a transferência é o veículo das resistências, e estas é que devem ser analisadas), e todas as considerações antes descritas em relação à resistência, em grande parte, valem para a transferência.

Embora Bion não empregasse com muita freqüência o termo "transferência", a verdade é que nunca deixou de considerá-la como um elemento básico da psicanálise, tal como se observa neste trecho (1963, p. 97):

> Podemos encontrar os elementos de transferência no aspecto do comportamento do paciente que revela o seu conhecimento direto da presença de um objeto que não é ele mesmo. Nenhum aspecto de seu comportamento pode ser descuidado, e deverá avaliar-se a sua importância central em relação com o fato central. Sua saudação, o não saudar, as referências ao divã, aos móveis ou ao tempo, tudo deve ser visto em termos daquele aspecto que se relaciona com a presença de um objeto que não é ele mesmo; a evidência deve ser considerada novamente em cada sessão; nada deve dar-se por sabido já que a ordem na qual os aspectos da mente do paciente se apresentam para observação está dada pelo período transcorrido na análise. Por exemplo, o paciente pode considerar o analista como uma pessoa que deve ser tratada como se fosse uma coisa; ou como uma coisa para a qual a sua atitude é animista.

Conquanto seja evidente essa ênfase e detalhamento da situação transferencial, que Bion extraiu da sua experiência com pacientes psicóticos, é necessário que se diga que o seu pensamento acerca da transferência sofreu alguns desdobramentos, como os que transparecem nas transcrições textuais dos parágrafos que seguem (1992a, p. 52 e 82):

> A relação com o analista é importante apenas como uma tarefa *transicional* – seria útil caso a palavra "transferência" fosse usada em um sentido mais polivalente.
> [...] [A transferência] é uma experiência transitória [...] é um pensamento, sentimento ou idéia que você tem, em seu caminho para outro lugar. [...] Depende de se permitir que aquilo que o paciente diz

entre em você, de se permitir que pule para fora, como se fosse o seu interior refletindo-se para fora.

E mais adiante (p. 124 e 125):

> Também é bom considerar que uma palavra como "transferência" tem sombras de significado que, como "transiente", é apenas temporária; aplicável ao momento no qual os dois caminhos cruzam por um curto espaço de tempo durante o qual o paciente emprega um modo de comunicação que sou capaz de receber mas não sei como é feito.

Como se observa nessas citações, além de Bion considerar que a transferência pode ser um veículo de comunicação primitiva (e, nesse caso, creio que necessariamente implica uma ressonância contratransferencial), ele também emprestou muito valor ao aspecto de transitoriedade, como alude a própria palavra "transferência" e como, acrescento eu, está plenamente de acordo com o que designa a sua etimologia – de *trans* (ponto de chegada em um nível mais elevado) e *ferre* (conduzir).

Bion também ressaltou que a transferência é sempre inter-relacional, e exemplifica isso dizendo que, se entre o analista e o paciente se estabelecem os papéis de pai e filho, o que importa não é o significado de cada um desses papéis separadamente, mas como é a relação que os une (ou desune).

Outro aspecto que deve ser destacado é que Bion também considerou a condição do analista como uma pessoa real, e não unicamente como um objeto, uma pantalha transferencial. Isso pode ser depreendido do seguinte trecho, entre tantos outros (p. 79): "Penso que o paciente faz algo para o analista, e o analista faz algo para o paciente; não é apenas uma fantasia onipotente".

Há um outro vértice de abordagem da transferência, por parte de Bion, que me parece muito interessante, tendo em vista que ele considera que o relacionamento do paciente não é unicamente com o analista, mas também consigo mesmo, do seu consciente com o seu inconsciente, da verdade com a falsidade e as respectivas contradições, oposições e paradoxos. Assim, Bion (1992a, p. 13) afirma que o objetivo essencial da interpretação do analista é "introduzir o paciente à pessoa mais importante com que ele jamais poderá lidar, ou seja: ele mesmo".

É particularmente relevante consignar como Bion alertava sobre o risco de o paciente, transferencialmente, utilizar a análise como uma mera evacuação de excrementos e, assim, tentar forçar o analista (mãe) a limpar as suas fezes.

Comentários: os escritos de Bion permitem outras importantes conceituações genéricas acerca da transferência, embora ele não as explicite diretamente. Em meu entendimento, Bion deixa implícitos os aspectos que seguem:

- No processo analítico, há transferências em tudo, porém nem tudo é transferência propriamente dita.
- O aspecto positivo ou negativo da transferência não deve ser medido pela aparência dos afetos, mas sim pelos efeitos que ela causa no analista.
- Uma análise que não transitou pela chamada "transferência negativa" ou pela parte psicótica da personalidade de qualquer paciente necessariamente é uma análise muito incompleta.
- Pode-se deduzir das entrelinhas da obra de Bion a importantíssima diferença que há entre o analista interpretar sistematicamente *a* transferência (na base do chavão reducionista: "é aqui, agora, comigo, como lá e então") e a de interpretar *na* transferência.
- Também penso que podemos depreender de Bion que, assim como a transferência do paciente mobiliza uma contratransferência no analista, a recíproca também seja verdadeira.
- Mais do que uma mera repetição do passado, a transferência tem muito a ver com uma forma de retorno compulsivo, isto é, como uma tentativa de preenchimento dos "vazios" evolutivos, especialmente com as personalidades psicóticas que estão cheias de... vazios.

- Este último aspecto justifica uma pergunta que a psicanálise moderna se faz: a transferência representa uma compulsiva necessidade de repetição (como postulava Freud) ou ela se constitui como a repetição de uma necessidade mal resolvida no passado?

TRANSFERÊNCIA PSICÓTICA

Especialmente no seu livro *Estudos psicanalíticos revisados* (1967), em que coletou seus trabalhos acerca de pacientes psicóticos, Bion enfoca as características que acompanham uma *transferência psicótica*: instalar-se de forma *precoce,* com muita *dependência,* comumente ser bastante *tenaz,* porém muito *frágil* e *instável.*

Diz Bion que, nesses casos, é muito comum uma oscilação transferencial, de muita idealização, alternada com denegrimento, quando então o paciente acusa o analista como único responsável por todos os seus males. Nessas condições, tudo será motivo para acusações: a tranqüilidade do analista será tomada, por esse tipo de paciente, como uma indiferença hostil, e assim por diante.

Além disso, na transferência psicótica, costuma haver uma nítida *indiscriminação* por parte do paciente entre ele e a pessoa do analista, a quem pode tomar, devido ao uso excessivo de identificações projetivas, como um *gêmeo imaginário* seu.

Acima de tudo, o que merece ser enfatizado é que Bion concebeu o fenômeno transferencial segundo a sua óptica da relação entre um continente e o seu conteúdo (♀♂). Dizendo com outras palavras: um dos modelos mais utilizados por Bion na sua concepção da experiência transferencial da situação analítica é o que se refere à relação de um lactante com a sua mãe, relação esta que é constituída por cargas de identificações projetivas que estabelecem uma inter-relação dinâmica entre algo da criança (paciente) que se projeta – o conteúdo – e um objeto-mãe (analista) que o recebe – o continente.

Ele configura a possibilidade de um continente adequado por parte da mãe, ou seja,
do analista na situação transferencial, com as seguintes palavras (1963, p. 54):

> A criancinha que sofre fome e temor a estar morrendo, assolada pela culpa e ansiedade e impelida pela avidez, se suja e chora. A mãe a levanta, a alimenta e tranqüiliza e eventualmente a criança dorme. Utilizando o modelo para representar os sentimentos de criança, temos a seguinte versão: a criança, cheia de dolorosos pedaços de fezes, culpa, temores da morte, ímpetos de avidez, ruindade e de urina, evacua esses objetos maus dentro do seio que pode não estar aí. Enquanto ela está fazendo isso, a presença do objeto bom transforma o "não-seio" em um "seio", as fezes e a urina em leite, os temores de morte e a ansiedade em vitalidade e em confiança, a avidez e a ruindade em sentimentos de amor e generosidade e a criança succiona de volta as suas coisas más, agora traduzidas em bondade.

Bion estabelece uma clara analogia desse exemplo figurado com a função de continente que o analista deve possuir com pacientes portadores de uma personalidade psicótica. Ele adverte, no entanto, que naturalmente as coisas não se passam bem como foi exemplificado e utiliza o mesmo modelo para demonstrar que muitas vezes, bem pelo contrário, a mãe pode se negar a receber as projeções que lhe são lançadas, ou ela tenta com muita solicitude, porém de uma forma tão ansiosa que não consegue conter as referidas projeções, as quais serão reintrojetadas sem uma "desintoxicação" e, pior que isso, ainda acrescidas das angústias próprias da mãe. É desnecessário frisar a importância desse modelo na relação transferencial-contra-transferencial da situação analítica.

Todo esse elastério de possibilidades demonstra que é impossível conceber a transferência separadamente da contratransferência.

CONTRATRANSFERÊNCIA

Como foi dito no início deste capítulo, Bion costumava considerar o surgimento da contratransferência como uma manifestação do inconsciente do analista que, por conseguinte, poderia ser prejudicial e somente poderia ser percebida e refletida conscientemente pelo analista fora da sessão. Entre outros trechos que podem confirmar essa afirmativa, vale citar este (1992a, p. 81 e 82):

> Termos tais como "contratransferência" sofreram uma desnaturação através da popularização da psicanálise. [...] Um dos pontos essenciais em relação à contratransferência é que ela é *inconsciente*. As pessoas falam sobre "fazer uso" de sua contratransferência; não se pode usar algo que não se sabe o que é.

Em outros trechos de suas conferências e seminários, Bion afirma que o psicanalista não tem o que fazer com a sua contratransferência, porque ela é inconsciente, e a única saída seria ele fazer mais análise pessoal. Isso está bem ilustrado no seguinte trecho de "Seminário Clínico", de 1968 (*Gradiva*, 1992) tal como aparece transcrito no capítulo do presente livro "Uma Conferência de Bion sobre a Prática Psicanalítica":

> ... é muito improvável que alguma vez tenhamos uma análise em que nos vejamos livres da contratransferência. O importante é o seguinte: diz-se que se pode fazer uso da contratransferência, mas creio que, do ponto de vista técnico, trata-se de uma idéia equivocada, pois penso que o termo contratransferência deveria ser reservado para a resposta inconsciente.

Essa posição de Bion, antes de ser levada ao pé da letra, deve ser entendida como uma tríplice advertência: a primeira é contra o risco de que os psicanalistas supervalorizem a importância da contratransferência e justifiquem todas as deficiências da situação analítica como sendo unicamente provenientes das projeções do paciente; a segunda, por conseguinte, é contra o risco da banalização e perda do significado original de um conceito tão importante; e a terceira é no sentido de que o psicanalista deixe a sua onipotência de lado e tenha bem claro, incontestavelmente, que ele tem pontos cegos, neuróticos ou psicóticos.

Não obstante tudo isso, creio que o sentimento contratransferencial pode ser positivamente utilizado pelo analista; se não na própria sessão – como afirmou Bion (particularmente, penso que é possível surgir um *insight* esclarecedor no transcurso da sessão) – pelo menos fora das sessões, um desconfortável sentimento contratransferencial pode e deve despertar uma reflexão analítica, sob a forma de uma permanente auto-análise.

Aparentemente, estamos diante de uma grande contradição, porquanto temos frisado que Bion foi um dos precursores da defesa do uso das identificações projetivas por parte dos pacientes como uma forma primitiva de comunicação, a qual, uma vez contida e decodificada pelo analista, pode lhe servir como uma excelente bússola orientadora do que se passa na profundeza da vida psíquica do paciente. Esta última afirmativa aparece enfatizada no livro *Experiências em grupos* (1948).

Creio que a mencionada posição de Bion em relação à contratransferência não se deve a um problema semântico da comunicação entre analistas (como seria o caso dos analistas seguidores da "psicologia do ego", que consideram o termo "contratransferência" como o designativo de uma patologia decorrente do próprio analista, enquanto reservam o termo "empatia" para o caso em que haja uma ressonância útil das projeções do paciente), mas sim a uma atitude deliberada de sua parte, a fim de evitar o risco de que o psicanalista faça um uso abusivo, fácil e contraproducente desse conceito tão importante para a prática analítica, e que se minimize a relevante diferença que há entre o que é contratransferência e o que é a *transferência do próprio analista*.

Tanto é assim que, além das inúmeras alusões e recomendações que Bion faz acerca da difícil contratransferência despertada pelas personalidades psicóticas (1967a) (angústia, medo, raiva, impotência, paralisia, fuga, etc.), ele também gostava de utilizar o modelo analógico do espelho, o qual bem reflete o que de mais íntimo e profundo se processa entre duas pessoas. Dessa forma, Bion (1992a, p. 33) afirma que "o analisando pode ser capaz de deduzir quem ele [o analista] é a partir do espelho que lhe é apresentado – de preferência sem muita distorção –, pela tentativa de o analista refletir de volta o significado de suas associações livres". Em outra passagem, de uma beleza poética, Bion confidencia (p. 153):

> Na minha experiência, o barulho do passado tem tantos ecos e reverberações que é difícil saber se estou realmente ouvindo o paciente ou sendo distraído por algum desses fantasmas do passado. Tive a experiência de ver um adolescente e pensar comigo mesmo: "É muito esquisito, ele quase não fala nada, mas fica lá sentado com aquele sorriso estúpido". Não consegui conceber o que aquilo me lembrava. Na manhã seguinte, quando estava me barbeando, eu o vi no espelho – por isso me era tão familiar. Supunha-se que o jovem fosse um adolescente; não se supunha que ele fosse o analista; não se supunha que ele estivesse me ensinando nada. Supunha-se que eu o estava analisando. Mas, na verdade, ele havia segurado um espelho no qual eu podia ver a minha face – só que eu não a reconheci.

Como se observa nesses dois trechos, Bion reconhece o quanto analista e paciente se refletem recíproca e especularmente e que, como mostra em outros textos, esse fenômeno pode aparecer com tal intensidade em pacientes psicóticos que eles sofrem uma total *confusão do senso de identidade*, uma indiscriminação em relação ao outro.

Como se pode depreender do que foi dito até aqui, Bion sempre demonstrou uma certa ambigüidade em relação ao fenômeno contratransferencial na experiência analítica. Assim, conquanto pouco tenha trabalhado diretamente com o conceito de contratransferência, esse fenômeno aparece muitas vezes de forma indireta, e apenas em alguns poucos textos (como numa conferência pronunciada em Buenos Aires, em 1968) ele menciona diretamente o termo "contratransferência".

Além disso, a ambigüidade de Bion pode ser mais bem medida pelas interessantes observações de Junqueira Mattos (1992, p. 314). Esse autor nos mostra que em um trabalho de 1953, "Language and the Schizophrenia", apresentado no Congresso de Psicanálise e publicado no nono capítulo de *New directions on psycho-analysis*, de 1955, Bion faz as seguintes observações:

> O analista que tentar, em nosso presente estado de ignorância, o tratamento de tais pacientes precisa estar preparado para descobrir que, durante uma grande parte do tempo, a única evidência na qual uma interpretação pode se basear será naquela que a contratransferência pode lhe propiciar.

Prossegue Mattos, citando o que Bion disse a um paciente: "Você está forçando para dentro de minhas entranhas o medo de que você me mate" e, mais adiante:

> Pode-se observar que minha interpretação é baseada na teoria da identificação projetiva de Klein, primeiro para iluminar a minha contratransferência, e em seguida para dar arcabouço à interpretação que dei ao paciente. Este procedimento é suscetível de graves objeções teóricas que, penso, devem ser encaradas.

Comentários: quanto às aplicações na prática clínica propriamente dita, creio que a maior contribuição de Bion parte de seus dois conceitos originais – o da "parte psicótica da personalidade", que sempre está presente em algum canto de qualquer paciente, e o da função de "continente".

Em relação ao primeiro, Bion mostra como as personalidades psicóticas desenvolvem habitualmente uma relação transferencial, que se caracteriza por ser precipitada e prematura, o que não exclui e não contradiz as formas contrárias da instalação transferencial, tal como vimos no capítulo sobre as resistências. Como já foi dito acerca da transferência psicótica, a um mesmo tempo que esse relacionamento da transferência com o analista se estabelece com tenacidade, ele costuma ser sumamente frágil e perecível.

É, no entanto, ao *modelo continente-conteúdo*, que também aparece implícito na descrição anterior da transferência do psicótico, que Bion dedica um estudo mais extensivo. Resulta claro de seus escritos que a transferência deve ser um processo transitório e que deve ir desaparecendo à medida que o paciente for desenvolvendo a sua "função psicanalítica da personalidade".

Por conseguinte, Bion alerta que o maior risco de uma análise é não só o estabelecimento de um *conluio* de calmaria e acomodação (a situação de análise, diz ele, exige algum grau de angústia em ambos), como também o de um resultado analítico que se respalde e pactue com uma *recíproca fascinação,* que pode estar refletindo uma submissão do paciente, tecida com os fios de uma crença inabalável e imitativa dos valores de seu analista. Nesses casos, trata-se de um prejuízo, como está expresso nessa conhecida sentença: "quem crê [de forma absoluta, e cega] não cria".

26

A Atividade Interpretativa

Conquanto Bion não tenha escrito nenhum texto específico sobre a teoria e técnica das interpretações do psicanalista, não resta a menor dúvida de que este é o tema de ordem prática que aparece com uma ênfase especial ao longo de seus escritos, conferências e seminários clínicos.

Creio que o prefixo "inter" da palavra interpretação mostra que esse fundamental aspecto do campo analítico se processa, sempre, como decorrência de um intercâmbio de emoções na singular experiência afetiva entre um analisando e um analista. De acordo com esse vértice, Bion considera que a interpretação por parte do psicanalista se constitui como um *processo de "transformação"* dentro dele, desde as invariantes contidas nas mensagens iniciais do paciente no curso da sessão – tanto as verbais como as não-verbais – até a sua formulação verbal final, que visa a promover uma "transformação no paciente".

Dessa forma, ele postula que essa "transformação" (tal como está descrito no capítulo específico deste livro) transita no analista e no paciente por três fases: a primeira consiste em observar o fato emergente na experiência analítica; a segunda é a de discriminar o valor do fato; e a terceira consiste em reconhecer e abstrair o significado do fato.

Em *Conferências brasileiras 1* (1973, p. 99), Bion exemplifica com o seguinte trecho:

Ele [o analisando] pode dizer "Eu sei que o senhor está com raiva", e se sou honesto quanto a isso, verifico que ele está com a razão. Mas ele pode não saber diferenciar se estou aborrecido com o zumbido da mosca ou com o barulho do tráfego, ou com aquilo que ele está dizendo e fazendo. [...] E este é um exemplo que só aparece porque a interpretação que ele [o paciente] dá é absoluta, mas falta-lhe a capacidade para discriminar valores. Do mesmo modo, ele pode, em outro momento, mostrar-se absoluto na sua discriminação do valor, mas não na sua discriminação daquilo que era o sintoma [significado] do valor. É uma situação dinâmica que muda constantemente.

Nas entrelinhas desse trecho, é possível perceber que, na conceituação de Bion, em termos genéricos, a interpretação deve decodificar o que se passa na experiência analítica, *como, por que e para que*, por meio de uma comunicação verbal que inclua a *discriminação*, o *significado* e o *nome* do fenômeno afetivo.

Não custa repetir que a observação do fato analítico, para Bion, não se processa unicamente pelos órgãos dos sentidos do analista; pelo contrário, ele valoriza sobremaneira a *intuição* analítica, não-sensorial, portanto. Nas palavras do próprio Bion (1992a, p. 29): "Aquilo que eu *estou* observando repousa além do sensorialmente perceptível".

Da mesma forma que os demais fenômenos do campo analítico, também a interpretação foi inicialmente estudada por Bion mediante a experiência com pacientes psicóticos, a maioria deles esquizofrênicos. Por essa razão, ele conferiu uma importância particular a dois aspectos: o primeiro se refere às *condições que possui o ego do paciente para receber e processar as interpretações*; o segundo aspecto, por conseguinte, alude à relevância do problema da *forma de comunicação das interpretações*.

Em relação ao primeiro desses aspectos, Bion confere uma importância capital à necessidade de que o analista promova uma capacidade de utilização dos pensamentos – notadamente no que se refere à capacidade de formação de símbolos – para aqueles pacientes que não a têm e, por conseguinte, utilizam mal os substantivos e os verbos, tanto os próprios como os que estão contidos em uma interpretação do psicanalista. Essa deficiência deve ser claramente demonstrada ao paciente, e, ao mesmo tempo, a forma como o analista pensa e utiliza a sua linguagem verbal deve servir como um *modelo* de função egóica.

Prossegue Bion, em seu artigo "Notas sobre a Teoria da Esquizofrenia" (1954), mostrando como o paciente psicótico, para fugir da sensação de depressão intolerável e de uma catástrofe interna, recorre ao uso de dissociações e projeções maciças. Quando essas dissociações começam a ficar integradas dentro do paciente, à mercê das interpretações do analista, o analisando poderá ter intensos sentimentos de ódio em relação ao analista, dirá categoricamente que está louco e expressará com intensa convicção e ódio que o analista é que o levou a essa situação. Se o psicanalista, ansioso, trata de fazer excessivos reasseguramentos ao paciente, pode desfazer todo um bom trabalho que tenha levado este último a dar-se conta da gravidade de sua condição.

Ainda nesse mesmo artigo, Bion destaca as particularidades da linguagem do esquizofrênico, a sua forma especial de transferência e o papel fundamental da difícil contratransferência. Quanto às interpretações, ele afirma (p. 39): "Não me afastei do procedimento psicanalítico que usualmente emprego com os neuróticos, tendo sempre o cuidado de tomar ambos os aspectos, o positivo e o negativo da transferência".

É necessário levar em conta que, guardando as devidas proporções, todas as considerações que Bion faz acerca da interpretação para pacientes psicóticos são válidas para qualquer paciente neurótico, tendo em vista que a parte psicótica da personalidade deve necessariamente ser analisada, porque, por mais oculta que esteja, sempre está presente.

Comentários: como Bion utilizou vários vértices para se referir ao fenômeno da interpretação, vou empregar um esquema didático de exposição, abordando separadamente as seguintes vertentes provindas de Bion: a atividade interpretativa, a relação do paciente com a interpretação, a participação do analista e a comunicação e interpretação.

ATIVIDADE INTERPRETATIVA

Está implícito nos textos de Bion que a atividade do psicanalista para a finalidade precípua da análise – o *crescimento mental* do analisando (que difere de "cura" tal como conhecemos na medicina) – não se restringe ao *insight* obtido pela interpretação propriamente dita. Antes disso, Bion enfatiza a necessidade de o paciente desenvolver as suas capacidades egóicas, como pensar, conhecer, discriminar, verbalizar, etc. Para isso, é necessário que o analista tanto sirva como modelo de utilização dessas funções como ainda propicie, por meio de estímulos adequados, que o analisando desenvolva essas capacidades que não tem, ou tem mas não consegue e nem sabe como utilizar.

Desarte, Bion evidencia a importância de o psicanalista propiciar que o próprio paciente estabeleça as correlações entre os seus aspectos dissociados, assim exercitando uma necessária capacidade de curiosidade, de reflexão e de transformação.

Para tanto, creio que fazem parte da tarefa do analista, além da clássica interpretação transferencial, os seguintes aspectos:

1. o assinalamento de contradições, paradoxos e equívocos;
2. o confronto entre o que o paciente diz, pensa e sente e aquilo que, de fato, ele faz;
3. o desmascaramento das falsificações e mentiras;
4. o clareamento de aspectos de suas associações que não ficaram claros ou que aparecem ambíguos;
5. o apontamento de uma má utilização de alguma função do ego consciente;
6. o desnudamento de negações da realidade exterior;
7. a formulação de perguntas, não tanto as exploradoras para a obtenção de dados da anamnese, muito menos as inquisidoras, mas as que induzam a reflexões.

Todos esses recursos técnicos, que, conforme a conjectura de Bion, visam à análise do ego consciente, são o que, aqui, estou denominando como "atividade interpretativa", para estabelecer uma diferença em relação à interpretação propriamente dita. Esta última é mais dirigida ao conflito psíquico inconsciente e implica a necessidade de que o analista, antes de formulá-la ao analisando, tenha bem claro para si a natureza da angústia que acompanha o conflito, qual o seu significado e sentido e qual o nome que vai utilizar para representá-lo.

RELAÇÃO DO PACIENTE COM A INTERPRETAÇÃO

O vértice que mais merece o interesse de Bion no que se refere à interpretação é o que diz respeito ao *destino que esta toma dentro da mente do paciente*. Para tanto, ele utilizou o modelo continente-conteúdo e esclareceu que essa relação tanto pode vir sinalizada positivamente (♀♂) como negativamente (-♀♂).

Os papéis de continente e de conteúdo pertencem tanto ao paciente como ao analista e se alternam entre eles. Dessa forma, em um momento, o "material" do analisando é o conteúdo que penetra na *mente-continente* do analista; em um outro momento da sessão, a interpretação do analista é que se comporta como um *conteúdo* que vai ao encontro da mente-continente do paciente.

No caso específico do *destino da interpretação*, a relação positiva (♀♂) designa que ela encontrou um continente adequado na mente do analisando, que acolhe a interpretação e a elabora, com a liberdade de aceitá-la ou contestá-la. Essa relação *positiva* é que possibilita a "perspectiva reversível", isto é, a aquisição de *insight* a partir de vértices distintos dos seus prévios. No caso em que a relação com a interpretação for *negativa*, vão ocorrer os fenômenos da patologia da análise, que podem se manifestar de muitas formas, desde uma simples acomodação ou estagnação, passando pela possibilidade de *actings*, às vezes de muita gravidade, até a culminância em alguma forma de impasse analítico, inclusive a de uma *reação terapêutica negativa*. Creio que esta última deve ser bem diferenciada em relação àquilo que não é mais do que uma *relação terapêutica negativa*.

As mais importantes formas negativas de interpretação são as que vimos no capítulo que abordou os fenômenos resistenciais de "ataque aos vínculos" e de "reversão da perspectiva". Dessa forma, a parte psicótica da personalidade do paciente pode encarar a interpretação do analista como um conteúdo destrutivo que se intromete de forma invasiva em sua mente, para danificá-la, desintegrá-la ou despersonalizá-la. Como uma proteção contra esse risco imaginário é que esse paciente recebe a interpretação unicamente para despojá-la do seu real significado e desvitalizá-la como fecundante.

Uma forma sutil e nada incomum de "não-continente" do analisando em relação à interpretação consiste na "reversão da perspectiva", pela qual o paciente manipula habilidosamente a situação para que os outros (analista) concordem com ele ou induz o terapeuta a fazer interpretações privadas de significações transformadoras. Uma outra forma, muito utilizada por pacientes excessivamente *obsessivos*, consiste em "aceitar" e entender intelectualmente a interpretação, incorporando-a ao seu arsenal de defesas obsessivas de racionalização e intelectualização.

De forma análoga, Bion (1970, p. 109) afirma que:

> o paciente, especialmente se inteligente e sofisticado, procura persuadir o analista a fazer interpretações que deixam a defesa intacta e, posteriormente, a aceitar a mentira como princípio do trabalho de superior eficácia.

Bion também diz (1992a, p. 11) que

> o paciente psicótico presta pouca atenção para uma comunicação, a menos que ela seja exatamente no comprimento de onda correto. Ele é muito preciso, muito exato, e não gosta de interpretações que estejam fora do facho; geralmente as ignora como se elas nem tivessem sido ditas.

Esse trecho mostra quão importante é para o paciente sentir que o analista está profundamente sintonizado com ele.

O importante é que o analista tenha claro para si que, não obstante algum paciente esteja em uma situação de *impasse analítico* – portanto em uma relação de extrema negatividade em relação às interpretações –, isso se deve à sua forma de proteger-se contra uma desintegração persecutória, um sofrimento depressivo ou o temor de uma mudança catastrófica; no entanto, a verdade é que em todos os casos ele tem uma necessidade premente de ser *entendido* (não é o mesmo que ser *atendido* em todos os seus pedidos) pelo seu analista.

Esta última afirmativa não descarta, é claro, a possibilidade de que, justamente quando o paciente está sendo compreendido pelo seu analista, ocorra não só um incremento da inveja – pelo fato de que o analista possui uma capacidade de continência e de entendimento que o paciente não tem –, mas também um ataque à fertilidade da interpretação, tendo em vista a ameaça de uma dolorosa re-ligação dos vínculos desfeitos que esta representa para o analisando.

A PARTICIPAÇÃO DO ANALISTA

Vale a pena reproduzir o trecho que segue, proferido por Bion na sua primeira conferência em Nova Iorque (1992a, p. 79 e 80):

> Quando emerge um padrão que o analista quer comunicar ao paciente, ele tem que fazer uso de uma fórmula que o analisando seja capaz de receber. Um lapidador de diamantes que seja perito pode cortar as faces de um modo tal que a luz refletida no diamante é lançada de volta novamente – com um brilho aumentado – pela mesma rota. É por isso que pedras preciosas de qualidade cintilam. [...] O analisando, ao vir, dá ao analista uma oportunidade de observar seu comportamento – incluindo tanto o que ele fala quanto o que ele não fala. Fora da totalidade daquilo que o analista está consciente, pode detectar um padrão. Quando este se torna suficientemente claro para si, o analista pode exprimi-lo em uma linguagem compreensível para o analisando, aumentada: de uma maneira análoga ao modelo. Então, o analista pode esperar refletir de volta a mesma iluminação que lhe foi dada pelo analisando, mas com maior intensidade.

Essa bela analogia entre a interpretação iluminadora do analista e a lapidação de um diamante pode ser completada com estas outras citações, extraídas de sua segunda conferência brasileira, que permitem traçar a maneira como Bion (1973, p. 37) entendia o papel da interpretação:

> Aplicando a teoria do universo em expansão (para propósitos visuais): quando o analista dá uma interpretação, ele também ocasiona a expansão do universo de dis-

cussão. Seu momento de iluminação é muito fugaz. Imediatamente, ele retorna ao desconhecido; o problema foi perdido de vista.

Mais adiante, ele complementa (p. 40 e 41):

> No consultório, o analista tem que ser uma espécie de poeta, artista, ou cientista, ou teólogo, para ser capaz de chegar a uma interpretação, ou a uma construção [...] ele deve ser capaz de tolerar esse universo em expansão que se expande mais rapidamente do que ele possa imaginar.

Uma primeira conclusão que, creio, pode ser extraída dessas postulações de Bion é a de que um psicanalista excessivamente narcisista, que necessita "brilhar" junto ao seu analisando, pode cometer dois erros técnicos: o primeiro é que ele fará uma prematura interpretação completa, antes que o analisando participe das reflexões e correlações (não é incomum que esse analista se frustre caso o paciente tenha um *insight* espontâneo antes de ele formular a interpretação), desse modo, inibindo uma necessária curiosidade e, assim, impedindo que o "universo" mental do paciente se expanda. A segunda possibilidade é a de que esse analista muito narcisista, mais do que iluminar a mente do analisando, tal como na analogia com o lapidador de diamantes, vise sobretudo a fascinar e deslumbrar o seu paciente, assim ofuscando-o em vez de iluminando.

Aliás, a etimologia da palavra "deslumbramento" comprova isso, porquanto os étimos que a formam "des" (privação) e "lumbre" (luz) designam claramente que um excesso de brilho luminoso, tal como ocorre com a luz alta do farol de um carro que trafega em direção oposta à nossa, nos priva da visão.

Dessa forma, em *Elementos de psicanálise* (1963), Bion afirma que freqüentemente a interpretação é utilizada pelo psicanalista de maneira defensiva, para negar a ansiedade provocada por uma situação desconhecida, que, por isso, é vivida como um perigo, principalmente de o analista pôr em risco suas próprias imagens narcisistas.

A interpretação, na concepção de Bion, exige necessariamente que o psicanalista tenha a condição básica de servir como um continente para as associações e as projeções que o paciente faz para dentro dele. Essa capacidade de continência se refere não somente ao tempo de acolhimento e elaboração até que a interpretação seja formulada, mas alude muito especialmente à necessidade de que o analista contenha as suas próprias dúvidas, incertezas e angústias diante daquilo que sente, porém ainda não sabe significar para si mesmo, que está se passando na experiência analítica.

A essa "condição necessária mínima", Bion, inspirado no poeta Keats, denomina "capacidade negativa". Caso o analista não possua essa capacidade, deve se perguntar se está de fato interpretando ou se está simplesmente preenchendo um "horror ao vazio" (de forma equivalente àquela que, exagerando na analogia, ocorre nas "paramnésias confabulatórias", que costumam aparecer em síndromes psiquiátricas resultantes de danos cerebrais, com os conseqüentes *vazios* de memória recente).

Bion (1992a, p. 17) complementa isso, afirmando que

> ... odiamos estar ignorantes – é por demais desagradável. Então fazemos um investimento em saber a resposta, ou estamos sofrendo uma pressão vinda de dentro para produzir uma resposta e acabar com a discussão.

Coerente com essas idéias, Bion postulou a necessidade de o analista exercer o que denominou como "ação eficaz", a partir de dois fatores: a passagem de um "estado de paciência para um estado de segurança"; e a descoberta do "fato selecionado".

O estado mental de "paciência" leva tal denominação porque Bion queria "denotar sua associação com sofrimento e tolerância de frustração"; é um estado que tem analogia com a posição esquizoparanóide (sem o significado de patologia), de modo que a "paciência" deve ser retida sem tentativa irritável de alcançar fato e razão (ou seja: capacidade negativa), até que um modelo "evolua". Este último estado, continua Bion (1970, p. 137), é análogo ao que Klein chamou posição depressiva.

> Para esse estado uso o termo "segurança". Acredito que nenhum analista está autorizado a acreditar que fez o trabalho requerido para dar uma interpretação, a não ser que tenha passado pelas duas fases [...] Considero a experiência de oscilação entre "paciência" e "segurança" a indicação de que um trabalho valioso está sendo realizado.

O termo "fato selecionado", por sua vez, alude à busca de um fato, por parte do analista, que dê coerência, significado e um nome a fatos já conhecidos isoladamente, mas que estão em estado disperso e algo caótico, e cuja relação mútua ainda não foi percebida.

Dessa forma, usando a terminologia adotada por Bion, pode-se afirmar que a interpretação consiste em um processo de "transformação" dentro do analista, inicialmente a partir dos fragmentos de verdade que estão contidos nas "invariantes" dos fatos trazidos pelo paciente, de forma dispersa, mascarada e fragmentada, e que adquirem coerência e integração a partir da descoberta que o analista faz do "fato selecionado". Todo esse processo requer um estado de "paciência" inicial até atingir um estado de "segurança" que possibilite uma formulação verbal que deve provocar uma transformação análoga no analisando.

No entanto, Bion pergunta: "qual a interpretação que deve ser escolhida pelo analista, diante de outras possibilidades?". Como resposta, afirma que o analista deve ter desenvolvido uma capacidade, que ele denomina "clivagem não-patológica", a qual é uma espécie de dissociação útil do ego, que permite escolher uma interpretação e inibir as que ele está optando por não dar. Essa capacidade de "cisão não-patológica" é especialmente necessária nas situações repetitivas, quando o paciente é desafiado a passar de um estado de mente para outro.

Correlato a esse aspecto, Bion (1992a, p. 27) mostra que outro problema, no que tange à interpretação, é que

> o paciente pode não saber muito a meu respeito ou sobre a psicanálise, mas a minha interpretação vai lhe contar mais sobre quem sou eu do que sobre quem é ele. Mesmo se ele sente que aquilo que eu digo é certo, o fato de que sou *eu* a dizer assim diz-lhe algo a meu respeito.

Assim, prossegue Bion em outros textos, uma dificuldade inerente, em análise, é que qualquer interpretação conta ao paciente algo a respeito da realidade do analista, o que pode gerar dois problemas. O primeiro consiste no fato de que um paciente excessivamente controlador pode estar mais interessado em conhecer como é, de fato, o seu analista, pelas interpretações dele, do que propriamente em utilizá-las para o seu próprio conhecimento. O segundo problema diz respeito à possibilidade de que certos pacientes muito dependentes e submetidos queiram construir a sua identidade a partir da imitação (diferente de identificação) dos atributos do analista.

O último aspecto, o de imitação, deve merecer uma atenção especial do analista, porquanto esse objetivo do paciente em ser "igual" a ele pode ser compartido inconscientemente pelo próprio psicanalista, e a análise toma um rumo tranqüilo, porém de falsos resultados analíticos. Creio que, se o analista mantiver o conluio com o paciente que tem preferência em "ser igualzinho" a ele, estará privando seu analisando da possibilidade de vir a ser o que verdadeiramente é, e não o que o analista imagina que ele é ou o que ele crê que o paciente deva ser.

Vale a pena transcrever o trecho de Green (1986, p. 154) em que este complementa uma referência a Bion com a seguinte frase:

> O importante na fase em que nos encontramos na história da psicanálise é que o analista não tenha um código interpre-

tativo, não faça da análise uma tradução simultânea, não tenha uma sacola de interpretações e que diante de qualquer coisa dita pelo paciente o analista pense: Bem, vou procurar a interpretação [...]

Comentários: ainda quanto à "relação do paciente com as interpretações do analista", penso que cabem as seguintes reflexões:

1. Uma forma de o paciente desqualificar o analista é, sistematicamente, acusar que as interpretações do terapeuta visam a desqualificá-lo.

2. O paciente também usa a sua capacidade de empatia para "captar" o estado mental do analista.

3. Da mesma forma, é bastante comum que o paciente auxilie o terapeuta a reencontrar-se com a essência da sessão, quando ele, analista, estiver algo perdido, não compreendendo o que o paciente lhe está comunicando em linguagem simbólica, verbal ou não-verbal. Se observarmos com atenção, é realmente impressionante a freqüência com que os pacientes voltam ao mesmo tema, ainda que com relatos distintos, até que o analista se aperceba e consiga formular a interpretação de forma verbal e consciente.

4. Assim, é necessário que o analista mantenha um permanente estado de "atenção flutuante", não só voltada para o paciente, mas também para o que se passa consigo.

5. Não é incomum o analista fazer uso de identificações projetivas patológicas no paciente, como meio de aliviar as suas próprias angústias, ou usar o paciente como um continente dele, analista, de uma forma análoga à que muitos pais fazem com seus filhos, numa patológica inversão de papéis.

6. Creio que todo ato interpretativo deve levar em conta as seguintes sete características: o *conteúdo* da interpretação; a *forma* como ela é formulada (muito particularmente, o tom de voz do analista); a *oportunidade*, isto é, o *timing*; a *finalidade* (para *que* o analista está interpretando); *para quem* é dirigida a interpretação (isto é, para qual personagem que está dentro do paciente e que, num dado momento, está mais à tona); a *significação* (que determinada lembrança, sentimento ou fantasia representa para o paciente, assim como a significação que ele empresta às palavras do analista); e, finalmente, o *destino* que a interpretação vai tomar dentro da mente do paciente.

7. Também penso que *as modalidades de interpretação* podem ser discriminadas, conforme as suas *finalidades*, nos seis seguintes tipos: *compreensiva* (acima de tudo, visa a fazer o paciente sentir-se compreendido pelo analista); *integradora* (juntar os aspectos dissociados do paciente, dentro e fora dele); *instigadora* (instigar o analisando a saber *pensar* as suas experiências emocionais); *disruptora* (tornar egodistônico o que está egossintônico no paciente, como pode ser um sintoma, um falso *self*, uma ilusão narcisista, etc.); *nomeadora* (através de sua função α, o analista dará nomes às experiências emocionais primitivas representadas no sujeito, ainda sem nome, como um "terror sem nome"); e *reconstrutora* (uma espécie de costura, desconstrução, dos sentimentos e significados contidos entre os fatos passados e os presentes).

8. Em casos de patologia da interpretação, pode acontecer de o analista fazer uso de identificações projetivas na pessoa do paciente como meio de aliviar as suas próprias angústias (daí a importância de não confundir o que é contratransferência com aquilo que não passa de transferência do analista). Também pode ocorrer que, invertendo os papéis, o analista use o seu paciente como um continente, à moda do que certos pais, sem condições emocionais, fazem com seus filhos menores, a quem delegam esse papel de continente de seus desabafos e angústias.

9. Uma interpretação será inócua quando não for mais do que uma "interpretação simultânea", simbólica, das próprias palavras do paciente, geralmente as formulando na relação transferencial (às vezes, é pseudotransferencial). A esse respeito, Bion critica: "A narra-

tiva do paciente e as interpretações do analista são meramente duas maneiras diferentes de dizer a mesma coisa, ou duas coisas diferentes afirmadas acerca de um mesmo fato".

10. É importante enfatizar a relevância que representa para o ato interpretativo o *estilo* pessoal de interpretar de cada analista. Vale lembrar a frase de Buffon: "o estilo é o homem", e isso engloba tanto a normalidade, na óbvia diversificação dos estilos de acordo com a pessoa real que cada terapeuta é, como a possibilidade de que o estilo de interpretar tenha uma ação patogênica para a evolução da análise.

COMUNICAÇÃO E INTERPRETAÇÃO

O ato da interpretação é indissociado da comunicação, tanto a do paciente como a do analista.

Por parte do paciente, já vimos que a parte psicótica da personalidade pode não utilizar as palavras para comunicar, mas sim para causar efeitos, e, do mesmo modo, que as palavras do analista podem não ser utilizadas para aquisição de *insight*, mas, antes disso, podem ser sentidas como pistas que indiquem algo do estado mental do analista enquanto o interesse desse paciente permaneça inteiramente voltado para "interpretar" *as interpretações do analista*, na maioria das vezes, de forma silenciosa.

A propósito disso, assevera Bion, uma das aquisições mais precoces do discurso articulado é justamente a de como fazer os outros de tolos – o que freqüentemente inclui fazer-se a si mesmo de tolo também. Aliás, numa passagem de *Conversando com Bion*, ele diz, de forma jocosa, que, "se um paciente, em algum momento da situação analítica, não procurar fazer o seu analista de bobo, é porque ele deve estar muito doente". Então, a questão fundamental é como a comunicação verbal, que tem uma história tão longa de uso para finalidades como a mentira, a dissimulação e o engano, vai ser reconstituída para incrementar o progresso em direção à verdade.

Da mesma forma, o discurso pode estar sendo utilizado a serviço de um dogmatismo, de uma doutrinação ou de uma fetichização, em cujo caso a manutenção do ilusório objetiva criar a crença de que aquilo que "parece ser" seja passado aos outros como "sendo de fato". Destarte, a linguagem retórica pode estar substituindo o conceitual.

Uma outra possibilidade de *patologia da comunicação* – e, nesses casos, as interpretações do analista, por mais corretas que sejam, sempre serão ineficazes – é quando, apesar de ambos utilizarem a mesma linguagem como meio de comunicação verbal, há uma grande possibilidade de que analista e analisando falem partindo de vértices diferentes.

Uma outra questão levantada por Bion, referente a um descompasso de comunicação verbal entre analista e paciente, diz respeito ao fato de que ambos podem estar partindo de um mesmo vértice, porém a linguagem que cada um deles utiliza tenha uma grande diferença de capacidade de simbolização e de abstração. Ele exemplifica (1973, p. 83), com um

> ... paciente que poderia estar se comunicando segundo as regras da expressão ideogramática, enquanto eu estava pensando, ou tentando interpretar, em termos de linguagem articulada, ao passo que ele falava em termos de expressão verbal de imagens visuais assim como um chinês fala e nessa circunstância não seria possível entender o significado de sua comunicação.

Pode-se dizer que um dos problemas mais sérios da prática psicanalítica ocorre quando os níveis de pensamento e de comunicação entre o paciente e o analista não combinam, como é o caso em que uma personalidade psicótica utiliza pensamentos concretos, equações simbólicas e um registro de indiscriminação de nível narcisista, enquanto o analista se comunica com pensamentos abstratos, formações simbólicas e um registro edípico.

Bion nos alerta também quanto a um dos mais sérios problemas de comunicação que surgem na prática analítica e que consiste no fato de que o paciente não encontra palavras que possam nominar os seus sentimentos de angústia, enquanto o analista fica a insistir que ele os expresse com um articulado discurso verbal.

Devolvo a palavra a Bion (p. 110) para que ele nos explique melhor, por meio do seu conhecido modelo de relação mãe-filho:

> Utilizando de novo a estória do bebê e a mãe, a mãe pode gostar de poder dizer "esta criança está doente". Em pouco tempo, o bebê se transformou numa criança, e acha bem mais fácil dizer "sinto uma dor de estômago" por não ter palavra para a ansiedade[...] Não tenho a menor dúvida de que as crianças, desde a tenra idade, se sentem ansiosas, mas não dispõem de linguagem pela qual expressá-la e não consideram que se sentirem ansiosas seja algo fora do comum. Se isso as incomoda, terão de dizer algo como "sinto uma dor de estômago".

Como se vê na situação apresentada, Bion introduz o aspecto das *significações* provindas do discurso da mãe e dos *significados* que a criança empresta a tais palavras e sentimentos. No entanto, sua contribuição mais importante acerca da impossibilidade de certos pacientes expressarem com palavras a angústia que sentem é a que se refere ao que ele denomina como "terror sem nome". Esse estado mental se forma de acordo com o modelo da mãe, que, por não conseguir conter, significar e nomear as angústias que o bebê projeta nela, vai devolvê-las sem nominá-las e acrescidas de suas próprias angústias.

Particularmente, penso que uma outra razão que complementa o "terror sem nome" é que o mesmo tenha se formado antes que a "representação-palavra" (tal como Freud a descreveu) se tenha formado no pré-consciente e, por isso, prevalece a "representação-coisa".

Constitui-se pois em um erro técnico, nesses casos, o analista insistir para que o paciente comunique a sua angústia com palavras, porquanto ele não conseguirá. Essa tarefa cabe ao psicanalista, que é quem deve preencher uma função que, com muita probabilidade, a mãe do paciente não conseguiu executar eficazmente, ou seja, de devolver a angústia do paciente – após contê-la dentro de si em um "estado de paciência" – devidamente desintoxicada, com um significado, um sentido e um nome.

Da mesma forma, seria um erro técnico o analista interpretar exaustivamente as identificações projetivas do paciente nas situações de impasse analítico. Se o paciente faz tão maciçamente essas projeções, é porque ainda não tem condições de contê-las dentro de si, e a tentativa do analista em promover a reintrojeção no paciente é vivida por este como uma falta de continência do analista. O grande risco dessa situação é instalar-se um crescente círculo vicioso maligno.

Outro aspecto muito enfatizado por Bion é que o analista deve utilizar uma linguagem simples o suficiente para que se faça entender intelectiva e afetivamente pelo paciente, e que possa levar este último a olhar para dentro de si próprio e estabelecer correlações entre as suas partes contraditórias. Um exemplo muito singelo é a interpretação que deu a um paciente que se mostrava sempre polido e imperturbável: "Esta pessoa que você diz que foge e esta pessoa que você diz que é muito agressiva são a mesma pessoa. Penso que sejam você mesmo" (1992b, p. 447).

Outro exemplo relativo à interpretação, que visa ao problema do paciente que faz uma dissociação entre a palavra e o sentimento, pode ser visto nesta ilustração do próprio Bion (p. 447):

> isto que você está agora sentindo é o sentimento para o qual você usa a palavra "inveja". Quando você usa a palavra "inveja" você não sabe o que é sentir o que ela significa, e quando você está sentindo o que ela significa, você não sabe que palavra usar.

Do mesmo modo, Bion (1992a, p. 79) destaca que a linguagem utilizada pelo analista deve ser fiel a um *estilo* que deve lhe ser peculiar e autêntico, contanto que leve em conta que

> A linguagem que utilizamos é a tal ponto desnaturada que é como se fosse uma moeda que foi submetida a tantos atritos que acabou por apagar o valor facial; este ficou indistinguível [...] a palavra [tanto do paciente, como do analista] não significa coisa alguma.

Ainda quanto ao estilo de interpretação, completa Bion (p. 230):

> penso que, no presente, talvez seja mais sábio manter o sistema de comunicação verbal comum, convencional, e dar interpretações o mais precisa e artisticamente possível [...] penso que deveríamos tentar nos expressar de tal modo que o ato de receber seja um prazer para o receptor.

Para finalizar, impõe-se consignar que Bion deixou bem claro que a interpretação do analista não deve ficar centrada na busca da causalidade linear do conflito do paciente, porquanto essa forma de interpretação estimula um entendimento intelectual e, por conseguinte, pode *funcionar resistencialmente*. Nas palavras do próprio Bion (1963, p. 80): "... após muitos meses de uma análise aparentemente exitosa, o paciente conseguiu um amplo conhecimento das teorias psicanalíticas, mas não obteve o *insight* verdadeiro". Além disso, eu completo, a interpretação que, de forma sistemática, prioriza o "porquê" etiológico, esmaece tanto a vitalidade do "o quê" da singular experiência afetiva, como também o "para quê" existencial do paciente.

27

Insight, Elaboração, "Cura"

Bion considera que a finalidade de um tratamento psicanalítico é a obtenção de um "crescimento mental", e o significado deste termo, ele enfatiza, deve ser claramente distinguido do de "cura", tal como seu habitual significado na clínica médica.

Dessa forma, o crescimento mental vai muito além do alívio de uma dor de angústia, da remoção de sintomas ou de uma satisfatória adaptação socioprofissional; em vez de um "fechamento" tranqüilizador e estabilizador, o que Bion propõe é que a análise propicie novas e progressivas aberturas, em um processo interminável, tal qual um "universo em expansão", na pessoa do paciente e, também, na do analista.

Uma primeira inferência na prática analítica, portanto, consiste na importância de que esse aludido vértice do psicanalista em relação ao objetivo da análise coincida com o do seu analisando, o que nem sempre acontece, porquanto a motivação deste último, tanto em nível inconsciente como consciente, pode estar ancorada em outros vértices, como encontrar no analista um amigo conselheiro, um mero substituto da figura parental ou alguém que vai reforçar o seu mundo de ilusões narcisísticas, e assim por diante.

Além disso, como já vimos, Bion considera que a "cura", com o significado próprio da medicina, assim como o "desejo de curar" (por parte do analista) ou de "curar-se" (por parte do paciente) conectam uma dimensão sensorial que interfere na capacidade de evolução dentro da análise, no sentido de um crescimento mental mais expansivo. Assim, ele chega a indagar (1987, p. 5): "Será que uma cura não estará apenas tapando um espaço que deveria se manter vago, em que deveríamos nos manter ignorantes?".

Aliás, no segundo capítulo de *Atenção e interpretação*, ele dedica um texto de crítica sobre o modelo médico. Aí, Bion indaga a respeito de quais são os fatores que efetivam e que permitem reconhecer um crescimento mental, e, para tanto, em uma das Conferências em São Paulo (1973, p. 95-96), esboça uma bonita analogia:

> Um bebê sente que transformou o alimento bom em fezes e urina; terá que esperar até a infância antes de alcançar a idéia de que aquilo que comeu tem alguma conexão com o seu crescimento. Utilizando essa analogia, ser-nos-ia possível dizer o que precisaríamos, nós e nossos analisandos, usar como alimento da mente para promover o crescimento mental? [...] Como saberá alguém o que, para a mente, favorece o crescimento e o que representa um veneno?

Como vimos, a utilização desse modelo alimentar digestivo pode ser conectado com o trabalho de elaboração dos *insights* promovidos pelo alimento da interpretação, o qual tanto pode ser significado pelo paciente como bom e nutridor ou como mau e envenenador.

INSIGHT

O *insight*, para Bion, consiste em dar ao analisando a possibilidade de organizar uma nova forma de pensar os seus problemas e fazer uma mudança de pontos de vista do que se passa consigo e como isso influencia aos demais. Assim, é indispensável que se estabeleça uma distinção entre o *insight intelectivo*, o *afetivo* e o que, penso, pode ser denominado de *insight pragmático*.

O *insight intelectivo*, segundo o entendimento que se depreende dos textos de Bion, está mais a serviço das resistências obstrutivas, como "reversão da perspectiva", do que propriamente do crescimento mental.

O *insight afetivo* implica a condição de que, juntamente com a obtenção cognitiva dos conflitos, o paciente também estabeleça conexões e inter-relações com os afetos que acompanharam as experiências – do passado e da vida presente – e que têm similitude com as vivências da experiência analítica.

Assim, diz Bion, em *Elementos de psicanálise* (1963, p. 80), que, após muitos meses de uma análise aparentemente exitosa,

> ... é possível que o paciente obtenha um amplo conhecimento das teorias do psicanalista, porém não o *insight*, porquanto não houve um comprometimento afetivo e nem uma mudança de seus pontos de vista prévios.

A elaboração continuada dos *insights* afetivos parciais deve conduzir ao *insight* pragmático, como aqui estou denominando.

O *insight pragmático* corresponde ao que Bion descreve como "linguagem do êxito", isto é, de nada adianta a aquisição de *insights*, se os mesmos não se expressarem em uma mudança verdadeira na conduta da vida real externa, sempre levando em conta que "as ações falam mais alto do que as palavras", ou: "o que você *é* fala mais alto que quanto você *diga*", segundo uma expressão do literato Milton, que Bion gostava de citar.

No entanto, uma verdadeira modificação no caráter, nas atitudes e na conduta de um analisando pressupõe que as interpretações do analista promoveram transformações, que sempre vêm acompanhadas de algum grau de *dor psíquica*, a qual vem intimamente ligada à aprendizagem com as experiências afetivas.

Em termos genéricos, pode-se depreender que Bion confere seis funções mínimas ao *insight*:

1. possibilita o resgate e a reintegração de partes dissociadas e perdidas do ego;
2. o *conhecimento* substitui a onipotência, e a onisciência é substituída pela *aprendizagem com as experiências*;
3. dá um *nome e um significado* aos sentimentos;
4. reflete a verdadeira atitude interna do analista, e isso propicia o desenvolvimento da *função psicanalítica da personalidade*;
5. permite novos e diversificados *vértices de observação*, o que possibilita o exercício de correlações e de uma *discriminação* entre os seus aspectos construtivos e os destrutivos;
6. promove uma capacidade para *enfrentar a dor*, no lugar de evadi-la.

A DOR MENTAL

Pelo que acabamos de ver, os indivíduos em geral, e particularmente os pacientes na situação analítica, enfrentam duas alternativas diante da dor ocasionada pelas múltiplas formas de frustrações: ou fogem da dor com alguma tática evitativa e evasiva, ou experimentam sensações dolorosas e tiram um aprendizado da experiência, o que os capacita a fazer transformações e modificações dos fatos frustradores. A propósito, no Capítulo 1 de *As transformações*, há um subtítulo: "Mudança: do Aprendizado ao Crescimento". Também no livro *Elementos de psicanálise*, no Capítulo 13, em que Bion traça uma analogia da psicanálise com a medicina, ele assinala que é imperiosa a necessidade de toda pessoa sadia poder sentir a dor física, que denota um claro sinal de alerta de que algo não vai bem com o organismo, e que uma dor mental pode exercer a mesma função. Assim, de forma análoga, existem as "dores do crescimento", as físicas e as psíquicas.

Vale a pena transcrever algumas afirmativas que constam no referido Capítulo 13:

> A dor não pode estar ausente da personalidade. Uma análise deve ser dolorosa, não porque a dor tenha necessariamente algum valor, senão porque uma análise na qual não se observa dor, nem se a trata, não pode ser considerada como enfrentando uma das principais razões porque o paciente está em análise. [...] Ademais, uma análise exitosa leva à diminuição do sofrimento, de modo que a experiência analítica aumenta a capacidade do paciente para sofrer mesmo quando o paciente e o analista possam desejar diminuir a dor mesma. A analogia com a medicina somática é exata: destruir a capacidade para sentir a dor física seria desastrosa em qualquer situação [...] A dor não pode ser considerada como um índice fiel dos processos patológicos em parte devido à sua relação com o desenvolvimento (reconhecível na frase comumente empregada de "dores do crescimento") e também porque a intensidade do sofrimento nem sempre é proporcional à seriedade do transtorno. Seu grau e significação dependerá de sua relação com outros "elementos da psicanálise".

O melhor atestado da relevância que Bion emprestou à dor psíquica ocasionada pelo enfrentamento e modificação das verdades frustrantes e penosas está consubstanciado na sua descrição de "mudança catastrófica". Já vimos antes que uma mudança verdadeira, não só das inibições, sintomas e angústias, mas principalmente dos estereótipos, custa, muitas vezes, um intenso sofrimento do paciente (de alguma forma, também no analista), sob a forma de um estado confusional ou de ansiedade depressiva, uma sensação penosa do paciente e sua acusação ao analista de que está piorando e sentindo-se ameaçado pelo medo de estar ficando louco, ou dizendo que só lhe resta o suicídio. Além disso, é comum que essa sensação catastrófica venha acompanhada de *actings* preocupantes e de sensações corporais, como o sintoma de despersonalização e o surgimento de somatizações.

Para comprovar a sua afirmação de que o fato de um paciente estar melhor (do ponto de vista analítico) equivale a estar pior (do ponto de vista sintomático e de sofrimento do paciente), Bion compara essa transformação ao que chama de "calma do desespero". Esta última consiste em que aparentemente tudo está bem na vida e na análise do paciente; no entanto, isso não passa de uma resignação, e a perspectiva de que esteja surgindo uma possibilidade de mudança, de resgate do crescimento, pode produzir muitas perturbações de sentimentos catastróficos. Bion (1987, p. 4) ilustrou essa idéia durante um seminário clínico, com a seguinte imagem metafórica:

> Imaginemos sobreviventes de um naufrágio; eles estão flutuando, à deriva, em cima de um escombro. Não estão assustados, apenas desesperançados e famintos. No momento em que outro navio surgir, o medo, a angústia, o terror, tudo vai aparecer. Desaparece a "calma do desespero" e eclode o pavor, o medo e a ansiedade. Em princípio, sua situação melhorou; estão mais perto de serem resgatados e fora de perigo. É de se supor que estariam se sentindo melhor. Mas não é o que acontece: ficam pior.

É útil registrar que Bion não se refere unicamente à resistência à mudança, mas também alude a uma *resistência ao crescimento*, e, embora muitas vezes ambas estejam sobrepostas, em outros casos guardam uma diferença de natureza qualitativa entre si. Ou seja, diante das mudanças de sua forma de pensar, e dos seus pontos de vista renovados, o paciente tem a liberdade de discernir qual o tipo de mudança que quer dentro de si e qual a direção que quer dar à sua vida.

O contrário de uma mudança catastrófica é um estado de excessiva acalmia, sem um mínimo de angústia na situação analítica, e isso indica que pode estar havendo um *conluio* de acomodação e estagnação do processo analítico. Para essas situações, Bion propõe que o analista provoque um estado de "turbulência". A metáfora que utiliza para esclarecer o seu conceito de turbulência é a de que, diante de um lago com águas tão paradas que dão a impressão de que nem há água, se utilizarmos o recurso de jogar uma pedrinha nesse lago, se formará alguma turbulência, com a evidência de formação de ondas concêntricas, comprovadoras da existência da água.

A propósito dos aspectos destacados, é importante acrescentar os desenvolvimentos que Bianchedi e colaboradores (1989) emprestaram às idéias de Bion. Assim, esses autores postulam que o crescimento mental pressupõe que haja momentos críticos disruptivos de "desidentificação", idéia complementar à da noção de "mudança catastrófica", descrita por Bion em 1965. Segundo Bianchedi, o fenômeno da – indispensável – elaboração psíquica se realiza como decorrência da mudança catastrófica, sendo que, no processo analítico, ela se manifesta por saltos qualitativos, nos quais o paciente e o analista passam por estados de *desidentificação*, até que surja aquilo que Bion denominava como "um novo padrão" (termo empregado por Freud, o qual, por sua vez, citou Charcot, que enaltecia que o terapeuta, diante de um fato que não entende e que não lhe diz nada, deveria, pacientemente, "observar, observar e observar... até que algum novo padrão lhe surja").*

Uma outra questão fundamental levantada por Bion diz respeito ao grau e ao tipo de dor que o analista desperta no analisando. Em primeiro lugar, Bion nos mostra que há uma distinção entre o conceito de "dor", tal como a concebemos no campo da medicina, e o conceito de "sofrimento" em psicanálise, que alude a uma forma útil, embora bastante penosa, de o indivíduo "sofrer a sua dor". Esta última diz respeito a um processo ativo, de transformações; trata-se, portanto, do fenômeno que todos conhecemos como o trabalho mental de "elaboração".

Destarte, Bion enfatiza que uma análise necessariamente deve ser dolorosa, não porque a dor em si tenha algum valor, mas porque essa dor já preexistia no paciente, e ele procurou a análise justamente para ver-se livre dela. Pelo contrário, dizia Bion, a experiência analítica deveria aumentar a "capacidade de sofrer" do paciente (*suffering*) e não, é claro, aumentar a quantidade de dor pela dor em si (*pain*). Embora reconhecesse que tanto o paciente como o analista têm esperança de aliviar a cota de padecimentos, Bion sustentava a sua tese de que o sofrimento é necessário mediante uma analogia, como antes já foi mencionada, com a medicina orgânica: destruir completamente a sensibilidade à dor física de um indivíduo qualquer seria um verdadeiro desastre para o paciente e para o seu médico. Ainda utilizando um modelo concreto, vale citar esta passagem de Bion (1992a, p. 239-240):

> Em termos físicos, uma analogia com o sentir do paciente seria a de alguém estar sendo afagado; a mente de um deles tem um efeito acariciante reparador em relação à outra, e a sedução mutuamente gratificante prossegue sem ser observada por ambas as partes envolvidas – a tal ponto que o fato de o paciente ter vindo solicitar auxílio é esquecido. O paciente o esquece; o analista esqueceu; estão trancados em uma experiência gratificante mútua. Pode passar um longo tempo antes que o paciente se torne consciente do desconforto. É como se ele tivesse acesso a alguma droga soporífera, de tal modo que não pode contar onde é a dor. Aqui, novamente é útil o analista mudar o vértice, de tal forma que se a dor não pode ser vista a partir de uma posição, pode ser que consiga vê-la a partir de outra.

---

*A frase completa de Freud é esta: "Eu aprendi a colocar rédeas nas minhas tendências especulatórias e seguir o conselho esquecido do meu mestre Charcot, ou seja, observar as mesmas coisas uma vez mais, e outra vez mais, até que elas mesmas comecem a falar".

É tamanha a importância que Bion atribui à dor psíquica que a considerou como um dos "elementos de psicanálise" (1963, p. 87), portanto, não pode estar ausente da personalidade. Assim, ele estuda as diversas formas da dor na situação analítica, como quando ela aparece escondida, disfarçada, projetada ou transformada (eroticamente, por exemplo), e, sobretudo, realça a capacidade que o aparelho psíquico do paciente tem de sofrê-la, ou, em caso contrário, de evadi-la.

É justo mencionar que esse vértice de como Bion encara as "dores mentais" que são inerentes ao processo analítico já havia sido assinalado por outros autores, como podemos comprovar neste trecho de Ferenczi (1928): "Poupar o paciente da dor não é propriamente falta de competência psicanalítica; na verdade, um dos principais ganhos de uma análise é a capacidade de suportar a dor".

Bion ainda assinalou mais dois aspectos pertinentes à dor mental na análise: a relatividade da importância da dor e a necessidade de o analista evitar a formação de um padecimento inútil.

Em relação ao primeiro dos aspectos mencionados, ele afirma (1992a, p. 38):

> Não deveríamos superestimar a importância da dor. Mesmo em medicina física, algumas dores são extremamente agudas, mas não são especialmente importantes. Algumas partes do corpo são extremamente sensíveis à dor, de tal forma que se a intensidade de dor fosse o único critério, o investigador poderia ser desviado de seu rumo.

Bion faz um importante e sensibilizado apelo para que o analista tenha bem clara para si a distinção entre o surgimento de uma dor evitável e o de uma dor inevitável, caso em que o analista deve ter sensibilidade intuitiva para descobrir a emoção dolorida em seu estado premonitório.

Destarte, transpondo o modelo que utilizou no campo do pensamento, relativo à transição evolutiva da preconcepção para a concepção, Bion igualmente considera a "premonição" do analista como precursora da emoção. Assim, considerava a "premonição" (de "pré-emoção") – termo que designa a capacidade de antecipação de um acontecimento que está por ocorrer – como um sentimento equivalente ao "pressentimento" (de "pré-sentimento").

Como vemos, Bion consubstanciou a sua posição relativa à essencialidade do "crescimento mental" do analisando em uma série de fatores e funções, como:

1. a necessidade de um *estado mental de descobrimento* (etimologicamente, significa a retirada ["des"] das "cobertas" que escondem as verdades penosas); logo,
2. um *amor à verdade*;
3. uma *superação de resistências*;
4. um processo de *transformações*;
5. uma disposição para o *sofrimento da dor*;
6. uma *mudança contínua de vértices* de pensamentos e conhecimentos, tal qual um constante jogo dialético de teses, antíteses e sínteses.

Ademais, em relação à noção de "crescimento mental", é útil acrescentar que é importante reconhecer os estágios preliminares de um crescimento futuro, isto é, de um porvir, de um *vir-a-ser*. Bion nos brinda com uma esclarecedora metáfora: a de uma semente que, embora invisível, plantada em solo fértil, representa a futura árvore. Na representação gráfica de Bion, como estágio de crescimento, a semente é representada por um ponto (.), enquanto o devir, a árvore, é representado por uma reta (–).

O aspecto referente aos *vértices* adquire uma especial importância na prática analítica pelas seguintes razões: 1) se não houver uma sintonia entre os vértices do analista e do analisando, o *insight* não será mais que unicamente intelectivo; 2) nos casos em que a análise parece estar estagnada por uma aparente tranqüilidade devido a uma não-localização do foco da dor, a abertura de novos vértices pode promover uma benéfica turbulência emocional; 3) o trabalho de elaboração e transformação se processa a partir de uma correlação binocular e bissensorial de vértices distintos; 4) uma relevante aplicação na técnica analítica diz respeito ao fato de que a atividade interpretativa do analista também consiste em propiciar ao analisando novos vértices de significações aos sentimentos e valores de que este último está impregnado desde a infância pelo discurso dos pais, que ele repete de forma estereotipada.

Um exemplo comum desta última situação é o seguinte: um paciente obsessivo que, totalmente fora de seus hábitos, chegou bastante atrasado à sua sessão, ou cometeu algum outro tipo qualquer de *acting*, principia a sua narrativa pedindo desculpas pela sua "transgressão". Nesse caso, tanto o analista pode trabalhar nesse vértice de erros e culpas (e, assim, estará reforçando a estrutura dos objetos superegóicos do paciente) como pode propiciar a alternativa de um outro vértice, como a possibilidade de que aquele *acting* esteja representando um tímido anseio de libertação da sua escravidão aos mandamentos, exigências, expectativas e ameaças provindas daqueles mesmos objetos superegóicos introjetados.

O conceito de crescimento mental, para Bion, não se restringe unicamente ao alívio de sintomas, à resolução de conflitos inconscientes, a uma harmônica adaptação social e nem a uma liberação de importantes capacidades do ego que antes estavam bloqueadas; ele postula que o analisando deve desenvolver capacidades que extrapolem a dimensão unicamente sensorial e pragmática. Assim, depreende-se dos textos de Bion o quanto ele lutaria pela necessidade de o paciente permanecer em um *constante estado de curiosidade*, em uma permanente *busca da "verdade última"*, e desenvolver capacidades intuitivas que, indo aquém e além dos órgãos dos sentidos e motores, se estendesse ao plano dos mitos e das paixões, tudo isso sob a óptica de um "universo em expansão".

Nessa mesma linha de conceituação do "crescimento mental", Bion afirma que "a análise não é para resolver problemas concretos, mas, sim, para resolver problemas de desenvolvimento". Outra frase significativa: "... de modo geral, nos preocupamos mais em adquirir 'esperteza', ficamos espertos, mas não temos 'sabedoria'."

Levadas mais ao extremo, essas recomendações de Bion podem estar aludindo a um certo misticismo. No entanto, reduzindo-as a uma expressão mais simples, podemos aquilatar a importância de o paciente desenvolver as capacidades de intuição, de premonição e de continente não só das suas próprias angústias, mas também das angústias das pessoas que lhe são próximas e caras, e saber *escutar* (diferente de ouvir), *ver* (diferente de olhar), *dizer* (diferente de falar) e *compreender* (diferente de entender).

Como é fácil perceber, tais capacidades são exatamente as mesmas que Bion apregoa para a pessoa do psicanalista, e que serão mais adiante explicitadas, no capítulo "Condições Necessárias ao Psicanalista". Uma conclusão imediata que podemos tirar é que o crescimento mental do paciente em análise não se processa unicamente pelas interpretações do analista, mas também por uma exitosa identificação introjetiva com a pessoa real do analista, não tanto com o que este último diz ou faz, mas com aquilo que realmente ele é.

De resto, sabemos que, em seus primórdios, uma criança somente pode desenvolver as capacidades mais profundas do ego se os seus pais tiverem essas capacidades, e que, além disso, a representação que essa criança terá de si própria será, especularmente, a mesma que a mãe faz dela.

A síntese disso tudo está contida na expressão "função psicanalítica da personalidade", que Bion (1962b, p. 121) cunhou provavelmente para postular que um êxito analítico pressupõe uma igualmente exitosa identificação com a função psicanalítica do analista. Creio que, apelando para um recurso etimológico, pode-se dizer que uma análise só termina (formalmente) quando ela fica interminável, ou seja, quando ela prossegue, eternamente, dentro ("in") da mente do indivíduo.

Também em relação ao crescimento mental, da mesma forma como fez com outros importantes fenômenos psíquicos, Bion destaca que existe o crescimento natural e sadio, porém também existe o crescimento negativo tal como se passa com o crescimento de células cancerosas. Assim, postulou a existência de um sinal "negativo" ao lado do positivo. Por "crescimento negativo", que, algumas vezes, compara com o crescimento para baixo, tal como o de um rabo de cavalo, Bion (1963, p. 117) destaca tanto a presença de uma excessiva inveja do paciente como também, principalmente, da "inveja despojante" contra ele, provinda de algum objeto interno. Por sua vez, pode-se dizer que *crescimento positivo* alude às transformações, ao desenvolvimento. Creio que o conceito de "des-envolvimento", seguindo a derivação etimológica, diz respeito ao paciente libertar-se ("des") dos "envolvimentos" objetais patológicos e obter uma *autonomia*; ou seja, que ele consolide uma identidade, um nome ("nomos") próprio ("auto").

Em suma, um crescimento mental implica as possibilidades de o analisando crescer, decrescer, ser e vir a ser, enquanto o destino do analista é tornar desnecessária a sua própria presença.

28

Epistemofilia e Vínculo -K: A Proibição do Conhecer (Uma Ilustração Clínica)*

Inúbia Duarte**

Tomou pois o Senhor Deus ao homem, e pô-lo no paraíso das delícias, para ele o hortar e guardar. E deu-lhe esta ordem, e lhe disse: come de todos os frutos das árvores do paraíso. Mas não comas do fruto da árvore da ciência do bem e do mal. Porque em qualquer tempo que comeres dele, certissimamente morrerás. (Gênesis; I – História Primitiva, O homem no Paraíso, Bíblia Sagrada, 1980. p. 2.)

No trabalho psicoterápico com crianças, diversos aspectos suscitam meu interesse, mas um, em particular, chama-me mais atenção, talvez por sua complexidade e seu aparente paradoxismo: *crianças extremamente inteligentes que apresentam problemas de aprendizagem.*

Pergunto-me: não querem ou não podem aprender? Ou querem muito aprender e não podem? Por que o aprender se torna tão doloroso para algumas crianças? Por que, para algumas dessas crianças, é proibido conhecer a realidade? E qual realidade é proibida de ser conhecida, a interna – o mundo dos objetos internos e das fantasias – ou a externa – mundo objetivo, fatos reais?

QUAL A VERDADE QUE NÃO PODE SER REVELADA? E POR QUÊ?

Tentar responder a algumas dessas perguntas é o objetivo deste trabalho. Para tal,

---

*O objetivo do presente capítulo é trazer uma ilustração de um caso clínico que unicamente sirva de amostragem de como a experiência afetiva do vínculo analítico pode encontrar uma plena harmonia e ressonância com as postulações teóricas de Bion.
De acordo com a proposta de que o caso clínico fosse o de uma criança – o que permite uma visualização dos problemas desde o seu nascedouro –, segue a transcrição de um trabalho da psicóloga Inúbia Duarte, da Sociedade Psicanalítica de Porto Alegre, o qual aborda, mais particularmente, os tão comuns problemas concernentes ao processo de aprendizagem, e que são devidos a distúrbios da função do conhecimento (-K).
**Psicóloga. Mestra em Psicologia Clínica pela PUCRS. Psicanalista, SPPA. Docente e supervisora do Instituto de Ensino e Pesquisa em Psicoterapia (IEPP). Coordenadora técnica do curso de Especialização em Psicoterapia de Crianças e Adolescentes, IEPP. Psicanalista de crianças e adolescentes, SPPA.

recorri a Melanie Klein, a Wilfred Bion e a Bruno Bettelheim, procurando estudar, entender e relacionar os conceitos de *impulso*[1] *epistemofílico*[2] e vínculo "*menos K*" em um menino, Renato – que, aos três anos e meio, se negava a ser ensinado, dizendo não querer aprender –, e em sua mãe, que proibia seu acesso aos aspectos agressivos dos contos de fadas e das histórias infantis em geral.

Renato era o único filho de pais jovens, separados. Quando o atendi, há alguns anos, a família acabara de chegar de outro Estado do país. Nasceu após alguns anos do casamento de seus pais, por decisão da mãe e contra a vontade do pai, que não desejava ter filhos. Ambos vinham de famílias com numerosos irmãos, tendo o avô materno morrido precocemente em acidente automobilístico, fato que adquiriu um significado de segredo familiar por ter havido suspeita de suicídio. A separação do casal ocorreu logo após o nascimento do menino, pelo fato de a mãe ter descoberto um relacionamento extraconjugal do marido, que havia se negado a ter relações sexuais com ela durante toda a gestação.

A mãe sofreu depressão pós-parto. Amamentou Renato por três meses, com dores, pois não possuía bico no seio, o que também dificultava a sucção por parte do bebê.

A mãe procurou ajuda porque seu filho estava sofrendo, não era feliz. Renato se negava a freqüentar o Jardim de Infância, dizendo "não querer aprender". Havia uma recusa enérgica a qualquer tentativa externa em ensiná-lo, de um modo geral, mesmo em relação a brinquedos, jogos ou a hábitos.

Embora fosse observável seu ótimo potencial intelectual, não apresentando nenhum déficit de inteligência ou raciocínio e possuindo vocabulário adequado à sua idade cronológica, mostrava uma pronúncia regressiva correspondente a crianças de dois anos, aproximadamente. Era de difícil educação, negando-se inclusive a usar o "vaso para defecar; retinha o cocô até não poder mais". Tinha sono agitado e dificuldades alimentares.

Aos quatro meses de psicoterapia, em determinada sessão, Renato se negou a entrar sozinho na sala de atendimento, como já acontecera em um período anterior, quando sistematicamente exigia que a pessoa que o levava entrasse junto. Nessa sessão, ao criar um impasse, exigindo que a "babá", empregada que o cuidava desde seu nascimento, entrasse com ele, o menino favoreceu *elos de ligação* entre diversos pontos que até então não eram interligados. Essa sessão serviu de marco de referência na evolução de seu tratamento. A partir dali, foi possível *compreender as relações entre onipotência, fantasias, impulso epistemofílico e o vínculo "menos K", associados às relações com as pessoas significativas de seu mundo externo.*

Renato sentia medo de ser abandonado pela babá, como representante da mãe. Precisava dela por perto para controlá-la, por terem brigado naquele dia. Havia mobilizado nela sentimentos ambivalentes, hostis, dirigidos a ele. O fato, causa do atrito, foi ele tê-la mandado calar a boca. Ele não queria ouvir o que ela queria lhe dizer. Ela estava ali, no consultório, de má vontade, contrariada.

O menino, por sua vez, desejava que sua mãe estivesse no lugar da babá; ele teve de deixá-la para comparecer à sessão psicoterápica. Assim, perdia o controle sobre a mãe enquanto estava longe dela. O que poderia acontecer com ela: acidentes, doenças, viagens? Sua ansiedade de separação estava exacerbada tanto por fatores externos – doença real da mãe, brabeza da babá, separação do pai – como pelos internos – início de alguma percepção interna (*insight*) de seus impulsos agressivos, aliada a uma maior ligação afetiva comigo (terapeuta). A ansiedade aumentava diante de seu desejo ambivalente de se aproximar e ficar ali, comigo, naquela ocasião, revelado quando Renato rolou no tapete, abriu as gavetas, retirou o agasalho e resistiu em terminar a sessão, além da expressão de seu rosto, descontraído, e de olhos e ouvidos atentos durante toda a hora psicoterápica.

Renato, ao pegar a cobra da gaveta e ao fazer de conta que mordia a babá, tentou brincar, tornando a agressão não-perigosa. Não foi bem-sucedido, pois ela não aceitou essa tentativa de reparação (maníaca?). A "cobra", ao querer mordê-la, talvez representasse muito de perto a raiva dele, Renato.

Ao abrir a outra gaveta, pegando os fantoches e jogos de encaixe, as emoções geradoras do conflito recente com a babá ficaram mais distantes. No entanto, a conduta que provocou a crise entre eles – o "calar a boca" – estava se repetindo ali: Renato interrompia o discurso da babá que tentava contar o ocorrido. Mas, ao revivê-lo em minha presença, não se repetiam suas conseqüências. Houve, então, um deslocamento para as figuras dos fantoches e um reencontro entre ambos: "Pinóquio sem nariz comprido sendo abraçado e beijado pela velha."

Após essa cena, a babá lembrou dos contos de fadas, especificamente o de *João e Maria*, e a proibição da patroa de serem narradas para Renato as partes agressivas de todas as histórias, referindo a confusão que sentia pelas invenções a que ficava obrigada com tal proibição.

POR QUE TERIA TOMADO A MÃE DE RENATO TAL ATITUDE?

Bruno Bettelheim, em sua obra *A psicanálise dos contos de fadas* (1978, p. 17), escreveu que há uma

> recusa difundida em deixar as crianças saberem que a fonte de tantos insucessos na vida está na nossa própria natureza – na propensão de todos os homens para agir de forma agressiva, não social e egoísta, por raiva ou ansiedade.

A mãe de Renato estaria desejando evitar o confronto do menino com os problemas existenciais, assim (p. 14) "como as modernas histórias escritas para crianças pequenas que na maioria não mencionam nem a morte nem o envelhecimento, os limites de nossa existência, nem o desejo pela vida eterna".

Lembrando a história familiar de Renato, esse comportamento materno pode ser relacionado com o medo de enfrentar o segredo familiar, descobrir ("des-cobrir") o fato traumático ocorrido bem antes do nascimento do menino e, em sua história pessoal, o desejo paterno de não ter filhos.

Aqui aparece o receio, da mãe e do filho, de entrar na fantasia dos contos de fadas e encontrar uma verdade que está negada pela dor que traria ao ser revelada. Com essa proibição, o menino ficou impedido de se beneficiar com as mensagens das histórias, enquanto sua mãe pensava estar evitando os conflitos internos, seus e do filho, e entre ambos, originados por emoções e impulsos primitivos e violentos.

Continuando a tentativa de compreender a sessão com Renato e sua babá, pode-se perguntar: por que teria havido a associação, naquele momento, exatamente com um conto de fadas específico, o de *João e Maria*?

É um conto que fala da pobreza dos pais, da falta de alimentos básicos para a sobrevivência, de enganos e imprevistos; fala também da coragem e do companheirismo entre irmãos, da esperteza e destreza das crianças, da vitória sobre o mal e do reencontro vitorioso com o pai. A agressão não é negada; pelo contrário, o conto ensina que, se usada a serviço da vida, ela é útil, necessária, pois "... formando uma verdadeira relação interpessoal, a pessoa escapa da ansiedade de separação que a persegue [...]" (p. 19).

Talvez o conto tenha surgido através da babá, apontando para uma dificuldade de sua patroa de se desprender do filho, deixá-lo crescer para enfrentar o mundo por conta própria, mas também, num outro nível, revelaria o desejo ambivalente de se livrar do menino que já havia sido rechaçado pelo pai, de fato, antes de nascer.

Havia, pois, coincidências por demais reveladoras entre a história de Renato e a de "João e Maria", que favoreciam a percepção interna dos conflitos reprimidos. No entanto, o conhecimento advindo dessa percepção era sentido como perigoso e temido, por isso, evitado e proibido.

O "Pinóquio sem nariz", nomeado pela babá na sessão, era uma alusão às mentiras, aos enganos, às omissões e ao desejo ambivalente de encontrar a verdade que subjazia no pedido de ajuda para Renato e sua mãe.

No conto *João e Maria*, as crianças são deixadas na floresta-mãe, pelo pai. Lá sobrevivem ao encontrar a casa da bruxa-mãe má, onde são aprisionados e tratados para engordar e ser comidos. São evidentes os processos de cisão e de projeção, a ansiedade persecutória da posição esquizoparanóide, os impulsos sádicos orais canibalísticos. Abandonar, aprisionar, devorar e temer (a morte) são os verbos mais conjugados no drama desse conto de fadas.

Essa seria a verdade que deveria continuar escondida, encoberta em Renato em sua oposição a aprender, aliada à lei materna da proibição de conhecer? Um vínculo -K estaria existindo entre a mãe e o filho?

A fantasia, ao ser confirmada pela realidade com uma mãe sem capacidade de *rêverie*, pode levar a criança a se sentir invadida por *elementos* β, ocorrendo o "terror sem nome", como diz Bion (1991). Seria o princípio do *vínculo -K*.

A primeira tentativa de entender e explicar esse fenômeno foi feita por Melanie Klein, em 3 de fevereiro de 1921, em Berlim, conforme Grosskurth (1992, p. 113-114) relata:

> ... pouco depois de sua chegada a Berlim, apresentou um artigo sobre análise infantil (baseado nas inibições na aprendizagem de Felix), que foi seguido uma semana depois de uma discussão geral por membros da Sociedade sobre pontos levantados no artigo dela. Em 19 de maio, ela apresentou outro artigo, nunca publicado, "Uberdie Orientierungssinnes" [Distúrbios de Orientação em Crianças]. Nesse artigo, estava começando a expor sua teoria de que o crescimento do instinto epistemológico origina-se de uma curiosidade a respeito do conteúdo do corpo da mãe, um interesse que foi recalcado porque no inconsciente a exploração ocorre por meio do coito.

Conta Grosskurth (p. 114) que Abraham contestou a afirmação de Melanie Klein, dizendo que o interesse pelo corpo da mãe é precedido por uma concentração da criança em seu próprio corpo. No entanto, continua a autora,

> ela não se deixou convencer, recordando-se de Erick ("Fritz"), explorando o corpo dela com um cachorrinho que ele deslizava sobre este, e, ao fazê-lo, fantasiava que estava viajando por países dos quais os seios eram montanhas e a área genital, um grande rio. Todas essas observações eram investigações experimentais sobre as causas da angústia infantil.

Em seu artigo de 1921, "O Desenvolvimento de uma Criança", Melanie Klein escreve sobre a luta entre o princípio de realidade de prazer. Diz ela que, à medida que cresce o sentido da realidade, o sentimento de onipotência decresce, o que permite à criança desenvolver seu impulso de investigar, de conhecer. Mas, quando o conhecer se torna demasiado doloroso para o ego infantil, a ambivalência aumenta, e a criança tenta recuperar sua crença tanto na onipotência de seus pais como na sua própria.

Além de se deparar com razões advindas de sua própria dificuldade interna, Renato obedecia à ordem externa de sua mãe ao se negar a aprender, pois aceitar ajuda para conhecer implicava se opor à pessoa mais importante e significativa para ele e da qual dependia ainda totalmente.

Melanie Klein (1983), nesse artigo, já aborda a questão da repercussão dos contos de fadas nas crianças e a resistência a eles associada a manifestações de angústia.

Em 1923, Melanie Klein (1983) descreve "O papel da escola no desenvolvimento libidinoso da criança". Afirma que é o temor à castração que leva as crianças a temerem exames e professores. A ansiedade está deslocada do sexual ao intelectual. Surgem, daí, inibições na escola e diferentes formas e graus de aversão à aprendizagem. Nesse trabalho, Klein situa o estabelecimento de todas as inibições que afetam o estudo e as sublimações posteriores à época do primeiro surgimento da sexualidade infantil. Com o advento do complexo edípico, o temor da castração fica exacerbado. A autora refere ser em torno dos três e quatro anos de idade que isso acontece, afirmando (p. 77) que é "a repressão subseqüente dos componentes ativos masculinos – tanto nas meninas como nos meninos – que dá a base principal para as inibições no aprender".

O componente feminino, segundo ela, contribui à sublimação com a receptividade e a compreensão, ficando a parte executadora e impulsora de toda e qualquer atividade determinada pela sublimação da potência masculina.

Em "Una contribucion a la teoria de la inibicion intelectual", Klein (1931) associa o impulso epistemofílico ao sadismo. Assim, diz ela (1969, p. 233):

> Ao mesmo tempo que deseja penetrar à força no corpo da mãe para se apoderar de seu conteúdo e destruí-lo, ela (criança) deseja saber o que se passa e como são as coisas lá dentro. O desejo de conhecer o interior da mãe e o de lá penetrar à força são postos em equação, reforçando-se mutuamente e tornando-se inter-relacionados. Assim, formam-se os elos que unem as tendências sádicas, elevadas à sua potência máxima, ao instinto epistemofílico nascente, e torna-se mais fácil compreender por que esse laço é tão estreito e por que o instinto epistemofílico desperta sentimentos de culpa no indivíduo.

E continua (p. 234):

> Se o temor do menino a seu superego e a seu id é demasiado poderoso, não só será incapaz de saber sobre os conteúdos de seu corpo e seus processos mentais, como também será incapaz de usar seu pênis em seu aspecto psicológico como órgão regulador e executor de seu ego, de modo que também suas funções egóicas estarão sujeitas a inibições nestes sentidos.

Parece estar instalado na situação descrita por Klein o que Bion chamaria de *vínculo -K*, pois se trata de uma situação na qual o objetivo é desconhecer ("des-conhecer"), não significando ausência de conhecimentos e sim um processo ativo em que a relação entre *continente* e *contido* é privada de significado (Grinberg, 1973).

As fantasias que subjaziam à inibição de conhecer de Renato foram pouco a pouco surgindo, à medida que ele foi encontrando *continência* para a expressão de seus impulsos sentidos como perigosos, confirmando as observações de Klein e de Bion.

No brinquedo dos "cavalos que iam ao mato", onde encontraram um outro perigoso cavalo que já havia chegado antes e que não queria que nenhum outro entrasse, Renato revelou o funcionamento de seu superego e de sua força instintiva. Quando os cavalos insistiam e entravam no mato, eram expulsos aos coices pelo "dono", com muita força e poder. Ao ser interpretado o medo de morrer ante o desejo de entrar no mato-mãe, o menino associou-o à vontade de conhecer e ver o que o "mato" tem dentro. O cavalo que já estava no lugar proibido foi identificado como sendo mais velho, mais poderoso, igual ao pai, e os outros cavalos que chegaram depois, como sendo crianças, ele, pequeno, sendo expulso pelo pai, do mato, corpo da mãe.

A situação perigosa que o menino devia enfrentar para realizar seu desejo se tornou ainda mais perigosa, quando a fantasia mais uma vez teve o reforço da realidade pela evidência de a separação de seus pais ter ocorrido com o seu nascimento e pela percepção do sofrimento materno concomitante.

Esse brinquedo com cavalos teve ainda outras variações, com muitas alternâncias de papéis – ora era Renato quem já havia entrado no mato e não queria que ninguém mais entrasse (a mãe não teve relações sexuais durante a gestação), ora eram os cavalos-crianças que se atacavam a caminho do mato. Este foi localizado, na brincadeira, num canto da sala, onde ficam as almofadas entre duas poltronas, o que reforça o significado simbólico de mato como lugar de entrada ao interior do corpo materno. Também no português, a mesma palavra parece indicar o perigo intrínseco ao desejo de "ir ao mato" e o verbo matar. Mais tarde apareceu a associação com "merda", fezes perigosas que foram "atiradas" como armas poderosas. Assim, mato, matar, merda e morrer se interligavam.

A expressão das fantasias edípicas permitia vislumbrar a força dos impulsos que eram temidos. Em uma sessão ocorrida aproximadamente um mês após a sessão do conto de *João e Maria*, Renato pôde experimentar seu sadismo. Ele combinou como deveria ser a brincadeira: dois bichos ferozes, o jacaré e o leão, atacam o camelo; os cavalos defendem o camelo amigo, que volta a ser atacado e defendido diversas vezes. O camelo (terapeuta) deve sobreviver, não revidar o ataque e esperar pela ajuda dos cavalos (parte boa, dissociada). Após, na mesma sessão, Renato diz querer jogar cartas (baralho). Diz querer aprender um jogo "como é de verdade". Lembrei do "rouba-monte" e tentei explicar as regras do jogo. No entanto, logo entendi que o menino continuava a brincadeira anterior, com outra variação, pois ele, rindo muito, agia com as cartas concretamente, jogando-as sobre o cavalo, sufocando-o. Enquanto Renato jogava, ao pé da letra, cartas, eu ia tentando explicar os movimentos de "rouba-monte" e interpretando sua diversão ao matar o cavalo (eu, terapeuta, professora).

A expressão da ambivalência parecia ter chegado ao máximo, pois, pela primeira vez, o menino pedia para aprender algo e matava, por sufocação, sadicamente, o objeto do qual deveria vir o aprendizado.

Nessa sessão, Renato riu muito, de modo mais solto e travesso; pôde passar de um posição passiva para uma ativa, masculina, experimentar uma identificação com o pai onipotente, temido, e, assim, começar a querer aprender.

Associado à maior capacidade de experimentar o sadismo, haveria um decréscimo da inibição e surgiriam os primórdios da possibilidade de reparação. Foi o que pôde ser observado no "brinquedo da plantação": a pedido de Renato, eu devia plantar, depois de ele ter preparado a "terra" (tapete felpudo, marrom claro, que cobre parte da sala). Ele arava com uma chave de fenda (*pênis bom*) como se fosse arado, e eu plantava colocando cartas de baralho como folhinhas de plantas. Eu só podia plantar onde ele indicasse. Logo depois de ter algum terreno já plantado, vinha ele, personificado primeiro no camelo, depois no cavalo e por fim no leão, derrubar as folhas plantadas. Eu devia sempre ficar plantando ou arrumando as folhas que eram derrubadas por ele.

Depois dos bichos, Renato se transformou em *cowboy*, atirando nas folhas com seu revólver (*pênis mau*) com flecha de pressão. A pedido dele, eu deveria continuar consertando os estragos feitos pelo *cowboy* com seu revólver. Enquanto isso, eu ia conversando e dramatizando o quanto era cansativo voltar sempre a plantar porque sempre vinha alguém destruir o que construía, desfazendo o que havia feito com tanto trabalho e esforço.

Talvez a resistência em reparar estivesse associada tanto ao desânimo pela ameaça de destruição advinda de seus impulsos agressivos, sádicos orais e anais, quanto à incapacidade do meio ambiente de tolerá-lo sem revide ou sem sofrer como ataques reais de conseqüências desastrosas, tais como depressão e desespero da mãe, afastamento do pai e incompreensões da babá.

A sessão com Renato e sua babá, comentada no início, realizada na ausência da mãe, trouxe o conhecimento de um dado ignorado até então: a proibição materna do relato dos trechos agressivos dos contos de fadas e das histórias infantis em geral. Esse lado revela o conteúdo temido. Apontou o aspecto que deveria ser evitado – era uma proibição reveladora, da mesma maneira que é contado na Bíblia Sagrada (1980), quando Deus aponta para o homem a árvore proibida, dando a sentença de morte em caso de desobediência. É uma proibição que desperta a curiosidade e que induz à investigação.

O que de tão maravilhoso e importante está escondido ali para ser digno de castigo tão grande? Se "Deus sabe, a mãe e o pai sabem, eu também quero saber", pensa a criança. Os frutos da árvore da ciência não podiam ser comidos, tal como a aquisição de conhecimentos não pode ser adquirida; os frutos-fatos externos não podem ser incorporados e introjetados. É vedada a possibilidade de discernir entre o bem e o mal se for vedada a possibilidade de conhecer a realidade externa. O ego não adquire a capacidade de discriminar entre o bom e o mau objeto, entre partes boas e más de um mesmo objeto, não é "criado um aparelho para pensar" e é impedido de "aprender com a experiência" (Bion, 1991).

O elemento central aqui é a *inveja*, segundo Bion. A inveja do saber, do poder do outro; ela destrói a possibilidade de estabelecer um *vínculo* com o objeto idealizado, onisciente, onipotente.

O recurso que sobrou a Renato foi se tornar igual, em fantasia, ao objeto invejado: negava sua condição infantil, dependente, tornava-se grande, não precisava aprender, não podia ter amigos crianças, recusava-se a ir à escola. Se ele se reconhecesse ("re-conhece"), descobriria ("des-cobre") verdadeiramente quem era. A resistência continha a dificuldade de enfrentar os perigos, que implicava "vir-a-ser-zero", porque isso era equivalente a "ser a pessoa sua própria verdade", com toda a responsabilidade que estava implícita nessa *transformação*.

O *vínculo -K* se instala na medida em que não é possível realizar as *transformações* do "saber acerca de algo" para "ser esse algo" (Grinberg, 1973).

Quando Renato pôde ser *contido* por um *continente*, reiniciou-se o processo que estava inibido, e ele pôde vivenciar o sadismo sem ser destruído ou destruir "de verdade"; diminuindo a onipotência de seus pensamentos, era-lhe, então, permitido brincar.

A *inveja* pôde começar a ser tolerada porque não lhe era retirada, impedida, a força dos impulsos, e a *voracidade*, outro fator em -K, não era mais tão perigosa e insaciável. Podiam, *inveja* e *voracidade*, iniciar um novo caminho no qual era permitido o crescimento pela introdução de novas idéias ou pessoas. O processo de simbolização foi ativado, e a falta da mãe dava lugar a novos objetos, idéias, atividades.

Outra *transformação* que pôde ser observada foi em relação ao funcionamento do superego; sendo permitido, pelo objeto externo, mãe, o acesso ao conhecimento dos aspectos agressivos, era dada a mensagem de que estes não seriam tão destruidores e que o dano seria reversível; pôde ser revelado porque podia ser reparado, diminuindo a culpa, e a agressão começava a ser utilizada em função da pulsão de vida.

Na história de João e Maria, o que o pai e as mães-más – mãe e babá, madrasta e bruxa – fizeram serviu à *aprendizagem pela experiência*. A separação vivida inicialmente como persecutória e abandonante pôde ser transformada, enriquecendo o ego infantil ao conhecer e vencer os perigos a que havia ficado exposto.

A curiosidade não era mais sentida como pecado (Grinberg, 1973) e foi recompensada: o corpo da mãe – casa de chocolate da bruxa, paraíso terrestre de Adão e Eva – pôde ser explorado simbolicamente, dando os frutos – tesouros encontrados, conhecimento em resposta.

Nos mitos do Éden, de Édipo e de Babel, elementos comuns podem ser encontrados, tais como (Grinberg, 1973, p. 131)

> [...] um onisciente e onipotente, um modelo para o crescimento mental, uma atitude de curiosidade e desafio e um castigo relacionado com a curiosidade estimulada pelas proibições existentes nos mitos e com a busca do saber.

No mito do Éden, o castigo é a expulsão do paraíso terreno; no de Édipo, a cegueira e o desterro; e no de Babel, o desejo de alcançar o conhecimento é castigado com a confusão de línguas e com a destruição da capacidade de comunicação. As ansiedades de fragmentação e morte, de abandono e castração, ativadas pelos temores da própria morte e pela perda do amor, revelam o conflito entre obediência e crescimento, desencadeando-o. O superego interfere como ameaça e fica estabelecida uma *lei moralista*, não-verdadeira, regida por princípios particulares. Assim, o tipo de *vínculo em -K é parasitário*, mafioso.

Spillius (1991), introduzindo a quarta parte da obra *Melanie Klein hoje*, faz uma relação entre o *vínculo -K* e as *organizações patológicas*. Diz ela (p. 202):

> Bion é um dos primeiros do grupo mais recente de autores a atacar a questão de como surge uma organização desta espécie. Seu modelo do que ele chama de "menos K" descreve um quadro desalentador do mundo interno quando a *rêverie* e a "função α" falham. [...] O ego se torna parcialmente identificado com este objeto interno invejoso e despojador, para formar o que outros autores, de forma diversa, chamam de *self* destrutivo ou *self* narcisista, que tenta de diversos modos governar o mundo interno.

O menino Renato, ao dizer "comigo não adianta, não quero aprender... não vou na escola", estava expressando o produto da organização patológica dentro da qual funcionava, governada pelo mesmo deus, ou deusa, dos mitos do Éden, de Édipo e de Babel. Em conluio com esse superego, o ego rejeitava a verdade. Para não a ver, o conhecer ficava proibido ao ego, que aceitava ser protegido às custas de sua liberdade e autonomia.

Segundo Bion (1991), a característica mais importante é o ódio a qualquer novo desenvolvimento na personalidade, como se esse novo desenvolvimento fosse um rival que devesse ser destruído. Portanto, afirma, ao surgir qualquer tendência a buscar a verdade, a estabelecer contato com a realidade, ou, em síntese, a ser científico, mesmo que precariamente, é despertada uma reação destrutiva à tendência, havendo a reafirmação da superioridade *moral*. Diz ele (p. 133): "Isto implica comportar-se como superior à lei científica ou sistema científico, o que em termos sofisticados é o que se chama a lei moral e o sistema moral".

Imaginando um diálogo entre Bion e Klein sobre o tema desenvolvido neste trabalho, pode-se concluir que, enquanto ela estaria preocupada em investigar a origem, as causas e as fantasias da inibição da pulsão epistemológica, Bion tentaria explicar *como* as emoções adquirem significado e *como* a capacidade de pensar se desenvolve. O objeto externo e o ambiente seriam valorizados por ambos, e a separação entre emoção e cognição seria diminuída, com a aceitação de que no vínculo entre dois objetos, três emoções básicas interagem: *o amor (L), o ódio (H) e o conhecimento (K)*.

Uma sessão, ocorrida dois meses após aquela em que foi revelada a proibição materna, finaliza o presente trabalho e abre perspectiva para um futuro.

Renato propôs novamente uma brincadeira com "cavalos que iam ao mato". No caminho, eles foram atacados por um que dava coices, impedindo que chegassem até o lugar antes proibido. Depois, era um caminhão sem motorista que atropelava os cavalos. Estes também estavam sem cavaleiros, nunca haviam sido "montados" antes. Renato pediu para colocar homens para cavalgar os animais, e o camelo que ele chamava de "cavalo-de-fogo" devia ser montado por uma mulher (terapeuta). O *cowboy* atacou o cavalo-de-fogo (ele, com revólver de flecha de pressão). Chegou a polícia, que defendeu a mulher e o cavalo-de-fogo, do *cowboy*.

A briga foi equilibrada, não houve vencidos ou vencedores; o ataque se repetiu, assim como a defesa. Os papéis se invertiam e a polícia atacou a mulher que montava o camelo.

Renato pediu que eu construísse a casinha de "Playmobil". Em seguida, destruiu-a, pedindo que eu fizesse outra, onde ele entrasse "de verdade". Ele se referia a uma casa construída com duas poltronas viradas e unidas pelo telhado (encosto das duas). Fiz o que ele pediu. Ele entrou na casinha, saiu, abriu a gaveta, pegou a cobra, levou-a para dentro e me chamou para ficar com ele, na casinha.

NOTAS

1. Os termos instinto e impulso, no presente trabalho, são usados como sinônimos e respeitam a citação dos autores consultados. Atualmente, seriam substituídos pelo termo "pulsão".
2. Não é feita distinção entre os termos epistemológico, epistemofílico e epistemofilia, embora o primeiro, com mais propriedade, deva ser empregado para designar processos evolutivos normais, devido à sua origem: "epistame", do grego, ciência e "logia", estudo, "estudo crítico dos princípios, hipóteses e resultados das ciências já constituídas e que visa a determinar fundamentos lógicos, o valor e alcance objetivo delas, teoria da ciência, do conhecimento e metodologia" (Ferreira, 1986, p. 673).
Os termos epistemofílico e epistemofilia, relacionados à escopofilia – voyeurismo e exibicionismo –, são empregados para designar "a exigência por saber a respeito da sexualidade [...]" e dizem respeito à "estreita ligação entre o sadismo e o desejo de conhecer" e os "sérios problemas de aprendizagem decorrentes da inibição dessa pulsão componente da libido" (Hinshelwood, 1992, p. 308).

REFERÊNCIAS BIBLIOGRÁFICAS

BARROS, Elias Mallet da Rocha. *Melanie Klein: evolução*. São Paulo: Escuta, 1989.

BETTELHEIM, Bruno. *A psicanálise dos contos de fadas*. Rio de Janeiro, Paz e Terra, 1978.

BION, Wilfred B. *Aprendiendo de la experiencia.* Barcelona – Buenos Aires, Biblioteca de Psicologia Profunda, Ediciones Paidós, 1980.

_____. *O aprender com a experiência.* Rio de Janeiro: Imago, 1991.

_____. *Estudos psicanalíticos revisados.* Rio de Janeiro: Imago, 1988.

_____. *Atenção e interpretação.* Rio de Janeiro: Imago, 1973.

BLEÁNDONU, Gérard. *Wilfred R. Bion 1897-1979. A vida e a obra.* Rio de Janeiro: Imago, 1988.

FERREIRA, Aurélio Buarque de Holanda & J.E.M.M. *Novo Dicionário da Língua Portuguesa.* 2.ed. Rio de Janeiro: Editores Ltda., 1986.

GRINBERG, Leon; SOR, Dario & BIANCHEDI, Elizabeth Tabak de. *Introdução às idéias de Bion.* Rio de Janeiro: Imago, 1973.

GROSSKURTH, Phyllis. *O mundo e a obra de Melanie Klein.* Rio de Janeiro: Imago, 1992.

HINSHELWOOD, R.D. *Dicionário do pensamento kleiniano.* Porto Alegre: Artes Médicas, 1992.

KLEIN, Melanie. *Psicanálise da criança.* São Paulo: Mestre Jou, 1969.

_____. *Desarrollos en psicoanalisis.* Buenos Aires: Paidós-Horme, 1974.

_____. *Contribuciones al psicoanalisis.* Buenos Aires: Paidós-Horme, 1983.

PETOT, Jean-Michel. *Melanie Klein I.* São Paulo: Perspectiva, 1991.

SEGAL, Hanna. *Introdução à obra de Melanie Klein.* São Paulo: Companhia Editora Nacional, 1966.

_____. *Sonho, fantasia e arte.* Rio de Janeiro: Imago, 1993.

SPILLIUS, Elizabeth Bott. *Melanie Klein hoje.* Rio de Janeiro: Imago, v. 1, 1991.

29

Uma Resenha – Comentada – de Seminários Clínicos com Bion

No n. 17 (1989) da *Revista Ide*, os editores esclarecem que "o Dr. Bion preferia chamar de 'Seminário Clínico' (em vez de 'Supervisão') o trabalho que ele realizava com grupos em São Paulo, em torno de material clínico trazido por algum analista".

Essa posição de Bion é totalmente coerente com a forma como entendia a relação psicanalítica e a praticava como sendo a melhor forma de transmitir a sua sabedoria aos participantes dos seus grupos de trabalho na tarefa de ensino-aprendizagem.

Dessa maneira, ao contrário do que estamos acostumados, isto é, que psicanalistas mais experientes, quando exercem a função de supervisão, rastreiem todo o diálogo analítico das sessões transcritas, o estilo de Bion era o mais variado possível. Assim, ele tanto podia acompanhar por extenso uma sessão dialogada, ou ficar concentrado em fazer reflexões sobre uma ou algumas poucas frases da sessão trazida, como também podia acontecer que ele estabelecesse um diálogo com o grupo de participantes a respeito de questões genéricas, sem relação direta com o material clínico.

Em suma, a essência de seu trabalho era, na verdade, mais um "seminário clínico" do que propriamente uma "supervisão coletiva", o que, aliás, está de acordo com o significado de fertilização, na etimologia da palavra "seminário", a qual provém de *semem* (daí: semente, inseminação).

Na verdade, afirma o eminente psicanalista norte-americano J. Grotstein – seu analisando e supervisionando, além de editor do livro *Do I dare disturb the univers? A memorial to W. R. Bion* (Gradiva, nov./dez. 1988, p. 10): "Bion não gostava de ser supervisor, ele não acreditava em supervisão. Ele achava que ninguém podia supervisionar alguém que esteve numa experiência emocional com o paciente".

Pareceu-me que o presente livro não ficaria completo sem que, junto aos aspectos biográficos, os aspectos teóricos, as especulações metapsicológicas e os vértices técnicos, não estivesse incluída uma amostragem de como Bion entendia, refletia e trabalhava as vivências emocionais surgidas na inter-relação analista-analisando.

Para esse propósito, talvez o mais adequado tivesse sido a possibilidade de fazer uma transcrição literal e completa de uns dois ou três seminários clínicos de Bion, no entanto, preferi perder em fidelidade à exatidão e ganhar em extensão, em uma garimpagem de verdadeiras pérolas esparsas em seus comentários, não obstante eu esteja bem ciente do risco de uma distorção ou mutilação que representa um método de garimpo.

No curso de suas diversas visitas ao Brasil, Bion realizou vários seminários clínicos, dos quais vamos selecionar alguns trechos cujas transcrições integrais estão publicadas tanto na *Revista Gradiva* como na *Revista Ide* (nesta, algumas dessas transcrições vêm seguidas de excelentes comentários de Américo Junqueira) e na *Revista Brasileira de Psicanálise*, acerca de um seminário clínico realizado em Buenos Aires.

Em alguns trechos reproduzidos, segue-se um comentário meu, entre parênteses, que visa a fazer uma conexão entre a reflexão espontânea de Bion e os seus conceitos teóricos-técnicos já estabelecidos e devidamente publicados.

É desnecessário frisar que a presente utilização dos extratos de seminários clínicos de Bion em hipótese alguma pretende substituir ou ter o mesmo calor que o das reproduções gravadas e publicadas na íntegra. Pelo contrário, o objetivo de incluir neste livro alguns fragmentos das supervisões é justamente motivar o leitor que porventura ainda não tenha feito a leitura original a fazê-la nas respectivas revistas que a publicaram na íntegra com a vantagem adicional de alguns seminários clínicos virem acompanhados de importantes comentários.

Também é necessário esclarecer que, na presente data em que estou revisando e preparando a segunda edição deste livro, já contamos com uma tradução para o espanhol do livro póstumo de Bion, editado por Francesca Bion: *Clinical seminars and four papers*, de 1987. O livro está traduzido como *Seminarios clínicos y cuatro textos*, editado pela Lugar Editorial, Buenos Aires, 1992, e nele o leitor poderá encontrar (e se deliciar com) todos os seminários clínicos que Bion pronunciou em Brasília, em 1975, e em São Paulo, em 1978. Os outros quatro textos que acompanham esse livro são: "Turbulência Emocional", "Acerca de uma Citação de Freud", "A Evidência" e "Como Tornar Proveitoso um Mau Negócio".

Para não tornar o capítulo por demais longo, tendo em vista que são 52 as transcrições, na íntegra, dos seminários clínicos originais, além de intervenções em painéis de discussão, vou manter a forma sincopada e comentada da primeira edição. Uma vez que nem todos os seminários clínicos publicados trazem a data exata de sua realização, a presente resenha seguirá uma ordem algo aleatória.

SEMINÁRIO CLÍNICO N. 1
(Publicado na *Revista Gradiva*, n. 26, 1984, p. 13-15; e *Revista IDE*, n. 14, 1987, p. 1-5)

A supervisão foi acerca de uma jovem de 25 anos que estava em análise há apenas três meses. Segundo a analista apresentadora do caso, a paciente tinha uma aparência muito doce, encantadora e cheia de amor, porém a sua história e o seu comportamento na análise eram de um "verdadeiro inferno".

Os seguintes aspectos merecem ser destacados:

- Em relação ao comentário inicial da analista que trouxe o caso, de que não estava preparada para a supervisão (uma outra pessoa é que deveria ter trazido o material clínico), Bion fez de imediato a seguinte observação: "Nós nunca estamos preparados, porque não sabemos sequer o que irá acontecer, porque o essencial não é o passado e sim o futuro". (Pode-se dizer que, para Bion, mais importante do que o "porquê" etiológico é o "para quê" existencial). Diz Bion que o nosso trabalho lida justamente com o que não pode ser previsto, aquilo a respeito de que nada sabemos.
- A respeito da diminuição de honorários, que a analista propôs para poder manter as cinco sessões semanais, Bion enfatizou a importância das frustrações na análise, tendo em vista que a paciente "encantadora" deseja uma análise sem frustrações e limites e, em troca, ela dá os seus encantos.
- O inferno (da paciente) pode estar lindamente decorado, e este lado da paciente pode estar escondido em uma "cura cosmética" (encantos) e também em uma "cura mental" (intelectualização de conhecimentos psi-

canalíticos), para evitar que ela reconheça a pessoa sofrida que é (correspondente a -K).
- As sessões iniciais podem ser de grande valor, porque o paciente ainda não aprendeu a se esconder tanto, de modo que as camadas de sua cura cosmética ainda são mal-aplicadas.
- Bion alude aos "ataques de cura" em pacientes que não podem se tratar de verdade porque eles estão demasiadamente "curados".
- A paciente descobre todos os recursos e truques para se fazer amada por todos, porém nunca se sentirá amada porque, no fundo, sabe quem realmente é. O temor da paciente é que o analista também acredite que ela é esta linda e primaveril criatura que tem tudo.
- Da mesma forma, a analisanda pode estar se sentindo melhor porque está podendo ser má para a analista, sem que esta desmorone.
- Para comprovar a sua afirmação de que o fato de um paciente estar melhor equivale a estar pior, Bion alude ao que ele chama de "calma do desespero", isto é, aparentemente está tudo bem, mas é uma resignação, e a perspectiva da possibilidade de um resgate pode produzir muitas perturbações. (Bion transmite essa idéia com a imagem de náufragos que estão "calmos", até que surge a possibilidade de um resgate, quando, então, voltam a angústia e o pânico.)
- Ao mesmo tempo em que a paciente deseja ser curada, ela receia perder a sua identidade construída com os seus aspectos bons por fora e maus por dentro, porque, se ela pudesse ser amada pelo que realmente é, não teria necessidade de passar todo o tempo tentando ser quem ela não é.
- Todo ser humano deseja encontrar um outro com quem possa ser "ele mesmo". *A unidade biológica é um par. É preciso dois para fazer um.*
- Bion adverte quanto à importância de que o psicanalista não encare como sendo homossexualidade o transitório amor do paciente por uma pessoa do mesmo sexo. Pode estar sendo um importante passo no estabelecimento e estruturação de relações sadias.
- A psicanálise não deve ser mais que um prelúdio para o pensar, e não um substituto para ele. Bion indaga: "Será a fala um prelúdio à ação, ou será uma forma de passar a vida toda falando em vez de agindo, falando em vez de vivendo?". (Há aí uma clara alusão ao seu conceito de "linguagem do êxito".)

SEMINÁRIO CLÍNICO N. 2
(Publicado na *Revista IDE*, n. 15, 1988, p. 3-5)

Trata-se de uma senhora de cerca de 30 anos, com um aspecto masculinizado, que procurou o analista com a queixa de que tinha a "impressão de estar caindo num buraco fundo do qual não vou sair mais...". A paciente tem um filho de oito anos e uma mãe que a atormenta com queixas orgânicas e psíquicas, e isto a "está deixando louca".

Bion, que já havia comentado o problema da dupla linguagem, a verbal e a da doença, refere que as coisas que são realmente imortais são as doenças, também as mentais, e que elas são imortais porque podem sempre encontrar uma pessoa sadia e se instalar nela. Se essa paciente cresce e se torna mãe, então a mãe pode decrescer e se tornar bebê.

Mais adiante, ele indaga aos participantes do grupo: "Qual é a nossa interpretação no que se refere ao que nos dizem os nossos sentidos ou os sentidos do analista apresentador, que aqui representa os nossos sentidos?". A propósito dessa questão, Bion faz considerações sobre os estados mentais do analista, o de estar adormecido (que lhe permitiria ter imagens pictóricas equivalentes às do sonâmbulo) e o de estar desperto (que lhe permitiria a formulação da interpretação).

O problema está entre o que nós vemos e ouvimos quando estamos adormecidos e o que vemos e ouvimos quando estamos despertos. Será que podemos dizer que aquilo que chamamos nosso coração e nossa mente estão trabalhando em harmonia? Em caso afirmativo, eles poderão nos dizer muito mais do que apenas o coração ou a mente nos diriam separadamente.

Essa frase foi formulada por Bion, tendo em vista que, nos seis anos de análise, a paciente fez nítidos progressos corporais, deixou de ser obesa e tornou-se uma mulher feminina, enquanto houve uma estagnação nos seus aspectos emocionais.

Em relação à interação corpo-mente, Bion aludiu a que:

> ... na realidade esta divisão não existe, apenas a utilizamos como um método conveniente para falar neste assunto. O que existe é o *self*, que engloba o corpo e a mente. Será possível que tenhamos tanto respeito pela mente humana que esqueçamos o respeito ao corpo humano, ou vice-versa? Quando eu era estudante na Universidade de Oxford, conheci atletas que estavam fisicamente tão treinados que dificilmente teriam condições de pensar. Estavam intoxicados de saúde física; inversamente, podemos estar intoxicados de saúde mental.

Ao abordar a importância do *self* e do senso de identidade, Bion afirma que:

> se a pessoa que estamos atendendo realmente não sabe quem ela é, cabe-nos a tarefa de tentar apresentar essa pessoa a ela mesma. No caso presente, o *self* da paciente nos conta duas histórias diferentes. Uma delas diz respeito àquilo que a paciente chama de "sua mãe" (extensivo ao fato de que estão presentes nesta, também, os seus ancestrais e os filhos de seus filhos), e outra história refere-se à paciente como se apresenta agora. O problema é que no momento estes dois *selfs* não estão casados. Este é o tema que o analista está observando, e assim não é surpreendente que ele tenha dificuldades quando tenta nos transmitir aquilo que observa.

SEMINÁRIO CLÍNICO N. 3
(Supervisão coletiva dada em 16/4/74, em São Paulo, e publicada na *Revista IDE* n. 16, 1988, p. 3-8)

Trata-se de um caso de anorexia nervosa em uma mulher de 27 anos que está em análise há oito meses, e que, na sessão, tinha um ritual de fazer uma espécie de dança em frente ao analista.

Bion questiona a validade de se dar um rótulo diagnóstico e indaga ao grupo:

> Anorexia nervosa significa alguma coisa? Agora, anorexia nervosa e rituais – rituais de dança –, isto significa pelo menos duas ou três vezes mais, para mim... É bastante conveniente que exista toda uma variedade de modelos médicos, como doença, cura, etc., mas uma questão surge: eles encobrem mais do que revelam ou revelam mais do que encobrem?

Mais adiante, ele diz que seria conveniente esquecer doentes e doença e estar alerta quanto aos prejuízos do uso da memória por parte do analista. Assim, diz Bion:

> Se permitirmos que nossa imaginação visual, pictórica flua, poderemos quase visualizar um bebê recém-nascido, que não se alimenta e que poderia, ao mesmo tempo, estar faminto e indefeso [...] Mas, na mesma linguagem, poderíamos dizer exatamente o oposto, poderíamos imaginar um bebê gordo e atlético [...] Assim, pode-se dizer que todo homem gordo tem um homem magro dentro, tentando lutar para escapar. Mas eu poderia dizer o oposto: todo homem magro tem um gordo dentro, lutando para nascer. Todo o raquítico tem, dentro de si, um atleta lutando para se libertar, que encobre a sua fragilidade, e todo atleta tem um raquítico dentro, lutando para deitar e não fazer nada.

Bion conclui essas reflexões aventando a hipótese de que esteja havendo um conflito, talvez, desde o nascimento, ou antes ainda, entre duas tendências opostas, como, por exemplo, entre sanidade e insanidade, nascimento e não-nascimento, comer ou morrer de fome, raquitismo e atletismo, ser mentalmente ativo ou mentalmente morto.

Em alusão a isso, ele afirma que tudo aquilo toma um tempo enorme para ser dito e não toma quase nenhum tempo para ser pensado.

A seguir, ele dá uma relevância especial ao problema da utilização da linguagem, tanto por parte do analista como do paciente, e levanta o problema:

> O que devemos dizer para esta paciente? [...] Se eu fosse um músico, eu poderia ser capaz de compor uma peça de música. Se eu pudesse pintar, eu poderia pintar um quadro sobre isto, e este conjunto todo poderia se aproximar daquilo que eu pretendo lhe dizer. Mas e a paciente, o que ela poderá dizer ao analista? [...] Se ela puder usar a pequena parte dela que tem 27 anos, então isto pode nos ajudar a lidar com a outra parte.

Aí, creio, temos uma clara alusão ao conceito das partes psicótica e não-psicótica da personalidade. Bion chega a afirmar que a psicanálise do mundo será resolvida se alguém descobrir o caminho de encontrar a linguagem da psicanálise. Afirma que

> nós usamos uma linguagem comum quando falamos com os pacientes, usamos pensamentos conscientes e falamos com o consciente deles; no entanto, nós não somos capazes de lidar com o simpático, o parassimpático e o subtalâmico.

Em relação ao fato de que a paciente deitou no divã olhando intensivamente para o analista, Bion teceu considerações acerca do que ele chamou de "curiosidade devoradora", tão voraz e devoradora que a paciente fica com medo do que ela aprenderá se se permitir ser curiosa.

A afirmação dessa paciente de que tinha uma percepção muito clara de que vivia em uma prisão suscitou essas bonitas reflexões de Bion:

> A pessoa faminta, lutando para ser alimentada! O feto lutando para nascer! (Como se fosse um pinto dentro de um ovo.) A pessoa adulta na busca para voltar para aquilo que ela possa ter sentido como bebê!

SEMINÁRIO CLÍNICO N. 4
(Publicado na *Revista IDE*, n. 17, 1989, p. 26-29)

Trata-se de um paciente masculino que, segundo a analista apresentadora, a procurou para análise porque tinha gostado de um artigo que ela publicara, e também pelo fato de que a sua mãe tinha muitos problemas, e, se ele fizesse análise, talvez conseguisse que a mãe também fizesse.

Pelo relato do caso, ficou evidente que o paciente produzia as suas sessões quase sem emoções e que estava mais voltado para agradar à analista. Bion comentou que uma grande dificuldade consiste no fato de que muitos pacientes acreditam saber aquilo que os analistas querem ouvir deles.

O paciente informou à analista que "amanhã é Natal, vou me vestir de Papai Noel; acho que até estou acreditando de novo nele", o que provocou o seguinte comentário de Bion:

> O problema é que os pacientes podem se fantasiar com qualquer vestimenta, como, por exemplo, Papai Noel. E podem até se vestir de qualquer tipo de estado de mente. Mas o personagem que ele resolve colocar sobre si mesmo e usá-lo pode ser um personagem que o esconda de si próprio.

Bion concordou com a apresentadora que o uso de diversas roupagens causava um estado de confusão no paciente, alertando para o fato de que, por esse sentimento ser muito desagradável e ruim, ele pode induzir a analista a se conduzir como se fosse alguém que sabe todas as respostas.

Em um outro momento da apresentação do caso, Bion apontou para a "roupagem de cultura" que o paciente usava para disfarçar a pobreza da personalidade. Um pouco mais adiante, Bion comenta que a experiência psicanalítica em si mesma é uma experiência frustradora, e que os pacientes aprendem a gostar de ser frustrados; assim como podem gostar de ser adulados, eles podem gostar de ser insultados ou frustrados. O jogo psicanalítico, diz Bion, "pode apanhar as pessoas de surpresa, e elas podem estar assustadas, e assustadas de estarem assustadas".

Ainda em relação ao uso de diversas roupagens, Bion comenta que o problema que surge é:

> Quem é esse paciente, é um menino ou uma menina? Se é um menino, quem ele pensa que o analista é? Poderíamos dizer que o menino está fantasiado igualzinho a um homem adulto. E não sabe o que a menina é. E nós também não sabemos [...] Assim o problema na situação analítica é: quem é o analisando e o que é o analista?[...] Alguma coisa na análise caminha para o que eu chamo metafisicamente o nascimento de uma idéia. Ou o nascimento de uma personagem ou de uma pessoa.

SEMINÁRIO CLÍNICO N. 5
(Supervisão realizada em Brasília, em 1975, e publicada na *Revista IDE*, n. 18, 1989, p. 8-11)

Trata-se de um homem de 30 anos que está em análise há três meses, e que tem relações homossexuais, de felácio, com homens escolhidos, que sejam jovens, bonitos, bem-educados e casados. O analista apresentador diz que o paciente traz muitos sonhos, que gostaria de discuti-los com Bion.

O primeiro problema, diz Bion, é se o paciente conta sonhos como uma maneira de dizer ao analista algo que ele não sabe, ou se ele os conta porque pensa que o analista gosta que lhe contem sonhos e quer seduzi-lo.

Em relação ao distúrbio da identidade sexual, Bion esclarece que esse paciente, ao mesmo tempo em que deseja o papel feminino, teme-o, e passa a desejar o papel masculino. Aí ele passa a desejar o papel masculino e o receia, e volta a querer o feminino, e assim por diante. Assim, ele deseja receber a ajuda do analista, mas não sabe como obtê-la, porque tem medo do analista, seja este quem for...

O paciente em discussão já tivera prévias experiências analíticas fracassadas e, para expressar o seu desespero na análise atual, insistia com o analista que só lhe restava o suicídio. A respeito disso, Bion diz que o paciente, desde o começo, já sabia que haveria uma sucessão de fracassos, porquanto, para ele, todos os analistas são ruins, eles apenas falam, e esse tipo de paciente não pode acreditar que um discurso simplesmente verbal, conversacional, poderá lhe trazer algum benefício. Prossegue Bion dizendo, a partir dos fatos relatados, que:

> [...] para esse paciente nenhum relacionamento é bom: o seio não é bom; a outra extremidade do canal alimentar não é boa, não é bom com a irmã e nem com o irmão; não é bom com o pênis; não é bom com a vagina; não é bom com a boca. Entre ele e a morte só resta a análise, e esta não lhe é mais do que uma simples fala [...]

Em outro trecho, Bion assevera que a psicanálise pode ser sentida como uma ocupação perigosa e ameaçadora, e a pessoa que um regressivo como esse tem sempre à mão para ser assassinada é ele próprio. Nesses casos, prossegue Bion, o problema real é o que interpretar para esse paciente, e como chamar a sua atenção para o fato de que é realmente muito difícil para ele vir até o analista sem que, ao mesmo tempo, sinta que o está enganando ou enganando a si próprio. Em outras palavras, ele está sentindo que tem que depender de uma mentira. A atitude analítica prioritária de Bion seria no sentido de reverter essa desesperança fundamental, esse desespero.

SEMINÁRIO CLÍNICO N. 6
(Realizado em São Paulo, em 1978, e publicado na *Revista IDE*, n. 19, 1990, p. 6-9)

Trata-se de uma mulher de 38 anos, casada, sem filhos, que teve dois abortos. É uma deprimida há 10 anos e teve uma experiência de cinco terapias anteriores.

Nesse seminário, Bion não se ateve muito ao material clínico, preferindo comentar alguns aspectos muito importantes da situação analítica, especialmente os que se referem a condições mínimas para a análise; utilização dos órgãos dos sentidos comuns, com a diferença entre a visão monocular e a visão binocular; utilização das questões: o quê, como, quando, onde, por quê; espera do analista até emergir um "padrão"; importância da intuição e da imaginação; diferença entre a conjetura imaginativa e a conjetura racional.

Utilizando uma conjetura imaginativa, Bion aventa a possibilidade de que essa paciente não possa ficar grávida, a menos que nela existam as condições mínimas necessárias. Assim, ela não pode engravidar com ninguém ou nenhuma coisa, ela tem que ter uma coisa ou uma pessoa que a ame, ao mesmo tempo que ela não sente que pode ter uma atividade sexual com uma pessoa que ela ama e respeita. A potência sexual genital e o amor espiritual não estão casados dentro dela.

SEMINÁRIO CLÍNICO N. 7
(Supervisão dada em Brasília, em 1975.
Extraído da *Revista IDE*, n. 20, 1991, p. 8-15)

O caso clínico trazido para a supervisão é o de uma paciente de 31 anos, muito bonita, com uma intensa e precoce transferência erótica.

Ela procurou tratamento psicanalítico porque vinha bebendo excessivamente e tendo crises de muita ansiedade. Além disso, só sentia orgasmo clitoridiano e tinha uma série de amantes (com o implícito conhecimento do marido). Estava em um processo de divórcio, porquanto não suportava mais reconhecer o seu marido como sendo uma pessoa muito infantil e com traços de perversão.

Na análise, após um período inicial de menina bem-comportada, a paciente desenvolveu uma transferência excessivamente erótica, freqüentemente tentando seduzir o analista, chegando mesmo a abraçá-lo e a ficar nua, quando bebia. Ao mesmo tempo, reagia, inconformada e indignada, porque o analista não se rendia aos seus encantos.

As intervenções mais significativas de Bion foram:

- O caso é extremamente difícil, porque a paciente pensa que a psicanálise é simplesmente uma espécie de jogo promíscuo e, quando descobre que não é assim, fica ao mesmo tempo traumatizada e aliviada.
- É uma situação perigosa porque, se essa paciente decidir-se por ter uma cura permanente e satisfatória, isso corresponde para ela a um matar a si mesma... Na análise, ela gradualmente está se tornando mais e mais nua e, no final, poderá atingir o ponto em que tudo será, como se assim fosse, puro ódio... É muito ameaçador remover todas as suas falas, elas são todas falsas... No entanto, enterrado sobre toda essa falsidade, parece existir uma pessoa genuína, real, lutando para se libertar. (Neste trecho, que lembra muito a conceituação original de Winnicott acerca de um verdadeiro *self* e de um falso *self*, Bion sustenta as suas concepções a respeito do papel protetor da função -K, sob a forma de falsidades e mentiras.)
- Essa relação que a paciente está tendo com o seu analista é provavelmente a sua primeira experiência de uma relação genuína, amiga e amorável. Pela primeira vez em sua vida, ela encontra alguém que fala a verdade. Assim,

> eu penso que o ponto central aqui é este progressivo descobrir de uma situação, em que ela é levada honestamente a sentir ódio, ressentimento, e até mesmo ódio ao analista, porque ele está apontando toda essa falsidade.

(Pode-se perceber a importância que Bion dá à pessoa do analista, não unicamente como um objeto de repetição transferencial, mas sim como uma

pessoa real, como um bom continente que a paciente nunca tivera. Porém, sobretudo, podemos constatar a relevância da verdade como fator estruturante do ego de um paciente.)
– Bion mostrou-se muito surpreendido pelo relato do apresentador de que a paciente vinha demonstrando sensíveis mudanças para melhor; e ele apontou o risco de que ela entre em uma espécie de pseudocura. No entanto, quanto mais ela se expuser na relação com o analista, tanto mais chances ela terá de aprender que existe algo melhor do que estas falsas curas de imitação.
– No momento em que o grupo discutia os aspectos de idealização na busca de valores, por parte da paciente, Bion fez esta profunda reflexão analítica:

> Ela tem que ter um ideal, mas ela tem que ter um real, da mesma forma. Eu penso que aí é que a relação real acontece em análise. A análise não é um jogo de brincadeira, não é esta coisa de fazer jogos com a palavra, ou algo semelhante. É por isso que uma relação real é tão importante.

SEMINÁRIO CLÍNICO N. 8
(Realizado em São Paulo, em 1978, e publicado na *Revista IDE*, n. 21, 1991, p. 8-15)

Trata-se de um estudante de medicina de 20 anos, de origem judia, que iniciou a análise há três anos, após ter sido reprovado no exame de anatomia.

Bion concentrou o seu interesse na afirmação do paciente de que seus pais eram judeus, mas que ele não se sentia como um judeu; ou melhor, que ele era judeu porque as pessoas assim diziam; mas ele não era judeu. O comentário de Bion foi:

> Se o paciente diz "eu não me sinto como um judeu", como pode ele saber como um judeu se sente? De fato, o paciente deve pensar: "Eu devo ser um judeu que não deseja que ninguém saiba que sou um judeu. Eu não me sinto como um judeu; eu me sinto superior a um judeu".

Bion prossegue as reflexões sobre o problema da identidade, mostrando a importância de o paciente ter escolhido *não ser* judeu. Isso é o repúdio de sua ancestralidade,

> e por ter escolhido não ser uma dessas criaturas inferiores, ele apagará centenas e mesmo milhares de anos de história e da história de sua raça. Agora, podemos começar a ter uma idéia daquilo que ele escolheu, quando soubermos o que ele escolheu não escolher.

Da mesma forma, Bion valoriza o ataque ao conhecimento (-K) de áreas que o paciente também escolheu *nada saber*: este *self* que ele não deseja conhecer, como, por exemplo, o fato de ele não querer saber nada a respeito de sexo. Dessa forma, o paciente atinge uma vasta área na qual não pode aprender, porque ela é significada como sendo errada e inferior, e daí fica atingida toda uma área de *não ser*.

A propósito disso, Bion traça uma interessante analogia entre a leitura da vida interior de um paciente e a leitura das páginas de um livro, e conclui dizendo que todas estas coisas que chamamos de "interpretações" são realmente conjeturas imaginativas a respeito das páginas que faltam.

A leitura, na íntegra, desse seminário clínico de Bion deve necessariamente ser completada com as "notas e comentários" feitos por José A. J. de Mattos, sumamente enriquecedores.

SEMINÁRIO CLÍNICO N. 9
(Realizado em Buenos Aires, em 1978. Tradução publicada na *Rev. Bras. Psic.*, v. 27, n. 4, 1993, p. 659-670)

A transcrição literal dessa supervisão na *Revista Brasileira de Psicanálise* foi possível graças à iniciativa do psicanalista Isaias Kirshbaum, e ela se realizou em Buenos Aires, em 1968, com o material clínico apresentado pelo Dr. Horácio Etchgoyen, logo após Bion ter se instalado em Los Angeles.

Trata-se de um paciente masculino, de 32 anos, solteiro, que procurou análise pela sua incapacidade de pensar e concentrar-se, por indolência e negligência, uso abusivo de álcool (anteriormente de anfetaminas), dificuldades sexuais, crises de tristeza, anestesia afetiva e sentimentos anti-semitas, apesar de ser judeu. Teve duas experiências analíticas prévias que não lhe trouxeram mudanças profundas.

Bion inicia a supervisão interrompendo o relato do apresentador do caso: "considero importante o fato de tratar de colocar-me na posição de estar vendo o paciente pela primeira vez, em vez de esperar para falar depois de conhecer o desenvolvimento posterior do caso". A seguir, ele comenta que na entrevista inicial devemos nos perguntar o que é que se pode fazer pelo paciente e se queremos tomá-lo em tratamento. Bion consulta os seus próprios sentimentos e pensa que está diante de um caso difícil, porém, ao mesmo tempo, diz que nunca encontrou um caso que não o fosse.

Uma observação de Bion que, a meu juízo, é particularmente importante, é quando ele diz que

> [...]não só nos concerne a psicopatologia, mas também os estímulos ou fatos externos, reais. Muitos pacientes usam a análise para evadir-se da realidade e refugiar-se na psicopatologia. É, então, que se deseja realmente não só esclarecer o material inconsciente, mas também analisar o que é consciente, conhecido para o paciente [...] Devemos tratar os fatos que são comumente conscientes da maneira que tratamos fatos que são inconscientes, para colocá-los às claras.

Na impossibilidade de aqui reproduzir na íntegra todos os ricos comentários de Bion nessa supervisão, vou me limitar a alguns dos demais tópicos que ele abordou:

- O problema da possibilidade de analisar um mentiroso, embora Bion reconheça que é muito difícil dizer quando alguém está realmente mentindo ou simplesmente julgando equivocadamente uma situação.
- A necessidade de o analista confrontar o paciente com a sua contradição em relação ao porquê ele vem à análise. Se ele a equipara com lixo e sujeira, é porque ou gosta de lixo e sujeira, ou não diz a verdade quando sustenta que a análise é má, é um lixo.
- O fato de um paciente excessivamente invejoso encarar a análise de maneira invejosa e destrutiva, a tal ponto que transforma tudo em fezes e, logo, é envenenado por elas.
- O fato de que a relação se tornou mais hostil significou para Bion como sendo um sinal de progresso da análise.
- A particular importância que Bion dá ao aspecto da "linguagem da psicanálise", especialmente a que "temos de procurar uma técnica para as interpretações do real e do consciente".
- A importância da comunicação do paciente por meio de *actings*, enquanto não se comunica verbalmente, o que se deve ao princípio de que "as ações falam mais alto do que a linguagem".

SEMINÁRIO CLÍNICO N. 10
(Publicado na *Revista Gradiva*, n. 22, 1983, p. 12-13)

Essa supervisão foi realizada em novembro de 1979, poucos meses antes de sua morte.

Trata-se de um menino de oito anos que fazia as suas sessões mediante desenhos (avião, bombas, jogo de futebol, fogo, guerra...).

As observações de Bion se concentraram nos seguintes aspectos:

- Linguagem e comunicação. Bion indaga: "Que idade (não a cronológica) tem o menino? Que sexo ele tem? Que língua ele fala? Em qual estado mental ele está, de 'sono' ou 'acordado'?"
- Ele alerta que os analistas devem esquecer o que sabem, caso contrário,

também podem não saber deixar aparecer o que o outro sabe. (É uma clara alusão à recomendação técnica do "sem memória e sem desejo".)
- Afirma Bion: "Eu não quero ser colocado em uma posição na qual eu deva saber as respostas". Um dos principais problemas de uma análise é o que faz com que o analista queira ser colocado na posição de quem sabe as respostas às perguntas. (É uma alusão à capacidade negativa.) Assim, Bion afirma que o menino está certo quando diz que o inimigo ainda não apareceu. "Ele não tem tanto medo de ser ignorante, como nós temos."

SEMINÁRIO CLÍNICO N. 11
(Publicado na *Revista Gradiva*, n. 24, 1983, p. 4-5)

Trata-se de um paciente masculino, muito ansioso, que fazia as sessões em meio a soluços e suspiros, e que despertava na analista uma sensação de uma imensa dificuldade de trabalhar com ele e de que poderia estar lhe causando um grande estrago. Diz a analista apresentadora que os encontros eram desencontros, que não conseguia entendê-lo, embora, às vezes, o paciente saísse das sessões, que pareciam ruins, com um ar sorridente e satisfeito.

- Bion faz considerações sobre o critério que o analista deve ter sobre o que caracteriza o início de uma sessão: é a partir de quando o paciente deita, ou ele deve fazer referências a fatos anteriores? (Ele prefere esta última hipótese.)
- A partir de que momento, e até quando, assumimos a responsabilidade por um paciente? Aludindo ao nosso trabalho com pacientes muito agressivos que apresentam sérios riscos, Bion recomenda que o analista tome todos os cuidados necessários no curso da sessão (inclusive o de interpor a sua poltrona entre o paciente com risco suicida e a janela do consultório). Segundo ele, os analistas são responsáveis pelos pacientes unicamente durante o tempo em que estão juntos. Caso contrário, eles nos controlam. Como exemplo, Bion diz que um paciente voraz saberá arranjar as coisas de tal maneira para que a mente do analista continue ocupada com ele, numa hora que já pertence a outrem.
- Bion reitera que cada sessão é uma primeira sessão. No entanto, ele faz a ressalva de que o analista deve estar sempre aprendendo com o paciente, e comparou isso com uma criança que tenha tido a oportunidade de brincar de "papai e mamãe" e, quando vier a ser um pai ou uma mãe de verdade, já sabe algo mais a esse respeito, já brigou com seu irmão ou sua irmã, já disputou com um deles o jogo de "quem será quem".
- Diante da provocação do paciente dessa supervisão, de que a analista devia estar "cheia" dele, e que, talvez, devesse desistir da análise e mandá-lo para um outro psicoterapeuta, e também pelo fato de que a contratransferência da analista era de impotência, Bion aventou a possibilidade de que o paciente tivesse tido uma mãe sem uma boa capacidade de "continente", na sua infância.
- Diante das confusões que o paciente provocava em todas as áreas de sua vida (análise, família, empregos), Bion mostrou que ele lida com a sua confusão interna de uma forma a passá-la à analista, enquanto fica à espera de que ela tome as resoluções por ele. E Bion completa:

> Quando ele faz assim (imita o som de uma expiração profunda), está evacuando sua respiração; está evacuando gases. Quando fala, ele está evacuando idéias. Para esse paciente, a pessoa responsável sempre tem que ser uma outra: a analista, ou a sua mulher; é sempre a outra pessoa que tem que escolher a quem ele deve amar,

odiar, suspirar, gemer, com quem ele deve casar, etc. Em suma, tudo é sempre culpa da pessoa que o escolheu – no caso, a analista –, e esta deve ser a pessoa que está interessada nele, que deve amá-lo.

– Da mesma forma, prossegue Bion, o paciente crê convictamente que

> "Cabe ao emprego se fazer interessante para mim, e não que caiba a mim procurar escolher um emprego pelo qual eu me integre." O mesmo vale para quando ele diz que "ama a sua mulher e filhos", e a verdade é que ele só quer ser amado por eles; ou quando ele fala que ama a sua comida, é a comida que deve amar o seu sistema degustivo e fazer bem a ele; caso contrário lhe parece que a comida pode devorá-lo.

Reitero o convite para que o leitor leia, no livro *Seminarios clínicos y cuatro textos*, as 11 transcrições que, aqui, foram tomadas como exemplares, além das demais 41, para que cada um de nós possa fazer um exercício pessoal acerca de como compreende aquilo que Bion concebe como psicanálise e como a praticaria no campo analítico.

30

Uma Conferência de Bion sobre a Prática Psicanalítica

Como já foi frisado em outros capítulos, Bion não produziu nenhum trabalho explicitamente sobre a natureza da técnica psicanalítica. No entanto, sua obra está recheada de aspectos da prática e da teoria da técnica, embora a sua abordagem dos mesmos, talvez propositadamente, apareça, em distintos textos, de uma forma esparsa, algo engolfadas pelas suas considerações teóricas e metapsicológicas.

Salvo os comentários tecidos espontaneamente por Bion durante as supervisões coletivas, creio que o texto em que ele mais se aproximou de um enfoque consistentemente centrado nos problemas de técnica que acompanham a experiência da prática analítica é o da conferência que segue transcrita em sua íntegra, com a devida permissão da *Revista Gradiva*.

Trata-se de uma conferência pronunciada em Buenos Aires, em 30 de julho de 1968, a qual, parece, nunca tinha sido editada oficialmente antes de sua publicação na *Gradiva*. Coube a essa revista o mérito de ter descoberto e adquirido uma cópia mimeografada em espanhol, de a ter traduzido para o português e publicado no seu n. 49, de 1992.

Ouçamos o próprio Bion pronunciar a sua conferência, que a *Gradiva* publicou com o título de "Seminário Clínico".

Certa vez, tive um paciente de cerca de 30 anos, cuja atitude era de grande cordialidade e cooperação. Vou me referir agora a uma sessão, na minha opinião bastante típica de quase toda fase inicial de uma análise, isto é, o primeiro ano, e incomodamente característica do segundo ano de tratamento.

O paciente disse que tivera um sonho do qual não se recordava muito bem, apenas que tinha saído para passear com sua noiva e que apontara um objeto no céu, ao mesmo tempo em que comentava que esse objeto era muito notável. Mas ele não pôde vê-lo, e a sua noiva ficou surpresa. Isto, segundo acreditava o paciente, era todo o sonho. Logo em seguida, ele disse que não considerava aquela moça sua noiva, mas que a conhecia há muitos anos e que esta amizade vinha adquirindo um sentido mais profundo nos últimos meses. Interpretei que ele me via como uma noiva, ou uma irmã, que, na realidade, nunca havia tido, e isto significava que, para ele, tinha se tornado importante ter uma relação com uma espécie de irmã analítica, em lugar de uma relação direta comigo.

O paciente ficou totalmente de acordo comigo. Durante essa etapa do tratamento, eu havia começado a experimentar certa desconfiança em relação à forma como ele estava fazendo análise. Eu considerava que não havia tido até esse momento suficiente material a ponto de fazer essa interpretação, e me dispunha a recordá-lo de certo material prévio que me havia servido de base para formulá-la, isto é, assinalar-lhe com que dados eu contava. Em síntese, gostaria de dizer-lhe: "Bem, por que você pensa que isto é correto?" Mas é difícil colocar essa pergunta quando alguém acaba de dizer que, segundo sua opinião, essa interpretação é correta. O paciente continuou falando e manifestou que, na realidade, e como que confirmando minha interpretação, sua mãe lhe contara que uma irmã morrera antes que ele nascesse. E logo em seguida proporcionou material que corroborava mais uma vez o acerto de minha interpretação. Concluiu afirmando que sua mãe ficaria contente de vir me ver e falar comigo sobre esse assunto.

Disse-lhe que eu me perguntava por que ele pensava que sua mãe poderia dizer-me mais do que ele próprio acerca do que eu queria saber; que, provavelmente, deveria haver alguma razão pela qual, nessa etapa da análise, ele considerava que a sua informação era incompleta, e que sua mãe poderia me proporcionar dados mais exatos sobre o que ele pensava em sua mente. O paciente ficou completamente de acordo comigo; e aceitou que estava equivocado e disse que seria melhor que ele mesmo me proporcionasse essa informação, o que fez. Disse que aqueles objetos haviam sido descritos por sua noiva como nuvens de formas muito definidas, quase demasiado definidas para que fossem nuvens. Enfim, que se tratava muito mais de objetos em forma de discos voadores. Disse-lhe que esses objetos deviam ser muito significativos para ele e que lhe parecia necessário ter uma irmã que aparecesse, pelo menos em sonho, para mencionar esses fatos. Contudo, era bastante significativo que ele tivesse sonhado e que recordasse o sonho, e, uma vez que o sonho lhe pertencia, a jovem devia ser necessariamente um aspecto de sua própria personalidade. Evidentemente, também aqui esteve de acordo comigo. Logo em seguida, afirmou que era extraordinária a freqüência com que, em meio de um dia claro, apareciam nuvens, começava a chover e tudo se arruinava.

O paciente prosseguiu falando sobre o assunto, mas não darei maiores detalhes a respeito. Apenas direi que senti que ele desejava que lhe fizesse uma interpretação sobre os dois objetos que o atacavam durante esse passeio e que atacavam também sua relação com sua noiva, e que a destruiriam, se ele tivesse uma noiva na realidade, quem quer que fosse, inclusive eu. Mais uma vez o paciente aceitou minha interpretação.

Pois bem: esse tipo de sessão, como já disse, vinha se repetindo há um ano, e parecia que eu lhe dava excelentes interpretações que contavam com entusiasta aceitação do paciente. Contudo, nessa ocasião, eu já havia começado a me sentir cansado dessas maravilhosas sessões, que, ao mesmo tempo, não pareciam exercer o menor efeito. As coisas prosseguiram assim durante algum tempo, embora eu já estivesse convencido de que era necessário fazer algo a respeito. Desse modo, começava a sentir-me algo irritado.

Pois bem: estou acostumado a ouvir que isto é uma contratransferência, com o que estou de acordo, mas a experiência me levou a pensar que é muito improvável que alguma vez tenhamos uma análise em que nos vejamos livres de contratransferência. O importante é o seguinte: diz-se que se pode fazer uso da contratransferência, mas creio que, do ponto de vista técnico, trata-se de uma idéia equivocada, pois penso que o termo contratransferência deveria ser reservado para a resposta inconsciente.

Por tais razões, creio que a suposta consciência que o analista tem de que se trata de uma contratransferência carece em realidade de toda a importância, uma vez que nada se pode fazer a respeito no curso de uma sessão. Talvez se pudesse fazer algo nesse sentido em nossa própria análise; se não puder, só resta lamentá-lo. Devemos seguir trabalhando como analistas e procurar conseguir as curas que podemos, apesar de tais conflitos. Pode-se confiar em estar razoavelmente livre desses conflitos, quaisquer que sejam os significados desse termo. Não tem sentido preocupar-se com a contratransferência, pois se trata de uma motivação inconsciente; é uma pena, já que não há nada que possamos fazer a respeito: não se pode recorrer ao próprio analista no meio de uma sessão com o paciente.

Portanto, parto do princípio de que não se trata tanto de uma contratransferência quanto de uma transferência, no sentido de que minha irritação está justificada por motivos que qualificaria de conscientes, ou que pelo menos deveriam ser conscientes. De qualquer maneira, os motivos inconscientes carecem de importância aqui. Isso não significa que não precisamos de mais análise; seria muito difícil em qualquer momento fazer tal afirmação, mas o certo é que chega um momento em que se deve deixar de se analisar, goste-se disso ou não. E confia-se em ter levado a cabo um tratamento que terá sido suficiente. Deve-se adotar o critério de que, em psicanálise, há uma participação consciente, de que a análise é um trabalho que se realiza conscientemente, como qualquer outro trabalho, e que, como psicanalistas, tendemos inevitavelmente a desenvolver preconceitos como resultado de nossa tarefa. Existem todos os motivos para se acreditar na importância do inconsciente, e, por isso, tendemos a esquecer que o consciente é ainda mais importante, e o é para o psicanalista quando está psicanalisando.

Agora queria retroceder um pouco e examinar o problema da associação livre. Creio que, em termos gerais, e em relação com o caso que descrevo aqui, ocorre que o paciente fala, associa, espera-se que o faça mediante frases bem construídas da linguagem corrente, e, em geral, é isto que ocorre. Ao mesmo tempo, recebemos, ou confiamos em poder receber, toda uma série de impressões. Creio que o fundamental é a interpretação. No momento em que se faz uma interpretação, esta tem uma importância, porque é fundamental que o paciente saiba qual é a interpretação. Mas, no que se refere ao analista, o trabalho que o possibilita fazer essa interpretação foi realizado ao longo das semanas, meses ou anos precedentes.

Pois bem: quando dou a esse paciente uma interpretação do tipo descrito, confio em que, além do aspecto de sua comunicação que lhe interpretei, recolhi também uma série de impressões que não lhe interpretei, e que não poderia fazê-lo, porque não sei o que significavam. Mas espero que um dia evoluam, como costumo dizer, isto é, espero que cheguem a uma situação em que se tornem pré-conscientes, conscientes e que logo poderão ser formuladas. De forma que, no momento a que me refiro, digo que é o futuro do passado e é o presente de uma interpretação futura.

Na minha opinião, esse é apenas um exemplo típico de muitas experiências que me levaram a refletir cuidadosamente sobre o que é que se interpreta. Existe o risco de se interpretar o que o paciente diz, coisa que o paciente não tarda a perceber, e, então, se dedica a dizer coisas que são adequadas a uma interpretação.

Consideremos, por exemplo, a ansiedade. Ninguém, absolutamente ninguém, abriga a menor dúvida sobre sua realidade. Como analistas, sequer temos alguma dúvida de que há todo um vocabulário correspondente ao que significa ansiedade. Porém, esse conhecimento, baseado no senso comum, não tarda a perder todo o vestígio de senso comum, embora siga tendo sentido. Não se trata de senso comum, pois as pessoas não passaram pela experiência que tem uma pessoa com formação analítica. Quero dizer que, frente a um auditório analítico, não há dificuldade alguma em se falar sobre ansiedade, pois todos sabem muito bem o que significa. Isso se entende inclusive além dos limites da análise, embora não tanto como gostaríamos de crer. O que estamos aplicando é um senso comum, e isso pode ser utilizado por outras pessoas que também têm intuição, mesmo quando esta não tenha sido ampliada por um tratamento psicanalítico. Tanto é assim que um analista não tem maiores dificuldades para reconhecer que um paciente aparentemente hostil, ou furioso, na realidade, experimenta ansiedade.

Mas não muitas pessoas leigas, dotadas de escassa intuição, aceitariam essa afirmação, de forma que se ultrapassa muito rapidamente os limites do senso comum psicanalítico. O que queria destacar aqui é com quanta rapidez esquecemos que, de fato, temos muito mais experiência do que os leigos, porque toda nossa formação, e acredito que todas nossa prática, depois de completarmos aquela, nos ensina o quão pouco sabemos, e isso tende a interferir de forma negativa em nosso trabalho analítico. De modo que convém levar em conta que, apesar disso, algo sabemos, talvez não muito, mas algo sim.

Isso me leva ao seguinte: creio que deveríamos manejar essa realidade, em relação à qual não necessitamos abrigar nenhuma dúvida, como a ansiedade, por exemplo, carece de uma contrapartida sensorial, carece de forma, de cor, em síntese, não é acessível aos sentidos. Assim, o que é necessário desenvolver é o que chamo intuição. Como analistas, vemo-nos aqui em dificuldade, uma vez que essa palavra foi utilizada antes. Não se pode inventar uma linguagem nova, e, quando se usa a habitual, e se diz, por exemplo, "intuição", todos acreditam entender o que queremos dizer, mas não é assim. Os psicanalistas, sim, compreendem; têm motivos para isso, porque a utilizam diariamente em seu trabalho. Portanto, embora use esse termo, penso que os analistas o empregam em um sentido especial, que se assemelha à conotação que tem para os leigos.

Espero ter deixado bem claro que manejamos aqui, de maneira inconfundível, para nós, uma realidade externa. Isto é, o analista enfrenta uma realidade externa de um tipo muito particular. Na minha opinião, é impossível negar que se trata de uma realidade virtualmente impossível de comunicar a alguém, exceto ao paciente. Este tem a vantagem, por dizer assim, injusta, uma vez que se encontra ali, e isso permite-lhe entender quando dizemos: "Você se sente muito ansioso". Entendendo-o ou não, pelo menos conta com a possibilidade de fazê-lo. Mas quando o digo, por exemplo, a vocês que estão aqui, excetuando o fato de que são analistas, não há motivo algum pelo qual devem aceitar que se trata de uma afirmação correta, porque as provas nas quais me baseio para dizê-lo não estão aqui. As provas existiam quando fiz esta interpretação ao paciente, e a isso se deve o fato de que as interpretações que são eficazes, e às quais o paciente não se oporia, são criticadas por nossos colegas. Estes têm motivos para isso, não se trata de mera malícia, mas simplesmente de que a comunicação lateral é muito ruim. Se o objeto está ali, podemos assinar-lhe; se não está presente em análise, não é possível fazê-lo.

Pois bem: vocês se sentirão aliviados ao saber que cheguei, finalmente, ao começo do meu trabalho, e queria dizer que me parece que é muito importante compreender que nossas dificuldades começam precisamente quando se completou a formação analítica. Assim me sinto agora e temo que o mesmo ocorrerá a vocês. Mas não posso apresentar as coisas como se elas fossem mais simples do que são, pois estaria, então, falando de algo completamente distinto. Sem dúvida, quero começar com uma tradução aproximada de uma passagem de uma carta de Freud a Lou Andreas Salomé. Lamento dizer que não a tenho aqui, mas espero não introduzir excessivas distorções. De qualquer maneira, como alguém disse, em certa ocasião, referindo-se à filosofia, não estou escrevendo a história da psicanálise, mas simplesmente aproveitando qualquer fragmento de experiência para falar, nessa oportunidade, sobre psicanálise, e praticar a psicanálise, em outras ocasiões. Freud disse:

> Não posso perceber muitas coisas que você pode ver, porque não as entendo, mas compreendo seu valor. Isso se deve, em parte, a que, quando estou tratando um assunto, no momento em que chego a algo que é muito obscuro, tenho que me cegar artificialmente, para permitir que um penetrante raio de obscuridade ilumine o ponto escuro.

Creio que poderíamos considerar outros aspectos dessa frase, mas prefiro não fazê-lo nesta ocasião. Contudo, quero chamar a atenção sobre esse ponto, pois considero que é de grande importância que todos os analistas possam se cegar, no sentido de despojar-se de tudo aquilo que lance luz, ou que pareça fazê-lo, sobre a situação analítica. Pois bem, isso significa que, quando a situação se torna particularmente obscura, não nos lancemos à caça de uma interpretação adequada. Esse é um problema com relação ao qual me é difícil explicar o que quero dizer, mas confio que vocês o compreenderão, podendo tirar algum proveito do que me proponho expor aqui.

Em primeiro lugar, considero que é muito importante que todo analista trate de concentrar em seu arsenal umas poucas teorias que sejam essenciais para ele, e para mais ninguém, tão econômicas quanto seja possível, no menor número possível, e que abarquem a área mais ampla possível, porque não convém perder o tempo pensando em uma interpretação durante a análise. O tempo, aqui, é demasiado valioso. Os cinqüenta minutos de uma sessão em curso são demasiado valiosos, constituem a única oportunidade com que se conta para obter o material que permite dar uma interpretação. Comparada a isso, nenhuma outra coisa é importante. Isso significa que o analista deve manter-se num estado que o permita captar o máximo. Repito mais uma vez que aceito a necessidade fundamental de uma formação analítica, mas me refiro aqui ao desenvolvimento posterior da própria técnica. Isso significa que se deve conhecer muito bem essas poucas teorias.

Por exemplo, é necessário que se esteja absolutamente seguro de compreender cabalmente o que Freud entendia quando falava da situação edípica. E quando isso chega a formar parte de si, já não é necessário preocupar-se em recordá-lo, já se pode deixar que se desenvolva, sem necessidade de lançar-se em sua busca. Vocês terão observado que, quando se encontram cansados, ou desconcertados, há uma tendência a lançar-se em busca de uma certeza, e uma maneira fácil de fazê-lo é começar a buscar uma interpretação que, segundo vocês sentem, conta com a bênção de algum papa psicanalítico.

Pois bem, segundo minha experiência, é possível estabelecer, de forma relativamente fácil, certas categorias não muito imprecisas, segundo espero, com relação a determinados fenômenos mentais que intervêm e tendem a exercer um efeito peculiarmente obscurecedor. Eles se interpõem entre o analista e a realidade com que aquele deve pôr-se em contato. Em linhas gerais, quero utilizar, e de fato os tenho empregado, os termos memória e desejo para me referir à maioria de tais fenômenos. Por exemplo, se estamos a ponto de terminar a sessão, creio que podemos começar a nos perguntar quando chegará esse momento; o mesmo ocorre com a semana e com o que faremos depois dessa sessão. Isso é precisamente o que entendo por desejo. Pois bem, essas idéias interpõem uma tela particularmente opaca entre o analista e a realidade que deve estar manejando nesse momento.

Quando me refiro a memória e desejo, utilizo substantivos, mas quero que tenham tempo – passado e futuro.

A título de exemplo, nesse sentido, não tem muita importância que se comece a pensar. "Que disse ontem este paciente?" ou "O que vou fazer neste fim de semana?" São a mesma coisa, têm uma qualidade idêntica e o mesmo grau de opacidade. Enquanto se pensa em todas essas coisas, a análise prossegue, e não se está realmente presente.

Vocês devem ter observado que modifiquei o tema central destes comentários, que inicialmente se referiam ao paciente e às interpretações que tratava de lhe dar, e passei a falar sobre o analista. E isso se deve não a que se queira deixar de lado o paciente, mas penso que, uma vez que se complete, na medida do possível, sua formação analítica, é necessário evitar maus hábitos que tendem a nos fazer retroagir ao estado em que nos encontrávamos originalmente, quando acudimos à análise como pacientes. E creio que, portanto, é conveniente adquirir e manter bons hábitos no curso de nosso trabalho, que, no final das contas, ocupa uma considerável parte de nosso tempo e regula grande parte dele.

Pois bem, o enfoque que desejo destacar aqui, o enfoque que consiste em conseguir que o penetrante raio de obscuridade ilumine a zona escura, padece de alguns defeitos desagradáveis para os analistas. Não creio que se trata de algo insólito, pois, inclusive em algo tão simples, como aprender a jogar tênis, se alguém segue as indicações do treinador não jogará demasiado bem, e as sentirá como algo estranho, até que chegue a formar parte de si próprio. E isto se aplica também a este objetivo particular de estabelecer um estreito contato com as realidades que a psicanálise deve encarar.

Creio que, em algum momento, a maioria das pessoas tem a experiência de sentir que sua análise andaria muito bem se pudesse livrar-se do analista, ou que excelente analista se poderia ser, se fosse possível livrar-se do paciente. Mas a experiência a que me refiro exibe a qualidade desagradável precisamente oposta a isto. Na medida em que é possível alcançar algum êxito, a situação emocional da análise se vê enormemente realçada, e creio que é justo dizer que se consegue uma aproximação ao que Melanie Klein descreveu, isto é, a transição da posição esquizoparanóide à posição depressiva.

Pois bem, não creio que soe conveniente utilizar tais termos nesse contexto, nem que resulte útil supor que estamos livres de tais mecanismos. De forma que dei como estabelecida – ainda que sem exagerar – a sanidade dos analistas, utilizando outros dois termos: para o paciente, esquizoparanóide e depressivo, e, para o analista, em contrapartida, "paciente" e "seguro". Utilizo o termo "paciente", porque, em inglês, significa, ao mesmo tempo, tolerar e sofrer; e o termo "seguro" tem o duplo significado de estar livre de perigo e preocupação. Creio que se tratam mais de piedosas esperanças do que de descrições precisas, mas penso que falar de esquizoparanóide e depressivo constitui uma descrição mais depressiva do que exata, de forma que prefiro inventar esses dois outros termos.

Sempre considerando o problema do ponto de vista do analista, penso que seria difícil encontrar uma melhor descrição da posição esquizoparanóide, tal como me refiro a ela nesse momento, da que oferece Henry Poincaré, ao comentar sua experiência relacionada com o desenvolvimento de uma fórmula matemática. Resulta interessante, porque está muito fora da psicanálise, e também porque não creio, apesar de meu profundo respeito por ela, que Melanie Klein fosse uma escritora de talento. Mas Poincaré o foi e descreve uma situação na qual deve confrontar uma massa de fenômenos que não exibem relação que ele pudesse discernir, que carecem de significado, o que configura uma situação que, à mente humana, resulta muito difícil de tolerar. E, uma vez que se tenha encontrado a fórmula matemática, o resultado é que, quando introduzida, impõe ordem onde antes não existia, introduz significado ali onde não se podia discernir sentido algum, e evidencia uma relação e uma coerência que não existiam antes.

Pois bem, creio que esta deve ser nossa atitude dentro da situação analítica. É importante que, ao se encontrar outra vez com o paciente, amanhã, não seja o paciente que o analista conhecia, mas alguém a quem jamais se tenha visto antes. Pois bem, não é nada fácil de consegui-lo; não é nada fácil nos livrarmos das lembranças, e talvez seja melhor assim, mas o importante é destacar que o que se deve ver é uma situação nova. Se algo foi interpretado antes, já cumpriu seu propósito, pois, quando surgir novamente esse material, terá uma aparência diferente. Portanto, não faz falta a preocupação com o que se disse antes, ou pelo que o paciente expressou, mas apenas pelo que está ocorrendo no momento. O importante é amanhã, e não ontem, ou anteontem. Se o material é pertinente, voltará a aparecer na evolução (como eu a chamo) das interpretações. Surgirá e ocupará o lugar que o corresponde, como a imagem na tela da televisão. Surgirá, não como uma lembrança dos sonhos, mas, muito mais, como quando se diz: "Ah! Isto me recorda que tive um sonho". O sonho surge como um todo; isto é o que chamo de evolução.

O paciente não pode cooperar nesse sentido. O paciente tende a chegar e dizer: "Não me reconhece? Sou a mesma depressão, a mesma ansiedade, que você conheceu ontem e anteontem, e seguiremos nos encontrando nos próximos anos". Creio que, mentalmente, se poderia dizer: "Pode ir-se. Hoje recebo um novo paciente, e se você quer, vou apresentá-lo".

Pois bem, existem certas compensações, pois, pelo menos, diminui a carga desses terríveis tipos de análise que se prolongam interminavelmente, e sempre da mesma maneira, com a mesma cooperação, os mesmos sonhos, em síntese, tudo aquilo destinado a indicar que se trata sempre do mesmo paciente. Já assinalei o aspecto negativo disso tudo.

Com respeito a mim, creio que nunca poderei me livrar desse sentimento de perseguição relacionado com o fato de ter que enfrentar uma situação que não compreendo. Preferiria conversar uma situação que compreendo, e o paciente estaria mais do que disposto a me satisfazer, o que conseguiria proporcionando-me o material que me levaria a pensar que se trata da mesma pessoa que vi ontem, anteontem ou no ano passado. Não obstante, creio que é importante examinar essas situações incompreensíveis, não-relacionadas, incoerentes, ao invés de se dedicar às que são compreensíveis e coerentes. Estas últimas não são importantes, e não há nada a descobrir a respeito delas. Há que se fixar o olhar, por assim dizer, nos fatos incompreensíveis, incoerentes e não-relacionados.

Esse sentimento de impaciência, como diria, para ser elegante, e de perseguição, para ser um pouco mais direto, é de tal índole que se anseia pôr-lhe fim mediante o encontro de uma interpretação, ou recordando uma interpretação, como se isso fosse possível. Devemos resistir exatamente a isso. O paciente não vai gostar, e tampouco vocês, mas acredito que é necessário manter o olhar fixo na situação incoerente, até que se torne coerente. Em outras palavras, até alcançar a posição depressiva, a posição segura.

Pois bem, tenho mencionado esse problema relativo ao analista e ao paciente com este propósito: quero me referir agora ao fato de que, quanto mais avançamos no objetivo de nos convertermos em psicanalistas, mais nos aproximamos de substituir o próprio analista pelo paciente. Não quero dizer com isso que somos analisados pelo paciente. Isso pode acontecer, mas só constitui parte do material para as interpretações. Quero dizer, isto sim, que em nosso trabalho os pacientes ocupam agora uma posição de grande importância, de tão grande importância que exercem um efeito sobre nossa vida emocional que não é completamente diferente da que exerce sobre ela nosso próprio analista. Existem certas semelhanças, uma das quais consiste em que, se vocês conseguirem seguir a direção que sugiro aqui, posso lhes prometer toda uma vida de sentimentos de perseguição ou de depressão.

É uma maneira algo extrema de expressar, mas creio que comprovarão que tendem a atribuir esses sentimentos de paciência ou de segurança a situações que, em realidade, pertencem ao próprio trabalho analítico. E o traço peculiar de tudo isso (suponho que numa sessão tenham a sorte de ter feito duas ou três interpretações que produziram coerência, que fazem as coisas parecerem ter um padrão e um significado) é que resulta surpreendente comprovar com quanta freqüência se sentem deprimidos ao terminar a sessão. E comprovarão que essa situação se torna negativa e que, em si mesma, requer uma teoria. É precisamente a essa teoria que estou me referindo agora. Menciono esse ponto porque creio que constitui um importante exemplo, pois creio que essa é uma maneira importante de encarar nosso trabalho e o que o torna tão árduo. Penso que a isso se deve também que nosso trabalho seja valioso, mas, ao mesmo tempo, é o que tende a causar baixas entre nós. É natural que, ao manejar algo tão terrível como a mente humana, se produzam baixas no que poderíamos chamar de o grupo psicanalítico. Isso significa que é fundamental contar com um bom enfoque, ou tratar de contar com ele, à parte da formação analítica. Como já assinalei, as dificuldades começam precisamente quando se completou a formação. Portanto, o problema relativo à maneira com que se encara o próprio trabalho (o estado mental em que se encontra) se coloca a partir do momento em que se termina a própria análise e quando o analista já não pode continuar sendo analisado.

COMENTÁRIOS

Os leitores poderão constatar um Bion se expressando em um estilo simples, claro, elegante, e quase coloquial, para a abordagem de importantes problemas técnicos. Assim, a partir da menção de um fragmento clínico de um paciente que não se ligava às suas interpretações, Bion provoca profundas reflexões a respeito da problemática técnica que envolve assuntos tais como, entre outros:

1. Os que se referem à *resistência*, do paciente e do analista.

2. A natureza e o destino das *interpretações* do analista, principalmente no que diz respeito ao fato de quando o analista tem a convicção de que está formulando interpretações exatas e o paciente concorda que as sessões estejam sendo "maravilhosas", porém a verdade é que elas "não

pareciam exercer o menor efeito". Igualmente, creio ser relevante destacar, para refletirmos, as suas afirmativas de que "as interpretações que são eficazes, e às quais o paciente não se oporia, são criticadas por nossos colegas", e que

> ... quando [os analistas] se encontram cansados, ou desconcertados, há uma tendência a lançar-se em busca de uma certeza, e uma maneira fácil de fazê-lo é começar a buscar uma interpretação que, segundo vocês sentem, conta com a bênção de algum papa psicanalítico.

3. Uma abordagem dos fenômenos de *transferência* e de *contratransferência*. Em relação a este último, esse artigo evidencia que Bion modifica sua posição quanto à utilização que o analista possa fazer a partir da sua contratransferência, visto que, em trabalhos anteriores, destacava que a mesma poderia servir para o analista como um excelente instrumento de trabalho, e, aqui, ele afirma:

> diz-se que se pode fazer uso da contratransferência, mas creio que, do ponto de vista técnico, trata-se de uma idéia equivocada, pois penso que o termo contratransferência deveria ser reservado para a resposta inconsciente.

4. No entanto, ao mesmo tempo, nessa mesma conferência, Bion dá uma expressiva relevância ao *consciente*, tal como atestam as afirmativas de que:

> Deve-se adotar o critério de que, em psicanálise, há uma participação consciente, de que a análise é um trabalho que se realiza conscientemente [...]. Existem todos os motivos para se acreditar na importância do inconsciente, e, por isso, tendemos a esquecer que *o consciente é ainda mais importante*, e o é para o psicanalista quando está psicanalisando. (Grifo meu)

5. Outros aspectos importantes que são referidos nessa conferência são: o problema da *livre associação de idéias*; a questão da *ansiedade*; a importância da *intuição* e do *senso comum*; a *dor psíquica*; o conceito de *facho de escuridão*; a abolição da *memória e do desejo*; o seu conceito de *evolução*; a referência que faz, embora sem citar o nome, ao importante conceito de *fato selecionado*, que permite "impor ordem onde antes não existia"; as *análises que se prolongam interminavelmente*, "e sempre da mesma maneira, com a mesma cooperação, os mesmos sonhos".

6. Creio ser justo destacar, para a eficiência da prática analítica, a necessidade de o analista analisar num estado de liberdade interna, sem estar com sua mente saturada por um excesso de teorias. Isso transparece na seguinte recomendação de Bion:

> é muito importante que todo analista trate de concentrar em seu arsenal umas *poucas teorias* que sejam essenciais para ele, e para mais ninguém, tão econômicas quanto seja possível, no menor número possível, e que abarquem a área mais ampla possível, porque não convém perder o tempo pensando em uma interpretação durante a análise. (Grifo meu)

7. Destarte, é especialmente importante, a meu juízo, o destaque que Bion empresta ao *estado mental*, tanto do paciente como do analista, no momento do ato analítico. Assim, ele aponta para a importância clínica da *transição* do paciente de um estado psíquico de *posição esquizoparanóide* para o de *posição depressiva*, da mesma forma como destaca a transição do estado psíquico do analista de *impaciência* (ou de "perseguição") para o de *paciência*, e deste para o estado de *segurança*.

8. Igualmente relevante nessa conferência é que ela permite perceber aquilo que, creio, se constitui como a contribuição maior que Bion deu à prática da psicanálise, ou seja, a de uma permanente interação *vincular* entre a dupla analítica, de sorte que ambos se influenciam reciprocamente, de modo permanente. Isso pode ser depreendido da afirmativa de Bion de que

> ... os pacientes ocupam agora uma posição de grande importância, de tão grande importância que exercem um efeito sobre nossa vida emocional que não é completamente diferente da que exerce sobre ela nosso próprio analista.

31

Condições Necessárias ao Psicanalista

Foi tal a relevância que Bion deu à pessoa do psicanalista como um fator fundamental no processo de uma *análise vincular*, que a inclusão de um capítulo que abordasse especificamente os atributos minimamente necessários ao psicanalista impôs-se ao natural.

Na verdade, este capítulo não será mais do que uma visão sinóptica dos atributos da pessoa do analista, visto que eles estão presentes, de forma esparsa, em praticamente todos os textos de Bion e, por isso, de uma forma ou outra, já foram abordados em outros capítulos deste livro.

Uma longa série de atributos será descrita aqui, no entanto, isso não significa que Bion considerasse que o analista devesse possuí-la toda e, muito menos, de uma forma plena; antes disso, Bion (1992a, p. 75) postulou que: "Cada analista deve ter em mente, de modo claro, quais são as condições mínimas necessárias (CMN), para si mesmo, nas quais ele e o seu paciente podem fazer o trabalho".

Essas CMN, no entanto, são imprescindíveis, porquanto, segundo Bion costumava afirmar em seus seminários clínicos (IDE, n. 14, 1987, p. 5):

> A prática da psicanálise é muito difícil. A teoria é simples. Se o analista tem boa memória poderá ler todos estes livros e decorá-los com facilidade. Daí poderão dizer: que bom analista é tal pessoa; sabe todas estas teorias. Mas isto não equivale a ser um bom analista. Um bom analista está sempre lidando com uma situação desconhecida, imprevisível e perigosa.

Da mesma forma, Bion (1992a, p. 46) traçava uma equivalência entre a inter-relação dos pais com os filhos e a do analista com o seu analisando, afirmando que

> [...] a única coisa que parece ser básica não é tanto aquilo que *fazemos*, mas aquilo que vivemos *a*, aquilo que *somos*. É por isso que é tão importante que os pais sejam capazes daquilo que eu chamo de amor ardente. Aí então a criança tem uma chance de aprender algo a partir do modo que os pais se comportam. Nada, em sua educação escolar, nem em qualquer outro lugar, pode lhes ensinar isso.

Em um outro trecho (p. 62), ele assevera que:

> Em análise, a coisa importante não é aquilo que o analista e o analisando [separadamente] podem fazer, mas o que a dupla pode fazer; deve haver algo que a dupla possa fazer, onde a unidade biológica é dois, e não um.

Assim, prossegue Bion (p. 146):

> O paciente depende do fato de o analista estar sensível aos fracos sinais que ele não consegue emitir com um volume maior. Só que estamos assumindo um grande risco ao nos transformarmos em receptores.

Além disso, sabemos que Bion sempre enfatizou que o crescimento de uma mente (da criança ou do paciente) depende de uma aprendizagem que vem pela aquisição dos significados fornecidos no início por uma outra mente (da mãe, ou do analista) e pela introjeção do módulo do funcionamento dessa mente. Um exemplo simples disso é a idéia de Bion de um "seio pensante", ou seja, o fato de que no início é a mãe que tem que pensar pela criança.

Como vemos, todas essas considerações e citações que foram garimpadas (e poderiam ser inúmeras outras mais) convergem para a evidência de que uma boa preparação teórica, ou técnica, do analista não é suficiente para uma eficácia analítica se não vier acompanhada de uma "atitude psicanalítica interna" do psicanalista, a qual é composta de uma série de atributos e de um jeito autêntico de ser (Zimerman, 1991).

Sempre que possível, cada um dos atributos a seguir citados será conectado com a formação etimológica da palavra que o designa, tendo em vista que a etimologia representa um processo de sucessivas *transformações* através dos tempos, porém ela conserva, tal como uma "invariante", o significado original do inconsciente coletivo da espécie humana. Mais do que um agradável jogo diletante, a etimologia encerra muita sabedoria e pode nos ensinar muito.

Das linhas e entrelinhas da obra de Bion, creio que se pode depreender que as "condições necessárias mínimas" que permitam uma "ação analítica eficaz", de uma forma ou outra, são tecidas com os atributos e capacidades a seguir apresentados, não sem antes alertar o leitor que muitas das significações que seguem estão mescladas com meus vértices particulares, inspirados na própria experiência da prática clínica e de supervisão.

1. *Identidade analítica*. A etimologia do termo "identidade" se forma, provavelmente, a partir do prefixo "idem", "igual", "o mesmo", e de "entidade" que significa o ente, "o ser"; isso nos mostra que a identidade do psicanalista implica sua capacidade de manter-se basicamente o mesmo, apesar de toda ordem de pressões provindas de fora e de dentro dele. A aquisição de um gradativo, porém sólido, *sentimento de identidade de psicanalista* é de importância fundamental.

2. *Neutralidade não é indiferença*. A conseqüência mais importante desse atributo é o de vinculá-lo à *modificação do conceito de neutralidade*. Na época em que Freud (1912) postulou essa importantíssima regra técnica, acentuou que "o analista deveria ser opaco frente a seus pacientes e, como um espelho, não lhes mostrar nada, exceto o que lhe é mostrado", e isso deu margem a que o analista se sentisse obrigado a manter uma atitude analítica distante, para não dizer fria e asséptica. A propósito dessa metáfora de Freud, pode-se depreender dos textos de Bion que ele considerava que o analista não deve propriamente ser um espelho *do* paciente, mas, sim, que deve servir como um espelho *ao* paciente, no qual este possa mirar-se de corpo inteiro e reconhecer as distorções especulares. Assim, ao contrário do que possa estar sendo sugerido na metáfora de Freud, segundo o meu vértice, Bion sempre advogou que o psicanalista deve *se envolver* afetivamente com o seu paciente desde que *não fique envolvido* na relação, e que tal estado da mente, de acordo com a etimologia, é que vai permitir o "des-envolvimento" do processo analítico.

3. *Função de espelho*. Já que empreguei o termo "espelho", é necessário esclarecer que a contemporânea conceituação psicanalítica da "função de espelho", por parte do analista, é de expressiva importância, tal como é possível observar em textos de Bion e, principalmente, nos de Lacan, Kohut e Winnicott. Da mesma forma como, no processo evolutivo normal, a mãe funciona para o bebê como uma superfície refletora de "quem ele é, ou o que a mãe deseja que ele seja, ou como ela o enxerga e o faz enxergar o pai dele, etc., a ponto de a criança poder ficar alienada na imagem da figura materna", também o analista exerce uma função, em que, assim como diante de um espelho, o seu paciente possa se refletir, confirmando ou desmentindo as imagens e crenças que tem de si próprio e dos outros. A importância desse requisito na pessoa do analista é que a função de espelho pode ser *positiva* ou *negativa*, neste último caso, podendo vir impregnada de distorções injustas, logo, daninhas para o paciente.

4. *Amor à verdade*. Esse atributo constitui-se como uma condição *sine qua non* para uma análise de verdade, porquanto está diretamente ligado ao essencial – *vínculo do conhecimento (K e -K)*. Ser verdadeiro, para Bion, vai muito além de um dever ético, é uma imposição técnica mínima, a ser transmitida ao analisando e a ser dirigida em profundidade, em uma busca, o mais próximo possível, da "realidade última". Essa definição de "amor à verdade" implica o oposto da negação das verdades (-K), e isso está plenamente de acordo com a palavra *aletheia* ("verdade") que, em grego, designa "o não-oculto", ou seja, o que não deve ser negado ("a" = sem + "letheia" = esquecer). Nesse contexto, Bion postula um atributo que denomina como a capacidade de o analista ter *fé* (não no sentido religioso) na existência de uma realidade e verdade últimas, "o desconhecido, o infinito, o informe".

5. *Capacidade de ser continente*. Esta última palavra vem do verbo latino *contenere*, que quer dizer "conter" e, como vimos antes, deve ser bem diferenciado de outros análogos, como o de *container*, o qual alude mais diretamente a uma condição de um mero recipiente passivo; "continente", ao contrário, significa um processo ativo, pelo qual o psicanalista tem condições de acolher as angústias e necessidades do paciente, de contê-las dentro de si o tempo suficiente para decodificá-las e entendê-las e de reconhecer um significado e um nome, para, só então, devolvê-las ao paciente, devidamente desintoxicadas, sob a forma de interpretações. Caso contrário, quando falha a função de continência do analista – da mesma forma como acontece no vínculo mãe-filho –, é possível que se instale, ou que se incremente, um estado de angústia do paciente que Bion denomina como "terror sem nome". Também cabe enfatizar que a noção de "continente" não deve ficar limitada à contenção que o analista faça das angústias do paciente, isto é, a capacidade de continência deve abarcar certos movimentos positivos do paciente, às vezes quase imperceptíveis, porém de extrema importância, como o despertar de uma *curiosidade* do analisando (provavelmente a serviço de K), de uma liberdade para demonstrar *agressividade*, *criatividade* e, principalmente, movimentos que sugerem uma *preocupação* pelos outros, e sutis intentos *reparatórios* que, quando não reconhecidos, ou mal-interpretados pelo analista, geram sentimentos de decepção e de fracasso, além do risco de abortar uma disposição para o crescimento mental.

6. *Subcontinentes*. Pessoalmente, venho propondo a conceituação e denominação de *subcontinentes* fundamentado no fato de que o conceito de "continente" é por demais abrangente, portanto algo impreciso, já que, na verdade, um analista pode ser um bom continente para sentimentos amorosos, agressivos e narcisistas, porém muito insuficiente para os depressivos, por exemplo. Inúmeras outras combinações entre distintos sentimentos e respectivos *subcontinentes* poderiam ser mencionadas. Penso que é imprescindível que cada analista reconheça os seus múltiplos *subcontinentes*, de forma a reconhecer os seus próprios alcances, limites e limitações na sua função de psicanalista. Esse tema é abordado no Capítulo 21 deste livro.

7. *Premonição*. Bion considera a premonição (de "pré-emoção") uma "capacidade de antecipação", por parte do psicanalista, de algo que está por acontecer; é, portanto, um sentimento equivalente ao de "pressentimento" (de "pré-sentimento"). A capacidade de antecipação, segundo ele, não deve ser confundida com a utilização ativa da memória; ela se situa como um misto de intuição e premonição, e o analista a adquire por meio de um aprendizado com anteriores experiências analíticas. Bion destacou que esse atributo é útil para evitar dores desnecessárias do paciente.

8. Paciência. Esse atributo está intimamente ligado ao anterior, porém, como a sua raiz etimológica mostra (o vocábulo "paciência" vem de *pathos*, que, em grego, significa "sofrimento"), ele exige que o analista suporte a dor de uma espera, enquanto não surge uma luz no fosso do túnel depressivo. Também Freud (1905, p. 19) exaltou a virtude da paciência, como se vê no caso Dora, em que ele cita um trecho de Fausto, de Goethe: "Nem só a arte e a ciência servem: no trabalho deve ser mostrado paciência". Deve ficar bem claro que paciência não significa uma atitude passiva, de resignação ou coisa parecida; pelo contrário, ela consiste em um processo ativo dentro do analista. Como diz Bion (1992, p. 172):

> De início, o analista desconhece o que está ocorrendo; caso sejamos honestos, temos que admitir que não temos a menor idéia do que está ocorrendo. Mas, se ficarmos, se não fugirmos, se continuarmos observando o paciente, "vai emergir um padrão".

Esta última expressão, que Bion gostava de utilizar, é uma menção a Freud, citando Charcot. Em um outro contexto, Bion adverte quanto à necessidade de o analista passar de um "estado de paciência" para um "estado de segurança" antes de formular a sua interpretação. É o próprio Bion (1968a, p. 5) quem esclarece que utiliza o termo "paciência" porque, em inglês, significa, ao mesmo tempo, tolerar e sofrer; e o termo "segurança" tem o duplo significado de estar livre de perigo e preocupação. Green (1986, p. 134) reforça a importância do atributo da paciência ativa do psicanalista, como se depreende desta citação:

> Não há um só analista que mantenha a ilusão de que se interpretar uma determinada atitude, esta desaparece. Para mim, por exemplo, a atitude do paciente pode durar, digamos... 15 anos. A análise é um trabalho de Penélope – todos os dias você tece a teia e, logo que o paciente o deixa, ele a desfaz. Se não estivermos preparados para ver a análise assim, é melhor mudar de profissão ...

9. Capacidade negativa. Como já vimos, esse termo Bion tomou emprestado do poeta Keats, que, em uma carta para o seu irmão, em 1817, ao se referir a Shakespeare, assim se pronunciou: "... é uma capacidade que possibilita a um homem ser capaz de permanecer em incertezas, mistérios, dúvidas, sem qualquer esforço irritável que vise a alcançar como resultado, fato ou razão". Bion reforça a importância desse atributo, mostrando o quanto odiamos *estar* ignorantes e que temos um horror ao vazio, ao não saber o que está se passando, na experiência da situação analítica. Como um derivado direto do atributo de uma "capacidade negativa", Bion postulou a recomendação técnica de um estado mental por parte do analista no transcurso da sessão analítica: a condição de *sem memória, sem desejo e sem ânsia exagerada de compreensão*, tal como foi descrito no capítulo correspondente deste livro. A finalidade maior de que a mente do analista não fique saturada com a memória, os desejos e a necessidade de compreensão imediata é que os órgãos dos sentidos não fiquem tão predominantes e, assim, não dificultem a emergência da capacidade de intuição do analista.

10. Intuição. É um atributo que não tem nada de transcendental, como muitas vezes se pensa, embora Bion utilize o conceito de "intuição" para caracterizar um estado da mente do analista em que ele não esteja utilizando os órgãos dos sentidos para captar algo importante da esfera afetiva. Bion repetia seguidamente que a ansiedade não tem forma, nem cor, nem cheiro, nem som, e por isso ele propôs o termo "intuit" para designar a atividade do psicanalista como uma forma de contraponto às atividades sensoriais do médico. A etimologia do verbo "intuir" procede dos étimos latinos *in* (dentro) e *tuere* (olhar), ou seja, Bion utiliza novamente um modelo de analogia visual para definir uma capacidade de se olhar com um "terceiro olho" – não-sensorial – para dentro, ou de dentro. Bion costumava utilizar a concepção do filósofo Kant, de que "intuição sem conceito é cega; conceito sem intuição é vazio". Ele mesmo esclarece essa idéia de Kant, afirmando que certos pacientes estão, de modo intuitivo, descrevendo um fato quando dizem "Estou aterrorizado", ou "Esta gagueira me perturba", e o analista não ouve nenhuma gagueira, mas o paciente sim. Esta intuição permanece cega, porque ele não foi capaz de pareá-la com um conceito. Cabe ao psicanalista possibilitar o encontro da intuição com o conceito, sendo que "está havendo um casamento entre seus pensamentos e sentimentos; a intuição que é cega e o conceito, quando é vazio, podem se encontrar de tal modo que fazem um pensamento moderno completo. (1992a, p. 96)

Ainda em relação à capacidade de intuição, Bion também costumava utilizar uma citação de Milton, autor do célebre *Paraíso perdido*: "observar coisas invisíveis para um mortal", ou seja, dentro de sua atitude filosófica de que o corpo e a mente devem se reduzir a uma unidade, Bion assegurava que "o analista deve 'saber escutar não só as palavras e os sons, mas também a música'". Intuição e empatia se complementam, sendo que a primeira se processa mais no plano cognitivo, enquanto a empatia se refere mais especificamente ao plano afetivo.

11. *Empatia*. Conquanto Bion não tenha empregado esse termo diretamente, creio ser evidente a importância que ele deu a esse atributo, tal como nos demonstra a etimologia dessa palavra. "Empatia" é composta das raízes gregas *em* (dentro de) e *pathos* (sofrimento), portanto alude à capacidade de o psicanalista se colocar no lugar do paciente, ou seja, entrar dentro dele para, junto, poder sentir o seu sofrimento. Isso é muito diferente de "simpatia", que se forma a partir do prefixo *sym*, que designa "ao lado de" e não "dentro de". A empatia resulta da capacidade do analista de utilizar as fortes cargas das identificações projetivas como uma forma de comunicação primitiva do paciente. O extremo oposto seria o de um estado mental do analista de *a-patia*, ou seja, não estar sintonizado com o sofrimento do paciente, casos em que a análise não vai além de um processo protocolar, monótono e estéril.

12. *Comunicação*. Esse atributo é um dos que mais interesse mereceram por parte de Bion, e a composição da palavra, por si só, explica por que ele lhe conferiu tamanha importância: comunicar quer dizer tornar comum, ou seja, *com-um*, no sentido de uma unidade de intercâmbio entre o emissor de uma mensagem afetiva e o seu receptor. Isso está de acordo com a concepção que Bion utilizava em alguns seminários clínicos: "são necessários dois para fazer um". Não é demais reiterar que as idéias de Bion acerca da normalidade e patologia da comunicação na situação analítica adquirem uma especial importância na forma das interpretações do analista. O aspecto referente a como o analista *escuta* o seu paciente, e vice-versa, mereceu uma ênfase especial por parte de Bion.

13. *Discriminação*. Também esse atributo é um dos que mais aparecem nas linhas e entrelinhas dos textos de Bion. Essa palavra deriva do radical grego *Krimen*, que significa "fazer separações" (o que dá origem aos termos: crítica, critério, crise, etc.). Assim, o atributo de discriminação se refere à capacidade do juízo crítico do psicanalista, ou seja, o de separar o que é dele próprio e o que é do seu paciente; o que é patológico e o que é sadio em ambos; o que é viável daquilo que não passa de uma mera ilusão, e assim por diante. Se esse atributo do ego do psicanalista não estiver suficientemente desenvolvido, haverá um sério risco de que o vínculo com o seu paciente se estruture em bases de psicopatologia, mais precisamente na formação de escotomas (pontos cegos) contratransferenciais, e na conseqüente contração de conluios inconscientes com o analisando.

14. *Cisão não-patológica*. Diretamente derivado da aludida capacidade de discriminação, é o atributo que Bion denominou "cisão não-patológica" do psicanalista. Tal atributo consiste na capacidade de uma dissociação útil do ego do analista, de forma a possibilitar que ele mantenha uma separação discriminada de suas próprias emoções e idéias contraditórias e faça uma seleção adequada para o conteúdo de suas interpretações. Por exemplo, em certo dia de trabalho, o analista está particularmente muito preocupado com alguma séria situação de sua vida privada. Caso, assim mesmo, ele resolva trabalhar, deve no mínimo possuir a capacidade de fazer uma dissociação útil entre a sua pessoa, que tem direito de sentir preocupações, e a sua condição de psicanalista, que, para si mesmo, deve assumir, abstraindo seus problemas pessoais, de sorte a manter, sem sacrifício, uma escuta suficientemente atenta e dedicada inteiramente ao paciente.

15. *Ética*. O atributo de "ser ético" impõe-se não tanto pelo seu significado convencional, mas muito mais pelo que a sua etimologia nos ensina. Ética vem de *ethos*, que, além de designar "moral", também quer dizer "território natural" (daí, o termo "etologia", importante ramo da ciência que estuda o comportamento dos animais). Isso significa que o psicanalista não tem o direito de invadir o espaço autêntico do seu paciente, de modo a lhe impor os seus próprios valores e expectativas. Pelo contrário, Bion sempre postulou que o analista deve propiciar um alargamento do espaço interior e exterior do seu analisando – à moda de um "universo em expansão" – pela aquisição de um, seu, direito de ser *livre*, sem que isso, por sua vez, implique a invasão da liberdade de outros. Para tanto, o paciente, no curso da análise, deve passar de sua condição de sujeitar-se aos outros, ou de ser um sujeitado, para a de ser um sujeito livre e autônomo. É útil lembrar que a palavra "autonomia" se forma a partir de *auto* (próprio) e de *nomos* (lei, nome), ou seja, que ele adquira um "nome próprio", enfim, um *sentimento de identidade*.

16. *Respeito*. Bion reiterava a necessidade de que o analisando fosse aceito tal como de fato é, ou pode vir a ser, e não como o psicanalista gostaria que ele fosse, desde que também fique bem claro que respeitar as limitações do paciente não é o mesmo que se conformar com elas. A etimologia nos mostra que o atributo de respeito tem um significado muito mais amplo e profundo do que o usualmente empregado. Respeito vem de *re* ("de novo") e *spectore* ("olhar"), ou seja, é a capacidade de o psicanalista (e, a partir daí, ser desenvolvida no paciente) voltar a olhar para o ser humano que está à sua frente, com *outros* olhos, com outras perspectivas, sem a miopia repetitiva dos rótulos e papéis que, desde criancinha, foram incutidos no paciente. Tudo isso se baseia no importante fato de que a imagem que a mãe (analista) tem dos potenciais do seu filho (paciente) se torna parte importante da imagem que este terá de si próprio.

17. *Coragem*. Em meio a tudo o que foi dito, Bion sempre deixou claro que o atributo da coragem é indispensável para que o psicanalista, qual um navegador, possa enfrentar os imprevistos de uma longa viagem, de curso incerto e com possíveis riscos, na qual o paciente está investindo seu tempo, seu dinheiro, sua coragem e, quem sabe, suas últimas esperanças. Por outro lado, a síntese de tudo que foi extraído de Bion acerca dos atributos do psicanalista que determinam a sua "atitude analítica interna" está contida na etimologia da palavra coragem, do latim *cor*, isto é, do coração.

18. *Mapeamento do psiquismo*. Inspirado em Bion, eu venho propondo a denominação de "mapeamento do psiquismo" como condição indispensável de o analista conhecer as diversas e distintas regiões (tal qual o que se passa no globo terrestre) do seu psiquismo (parte bebê, criancinha, criança, púbere, adolescente, adulta..., a parte psicótica e a não-psicótica de sua personalidade, a parte simbiótica, a perversa, a paranóide, etc.), de sorte a construir o que denomino "*bússola* empática" e, assim, navegar com mais tranqüilidade, sem estar perdido dentro de si mesmo e, logo, dentro da geografia psíquica dos seus pacientes.

19. *Ser "poliglota"*. Com essa expressão, pretendo realçar o fato de que os pacientes têm distintas maneiras de fazer suas narrativas, com códigos próprios, além de que nem sempre as comunicações são verbais e nem sempre, tampouco, elas visam a comunicar; pelo contrário, muitas vezes, a linguagem utilizada pode ter a finalidade, quase sempre inconsciente, justamente de *não* comunicar, mas confundir e atacar os vínculos de percepção das verdades penosas. Assim, o analista deve possuir uma aptidão de "poliglotismo", ou seja, uma capacidade de entender e de falar muitas línguas, de modo a entender as diferentes versões e registros das linguagens dos pacientes, das diferenças semânticas dos discursos dos colegas de distintas correntes psicanalíticas e, principalmente, a propriedade de falar o idioma que cada um de seus pacientes (principalmente quando se tratar de psicóticos) possa compreender. Caso contrário, o analista pode estar interpretando corretamente, porém no idioma português, por exemplo, enquanto o seu paciente está falando e entendendo unicamente a língua chinesa.

20. *Rêverie (função alfa)*. O vocábulo *rêverie* se origina do francês *revê* (sonho), ou seja, alude à função da mãe (ou do analista) de permanecer em uma atitude, livre e espontânea, de receber, acolher, decodificar, significar, nomear as angústias do filho (paciente) e somente depois disso devolvê-las, devidamente desintoxicadas e significadas. Uma adequada condição de *rêverie* do analista implica uma suficientemente boa capacidade de *função alfa*, que permite dar coerência e ordem ao que está disperso e em estado de caos no psiquismo do paciente, e possibilita, se necessário, pôr à disposição do analisando, durante algum tempo, qual um "seio pensante", o seu próprio modelo de *aparelho para pensar os pensamentos* – expressão essa fartamente empregada por Bion. Isso propicia ao analista transformar os "elementos beta" do paciente em "elementos alfa", num processo de uma verdadeira *alfa-betização*.

21. *Humildade suficiente*. O analista deve descer do pedestal em que, durante longo tempo na história da psicanálise, ficou encastelado, numa condição de majestade, convictamente crendo que tudo sabia e sentindo o paciente unicamente como um dependente seu. Na atualidade, um atributo indispensável ao analista é reconhecer que tem inevitáveis limitações, que a distância entre ele e seus pacientes é bem menor do que imaginava e, sobretudo, que também tem uma *dependência do seu paciente*. Essa dependência está expressa numa inquestionável necessidade, que todo bom analista tem, de ser reconhecido pelo paciente como competente, útil e querido, além do fato de o paciente ser uma, ainda que parcial, fonte de seus proventos.

22. *Capacidade sintética*. Trata-se de uma função do ego de especial importância para um psicanalista, especialmente para a sua função interpretativa, tendo em vista que permite, simultaneamente, simbolizar, discriminar as significações contraditórias e até opostas de um mesmo discurso, ou fato, de modo a vir a integrá-las. Cabe lembrar que o vocábulo "síntese" não é o mesmo que "resumo"; pelo contrário, sintetizar significa fazer uma junção de vários aspectos essenciais, mesmo que distintos, criando uma nova significação.

23. *Atitude psicanalítica interna*. A *conjunção constante* de todos os atributos que foram discriminados e enumerados, quando internalizados no analista de forma suficientemente harmônica e natural, somada a uma *realização* com a sua experiência de prática clínica, conjuntamente com o devido auto-respeito e preservação do jeito e estilo essencial de cada um *ser*, vai construir uma autêntica *atitude psicanalítica interna*. Essa condição que, penso, além dos advindos da formação psicanalítica, também tem fortes ingredientes da *pessoa real do analista* – sua ideologia, características de personalidade, formas de encarar o paciente, etc. –, é um grande fator que pode determinar o andamento de todo e qualquer tratamento de fundamentação analítica.

Não custa repisar que as *condições necessárias* para um adequado exercício da terapia de fundamentação psicanalítica foram descritas em separado (o que pode dar uma falsa impressão de que se trate de uma tarefa extremamente complexa e difícil de ser atingida, ou de um perfeccionismo de minha parte) unicamente com propósito didático. Na verdade, todas elas vão sendo construídas de forma natural, ao longo da formação, e funcionam conjuntamente, tal como uma orquestra composta por múltiplos instrumentos musicais, com funções distintas uns dos outros, que, com muitos ensaios, encontram uma unidade coesa e harmônica.

Outra metáfora que me ocorre é a de que, quando aprendemos a dirigir um carro, ficamos concentrados, separadamente, na troca de marchas, no papel do acelerador, da embreagem, dos freios, etc., porém, à medida que vamos adquirindo segurança e confiança, uma especial atenção consciente não é mais necessária, tudo acontece automaticamente.

32

O Que Mudou na Minha Prática Analítica a Partir de Bion?

A inclusão deste capítulo foi inspirada numa pergunta que seguidamente me fazem colegas que, direta ou indiretamente, estudam Bion comigo. Eles querem saber se os conhecimentos advindos da sua obra chegam a determinar uma significativa mudança na forma de se entender a psicanálise e de praticá-la na clínica do dia-a-dia. Especialmente, costumam indagar, em um psicanalista como eu, que quando entrou em contato mais íntimo com Bion já tinha uma sólida experiência fundamentada em Freud e, muito mais, em Klein. Respondo que não só mudou substancialmente minha concepção, estilo e forma de tratar psicanaliticamente, como também me levou a mudar significativamente como pessoa.

Quando dou essa resposta, o meu possível interlocutor quer, então, saber mais exatamente em que, e como, as contribuições de Bion conseguem alcançar tamanha proporção. Por essa razão formulei o título do presente capítulo numa forma interrogativa. Porque acredito (aprendi com Bion) que, no lugar da certeza, um questionamento pode servir de força motriz para instigar continuadas reflexões, em meio a inevitáveis dúvidas, incertezas, ambigüidades, além de um certo desafio ante o receio de se cometer alguma transgressão contra as regras clássicas plantadas dentro de nós, as quais, nessa situação específica, acabam constituindo uma espécie de "superego psicanalítico".

Este último é a resultante de normas, regras e mandamentos provindos de muitos de nossos antigos – e alguns recentes – professores, supervisores e dirigentes de instituições, desde a cúpula até a base. Não obstante sejam necessárias, isso não exclui a possibilidade de que, nos casos exagerados, qual uma "camisa de força", essas instituições possam tolher a liberdade e a criatividade do terapeuta ao pensar e trabalhar num campo tão bonito e gratificante, embora árduo, como é o da psicanálise. Em grande parte devo a Bion sentir-me liberto do lado mais opressivo do aludido superego psicanalítico, sem que, para tanto, tenha sido necessário fazer qualquer tipo de rompimento.

É possível que o presente capítulo funcione como uma espécie de síntese, não apenas das influências de Bion sobre mim, mas também da própria edição do presente livro, que se propõe a uma abordagem de suas idéias mais importantes. Como este capítulo, na verdade, é um depoimento pessoal, entendi ser mais apropriado empregar um estilo de escrita o mais coloquial possível.

Começo fazendo a ressalva de que não me considero aquilo que alguns chamam de "bioniano puro"; antes, prefiro manter uma formação e posição eclética, ou seja, a de que mergulhei nos ensinamentos de distintas correntes psicanalíticas, absorvi muitas contribuições que "fechavam" com meu jeito e modo de pensar e refutei tantas outras que não faziam, ou não fazem, maior eco, teórico, técnico ou prático, dentro de mim.

Assim, descontando Freud, que sempre é *hors concours*, eu guardo, com gratidão, uma profunda influência kleiniana, e, ainda hoje, não saberia analisar sem utilizar inúmeros conceitos que aprendi dessa escola, como o das defesas muito primitivas, a noção de objetos totais e parciais, o mundo das fantasias inconscientes, a incontestável importância do fenômeno da identificação projetiva, as posições esquizoparanóide e depressiva, etc. Também tenho marcantes influências de Winnicott, Lacan, Kohut e dos psicólogos do ego. No entanto, não guardo a menor dúvida de que o autor que mais me influenciou foi Bion, em múltiplos aspectos, que, a seguir, enumero, não tanto por critério cronológico, ou de importância, mas procurando dar um certo encadeamento entre os fatores que, a meu juízo, sobressaem.

Tipo de leitura dos textos psicanalíticos. Inicio por aí porque considero um verdadeiro desafio alguém, sozinho, começar a se familiarizar de forma mais íntima com Bion a partir da leitura da grande maioria de seus textos originais. No entanto, à medida que vamos vencendo esse desafio, percebemos que ele nos transmite importantes modelos, como: Bion *não é dogmático* em suas posições. De uma forma ou de outra, por mais complexo que seja o tema que está descrevendo, sempre está fundamentado e articulado com a *experiência emocional* que cerca todo ato analítico. Ele prioriza, para o analista, um estado mental de permanente incerteza, que passa ao leitor a extraordinária importância da *relatividade da verdade*. Da mesma forma, todo texto deve ser lido dentro de um *contexto*, mais amplo e abrangente. Assim, é igualmente relevante o acento que Bion coloca no fenômeno das sucessivas *transformações* (conservando os respectivos invariantes), também válidas para os seus próprios conceitos. O leitor sente um continuado convite de Bion para especular e fazer conjeturas sobre aquilo que lê, de modo a cotejar com a sua própria experiência de trabalho clínico.

Tipo de escuta. A partir da ênfase que Bion concede aos problemas da *linguagem e da comunicação*, fui compreendendo que, de fato, "o maior problema da humanidade é o do malentendido da comunicação", tanto no que se refere à forma de emissão das mensagens como à forma de recepção (escuta) e aos canais de linguagem utilizados. Aprendi – o que parece óbvio, mas é mais difícil do que pode parecer – que não basta ouvir, é necessário escutar! Isso vale não somente para o ato analítico com nossos pacientes, mas também para os diferentes autores que estão nos falando por meio de seus textos e para os colegas que, em reuniões clínicas, congressos, etc., fazem comunicações que demandaram tempo, esforço e muito estudo e que nem sempre são escutadas ou sequer levadas a sério, sem contar o risco de serem desvirtuadas, distorcidas ou deturpadas. No caso mais específico, o da nossa escuta dos pacientes, cabe acrescentar a necessidade de o analista estar atento para "escutar como foi a escuta do paciente, relativa à nossa escuta dele".

Atitude psicanalítica. Talvez, no meu caso pessoal, a aquisição dessa "atitude psicanalítica interna" – diante de qualquer paciente, porém muito especialmente com pacientes em estado de regressão mais grave – tenha sido o melhor benefício que colhi de Bion. Noções aportadas por Bion, mais adiante explicitadas, como as *condições mínimas necessárias* que um analista deve ter; o surgimento espontâneo de uma visão *bi, ou multifocal*, que devemos ter do paciente e de nós próprios; a valorização de recursos pessoais do analista que tenham uma dimensão que vá além dos órgãos dos sentidos e do pensamento, como é o caso da capacidade de *intuição* e da leitura e escuta de *ideogramas*; uma atitude analítica que faça com que o paciente sinta que está sendo amparado, escutado, compreendido, e não julgado, nem doutrinado, tampouco forçado a aceitar tudo que provém do terapeuta, de sorte que sinta que, diga o que disser, sempre terá pela frente uma pessoa amiga, o analista, interessado em compreender (e não simplesmente entender). Penso que este último aspecto pode ser sintetizado na expressão "o paciente sempre tem razão", tal como descrevo no item que segue.

O "paciente sempre tem razão". É óbvio que essa expressão não sugere que, de fato, ele tenha razão lógica em tudo que pensa, diz e faz, nem, tampouco, que pode ser confundida com uma permissividade exagerada do analista, um clima de licenciosidade (diferente de liberdade), uma ausência dos indispensáveis limites e da preservação dos lugares e papéis. Pelo contrário, com a terminologia "o paciente sempre tem razão" quero significar que o *setting* instituído deve propiciar a liberdade de o paciente re-experimentar antigas experiências emocionais que foram mal resolvidas, de modo a poder se mostrar como, de fato é! (ansioso, negativista, agressivo, delirante, possessivo, teimoso, polêmico, narcisista, paranóide, atuador, etc.) e não unicamente como gostaríamos que ele fosse (colaborador, amistoso, com facilidade para fazer *insights*, gratificante com sucessivas melhoras, etc.). Com outras palavras, por mais que o paciente esteja distorcendo a percepção dos fatos reais, e que a sua ideação, linguagem, ação e sentimentos estejam demonstrando nítidos sinais de patologia psíquica, cabe ao analista decodificar como essa forma de comunicação, verbal e não-verbal, está atestando a sua verdade interna. Logo, ele sempre tem razão, porque é justamente isso que define uma situação analítica. Assim, na atualidade, mais do que um analisando "bom" (de que, é óbvio, também gosto, desde que "bom" não signifique "bonzinho"), desejo construir com ele um crescimento mental, em que ele, de forma autêntica e livre por dentro, venha a ser, e, com harmonia, fazer, aquilo que realmente é, mesmo que com valores que sejam bem diferentes dos meus. Como exemplo: nos meus primeiros tempos de psicanalista, talvez por um equívoco de entendimento e de interpretação daquilo que me ensinavam, eu sentia o paciente como uma espécie de inimigo (Freud seguidamente usava uma linguagem com metáforas bélicas, e os kleinianos de então punham uma ênfase quase absoluta na inveja sádica destrutiva). Assim, em parte, eu me posicionava diante do analisando com uma atitude que estava de acordo com o que dizia um saudoso professor: "enquanto o paciente não comprovar que está agindo de boa fé, abram o olho porque ele pode estar controlando, tramando, invejando, querendo nos humilhar e derrotar". É claro que aos poucos fui invertendo essa maneira de sentir o paciente, de sorte que, na atualidade, penso que, em princípio, até prova em contrário, todos eles querem construir um vínculo em que se sintam amparados, compreendidos, respeitados, valorizados e, sobretudo, ajudados a buscar uma melhor qualidade de vida e um desabrochar de capacidades congeladas. É necessário deixar bem claro que essa atitude do paciente em nada exclui o seu direito de ser agressivo, narcisista, negativista, etc. Estes últimos aspectos exigem que o analista possua uma adequada capacidade de "continência".

Continente. Esse termo está hoje tão incorporado ao jargão psicanalítico que muitos podem esquecer que devemos a Bion a primazia de desenvolver um substancioso manancial teórico e prático desse, fundamental, elemento da psicanálise. A plena compreensão dessa noção modificou minha forma de trabalhar em alguns aspectos; comecei a perceber que "continente" (ativo) é muito diferente de um mero, embora pacincioso, "recipiente" (passivo), no qual o paciente faria não mais do que uma depositação de seus dejetos mentais. Assim, desenvolvi de forma muito mais tranqüila a função de ter paciência, não como um ato de resignação, mas sim como forma de respeitar o ritmo, a possibilidade e a velocidade de cada paciente em particular. A concepção de Bion acerca de continente e, principalmente, da relação entre continente e conteúdo, me instigou a fazer continuadas reflexões a partir da prática clínica, de modo que ousei propor algumas idéias, como a noção de "subcontinentes"; a função de "moratória" do continente; a "autocontinência" do analista (a ser desenvolvida no paciente) de suas angústias, incertezas e limitações, incluídas as físicas, etc. Estes últimos aspectos convergem para a concepção de "capacidade negativa".

Capacidade negativa. Essa condição, bastante enfatizada por Bion, de "negativa" só tem o nome, visto que é altamente "positiva" para o processo analítico, por aludir à capacidade de o analista suportar e autoconter difíceis sentimentos – contratransferenciais, por exemplo – comumente considerados negativos, como raiva, confusão, sensação de estar perdido, paralisado, impotente, etc. Quando internalizei o verdadeiro significado e sentido de "capacidade negativa", comecei a ter uma progressiva sensação de alívio, representada pelo fato de não necessitar gastar energia psíquica a serviço de negar, para mim mesmo, que as referidas sensações "negativas", em determinadas situações, surgiam com forte intensidade. Na atualidade, quando, ocasionalmente, essas sensações se manifestam, as encaro com naturalidade e, na maioria das vezes, as considero muito bem-vindas, porque procuro entender os sentimentos contratransferenciais que tenham sido despertados em mim como importante forma de uma "primitiva comunicação não-verbal", que fala pelo paciente quando este não tem condições de reconhecer e, muito menos, expressar as suas angústias pelo uso da comunicação verbal. Em minha experiência como supervisor, notadamente com candidatos em formação, consigo comprovar o quanto de alívio representa para eles encarar com naturalidade a verdade de que não há demérito em sentir emoções "negativas", desde que estas não impregnem a sua mente e, logo, a sua atitude analítica.

Contratransferência. A esse respeito, faço questão de destacar os três aspectos que mais ocuparam a minha atenção, no sentido de fazer mudanças: a) há um risco de o analista confundir o que é sentimento contratransferencial, resultante de maciças identificações projetivas que o paciente faz no psiquismo do analista, e aquilo que não é mais do que a transferência própria do terapeuta; b) a capacidade de "autocontinência" é fundamental para que possamos trabalhar de forma livre, espontânea e prazerosa; c) uma grande virtude do analista consiste em que, diante de difíceis sentimentos advindos de uma contratransferência que pode tornar-se patológica, possa transformá-la em empatia, à moda do que Bion afirmava "como tirar proveito de um mau negócio".

Empatia. Ninguém mais contesta, na atualidade, que se trata de uma condição essencial para todo e qualquer terapeuta essa capacidade de pôr-se ("em") no lugar do sofrimento (*pathos*) do outro. Não obstante o termo "empatia" não aparecer nos textos de Bion, com outras palavras ele empresta uma singular importância a essa capacidade, de modo que, no meu aprendizado, fiz algumas elaborações, como: a) há uma grande diferença entre "empatia" e "simpatia"; b) também existe uma significativa distinção entre o analista ser uma pessoa "boa" (empática) e ser uma pessoa "boazinha" (que não consegue frustrar, mesmo quando isso, do vértice da situação psicanalítica, é necessário); c) quando o paciente percebe que há uma empatia do analista, este tem maior liberdade e tranqüilidade para dizer as prováveis verdades, por mais penosas que possam parecer, porque o campo analítico está sob a égide de uma recíproca confiança. Este último aspecto transformou significativamente a minha forma de exercer a atividade interpretativa.

Estilo interpretativo. À medida que foi abrandando o meu "superego psicanalítico", comecei a perder o meu receio de o paciente poder ser uma espécie de "inimigo" pronto a me atacar ou castigar com um abandono, e fui ganhando em autonomia sem ter que fazer rompimentos belicosos com tudo o que eu aprendi e aplicava. Também fui transformando significativamente o meu estilo de formular assinalamentos e interpretações transferenciais. Assim: a) percebi a necessidade de firmar uma distinção entre uma "interpretação" propriamente dita, nos conhecidos moldes clássicos, muitas vezes, reducionistas, do "aqui, agora, comigo", e a "atividade interpretativa", na qual gosto de formular perguntas que instiguem o analisando a pensar, peço que ele faça clareamentos daquilo que esteja algo ambíguo ou pouco claro, assinalo os paradoxos entre o que diz e faz e coisas do gênero. b) Adotei um estilo bem mais coloquial, mais condizente com o meu jeito de ser, como se estivesse falando com um amigo, mas sem jamais permitir que os lugares e papéis da dupla analítica sejam desvirtuados. c) Como supervisor, tenho por hábito respeitar o estilo pessoal de cada um (o que não exclui que eu possa mostrar como é o meu estilo), desde que a liberdade de estilo interpretativo não comprometa a essência dos princípios técnicos, contidos nas regras técnicas legadas por Freud. d) Particularmente, com relativa freqüência faço uso de diversas metáforas e não raramente indico alguns filmes e livros que levem o paciente a se confrontar com alguns importantes aspectos que estão sendo objeto de nossa análise. Por exemplo, se o momento analítico gira em torno de uma clivagem do paciente entre uma parte sua, com um exagerado falso *self* de grandeza, arrogante e narcisista, que esteja encobrindo uma criança frágil e desamparada, já aconteceu de eu indicar o filme *Duas vidas*, que retrata esses aspectos de forma muito fiel, provocando um impacto emocional nesse tipo de paciente. Igualmente, não raramente sugiro a leitura do pequeno-grande livro *O cavaleiro preso na armadura*, que enfoca de forma primorosa os prejuízos, para o sujeito e para os que com ele convivem, de ele ser um permanente portador de uma "armadura narcisista" e as formas como ele pode chegar a se livrar (busca das verdades, ingresso na "posição depressiva", etc.) dessa terrível armadura que simula um troféu de grandiosidade. Um outro recurso que, embora eventualmente, eu me permito utilizar, quando penso que vai ser útil, é promover uma "intervenção vincular"; por exemplo, durante algumas sessões, eu acompanho algum casal em crise, com vistas, sobremodo, a perceber "ao vivo e a cores" como é, de fato, a natureza do seu vínculo, além de poder assinalar os costumeiros sérios problemas da comunicação entre ambos.

Transtornos da comunicação. Bion dedicou uma especialíssima atenção ao problema da linguagem e da comunicação, principalmente – mas não unicamente – quando estuda a análise com psicóticos. Os seguintes pontos na obra de Bion, a meu ver, merecem ser destacados: a) nem sempre a linguagem verbal é utilizada para fins de comunicação; pelo contrário, muito freqüentemente ela pode estar a serviço da "não-comunicação", de negar, confundir ou enganar não só o analista, como também, e principalmente, a si próprio. b) Bion resgatou a inegável importância da linguagem não-verbal (gestos, silêncios, somatizações, *actings*, efeitos contratransferenciais, surgimento de ideogramas, etc.). c) A comunicação deve ser compreendida em suas três dimensões: a forma de "transmissão" das mensagens; a sua "recepção"; e os "canais" de linguagem pelos quais os pacientes se comunicam. d) A comunicação não é somente de um sujeito para outros; é fundamental observar como o seu inconsciente e consciente se comunicam, e, do mesmo modo, como o paciente estabelece a comunicação entre as diferentes partes que habitam seu psiquismo.

Actings. As atuações do paciente, até há pouco tempo, na maioria das vezes, eram consideradas uma manifestação patológica, maléfica para o curso normal de uma análise. Na atualidade, em grande parte devido à contribuição de Bion acerca do fenômeno da "evacuação de elementos beta", ou seja, de primitivas sensações que ainda estão em estado de protopensamentos, não conseguem ser pensadas como conceitos e, por isso, são expulsas numa atividade motora, a característica básica da atuação. Assim, diante de qualquer forma de *acting*, o que priorizo na atualidade é a tentativa de compreender qual é o significado oculto, inconsciente, que a linguagem motora da atuação do paciente está expressando no lugar do pensamento e da verbalização.

Regras técnicas. Não obstante tenha afirmado a minha fidelidade às clássicas recomendações técnicas de Freud, isso não significa que, na atualidade, sem transgredi-las, eu não tenha feito muitas transformações dessas mesmas regras. Assim: a) em relação à regra da "livre associação de idéias", deixo o paciente mais "livre" para falar ou silenciar, fazer associações seqüenciais ou narrativas caóticas, guardar segredos, atuar, etc. Creio que qualquer forma de linguagem e comunicação pode ser decodificada e analisada. b) Em relação à "regra da neutralidade", hoje creio que o fundamental é não confundir "neutralidade" com "indiferença" ou com uma permanente expressão enigmática. Pelo contrário, costumo me "envolver", com o cuidado de "não ficar envolvido"; não evito fazer perguntas, desde que elas abram novos "vértices" e estimulem a reflexão; também não tenho restrições a encaminhar o paciente para tratamento medicamentoso, concomitantemente com o prosseguimento normal da análise, ou, eventualmente, aceitar e fazer brincadeiras com o paciente, rir, me emocionar ou, em determinadas situações, lacrimejar junto com ele. c) Quanto à "regra da abstinência", em princípio, se não for um excessivo controle intrusivo do paciente, não tenho a menor restrição a responder a perguntas singelas (muitas vezes representam uma importante forma de tentativa de aproximação), tampouco me abstenho de indicar nomes de médicos, etc. d) A regra da "atenção flutuante" equivale ao princípio de "sem memória, sem desejo e sem ânsia de compreensão", de Bion. Como em seus textos ele não foi muito explícito em relação a esse postulado técnico, eu me sentia confuso, já que não conseguia me manter sem memória de fatos significativos da análise, ou sem desejo de que o paciente melhorasse, etc. Isso perdurou até quando me dei conta de que Bion aludia ao risco de a mente do analista ficar impregnada, *saturada* com uma ânsia de memorar e desejar. Assim, a partir do real significado dessa regra de Freud e de Bion, entendi que, se deixarmos nosso psiquismo mais livre das impressões unicamente sensoriais e do pensamento lógico, será mais fácil atingir uma capacidade de intuição e uma maior disponibilidade para a valorização do eventual surgimento de imagens oníricas (pictogramas). e) Por fim, a regra do "amor às verdades" é condição *sine qua non* para alguém ser analista.

Verdades e não-verdades. Bion concedeu uma importância extraordinária ao "vínculo do conhecimento" (K) e do "não-conhecimento" (-K), o primeiro, diretamente ligado a uma atitude do paciente em que predomina a vontade de querer conhecer as verdades, por mais dolorosas que elas sejam, enquanto, no estado de -K, prevalece a defesa de negação, em suas diversas formas, que pode se manifestar por distorções, falsificações, camuflagens, omissões e mentiras deliberadas. A transformação que senti em minha forma de analisar consiste não tanto em valorar a verdade pela verdade em si (até porque ela sempre é muito relativa), quase como uma postura moralista, mas sim aquilo que se refere a uma atitude de *ser*, a pessoa (paciente ou analista), *verdadeira*.

Vínculos. Com a noção dos "vínculos" de amor, ódio e conhecimento (aos quais agreguei o de "reconhecimento"), expandi meu interesse pelo paciente, de modo que, na atualidade, não basta um analisando me dizer que ama, ou odeia, ou deseja conhecer os fatos; o que me disponho a examinar com ele é qual a sua forma de amar e de ser amado, ou de odiar e ser odiado, se o seu desejo de conhecer é somente intelectual ou está disposto a sofrer para fazer mudanças verdadeiras. Além disso, deixei de ficar limitado unicamente ao clássico conflito do amor x ódio e passei a acompanhar Bion em suas idéias do conflito de uma emoção (amor, ódio...) x uma antiemoção ("menos amor", etc.). Isso representa uma sensível transformação na forma de analisar, porquanto a natureza do conflito passou a ficar mais centrada em determinadas áreas do psiquismo, em que um aspecto (parte "criancinha", por exemplo) está em conflito com uma outra parte (no caso, a adulta), e assim por diante. Com outras palavras, na atualidade, trabalho prioritariamente com os vínculos e configurações vinculares que habitam o interior do psiquismo de todos nós.

Visão holística. O fato de Bion insistir na necessidade de o analista visualizar as diferentes e múltiplas partes que constituem a personalidade do sujeito de forma alguma deve significar que valorize mais as partes que o todo; pelo contrário, postula que quanto mais conhecemos as partes, mais aumenta a possibilidade de se ter uma – necessária – visão holística da totalidade da personalidade, numa integração do psiquismo com o corporal, social e espiritual.

Mapeamento do psiquismo. Partindo da referida visão holística e da importância clínica que Bion concede à capacidade de estabelecer um diálogo interno entre aspectos distintos do psiquismo, que às vezes são contraditórios ou estão em oposição entre si (uma passagem de Bion, 1992a, que me marcou definitivamente, é aquela em que ele diz ao paciente algo assim: Paulo, posso te apresentar uma pessoa que não conheces, ele está brigando contigo e sendo teu inimigo, porém, se o conheceres bem, vais gostar dele, e vocês podem ficar amigos para o resto da vida, com um benefício recíproco para ambos. A seguir, com o consentimento do paciente, completou: Paulo, te apresento o Paulinho; a residência dele é dentro de ti.), entendi ser oportuno propor a noção de "mapeamento do psiquismo". Com outras palavras, assim como um navegador, se quiser dar a volta pelo mundo, deve conhecer as distintas zonas geográficas e estar munido de uma bússola para não ficar perdido na imensidão dos mares, nós e nossos pacientes necessitamos conhecer as nossas variadas zonas psíquicas para, munidos de uma "bússola empática", não ficarmos perdidos e navegarmos com mais segurança dentro de nós mesmos.

Parte psicótica da personalidade. Dentre as múltiplas "partes" que caracterizam o interior do psiquismo humano, encontrei um importante auxílio na minha função de psicanalista, a partir da noção de "parte psicótica da personalidade" (p.p.p.), convivendo intimamente com a "parte não-psicótica". Na atualidade, eu não concebo minha tarefa analítica sem que, em alguma forma e grau, a análise transite por essa p.p.p. (não é o mesmo que psicose clínica), ou seja, sem enfocar aspectos como os núcleos de onipotência, onisciência, prepotência, narcisismo, paranóia excessiva, forte depressão subjacente ou uma, enrustida, parte simbiótica, perversa ou psicopática, etc. A experiência clínica comprova que, quanto mais o paciente entra em contato com esses núcleos "psicóticos", mais vai se aliviando, e mais o seu *self* vai se estruturando e integrando.

Setting. Nas entrelinhas dos textos de Bion, aprendi que a construção de um *setting* ("enquadre") analítico deve ir bastante além de combinação de horários, honorários e coisas afins; na verdade, ele se institui fundamentalmente para a criação de um "campo analítico", em que analista e paciente vão interagir profundamente, onde cada um, de forma permanente, vai influenciar e ser influenciado pelo outro. O mais importante é que o *setting* se refira à "atmosfera emocional" do campo analítico e que represente um espaço novo na vida do paciente, em que possa re-experimentar antigas e fortes experiências emocionais que, de alguma forma, foram mal resolvidas no seu passado, e que, agora, nessa nova experiência emocional transformadora, com o seu analista, ele encontre outras soluções, com modificações estruturais do seu psiquismo e, logo, de sua conduta. Reputo estes últimos aspectos de tamanha significação, que, confesso, detalhes como o número de sessões por semana, o uso ou não do divã, etc., na atualidade, ocupam um lugar secundário na minha conduta de psicanalista.

Resistência-Contra-resistência. Diante desse fenômeno do campo analítico, em boa parte inspirado em Bion, fiz significativas transformações, como: a) a resistência do paciente deixou de ser, sempre, um entrave à análise; hoje adoto para mim mesmo o lema "dize-me como resistes e dir-te-ei quem és", já que entendo que a forma de resistir é um seguro indicador de como o paciente se defende de suas angústias, algumas delas ainda sem nomes. b) Existem formas sutis e inaparentes de resistência, como um "ataque aos vínculos perceptivos", seus e do analista; o uso da linguagem como forma de, justamente, não permitir a comunicação; a utilização do recurso de uma "reversão de perspectiva" diante da atividade interpretativa do analista. Em relação à contra-resistência, o que mais me beneficiou foi a clareza e ênfase que Bion dá à possível formação de *conluios inconscientes* que, em diversas modalidades, podem acontecer entre o par analítico.

Transferência-Contratransferência. A partir de Bion, ficou bem mais claro para mim que transferência e contratransferência são fenômenos indissociáveis e, de alguma forma, estão em permanente interação no campo analítico. Especialmente com pacientes psicóticos, resultou o entendimento da forma peculiar de manifestação da transferência nesses pacientes. Com a contribuição de Bion e outros autores, as minhas transformações quanto ao entendimento e manejo da transferência, com os pacientes em geral, podem ser sintetizadas nos seguintes pontos: a) existe transferência em tudo, mas nem tudo é transferência que deva ser analisada (atenção: não é raro que o analista possa interpretar uma transferência de forma forçada e artificial). b) A transferência pode ser analisada sem que o analista deva, de forma compulsória, sempre nomear a sua pessoa. c) Nos pacientes mais graves, é possível comprovar que a transferência, indo além do que Freud explicava como uma compulsão à repetição, isto é, uma "necessidade de repetição", se constitui muito mais como uma "repetição de necessidades", à espera que o analista as contenha, compreenda, que decodifique e interprete com palavras as angústias e carências que vêm de longa data. A contratransferência, por sua vez, pode desembocar em uma forma patológica de interação com o analisando, e os sentimentos contratransferenciais que foram despertados na mente do analista podem servir-lhe como importante referência, fazendo com que se sinta capaz de compreender o drama que se passa no mundo interno do paciente, que está preso em um "terror sem nome", como Bion denomina.

Condições mínimas necessárias. Notadamente, no curso de conferências e de seminários clínicos, Bion enfatizava o fato de o analista reunir uma série de condições indispensáveis para o exercício de analisar outras pessoas. Dentre essas condições, acentuava, acima de tudo, a capacidade de "ser continente", ser uma pessoa "verdadeira", ter capacidade de "intuição" e "capacidade negativa".

Análise do consciente. Eu sempre pensava que, de certa forma, a psicanálise tradicional pecava num aspecto, visto que ficou exclusivamente centrada no mundo do inconsciente. Apesar de tudo que se passa no consciente ter alguma raiz inconsciente, senti em Bion uma confirmação de que o consciente do paciente merece atenção e valorização mais própria e, às vezes, mais específica. Na prática clínica, hoje, também valorizo o suficiente os aspectos cognitivos conscientes e, principalmente, procuro analisar com o paciente a necessidade de ele assumir a responsabilidade – consciente – daquilo que pensa, diz e faz.

Abertura de novos vértices. Particularmente, esse aspecto modificou a minha forma de dialogar com o paciente, porque compreendi que a tônica de Bion é não polemizar com o paciente, contrapondo a verdade dele e a nossa; pelo contrário, cabe ao analista abrir uma outra possibilidade de visualizar um mesmo fato. Fazendo isso, o terapeuta está instigando o paciente a fazer reflexões, cabendo a ele aceitar, não aceitar ou ficar num estado de dúvida (seria a melhor posição) em relação ao novo vértice de perceber, conhecer e pensar o significado daquilo que está contido numa mesma narrativa. Creio que, nessa situação de novos vértices, ou pontos de vista, podemos verificar a importante participação do ego consciente.

Critérios de "cura analítica". Esse aspecto do processo da análise talvez seja o que, a partir de Bion, produziu em mim as mais significativas transformações. De forma muito sintética, destaco os seguintes pontos: a) no livro *As transformações*, e em outros textos, Bion enfatiza que os critérios de "cura analítica" são bastante distintos dos referenciais que caracterizam a "cura da medicina" em geral. Embora eu não pense como muitos colegas, que entendiam que Bion priorizava a faceta de pesquisa e investigação na psicanálise, em detrimento da finalidade terapêutica, reconheço que é necessário fazer uma distinção entre ambas as "curas". De um médico, além de uma atitude humanista, devemos esperar um linear e seqüencial raciocínio clínico, louvando sua boa utilização dos órgãos dos sentidos, sua boa memória e desejo de curar, além da utilização, objetiva e concreta, de sofisticados recursos tecnológicos. Já o psicanalista labora num terreno com forte componente subjetivo, em meio a abstrações, e, é necessário enfatizar, não renuncia à sua memória e ao seu desejo de curar (outro equívoco, que era muito comum, de interpretação do significado atribuído a Bion), porém ele não pode permitir que sua mente fique saturada com memórias, desejos e ânsia de compreensão imediata, para que isso não prejudique a sua "atenção flutuante", o surgimento de intuição, etc. b) Ademais, o médico deve estar objetivamente voltado para a busca da cura, a mais total possível, enquanto o psicanalista deve ter mais paciência e se contentar com progressivas mudanças significativas. A partir daí, passei a acompanhar a posição de Bion, que, no lugar de falar em "cura analítica", prefere referir a expressão "crescimento mental". c) Essa relatividade do êxito analítico me induziu a evitar a expressão de que um determinado analisando teve "alta" (outro termo médico); prefiro considerar que houve um "término" da análise, para aquele momento e em função de determinadas circunstâncias. d) O que importa, acima de tudo, é que na análise tenha havido sucessivas e continuadas "transformações", que se expressem subjetivamente, mas também objetivamente, nas atitudes e na conduta exterior do paciente. e) Em relação às referidas transformações, um grande aprendizado que obtive de Bion foi reconhecer que quando as transformações são muito significativas, durante um determinado período, podem vir acompanhadas de um difícil estado mental, que denomina como "mudança catastrófica". Esta é muito angustiante não só para o paciente, como também para o analista, com a ressalva de que, quando o terapeuta conhece bem esse conceito, pode bem administrar os seus difíceis sentimentos, porque sabe que essa situação é muito difícil, porém, do ponto de vista psicanalítico, tem significação otimista. f) Ainda em relação às transformações, outro aprendizado que me beneficiou significativamente é ter sempre presente na mente analítica que o analista deve estar atento a pequenas mudanças no paciente. Às vezes, tais mudanças são quase imperceptíveis, especialmente com aqueles pacientes que estão sempre repetindo as mesmas palavras e ações. Assim, comecei a distinguir quando a evolução do paciente é *circular* (sempre volta ao mesmo ponto de origem) de quando ela é *helicoidal* (volta aos mesmos pontos, porém sempre num plano algo acima, como uma espiral helicoidal, ascendente e expansiva). g) Sem especificar detidamente quais os aspectos que merecem configurar um expressivo crescimento psíquico do paciente, cabe acentuar que um bom critério de término da análise é quando paciente e analista comprovam que houve a aquisição de uma "função psicanalítica da personalidade". Tal função deve possibilitar ao paciente conhecer a geografia do seu psiquismo interior, de modo a poder, sem a necessidade da presença física do analista (mas, sim, a presença introjetada), estabelecer um diálogo entre as suas diversas "partes".

Epílogo

Ao concluir esta segunda edição de *Bion: da teoria à prática*, reencontrei-me com a frase final do epílogo que encerrava o livro em sua primeira edição, publicada há exatamente oito anos. A mencionada frase é: "E é com um sentimento de esperança de que este livro possa ter atingido alguns dos objetivos a que me propus, que eu o entrego aos leitores". Não obstante o fato de esta edição estar bastante modificada, com acréscimos e correções, e ampliada com novos capítulos em relação à anterior, talvez por saudosismo, ou, como com mais propriedade me parece, por emoção e gratidão, porque a esperança de então se tornou uma gratificante realidade, decidi transcrever o epílogo, na íntegra, tal como foi redigido e editado pela primeira vez.

Após ler e reler, um sem número de vezes, todos os textos de Bion, assim como os dos demais autores que se dedicaram à sua obra, iniciei a jornada de escrever este livro, e agora, aqui, chego ao final desta trajetória.

O espírito que motivou e norteou a sua feitura, de certa forma, está contido em uma frase de James Grotstein, um psicanalista norte-americano que foi seu analisando, supervisionando, discípulo e editor do livro *Do I dare disturb the universe? A memorial to Wilfred R. Bion*. Na frase a que anteriormente aludi, Grotstein (1988, p. 11) afirma que "Bion precisa ser traduzido para um tipo de *aplicação prática* [grifo meu]. Eu mesmo só agora posso compreender a profundidade de alguns trabalhos de Bion".

Conquanto eu não tenha a menor pretensão de ter preenchido o chamamento de Grotstein, senti-me apoiado por ele no meu esforço em dar um enfoque predominantemente prático às contribuições de Bion (1992a, p. 28) à psicanálise, até mesmo porque, segundo o próprio Bion afirmou: "a minha teoria é uma espécie de sumário de minha experiência".

Ninguém desconhece o fato de que, pela própria natureza filosófico-religiosa-artística-científica da obra de Bion, corremos o sério risco de utilizá-la como um fetiche, a serviço de uma pedanteria intelectual. Daí uma das razões de minha insistência em buscar uma simplificação de Bion, tendo em vista, sobretudo, uma perspectiva de aplicabilidade prática.

Dessa forma, procurando captar a essência do conteúdo, da forma e, especialmente, da evolução que o pensamento psicanalítico sofreu em Bion, ao longo de aproximadamente 40 anos de sua obra, creio que podemos traçar – de forma sumaríssima e em estilo telegráfico – os seguintes pontos pelos quais transitamos no curso deste livro.

1. A construção e a divulgação da obra de Bion refletem um difícil e corajoso "aprendizado com a experiência", tanto o das suas experiências psicanalíticas como, e principalmente, os das muitas experiências, penosas, de

sua vida pessoal. O aprendizado de Bion com essas difíceis experiências de vida e trabalho ficou amalgamado com uma ampla e sólida erudição em várias áreas do pensamento humano.

Assim, Bion sempre provocou opiniões contraditórias a seu respeito, fato este que está muito bem representado na descrição que Grotstein (1988, p. 10) faz acerca da impressão que o mestre deixou nele e em seus colegas que faziam seminários com Bion em Los Angeles:

> Ele era uma das pessoas mais notáveis à nossa volta. Tinha, também, uma maneira única de falar e escrever. Eu amava Bion e sempre o amei. Mas nunca gostei de sua maneira de trabalhar. Estou em oposição a outros membros do meu grupo que continuam idealizando a sua maneira mística e misteriosa de escrever em labirinto. Eu achava isso uma pena. Penso que ele localizava a origem disso em uma infância muito problemática onde foi, claramente, rejeitado e não compreendido pela mãe e pelo pai, de acordo com detalhes de sua autobiografia.

Quer alguns amem o estilo de Bion, quer outros o detestem; quer alguns psicanalistas o idealizem, quer outros o denigram, a verdade é que ninguém discorda que ele trouxe contribuições altamente originais, como são as que seguem, e que são abordadas em capítulos específicos do presente livro.

2. O trabalho com *grupos* abriu inúmeras e novas portas para a compreensão e o manejo da dinâmica grupal, tanto em seu plano intrapessoal (todo indivíduo é, na verdade, um grupo de identificações) como no interpessoal (grupos, instituições, etc.) e no plano transpessoal (conflitos entre nações, por exemplo).

É particularmente importante o seu estudo sobre a relação que se estabelece entre o "místico" e o *establishment*. As contribuições de Bion na área grupal continuam plenamente vigentes e servem de base para a moderna aplicação das diversas formas dos recursos grupalísticos, cada vez mais utilizados em todos os cantos do mundo. Por outro lado, a experiência com grupos despertou em Bion o interesse e a motivação para trabalhar e estudar as psicoses.

3. O trabalho direto com *psicóticos*, durante mais de uma década, propiciou a Bion um entendimento profundo dos processos do pensamento, do conhecimento, da linguagem, dos "objetos bizarros", alucinoses, de um "super" superego, etc.

4. Destarte, Bion aprofundou os estudos concernentes à função de "pensar os pensamentos"; origem, natureza, evolução e utilização dos pensamentos, assim como sua normalidade e patologia. Ele criou o modelo gráfico de uma "grade", como um exercício, fora da sessão, para a intuição do psicanalista. Da mesma forma, criou diversos tipos de modelos, concernentes à atividade do pensamento, e também nos trouxe a importante concepção de "pensamento vazio".

5. Aos *vínculos* de amor e ódio, Bion acrescentou o vínculo do conhecimento (K), indissociável dos dois anteriores. Assim, ele deu um extraordinário relevo às diversas formas de negação que configuram as também diferentes manifestações da patologia do conhecimento.

6. Por conseguinte, Bion foi o autor que mais trabalhou com a importância analítica das *verdades*, das *falsificações* e das *mentiras*. Nesse contexto, uma importante contribuição original, reconhecida por todos os psicanalistas, é a que se refere ao "ataque aos vínculos".

7. Assim, Bion nos trouxe a noção de "antiemoções", ou seja, a dos vínculos negativos, os quais designam uma oposição, não tanto do amor ao ódio, mas sim da relação que o amor, o ódio e o conhecimento mantêm com os seus pares negativos, representados significamente por -L, -H e -K.

8. Uma outra decorrência de sua experiência de análise com pacientes psicóticos con-

siste em sua concepção de que todo indivíduo é portador, em algum grau, de uma "parte psicótica da personalidade", que coexiste sincronicamente com uma "parte não-psicótica da personalidade". Bastaria essa contribuição de Bion para justificar a importância de sua obra, tal é a magnitude que ela representa para a moderna prática psicanalítica.

9. A origem científica de Bion permitiu que o seu trabalho e as suas concepções abarcassem *modelos*, em três dimensões: o científico-filosófico, o estético-artístico e o místico-religioso. Dessa forma, Bion transitou desde um pólo da lógica sensorial, passando pelo da intuição não-sensorial, até atingir, em seus últimos anos, um extremo pólo oposto, no qual lançou as sementes dos aspectos psicoembrionários da psicanálise, abrindo assim um espaço para a investigação dos fenômenos psicossomáticos.

10. A investigação dos *fenômenos psicossomáticos* constitui-se em um bom exemplo de como Bion lançou algumas sementes que podem frutificar no futuro, a partir de novas pesquisas e do desenvolvimento de suas idéias por parte de outros autores. Assim, além das possíveis implicações do psiquismo fetal na constituição psicossomática do adulto, podemos ver como um importante autor – Meltzer (1990), seguindo a Bion – abre uma outra perspectiva de entendimento do paciente somatizador. Dessa forma, a partir de uma concepção de Bion acerca dos elementos beta, evacuados, de uma função alfa, invertida, e da falta de simbolização, Meltzer propõe incluir o problema da linguagem do corpo na área das sensações somáticas. Esse autor sustenta que os elementos beta, privados de significado, se evacuam através de distúrbios psicossomáticos, atacando a parte fisiológica, como pseudo-símbolos, cuja função é essencialmente assimbólica.

11. A noção de "transformações" favorece bastante o entendimento do psicanalista acerca do significado das manifestações que cada paciente apresenta em cada um dos diferentes momentos das situações analíticas. Da mesma forma, o conceito de "transformações" é muito útil para entender e acompanhar tanto a busca da realidade desconhecida de cada sessão como o crescimento mental do analisando.

12. A sua concepção dos diversos tipos de relação que se estabelecem entre o *continente* ($\mathcal{Q}$) e o *conteúdo* ($\mathcal{O}$), nas mais diversas áreas do psiquismo. O alcance prático mais importante da utilização desse modelo diz respeito à crucial relevância da função da mãe (ou do analista) de ser um "continente" adequado para as necessidades e angústias do filho (ou do paciente).

13. Como se percebe, um aspecto que merece ser distinguido no pensamento e no estilo de Bion é o referente à utilização de "modelos". Para Bion, a livre criação de "modelos" por parte de cada analista poderia substituir e evitar a nossa compulsão a conhecer mais e mais teorias.

14. Um ponto importante constante da aplicação prática das idéias de Bion é o que se refere à análise das funções do *ego consciente*, tal como foi exposto no capítulo correspondente.

15. Conquanto Bion não tenha produzido nenhum texto dedicado especificamente à *técnica psicanalítica* propriamente dita, resta evidente que toda a sua obra é palmilhada por observações e postulações acerca da concepção vincular e interacionista do processo analítico, da criação e manutenção do *setting* analítico, dos fenômenos resistenciais-contra-resistenciais, das transferências-contratransferências, das interpretações, do *insight*, da elaboração e do crescimento mental, etc.

16. Mais particularmente, ele trouxe contribuições de inestimável importância no trabalho cotidiano de cada psicanalista, como são as suas concepções acerca das manifestações clínicas da "mudança catastrófica"; a da "reversão da perspectiva"; da "alucinose"; do uso da linguagem para a (in)comunicação, especialmente o da "linguagem não-verbal"; a do "terror sem nome"; as mudanças de vértice e a necessidade de uma visão binocular; o sofrimento que acompanha o "aprendizado com a

experiência" e a aquisição de uma "linguagem do êxito", assim como uma decisiva aquisição de uma "função psicanalítica da personalidade", entre tantas outras contribuições.

17. No entanto, o que sobretudo distingue a obra de Bion é a extraordinária importância que ele emprestou à *pessoa real do psicanalista* na determinação do destino de cada análise. Assim, ao estabelecer uma distinção entre o modelo do médico, que trabalha com as percepções sensoriais, e o do psicanalista, que tanto deve ter um modelo mais intuitivo de escuta, como também uma outra concepção do critério de "cura", Bion afirmava que a análise consiste em um encontro interativo entre duas pessoas, as quais devem, ambas, estar com algum grau de angústia.

18. Em relação aos *atributos psicanalíticos* que são necessários à pessoa real do analista, é fácil depreender que Bion postulou a importância da função de "continente", a capacidade de intuição, por conseguinte, um *estado da mente do* psicanalista, "sem memória, desejo e compreensão", em oposição a um predomínio sensorial, uma condição de "fé" na busca das verdades incognoscíveis, uma "capacidade negativa", uma capacidade de "cisão não-patológica" e, sobretudo, uma autenticidade e um amor à verdade.

Todos esses atributos, além dos demais aqui não enumerados, compõem aquilo que Bion considerava como um propício "estado de mente" do psicanalista, e que nós podemos traduzir como uma interna e autêntica "atitude psicanalítica".

19. Por outro lado, Bion mostrava as suas preocupações com o *destino da psicanálise*. Assim, em *Atenção e interpretação*, ele compara a atual fase da psicanálise com a das etapas iniciais da física e da geometria. Ou seja, situa a psicanálise em uma fase ainda primitiva do conhecimento, à espera de métodos para uma apropriada avaliação do seu verdadeiro alcance, da mesma forma como a física, antes que a matemática trouxesse elementos para o desenvolvimento da física moderna; ou a geometria euclidiana, antes da descoberta das coordenadas cartesianas, que possibilitaram o desenvolvimento da geometria algébrica.

Um outro alerta de Bion refere-se ao risco de uma banalização da psicanálise, tanto pela divulgação estereotipada da terminologia psicanalítica científica, a qual se desgasta e pode perder todo o sentido de profundidade e validade originais, como também pela proliferação de múltiplas teorias. Em relação a este último aspecto, ouçamos o próprio Bion (1992a, p. 170):

> ... o resultado é uma grande proliferação de diferentes espécies de psicanálise, geralmente "novas e melhores" – usando sarcasticamente essas palavras. Essa espécie de tratamento evoca uma reação emocional poderosa, e o assim chamado psicanalista reage, ele mesmo, emocionalmente. O resultado imediato seguinte é que gradualmente a psicanálise vai tendo uma recuperação cada vez pior. Caso este processo continue por muito tempo, a psicanálise não vai ser capaz de sobreviver. Então, estamos carregando uma responsabilidade pesada.

Em um outro momento, Bion (p. 200) complementa a reflexão anterior, afirmando que:

> Poderíamos dizer também que somos uma versão moderna de parteira mental; ajudamos a alma, ou psique, a nascer, e a ajudamos também para que ela continue a se desenvolver *depois* de nascer. Não deveríamos nos considerar como sendo apenas historiadores das conquistas passadas da psicanálise. Ainda não estamos mortos e não há necessidade de gastarmos nosso tempo comparecendo aos nossos próprios funerais. Não acho nada interessante ficar rendendo perpétuas graças aos obséquios da psicanálise; gostaria também de comparecer a um de seus muitos re-nascimentos.

20. Pelo fato de reconhecer um certo primarismo no estágio atual da psicanálise, Bion não cansa de admitir que a situação psicanalítica é uma experiência inefável, e que o grande desafio para os analistas consiste em

encontrar uma *linguagem adequada*, que dê substância e solidez ao caminho que percorremos junto com os nossos pacientes durante longos anos, e que transita desde os pensamentos até as palavras.

Bion introduziu o modelo de "cesura", o qual consiste em um corte, uma ruptura, e, além disso, uma passagem, como nos casos em que há um corte epistemológico, com a passagem para um *novo paradigma psicanalítico*. Nesse particular, Bion produziu algumas rupturas epistemológicas, como a diferenciação que estabeleceu entre a psicanálise e a medicina, tal como aparece em *Atenção e interpretação*, de 1970; ou a distinção que semeou, ao longo de toda a sua obra, entre a psicanálise clássica e a atual.

Em relação a este último aspecto, a contribuição revolucionária de Bion, de acordo com a etimologia da palavra "revolução", foi uma "re" (nova) "evolução" para a fundação de uma psicanálise atual, que se alicerça não somente na sua proposta de uma análise sempre vincular, mas também no acréscimo de uma *dimensão não-sensorial*, como a da intuição, da paixão e da mística. Talvez tudo isso possa ser sintetizado nessas duas conhecidas expressões seguidamente empregadas por Bion: 1) "No consultório, o analista tem que ser uma espécie de poeta, artista ou cientista, ou um teólogo" (1973, p. 40); 2) "Ser (*being*) é mais importante do que conhecer, entender ou dizer".

Nesta altura do Epílogo, é necessário repisar alguns aspectos que já foram frisados no prólogo, quanto ao risco de que se cometam alguns equívocos de interpretação e de julgamento das posições de Bion. Assim, o fato de Bion acreditar que um bom conhecimento e manejo dos elementos de psicanálise pudesse substituir a multiplicidade de teorias psicanalíticas já existentes de forma alguma significa que ele não valorizasse a necessidade de o analista ter um claro referencial teórico daquilo que está se passando na vivência emocional da experiência analítica. O que ele alertava, isso sim, era contra a fossilização da mente do psicanalista por estar saturada por uma única linha de pensamento, tal como se depreende desta citação extraída das *Quatro discussões* (1992a, p. 14): "Aprendemos estas teorias – a de Freud, de Jung, de Klein – e tentamos trazê-las absolutamente rígidas, como que para *evitar ter que continuar pensando mais*" (grifo meu).

Um outro equívoco muito comum – e que é decorrente de uma má interpretação da ênfase de Bion quanto à importância de o analista também trabalhar no plano da intuição extra-sensorial – consiste na falácia de que haveria dois tipos de analistas: um, que constitui a imensa maioria, cujo trabalho repousaria unicamente em um bom entendimento do que se passa na dinâmica psíquica do paciente; e um segundo tipo – reduzido a uma pequena elite privilegiada – que consegue viver a essência da experiência analítica, à mercê de um dom de uma rara intuição extra-sensorial. É claro que isso não é verdade e que essa dicotomia não foi preconizada por Bion. Pelo contrário, ele sempre reiterou a necessidade de que em seu trabalho clínico o analista transitasse de um vértice de observação para um outro diferente; de um modelo para um outro modelo que sirva como instrumento para pensar uma determinada experiência analítica; e, conforme o momento da análise, ele praticava uma alternância entre as dimensões de natureza científica, artística, religiosa e pragmática, sem nunca menosprezar nenhuma dessas dimensões.

Ainda uma outra injustiça que se comete contra Bion é acusá-lo de ter se desviado dos princípios básicos da psicanálise, quando na verdade deve-se reconhecer que muitas de suas contestações pioneiras contribuíram para que a psicanálise começasse a tomar a si própria como um objeto de análise, tal como Sérvulo Figueira (1992) nos esclarece. Da mesma forma, Bion (1992a, p. 8) também contribuiu para desmistificar a idéia de que a "verdadeira psicanálise" possa estar encerrada em uma única escola psicanalítica, e chega a afirmar que é ridículo falar de uma teoria como se ela fosse a "verdade absoluta".

Por fim, vale ressaltar um último equívoco que se comete contra Bion e que consiste em proclamar que ele manteve um divórcio entre a teoria e a prática clínica. Talvez essa falácia decorra do fato de que ele não tenha produzido nenhum texto direta e explicitamente de natureza de técnica psicanalítica. No entanto, creio ter ficado claro que Bion nunca pôde conceber as suas postulações teóricas e metapsicológicas como dissociadas da prática clínica, de modo que, para ele, a psicanálise consiste em uma sucessão de experiências afetivas do paciente com o seu analista, que possibilitam um processo de transformações, de desenvolvimento e de crescimento mental.

Em relação à metodologia do estudo da psicanálise, e de sua aplicação na prática, por parte do psicanalista, Bion sempre advogou a necessidade de que tenhamos a honestidade de assumir um "estado de incerteza" tal como está formulado no "Princípio de incerteza"; de Heisenberg. Inspirado nesse princípio, Bion (1992a, p. 20) reitera que a

> ... incerteza não tem cor, não tem cheiro, não é palpável; mas ela existe. E no curso desta jornada que a raça humana faz em sua tentativa de alcançar a verdade, descobrimos que nós, os observadores, perturbamos a coisa que está sendo observada. Mesmo os mais avançados pensadores humanos estão ainda em um estágio embrionário... O Princípio da Incerteza de Heisenberg é uma etapa importante da jornada; é deplorável que qualquer parte da humanidade possa estar certa. Se existe algo que é certo, é que a certeza é errada.

Em suas conferências, debates e seminários clínicos, Bion sempre atestou uma plena coerência com essa posição filosófica. Assim, o seguinte depoimento de sua esposa Francesca (1992a) sintetiza admiravelmente essa postura:

> Deve-se admitir que para aqueles que estão procurando respostas prontas e acabadas, o método de Bion era inexplicável, frustrante e irritante. Ele era um homem versado em seu assunto, excepcionalmente articulado e portanto plenamente capacitado para prover aos seus inquiridores daquilo que eles queriam ouvir – e ele sabia disso. Entretanto, Bion era firme em seu respeito pela verdade e não podia ser persuadido contra a sua decisão de seguir um curso no qual não pudesse se respeitar a si mesmo. Ele acreditava que "*La réponse est le malheur de la question*" tanto em sua vida profissional como em sua vida privada. Os problemas nele estimulavam pensamento e discussão – nunca respostas. Suas réplicas – melhor dizendo, para-contribuições – eram, apesar de sua irrelevância aparente, uma extensão das questões.

Aliás, a frase de Blanchot que Francesca Bion evoca, de que "a resposta é a desgraça da pergunta", era freqüentemente citada por Bion quando queria enfatizar que uma resposta acabada, e muitas vezes precipitada, entorpece a curiosidade, satura a mente e esteriliza a expansão do campo de investigação. Pelo contrário, Bion sempre estimulou seus pacientes, discípulos e analisandos a darem livre curso à imaginação, isto é, como ele costumava dizer: "deixem a imagem-em-ação" (*Gradiva*, n. 43, p. 10).

Essa condição de incerteza, aliada a um inabalável estado de "fé" de que existe algo incognoscível, uma realidade última de natureza transcendental que está à espera de ser alcançada, fez com que Bion ingressasse em uma *dimensão mística* e de esperança.

Esperança no sentido de que a experiência analítica consiste basicamente em uma sucessão de "esperas" a serem preenchidas, tal como é a de um desamparo à espera de um amparo, de um conteúdo à espera de um continente, de um caos à espera de um fato selecionado, de alguma coisa inominada à espera de um nome, etc. E é o próprio Bion quem diz, na sua quinta "Conferência em Nova Iorque", referindo-se ao termo "psicanálise" (1992a, p. 145): "É uma palavra em busca de um significado; um pensamento esperando por um pensador; um conceito aguardando por um conteúdo".

O lamentável, pode-se completar, é quando não se espera mais nada, portanto um estado de "des-esperança", a qual, quando levada a extremos, pode gerar nos pacientes (e por que não nos analistas e na psicanálise?) um estado de "des-espero".

O maior empenho de toda a obra de Bion consistiu exatamente em buscar e apontar os possíveis caminhos para não nos afastarmos do estado de fé, verdade e esperança.

E é com um sentimento de esperança de que este livro possa ter atingido alguns dos objetivos a que me propus, que eu o entrego aos leitores.

Ao contrário do que à primeira vista me parecia, a execução desta nova edição – que segue a algumas reimpressões da anterior – não foi nada fácil, especialmente porque uma nova escrita do capítulo "Um Glossário de Termos de Bion, com um Roteiro de Leitura de sua Obra" exigiu um trabalho estafante, não obstante ter sido prazeroso, gratificante e ter me despertado uma sensação boa de que terá muita utilidade para os leitores.

O trabalho foi estafante porque de forma continuada e recorrente eu tinha de percorrer toda a imensa obra escrita de Bion, para localizar em quais textos ele se pronunciou sobre determinado conceito – nem sempre coerentes entre como aparece num e noutro artigo –, com o objetivo de tornar mais fácil para o leitor consultar e estudar diretamente nos trabalhos originais de Bion. Alimento a crença da utilidade do glossário e roteiro de leitura, principalmente deste último, porque percebo que, pelo fato de as idéias de Bion aparecerem de forma muito esparsa em sua obra, tanto os meus alunos como eu mesmo seguidamente ficamos algo desorientados para localizar com precisão em quais textos aparece tal ou qual idéia, ou alguma determinada terminologia específica.

No curso da produção desse roteiro, mais de uma vez me perguntei se não seria interessante construir uma espécie de "Dicionário das Idéias de Bion", com um amplo detalhamento de cada verbete. Quem sabe um dia? A resposta dependerá da recepção dos leitores ao ensaio que representa o capítulo a que estou aludindo.

Agora, já decorridos oito anos desde a publicação do primeiro epílogo, mantenho a essência de tudo o que então escrevi e, aqui, transcrevi. Além da minha emoção pela inefável gratificação de ter alcançado os objetivos a que, então, muito timidamente eu me propunha, acrescento a minha gratidão aos colegas de diversos quadrantes do Brasil que, espontaneamente, me deram, e dão, mensagens de reconhecimento, de incentivo e até de agradecimento, por, segundo os aludidos leitores, este "livro sobre Bion" ter facilitado um entendimento, um prazer de leitura e um estímulo em conhecer mais profundamente a teoria e a prática da psicanálise, conforme as originais e peculiares contribuições de Bion.

Também agradeço aos colegas que, em diferentes graus de formação, participaram comigo em continuados grupos de estudo, específicos sobre a obra de Bion, inclusive com a produção de excelentes trabalhos. Igualmente sou grato aos inúmeros convites para proferir palestras e participar de mesas-redondas versando sobre Bion, provindos de várias instituições, de sorte que tenho participado em eventos locais na capital e em cidades do interior do Rio Grande do Sul, em diversos outros estados, sobretudo em cidades do Nordeste (Recife, Maceió...) e do interior de São Paulo, Minas Gerais, Santa Catarina e Paraná, entre outros mais. Também a repercussão do livro me valeu a participação internacional, como convidado especial, na Sociedade Psicanalítica de Portugal (aí, juntamente com o psicanalista Antônio Muniz de Rezende, grande criador e divulgador das idéias de Bion) e na Sociedade Psicanalítica Chilena. Aproveito a oportunidade para mandar um carinhoso abraço para todos os que sempre me receberam tão bem, me prestigiando e honrando.

Tudo isso me afiança a convicção de ter conseguido plantar algumas sementes que, de alguma forma, vêm germinando, e a crença de ter contribuído, pelo menos com um tijolo, para a construção e divulgação deste belo edifício que é a obra de Bion.

Embora repetindo o que já expressei no prólogo desta edição, eu não poderia concluir o epílogo deste livro sem, publicamente, render o meu preito de gratidão e comoção à memória de Bion, a cuja obra dediquei – e continuo dedicando – um estudo extensivo, intensivo e reflexivo, responsável por profundas modificações não só na minha forma de entender e praticar a psicanálise, como nas estruturais que, indiretamente, ele promoveu em mim como pessoa. De certa forma, tudo isso que estou dizendo neste final do epílogo está sintetizado no capítulo que incluí nesta edição: "O que Mudou na minha Prática Analítica a partir de Bion?".

Bibliografia da Obra Completa de Bion

1940a   The War of Nerves: Civilian Reaction Morale and Prophilaxis. In: *The neuroses in war*, Miller Ed. Macmillan.

1940b   Intra-group Tensions in Therapy: their Study as a Task of the Group. *Lancet*, 2, 1961.

1946   The Leadership Group Projet. Bull. Menninger Clinic. 03-70.

1947   Psychiatry at a Time of Crisis. In: *British Journal of Medical Psychology*, 26, 1948. Também em: "A Psiquiatria numa Época de Crise". *Revista Gradiva*, Rio de Janeiro, 13, 1981.

1950   The Imaginary Twin. In: *Second Thoughts*. William Heimann Medical Books Limited. Londres, 1967, Cap. 2. Edição argentina: *Volviendo a pensar* da Ed. Hormé (3. ed., 1985). Edição brasileira: *Estudos psicanalíticos revisados*, Imago, Rio de Janeiro, 1988.

1954   Notes on the Theory of Schizophrenia. In: *Int. J. Psycho-Anal.*, v. 35. Também em *Second Thoughts* (1967) e nos livros traduzidos mencionados.

1955   Language and the Schizophrenic. In: *New directions in psycho-analysis*. Tavistock Publications, Londres. p. 220-239. Ibid.

1956   Developement of Schizophrenic Thought. In: *Int. J. Psycho-Anal.* v. 37. Também em: *Second thoughts*, cap. 4, de 1967. Ibid.

1957   Differentiation of the Psychotic from the Non-Psychotic Personalities. In: *Int. J. Psycho-Anal.* v. 38, p. 266-275. Também em *Second thoughts*, de 1967, cap. 5. Ibid.

1958a   On Hallucination. In: *Int. J. Psycho-Anal.* v. 39, 5. Também em *Second thoughts*, de 1967, cap. 6.

1958b   On Arrogance. In: *Int. J. Psycho-Anal.* v. 39. p. 144-146. Também em *Second thoughts*, 1967, cap. 7. Ibid.

1959   Attacks on Linking. In: *Int. J. Psycho-Anal.* v. 40, p. 308-315. Também em *Second thoughts*, 1967, cap. 8. Ibid.

1961   *Experiences in groups and other papers*. Tavistock Publications, London. Também em *Experiencias en grupos* da Ed. Paidos, B. A. e em: *Experiências em grupos*, Imago, Rio de Janeiro, 1970.

1962a   Theory of Thinking. In: *Int. J. Psycho-Anal.*, v. 43, p. 306-310. Também em *Second thoughts*, 1967, cap. 9, e nos livros traduzidos.

1962b   Learning from experience. W. Heimann, London. Também em *Aprendiendo de la Experiencia* da Ed. Paidos, B. A., 1966., e em *O aprender com a experiência*, Imago, Rio de Janeiro, 1991.

1963   *Elements of psycho-analysis*. Também em *Elementos del psicoanalisis*. Paidos, B. A., 1966; e em *Elementos de psicanálise*, Imago, Rio de Janeiro, 1991.

1964   "The Grid". Publicado na *Rev. Brasil. de Psican.* v. 7, n. 1, 1973. Também aparece (de forma reelaborada) no livro *Two papers: the Grid and Caesura*, Imago, Rio de Janeiro, 1977.

1965   *Transformations: Change from learning to growth*. New York: Basic Books. Também em *As transformações*, Imago, Rio de Janeiro, 1991.

1966   "Catastrophic Change. In: *Bull. Brit. Psycho-Anal. Soc.* 5.

1967a   "Notes on Memory and Desire". In: *Psycho-Anal. Forum*, v. II, n. 3. Também na *Revista de Psicoanalisis*, B. A., v. 26, p. 679-92, 1969.

1967b   *Second thoughts. Selected papers on psycho-analysis*. London, W. Heinemann. Também em *Volviendo a pensar*, Paidos, B. A., 1970; e *Estudos Psicanalíticos Revisados*, Imago, Rio de Janeiro, 1988.

1968a   Conferência pronunciada em Buenos Aires, traduzida e publicada sob o título "Seminário Clínico", na *Revista Gradiva*, n. 49, 1992.

1968b   "O Gênio e o *Establishment*". Conferência pronunciada em Buenos Aires. In: *Revista Gradiva*, n. 20, 1983.

1970   "*Attention and interpretation*". New York: Basic Books. Também Tavistock Publications, London, e a edição brasileira *Atenção e interpretação*, Imago, Rio de Janeiro, 1973.

1973-1974   *Bion's Brazilian lectures 1*. Imago Ed. Ltda. Também em: *Conferências Brasileiras 1*, Imago, Rio de Janeiro, 1973.

1975a   *Bion's Brazilian Lectures 2*. Imago Ed. Ltda. 5.

1975b   *A memoir of the future I. The dream* (*Uma memória do futuro. Livro I: o Sonho*), Imago, Rio de Janeiro.

1976 a "Evidence". *Bull. Brit. Psycho-Anal. Soc.* 8. Também na *Rev. Brasil. de Psican.*, v. 19, n. 1, 1985, e na *Revista da Sociedade Psicanalítica de Porto Alegre*, v. VII, 2000.

1976 b. "On a Quotation from Freud" ("Sobre uma Citação de Freud"). Em: *Seminarios clínicos y cuatro textos*, Lugar Editorial, Buenos Aires, 1992.

1977a   *A memoir of the future II. The past presented* (*O passado apresentado*), Imago, Rio de Janeiro.

1977b   *Seven Servants: Four works by W. Bion*. Jason Aronson, New York.

1977c   *Two papers: the Grid and Caesura*. Imago, Rio de Janeiro. Também na *Rev. Brasil. Psican.*, n. 15, 1981.

1977d   "Emocional turbulence". In: *Borderline Personality Disorders*. Também na *Rev. Bras. Psican.*, v. 21, n. 1, 1987, e na *Revista de Psicanálise da Sociedade Psicanalítica de P.A.*, v. VII, 2000.

1978   "Four Discussions with W. R. Bion." In: *Clunie Press, Pertshire, São Paulo, Clinical Seminars*. Também na edição Argentina *Seminarios clínicos y cuatro textos*, Lugar Editorial, Buenos Aires, 1992.

1979a *A memoir of the future III: The dawn of oblivion*. Clunie Press, Pertshire. A tradução é *A aurora do esquecimento*, Imago, 1996.

1979b "Making the best of a bad job". In: *Bull. Brit. Psycho-Anal. Soc.* 20. Também "Como tornar proveitoso um mau negócio" na *Rev. Brasil. Psican.*, n. 13, 1979. Também está publicado na *Revista de Psicanálise da SPPA*, 2000.

TRABALHOS PUBLICADOS POSTUMAMENTE

1980 *Bion's brazilian lectures 3*. Imago. Rio de Janeiro. Também: *Bion em Nova Iorque e em São Paulo*. In: *Conversando com Bion*, Imago, Rio de Janeiro, 1992.

1981 *A key to a memoir of the future* (with Francesca Bion). Clunie Press, Pertshire.

1982 *The long week-end*. Fleetwood Press, Abingdon.

1983 *All my sins remembered. The other side of genius*. Fleetwood Press, Abingdon. Está traduzido em espanhol como *La otra cara del genio. Cartas de familia*. Editorial Promolibro, Valencia, 1999.

1987 *Clinical seminary and four papers*. Fleetwood Press, Abingdon.

1990 *Cogitations* (Compilações de Francesca Bion), Karnac Books, London. A edição brasileira, *Cogitações*, numa tradução de Éster Hadassa Sandler e Paulo César Sandler, é da Imago, 2000.

1992a *Conversando com Bion* (Reúne as Conferências discutidas em Los Angeles, 1976; Nova Iorque, 1977; e São Paulo, 1978. Imago Editora, Rio de Janeiro, 1992).

1992b *Seminarios clínicos y cuatro textos*. Lugar Editorial, Buenos Aires, 1992.

Referências Bibliográficas

ABRAHAM, K. (1919). Uma forma particular de resistência contra o método psicanalítico. In: *Psicoanalisis Clinico*. Paidos, 1959.

ANZIEU, D. (1989). *Beckett y Bion*. Libro Anual de Psicanalisis, 1989, p. 33-39.

BIANCHEDI, E. et cols. (1989). "Crescimiento mental y desidentificacion. Un punto de vista sobre el dialogo psicoanalitico". Apresentado no XXVI Congresso Internacional de Psicanálise.

BICUDO, V. (1980). "Algumas características da personalidade de Wilfred Bion". *Revista Alter*, Brasília, n. 1, 2 e 3.

BION, T. Partenope (1987). PS « D. In: *Rivista di Psicanalisi*. Il Pensero Scientifico Editore. 1987.

BION, W. R. Consultar, neste livro, o "Índice Especial, sobre a Obra Completa de W.R. Bion.

BLÉANDONU, G. (1990). *Wilfred R. Bion. A vida e a obra. 1897-1979*. Imago, Rio de Janeiro 1993.

CHUSTER, A. (1989). *Um Resgate da originalidade -as questões essenciais da psicanálise em W.R.Bion*. Degrau Cultural, Rio de janeiro.

————. (1999). *Novas Leituras. A Psicanalise: Dos Modelos Científicos aos Princípios Ético-Estéticos*. Companhia de Freud Editora. R.J. 1999.

COROMINAS, J. e PASCUAL, J. A. (1979). Diccionario Critico Etimologico Castellano e Hispanico. Gredos, Madrid, 1980.

FERENCZI, S. (1913). "Estadios en el desarrollo del sentido de la realidad". In: *Sexo y Psicoanalisis*. Paidos, Buenos Aires, 1959, cap. 8, p. 153-70.

————. (1928). "La elasticidad de la tecnica psicanalitica". In: *Problemas y Metodos del Psicanalisis*. Paidos, Buenos Aires, 1966.

FIGUEIRA, S. (1992). "Bion e suas conseqüências para a prática clínica". In: *Revista Brasil. Psican*. 26, 3, 1992.

FREUD, A. (1936). *O Ego e os Mecanismos de Defesa*. Biblioteca Universal Popular, Rio de Janeiro, 1968.

FREUD, S. (1895). Projeto para uma psicologia científica. Edição Standard Brasileira, Vol. I, Imago, Rio de Janeiro, 1969.

————. (1909). Análise da fobia de um menino de 5 anos (Caso Hans). Edição Standard Brasileira, Vol. X, Imago, Rio de Janeiro, 1969.

————. (1911a). *Dois princípios do suceder psíquico*. Edição Standard Brasileira, Vol. XII, Imago, Rio de Janeiro, 1969.

————. (1911b). *Notas psicanalíticas sobre um relato autobiográfico de um caso de paranóia*. (Caso Schreber). Edição Standard Brasileira, Vol. XII, Imago, Rio de Janeiro, 1969.

————. (1912). *Conselhos ao médico sobre o tratamento psicanalítico*. Edição Standard Brasileira, Vol. XII, Imago, Rio de Janeiro, 1969.

————. (1914). *Sobre o Narcisismo*. Vol. XIV

_____. (1915). *Pulsões e destino da Pulsão*. Edição Standard Brasileira, Vol. XIV, Imago, Rio de Janeiro, 1969.

_____. (1920). *Mais além do princípio do prazer.* Vol. XVIII.

_____. (1921). *Psicologia das massas e análise do Ego*. Edição Standard Brasileira, Vol. XVIII, Imago, Rio de Janeiro, 1969.

_____. (1924). *Neurose e Psicose*. Edição Standard Brasileira, Vol. XIX, Imago, Rio de Janeiro, 1969.

_____. (1926). *Inibição, Sintoma e Angústia*. Edição Standard Brasileira, Vol. XX, Imago, Rio de Janeiro, 1969.

_____. (1926) *O valor da vida* (Uma entrevista rara de Freud). Publicada na revista "Ide", v. 15, 1988. São Paulo.

_____. (1937). *Análise Terminável e Interminável*. Edição Standard Brasileira, Vol. XXIII, Imago, Rio de Janeiro, 1969.

_____. (1938a). *Divisão do Ego nos Processos de Defesa*. Edição Standard Brasileira, Vol. XXIII, Imago, Rio de Janeiro, 1969.

_____. (1938b). *Construções em Análise*. Edição Standard Brasileira, Vol. XXIII, Imago, Rio de Janeiro, 1969.

FREUD, S. (1914).

_____. (1920).

GADINI, R. (1982). Il cambiamento catastrófico di W. R. Bion e il *breackdown* di D. Winnicott. In: *Rivista di Psicanalisi*, 1987.

GREEN, A. (1986). *Conferências Brasileiras de André Green*. Imago, Rio de Janeiro, 1990.

GRINBERG, L. (1963). "Psicopatologia de la identificacion y contraidentificacion projectivas y de la contratransferencia". In: *Revista de Psicoanalisis*, vol. 16. p. 113-23.

GRINBERG, L.; BIANCHEDI, E. e SOR, D. (1973). *Nueva Introducción a las Ideas da Bion.*, Buenos Aires. Tecnipublicaciones. Madrid. 1994.

GROTSTEIN, J. S. (1988). Citação extraída de uma entrevista concedida à Revista Gradiva. R. J. nº 43, p. 11. 1988.

_____. (Editor, 1981). *Do I dare disturb the universe? A Memorial to Wilfred R. Bion*. Caesura Press, Beverly Hills, California, 1981.

HELLERN, V.; NOTAKER, H. E GAARDNER J. (1989) *O Livro das Religiões*. Cia. Das Letras. São Paulo, 2000.

HINSHELWOOD, R. D. (1991). *Dicionário do Pensamento Kleiniano*. Artes Médicas, Porto Alegre, 1992.

KANDEL, Erik (1999) " A Biologia e o Futuro da Psicanálise". Um novo enquadre Intelectual para a Psiquiatria Revisitada". In: American Journal of Psychiatry, 1999.

KANDEL, ERIK. *A biologia e o futuro da psicanálise. Um novo enquadre intelectual para a psiquiatria revisitada.* In: *American Journal of Psychiatry.* 1999.

KLEIN, M. (1921). "El desarrollo de un nino". In: *Contribuciones al Psicoanalisis*. Paidos, Buenos Aires, 1964.

_____. (1930). "La importancia de la formacion de Simbolos en el desarrollo del yo". In: *Contribuciones al Psicoanalisis*. Paidos, Buenos Aires, 1964.

_____. (1931). *Una contribucion a la teoria de la inibicion intelectual*. Paidos, Buenos Aires, 1964.

LA PLANCHE, J. e PONTALIS, J. B. (1967). *Vocabulário de Psicanálise*. Martim Fontes, Rio de Janeiro, 1970.

LA PUENTE, Miguel de (1992). Sobre a Palavra. Conceito "Conhecimento" para uso clínico. In: *Revista Brasil. Psicanal.* Vol. 26, nº 33, 1992, p. 341-344.

MATTE BLANCO, I. (1988). *Thinking, Feeling, and Being*. Pontlidge, London, New York, 1988.

MATTOS, J. A. J. (1992). "A Contratransferência e a Obra de Bion". In: *Rev. Brasil. Psican*. Vol. 26, nº 3, p. 313-334.

MELTZER, D. (1975). "Identificação Adesiva". In: *Jornal de Psicanálise*. 38:40-52. Brasília.

———. (1978). *The Kleinian Development III*. Clunie Press, Pertshire.

———. (1989). "Desenvolvimento recente do modelo da mente e sua relação com os sonhos na prática clínica". In: *Revista IDE*. São Paulo. Nº 18. 1989.

———. (1990). Metapsicologia Ampliada. Aplicaciones Clinicas de las Ideas de Bion. Spatia Editorial, Buenos Aires, 1990.

MELTZER, D. (1990) *Desarrollo Kleiniano. Parte III. El significado clinico de la obra de Bion*. Capítulo XIII, p. 101-107. Patia Editorial. B.A.

MONEY, Kyrle, R. (1968). "Desarrollo Cognitivo". In: *Revista de Psicoanalisis*. Vol. 27, 4, 1970.

PIONTELLI, A (1996) "Observação de crianças desde antes do nascimento". In: *Psicanálise Hoje. Uma Revolução do Olhar*". (Organizadores: Pellanda, Nize Maria; e Pellanda, Luiz Ernesto. Editora Vozes. Petrópolis, 1996.

PLATÃO. "Diálogos". Edit. Espasa Calpe. 6a. edição. Madrid. 1981. Edição Brasileira da Icone Editora Ltda. São Paulo.

PY, M. e SILVA, L. A. (1986). "Contribuições de Bion à Psicoterapia de Grupo". In: *Grupoterapia Hoje*. (Osório, L. C. et. cols.). Ed. Artes Médicas, Porto Alegre, 1968.

RAYNER, E. (1980). "Experiências infinitas: Uma abordagem da contribuição de Matte Blanco à Teoria Psicanalítica". In: *Rev. Bras. Psican*. Vol. 24, nº 1, 1990.

REICH, W. (1934). *Análise de Caracter*. Dom Quixote. Lisboa. 1978.

Revista Alter. Jornal de Estudos Psicodinâmicos. Brasília. Vol. X. Nºs 1, 2, 3. 1980.

Revista Brasileira de Psicanálise. São Paulo. Volumes 21, 1937; 23, 3, 1939; 24, 1, 1990; 24, 3, 1990; 26, 3, 1992 (Volume especial: "O Pensamento de W. R. Bion"); 27, 4, 1993.

Revista Gradiva. Rio de Janeiro. Nºs 13, 1981; 20, 22, 24, 1983; 26, 1984; 42, 43, 1988; 49, 1992.

Revista IDE. São Paulo. Volumes 14, 1987; 15, 16, 1988; 17, 18, 1989; 19, 1990; 20, 21, 1991.

REZENDE, A. M. (1993). *Bion e o Futuro da Psicanálise*. Papirus, Campinas, 1993.

———. (1995). *Uma Psicanálise do Pensamento*. Papirus, Campinas, 1995.

RICOEUR, P. (1978) *O conflito de interpretações. Ensaios de Hermenêutica*". Imago. R.J. 1978.

———. (1987). *Impasse e Interpretação*. Imago Editora. Rio de Janeiro, 1988.

RICOEUR, P. *O conflito das interpretações: ensaios de hermenêutica*. Rio de janeiro, Imago, 1978.

Rivista di Psicanalisi. Volume especialmente dedicado a W. R. Bion. Vol. 27, nºs 3-4. Il Pensero Scientifico Editore. Roma. 1987.

ROSENFELD, H. (1978). "A Psicose de Transferência no paciente psicótico". In: *Rev. Brasil. Psican*. Vol. 23, nº 3. 1989.

SANDLER, Anne Marie. (1990). "Comentários sobre o significado de Piaget para a Psicanálise". (mimeo).

SANDLER, P. C. (1987). "Grade?". In: *Rev. Brasil. Psican*. Vol. 21. 1987.

SEGAL, H. (1957). "Notas a respeito da formação de símbolos". In: *A Obra de Hanna Segal*. Imago, Rio de Janeiro, 1983.

SIMON, B. (1988). (Resumido por A. C. Pacheco e Silva Filho). "Beckett e Bion. Os Gêmeos Imaginários". In: *Rev. Bras. Psicanal*. Vol. 24, nº 1. 1990.

SOR, D. e GAZZANO, M. R. S. (1988). Cambio Catastrofico — Psicanalisis del Darse Cuenta. Kargienan, Buenos Aires, 1988.

WINNICOTT, D. (1960). "Teoria do Relacionamento Paterno-Infantil". In: *O Ambiente e os Processos de Maturação*. Artes Médicas, Porto Alegre, 1988.

ZIMERMAN, D. E. (1991). "Condições Necessárias para um Analista". In: *Fundamentos Psicanalíticos. Teoria, Técnica e Clínica*. Artmed., Porto Alegre, 1999.

———. (1993). *Fundamentos Básicos das Grupoterapias*. 2ª edição. Artmed, Porto Alegre, 2000.

———. (1995) *Fundamentos Psicanalíticos*. Artmed. P.A., 1995.

Índice Remissivo

A

A (letra), 75
ABRAHAM, K., 244, 249, 290
Abstração, 76
Ação, 76
Acasalamento, 76, 109-110
Acting, 84, 117, 123, 166, 327
Alfa, (ver elementos, e função)
Alucinação, 36-37, 76
Alucinose, 76, 168-169
Amor (Vínculo do), 75, 76-77, 90, 103, 150, 152, 196, 328, 323
Amor à verdade, 220, 284, 317
Antiemoção, 75, 216, 333
ANZIEU, D., 72
Aparelho para pensar os pensamentos, 77
Apatia, 54, 226, 238
Aprender com a experiência, 32, 39, 51, 52, 77, 102, 125, 262, 292
Arrogância, 37, 77
Ataque à vinculação, 32, 38, 122-123, 193, 205, 221-222, 225, 257-259, 333
Atenção e Interpretação, 32, 42-43, 69, 78, 102, 103, 118, 151, 170, 180, 224, 227, 245, 335, 336
Atenção flutuante, 67, 99, 206, 221, 231, 234, 240, 277, 328
Atenção, 78, 140, 142, 144
Atitude psicanalítica, 190, 219, 224, 321, 324
Ato de fé, 78, 87, 180, 182, 243
At-one-ment, 78, 180, 190
Atributos (do psicanalista), 72, 219, 220, 275, 315-322, 335
Autobiografia, 23, 46
Autonomia, 286, 321
Avaliação dos êxitos, 222

B

B (letra), 79,
Babel (mito), 41, 50, 92, 116, 160, 161, 293
Barreira de contato, 67, 79, 80, 88, 122, 132, 133, 245
BECKETT, S., 72
Beta, (Ver elementos)
BETTY (1ª esposa), 29
BIANCHEDI, E., 53, 80, 190, 283
BICUDO, V., 27, 28, 214
BLEANDONU, G., 69, 71, 83, 182, 222
BUBER, M., 72

C

C (letra), 79
Caleidoscópio, 147
Calma do desespero, 79, 207, 282, 298
Capacidade negativa, 67, 79, 220, 234, 252, 318, 326
Catástrofe, 70, 79, 170
Cesura, 44, 53, 68, 72, 79-80, 110, 336,
Cisão não-patológica, 53, 68, 80, 275, 319-320
Cogitações, 46-47, 80, 178
"Coisa em si mesmo", 80, 93, 167, 179
Comensal, 41, 42, 50, 80, 99, 134, 151, 233
"Como tornar proveitoso um mau negócio", 45, 80
Compaixão, 148
Comunicação, 43, 58, 81, 91, 98, 113, 117, 132, 135, 192, 205-206, 222, 248-250, 277-279, 304, 319, 327
Conceito, 81, 140
Concepção, 81, 83, 84, 97, 98, 134, 140, 142
Conferências, 43, 44, 103, 127, 307-314
Conhecimento, 41, 50, 68, 69, 77, 79, 81, 83, 90, 103, 121, 152, 156-164, 193, 194, 214, 222, 225, 281, 294, 317, 328
Conjectura, 81
Conjunção constante, 41, 73, 81, 217-218
Conluio, 195, 222, 227, 241, 262, 270, 319, 330
Consciente (análise do), 216, 244-255, 330
Consenso, 82, 99
Continente, 27, 37, 38, 50, 70, 82, 95, 98, 128, 131, 151, 215, 221, 225-239, 268, 272, 317, 325-326, 334
Continente-Conteúdo, 40, 41, 52-54, 78, 80, 81, 82, 95, 117, 131, 134, 139, 150-151, 168, 193, 225-239, 268, 272, 334
Contra-resistência, 222, 251-263, 329-330
Contratransferência, 39, 111-112, 126, 222, 234, 264-269, 308, 314, 327, 330
Cooperação, 82,109

Cópula, 144, 159
Coragem, 263, 320
Correlação, 82
Crescimento mental, 44, 53, 82, 216, 271, 280, 285-286
Criptograma, 82, 89, 182
Cultura grupal, 82
Cura, 82, 84, 241, 260, 271, 280-286, 297-302, 330-331, 335
Curiosidade, 37, 77, 80-81, 85, 144, 156, 158, 161, 163, 235, 258, 285, 293, 337

D

D (letra), 83
Dados autobiográficos, 23-30
Decisão, 83
Dedutivo científico (sistema), 83, 100, 140
Deidade (ou divindade), 83, 84, 148, 176, 178
Dependência, 83, 90, 109, 115, 266, 321
Descobrimento, 85, 162, 284,
Desejo, 42, 53, 83-84, 99, 207, 208, 221, 240-243
Desenvolvimento, 35, 207
Desespero, 79, 208, 282, 298
Deus, 83, 84, 148, 178
Dimensões, 84, 148
Discriminação, 78, 248, 319
Dor, 84, 153, 217, 281-286
"Dor de fome", 84,
D. S. O., 29
DUARTE, I., Capítulo 28

E

E (letra), 84
ECKART (Mestre), 73, 173
Éden (mito), 41, 50, 92, 116, 160, 161, 293, 294
Édipo, 41, 50, 68, 84, 92, 121, 139, 141, 143, 144, 160, 161,166, 226, 293, 294
Educar, 250
Ego, 210, 244-246
Elaboração, 217, 280-286
Elementos de psicanálise, 32, 40, 84, 103, 117, 138, 139, 142, 148, 150-155, 217, 283, 336
Elementos α, 67, 76, 79, 84, 89, 90, 95, 96, 100, 122, 130-133, 135,140-142, 154, 225, 245, 321
Elementos β, 39, 50, 52, 79, 80, 84, 85, 90, 94-97, 99, 100, 130-134, 136, 140-143, 154, 225, 245, 290, 321, 334
Elos de ligação, 85, 123, 193, 288
Empatia, 221, 235, 276, 319, 326
Epistemologia, 51, 96
Equação simbólica, 35, 123, 169
Esquizofrenia, 34, 35, 121-122, 128
Establishment, 25, 28, 41, 42, 53, 78, 85, 88, 111, 118, 164, 176, 181, 233, 240, 257, 333
Estados da mente, 85
Estupidez, 85, 158
Ética, 320

Etimologia, 160. Ao longo do livro, aparece a derivação etimológica dos seguintes termos:
   Alucinose, 168
   Autonomia, 286
   Caleidoscópio, 247
   Catástrofe, 70
   Compaixão, 148
   Comunicação, 319
   Conhecimento, 160
   Continente, 231
   Coragem, 320
   Definir, 89
   Descobrimento, 220
   Desenvolvimento, 286
   Discriminação, 319
   Educar, 250
   Elemento, 139
   Empatia, 319
   Ensinar, 250
   Ética, 320
   Filosofia, 160
   Identidade, 316
   Ídolo, 173
   Igreja, 259
   Impasse, 261
   Intuição, 318
   Mistério, 156
   Paciência, 318
   Paixão, 139, 148
   Recordação, 242
   Religião, 259
   Resistência, 256
   Respeito, 320
   Revolução, 336
   Seminário, 296
   Símbolo, 159
   Simpatia, 319
   Sinopse, 33
   Transferência, 265
   Transformação, 101
Evacuação, 85
Evidência, 43, 85
Evolução, 85
Experiência emocional, 52, 86, 160, 324
Experiências em grupos, 34, 86, 103

F

F (letra), 86
Facho de escuridão, 86, 209, 314
Falsidade, 86, 226
Fato selecionado, 33, 86, 95, 99, 139, 142, 144, 171-174, 274-275, 314
Fator, 87, 88
Fé (ato de), 78, 180, 182, 243
FERENCZI, S., 69, 129, 244, 284
Filosofia, 160
FRANCESCA BION, 13, 23, 28, 43, 46, 80, 297, 337
FREUD, A., 26

FREUD, S., 31, 35-37, 43-44, 55, 66-68, 79, 84, 88, 90, 96, 99, 100, 111, 114, 115, 120, 122, 129-134, 141-144, 148, 152, 153, 156, 161, 163, 165, 167, 168, 183, 184 186, 189, 190, 192, 198, 213-215, 224, 225, 228, 230, 234, 236, 240, 242-246, 251, 255, 310, 311, 316, 318, 323, 327, 328
Frustração, 87, 95
Função analítica eficaz, 88
Função psicanalítica da personalidade, 88, 163, 222, 223, 284, 331, 335
Função α, 39, 76, 87, 89, 90, 99, 100, 122, 125, 131-134, 141, 154, 214, 225, 231, 236, 321, 334
Função, 39, 87, 88, 151, 20, 237, 238, 246-248, 316
Functores, 88

G

G (letra), 88
Gêmeo Imaginário, 34, 72, 88, 266
Gênio, 88, 90, 92, 111, 151, 176
Grade, 37, 39, 50, 52, 67, 80, 138-146
GREEN, A., 47, 124, 179, 193, 256, 259, 275, 318
GRINBERG, L., 27, 79, 124, 176
GROTSTEIN, J. S., 26, 47, 101, 296, 332, 333
Grupo, 34, 67-70, 73, 82, 86, 88, 92, 103, 107-113, 118, 177, 214, 333

H

H, 51, 77, 88-89, 139-142, 152, 193, 194, 216, 294
HEISENBERG, W., 73, 337
Hipérbole, 89, 235,
Hipótese definidora, 89, 99
HUME, D., 47, 73, 81, 176

I

Idéia, 89, 98, 150,152-153, 173
Identificação projetiva, 39, 49, 89, 122, 215-216, 232, 250, 324
Ideograma, 36, 82, 89, 123, 141, 149, 182, 205, 218, 324
Ídolo, 173, 179
Igreja, 67, 111, 116, 259
Impasse, 126, 145, 239, 261, 272, 273, 278
Índia, 23, 24, 46, 176, 183
Indivíduo excepcional, 88, 90, 92, 118, 120, 181
Insight, 100, 162, 170, 171, 184, 195, 222, 259, 261, 272, 280-286, 288, 334
Interação PS ↔ D, 40, 69, 131, 139, 159, 215
Interminável, 229
Interpretação, 41, 42-43, 78, 103, 143, 145, 195, 202, 205, 218, 222, 271-281, 335
Intuição, 27, 78, 90, 148, 182, 183, 206, 218, 221, 242, 285, 302, 314, 318-319
Invariante, 41, 90, 316

Inveja, 69, 119, 121, 125, 215, 216, 239, 258, 286, 292, 293
Inversão da função α, 39, 90
Investigação, 90, 126, 140, 142, 334

J

JESUS CRISTO, 115
JOÃO DA CRUZ (SÃO), 165, 173, 176
JOSEPH, E., 47, 213
JUNG, C., 335

K

K e -K, 51, 71, 77, 79, 81, 90, 93, 101, 113, 116, 139, 144, 152, 156-164, 169, 170, 193, 194, 214-217, 220, 225, 248, 287-294, 328, 333
KANT, 25, 43, 73, 80, 93, 96, 97, 102, 154, 162, 167, 176, 179, 185, 221, 318
KEATS, J., 72, 234, 274, 318
KIPLING, R., 72
KIRSHBAUM, I., 303
KLEIN, M., 25, 26, 31, 32, 34-36, 66, 68-70, 82, 93, 96, 113-115, 121, 128, 129, 135, 136, 151, 156, 159, 192, 194, 195, 204, 213-217, 219, 227, 238, 245, 247, 275, 288, 290, 291, 294, 312, 324, 336
KNIJNIK, C., 45

L

L, 51, 75-77, 89, 90, 103, 139, 152, 157, 158, 161, 193, 194, 196, 216, 225, 294
LACAN, J., 70-72, 124, 163, 193, 214, 217, 225, 316, 324
Líder, 90-91, 111,
Lideranças, 67, 91, 108, 111
Linguagem do êxito, 43, 78, 91, 281, 298, 335
Linguagem do psicótico, 91
Linguagem, 34-36, 69, 71, 73, 91, 123, 125, 127, 149, 190, 205-206, 233, 248-250, 261, 276, 300, 324, 327
Los Angeles, 26, 27, 44, 62, 63, 127,138, 191, 304,
Luta e Fuga, 83, 91, 100, 109, 110, 112, 115, 119

M

MATTE BLANCO, 47, 136
MATTOS, J. A. J., 268, 303
MELTZER, D., 29, 47, 50, 54, 110, 134, 139, 175-177, 190, 224-226, 334
Memória do futuro (Uma), 23, 29, 32, 45, 72, 101, 103, 178,
Memória, 24, 42, 58-59, 67, 78, 83, 85, 90, 91, 95, 99, 132, 136, 141, 142, 145, 162, 174, 176, 182, 184, 190, 206, 207, 221, 231, 234, 241-243, 261-263, 299, 311, 314, 317, 318, 328, 331, 335
MENDELAIEV, 50, 140, 141, 145,

Mentalidade grupal, 88, 92, 109
Mente primordial, 92
Mentira, 42, 52, 71, 78, 81, 86, 92, 97, 102, 134, 142, 152, 162, 174, 194, 208, 216, 220, 224-229, 247, 272, 277, 289, 301, 302, 328, 333
MILTON, J., 45, 72, 94, 166, 173, 176, 178, 180, 281, 319
Mistério, 51, 92, 156, 160, 176, 180, 318
Místico, 27-29, 32, 42, 53, 78, 85, 88, 90, 92, 110-112, 164, 173, 175-184, 190, 233, 243, 247, 257, 333
Mitos, 32, 40, 41, 43, 50-52, 78, 84, 94, 116, 139, 140, 141, 148, 160-161, 163-164, 180, 225, 285, 293, 294
Modelos, 33, 39-41, 48-54, 67, 92, 97, 141, 151, 165, 175, 219, 230, 266, 324, 333, 334
MONEY KYRLE, R., 47, 130
Mudança catastrófica, 41, 43, 78-80, 93, 111, 142, 153, 168, 169, 170, 173, 174, 216, 222, 243, 273, 282, 283, 334

N

"Não-conhecimento", 93, 216, 228, 328
Não-saturação, 99
"Não seio", 38, 93, 98, 131, 136, 266
Narciso (mito), 50, 116, 163, 173
Neutralidade, 201, 316, 328
NORTHFIELD, 25, 107, 108
Notação, 39, 40, 52, 83, 93, 134, 138, 139-145, 247
Nova Iorque, 43, 44, 69, 71, 130, 145, 186, 273
Númeno, 80, 93, 94, 102, 103, 167, 179, 180,

O

O, 41, 51, 68, 71, 80, 83, 85, 86, 89, 93, 94, 98, 101, 103, 154, 157, 162, 164, 167-171, 173, 174, 176, 178-183, 227, 242
Objeto bizarro, 94
Objeto psicanalítico, 40, 94, 138, 139, 162, 246
Oxford, 25, 30

P

Paciência, 43, 53, 78, 94-95, 99, 153, 171, 218, 221, 222, 274, 275, 314, 318
Paixão, 84, 94, 95, 103, 139, 148, 196, 220, 228, 229, 335
Palinuro (mito), 41, 50, 72, 144, 160, 161
Pantalha β, 79, 80, 95, 100, 122, 133, 245
Parasitário, 42, 50, 293
Parte psicótica da personalidade, 38, 77, 95, 99, 100, 119, 125, 131, 154, 169, 173, 194, 204-205, 218, 257-259, 262, 265, 268, 271-272, 329
PARTENOPE T. BION, 26, 29, 68
Pensamento onírico, 68, 87, 96
Pensamento psicótico, 76, 96
Pensamento sem pensador, 96, 130, 205

Pensamento vazio, 96, 97, 130, 133, 333
Pensamento, 35, 36, 38, 71, 81, 95-95, 109, 123, 129-137, 141, 142, 151, 157, 167, 205, 207, 227, 247-248, 259
Personalidade psicótica, 35, 36, 76, 94, 95, 125, 257, 266
Personalidade, 71, 72, 84, 88, 110, 115, 132, 163, 188, 195, 217, 218, 225, 254, 294
Perspectiva reversível, 96, 259, 272
Pessoa real do analista, 285, 334
PHILIPS, F., 27, 41, 47, 56, 57, 213
PIAGET, J., 136, 163
PLATÃO, 45, 73, 165, 173, 176, 219
POINCARÉ, H., 47, 73, 86, 172, 312
Ponto (.), 96, 172, 284
Posição depressiva, 36, 77, 84, 86, 93, 95, 99, 117, 120, 123, 126, 132, 133, 139, 150, 151, 154, 159, 171, 195, 216, 221, 222, 275, 313, 314
Posição esquizoparanóide, 29, 32, 34, 84, 86, 93, 94, 117, 128, 133, 139, 150, 151, 154, 159, 171, 216, 274, 312, 314
Preconcepção, 50, 67, 68, 70, 81, 96, 97, 98, 130, 131, 134, 140-142, 157, 225, 284
Premonição, 40, 71, 97, 243, 284, 285, 317
Pressentimento, 284, 317
Protomental (sistema), 70, 79, 92, 97, 111
Protopensamento, 97, 131
Psi, 97, 142, 251
Psicoses, 35, 37, 68, 141, 158, 249, 333
Psicossomáticos (fenômenos), 72, 97, 99, 190, 334
Psiquismo fetal, 85, 97, 185-191, 206, 334
Publicação, 39, 81, 97-98, 135
PY, M. SILVA L. A., 110

R

RANK, O., 189
Razão, 73, 84, 89, 98, 117, 139, 150, 152-153, 318
Reação terapêutica negativa, 37, 126, 170, 272
Realidade última, 73, 80, 94, 98, 102, 103, 144, 162, 173, 179, 182, 227, 242, 317, 337
Realização, 38, 50, 70, 76, 81, 91, 98, 130, 131, 134, 142, 157,
Recordação, 177
REICH, W., 244, 249
Religião, 24, 78, 172, 176, 177, 178, 181, 233, 259
Resistência, 163, 195, 221-222, 247, 254, 256-263, 264, 282, 313, 329
Respeito, 154, 320
Reta (—), 96, 172, 284
Rêverie, 39, 70, 79, 87, 98, 100, 125, 128, 131, 134, 141, 158, 169, 174, 206, 213, 230, 231, 233, 290, 321
Reversão da função α, 99, 133, 134
Reversão da perspectiva, 40, 78, 99, 98, 103, 162, 171, 259-262, 272, 281
Revolução, 336
REZENDE, A. M., 71, 72, 73, 159, 175, 176, 178, 180, 227, 242, 338

RICKMANN, J., 26
ROSENFELD, H., 47, 127, 128, 239, 261

S

SANDLER, P. C., 43, 44, 46, 145, 146
Saturação, 99
SEGAL, H., 35, 47, 127, 128, 133, 169
Segurança (estado de), 94, 171, 221, 274, 275, 314
Seio bom pensante, 99
Seminários clínicos, 31, 47, 198, 214, 296-306, 315, 319
"Sem memória...", 67, 85, 91, 99, 190, 206, 221, 231, 240-243, 305, 318, 327, 335
Senso comum, 39, 98, 135, 314
Setting, 195, 221, 230, 238, 253, 325, 329, 334
SHAKESPEARE, W., 25, 45, 46, 59, 72, 160, 318
Simbiótica, 41, 50, 80, 99-100, 109, 134, 151, 233, 329,
Símbolo, 35, 123, 141, 159-160
SIMON, B., 72
Simpatia, 319, 326
Sinopse, 176
Sistema dedutivo científico, 88, 89, 96, 100, 140
Social-ismo, 93, 116, 117, 150, 151, 154-155
Sonho, 37, 45, 57, 85, 168, 169, 205, 214, 215, 231, 233, 307, 308, 312
Splitting, 39, 100, 260, 261
Superego, 38, 69, 90, 94, 99, 100, 123, 124, 133, 226, 226, 239, 244, 257, 262, 291, 293, 294, 323, 326
"Super" superego, 100, 124, 126, 133, 135, 158, 162, 222, 257, 262, 333
Supostos básicos, 32, 76, 83, 88, 97, 100, 109-113, 119
Supra-ego, 100

T

Tavistock (Clinic), 25, 26, 34, 72, 108, 112
Tela beta, 79, 95, 100
Terror sem nome, 39, 68, 101, 127,133, 135, 158, 231, 232, 249, 276, 278, 290, 317, 330
TOYNBEE, A., 72
Transferência do psicótico, 101, 268

Transferência, 35, 36, 39, 55, 56, 101, 126, 166, 195, 222, 237, 261, 264-269, 271, 302, 309, 314, 326, 330
Transformação, 41, 76, 89, 96, 101, 143, 153, 165-174, 180, 209, 222, 270, 271, 275, 285, 293
Trilogia, 23, 29, 32, 45, 46, 72, 101, 165
TROTTER, W., 25
Turbulência (estado de), 43, 52, 93, 101, 235, 283

U

Universo em expansão, 101, 166, 208, 220, 285, 320
Ur (cemitério de), 28, 41, 50, 59-61, 92, 144, 160, 161

V

Valência, 88, 102, 109
Verdade absoluta, 94, 102, 103, 162, 167, 180, 182, 242, 336
Verdade, 27, 39, 40, 42, 46, 68, 73, 78, 86, 88, 89, 92, 98, 102, 116, 128, 129, 152, 158, 160-162, 164, 174, 180, 194, 216, 220, 224-229, 248, 262, 265, 277, 283 287-290, 293, 294, 317, 324, 328, 337
Vértice, 51, 53, 54, 66, 68, 73, 96, 102, 143, 161, 164, 170, 171, 172, 176, 177, 220, 221, 225, 226, 246, 247, 272, 334
Vínculo, 40, 52, 53, 68, 75, 76, 81, 85, 89, 90, 94, 100, 101, 103, 131, 136, 138, 139, 147, 152, 156-159, 161, 163, 166, 192-197, 214, 216, 217, 220, 225, 230, 234, 246, 257, 258, 287-294, 317, 328, 333
Virgílio, 72, 161
Visão binocular, 88, 103, 246, 302, 334

W

WINNICOTT, D., 70, 71, 141, 174, 193, 214, 230, 231, 235, 302, 316, 324
WITTGENSTEIN, 73

Z

Zero ("O"), 51, 94, 103, 167, 179